KEVIN CULLEN UND SHELLEY MURPHY

16 JAHRE AUF DER FLUCHT

KEVIN CULLEN UND SHELLEY MURPHY

16 JAHRE AUF DER FLUCHT

AMERIKAS MEISTGESUCHTER GANGSTER WHITEY BULGER UND WIE ER GEFASST WURDE

riva

Bibliografische Information der Deutschen Nationalbibliothek

Die Deutsche Nationalbibliothek verzeichnet diese Publikation in der Deutschen Nationalbibliografie; detaillierte bibliografische Daten sind im Internet über http://d-nb.de abrufbar.

Für Fragen und Anregungen:
whiteybulger@rivaverlag.de

1. Auflage 2014
© 2014 by riva Verlag,
ein Imprint der Münchner Verlagsgruppe GmbH,
Nymphenburger Straße 86
D-80636 München
Tel.: 089 651285-0
Fax: 089 652096

© 2013 by Globe Newspaper Company, Inc.
Die englische Originalausgabe erschien 2013 bei W. W. Norton & Company, Inc., New York, unter dem Titel *Whitey Bulger. Americas most wanted gangster and the manhunt that brought him to justice.*

Übersetzung: Martin Rometsch
Redaktion: Caroline Kazianka
Umschlaggestaltung: Kristin Hoffmann nach einer Vorlage von Evan Gattney Design
Autorenfoto: Stan Grossfeld / The Boston Globe
Umschlagfoto: DEA
Satz: Daniel Förster, Belgern
Druck: GGP Media GmbH, Pößneck
Printed in Germany

ISBN Print: 978-3-86883-391-1
ISBN E-Book (PDF): 978-3-86413-519-4
ISBN E-Book (EPUB, Mobi) 978-3-86413-520-0

Weitere Informationen zum Verlag finden Sie unter

www.rivaverlag.de

Beachten Sie auch unsere weiteren Verlage unter
www.muenchner-verlagsgruppe.de

Für unsere Ehepartner Martha und Regis
sowie für unsere Kinder
Patrick, Brendan, Liam, Ryan, Jessica und Kerry

Inhalt

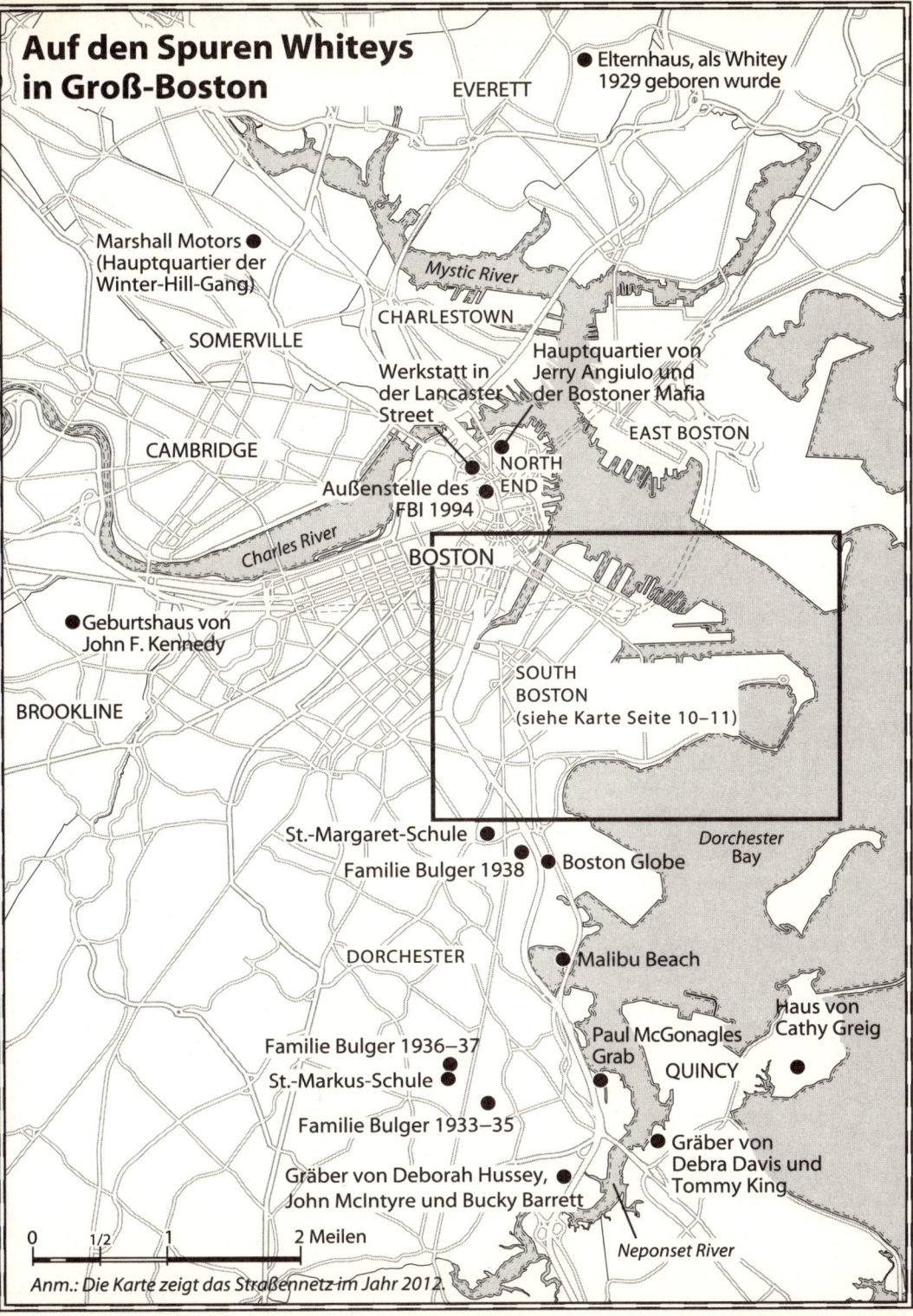

Auf den Spuren Whiteys in Groß-Boston

EVERETT

● Elternhaus, als Whitey 1929 geboren wurde

Mystic River

Marshall Motors ●
(Hauptquartier der
Winter-Hill-Gang)

CHARLESTOWN

SOMERVILLE

Werkstatt in
der Lancaster
Street

Hauptquartier von
Jerry Angiulo und
der Bostoner Mafia

EAST BOSTON

CAMBRIDGE

NORTH
END

Außenstelle des
FBI 1994

Charles River

BOSTON

● Geburtshaus von
John F. Kennedy

SOUTH
BOSTON
(siehe Karte Seite 10–11)

BROOKLINE

St.-Margaret-Schule ●

*Dorchester
Bay*

Familie Bulger 1938 ● ● Boston Globe

DORCHESTER

● Malibu Beach

Haus von
Cathy Greig

Familie Bulger 1936–37 ●

Paul McGonagles
Grab

QUINCY

St.-Markus-Schule ●

Familie Bulger 1933–35 ●

Gräber von
Debra Davis und
Tommy King

Gräber von Deborah Hussey, ●
John McIntyre und Bucky Barrett

Neponset River

0   1/2   1   2 Meilen

Anm.: Die Karte zeigt das Straßennetz im Jahr 2012.

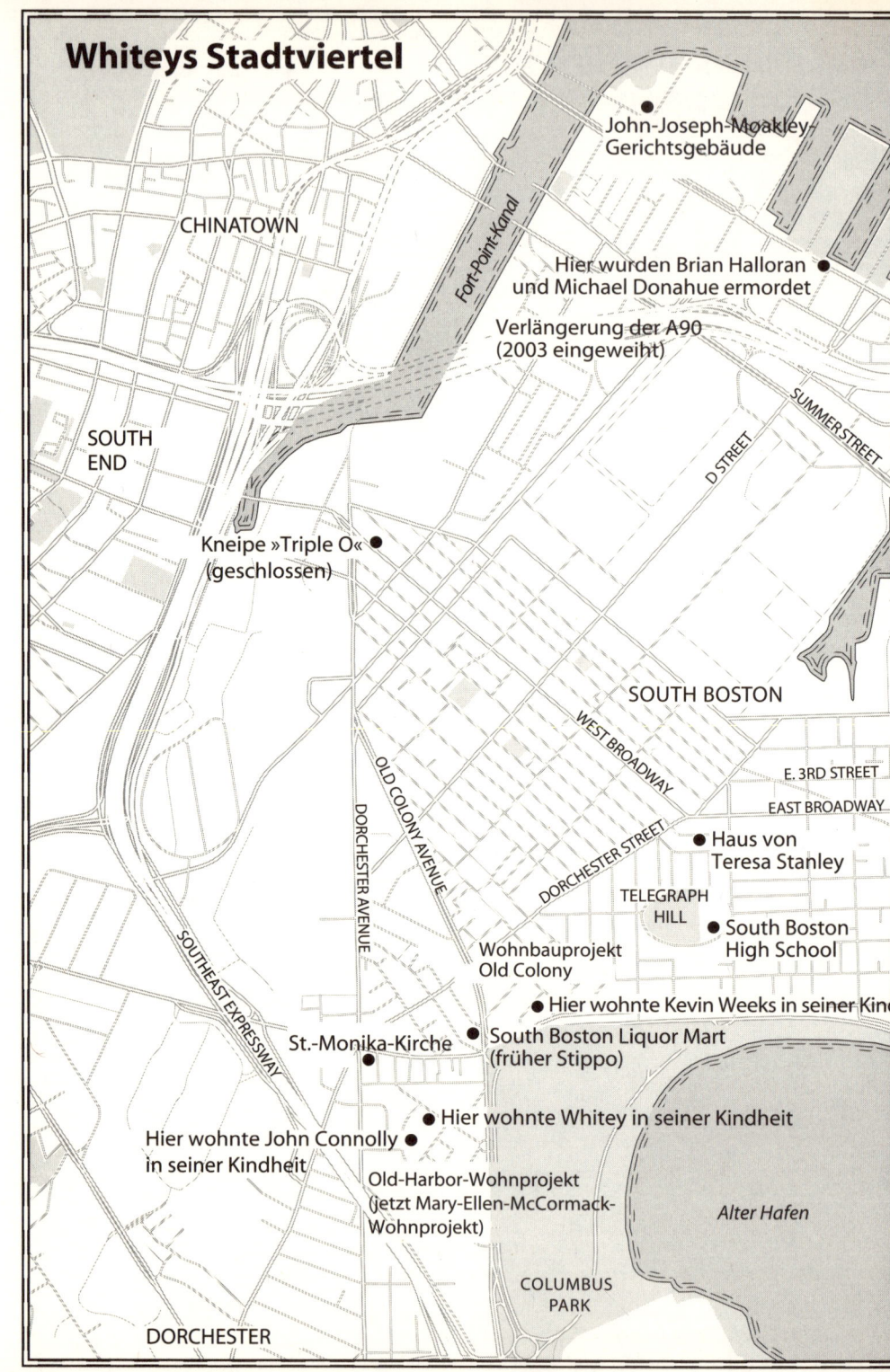

Whiteys Stadtviertel

CHINATOWN

John-Joseph-Moakley-Gerichtsgebäude

Fort-Point-Kanal

Hier wurden Brian Halloran und Michael Donahue ermordet

Verlängerung der A90 (2003 eingeweiht)

SOUTH END

SUMMER STREET

D STREET

Kneipe »Triple O« (geschlossen)

SOUTH BOSTON

WEST BROADWAY

E. 3RD STREET

EAST BROADWAY

OLD COLONY AVENUE

DORCHESTER STREET

Haus von Teresa Stanley

DORCHESTER AVENUE

TELEGRAPH HILL

South Boston High School

Wohnbauprojekt Old Colony

Hier wohnte Kevin Weeks in seiner Kind

SOUTHEAST EXPRESSWAY

St.-Monika-Kirche

South Boston Liquor Mart (früher Stippo)

Hier wohnte Whitey in seiner Kindheit

Hier wohnte John Connolly in seiner Kindheit

Old-Harbor-Wohnprojekt (jetzt Mary-Ellen-McCormack-Wohnprojekt)

Alter Hafen

COLUMBUS PARK

DORCHESTER

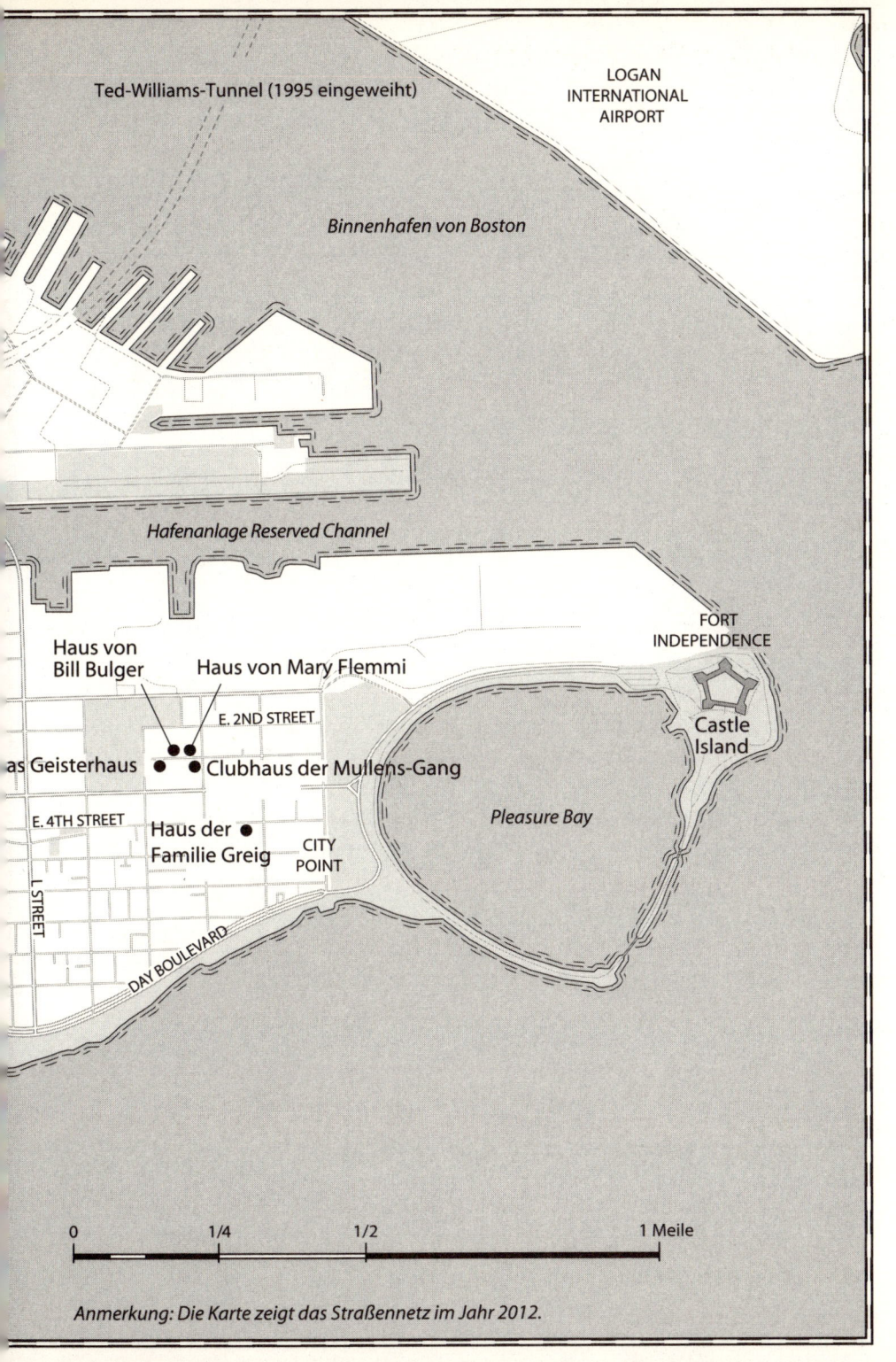

Ted-Williams-Tunnel (1995 eingeweiht)

LOGAN
INTERNATIONAL
AIRPORT

Binnenhafen von Boston

Hafenanlage Reserved Channel

FORT
INDEPENDENCE

Haus von
Bill Bulger

Haus von Mary Flemmi

E. 2ND STREET

Castle
Island

as Geisterhaus

Clubhaus der Mullens-Gang

E. 4TH STREET

Pleasure Bay

Haus der
Familie Greig

CITY
POINT

L STREET

DAY BOULEVARD

0   1/4   1/2   1 Meile

Anmerkung: Die Karte zeigt das Straßennetz im Jahr 2012.

Whitey auf der Flucht

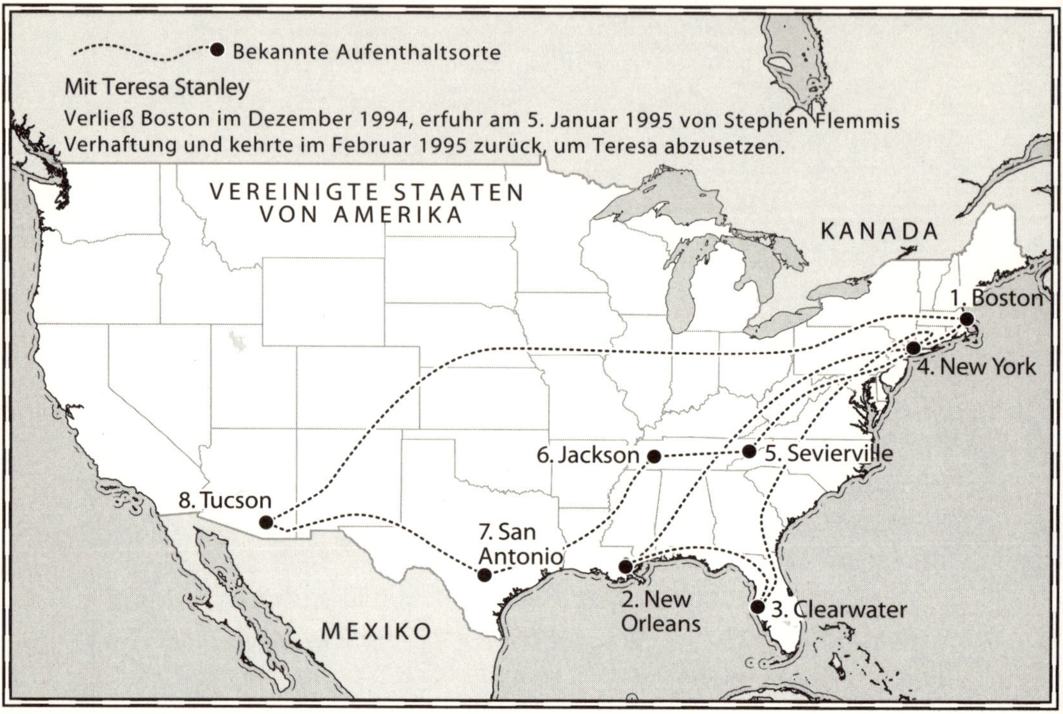

Bekannte Aufenthaltsorte

Mit Teresa Stanley

Verließ Boston im Dezember 1994, erfuhr am 5. Januar 1995 von Stephen Flemmis Verhaftung und kehrte im Februar 1995 zurück, um Teresa abzusetzen.

KANADA

VEREINIGTE STAATEN VON AMERIKA

1. Boston
4. New York
6. Jackson
5. Sevierville
8. Tucson
7. San Antonio
2. New Orleans
3. Clearwater
MEXIKO

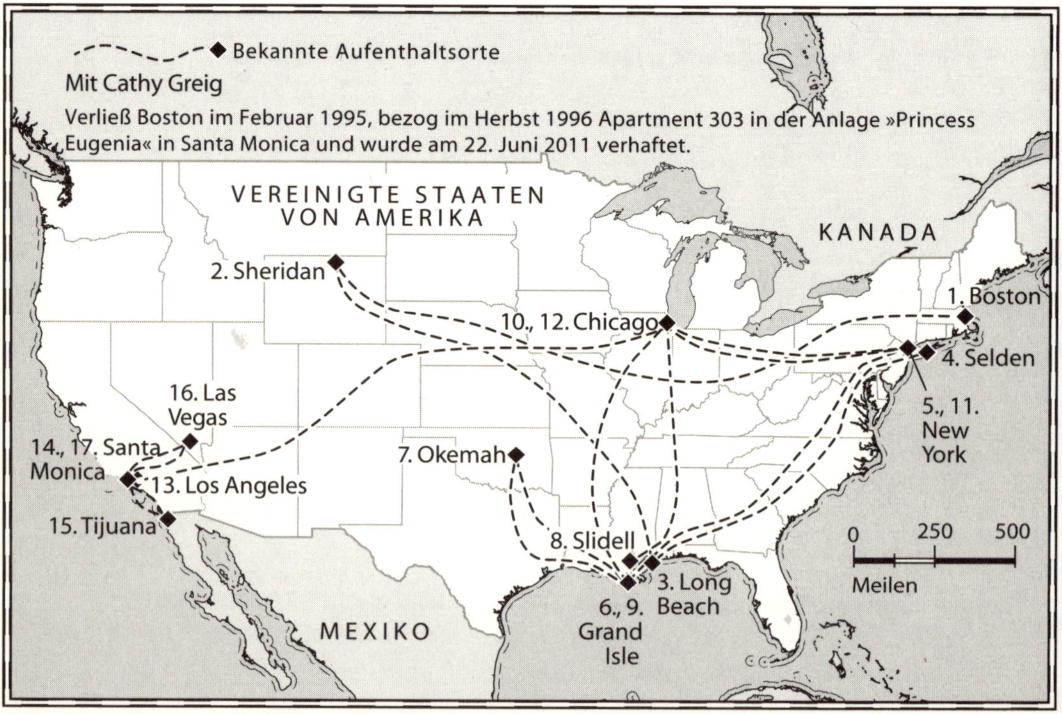

Bekannte Aufenthaltsorte

Mit Cathy Greig

Verließ Boston im Februar 1995, bezog im Herbst 1996 Apartment 303 in der Anlage »Princess Eugenia« in Santa Monica und wurde am 22. Juni 2011 verhaftet.

VEREINIGTE STAATEN VON AMERIKA

KANADA

2. Sheridan
10., 12. Chicago
1. Boston
4. Selden
5., 11. New York
16. Las Vegas
14., 17. Santa Monica
13. Los Angeles
7. Okemah
15. Tijuana
8. Slidell
3. Long Beach
6., 9. Grand Isle
MEXIKO

0   250   500
Meilen

16 Jahre auf der Flucht

Prolog

Mürrisch saß er in Bluejeans und mit gefesselten Händen im Fond eines schwarzen Geländewagens. Nach 16 Jahren auf der Flucht war Whitey Bulger ins Hafenviertel von South Boston zurückgekehrt, in eine Stadt, die sich so sehr verändert hatte, dass er nur verständnislos aus dem Fenster starrte. Er gehörte nicht mehr an diesen Ort, wo er einst so mächtig gewesen war, und nichts mehr gehörte ihm. Die Entwicklung der Stadt hatte ihn überholt, während seine eigene Geschichte ihn eingeholt hatte.

Der Prozess gegen Whitey hatte im alten Gerichtsgebäude in der Innenstadt begonnen. Es war nach John McCormack benannt, dem Sprecher des Repräsentantenhauses, der maßgeblich am Wohnungsprojekt South Boston beteiligt gewesen war. Whitey war im Süden der Stadt aufgewachsen. Nun war er unterwegs zum neuen Bundesgericht im Hafenviertel von Southie, benannt nach Joseph Moakley, einem seiner Nachbarn, der lange Kongressmitglied gewesen war. Als Whitey noch ein junger Bankräuber gewesen war und ein Oldsmobile-Kabrio gefahren hatte – kaum jemand in dieser Gegend konnte sich damals ein Auto leisten –, pflegte er anzuhalten, wenn er Moakleys Mutter mit ihren Einkäufen nach Hause gehen sah, und sie mitzunehmen.

Es war eine kleine Welt, Whiteys Welt.

Das Gerichtsgebäude befand sich ganz in der Nähe der Stelle, an der Whitey 1982 einen Ganoven namens Brian Halloran mit einem Gewehr erschossen hatte. Halloran hatte versucht, ihn beim Federal Bureau of Investigation (FBI) zu verpfeifen, und war in Whiteys Fadenkreuz geraten, weil er nicht gewusst hatte, dass das FBI bereit war, ihn sterben zu lassen, um ein Geheimnis zu bewahren: dass Whitey ein Informant war. Ein Unschuldiger, ein LKW-Fahrer namens Michael Donahue, war an diesem Tag im selben Kugelhagel gestorben – und jetzt wartete seine Familie im Gerichtsgebäude und wollte den Mann sehen, der ihnen vor 29 Jahren die Hoffnung geraubt hatte.

Die Häuser mit den abblätternden Farben in dem heruntergekommenen Hafenviertel, in dem Whitey diese beiden Männer erschossen hatte, waren längst verschwunden. Während er auf der Flucht gewesen war, hatte man sie durch große Restaurants, schillernde Bars und Hochhaushotels ersetzt. Dort verkehrten jetzt die Jungen und Reichen, die neuen Bostoner, denen der Name Bulger wenig oder gar nichts bedeutete. Als Whitey diesen glänzenden Stadtteil an sich vorbeiziehen sah, sagte er ein paar Worte zu seinen Bewachern über diesen erstaunlichen Wandel und das neue, ihm fremde Boston.

Während der Geländewagen in die unterirdische Garage des Gerichts fuhr, trieb ein Schiff der Küstenwache im Hafen hinter dem Gebäude. Ein Offizier stand hinter einem Maschinengewehr an Deck – eine eigenartige Machtdemonstration. Die Idee, dass jemand sich auf das gefährliche, ja selbstmörderische Unterfangen einlassen würde, Whitey zu töten oder zu befreien, war absurd. Whitey war 65 Jahre alt gewesen, als er geflohen war, jetzt war er 81, und alle hatten sich von ihm abgewandt – alle außer seiner Freundin Cathy Greig, seinen nächsten Angehörigen und John Connolly, dem FBI-Agenten, der in der gleichen Wohnsiedlung wie die Bulgers aufgewachsen war und damals sein Abzeichen genutzt hatte, um den Namen Bulger zu schützen. Cathy, die man zusammen mit Whitey in Santa Monica festgenommen hatte, war ebenfalls aus dem Gefängnis ins Gerichtsgebäude gebracht worden. Connolly saß in Florida eine 40-jährige Gefängnisstrafe ab, weil er Whitey geholfen hatte, einen potenziellen Zeugen umzubringen, einen Mann, der Whiteys Pakt mit dem FBI vor einigen Jahrzehnten hätte aufdecken können. Whiteys jüngerer Bruder Bill wohnte ein paar Kilometer entfernt und war gerade dabei, sein Haus in South Boston zu verlassen und die kurze Fahrt zum Gericht anzutreten.

Whitey fuhr umringt von Marshals, die ihre Sonnenbrillen auch im Haus trugen, mit dem Aufzug in den fünften Stock. Während er in einem Nebenzimmer darauf wartete, dass sein Fall aufgerufen wurde, saß Patricia, Michael Donahues Witwe, mit ihren drei Söhnen Michael junior, Shawn und Tommy, die ohne Vater aufgewachsen waren, im Gerichtssaal 10. Der mit dem Fall beauftragte Sonderermittler des Bostoner FBI betrat den Raum und setzte sich auf einen Stuhl an der rechten Seite der Besuchertribüne, direkt vor die Donahues. Er sprach sie jedoch nicht an, da er weder sie noch andere Angehörige von Whiteys Opfern kannte, die im Saal Grüppchen bildeten.

Als Whitey in den Gerichtssaal kam, entdeckte er sofort seinen Bruder Bill unter den Besuchern und formte mit den Lippen ein lautloses Hallo, während er zum Tisch des Angeklagten ging. Bill, viele Jahre einer der einflussreichsten Politiker in Massachusetts, lächelte und nickte ihm zu.

Die 822.198 Dollar, die Whitey in der Wand seines Apartments in Santa Monica versteckt hatte, nützten ihm jetzt nichts. Auch die 30 Schusswaffen, die sich in derselben Wand befanden, Relikte aus einer Zeit, als er immer eine Waffe in Reichweite gehabt hatte, halfen ihm nichts. Vor seiner Verhaftung hatte es keine blutige Auseinandersetzung mit der Polizei gegeben, kein Drama, das seinem Mythos angemessen gewesen wäre. Die Schießereien lagen jahrelang zurück. Der alte Mann hatte sich ruhig und beinahe lächelnd ergeben. Der Whitey Bulger, der nun in schlecht sitzenden Bluejeans, weißem Kittel und Turnschuhen im Gerichtssaal stand, sah wie jeder andere lässig gekleidete 80-Jährige aus oder wie ein Rentner aus Südkalifornien – und genau das war er noch vor wenigen Tagen gewesen.

Im Laufe der folgenden paar Wochen würde er noch öfter vor Gericht erscheinen müssen, während das FBI darüber nachdachte, was es mit ihm anfangen sollte. Jedes Mal fuhr er in dem schwarzen Geländewagen über den Southeast Expressway, die wichtigste Schnellstraße nach Boston, vorbei an einigen jener Orte, an denen er seine Geheimnisse verscharrt hatte. Zur Rechten, neben einer Eisenbahnbrücke über den Fluss Neponset, befanden sich die durchweichten Gräber von Debra Davis und Tommy King. Ein kleines Stück weiter, im Sand des Tenean Beach, lag das Grab von Paulie McGonagle. Links, etwas abseits der Straße, ruhten in einem überdimensionalen, behelfsmäßigen Grab Deborah Hussey, Bucky Barrett und John McIntyre. Das waren nur sechs von 19 Menschen, die Whitey der Anklageschrift zufolge ermordet hatte. Whitey hatte die Leichen versteckt, um der Gefahr einer Entdeckung zu entgehen. Es war immer ein Fehler, eine Leiche liegen zu lassen – keine Leiche, kein Fall. Außerdem konnte er so sein Image im Town, wie die Einwohner von South Boston ihren Stadtteil nennen, aufrechterhalten. Whitey war es vor allem wichtig, dass seine Mitschuld am Tod der beiden Frauen verborgen blieb. Er war zwar kriminell und hätte das auch bereitwillig zugegeben, aber er sah sich als ehrbaren Verbrecher. Gangster mit dem Hauch eines Gewissens töten aber keine Frauen, und Whitey beteuert bis zum heutigen Tag, dass er weder Debra Davis noch Deborah Hussey umgebracht hat. Er gibt zudem an, dass er seine letzten Lebensjahre damit verbringen will, seinen Namen reinzuwaschen – nicht nur vom Vorwurf des Mordes an diesen Frauen, sondern auch von den Vorwürfen im Zusammenhang mit seiner Rolle als FBI-Informant. »Ich habe in meinem ganzen Leben nie jemanden ins Gefängnis gebracht«, behauptete er in einem Brief an einen Freund.[1]

In dieser Illusion lebte Whitey, und so entstand der Mythos vom guten Bösewicht. Höchstwahrscheinlich wird er im Gefängnis sterben, da der

Prozess nun zu Ende ist. Und mit ihm wird dort sicher auch dieser Mythos um ihn zugrunde gehen.

Natürlich gibt es noch andere Bücher über Whitey Bulger. Viele von ihnen wurden von Leuten geschrieben, die tatsächlich oder angeblich für ihn gearbeitet haben. Andere, seriösere Berichte entstanden zu einer Zeit, als die Informationen über Whitey noch begrenzt, bisweilen auch unvollständig oder falsch waren. Mit diesem Buch wollen wir nun den ersten vollständigen und zuverlässigen Bericht über diesen Mann, seinen Aufstieg, seine Herrschaft und seinen Untergang vorlegen. Kurzum: Wir wollen den ganzen Whitey vorstellen. Viele Geschichten und Mythen, die über ihn erzählt werden, zeigen nur einen Teil von ihm. Leute, die ihn hassen, schildern ihn eher als Monster denn als Menschen, wer ihn nicht hasst, mehr als Menschen denn als Monster. Aber Whitey war komplexer, faszinierender und furchterregender.

Whitey war 16 Jahre lang auf der Flucht, und in dieser Zeit verlor das Bild, das in der Öffentlichkeit von ihm vorherrschte, anscheinend immer mehr an Nuancen. Während seiner Abwesenheit entwickelte sich der gesellschaftliche Alltag weiter und beeinflusste auch die öffentliche Wahrnehmung. Mythen überwucherten die Realität. Frank Costello, der korrupte und gemeine Mafiaboss in Southie, den Jack Nicholson in Martin Scorseses Film *Departed – Unter Feinden* spielte, hat eine gewisse Ähnlichkeit mit Whitey. Costello war ein Soziopath, ohne Gewissen und ohne regulierende Wertvorstellungen; das Blut tropfte ihm buchstäblich von den Händen. Nicholsons fesselnde und brillante Interpretation hatte aber nicht viel mit dem Mann zu tun, dem sie nachempfunden war. Andere entfernten sich noch mehr von der Wahrheit. Ein ehemaliger Komplize schrieb etwa ein Buch, das Whitey als heimlichen Homosexuellen darstellt, der angeblich einmal eine Affäre mit dem Schauspieler Sal Mineo hatte. Das FBI, das ihn jahrzehntelang benutzt und beschützt hatte, beschrieb den flüchtigen Whitey plötzlich als Perversen, der sogar Sex mit zwölfjährigen Mädchen hatte. Nachdem er untergetaucht war, verwandelte er sich in den Medien vom gerissenen Verbrecher zu einem schmierigen Kriminellen.

Ein etwas differenzierterer Blick auf Whiteys Leben enthüllt einen interessanteren Charakter, eine seltsame und komplexe Mischung aus Verderbtheit und langweiliger Gewöhnlichkeit. Auch wenn Whitey in seiner Jugend der Wärme und Stabilität seines Elternhauses zu entfliehen suchte, so opferte er als Erwachsener doch einen großen Teil seiner Zeit dem Bestreben, sich ein ganz traditionelles, Geborgenheit vermittelndes Zuhause zu schaffen. Dass er dabei zwei getrennte Haushalte mit zwei verschiedenen Frauen einrichtete, ist nur einer der vielen Widersprüche, die für ihn typisch sind.

Whitey fand nichts Ungewöhnliches daran, jemanden mit einem Maschinengewehr umzubringen und eine Stunde später mit einer seiner Geliebten und deren Kindern zu essen. Bei diesen abendlichen Familienmahlzeiten bestand er darauf, dass niemand ans Telefon ging, falls es während des Essens klingelte, und er predigte den Kindern, sich vor schlechten Einflüssen zu hüten.

Er sah sich selbst eher als väterlichen denn als kranken Menschen. Mit den anderen Ganoven hatte er nichts gemein. Ja, er war ein Verbrecher, aber laut seiner Darstellung schadete er nur denjenigen, die sein Geschäft gefährdeten. Allerdings war Whitey ein Meister im Verwischen seiner Spuren, und zwei Männer halfen ihm dabei, seine Selbstdarstellung aufzupolieren: Bill Bulger, der eigentlich nie ganz begriff, wie gefährlich sein Bruder war, und einer von Bills Protegés, der FBI-Agent John Connolly. Connolly stellte Whitey als unentbehrlichen Verbündeten im Krieg des FBI gegen die Mafia dar. In Wahrheit erhielt dieser fast alle Informationen über die Mafia von seinem Partner Steve Flemmi, dem Connolly und das FBI einen ähnlichen Schutz gewährten. Connolly wurde als einer der besten Mafiajäger des FBI gerühmt, doch letztlich wollte er nur verhindern, dass Whitey öffentlich abscheulicher Verbrechen bezichtigt wurde und damit die Familie Bulger in Verruf geraten wäre, mit der Connolly aufgewachsen war und die ihm in prägenden Jahren geholfen hatte. Wer verstehen will, warum Connolly seine Karriere und sogar seine Freiheit aufs Spiel setzte, um den guten Ruf der Familie Bulger zu verteidigen, muss das alte South Boston kennen, dessen Einwohner Loyalität gegenüber der Familie, den Nachbarn und dem Stadtviertel über alles stellten. Wie das Hafenviertel, aus dem Whitey stammte, ist dieses South Boston heute zum größten Teil verschwunden – ein Opfer der demografischen Entwicklung und der Zeit. Diese verschwundene Stadt suchte Whitey, als er aus dem Fenster des schwarzen Geländewagens schaute. Doch er fand sie nicht.

Dieses Buch ist nicht nur die erste umfassende Biografie von Whitey Bulger, sondern auch eine Sozialgeschichte Bostons über eine Zeit, in der ein Leben wie das von Whitey noch möglich war. Es beginnt mit Roosevelts Reformpolitik des New Deal, dem Hauptgrund dafür, dass die Bulgers nach South Boston zogen, und es schließt die Jahre mit ein, in denen in den Enklaven der Bostoner Arbeiterklasse noch die politische Loyalität Arbeitsplätze und soziale Mobilität sicherte, jene Jahre, in denen die Iren die Politik Bostons bestimmten und auch die Unterwelt erobern wollten. Whiteys Aufstieg fällt auch in die konfliktreiche Phase der gerichtlich angeordneten Rassenintegration an den städtischen Schulen. Damals fühlten sich diese Arbeiterenklaven bedrängt wie nie zuvor. Whitey schloss sich diesem Widerstand an und führte einen symbolischen, mitunter brutalen

Kampf zugunsten von Southie – eine Geschichte, die dieses Buch zum ersten Mal erzählt. *16 Jahre auf der Flucht* berichtet außerdem über die Jahre, in denen ethnische Streitigkeiten die irischen und die italienischen Gangster gegeneinander aufbrachten. Das FBI schlug sich dabei auf die Seite der Iren und ermöglichte dadurch Whiteys Aufstieg und letztlich auch seine Vorherrschaft. Im Grunde stand Whitey schließlich nur deshalb vor Gericht, weil die Polizei von Massachusetts, die Polizei von Boston und Drogenfahnder des Bundesstaats es wagten, die Rolle des FBI als wichtigste Strafverfolgungsbehörde der Nation und der Region infrage zu stellen.

So war Whitey Bulgers Leben also auf seine eigene blutige Weise mit der Geschichte und Entwicklung der Stadt verschmolzen. Während seiner aktiven Zeit wurde Whitey zu einer ihrer berühmtesten Persönlichkeiten. Boston ist die Stadt von John Adams, John Kennedy und Ted Williams, aber nur wenige Namen sind bekannter und enger mit der Stadt verbunden als Bulger. Er ist mit Sicherheit der berühmteste Verbrecher Bostons. Nach seiner Festnahme sagte er zu einem Freund, er habe möglicherweise Al Capone und Machine Gun Kelly als bekannteste Insassen von Alcatraz abgelöst.[2] Damit könnte er recht haben. Aber vieles, was über ihn erzählt wird, ist stark geschönt oder schlichtweg falsch.

Die Grundlage unseres Berichts über Whitey Bulger bilden die Reportagen, die wir im Laufe von Jahrzehnten für den *Boston Globe* und andere Medien der Stadt geschrieben haben – allerdings ohne Rücksprache mit Whitey oder seiner Familie. Whitey Bulger verweigerte ein Interview mit uns und ignorierte Briefe, die wir ihm ins Gefängnis schickten. Er war mehr als unkooperativ. Seine Briefe an einen Freund aus seiner Zeit in Alcatraz belegen, dass er diesem Projekt feindselig gegenüberstand. Whitey hat dem *Globe* wohl nie verziehen, wie dieser über das gerichtlich verfügte *busing* berichtet hatte, also darüber, dass Schüler mit Schulbussen in andere Stadtteile gebracht wurden, was letztlich der Rassentrennung an Bostons öffentlichen Schulen ein Ende bereitete. Die Zeitung verteidigte diese Politik auf der ersten Seite. Whiteys Meinung nach hat das *busing* Boston ruiniert.[3] Er sagte auch, er hasse Shelley Murphy dafür, dass sie Artikel über ihn und seinen Bruder Bill geschrieben habe, die seiner Meinung nach unangenehm für seine Familie gewesen seien. Zudem hält er sie für eine Verräterin: Shelley wuchs in Dorchester auf, besuchte die Highschool in South Boston und geriet selbst in den Strudel der *busing*-Krise. Und sie schrieb im Laufe der Jahre viele der wichtigsten Artikel über Whitey. Kevin Cullen, der zu dem *Globe*-Team gehörte, das Whitey 1988 als FBI-Informanten enttarnte, sei laut Whitey »ebenfalls ein zwielichtiger Typ … der Lügen über meine Familie und mich verbreitet hat«. Cullen lebte in South Boston, als Whitey dort aktiv war, und viele seiner Verwandten wohnen heute noch dort.

Wir glauben, dass Whitey unsere Bitte um ein Interview für dieses Buch nicht als Versuch ansah, seinen Standpunkt kennenzulernen, sondern als Gefahr. »Ich hasse den *Globe*«, schrieb er an einen Freund. »Shelley, Cullen ... sie werden meine Worte verdrehen und einen Sensationsbericht daraus machen.«[4] Trotz allen Misstrauens von seiner Seite: Wir haben uns wirklich bemüht, Whitey in diesem Buch fair zu behandeln, ohne dabei natürlich seine Verbrechen zu verharmlosen. Wir haben vor allem versucht, seine Person in all ihrer Komplexität zu beschreiben.

Das öffentlich zugängliche Material über Whitey ist im Laufe des letzten Jahrzehnts, seitdem die ersten Bücher über Whitey Bulger erschienen sind, erheblich umfangreicher geworden. Mit der Zeit wurde es daher auch einfacher zu beurteilen, was stimmt und was nicht stimmt. Viele, die sich einst davor fürchteten, offen zu reden, machen heute den Mund auf. In diesem Buch stützen wir uns häufig auf Berichte der Hauptpersonen aus Whiteys Leben, einschließlich einiger seiner wichtigsten kriminellen Partner. Ihre immer noch lebhaften Erinnerungen halfen uns, Szenen und Dialoge auszuarbeiten, wie sie sich vor langer Zeit wohl abgespielt haben. Einige dieser Menschen – Whiteys Komplizen Steve Flemmi, John Martorano, Kevin Weeks – haben wiederholt vor Gericht ausgesagt, sodass wir ihre Behauptungen in den Interviews anhand ihrer Aussagen unter Eid überprüfen konnten. Wir haben jede Anstrengung unternommen, ihre Worte und Taten zu verifizieren, aber bisweilen sind sie die einzige Quelle für das, was gesprochen oder getan wurde. Ihre Erinnerungen sind sehr detailliert – oft fast fotografisch –, und sie klingen wahr; andernfalls hätten wir sie gar nicht verwertet. Dennoch sollten die Leser wie die Autoren immer im Kopf behalten, dass es sich um die Erinnerungen von Männern handelt, die ganz unterschiedliche Motive hatten. Weeks, Patrick Nee, einer von Whiteys Rivalen, der zu seinem Verbündeten wurde, und Teresa Stanley, die 30 Jahre lang Whiteys Freundin war, gaben uns mehrere Interviews. Richard Sunday, Whiteys Freund aus dem Gefängnis, ließ sich ebenfalls häufig befragen und gewährte uns Zugang zu einer Serie von Briefen, die Whitey ihm nach seiner Verhaftung im Juni 2011 geschrieben hat. Dadurch öffnete sich ein Blick auf Whiteys Version seiner Geschichte und sein Denken.

Der größte Teil dieses Buches stützt sich jedoch auf Informationen über Whitey Bulger, die die Autoren im Laufe von vielen Jahren gesammelt haben. Über 25 Jahre lang berichteten wir von seinen Taten und interviewten die FBI-Agenten, die ihn schützten, die Verbrecher, die mit ihm zusammenarbeiteten, die Polizisten, die ihn jagten, und die Familien, die er zerstörte. Wir berichteten über Dutzende von Anhörungen und Prozessen von Boston über Miami bis Los Angeles, und wir folgten seiner Geschichte von Massachusetts nach Florida, Irland, Kalifornien und Island. Interviews mit einigen Männern, die mit Whitey im Gefängnis saßen, und das Studium Tausender von Seiten aus seiner Gefängnisakte haben dieses Buch abgerundet. Untermauert wird das Ganze durch Interviews mit Leuten, denen Whitey und Catherine Greig während ihrer 16-jährigen Flucht begegneten und mit denen sie Freundschaft schlossen – in den sumpfigen Flussarmen von Louisiana ebenso wie in einem bescheidenen Wohnkomplex ein paar Straßen vom Strand in Santa Monica entfernt. Für den Wahrheitsgehalt dieser Geschichte bürgt zudem eine Institution: der angesehene *Boston Globe*, der Whiteys Absprache mit dem FBI als Erster aufgedeckt und seither das Wissen über sein Leben ständig vertieft hat.

Dieses Buch versucht vor allem, die Widersprüche einzufangen, die die Person Whitey Bulger ausmachen – einen Mann, der sich selbst für einen guten Patrioten hält, obwohl er Morde und Morddrohungen nutzte, um ein Vermögen anzuhäufen, der zwar wenige Augenblicke nach einem Mord einschlafen, das Einschläfern eines kranken Hundes aber nicht ertragen konnte, und der Loyalität für die höchste moralische Tugend hielt, während er dem FBI belastende Informationen über Freunde lieferte. Seine Geschichte ist umfangreich und vielfältig, doch auffallend ist, dass Whiteys Welt sehr klein war, nur ein paar Kilometer groß, so weit, wie eine Krähe fliegen kann. Sie reichte von den nassen Gräbern am Neponset bis zum City Point, wo Whitey regelmäßig im Haus seines Bruders, des Politikers, speiste. Es ist eine lange Geschichte mit vielen Charakteren, aber letztlich lässt sie sich auf einer sehr kleinen Leinwand darstellen.

Kurz nach seiner Verhaftung im Juni 2011 brachte ein Hubschrauber der Küstenwache Whitey von seiner Gefängniszelle in Plymouth, südlich von Boston, zum Gericht im Hafenviertel. So konnte er von oben einen Blick auf die Küste werfen. Die alten Gräber waren geöffnet, die Leichen exhumiert worden, während Whitey sich anderswo im Land versteckt hatte. Nun war er wieder in South Boston, in seiner Heimat, und musste sich für diese und 13 weitere Leichen verantworten. Als er aus dem Hubschrauber schaute, überlegte er vielleicht, dass er in dieser Ecke der Welt möglicherweise immer noch etwas zu sagen hätte, wenn er nicht die wenigen Quadratkilometer verlassen hätte, in denen er alle Erpressungen und Morde ausgeheckt und in die Tat umgesetzt hatte, in denen er seinem FBI-Kontaktmann erstmals begegnet war und seine Brüder und Schwestern, seine Nichten, Neffen und seine Frauen ihn trotz seiner Missetaten nicht mieden, sondern schätzten.

Innerhalb dieser kleinen Welt war er unantastbar, geschützt von der traditionellen Loyalität unter Nachbarn, deren Basis das Wohnprojekt in Southie war, geschützt von arroganten und korrupten FBI-Agenten und Beamten im Justizministerium, die Mord als akzeptablen Preis für eine effektive

Strafverfolgung ansahen. Seine Festnahme nach einer weltweiten Fahndung, die abwechselnd erbittert oder lustlos, findig oder ungeschickt unternommen worden war, lenkte die Aufmerksamkeit wieder auf das Leben, die Lügen und die Mythen, auf die Familien, denen er geholfen oder die er ruiniert hatte, auf ein Stadtviertel, in dem Loyalität alles gewesen war und in dem es jetzt für ihn nichts mehr gab.

Teil eins

Der Aufstieg

1

Lehrjahre im Logan Way

Auf der Karte des Hafenviertels von Boston fällt South Boston nicht besonders auf. Es ist nur eine Halbinsel, die in den Hafen ragt. Doch der geografische Anschein trügt, denn dieser Ort ist etwas ganz Besonderes, eher eine Insel als eine Halbinsel, fast seit der ersten Besiedlung erfüllt von stolzem Separatismus, von einem überwältigenden Selbstgefühl. Vielleicht liegt dies daran, dass es so lange wenig angesehen war. Vielleicht auch daran, dass diejenigen, die hierherkamen, sonst nichts hatten, dass diese Menschen hier zum ersten Mal Sicherheit, Besitz und ein Heim fanden.

Dort wurde James »Whitey« Bulger geboren, und eines Tages sollte er die Insel ganz im Verborgenen regieren.

Bevor Brücken South Boston im 19. Jahrhundert mit dem Rest der Stadt verbanden, war es bei Flut eine Insel, ein Ort, an dem mehr Kühe als Menschen lebten. 1673 baute James Foster, einer der Puritaner, die sich dort niederließen, das erste Haus auf dem Leek Hill in der Nähe der heutigen Kreuzung E Street und Silver Street. Als der amerikanische Unabhängigkeitskrieg 1775 begann, wohnten im damals sogenannten Dorchester Neck (South Boston) ein Dutzend Familien, doch sie flohen, als britische Truppen Boston stürmten. Es war ein bitterer, aber rechtzeitiger Rückzug. Die Rotjacken besetzten den Neck im Februar 1776 und brannten alle Häuser nieder. Innerhalb eines Monats wurde dieses erste Eindringen unwillkommener Fremdlinge nach Southie gerächt, als nordamerikanische Soldaten die Dorchester Heights, eine Anhöhe oberhalb der Bucht, nutzten, um die feindliche britische Flotte zu beschießen.

Im hügeligen Gelände von Southie hatte die Kanone der Rebellen, die von Fort Ticonderoga am Lake Champlain nach Boston gezogen worden war, eine freie Schussbahn auf die Kriegsschiffe weiter unten. Der hastige und demütigende Rückzug der britischen Flotte, der erste Sieg der Kolonisten unter dem Befehl von General George Washington, trug zum Stolz der Southie-Bewohner bei und vermittelte ihnen das Gefühl, dass dieser Ort und die dort lebenden Menschen etwas Besonderes waren. Die Stadt feiert die britische Niederlage heute noch, am Evacuation Day, wie die Einheimischen ihn nennen. Dieser säkulare Festtag fällt mit dem irischen Feiertag St. Patrick's Day zusammen, an dem die Iren ausgiebig zu feiern pflegen, vor allem in Southie.

Nach Kriegsende bauten die folgenden Generationen Brücken zur Halbinsel, doch paradoxerweise trug die Verbindung mit dem Festland dazu bei, dass die Southies sich erst recht als Insulaner fühlten. Über die Brücken kamen zahlreiche neue Immigranten und veränderten die Bevölkerungsstruktur und die Politik der Region. Im Jahr 1850, noch bevor diese Einwanderungswelle begann, hatte ein Demokrat in Southie, das wie Boston im Allgemeinen und wie der größte Teil des Nordostens eine Hochburg der Republikaner war, keine Chance. Die gegen die Sklaverei kämpfenden Republikaner waren in Boston zugleich die Partei der alteingesessenen Siedlerfamilien, des alten Vermögens und der protestantischen Machtstrukturen. Dennoch wurden sie geschlagen. Um 1900, nach einer enormen Zuwanderung aus Irland, kehrte sich die politische Situation um. Der Begriff »South Boston Republican« wurde zu einem Widerspruch in sich, als Demokraten in der Stadt die Macht übernahmen. Nur ein einziger Republikaner wurde nach 1910 noch Bürgermeister, nach 1930 keiner mehr. Obwohl die Bevölkerung ein Gemisch aus vielen Einwanderergruppen war, dominierten die Iren, sie waren zahlreicher, engagierter und brachten eine lange Reihe von führenden Politikern und namhaften Persönlichkeiten hervor.

James Connolly war Southies erster bekannter irischer Sohn. Während er in Harvard studierte, bat er um Beurlaubung, um 1896 in Athen an den ersten modernen Olympischen Spielen teilzunehmen. Als die Universität den Antrag ablehnte, brach er einfach sein Studium ab und gewann die Goldmedaille im Dreisprung. In der Zeit, als der Baseballspieler Babe Ruth um seine künftige Frau Helen Woodford, ein Mädchen aus Southie, warb, war er dafür berüchtigt, dass er die Kneipen am Broadway, Southies wichtigster Durchgangsstraße, unsicher machte. Das war fünf Jahre, bevor die Red Sox ihn an die Yankees verkauften, bei denen er dann zum größten aller Baseballstars wurde. Helen lebte in der Silver Street, in jener engen Einbahnstraße, in der später auch Whitey Bulger mit einer seiner Freundinnen und ihren Kindern leben sollte.[1]

Southie brachte auffallend viele Priester und Politiker hervor. Kardinal Richard Cushing, der im City Point aufwuchs – einem relativ wohlhabenden Stadtteil nahe der Halbinselspitze –, leitete die katholische Kirche in Boston ein Vierteljahrhundert lang und leitete John F. Kennedys Hochzeit, Amtseinführung und Beerdigung. Cushing wurde in einem dreistöckigen Haus geboren, das ganz in der Nähe des Hauses in der East Third Street lag, in dem Whitey und seine Komplizen drei Menschen ermordeten und heimlich verscharrten. John McCormack, eines von acht Kindern eines eingewanderten Elternpaares in der Nähe des sandigen Andrew Square in Southie, wurde 1928 ins Repräsentantenhaus gewählt und wurde 1962 dessen Sprecher.

Doch nicht nur in der Politik, sowohl innerhalb der Kirche als auch im Bundesstaat, waren die Iren stark vertreten. Sie waren auch als Verbrecher erfolgreich. Frank Wallace und seine Brüder waren etwa ein Jahrzehnt lang die Anführer der Gustin Gang, benannt nach einer Straße in Southie. Wallaces Tod im Jahr 1931 war auch ein Hinweis darauf, wie groß die Bedrohung durch fremde Gruppierungen war: Er und ein Partner wurden aus dem Hinterhalt erschossen, als sie über die Brücke zum North End gingen – in Bostons italienisches Viertel –, um mit den skrupellosen Typen, die später als Mafia bekannt wurden, über einen Streit beim Alkoholschmuggel zu sprechen. Das Ende der Gustin Gang führte zur Vorherrschaft der italienischen Kriminellen in Boston, die ein halbes Jahrhundert lang unangefochten blieb. Dann tauchte ein neuer Southie-Verbrecher auf, der sich ihnen entgegenstellte: Whitey Bulger. Er stieg zum berüchtigtsten Sohn des Hafenviertels auf, obwohl er zu der Sorte von Leuten gehörte, die man in Southie Zugereiste nannte.

James Joseph Bulger jun. wurde nicht in Southie geboren, nicht einmal in Boston, sondern in Everett, der ersten Stadt Richtung Norden. Erst als kleines Kind fand er mit seinen Eltern den Weg nach Southie. Sein Vater, nach dem er benannt wurde, war in Neufundland geboren worden und kam als Elfjähriger am vierten Juli nach Boston.[2] Mit seiner Mutter, seinem Stiefvater und seiner Schwester wohnte er in Charleston, einem Stadtteil von Boston. Whiteys Großeltern waren aus Neufundland gekommen, wo viele hungernde Iren einen Zwischenstopp einlegten, weil das billiger war als die Schiffsreise direkt nach Boston oder New York. Der ältere James Bulger war 1,77 Meter groß und vom Körperbau her typisch für die Männer der Familie Bulger: dünn und drahtig, aber ungewöhnlich stark. Mit 15 Jahren lief er etwa 80 Kilometer nach Rhode Island, nachdem er als Lehrling an einer Marinestation abgelehnt worden war. Die Nacht verbrachte er in einem Polizeirevier, dann versuchte der Jugendliche, auf einen Frachtzug Richtung Boston aufzuspringen. Dabei fiel er so unglücklich neben die Gleise, dass sein linker Arm so stark zerquetscht wurde, dass er amputiert werden musste.[3] Das war gerade in dieser gnadenlosen Zeit ein verheerendes Ereignis. Dennoch arbeitete er als Seemann, als er im Alter von 21 Jahren die amerikanische Staatsbürgerschaft erwarb, später wurde er Hilfsarbeiter. Er zog nach North End, das in der zweiten Hälfte des 19. Jahrhunderts eines der Hauptziele jener Iren war, die vor Hunger und Armut flohen. Da James Bulger nur eine geringe Schulbildung hatte und die Nachfrage nach einarmigen Arbeitern gering war, musste er zeit seines Lebens um einen festen Job kämpfen, jammerte aber nie darüber.

James Bulger bekam eine grob gefertigte Armprothese und hatte seine hölzerne Hand meist in der Tasche versteckt.[4] War er von Natur aus bereits schüchtern und ein Mann weniger Worte, so machte ihn dieser Unfall noch zurückhaltender. Allerdings nicht so sehr, dass er Frauen gemieden hätte. Er war in den Vierzigern und schon einmal verheiratet gewesen, als er eine junge Frau traf, die in Charlestown lebte, einem Stadtteil am Nordrand von Boston gegenüber der Marinewerft, wo er eine Stelle als Büroangestellter gefunden hatte, da er keine körperliche Arbeit mehr verrichten konnte. Ihr Name war Jean McCarthy. Sie war eine hellhäutige, blauäugige Brünette mit einem sonnigen Gemüt, hinter dem sich eine gewisse Zähigkeit verbarg. Jean war die Tochter irischer Einwanderer, 22 Jahre jünger als James und sehr unabhängig im Denken. Irgendwann gefiel ihr ihr Vorname Jane nicht mehr, und da ihr ihr zweiter Name Veronica für ein Mädchen aus Charlestown unpassend erschien, entschied sie, sich fortan Jean zu nennen.[5] Als James Bulger sie um eine Verabredung bat, schien sie weder der Altersunterschied noch der fehlende Arm zu stören.

Nachdem sie geheiratet hatten, ließen sie sich zunächst in Everett nieder, nördlich von Charlestown, und gründeten schon bald eine Familie. Everett war eine Industriestadt mit vielen Fabriken, Chemiewerken und metallverarbeitenden Betrieben. James Bulger versuchte, dort Jobs als Wachmann zu bekommen. Die beiden ersten Kinder wurden in Everett geboren: Jean, nach ihrer Mutter benannt, im Jahr 1928 und James 16 Monate später am 3. September 1929, weniger als zwei Monate vor dem Börsencrash, der die Nation in die Große Depression stürzte. Er trug den Namen seines Vaters, ähnelte jedoch mit der hellen Haut und den klaren blauen Augen seiner Mutter. Diese nannte ihn gern Sonny, selbst als er bereits älter war und andere ihn Jimmy oder, seltener, wegen seiner auffallend blonden Haare Whitey riefen. Diesen Spitznamen mochte er nie besonders. Daher bat er die Leute später stets, ihn Jimmy zu nennen, und wenn ihn jemand nicht gut kannte und Whitey nannte, pflegte er ihn zu verbessern oder gar zu beschimpfen.

Nach ein paar Jahren in Everett zogen die Bulgers zurück nach Boston, und zwar nach Dorchester, in den größten und bevölkerungsreichsten Stadtteil, der zum Pfarrbezirk St. Markus gehörte. Im 20. Jahrhundert hatten irische und italienische Einwanderer Boston – das drei Jahrhunderte lang so dezidiert protestantisch gewesen war wie keine andere Stadt des Landes – in einen katholischen Bereich verwandelt, in dem die Kirchengemeinde die Gesellschaft und das Stadtviertel prägte. Und innerhalb der Kirchengemeinden hing die gesellschaftliche Stellung davon ab, wann man in der Stadt angekommen war. St. Markus war die Heimat vieler neuer Immigranten, aber auch die Gemeinde und Kirche etablierter Familien, der Kinder und Enkel der ersten Einwanderer, einschließlich des ehemaligen Bürgermeisters John »Honey Fitz« Fitzgerald, dessen Tochter Rose in der Sonntagsschule von St. Markus unterrichtete. Die Bulgers waren Neuankömmlinge und obendrein arm, und ihr ältester Sohn Jim machte keinerlei Anstrengungen, dem Ruf der Familie förderlich zu sein. In der ersten Klasse der St.-Markus-Schule hatte Whitey ziemlich zu kämpfen. Während die anderen Kinder versuchten, es den Nonnen recht zu machen – es waren Schwestern von Notre Dame de Namur, eines Ordens, der gegründet worden war, um den Armen eine Schulbildung zu verschaffen –, hatte Whitey dazu absolut keine Lust. Er war unruhig und konnte nicht lange still sitzen. Als er sieben war, zog die Familie in ein dreistöckiges Haus in der Crescent Avenue im Pfarrbezirk St. Margaret um, dem Viertel in Dorchester, das an Southie grenzte. Auch die Vinzentinerinnen, die die Mittelschule von St. Margaret führten, hatten mit Whitey ihre Probleme. Er war zwar eindeutig intelligent, doch die Routine und die Disziplin in der Schule gefielen ihm nicht. Manchmal schlich er sich daher unbemerkt davon. Bill Bulger schrieb in seinen Erinnerungen, sein älterer Bruder sei von Natur aus wohl intelligenter und ein schnellerer Denker als er. »Aber er fand die Schule langweilig. Seine Lehrer und meine Mutter mussten oft feststellen, dass Jim auf einmal weg war.«[6]

Whitey war acht Jahre alt, als die Familie 1938 in die benachbarte Kirchengemeinde St. Monika in South Boston zog. Die Bulgers hatten keine Wurzeln in Southie und dort weder Verwandte noch enge Freunde. Der Umzug hatte daher nur einen einzigen Grund: Sie waren eine von 1016 Familien, die das Glück hatten und arm genug waren, um von einem der großen Experimente von Franklin Delano Roosevelts (FDR) New Deal zu profitieren: vom sozialen Wohnungsbau. Das Projekt Old Harbor Village, das im selben Jahr eingeweiht wurde, war die erste soziale Wohnsiedlung in New England und eine der ersten ihrer Art im Land. Sie bestand aus Wohnungen mit einem, zwei oder drei Schlafzimmern in 22 einfachen dreistöckigen Ziegelhäusern sowie 152 Reihenhäusern und war verteilt über 85.000 Quadratmeter Land in einem Gebiet gleich südlich vom Andrew Square. Benannt wurde sie nach dem Gewässer zwischen Columbia Point und Castle Island, das einen großen Teil von Southie umgab. Die Siedlung grenzte an das alte Hooverville, eine der Barackenstädte, die man spöttisch nach Präsident Herbert Hoover benannt hatte. Viele Menschen machten ihn für den Zusammenbruch der Wirtschaft verantwortlich.[7] Die neue Siedlung erschien jenen, die das Glück hatten, dort eine Wohnung zu bekommen, wie das Paradies. Die Bulgers hatten bisher nur in engen Wohnungen mit kaltem Wasser und zugigen Fenstern gewohnt. Ihr neues Apartment war da ein Riesenschritt nach vorne.

Im Mai 1938 hatten die Bulgers fünf Kinder: Jean (10), Whitey (8), Bill (4), Carol (1) und John (Jack), einen Monat alt. Daher hatte die Familie Anspruch auf eine Wohnung mit drei Schlafzimmern, Nr. 756 im obersten Stock im Logan Way 41. Die St.-Monika-Kirche lag gleich um die Ecke. Die Pfarrgemeinde war 1907 vor allem deshalb gegründet worden, weil die nahe gelegene St.-Augustinus-Kirche für die vielen Einwanderer zu klein geworden war. Für die Bulgers und die meisten ihrer Nachbarn gehörten das kirchliche und das häusliche Leben eng zusammen. Während die Regierung für die Unterbringung sorgte, kümmerte sich die Kirchengemeinde um fast alles andere. Neben der Messe und ihren Traditionen bot die Kirche auch Baseball- und Footballmannschaften an, lange bevor es so etwas wie die Little League (eine Baseballliga für Kinder von acht bis zwölf Jahren) und Pop Warner (eine Footballliga für Fünf- bis 16-Jährige) gab. Jean Bulger engagierte sich in der Frauengemeinschaft von St. Monika und meldete ihre Kinder zu vielen Aktivitäten an, die von der Kirchengemeinde organisiert wurden. Die Kleinen machten alle gerne mit, außer Whitey. Er hatte an solchen Dingen wenig Interesse.[8] St. Monika war die Schutzpatronin schwieriger Kinder, und Whitey erwies sich schon in jungen Jahren als Kind, das die Hilfe der Schutzheiligen gut hätte gebrauchen können.

Es war kein Zufall, dass eines der ersten Projekte des sozialen Wohnungsbaus gerade in South Boston verwirklicht wurde. Einer der wichtigsten Verbündeten von FDR war nämlich John McCormack, ein ehrgeiziger Kongressabgeordneter aus dem Bezirk. Er half dem Präsidenten, den New Deal durch den Kongress zu bekommen. South Boston war einer der Wahlbezirke, in denen Roosevelt die meisten Stimmen bekommen hatte, und in dieser schlimmen Zeit hofften die Menschen dort auf Hilfe. Die Depression hatte nämlich nicht nur Millionen Arbeitsplätze vernichtet, sondern auch den Wohnungsbau lahmgelegt. 1935 erklärte McCormack im *Boston Globe*, die Regierung sei entschlossen, einzugreifen und die Lücke zu füllen, die Privatfirmen hinterlassen hätten. »Ich werde darauf bestehen, dass die Regierung in dieser Notsituation alles tut, was sie vernünftigerweise tun kann, um menschliches Leid zu lindern«, sagte McCormack in seinem Kampf für den sozialen Wohnungsbau.

McCormack riet Roosevelt, nicht nur an den menschlichen, sondern auch an den politischen Nutzen zu denken, den ein Wohnbauprojekt in Boston bringen würde. Als die Depression anhielt, fühlten sich dort nämlich viele Katholiken vom Ausländerhass des Paters Charles Coughlin angezogen. Dieser Priester aus Michigan nutzte sein Rundfunkprogramm, das von mehreren Sendern ausgestrahlt wurde, um FDR als seinen persönlichen moralischen Feind und als Volksfeind zu brandmarken. Selbstverständlich war McCormack der Überzeugung, dass die neuen Wohnhäuser in South Boston gebaut werden mussten. »McCormack wies darauf hin, dass Roosevelt dort 1936 weniger Stimmen bekommen hatte, und warnte ihn vor den ›verbitterten, unzufriedenen Menschen‹, die Pater Coughlins Favoriten unterstützt hatten; sie brauchten dringend mehr Hilfe vom Bundesstaat«, schrieb Thomas O'Connor, ein Professor für Geschichte am Boston College.

Nachdem das Projekt Old Harbor vollendet war und ein weiteres Wohnbauprojekt genau gegenüber begonnen worden war, stieg die Beliebtheit Roosevelts in Southie wieder. Im Jahr 1940 gewann er im Bezirk mehr Wählerstimmen als Al Smith, der erste katholische Präsidentschaftskandidat im Jahr 1928.[9] Und 1940 war McCormack der Mehrheitsführer im Repräsentantenhaus. Später wurde er zum ersten katholischen Sprecher des Parlaments gewählt. Zu Ehren seiner Mutter Mary Ellen wurde Old Harbor schließlich umbenannt.

South Bostons wachsende politische Bedeutung, die sich bereits im Projekt Old Harbor gezeigt hatte, wurde im folgenden Vierteljahrhundert wiederholt offenkundig, als der Stadtteil zwei weitere Wohnbauprojekte und mehrere subventionierte Wohnanlagen für ältere Menschen bekam. In der zweiten Hälfte des 20. Jahrhunderts lebten in South Boston nur etwas mehr als fünf Prozent der Einwohner Bostons, aber 20 Prozent der Sozialwohnungen wurden dort gebaut.[10] Das lag jedoch nicht nur an McCormack. Southies irische Bezirkspolitiker, Mitglieder des Repräsentantenhauses wie Jimmy Condon und Senatoren wie Johnny Powers, waren bestens geeignet, um bei lokalen, bundesstaatlichen und landesweiten Wahlen Stimmen für die Demokraten zu sammeln, auch wenn es wegen des Inselcharakters dieses Stadtteils schwierig war, dass ein »eingeborener« Politiker in ganz Boston gewählt wurde. Politiker erwarben sich dauerhafte Loyalität, indem sie ihren Wählern Wohnbauprojekte und Arbeitsplätze versprachen, Southie-Politiker, die überleben wollten, mussten imstande sein, beides auch zu liefern.

In Old Harbor waren alle arm – die Durchschnittsmiete betrug 26 Dollar im Monat –, und jedermann, so schien es zumindest, war Ire. Im Haus der Bulgers wohnten sechs Familien: die Bulgers, die Pryors, die McCarthys, die Drinans, die McKeowns und die Walshes – mit insgesamt 27 Kindern.[11] Alles in allem lebten 6000 Menschen in Old Harbor, die meisten von ihnen Kinder. Es gab daher auch immer eine Beschäftigung. Fing jemand an, Fangen oder Verstecken zu spielen, weitete sich der Kreis der Mitspieler schnell aus.

Im Gegensatz zu vielen anderen eher verwahrlosten und abgelegenen Wohnbauprojekten, die noch folgen sollten, boten zahlreiche Wohnungen in Old Harbor sogar einen Blick aufs Meer. Carson Beach war nur ein paar Schritte entfernt. Im großen Columbus Park zwischen der Wohnanlage und dem Strand spielten Kinder an Sommerabenden bis in die Dämmerung Baseball. Wurden die Abende kühl, wechselten sie zu Football. An Samstagen verwandelte sich das Verwaltungsgebäude in ein Kino. Für fünf Cents konnten Kinder einen Film, einen Zeichentrickfilm und eine Folge einer Serie sehen. Kinder aus der Siedlung schlichen sich oft in das Lager einer Fassfabrik in der nahe gelegenen Dorchester Street und brachen Dauben aus den gebrauchten Fässern, die der Schokoladenhersteller Baker zurückgebracht hatte. Sie naschten die Schokolade direkt von den Dauben, indem sie Schokosplitter abbrachen.[12]

Im Zweiten Weltkrieg wurden italienische Kriegsgefangene in Camp McKay am Ende des Carson Beach untergebracht. Kinder aus Old Harbor, von denen viele Brüder oder Onkel hatten, die in Übersee kämpften, überquerten die Felder, um die Gefangenen hinter dem Drahtzaun anzustarren. Italiener vom North End kamen ebenfalls, und die amerikanischen Wachen hinderten sie nicht daran, den Gefangenen heimatliche Leckerbissen – italienischen Käse und kalten Braten – durch den Zaun hindurch zuzustecken.[13]

Nach Schneestürmen liefen die Kinder von Old Harbor durch den Columbus Park zu den Dorchester Heights. Sie sperrten die Telegraph Street ab, einen Steilhang, der zu den Heights hinaufführte, und rasten auf behelfsmäßigen Schlitten hinunter. Der Verkehr war damals kein Problem – es gab keinen.[14]

Nur selten sah man während der Kriegsjahre ein Auto durch Old Harbor oder um die Siedlung herum fahren. Ein Auto war ein Symbol für Wohlstand, und nur wenige hier waren wohlhabend. Whiteys jüngerer Bruder Bill und seine Altersgenossen erinnern sich an Old Harbor als eine Art geschützten Bereich, in dem es trotz aller Not als ungewöhnlich und ungehörig galt, wenn ein Mann seine Familie im Stich ließ. Wie vielen anderen auch erscheinen Bill sein heimatliches Viertel und seine Kindheit im Rückblick als durchweg positiv und idyllisch. Und er weiß noch, dass South Boston sich nicht mit dem Rest der Stadt identifizierte. Wenn Menschen aus anderen Stadtvierteln mit der Straßenbahn ins Stadtzentrum fuhren, sagten sie, sie seien in die Stadt unterwegs. Für die Einwohner von Southie war ihr Viertel »die Stadt«.

Für Bill Bulger war das South Boston seiner Jugend ein Ort, an dem die Leute ihre Gehwege kehrten und ihre Fenster putzten, in dem Kirchen und Schulen noch stabile Institutionen waren und es kaum Scheidungen gab. Natürlich befanden sich auch in Southie Kneipen und Wettbüros, dennoch galt es weithin als das sicherste Stadtviertel. »Und«, fügte er hinzu, »wenn jemand schwere Straftaten beging, was selten vorkam, wurde nur er verurteilt. Die Mentalität der Bewohner des Viertels ließ es nicht zu, dass in solchen Fällen ganze Familien beschuldigt oder verachtet wurden.«[15]

Allerdings war Southie dafür berüchtigt, dass es Fremde streng von Einheimischen trennte und selbst entschied, wer dazugehörte und wer nicht. »Es ist nicht leicht, Menschen aus South Boston gegen sich aufzubringen, aber Vorsicht ist geboten, wenn es doch passiert«, sagte Patrick J. Loftus, ein politischer Gegner von Bill Bulger, der dessen Einschätzung vom Grundcharakter Southies dennoch teilte. »Wenn Besserwisser, die keine Ahnung von uns haben, aus anderen Stadtteilen nach South Boston kommen und ohne unser Einverständnis uns, unsere Jobs, unser Viertel und unsere Traditionen ändern wollen, dann wird ihnen der Krieg erklärt.«[16]

Für einige, einschließlich der Bulgers, war »Fremder« ein dehnbarer Begriff. Bill Bulger sagt, er habe nie verstanden, warum seine Familie und er nie als Fremde galten.[17] Nach dem Bau der Sozialwohnungen zogen Dutzende von Familien in die Siedlung. Wie die Bulgers hatten sie dort keinerlei familiären oder sonstigen Verbindungen. Southie war ein Schmelztiegel der Armen. Der Rest der Stadt fand den Stolz der Einheimischen zwar abschreckend oder amüsierte sich darüber, gleichzeitig teilte er aber auch die Ansicht, dass dieses Viertel etwas Besonderes war. Dank der geografischen Isolierung durchquerten daher auch nur wenige Fremde den Stadtteil, es sei denn, sie hatten einen Grund dafür. Viele Außenstehende hielten Southie für ein unangenehmes Viertel mit zu vielen Kneipen nebst all den Problemen, die mit ihnen einhergingen. Aber das Phänomen Southie war vielschichtiger.

Als Whitey Bulger heranwuchs, hatte Southie drei Hauptbereiche: City Point, ein grünes Areal an der Ostseite, das vom Ozean begrenzt wurde, das unfruchtbare Lower End an der Westseite, wo Mietskasernen neben Fabriken und Fischlagerhäusern standen, die sich bis zum Ufer erstreckten, und die Sozialwohnungen. Obwohl Letztere an der Westseite lagen, galten sie als eigenständig und getrennt vom Lower End. Während des Bürgerkriegs hatte Southie etwa 23.000 Einwohner gehabt, aber die Bevölkerung hatte sich Anfang des 20. Jahrhunderts fast verdreifacht. Vom Höhepunkt bei rund 80.000 vor dem Ersten Weltkrieg verringerte sich die Einwohnerzahl auf etwa 50.000 im Jahr 1920 und blieb bis 1980 ziemlich konstant. Es war ganz eindeutig eine Proletarierkolonie mit vielen Handwerkern, Arbeitern und Hafenarbeitern. Die Anwälte, Ärzte und kleinen Geschäftsleute von Southie wohnten in den Ziegelhäusern von City Point. In einem Abschnitt des East Broadway lebten so viele Ärzte, dass die Anwohner den Bereich Pill Hill nannten. Im Hafenviertel gab es viele Jobs, legale für jene, die Schiffe beluden und entluden, illegale für jene, die mit Waren handelten, die von diesen Schiffen gestohlen worden waren. Im Hafen bekam auch James Bulger seinen ersten festen Arbeitsplatz, und hier sollte eines Tages sein nach ihm benannter ältester Sohn seine ersten krummen Dinger drehen. Nicht lange nach der Einweihung des Projekts Old Harbor wurde im Hof eine riesige Skulptur aufgestellt, die drei Arbeiter zeigte – einen Fischer, einen Hafenarbeiter und einen Metallgießer –, flankiert von einem Jungen und einem Mädchen, die miteinander spielten. So waren die Menschen, die in Old Harbor lebten.

Die Cliffords aus dem O'Callaghan Way, die den Bulgers nahestanden, wurden fast wie Könige verehrt. Billy Clifford war der erste Priester, der aus Old Harbor kam, und seine Schwester Marilyn die erste Nonne.[18] Dies galt als Ideal jeder ehrgeizigen katholischen Familie, war aber wohl kaum die Regel. Vielmehr kam es relativ häufig vor, dass ein und dieselbe Familie in South Boston einen Polizisten und einen Verbrecher, einen Priester und einen Politiker, einen Feuerwehrmann und einen Brandstifter hervorbrachte. Diese Dualität sorgte dafür, dass man Menschen, die vom rechten Weg abkamen, weniger streng beurteilte und mehr Mitgefühl für sie empfand. Als Whitey Bulger als junger Teenager zunehmend in Schwierigkeiten geriet – er besorgte sich gestohlene Ware und verkaufte sie –, behauptete niemand, er komme aus einer schlechten Familie, man wusste ja, dass das Gegenteil zutraf. Die anderen Bulger-Kinder waren brav und fleißig. Whitey war eben der Wilde, das schwarze Schaf, und es gab nur wenige Clans in Southie, die glaubhaft von sich behaupten konnten, dass kein Familienmitglied je mit der Polizei in Berührung gekommen sei oder das Innere einer Gefängniszelle kennengelernt habe. In Southie galt es nicht nur als verpönt, eine Familie für ihr schwarzes Schaf verantwortlich zu machen, es galt als scheinheilig.

Jean Bulger, Whiteys Mutter, trotzte mit ihrem Optimismus der Depression und einem Weltkrieg. Sie war gepflegt, immer gut gelaunt und eine Meisterin in der Kunst des Hausflurtratsches, bei dem Neuigkeiten und Klatsch von einem Haus zum nächsten weitergereicht wurden. Den Nachbarskindern schenkte sie frisch gebackene Kekse.[19] Ihre Nachbarn mochten sie sehr, und sie konnte sich jeder Situation anpassen. In Gegenwart ihres

Mannes, der nicht viel sprach, war sie scheu und spröde, beinahe unterwürfig. Auf sich allein gestellt, war sie dagegen äußerst tatkräftig. Ihr bisweilen zurückhaltendes Wesen verbarg einen gewitzten Scharfsinn. Man konnte Jean Bulger nicht reinlegen, und sie konnte Angeber nicht leiden.[20] »Wenn sie sich etwas in den Kopf gesetzt hatte«, sagte ihr Sohn Bill, »bekam sie es meist.«[21]

Als Familienpatriarch gab James Bulger eine etwas traurige Figur ab. Er war gehemmt wegen seines fehlenden Armes und hörte eines Tages auf, seine Prothese zu tragen. Wie auch immer das Wetter war, er schlang stattdessen lieber einen Mantel um den nicht vorhandenen Körperteil. Er schätzte eine gute Zigarre und war ein gewandter Plauderer, ein treuer Anhänger des New Deal, der glaubte, FDR habe das Land und vor allem die Arbeiter gerettet. Zumindest hatte FDR seiner Familie einen guten Platz zum Leben gegeben – für 29 Dollar im Monat, rund ein Drittel ihres Monatseinkommens.[22] Weil er nach dem Verlust seines Armes nie eine Ganztagsstelle bekommen hatte, und auch aufgrund seiner Introvertiertheit, liebte James Bulger lange, einsame Spaziergänge am Strand. Wenn er doch einmal stehen blieb, um sich zu unterhalten, drehte sich das Gespräch in der Regel um Politik. Er war politisch bewandert und ein loyaler Unterstützer von James Michael Curley, Bostons menschenfreundlichem, wenngleich auch moralisch zwielichtigem Bürgermeister.

Curleys Aufstieg – aus der Armut zur Macht – hatte für die armen Bevölkerungsgruppen in Boston einen starken Symbolwert. Er zeigte ihnen, was möglich war und welche Hoffnungen sie haben konnten. Curley stand für eine Alles-ist-möglich-Einstellung, die in Old Harbor gut ankam. Zwar gibt es keine Hinweise darauf, dass Whitey dem Bürgermeister große Beachtung schenkte, doch sein kleiner Bruder Billy vergötterte Curley und wollte sein wie er, zuerst als Schüler, dann als Politiker. Was seine Rhetorik und seinen Witz anbelangte, ahmte er ganz seinen Meister nach.[23] Curley, der trotz seiner anfänglichen Armut ein gebildeter Mann war, wurde Anfang des 20. Jahrhunderts dabei erwischt, wie er eine Prüfung für den Staatsdienst ablegte, obwohl er ein irischer Einwanderer war. Wegen dieses Vergehens saß er kurz im Gefängnis, und das herrschende protestantisch-aristokratische Establishment betrachtete ihn fortan als Verbrecher. Für die Arbeiter bestimmter ethnischer Gruppen war er jedoch ein Held. Sie wählten ihn wieder, obwohl er wiederholt der Bestechung und Korruption überführt worden war. Curley machte aus seinem Vergehen sogar einen Wahlkampfslogan: »Er tat es für einen Freund.« Er war schamlos und bevorzugte oft ein schonungsloses Vorgehen. Als er herausfand, dass Bostons Bürgermeister John »Honey Fitz« Fitzgerald eine Affäre mit einem Zigarettenmädchen namens Elizabeth »Toodles« Ryan hatte, kündigte er einen öffentlichen Vortrag mit dem Titel »Große Liebende der Geschichte: von Kleopatra bis Toodles« an. Die Öffentlichkeit hatte zwar noch nie von Toodles gehört, aber Honey Fitz schon. Daraufhin zog dieser sich aus dem Wahlkampf zurück, Curley sagte seinen Vortrag ab und feierte bei der Wahl im Jahr 1914 einen Sieg.[24] Er war Bostons charismatischster Politiker, und in seiner Karriere, die mehr als ein halbes Jahrhundert umspannte, war er Bürgermeister, Gouverneur, Kongressmitglied und Strafgefangener. Noch lange, nachdem die Iren zur stärksten politischen Kraft in Boston und Massachusetts geworden waren, nutzte Curley die Klassenunterschiede, um eine Wir-gegen-sie-Stimmung zu provozieren und damit seine enorme Popularität unter den Arbeitern, seiner politischen Basis, zu bewahren.

In Gegenden wie Old Harbor wurde Curley besonders geliebt. Während der Depression empfing er Wähler in seiner Villa am von Bäumen gesäumten Hauptboulevard in Jamaica Plain. Die Fensterläden waren mit Kleeblättern verziert. Die Schlange der Bittsteller bildete sich früh am Tag, und Curley hörte sich Geschichten über Notlagen an und verteilte Bargeld oder Jobs. In den Sozialwohnungen löste seine zwielichtige Art nur Zuneigung aus. Wenn er stahl, meinten manche, dann bestahl er doch nur die Oberschicht und die Banken – und was haben die je für uns getan? Curley wurde in Southie besonders verehrt, weil er die Badeanstalt in der L Street gebaut und das städtische Krankenhaus, das die unteren Schichten versorgte, erheblich vergrößert hatte. Er war mit Recht als Bürgermeister der Armen bekannt.

Obwohl James Bulger ein treuer Anhänger Curleys war, hatte er keine Beziehungen in das Rathaus und keinen politische Förderer, die ihm einen sicheren Job hätte verschaffen können. Deshalb musste er hart dafür kämpfen, seine Familie vor der Armut zu bewahren. Damals, erinnerte sich Bill Bulger, gab es keine speziellen Programme oder Angebote für Behinderte. Sein Vater musste daher oft dann arbeiten, wenn andere keine Lust hatten. »Wenn es sehr, sehr kalt war, bot er sich als Nachtwächter an. An Weihnachten oder Neujahr, wenn niemand sonst arbeiten wollte, übernahm er jede Arbeit, die er kriegen konnte. Aber er jammerte nicht. Er war froh, den Job zu haben. Doch es war eine echte Schinderei.«[25]

Der Zweite Weltkrieg veränderte sowohl die Bulgers als auch South Boston. Für Southie brachte der Krieg das plötzliche Ende der Depression. Tausende von Männern wurden Soldaten, und in den Fabriken und Schiffswerften fanden Männer sowie Frauen Arbeit.[26] O'Connor, der Boston-Historiker, ist der Meinung, dass die Menschen in Southie nach dem Krieg noch enger zusammenstanden als vorher und ihr Viertel mehr denn je als besonderen Ort ansahen. Das alte Lied *Southie ist meine Heimatstadt*, das einen Stadtteil pries, in dem man vielleicht kämpfen musste, aber nie-

mals im Stich gelassen wurde, war überall zu hören. Es wurde an Militär-
posten, in Verkaufsstellen für Soldaten »und Kneipen von South Carolina
bis Georgia, von Texas bis Kalifornien … gesungen. Nach Kriegsende ver-
körperte South Boston als einziger der zwei Dutzend Stadtteile die ›Bostoner Iren‹ in all ihrer Herzlichkeit und Überschwänglichkeit, aber auch in
all ihrer Streitlust und grüblerischen Art«, sagte O'Connor. »Während ›Beacon Hill‹ vieles widerspiegelt, was uns an das Yankee-Erbe, den Einfluss
der Oberschicht und die konservative protestantische Tradition Bostons
erinnert, symbolisierte ›South Boston‹, eine einzige Gemeinde, damals fast
allein das ›andere‹ Boston – den Geist der Einwanderer, den irischen Charakter und den katholischen Einfluss in der Stadt.«[27]

Der Krieg sorgte dafür, dass die finanzielle Lage der Bulgers sich deutlich
verbesserte. Da jetzt viele Männer beim Militär waren, bekam James Arbeit
in der Schiffswerft der Marine in Charlestown. Bis Kriegsende hatte er immer Arbeit. Doch James Bulger sah den Krieg dennoch negativ. »Obwohl
es mir besser geht als früher«, sagte er zu seiner Familie, »möchte ich nicht,
dass der Krieg auch nur einen Tag länger dauert. Ich weiß, was das für andere Leute bedeuten würde.«[28]

Nicht nur die Arbeitssuche war für die Familie ein ständiges Problem,
sondern auch ihr Sohn Jim. Verglichen mit seinen Geschwistern und den
meisten seiner Altersgenossen war Whitey auffallend widerspenstig und
streitlustig. Er war von Natur aus unangepasst und hatte andauernd Ärger mit seinen Lehrern, weil er trotzig oder, ebenso oft, apathisch war. Er
schien schwer zu bändigen und unbelehrbar zu sein. Die Nonnen von St.
Markus und St. Margaret in Dorchester hatten wenig Erfolg damit gehabt,
ihn zum Lernen zu animieren. Nachdem die Familie nach South Boston
gezogen war und Whitey in die fünfte Klasse der Thomas-N.-Hart-Schule
an der Ecke H Street und East Fifth Street aufgenommen worden war, erging es den Lehrern der öffentlichen Schule nicht besser. Tommy Moakley,
ein Altersgenosse Whiteys, erinnert sich daran, dass die öffentlichen Schulen und die Konfessionsschulen völlig verschiedene Welten waren. Doch
Whitey passte in keine dieser Welten. In den katholischen Schulen war ein
Schlag auf die Finger als Strafe normal, und das hielt die meisten Kinder
im Zaum. In der öffentlichen Schule ging es lockerer zu. »Wir gingen in
die Hart-Schule«, sagte Moakley. Ihren oft aufmüpfigen Schülern zu Ehren
hätten die Kinder sie *Nut House* (Klapsmühle) genannt.[29]

Whitey ging bis zur achten Klasse in die Hart-Schule. Ein Bewährungshelfer, der viel später seine Zeugnisse und die alles andere als glänzenden
Beurteilungen der Nonnen und Lehrer durchsah, fällte ein hartes Urteil.
»Seine Schulakte war eine Katastrophe. Er versagte in allen Fächern und
erhielt schlechte Noten für Betragen und Mitarbeit. Das Schulzeugnis be-

legt, dass er mürrisch und faul war und kein Interesse daran hatte, etwas zu lernen.«[30] Trotzdem wurde er jedes Jahr in die nächste Klasse versetzt, wofür sich in den vorhandenen Aufzeichnungen keine Erklärung finden lässt.

Whitey lehnte sich auch gegen die Regeln und Erwartungen zu Hause auf, stellte die Geduld seines Vaters auf die Probe und riskierte Prügel. James Bulger senior verbrachte seine Zeit meist alleine, und die Erziehung der Kinder blieb damals weitgehend den Frauen überlassen. Dennoch griff James Bulger wie viele Eltern jener Zeit bisweilen auf körperliche Strafen zurück, vor allem bei Whitey, der später während seiner Verhöre im Gefängnis berichtete, sein Vater habe ihn gelegentlich schwer geschlagen. Das Bild von James Bulger, der seinen missratenen Sohn züchtigte, passte nicht zu seinem Charakter, meinte Bill Bulger, der seinen Vater als »von Natur aus sanftmütig« beschrieb. Doch wenn Whiteys Behauptungen stimmen, war die strenge Bestrafung vielleicht James Bulgers Ausdruck der Enttäuschung über seinen Taugenichts von Sohn. Allerdings wirkten die einarmigen Prügel wenig oder gar nicht. Da sein Vater darauf bestand, besuchte Whitey die Brandeis Vocational High School in der Innenstadt, wo er, so hofften zumindest die Eltern, ein Handwerk erlernen konnte. Er hielt ein Jahr lang durch.

Doch er fand ein zu ihm passendes »Handwerk«. Es war kein Zufall, dass Whiteys letztes Schuljahr mit seiner ersten aktenkundigen Festnahme – wegen Diebstahls – im Jahr 1943 zusammenfiel. Zu dem Zeitpunkt war er 13 Jahre alt. Seine Strafe wurde zur Bewährung ausgesetzt, aber die Bewährung wurde widerrufen, als er zwei Jahre später als Jugendlicher erneut verhaftet wurde. Vier weitere Festnahmen mit 15 und 16 Jahren folgten, diesmal wegen schwererer Delikte, unter anderem Körperverletzung. Er wurde jedoch nur wegen einer Straftat verurteilt und vom Berufungsgericht freigesprochen. Hinsichtlich der anderen Vergehen wurde das Verfahren eingestellt oder Whitey freigesprochen. Als Jugendlicher stand er sechsmal vor Gericht, zweimal wegen einer Gewalttat, doch er kam nicht ins Gefängnis. Er bekam immer wieder eine neue Chance.[31] Vielleicht profitierte er vom politischen Einfluss seiner Freunde in Southie, oder die Richter hatten Mitleid mit dem schwarzen Schaf einer ansonsten anständigen Familie – die Gerichtsakten schweigen sich darüber aus. Einige Leute, die ihn gut kannten, behaupten, Whitey habe manche seiner frühen Straftaten begangen, um seine Familie mit etwas Geld zu versorgen. Als ältester Sohn habe er sich dazu verpflichtet gefühlt. Aber es gab auch Delikte, die überhaupt nicht zu diesem Motiv passen.[32]

Ärger war jedoch nicht das Einzige, was Whitey lockte. Der Zirkus Ringling Bros. and Barnum & Bailey kam einmal in den Stadtteil, als er Teenager war. Daraufhin brannte er mit ihm durch. Zwar hielt er es als

Hilfsarbeiter nicht lange aus, doch der Versuch zeugt von einer Sehnsucht nach einem Leben jenseits der Grenzen von Southie und der Sicherheit in Old Harbor. Er schätzte diese Sicherheit einerseits, fühlte sich jedoch von ihr ebenso eingeengt wie von der Erziehungsgewalt seiner Eltern. Seine Mutter hatte vor Kurzem Sheila, ihr sechstes und letztes Kind, geboren. Bill Bulger, fünf Jahre jünger als Whitey, erkannte das Leid und die Frustration seines Bruders. »Ich hatte miterlebt, wie er sich von einer Frohnatur in einen Rebellen verwandelte, dessen Motive ich nie ganz durchschaute. Er lehnte sich ständig gegen alles Mögliche auf. Er war unruhig wie ein Klaustrophobiker in einem dunklen Schrank.«[33]

Whiteys Aufsässigkeit stand in krassem Gegensatz zum Verhalten seiner Geschwister. Sie waren fleißige Schüler, die sich gern anpassten. Jean, seine ältere Schwester, wurde zum hübschesten Mädchen an der South Boston High School gewählt.[34] Seine Brüder und Schwestern befolgten die aufgestellten Regeln.

Nicht so Whitey. Regeln waren ihm ein Gräuel. Er brach sie oder interpretierte sie zu seinen Gunsten um. Eines Tages kam er mit einem Ozelot nach Hause, einer kleinen Wildkatze, die wie ein Minileopard aussieht. Er nannte ihn Lancelot und hielt ihn im Schlafzimmer, das er mit seinen Brüdern teilte. Jean Bulger weigerte sich, das Zimmer ihrer Söhne zu betreten, solange Lancelot dort war. Laut Bill wies sie Whitey immer wieder darauf hin, dass Haustiere in der Siedlung verboten waren. Doch dieser beharrte darauf, dass dieses Verbot nur Hunde und Katzen betraf. »Lies die Hausordnung«, forderte er seine Mutter auf. »Wo steht da etwas über Ozelots?«[35] Als Lancelot schließlich ausgewachsen war, musste selbst Whitey zugeben, dass er in einem Zoo besser aufgehoben war. Er brachte ihn selbst dorthin.

Überall in Old Harbor und in einem Großteil von Lower End war Whitey als gutmütiger Teufelsbraten bekannt, der mit der Zeit rauer wurde und für seine Kameraden enorm charismatisch wirkte. Joe Quirk, der gegenüber den Bulgers auf der anderen Seite des Hofes aufwuchs, erinnert sich an die außergewöhnliche Bauchmuskulatur von Whitey. »Box mir in den Bauch«, forderte Whitey ihn heraus. »So fest du kannst.« Quirk war noch ein Kind, sechs Jahre jünger, doch er schlug so hart zu, wie er konnte. Whitey zuckte nicht einmal zusammen. »Du kannst mich kräftiger boxen«, sagte er.[36] Außerdem erwarb er sich noch den Ruf eines Gentleman unter den Unruhestiftern. Sally Dame, die 1938, als Old Harbor eingeweiht wurde, in das Haus auf der anderen Straßenseite, ebenfalls gegenüber den Bulgers, einzog, betont, dass Whitey, den sie Jimmy nannte, älteren Leuten gegenüber stets sehr hilfsbereit war. Wenn er sah, wie sie ihren Einkaufswagen mühsam die Treppe hinunterschob, eilte er herbei und rief: »Warten Sie, Mrs. Dame, warten Sie.« Dann trug er den Wagen für sie die

Treppe hinunter.[37] Bobby Moakley, Whiteys Klassenkamerad in der Hart-Schule, erzählte, dass Whitey jedes Mal seine Hilfe angeboten habe, wenn Moakleys Mutter vom Einkaufen zurückgekommen sei. Als Junge habe er ihre Taschen getragen, als er später ein Auto besaß, habe er angehalten und darauf bestanden, Mrs. Moakley nach Hause zu fahren. »Er war immer der perfekte Gentleman«, sagte Moakley.[38]

Mit der Zeit fiel Whitey auch aus anderen Gründen auf. Kurz nach Ende des Zweiten Weltkriegs war er ein Highschool-Abbrecher ohne richtigen Beruf, dennoch konnte er sich irgendwie ein Auto leisten. In vertraulichen Berichten der Bostoner Polizei aus jener Zeit wird er als *tailgater* bezeichnet. So nannte man jemanden, der Waren und Geräte aus den LKWs stahl, die im Frachthafen beladen wurden. Whitey war wohl kaum der Einzige in diesem Geschäft. Denn es gab viele Kleinkriminelle dieser Sorte in Southie. Sie hatten keine große Mühe, Winterjacken, Toaster, Bügeleisen oder was auch immer sie erbeutet hatten, in der Umgebung zu verkaufen. Seine Nachbarn, die wussten, dass Whitey keinen Job hatte, vermuteten sicher, dass er sein Geld mit illegalen Geschäften verdiente, aber South Boston im Allgemeinen und Old Harbor im Besonderen waren keine Orte, an denen die Leute in solchen Fällen Fragen stellten.

Zudem legte er, selbst als angehender Verbrecher, großen Wert auf sein Äußeres. Offenbar wollte er nach außen hin seriös wirken und so seine wahre Betätigung vor der Öffentlichkeit verbergen. Er zog sich stets ordentlich an, trug Hemden und lange Hosen. Bezüglich seiner Kleidung war das einzige Zugeständnis an sein kriminelles Leben ein Fedora, damals die bevorzugte Kopfbedeckung der Ganoven. Obwohl Whitey fluchen konnte wie ein Seemann, achtete er peinlich genau darauf, es nicht vor seinen Eltern zu tun. Sally Dame erinnerte sich daran, dass Whitey sich einmal den Gartenschlauch eines Nachbarn borgte, um sein Auto zu waschen. Ein paar Kinder durften ihm dabei helfen. Er gab ihnen einen Vierteldollar für ihre Arbeit, was nach dem Krieg in Southie ein stattlicher Betrag war. »Als ein Kind fluchte«, berichtete Sally, »packte er es am Ohr und rief: ›Ich will dich nie wieder fluchen hören, sonst darfst du mir nicht mehr beim Autowaschen helfen.‹«[39]

Nachdem Ann McCarthy 1947 nach Old Harbor gezogen war, bemerkte sie, dass Whitey gut mit Tieren umgehen konnte. »Alle Hunde in der Siedlung liebten ihn«, sagte sie. »Sie liefen ihm alle nach. Er hatte stets Leckerbissen in der Tasche.«[40]

Auch wenn ältere Leute Whitey für einen umgänglichen, freundlichen Teenager hielten, hatten seine Altersgenossen doch ein ganz anderes Bild von ihm. Sie wussten, dass er ein mutiger Straßenkämpfer war, mit dem man sich besser nicht anlegte. Wie ein Polizist sich erinnert, war er ein Jugendlicher, der zwei Schläge einsteckte, um einen auszuteilen. Und er trainierte hart, damit sein kantiger, gedrungener Körper in Form blieb. Whitey spielte Football mit den Shamrocks, einer Southie-Gang, die Wettkämpfe mit Mannschaften anderer Stadtteile austrug. Im Großen und Ganzen stand er jedoch nicht auf Mannschaftssport. Stattdessen stemmte er lieber zu Hause Gewichte, was damals eher selten war, und joggte am Strand, um fit zu bleiben. Seine Diät war ebenso streng wie seine Disziplin. Die Atmosphäre im Apartment 756 im Logan Way 41 war von Liebe und Sicherheit geprägt, aber Whitey sehnte sich nach etwas anderem: nach Abenteuern. Seine Mutter war entsetzt, als er als Teenager mit einer Varietétänzerin mit dem Künstlernamen Tiger Lil auszugehen begann.[41] Bill Bulger erzählt, dass sein älterer Bruder etwas suchte, was weit jenseits von Southie lag. »›Wo ist Jim?‹, fragte meine Mutter ständig. ›Wenn ich ihm nur eine Sekunde den Rücken zudrehe, dann ist er schon weg. Er ist immer weg. Wo geht er hin?‹ Ich konnte nicht antworten. Ich wusste es nicht. Ich glaube, Jim wusste meist selbst nicht, wohin er ging – einfach fort.«[42] Jean Bulger blieb dennoch hartnäckig optimistisch, wenn es um ihren Ältesten ging. »Das ist nur eine Phase«, pflegte sie oft zu sagen.[43]

Doch seine Unruhe ließ nicht nach, als er älter wurde. Sie nahm noch zu.

Johnny Connolly saß vor dem Haus seiner Eltern im O'Callaghan Way, der längsten Straße in Old Harbor, die sich um die ganze Siedlung windet. Es war Sommer im Jahr 1946, und er war sechs Jahre alt. Er schaute auf, schirmte die Augen gegen die Sonne ab und entdeckte Whitey Bulger, der die Straße entlangkam. Er brauchte ihn nur zu sehen, und schon wusste er, dass dies der Bursche war, den alle Whitey nannten. In Old Harbor lernte man schnell, wer Whitey war. Er war zwar erst 17, aber die Legendenbildung hatte bereits begonnen. Er war der härteste, der wildeste Typ in der Umgebung. Und hart sein bedeutete etwas in Southie, vor allem in den Sozialbauten.

Von der Treppe aus beobachtete Johnny Connolly, wie Whitey über den Hof schlenderte. Sein kurzärmliges Hemd enthüllte einen dicken Bizeps, seine Jeans hatte er über die Knöchel hochgekrempelt. Sein Haar hatte einen Farbton zwischen blond und weiß und schimmerte in der Nachmittagssonne. John behielt stets ein etwas romantisiertes Bild von Whitey, selbst Jahre später, als er wusste, dass dieser ein Gangster und Mörder war.

Zwei Jahre später standen der achtjährige Johnny und zwei seiner Spielkameraden in einem Drugstore, den alle The Druggie nannten, an der Ecke Mohawk Street und Devine Way. Die Jungen wollten für ein paar Cent Süßigkeiten kaufen. Als einer von ihnen den 19-jährigen Whitey und einen anderen Teenager am Getränkespender entdeckte, flüsterte er: »Das ist Whitey Bulger.« Inzwischen wussten selbst vorpubertäre Jungs, dass er ein rauer Bursche war. Einige von ihnen ahnten vielleicht sogar, dass er ein angehender Verbrecher war. »Es war, als wären wir Ted Williams begegnet«, sagte Connolly. »Er war eine Legende in der Siedlung.«[44]

Als Whitey bemerkte, dass die Jungen ihn anstarrten, fragte er: »Wollt ihr ein Eis?« Johnnys Freunde nickten begeistert, aber er selbst zögerte, weil seine Mutter ihn davor gewarnt hatte, Geschenke von Fremden anzunehmen. Nachdem die anderen Jungen ihr Eis bestellt hatten, wandte Whitey sich Johnny zu und meinte: »Was für ein Eis möchtest du denn haben?« Johnny schaute verlegen zu Boden, aber sein Kumpel Robby war weniger schüchtern.

»Seine Mama sagt, er darf nichts von Fremden annehmen«, platzte Robby heraus, während er an seinem Eis leckte.

Whitey runzelte die Stirn. »Von Fremden?«, hakte er nach und blickte auf Johnny hinab. »Wo wohnst du, Kleiner?«

Johnny deutete auf den O'Callaghan Way.

»Hör mal, Kleiner«, fuhr Whitey Bulger fort und bückte sich, sodass ihre Gesichter auf gleicher Höhe waren. »Ich bin kein Fremder. Deine Eltern sind aus Irland. Meine Eltern sind aus Irland. Daher bin ich kein Fremder. Also, was für ein Eis willst du?«

Whitey hatte die Geschichte der beiden Familien etwas gekürzt – es waren seine Großeltern, die aus Irland stammten –, aber das Wesentliche war klar.

»Vanille«, antwortete Johnny nun.

Kaum hatte er das gesagt, hob Whitey den kleinen Johnny zur Ladentheke und gab ihm eine Eistüte.[45] Dies war die erste richtige Begegnung innerhalb einer Beziehung, die mehr als ein halbes Jahrhundert überdauerte und beiden zum Vorteil gereichte, obwohl dabei Whitey stets der Überlegene sein sollte, so wie an diesem Tag.

Kurze Zeit später ging Johnny über den Hof, als ein älteres Kind einen Ball nach ihm warf. Instinktiv hob er den Ball auf, warf ihn wütend zurück und traf den anderen Jungen im Gesicht. Dieser stürzte sich daraufhin auf ihn und begann, ihn zu verprügeln. Es war kein fairer Kampf, denn er war 30 Pfund schwerer als Johnny. Plötzlich tauchte Whitey Bulger auf und zog den älteren Jungen weg. »Geh und prügle dich mit jemandem, der so groß ist wie du«, ermahnte er ihn.

Als John zwölf Jahre alt war, verließen die Connollys ihre Sozialwohnung und zogen in den City Point, etwa eine Meile entfernt. Abgesehen von der Sache mit dem Eis und dem älteren Jungen spielte Whitey Bulger in der Kindheit von Connolly keine große Rolle. Doch diese beiden Akte der Großzügigkeit und der Hilfsbereitschaft blieben in seinem Gedächtnis haften. Whiteys Bruder Bill dagegen wurde Connollys Mentor. Er war sechs Jahre älter als Connolly, aber er schätzte den jüngeren Burschen und kümmerte sich um ihn. An Sonntagen begleitete er ihn von der Kirche nach Hause. Außerdem arbeiteten beide als Rettungsschwimmer in der Badeanstalt in der L Street.

Für die meisten im Viertel war St. Monika, die lokale Kirchengemeinde, mehr als nur eine Kirche. Sie war auch ein Jugendzentrum, und Pfarrer Leo Dwyer war eher Sozialarbeiter als Priester. Er wusste über Basketball Bescheid, nahm die Kinder in der Straßenbahn mit zum Mattapan Square und radelte dann mit ihnen in die Blue Hills. Manchmal fuhr er mit ihnen sogar per Anhalter raus aus der Stadt.[46] In einem Film hätte Bing Crosby seine Rolle übernommen. Bei Whitey hatte er dennoch nie eine Chance. Der hielt sich von der Kirche fern, selbst als sein Bruder Ministrant und ein vorzüglicher Spieler im Baseballteam der Gemeinde wurde. Als Ministrant und erst recht als guter Spieler genoss Bill Bulger in der Siedlung ein hohes Ansehen, auch deshalb sah John Connolly zu ihm auf. Und selbst nachdem Connollys Familie aus Old Harbor weggezogen war, blieb Bill Bulger ein Mentor, eine Konstante, einer der wichtigsten Menschen in Connollys Leben. Bill ermunterte John, wie er aufs Boston College zu gehen. »Ich kannte nicht viele Leute, die als Jugendliche aufs College gingen«, erinnerte sich Connolly. »Bill Bulger pflanzte uns diese Idee ein. Er wusste, dass Bildung der Weg hinaus und nach oben war.«[47]

Vielleicht war es der Weg nach oben, aber nicht der Weg hinaus. Man verließ South Boston nicht. Mag sein, dass man wegzog. Aber wirklich fort war man nie. Connolly war nur fünf Jahre lang weg und sammelte seine ersten Erfahrungen als FBI-Agent. Als er zurückkam, war Whitey schon der größte Gangster im Stadtteil. Connolly beschloss, Bill Bulgers Freundlichkeit dadurch zu vergelten, dass er Whitey schützte und die Familie Bulger vor einem Skandal bewahrte. Es war ein Akt der Loyalität, der Lehnstreue und der vollkommen falschen Prioritäten. Es war jene Art blinder Hingabe, für die Familie und Freundschaft absoluten Vorrang haben und deren Ursprung eine Bindung ist, die auf der Eingangstreppe eines Hauses in Southie entstanden ist. Sie sollte sein Verderben werden.

2

Der Räuber

Die falsche Art Ruhm wurde Whitey Bulger früh zuteil. Schon als Teenager war er eine Persönlichkeit mit wachsendem Ansehen. John Connolly und seine Kameraden blickten zu ihm auf, andere fürchteten ihn wegen seiner Härte und seines Temperaments. Auch die Polizei wurde langsam auf ihn aufmerksam. Whitey war erst 16, als die Cops ihn laut seinen Angaben in den hinteren Teil der Polizeiwache von South Boston schleiften. Sie kannten ihn als notorischen *tailgater*, der sich darauf spezialisiert hatte, Wertsachen aus Lieferwagen zu stehlen und auf den Straßen zu verhökern, und sie wollten Namen hören. Wer waren seine Komplizen? Wer seine Käufer? Doch er gab ihnen nur ein paar schlaue Antworten und bekam dafür Prügel. Sein Arm schmerzte, er dachte schon, er sei gebrochen. Einer der Cops schob ihm den Lauf eines Revolvers in den Mund und ging so nah an ihn heran, dass er den Fusel im Atem des Beamten riechen konnte. »Ich dachte schon, ich müsste sterben«, erzählte Whitey Jahre später einem Freund.[1]

Aber der Moment ging vorbei, und Whitey wurde freigelassen. Er war stolz auf sich. Selbst in Erwartung einer Kugel habe er niemanden verpfiffen, versicherte er. Weitere Erlebnisse mit Polizisten in Hinterzimmern sollten folgen, offenbar waren sie aber nicht ganz so dramatisch abgelaufen. Dennoch wurden Whiteys Konfrontationen mit der Justiz immer feindseliger, und das aus gutem Grund. Jedes Jahr verstrickte er sich in größere Schwierigkeiten, und die Straftaten, die man ihm vorwarf, wurden schwerwiegender.

Im Juni 1948, als er 18 Jahre alt war, wurde Whitey ein Überfall mit versuchter Vergewaltigung vorgeworfen. Das Opfer war die 23-jährige Frau eines Marinesoldaten, die zu Whitey und zwei jüngeren Männern ins Auto gestiegen war. Die Frau berichtete der Polizei, sie habe sich den Männern freiwilllig angeschlossen, nachdem sie im Stadtzentrum im Kino gewesen sei. Doch anstatt sie nach Hause zu bringen, hätten die Männer sie zum Malibu Beach in Dorchester gefahren, wo sie erst nach einem Kampf aus dem Wagen habe fliehen können. Einen Monat später wurde die Anklage auf Überfall und Körperverletzung reduziert. Whitey zahlte eine Strafe von 50 Dollar und verließ den Gerichtssaal als freier Mann. Das war eine bedeutsame Zäsur. Wenige Monate später verpflichtete er sich bei der Luftwaffe.

In Southie gingen die Männer gern zum Militär. Sie sahen es als patriotische Pflicht, Soldat zu werden, und man empfand sogar einen gewissen Stolz, wenn jemand verwundet wurde oder fiel. Whiteys ältere Schwester Jean hatte Joe Toomey geheiratet, einen Berufssoldaten aus Southie. Nach seinem Examen in West Point im Jahr 1949 wurde Toomey zum Oberleutnant der Luftwaffe ernannt und im folgenden Jahr in den Koreakrieg geschickt.

Whiteys militärische Laufbahn war weniger eindrucksvoll. Es ist kaum überraschend, dass es dem jungen Mann, der die Einhaltung von Regeln bisher immer abgelehnt hatte, schwerfiel, Befehlen von Vorgesetzten zu gehorchen. Während seiner fast vier Jahre in der Air Force – von Januar 1949 bis August 1952 – arbeitete er als Flugzeugmechaniker und machte seinen Highschool-Abschluss. Aber er hatte auch als Soldat immer wieder Ärger. Allerdings erwies sich seine Aufsässigkeit als Segen und Fluch zugleich: Er wurde zwar nie befördert, galt aber auch als ungeeignet für Korea. Whiteys Schwager hatte da weniger Glück. Er wurde im November 1950 verwundet und von chinesischen Soldaten gefangen genommen. Wie andere Kriegsgefangene hatte er unter schwierigsten Lebensbedingungen zu leiden, und Jean erhielt einige Zeit später einen Brief von der Armee, in dem es hieß, die Chinesen hätten ihren Mann verhungern lassen. Whiteys Schwester war damit im Alter von 23 Jahren Witwe. Der Leichnam ihres Mannes wurde nie überführt. Auf dem Denkmal auf Castle Island für die in Korea gefallenen Soldaten sind 20 Einwohner von Southie verzeichnet. Joe Toomeys Name steht an letzter Stelle. Das Denkmal wurde rund 40 Jahre nach seinem Tod errichtet, und Whitey war einer der Geldgeber.[2]

Joe Toomeys Gefangenschaft und sein schrecklicher Tod waren ein furchtbarer Schlag für die Familie Bulger, die fürchtete, dass bald auch Whitey in den Krieg geschickt werden könnte, der mehr als 36.000 amerikanische Soldaten das Leben kosten sollte. Aber die Sorgen der Familie erwiesen sich als unbegründet. Dank seiner Disziplinlosigkeit durfte Whitey es sich in der Heimat gemütlich machen. »Er schrieb mir oft«, sagte sein Bruder Bill.

»Er amüsierte sich offenbar gut. Die Luftwaffe hatte anscheinend mehr Regeln als Flugzeuge, und es machte ihm Spaß, viele von ihnen zu brechen oder zu umgehen. Aus seinen Briefen ging hervor, dass er sich jede Woche ein neues System ausdachte, das es ihm ermöglichte, ungestraft ohne Urlaub abwesend zu sein. An Patriotismus fehlte es ihm nicht. Er war einfach Jim. Damals wie heute glaube ich, dass er sich im Kampf gut geschlagen hätte.«[3]

Was Bill über Whiteys »neues System« schrieb, entsprach den Tatsachen. Im Januar 1950 wurde Whitey in Oklahoma City festgenommen und wegen unerlaubten Fernbleibens von der Truppe angeklagt. Ein Jahr später, als er auf einem Luftwaffenstützpunkt in Montana stationiert war, warf die Polizei in Great Falls ihm eine Vergewaltigung vor. Die Einzelheiten sind unklar, aber er wurde dem Militär übergeben. Auch diese Untersuchung ging wieder zu seinen Gunsten aus, über den Grund geben die verfügbaren Akten keine Auskunft. Jedenfalls wurde er ehrenvoll aus der Air Force entlassen. Später listete ein Gefängnisbericht seine Festnahmen als Erwachsener auf und wies darauf hin, wie viel Glück er immer gehabt hatte: »Er wurde wegen unbewaffneten Raubes, polizeilicher Ermittlungen, unerlaubten Entfernens von der Truppe, Vergewaltigung, schweren Diebstahls und Landstreicherei festgenommen, aber nie verurteilt oder eingesperrt.«[4]

Whitey kehrte im Spätsommer 1952 in den Logan Way zurück und machte dort weiter, wo er aufgehört hatte: Er stahl und verkaufte heiße Ware. Das verschaffte ihm Bargeld und ein gewisses Prestige. Die Jugendlichen bestaunten Whitey, wenn er mit seinem perlgrauen Fedora in einem blauen Oldsmobile vorbeifuhr, mit einer drallen Friseuse namens Jacquie McAuliffe auf dem Beifahrersitz. Sie wollten sein wie er, aber die meisten von ihnen hatten keine Ahnung, was das bedeutete. Anfangs hatte er Waren aus LKWs gestohlen, die am Broadway parkten. Es waren Bagatelldelikte, aber sie brachten ihm genügend Geld ein. Er konnte anziehen, was er wollte, hatte immer ein Auto und stets ein Mädchen an seiner Seite.

In einem vertraulichen Bericht der Bostoner Polizei heißt es, Whitey sei einer der dreistesten LKW-Plünderer der Stadt geworden. »Irgendwann im Jahr 1955 wurde jedoch glaubhaft berichtet, dass er damit aufgehört und beschlossen habe, sich schwereren Delikten zuzuwenden.« Obwohl er nie ein Trinker war, traf man ihn den Polizeiberichten zufolge oft in einer der zahlreichen Bars in Southie an. In den Bars konnte ein kleiner Dieb mit entsprechenden Ambitionen einiges von gleich gesinnten Kriminellen lernen. Damals galt Bankraub als die nächste Sprosse auf der kriminellen Karriereleiter. Dabei handelte es sich um einen »Mannschaftssport«. Eine Mannschaft bestand in der Regel aus drei Männern. Einer fuhr den

Fluchtwagen, der zweite sprang über den Schalter, und der dritte stand mit gezückter Waffe da, während sein Komplize das Geld zusammenraffte.5 Whitey durchlief mit der Zeit erfolgreich alle drei Rollen, aber mit der Kanone gefiel er sich am besten.

Obwohl oder weil er sich auf Banküberfälle verlegt hatte, schien ihm ungewöhnlich viel an seinem Ruf in Old Harbor zu liegen. George Pryor, dessen Familie in seiner Kindheit in der Wohnung unter den Bulgers wohnte, erinnert sich daran, dass Whitey sich einmal dafür entschuldigt habe, dass er keinen Umweg gefahren sei, um George nach Hause zu bringen. »Ich hatte ein schlechtes Gewissen«, sagte Whitey zu ihm. »Du sollst nicht denken, dass ich einfach an dir vorbeifahre.«6

Anfang bis Mitte der Fünfzigerjahre trug Mickey McGonagle in Old Harbor Zeitungen aus, und jeden Tag brachte er auch den Bulgers ein Exemplar. Das Blatt kostete 50 Cents in der Woche. Whitey bezahlte Mickey jede Woche, gab ihm einen Dollar und sagte ihm, er solle den Rest behalten. Whitey gab die bei Weitem höchsten Trinkgelder in der Siedlung.7 Er pflegte so das Image eines großzügigen Mafioso. Als Bankräuber verfügte er natürlich über ein höheres Einkommen als fast alle anderen. Später erzählte er einem seiner Komplizen, er habe insgesamt 17 Banken ausgeraubt.8 Aber es waren drei ganz besondere Raubüberfälle, die dazu führten, dass die Polizei ihn plötzlich zum ersten Mal sehr ernsthaft ins Visier nahm.

Banküberfälle waren eine Sache, in die man hineingeriet, weil man sich mit bestimmten Leuten einließ. Whitey hatte sich in den Kneipen am Broadway und in den Nebenstraßen herumgetrieben, wo ehemalige Häftlinge und Möchtegerngauner vom großen Coup träumten. Doch erst im Stadtzentrum fand er sein erstes Team. Später behauptete er vor Vollzugsbeamten, Carl Smith habe ihn unter seine Fittiche genommen. Smith war ein erfahrener Bankräuber aus Indiana, der Boston als einen seiner Stützpunkte nutzte.

In einem Verhör im Gefängnis im Jahr 1956 deutete Whitey an, er sei zu seinem ersten Bankraub verleitet worden. Ein Exsträfling habe ihn Smith im Mai 1955 in der Stage Bar in Bostons Theaterbezirk vorgestellt. Smith wollte, dass Whitey für ihn einen Wagen fuhr, blieb aber vage hinsichtlich seiner genauen Absichten. Er sagte nur, es handele sich um leicht verdientes Geld. Whiteys Erklärung für seine Beteiligung an einem Überfall klingt nicht überzeugend – schließlich war er schon in diesem jungen Alter schlau und sehr selbstbewusst –, aber sie zeigt, wie wichtig ihm sein Ruf unter anderen Kriminellen war. Er wollte keinen Rückzieher machen, egal, was auf ihn zukam. »Als er erfuhr, dass es um einen Banküberfall ging, wollte er zunächst absagen, aber die anderen sollten nicht wissen, dass er Angst hatte«, schrieb ein Vollzugsbeamter. »Er behauptet, er habe noch mehr Angst bekommen, als er gehört habe, dass er mit in die Bank gehen musste, weil zwei Beteiligte ausgestiegen waren. Er sagte, der Überfall sei erfolgreich gewesen und er habe danach bei drei weiteren Banküberfällen mitgemacht.«[9]

Im Mai 1955 ging Whitey in die Filiale Darlington der Industrial National Bank in Pawtucket, Rhode Island. Er begleitete Smith und Ronnie Dermody, einen ehemaligen Sträfling aus Cambridge in Massachusetts. Im Schalterraum befanden sich fünf Kunden und 14 Angestellte. Whitey zog einen Revolver Kaliber .22 und zwang zwei Mitarbeiter, sich auf den Boden zu legen. Eine Kundin, eine Hausfrau aus Pawtucket, schloss die Augen und flüsterte ein Gebet: »Heilige Jungfrau, hilf uns. Heilige Jungfrau, hilf uns.«[10]

Kritisch wurde es, als ein junger Mann, der eine Ausbildung zum Kassierer machte, den Kopf hob. »He, Junior-Bulle«, schnauzte ihn einer der Räuber an, »ich sagte hinlegen!«

Vier Minuten später waren die Gangster draußen. Sie brachten den Fluchtwagen zum nahe gelegenen Fabrikparkplatz zurück, wo sie ihn gestohlen hatten, und wechselten die Autos. Unabhängig davon, ob Whitey nun zu seinem ersten Bankraub verführt worden war oder nicht, machte er auf jeden Fall eine gute Figur. Einer der Kassierer berichtete der Polizei, Whitey habe »einen Gang wie ein Cowboy« gehabt.[11] Der Lohn für vier Minuten Arbeit war sehr ordentlich: 42.112 Dollar.

Einige Monate später prahlte Whitey mit seinem neuen Reichtum. Er nahm seine Freundin Jacquie nach Florida mit, wo die beiden in einem Luxushotel abstiegen. Neben ihrem Job als Friseuse hatte Jacquie ein wenig als Model gearbeitet, und Whitey hatte ihr unermüdlich den Hof gemacht. Er hatte oft in dem Salon vorbeigeschaut, wo sie arbeitete. Als er ihr erzählte, er habe Geld wie Heu, ließ sie ihre kleine Tochter bei ihrer Mutter und hüpfte in sein Oldsmobile. Sie gaben vor, verheiratet zu sein – ein teurer Schwindel. In dem Jahr, in dem Whitey gefährlich lebte und Banken ausraubte, gab er seiner Schätzung nach 25.000 Dollar für Kleider und Hotels aus.[12] Jacquie, blond und zwei Jahre älter als Whitey, sah Jayne Mansfield, der Pin-up-Ikone der Fünfzigerjahre, ziemlich ähnlich. Jacquie war die erste vieler schöner Frauen, die seine Gefährtinnen wurden. Einige Zeit bezeichnete er sie sogar als seine Verlobte, aber die beiden heirateten nie.

Im Oktober 1955 meldete sich Carl Smith wieder bei Whitey – er plante einen neuen Bankraub, diesmal in Hammond, Indiana, wo er einmal gelebt hatte. Smith hatte Erfahrung mit Banküberfällen im Mittleren Westen und hielt sie für ein Kinderspiel im Vergleich zu denen an der Ostküste. Whitey fuhr mit Smith und Richard Barchard, einem anderen Mitglied der Bande, nach Indiana. Sie inspizierten die Mercantile National Bank und vereinbarten, sie am 29. Oktober auszurauben. An diesem Tag stahlen sie auf dem Parkplatz eines Einkaufszentrums ein Auto und parkten in der Nähe der Bank. Nachdem sie hineingegangen waren, zogen sie jedoch nicht ihre Waffen, sondern drehten sich abrupt um und verließen das Gebäude wieder. In der Bank stand nämlich ein Polizist vor ihnen. Als sie das gestohlene Fahrzeug zum Parkplatz zurückbrachten, fiel Whitey und Barchard die Filiale Woodmar der Hoosier State Bank auf, unbewacht und verlockend.

Scheint ein Kinderspiel zu sein, sagte Whitey zu sich selbst.

Einen Monat später raubten Whitey und ein Maurer aus Dorchester namens Billy O'Brien eine Bank in Melrose aus, einer Vorstadt im Norden von Boston. Während O'Brien die Kunden und Angestellten mit einer Waffe in Schach hielt, sprang Whitey über den Schalter und holte 5035 Dollar aus den Schubladen der Kassierer. Sie teilten die Beute mit Barchard, der die Bank entdeckt und ausspioniert hatte. Zwei Tage später beschlossen Whitey und Barchard, dass es ratsam sei, die Stadt zu verlassen, bis die Aufregung der Polizei sich gelegt hatte. Sie erinnerten sich an die einsame kleine Bank, die sie vom Parkplatz in Indiana aus gesehen hatten, und entschieden sich spontan zu einer ausgiebigen Autofahrt.

Barchard nahm seine Frau Dorothy mit und Whitey Jacquie. Es war ein 1400 Kilometer langer Ausflug zu viert. Die Männer ließen die Frauen dann in einem Motel zurück, erkundeten die Bank und kehrten am nächsten Tag, am Tag vor Thanksgiving, mit einem Oldsmobile 88 Baujahr 1954 zurück. Die Nummernschilder aus Illinois hatten sie eben erst gestohlen. Sie stellten das Auto auf dem Indianapolis Boulevard unmittelbar vor der Bank ab und schlenderten hinein. Sie trugen Bluejeans, karierte Arbeitshemden und Jagdmützen mit hinuntergezogenen Ohrenschützern, aber keine Masken.

Whitey hielt in jeder Hand eine Pistole und richtete sie auf die Kunden und Kassierer. Er ging zum Kunden, der ihm am nächsten stand, hielt ihm eine Waffe an die Brust und drückte ihn nach unten. »Alle auf den Boden!«, schrie er. »Ich erschieße den Ersten, der sich bewegt!«

Nachdem sich auch die anderen fünf Kunden hingelegt hatten, sprang Barchard über den Schalter, raffte Geldscheine aus dem Kassenraum zusammen und stopfte sie in einen Sack. Inzwischen versuchte Whitey, die verängstigten Kunden etwas zu beruhigen. »Wir tun keinem was, aber wir brauchen Geld zum Leben. So wie Dillinger.«

Mit diesem Satz spielte Whitey auf den berühmtesten und charismatischsten Bankräuber im Mittleren Westen an. In Southie hätte der Name vielleicht keinen Eindruck gemacht, wohl aber hier in Hammond. Die Kunden, die gezwungen worden waren, sich auf den Boden zu legen, nannten Bulger und Borchard später daher nur »die zwei Dillingers«.[13]

Die zwei Dillingers fuhren bei ihrer Flucht auf dem Parkplatz des Einkaufszentrums beinahe eine Hausfrau an. Ihre Beute betrug 12.612,28 Dollar, nur ein Drittel dessen, was sie in Rhode Island an Land gezogen hatten, aber immer noch das dreifache Jahreseinkommen eines Bostoner Feuerwehrmannes, der auf der anderen Seite des Logan Way wohnte.

Als sie wieder in Southie waren, wies Whitey seine Freundin an zu packen: Sie würden erneut einen romantischen Abstecher nach Miami machen. Dort wurden sie jedoch nach ein paar Tagen wegen Landstreicherei festgenommen – wohl ein Vorwand, da die Polizei von Miami Whitey aus gutem Grund misstraute. Als die Bostoner Polizei mitteilte, es liege kein Haftbefehl gegen Whitey vor, wurde der Vorwurf gegen ihn und Jacquie fallen gelassen, nachdem er ein Bußgeld von 100 Dollar bezahlt hatte.[14]

Die Beamten hatten keine Ahnung, dass Whitey vor Kurzem eine Bank in Indiana ausgeraubt hatte. Das waren noch andere Zeiten. Die Technik, die heute eingesetzt wird, um Bankräuber aufzuspüren oder sie schon während der Tat zu identifizieren, existierte damals noch nicht. Whitey und Jacquie fuhren also unbehelligt nach Hause, um Weihnachten zu feiern.

Ein paar Tage nach Neujahr stellten die Behörden in Indiana einen Haftbefehl gegen Whitey aus. Später erzählte er Vollzugsbeamten, Carl Smith habe ihn verpfiffen, nachdem man ihn und zwei Männer aus Tennessee wegen Bankraubs verhaftet hatte. Da Whitey gewarnt worden war, floh er nach Kalifornien. Doch weil er Sehnsucht nach Jacquie hatte, kehrte er nach Southie zurück und holte sie im Haus ihrer Mutter in der Dorchester Steet ab. Dann fuhren sie südwärts nach Wilmington in Delaware und verbrachten die nächsten zwei Monate unterwegs. Zwischenaufenthalte legten sie in Reno, San Francisco, Salt Lake City und Chicago ein. Irgendwann bekam Jacquie Heimweh, sie vermisste ihre sechsjährige Tochter und ihr Leben in Southie und bat Whitey daher, sie nach Hause zu bringen. Wider jegliche Vernunft kehrte Whitey daraufhin um und fuhr nach Osten.

In Southie färbte er sich das Haar schwarz, setzte eine Hornbrille auf und verließ das Haus so selten wie möglich. Wenn er doch einmal spazieren ging, steckte er eine Zigarre in den Mund, weil das sein Gesicht etwas verzerrte.[15] Das erwies sich jedoch als nutzlos, weil ein Informant das FBI in Boston anrief und den Beamten mitteilte, dass Whitey zurück sei. Der Informant hatte Whitey in einem Nachtclub in Revere gesehen, einer Stadt nördlich von Boston. Also schlugen das FBI und die Polizei zu. Whiteys Festnahme wurde vom FBI groß veröffentlicht. Sogar der Beamte, der das Büro in Boston leitete, normalerweise ein Schreibtischtäter, tauchte zur Feier des Tages auf und wurde am nächsten Tag in der Zeitung ausgiebig und mit Fotos gefeiert. Die Bilder zeigten, wie Whitey mit Handschellen aus dem Nachtclub geführt wurde. Der FBI-Beamte, der ihm die Handschellen angelegt hatte, war Paul Rico, ein ehrgeiziger Ermittler, der auf das organisierte Verbrechen spezialisiert war. Rico war vor allem dafür bekannt, dass in der Unterwelt mehr Spitzel für ihn arbeiteten als für jeden anderen Kollegen und dass er ständig nach neuen Informanten suchte.

Da Rico erst einmal jeden, den er festnahm, für einen potenziellen Informanten hielt, behandelte er Whitey respektvoll, und als Gegenleistung beantwortete Whitey seine Fragen. Er gab zu, die drei Banken ausgeraubt zu haben, und nannte die Namen seiner Komplizen beim Banküberfall in Rhode Island.[16] Dies rechtfertigte er damit, dass man einen Verräter nicht verraten könne: Whitey behauptete ja, Carl Smith habe ihn und die anderen verpfiffen. Außerdem gab er an, seine Beteiligung gestanden und seine Komplizen verraten zu haben, um Jacquie zu retten. Denn das FBI hatte gedroht, sie mit der Begründung anzuklagen, sie habe beim Bankraub in Indiana Schmiere gestanden. Später erzählte er einem Freund, er habe angeboten, sich schuldig zu bekennen, wenn das FBI Jacquie freilasse.[17]

Zudem drängte er Jacquie, mit dem FBI zusammenzuarbeiten. Daraufhin sagte sie aus, Barchard habe mit Whitey den Raub in Indiana begangen und O'Brien sei Whiteys Komplize in Melrose gewesen. »Bulger gestand mündlich, wer seine Komplizen bei diesen Banküberfällen gewesen waren«, notierte FBI-Agent Herbert Briick. Dies war, soweit wir wissen, das erste Mal, dass Whitey, der bisher auf seine Loyalität stolz gewesen war, bereitwillig in die Rolle des Informanten schlüpfte. Aber er war schlau und sollte das immer wieder unter Beweis stellen. In einem klugen Schachzug, der ihre künftige Beziehung vorwegnahm, hielten Whitey und das FBI bewusst seine Rolle bei der Überführung seiner Komplizen geheim. Während Whitey die Namen nur im mündlichen Verhör angab, überredete er Jacquie, sie offiziell zu identifizieren. »Dank ihrer Kooperation«, schrieb Briick, »konnten wir Bulgers Komplizen den Prozess machen.« Jacquie entging dadurch einer Anklage, und es wurde nie öffentlich bekannt, dass Whitey seine Komplizen verpfiffen hatte. Als Spitzel oder Ratte gebrandmarkt zu werden war nicht nur demütigend, in Whiteys Branche konnte es durchaus tödlich sein.

Vielleicht hoffte Whitey, dass seine bereitwillige Kooperation und sein Bemühen, auch Jacquie zur Mitarbeit zu bewegen, die Justiz milde stimmen würden, so wie es in seiner Zeit als jugendlicher Straftäter der Fall gewesen war. Doch diesmal schätzte der Richter Whiteys Charakter und die Chance einer Resozialisierung viel realistischer ein, weil sich Whiteys Image in South Boston verändert hatte. In dem Jahr, in dem er Banken überfallen hatte, war er nicht mehr im Logan Way aufgetaucht. Er hatte außerhalb des Stadtviertels gelebt, oft außerhalb des Bundesstaats, um der Polizei aus dem Weg zu gehen. Da Whitey seine Eltern und Geschwister gemieden hatte, hielt der Richter ihn eher für einen typischen Gangster, einen Kriminellen ohne Wurzeln. Im Untersuchungsbericht, den Richter George Sweeney vor seinem Urteil studierte, hieß es, Whitey habe »mit seinen Eltern sehr wenig zu tun. Vielleicht sollte man erwähnen, dass sein Vater während [Whiteys] prägender Jahre sehr streng zu ihm war und ihn gelegentlich schwer verprügelte. Das zeigte jedoch wenig Wirkung bei ihm, denn er hörte nicht auf, sich in der Gemeinde danebenzubenehmen. Seinen Eltern zufolge kommt er hin und wieder nach Hause, aber meist lebt er woanders. Seine Familie wäre in keiner Weise geschädigt, wenn er eine längere Gefängnisstrafe erhielte.«[18]

Der Bericht erwähnte auch, dass Whitey einen IQ von 118 habe. »Das heißt, er ist überdurchschnittlich intelligent. Er war immer eine Führernatur und kennt den Unterschied zwischen richtig und falsch. Er hat aus freier Entscheidung gehandelt. Was sein künftiges Verhalten in der Gesellschaft anbelangt, ist die Prognose schlecht.«

Sweeney sah das offenbar genauso und verurteilte Whitey zu 20 Jahren Haft. Der Staatsanwalt hatte sogar 25 gefordert, aber Whiteys Verteidiger, Ted Glynn, hatte das Gericht um Milde gebeten und betont, dass der Angeklagte eine gewisse Reue gezeigt und mit der Justiz zusammengearbeitet habe.[19]

Als Kind hatte Whitey keine Zeit für die Kirche gehabt, nicht einmal für den viel bewunderten Pater Leo Dwyer von St. Monika. Doch im Gefängnis suchte er bei einem Geistlichen Rat und Trost. Pfarrer Robert Drinan war ein Freund der Familie, den Bill Bulger im Boston College kennengelernt hatte. Bill hatte den Jesuitenpriester gebeten, seinem Bruder zu helfen.[20] Dies war der Beginn einer regelmäßigen Korrespondenz und Freundschaft von Whitey und Drinan.

Zwei Tage nach dem Urteil wartete Whitey auf seine Überführung in ein Bundesgefängnis. Er saß auf seiner Pritsche im ältesten Gefängnis von Boston in der Charles Street, einem düsteren, feuchten, viktorianischen Bau. Die Insassen behaupteten, dass die Ratten hier so groß waren, dass man nachts ihre Schritte hören konnte. Einige berühmte Gesetzesbrecher hatten hier bereits eingesessen – James Michael Curley, Sacco und Vanzetti, Malcolm X und zahlreiche kleine Ganoven wie Whitey.* Whiteys Stimmung passte nicht zu seiner trostlosen Umgebung, wie er Drinan schrieb, der eben zum Dekan der juristischen Fakultät des Boston College ernannt worden war. Drinan hatte Whitey nach seiner Verhaftung besucht und im Rahmen der Untersuchung vor dem Prozess für die Familie Bulger gebürgt.

---

* 2007 wurde diese Strafanstalt zu einem der teuersten Hotels der Stadt umgebaut.

Für einen 26-jährigen Mann, der eben zu 20 Jahren Gefängnis verurteilt worden war, empfand Whitey erstaunlich wenig Selbstmitleid, ja, er schien fast fröhlich zu sein. Die Gewissheit, 20 Jahre lang im Gefängnis sitzen zu müssen, erschien ihm besser als die unbekannten Risiken und die Ehrlosigkeit des Lebens, das er bisher geführt hatte. Er schien entschlossen, das Beste daraus zu machen. »Ich danke Ihnen von ganzem Herzen für Ihre Hilfe«, schrieb er an Drinan und versprach, seine Zeit im Gefängnis gut zu nutzen. Er schätzte sich glücklich, dass man ihn in ein Bundesgefängnis schickte – wo die Lebensqualität angeblich höher war – und nicht in ein Staatsgefängnis. »Es sieht jetzt sehr gut aus für mich. Die Verurteilung zu 20 Jahren gefällt mir … ich fühle mich jetzt so viel besser, weil ich weiß, dass ich mich darauf freuen darf, eines Tages entlassen zu werden. Ich werde diese Jahre sinnvoll nutzen. Ich warte sehnsüchtig darauf, hier wegzukommen und mich im neuen Gefängnis einzuleben. Es ist ein Glück, dass ich in ein Bundesgefängnis komme und nicht in ein Staatsgefängnis. Die Zustände sollen viel besser sein.« Whitey sagte, er habe sich von seiner Familie und von seiner Freundin verabschieden können und habe von seinem Bruder Bill ein paar Bücher zum Lesen bekommen. Aber er würde Drinan gerne noch einmal sehen. »Mehr fällt mir nicht ein, außer dass ich Ihnen gerne berichten würde, dass ich mich sehr darüber freue, wie die Dinge sich entwickelt haben. Nun sage ich gute Nacht, und ich hoffe sehr, Sie wiederzusehen.« Er unterschrieb mit »Ihr Freund Jim«.[21]

Dieser Brief an Pater Drinan war erstaunlich optimistisch und einsichtig. Aber noch etwas ist bemerkenswert: Whitey hielt in der oberen linken Ecke die Bedingungen fest, unter denen der Brief verfasst wurde: in der Dunkelheit. »Schreibe dies, nachdem das Licht ausgeschaltet wurde«, berichtete Whitey. Das Licht sollte nun neun Jahre lang früh ausgehen. Der Mann, der immer geflohen war – vor der Schule, vor seinem Zuhause, vor dem sicheren Kokon von Old Harbor –, war nun Gast der Gefängnisbehörde des Justizministeriums. Und er war beinahe erleichtert darüber. Für den rastlosen Jungen aus dem Logan Way konnte es nur noch aufwärts gehen.

3

Die Universität von Alcatraz

Whitey Bulger stand am Landungssteg 4 bei Fort Mason und wartete darauf, die *Warden Johnston* zu besteigen, ein 20 Meter langes Schiff, das zwischen dem Festland und einer kleinen Insel mitten in der Bucht von San Francisco hin- und herfuhr. Er hatte angenehme Erinnerungen an die Stadt, obwohl es eine Weile her war, dass er sie zum letzten Mal – als Bankräuber auf der Flucht, mit Geld in der Tasche und einem Mädchen an seiner Seite – besucht hatte. Jetzt trug er Handschellen, und neben ihm standen U.S. Marshals. Es war die zweite Woche im November 1959, die Luft war kühl und roch leicht süßlich, weil sich in der Nähe die Schokoladenfabrik Ghirardelli befand. Das abklingende Bimmeln einer Kabelstraßenbahn übertönte das dumpfe Brummen des Dieselmotors, der auf Leerlauf geschaltet war. San Francisco erhob sich majestätisch hinter dem Häftling. Die Golden Gate Bridge lag zu seiner Linken, und ganz deutlich zeichnete sich eine Insel in der Ferne ab, sein neues Zuhause: Alcatraz.

Man nannte sie »The Rock« (den Felsen), die Insel für Unverbesserliche. Whitey war etwa 5000 Kilometer von der Gefängniszelle in Boston entfernt, in der er Pater Drinan, dem Freund seiner Familie und künftigen Kongressabgeordneten, versprochen hatte, sich im Gefängnis zu ändern. Doch als er nun die Insel anstarrte, fühlte er sich vollständig abgeschnitten von Southie, von seiner Familie, von allem, was er kannte. Er wollte sein Versprechen immer noch halten, aber an diesem einschüchternden Ort lautete die Frage nur: wie?

Alcatraz war sein zweiter Aufenthaltsort im bundesstaatlichen Strafvollzug. Im Juli 1956 war er zuerst in das Gefängnis von Atlanta gebracht worden, 26 Jahre alt, muskulös und drahtig, über 1,76 Meter groß und

67 Kilogramm schwer. Und er strahlte immer noch Selbstvertrauen aus. Ja, er war ein gewöhnlicher Krimineller, aber ein erstaunlich beeindruckender, der seine 20-jährige Haftstrafe mit der Absicht angetreten hatte, viel zu lesen und sich seiner Bildung zu widmen, die er in seiner Jugend so schmählich venachlässigt hatte. Auf diese Weise wollte er sich auch für eine möglichst frühe Entlassung auf Bewährung empfehlen. Stattdessen hatten aber wieder einmal seine Impulsivität und seine Neigung, Unruhe zu stiften, die Oberhand gewonnen, so wie in seiner gesamten Jugendzeit – er war schon immer ein Junge gewesen, den niemand wirklich verstehen oder in Schach halten konnte. Sein Vorhaben, sich anzupassen und das Gefängnis so schnell wie möglich zu verlassen, war völlig gescheitert. Als er die *Warden Johnston* betrat, steuerte er stattdessen auf das härteste Gefängnis Amerikas zu.

Drei Jahre zuvor war Whitey in der Sommersonne in Atlanta angekommen, und trotz der Aussicht, zwei Jahrzehnte im Knast verbringen zu müssen, wirkte die historistische Fassade des Bundesgefängnisses trügerisch einladend. Doch dieser Anblick war nur für Außenstehende bestimmt. Whitey wurde zum hinteren Tor gebracht, wo die Neuankömmlinge empfangen wurden, und schon holte ihn die Realität ein. Er sah das ausgedehnte, 750.000 Quadratmeter große Gefängnis so, wie es war. Die Wärter in den hoch aufragenden Wachtürmen waren bewaffnet. Reihen um Reihen mit aufeinandergebauten Zellen befanden sich in der Mitte des Hofes – ausreichend für mehr als 1000 Insassen.

Whitey war schockiert, als er erfuhr, dass er nicht einen Zellengenossen haben würde, sondern sieben. Vier Stockbetten waren in eine Zelle gezwängt. An der Wand gab es eine Toilette, ein Waschbecken für die Gesichtswäsche und ein kleineres Becken zum Zähneputzen. Die Demütigung, die Toilette vor den Augen von sieben anderen Männern benutzen zu müssen, war in Whiteys Augen nichts im Vergleich dazu, dass er dem unaufhörlichen banalen Geplapper seiner Mithäftlinge nicht entfliehen konnte. Die üblichen Themen – Sex, Autos, Geld – hätten ihn durchaus kurzzeitig interessiert, aber die Männer redeten von nichts anderem. Viele von ihnen saßen nur kurze Strafen ab und zählten die Tage und Monate, während Whitey Jahre vor sich hatte. Außerdem hatte er Ziele und sah eine Zukunft für sich. Doch sie hatten nur ihr endloses belangloses Geschwätz. Whitey konnte dabei weder lesen noch nachdenken. Diese ständigen Störungen machten ihn erst nervös, dann wütend, und er fürchtete schon, dass er eines Tages jemandem einen Fausthieb verpassen und im Loch landen würde, in einer Isolationszelle, in der es nichts zu lesen und keine Post gab, nur Wände.

Mit der Zeit fand er ein wenig Erleichterung durch einen Job in der »Bildungsabteilung« des Gefängnisses. Das bedeutete, dass er viel Zeit in der Bibliothek verbringen konnte. Er hob Gewichte, um seine innere Unruhe zu dämpfen und etwas kräftiger zu werden. Aber auf Whitey lastete etwas noch schwerer als die Gefängnismonotonie. In Atlanta hatten ihn FBI-Agenten aufgesucht, um ihn wegen eines weiteren Verbrechens zu vernehmen: Zwei seiner Bankraubkomplizen hatten ihn angeblich der Mittäterschaft bei einem Mord in Indiana bezichtigt.[1] Sie behaupteten, das Opfer in einen See geworfen zu haben. Obwohl die Ermittler den See durchsucht und keine Leiche gefunden hatten, hielten sie die Aussagen für glaubhaft und teilten Whitey und der Gefängnisleitung mit, dass in Kürze eine Anklage wegen Mordes erfolgen werde. Whitey beteuerte seine Unschuld und schwor, er wisse nichts von einem Mord. In diesem Fall sagte er sogar die Wahrheit, doch das konnten die Vollzugsbeamten nicht wissen. »[Whitey] schrieb seinem Bruder einen besorgten Brief wegen dieses Vorwurfs, aber es war schwer zu sagen, ob er prahlte oder sich beklagte«, berichteten die Beamten. »Auf jeden Fall scheint er zutiefst betroffen zu sein, und eine derartige Anklage wird sehr wahrscheinlich seine Eingewöhnung hier beeinträchtigen.«[2]

In seiner Verzweiflung darüber, dass ihm womöglich eine Anklage wegen eines Verbrechens bevorstand, das seine lange Haft in eine lebenslange umwandeln würde, fand er das Geschwätz seiner Zellengenossen noch unerträglicher. Er wollte nachdenken und wusste nicht, wo. Seine Geduld war am Ende. Er war kurz davor durchzudrehen. Nach nur drei Monaten im Gefängnis suchte er daher die psychiatrische Station auf und beklagte sich darüber, dass »ihm die anderen Männer in seiner Zelle extrem auf die Nerven gingen«.[3] Mit dieser selbst attestierten psychischen Störung verfolgte er ein Ziel: Er wollte dauerhaft in einer Einzelzelle untergebracht werden. Während er in der Psychiatrie saß, schrieb er Pater Drinan in Boston einen zweiseitigen Brief und bat ihn um Hilfe. Der Priester war nämlich nicht nur ein Freund und spiritueller Berater, sondern auch Anwalt, und Whitey brauchte juristischen Rat.[4]

Whitey schrieb, er sei ganz durcheinander. Er glaube, alles richtig zu machen. Er arbeite in der Bibliothek und gehe sonntags in die Kapelle. »Ich bin kein Engel, aber wie Sie wissen, muss ich 20 Jahre absitzen, und ich weiß, dass ich keine Zukunft habe, wenn ich mir nicht selbst helfe und diese Zeit gut nutze. Ich kann mir nur durch Bildung und die Entwicklung guter Gewohnheiten und einer vernünftigen Lebenseinstellung helfen«, schrieb er.

Doch in seiner Zelle könne er nicht lesen, weil er ständig abgelenkt werde. Außerdem müsse er stets seine Gefühle unterdrücken. Und er frage sich, ob er einen Anspruch darauf habe, in eine Einzelzelle verlegt zu werden. Whitey bat Drinan, seinem Bruder Bill die Situation zu erklären, der dann seine Familie und Jacquie informieren könne. Der Brief erreichte den Priester allerdings nie. Die Vollzugsbeamten, die jeden Brief lasen, beschlagnahmten ihn, weil es den Insassen verboten war, Einzelheiten ihres Gefängnisaufenthalts zu enthüllen. Dennoch gelang es Whitey schließlich, die Beamten selbst davon zu überzeugen, dass es besser war, ihn zu verlegen. Doch seine neue Einzelzelle war kein Wundermittel. Er war immer noch sehr angespannt, machte sich Sorgen über den Mordfall und litt unter der Entfernung von zu Hause. Niemand hatte ihn besucht, und obwohl er seiner Familie regelmäßig schrieb, bekam er nur wenige Briefe. Und die Briefe, die kamen, wurden einbehalten oder erst Wochen später ausgehändigt. Einige Monate, nachdem er sich eine Einzelzelle erkämpft hatte, geriet er eines Morgens in der Schlange vor dem Bad mit einem anderen Insassen in Streit. Das war sein erster Verstoß gegen die Hausordnung. Dafür kam er für kurze Zeit in Isolationshaft und verlor zehn Tage »guter Führung«. Das Gefängnissystem belohnte vorbildliches Benehmen, indem es den Insassen eine Verkürzung ihrer Haft von bis zu zehn Tagen monatlich in Aussicht stellte, sofern sie keinen Ärger machten.[5] Das war ein starker Anreiz, und Whitey hatte eigentlich vorgehabt, das Angebot voll zu nutzen.

Bill Bulger, immer noch der gute Sohn der Familie, legte an der juristischen Fakultät des Boston College sein juristisches Examen ab und wurde Abgeordneter im Repräsentantenhaus, während sein älterer Bruder im Gefängnis saß. Bill war ausdauernd, strukturiert und klug und wurde bald der wichtigste Anwalt und Beschützer seines Bruders. Er rief häufig im Gefängnis an, schrieb Briefe an die Verwaltung und beschwerte sich darüber, dass man seinen Bruder schlecht behandle. Außerdem drängte er darauf, Whitey in die Nähe von Boston zu verlegen.[6] Einen mächtigen Verbündeten fand er in einem Freund der Familie aus Old Harbor: dem Kongressabgeordneten John W. McCormack, der mittlerweile vom Mehrheitsführer im Repräsentantenhaus zu dessen Sprecher aufgestiegen war. Bill Bulger nutzte McCormacks politischen Einfluss, um dagegen zu kämpfen, dass sein Bruder im System unterging. McCormack rief den Direktor des Bundesamts für Gefängnisse in Washington an, verlangte aktualisierte Berichte über Whiteys Fortschritte und arrangierte Besuche von dessen Angehörigen und mehreren Freunden im Gefängnis.[7] Bill Bulger war McCormack überaus dankbar, auch dafür, dass der Abgeordnete die Familie über Whiteys Situation im Gefängnis auf dem Laufenden hielt. »Ich erinnere mich daran, dass er zu meinem Vater sagte: ›James hat einen Fehler gemacht und dafür bezahlt. Aber er kann sich ändern, wenn sie ihm eine Chance geben.‹«[8]

Bill glaubte daran, dass sein Bruder sich ändern wollte. Er besuchte Whitey zweimal im Gefängnis in Atlanta. Vor jeder Fahrt schrieb er dem Gefängnisdirektor und drängte ihn, die übliche siebentägige Wartefrist zwischen zwei Besuchen auszusetzen, damit er Whitey an zwei Tagen hintereinander besuchen konnte.[9] »Wegen der hohen Kosten und der Zeit, die meine Arbeit und das Studium erfordern, kann ich meinen Bruder nur einmal im Jahr besuchen«, teilte er ihm mit und fügte hinzu, dass Whitey ohnehin nicht sehr viel Besuch bekomme, weil er so weit von zu Hause weg sei. Whitey war nicht glücklich, aber er und seine Familie lernten allmählich, wie man mit einem bisweilen aufreizend schwerfälligen System umgehen musste. Als Whitey auf den Kalender blickte und die Zeitgutschrift ausrechnete, die er jeden Monat erhielt, fiel ihm eine weitere Möglichkeit ein, seine Haftzeit zu verkürzen. Das sollte sich jedoch als schlechter Handel erweisen.

Die Fassade des Gefängnisses in Atlanta verbarg nicht nur den fabrikähnlichen Komplex dahinter, sie verlieh auch einer anderen unerfreulichen Facette des damaligen Gefängnislebens einen hübschen Anstrich: der Verwendung von Häftlingen als Versuchskaninchen für medizinische Studien und Experimente.

Da Whitey unbedingt 1963 auf Bewährung entlassen werden wollte, versuchte er, möglichst viel Zeitgutschrift wegen guter Führung zu sammeln. Daher war er begeistert, als er, kurz nachdem er einen Job als Helfer im Gefängniskrankenhaus angenommen hatte, hörte, dass man noch zusätzlich Bonuspunkte erwerben konnte. Dr. Carl Pfeiffer, ein bekannter Pharmakologe und Forscher an der Emory University, informierte Whitey und andere Insassen darüber, dass er eine Studie plane, um ein Heilmittel für Schizophrenie zu finden. Dabei wolle man Freiwilligen ein Halluzinogen namens LSD injizieren. Die Abkürzung sagte ihnen damals nichts, denn nur wenige Menschen hatten außerhalb des Forschungsbereichs 1957 je von Lysergsäurediethylamid oder dessen Wirkungen gehört. Im Gegenzug sollten die Häftlinge einen kleinen Geldbetrag für ihr Gefängnissparkonto bekommen, und man würde ihnen eine so hohe Zeitgutschrift wegen guter Führung geben, dass sie ihre Haftzeit um Monate verkürzen konnten.[10]

Was man ihnen allerdings nicht verriet, war, dass die LSD-Injektionen Teil eines Projekts der Central Intelligence Agency (CIA) waren, die ein Mittel entwickeln wollte, um das Denken von Menschen zu manipulieren. Projekt MKUltra, das geheime Programm der CIA zur Erforschung von Verhaltensveränderungen, rekrutierte meist Studenten und Ärzte. Das Gefängnis in Atlanta war nur eine von 86 Universitäten und Institutionen, die zwischen 1953 und 1964 an den Tests beteiligt waren.[11]

Am 6. August 1957 unterschrieb Whitey einen Vertrag, in dem er bestätigte, dass er »die halluzinogene Wirkung von Lysergsäurediethylamid (LSD 25)« verstanden habe und dass »mir der potenzielle Nutzen für die Menschheit und die Risiken für meine Gesundheit im Falle einer Teilnahme an dieser Studie erklärt wurden … Ich akzeptiere hiermit freiwillig alle derartigen Risiken.«[12] Sechs Tage später meldete er sich in der psychiatrischen Station, einem großen, antiseptischen Raum mit Gittern und verriegelter Stahltür im Keller des Gefängniskrankenhauses. Dort injizierte man ihm seine erste LSD-Dosis. In den nächsten 15 Monaten folgten weitere Dosen einmal in der Woche. Whitey bekam drei Dollar für jede Injektion, und von seiner Gefängnisstrafe wurden insgesamt 54 Tage abgezogen. Die Folgen aber waren verheerend. Die halluzinogene Wirkung der Droge sollte ein Leben lang anhalten, und Whitey bereute noch Jahre später, dass man ihn dazu gebracht hatte, sich etwas verabreichen zu lassen, was ihn fast verrückt gemacht hatte und ihm für immer den gesunden Schlaf raubte.[13]

Die Halluzinationen begannen innerhalb von Minuten nach der Injektion. Plötzlich schien Blut aus den Wänden zu spritzen und ihn zu ertränken. Der Mithäftling, der neben ihm saß, verwandelte sich in ein Skelett. Die Gitterstäbe an den Fenstern nahmen die Form schwarzer Schlangen an. Er und die anderen Versuchspersonen wurden »wahnsinnig … geistig völlig durchgedrehte Tiere«. Whitey fühlte sich nach den Behandlungen depressiv und hatte Selbstmordgedanken. Er sagte, zwei Studienteilnehmer seien psychotisch geworden, und man habe sie ins bundesstaatliche Gefängniskrankenhaus nach Missouri gebracht.[14]

Richard Sunday, ein Häftling, der mit Whitey im Gefängniskrankenhaus arbeitete und einer seiner besten Freunde wurde, beobachtete die Wirkung der experimentellen Injektionen und war entsetzt. Whitey habe laut geschrien und unzusammenhängendes Zeug gestammelt, erzählte er, sein Gesicht sei verzerrt gewesen. »Unter dem Einfluss dieser Drogen wirkte er verrückt«, meinte Sunday.[15] »Er war ein Irrer.«[16] Sunday drängte Whitey, die Versuche abzubrechen, doch dieser vertraute Dr. Pfeiffer und machte weiter. Für einen Menschen, der vor seinem Haftantritt wenig Respekt vor Autoritäten gezeigt hatte, war Whitey dem Arzt gegenüber überraschend gefügig. Jahre später drohte er damit, Pfeiffer ausfindig zu machen und umzubringen, aber im Gefängnis vertraute er ihm vorbehaltlos. Sunday führte dies auf Whiteys patriotisches Pflichtbewusstsein zurück – für ihn war das LSD-Projekt eine Art Dienst an der Öffentlichkeit.[17]

Vielleicht war dies eine Folge seiner Kindheit in South Boston. In diesem Viertel vermischten sich Loyalität und Stolz auf die Arbeiterklasse bei den meisten Menschen mit einer bedingungslosen Liebe zu ihrem Land. Junge Männer fühlten sich daher verpflichtet, Soldat zu werden, und die

Zahl der Soldaten, die im Kampf fallen, ist in Southie seit Generationen unverhältnismäßig hoch. Straßenecken, Parks und Schulen wurden nach ihnen benannt. Whitey brüstete sich trotz seiner eher bescheidenen militärischen Karriere damit, ein Veteran zu sein. Es ärgerte ihn gewaltig, wenn Mithäftlinge sich in antiamerikanischen Tiraden ergingen. »Die Leute dort sprachen über das Land wie über einen Hund«, meinte Sunday, der als Veteran zwar einen Orden erhalten hatte, aber schließlich ins Gefängnis gewandert war, nachdem ihn ein Militärgericht wegen der Vergewaltigung eines Mädchens in Korea verurteilt hatte. »Ich war enorm patriotisch... Jimmy [Bulger] war ebenfalls patriotisch. Er wollte kein Kommunistengelaber über das Land hören.«[18]

Geplagt von Schlafstörungen und Albträumen nach den Injektionen, ging Whitey in die Krankenstation und bat darum, von der Arbeit entbunden zu werden und einen Tag allein in seiner Zelle verbringen zu dürfen, um sich zu erholen. »Vom LSD-Projekt mitgenommen«, schrieb jemand vom medizinischen Personal eines Tages in Whiteys Krankenakte, nachdem er ihn untersucht hatte.[19] Nach 15 Monaten schlossen ihn die Ärzte von der Studie aus, weil er »ständig extrem laut und ungestüm« war.[20] Ob den Ärzten die Freiwilligen ausgingen oder es Whitey wieder besser ging, ist unklar, jedenfalls meldete er sich im folgenden Sommer erneut für die LSD-Studie an, da er immer noch verzweifelt versuchte, seine Haftzeit durch gute Führung möglichst zu verkürzen. Außerdem stellte er sich für ein weniger strapaziöses Experiment zur Verfügung, bei dem es darum ging, einen Impfstoff gegen Keuchhusten zu testen. Für jede Impfung bekam er einen Dollar, für jeden Bluttest zwei Dollar und jeden Monat eine zusätzliche Gutschrift von drei Tagen.[21] So verdiente er sich langsam und schmerzhaft seine Freiheit.

Als Whitey ins Gefängnis kam, nutzte er zunächst, wie er es sich vorgenommen hatte, tatsächlich die Zeit, um ein besserer Mensch zu werden. Er nahm Unterricht in Maschineschreiben und schloss Fernkurse in Buchhaltung, Verkaufstechnik und Handelsrecht erfolgreich ab. Zudem begann er ernsthafte Literatur zu lesen und entdeckte ein Interesse an historischen Romanen über Kriege und Politik sowie an Autobiografien, Wildwestromanen und Lyrik. Er abonnierte *America*, eine jesuitische Zeitschrift, die ihm Pater Drinan empfohlen hatte, der regelmäßig für dieses Magazin schrieb. Außerdem war Whitey ein eifriger Briefschreiber. Die Vorschriften erlaubten ihm eine Korrespondenz mit zehn ehrbaren Personen, die vorher überprüft worden waren. Anfangs standen seine Eltern und Geschwister, Jacquie McAuliffe, Drinan und ein anderer Priester auf seiner Liste. Als seine Freundin ihm nicht mehr schrieb, ersetzte er auch sie durch einen Priester. So korrespondierte der Mann, der keine Lust gehabt hatte, die paar

Minuten vom Logan Way zur Kirche St. Monika in Southie zu gehen, nun im Gefängnis mit drei Priestern – und besuchte regelmäßig die Messe. Entweder hatte er zu einer neuen Spiritualität gefunden, oder er war der Meinung, dass ein Bewährungsausschuss sich am ehesten dadurch positiv beeindrucken ließ, dass ein Häftling hinter den Mauern religiös wurde – und nachweisen konnte, dass er draußen angesehene Verbündete hatte.

Was auch immer seine Motive gewesen sein mochten, sein Image im Gefängnis begann sich zu verändern. »Dieser Mann hängt sehr an seiner Mutter«, schrieben die Vollzugsbeamten in ihrem Jahresbericht und wiesen darauf hin, dass er regelmäßig mit ihr korrespondiere.[22] Er erhielt auch eine »Verdienstmedaille« dafür, dass er Patienten in der Krankenstation bei der Physiotherapie unterstützte. Dabei zeigte er eine »kooperative Arbeitsauffassung und eine heitere Persönlichkeit«. Trotz seiner gewissenhaften Bemühungen, seinen Ruf zu verbessern, fiel es ihm jedoch immer noch schwer, Ärger zu vermeiden. Ein Jahr nach diesem positiven Bericht fanden Wärter heraus, dass er vier Häftlingen, die aus dem Gefängniskrankenhaus fliehen wollten, heimlich eine Metallsäge zugesteckt hatte. Die Männer wurden auf dem Dach über dem Esssaal eingefangen, und ein Spitzel informierte die Aufseher über Whiteys Beteiligung.[23] Dass Whitey den guten Eindruck, um den er sich bisher bemüht hatte, aufs Spiel setzte, um bei einem Ausbruch zu helfen, an dem er selbst gar nicht teilnahm, hielt das Personal für besonders unbesonnen; von da an galt Whitey außerdem als potenzieller Ausbrecher. »Fast jedes Mal, wenn wir Informationen über einen Ausbruchsversuch erhalten, steht Bulgers Name ganz oben auf der Liste«, schrieb W. H. York, der stellvertretende Gefängnisdirektor, und empfahl seinem Chef, Whitey nach Alcatraz verlegen zu lassen, in das erste Hochsicherheitsgefängnis des Landes.

Da Bill Bulger weit weg und mit dem Aufbau seiner eigenen Karriere beschäftigt war, erfuhr er nur wenig über Whiteys Gefängnisalltag. Dennoch war ihm wohl klar, dass es für seinen Bruder nicht gut aussah. Wieder einmal schrieb er an McCormack, der damals Mehrheitsführer im Repräsentantenhaus war, und beklagte, dass Whitey in Isolationshaft gehalten werde und keinen Kontakt zu seiner Familie haben dürfe.[24] McCormack wandte sich daraufhin persönlich an James Bennett, den Direktor der Gefängnisbehörde, und drängte ihn, der Beschwerde nachzugehen. Sein Eingreifen zeitigte auch Wirkung: Whitey durfte sich wieder zu den anderen Häftlingen gesellen, und Bennett lehnte auch das Verlegungsgesuch ab, weil die kürzlich erfolgte Abschiebung von zwei anderen Häftlingen nach Alcatraz seiner Meinung nach für Whitey eine hinreichende Warnung war und ihn dazu bringen würde, sich anständig zu benehmen.[25] Fünf Monate später deckten die Wärter einen Fluchtplan auf, an dem Whitey und mehrere andere Häftlinge beteiligt waren, unter ihnen Tom Devaney, ein Schläger, der für den berüchtigten irisch-amerikanischen Mafioso Mickey Spillane in Hell's Kitchen, New York City, gearbeitet hatte.[26] Daraufhin kam der Plan, Whitey nach Alcatraz zu bringen, wieder auf den Tisch. Erneut eilte ihm Bill Bulger zu Hilfe und schrieb an den Direktor: »Trotz der angeblich klaren Beweise für das Gegenteil bin ich davon überzeugt, dass mein Bruder alles ihm Mögliche getan hat, um sich für eine Freilassung auf Bewährung zu empfehlen.«[27]

Bill teilte dem Direktor auch mit, dass er in den nächsten Tagen nach Atlanta fahren werde und auf eine persönliche Begegnung nicht nur mit Whitey, sondern auch mit dem Direktor hoffe. Bill glaubte, er könne Whiteys Verhalten und seine Pläne erklären. »Für mich ist kaum etwas so wichtig wie seine Rückkehr in ein anständiges Leben«, fügte er hinzu.

Die Antwort des Direktors klang beruhigend: »Ihr Bruder hat sich in den vergangenen paar Monaten einiger ziemlich ernster Verfehlungen schuldig gemacht, aber ich freue mich, Ihnen mitteilen zu können, dass er sich jetzt am Programm beteiligt und offenbar wieder mit Begeisterung bei der Sache ist. Wenn Sie ihm fröhliche Briefe schreiben und ihn so oft besuchen, wie es Ihnen vernünftigerweise möglich ist, wird das zweifellos seine Fortschritte beschleunigen.«[28]

Bill Bulgers nächster Brief an Whitey bestand den Heiterkeitstest offenbar nicht, denn er wurde ihm mit einem Vermerk des Direktors zurückgeschickt: »Ihr Brief an Ihren Bruder James wird Ihnen hiermit zurückgesandt, weil es in ihm hauptsächlich um Anstaltsangelegenheiten und -ereignisse geht und es sich nicht um einen privaten Brief im eigentlichen Sinne handelt.« Einige Tage später erhielt Bill Bulger einen Brief von seinem Bruder, der darauf hindeutete, dass Whitey sich immer noch in Isolationshaft befand. Daraufhin warf Bill den Beamten vor, seinen Bruder zu misshandeln und die Briefe, die er seiner Familie schrieb, absichtlich verspätet abzuschicken. Das wütende Hin und Her eskalierte, als der Direktor sich weigerte, Whitey einen weiteren Brief zuzustellen, und Bill Bulger vorwarf, er habe diesen Brief bewusst zurückdatiert, damit es so aussehe, als wären die Verzögerungen bei der Kommunikation mit Whitey ungebührlich lang.[29] Diese Anschuldigung brachte Bill Bulger in Rage, denn er war stolz auf seine moralische Einstellung und seine Korrektheit. Nichts regte ihn so auf wie ein Angriff auf seine Ehre. Er feuerte daher einen empörten vierseitigen, handgeschriebenen Brief zurück, in dem er seine Integrität verteidigte und erklärte: »Ich lüge nicht.«[30] Damals war Bill Bulger ein Jurastudent im zweiten Jahr. Er bat den Direktor daher, ihm künftige Briefe an die juristische Fakultät des Boston College in Newton zu senden.

Vielleicht wollte er dadurch unterstreichen, dass mit ihm nicht zu spaßen war.[31] Aber der Direktor hatte genug vom Briefwechsel über Whitey. In einem Brief, in dem er seine Empfehlung rechtfertigte, Whitey nach Alcatraz zu überstellen, schrieb er, dieser habe »aktiv mit seinen ehemaligen, unerwünschten Komplizen Kontakt aufgenommen« und plane eine Flucht.[32] »Trotz unserer geduldigen Bemühungen, Bulger zu einer konstruktiven Teilnahme am Programm zu bewegen, wird er jeden Tag mürrischer, widerspenstiger und frecher. Wir glauben nicht, dass wir ihm erlauben können, sich unter die anderen Häftlinge zu mischen. Das würde zu weiteren schweren Problemen führen.«

Am 12. November 1959 erschien Bill Bulger unerwartet in Bennetts Büro in Washington, um sich persönlich für seinen Bruder einzusetzen.[33] Aber Bennett war nicht erreichbar, und es war ohnehin zu spät. Denn Whitey befand sich bereits auf der ersten Etappe seiner Reise nach Alcatraz.

Das Einzige, was Whitey Bulger in Alcatraz an zu Hause erinnerte, war der Name des Gangs in der Nähe der Zellen, in denen alle Neuankömmlinge untergebracht wurden: Man nannte ihn Broadway. In dieser harten neuen Welt erregte seine Ankunft keine besondere Aufmerksamkeit. Al Capone, George »Machine Gun« Kelly und »Birdman« Robert Stroud waren einige der berüchtigtsten Häftlinge, deren Zuhause Alcatraz gewesen war. Whitey Bulger war da nur ein Bankräuber von vielen, Häftling Nr. 1428 – und er war nicht einmal der einzige Whitey auf der Insel. Es gab noch zwei andere mit diesem Spitznamen.

Jim Albright, der von 1959 bis zur Schließung des Gefängnisses im Jahr 1963 als Vollzugsbeamter in Alcatraz gearbeitet hatte, erinnerte sich an Whitey als unauffälligen, ganz gewöhnlichen Häftling, der Ärger vermied und wenig Beachtung fand.[34] »Er kümmerte sich um seinen eigenen Kram«, sagte Albright. »Übermäßig freundlich war er nicht, aber wenn man ihn etwas fragte, gab er eine Antwort. Wenn man Guten Morgen sagte, dann sagte er auch Guten Morgen. Er hob sich nicht von den anderen ab.«

Erleichtert stellte Whitey fest, dass hier jeder Häftling seine eigene Zelle hatte, die allerdings nur 1,52 Meter breit, 2,75 Meter lang und 1,84 Meter hoch war. Sie enthielt ein Bett, eine Toilette, ein Spülbecken, ein paar Bücherregale und zwei Metallplatten, die an der Wand hingen und die man herunterklappen und als Bank oder Tisch nutzen konnte. Whitey verbrachte die meiste Zeit in Alcatraz in Zelle C-314 in der oberen Etage eines dreistöckigen Bauwerks gegenüber einer Mauer. Eine schöne Aussicht hatte er nicht, wohl aber ein wenig Privatsphäre, und das war ihm viel wichtiger. Niemand konnte von der anderen Flurseite aus in seine Zelle blicken. Wenn er das Gesicht an die Gitterstäbe drückte, sah er die Bibliothek im

Korridor zu seiner Linken. An schönen Tagen fiel Sonnenlicht durch die Fenster. Die Zellen verfügten über Steckdosen für Kopfhörer, sodass die Häftlinge Radiosendungen hören konnten, die der Gefängnisdirektor erlaubte. Es gab also im Vergleich zu Atlanta durchaus einige Annehmlichkeiten, aber die Hausordnung war so streng, wie er es gewohnt war: Die Häftlinge mussten von Montag bis Freitag acht Stunden täglich arbeiten, außer sie waren krank, steckten im »Loch« oder wurden zur Strafe isoliert.

Whitey fand sich in dem Arbeitsalltag gut zurecht. Seine Erfahrungen in Atlanta hatten ihn gelehrt, dass es nicht sinnvoll war, sich gegen die Regeln aufzulehnen. Doch er fand einen Weg, das System auszutricksen und einen Job nach seinem Geschmack zu bekommen. Der Mann, den er dafür benutzte, war Maurice Ordway, der seit 1934 Vollzugsbeamter und inzwischen dienstältester Aufseher in Alcatraz war. Ordway war mürrisch und hatte dicke, fleischige Hände. Die Häftlinge nannten ihn Double Tough, weil er einmal zu jemandem gesagt hatte: »Du hältst dich für tough? Nun, ich bin doppelt tough.«[35]

Double Tough Ordway näherte sich dem neu angekommenen Whitey und sagte: »Du arbeitest in der Küche.« Die Küchenarbeit galt als eine der unangenehmsten Arbeiten in Alcatraz.

»Gut«, antwortete Whitey. »Gibt es dort Fleischerbeile und große Messer?«

Ordway kniff die Augen zusammen, ging zu seinen Vorgesetzen und kam dann mit neuen Befehlen zurück: »Du arbeitest in der Kleiderkammer.«[36]

Obwohl Alcatraz so berüchtigt war und trotz der vielen gefährlichen Verbrecher, die dort einsaßen, fühlte Whitey sich viel wohler als in Atlanta. Das Gefängnis war die Sammelstelle für die Unverbesserlichen. »In Alcatraz musste man auf sich aufpassen, und man brauchte jemanden, der einem dabei half«, sagte Sunday, der etwa eine Woche nach Whitey ebenfalls nach Alcatraz kam, weil er in Atlanta an einer Prügelei teilgenommen hatte. »Jimmy passte auf mich auf, und ich passte auf ihn auf.«

An Wochenenden und Feiertagen durften die Häftlinge in den Hof gehen, in dem es ein Baseballspielfeld und eine Tribüne ohne Dach gab. Sie durften dann Baseball, Handball, Hufeisenwerfen, Schach, Dame oder Domino spielen und Gewichte stemmen. Da Whitey Mannschaftssportarten nie sonderlich gemocht hatte, widmete er sich meist dem Krafttraining und spielte nur gelegentlich Handball.[37] An manchen Tagen kletterte er auf die Tribüne und betrachtete sehnsüchtig die Silhouette von San Francisco und die Golden Gate Bridge.[38] Bisweilen konnte er Frauen lachen hören, die sich auf den Schiffen, die in der Nähe der Insel kreuzten, befanden. Stand der Wind günstig, konnte er manchmal die Schokolade riechen, die bei Ghirardelli jenseits der Bucht hergestellt wurde. Das alles wirkte verführerisch nah und doch so fern und weckte selbst bei Insassen mit langen Haftstrafen ein wenig Hoffnung. »Wir sprachen oft darüber, was wir nach der Entlassung tun wollten«, sagte Sunday.[39] »Viele von uns waren echte Träumer.«

Lesen war für viele Insassen der beliebteste Zeitvertreib. Die Bibliothek hatte einen Bestand von 15.000 Büchern und bezog 75 beliebte Zeitschriften.[40] Die Häftlinge durften die Bibliothek zwar nicht betreten, konnten aber Bücher aus einem Katalog bestellen. Whitey freundete sich mit Clarence »The Choctaw Kid« Carnes an, einem Indianer aus Oklahoma, der in der Bibliothek arbeitete und die Bücher mit einem Wägelchen zu den Zellen brachte – manchmal mit Kaugummi oder Zigarren zwischen den Seiten. Als Whitey in Alcatraz ankam, war Carnes schon eine Legende. Mit 18 Jahren war er der jüngste Häftling gewesen, der je nach Alcatraz gebracht worden war, nachdem man ihn wegen Mordes und Entführung verurteilt und er mehrmals zu fliehen versucht hatte. 1946 war er an einem gewalttätigen Ausbruchsversuch beteiligt gewesen, bei dem drei Gefangene und zwei Wärter getötet worden waren. Das hatte ihm erneut eine lebenslange Freiheitsstrafe eingebracht. Choctaw Kid würde so bald nirgendwo anders hingehen.

Whitey hielt viele seiner Mithäftlinge in Alcatraz für intelligenter als die Domino spielenden Schwätzer in Atlanta, und möglicherweise waren sie es auch. In einer Broschüre des Justizministeriums, die 1960 veröffentlicht wurde, heißt es, dass die Insassen von Alcatraz »mehr seriöse Literatur lesen als ein durchschnittlicher Einwohner der Stadt. Philosophen wie Kant, Schopenhauer, Hegel usw. sind besonders beliebt, und ihre Bücher haben einen großen Leserkreis. Auch Mathematik und Physik für Fortgeschrittene sind sehr gefragt, ebenso andere Literatur, die mit tiefgründigen Aspekten unserer Kultur zu tun hat.«[41]

Alcatraz war für Whitey ein sicherer und ruhiger Ort. Hier konnte er sich bilden und seine Einstellungen überdenken. Er las Bücher über Militärgeschichte, Kriege, Philosophie und Politik und war fasziniert von Machiavelli, dem italienischen Staatstheoretiker, der brutale Gewalt, Täuschung und unerlaubte Mittel zur Erlangung der Macht befürwortete.[42] Diese Lektionen nahm er sich zu Herzen. Außerdem lernte er ein wenig Spanisch, konnte es aber nie fließend sprechen. »Sein Lesehunger ist unersättlich, und seine Literaturauswahl ist sehr gut«, notierte ein Vollzugsbeamter.[43] »Ab und zu schreibt er auch Gedichte, und er sagt, dies seien für ihn Ventile, Mittel zur Realitätsflucht.«

Whitey, der Poet – das ist doch etwas erstaunlich. Leider ist keines seiner Gedichte erhalten geblieben. Laut Sunday nahm er seine Werke selbst nicht besonders ernst, sondern tat sie als schlichte, nicht besonders gute Verse ab. Aber er wusste, was ihm an einem Gedicht gefiel, und er war so beeindruckt von einem Gedicht mit dem Titel *Die Ballade von Billy the Kid*, das Sunday im Gefängnis schrieb, dass er ihn um eine Kopie bat und diese in seine Bibel steckte.[44]

Im Großen und Ganzen war Whitey bei den anderen Häftlingen beliebt, und er war auch geselliger als in Atlanta. Doch wirklich nah kam er nur wenigen Menschen und schien, wie seine Gefängnisbekanntschaften berichteten, immer auf der Hut zu sein.[45] »Er war sehr nett, wenn er jemanden mochte«, sagte Robert Schibline, ein verurteilter Bankräuber, der mit Whitey im Gefängnis saß. »Aber irgendwie blieb er doch stets zurückhaltend, so als rechne er damit, dass die anderen sich mit ihm anlegen wollten.« Zwei Monate nach seiner Ankunft schrieb Whitey einen erstaunlich optimistischen Brief an John O'Shea, einen Priester, der in South Boston aufgewachsen war und sich mit Whitey angefreundet hatte, als dieser Häftling in Atlanta gewesen war. Darin erzählte er, dass seine Gefängnisstrafe für seine Familie schwer zu ertragen sei, vor allem für seine Mutter. Sie habe gehofft, dass man ihn nicht so weit entfernt von Boston einsperren werde. Whitey schrieb ihr Briefe, um sie aufzuheitern. Das Leid, das er seinen Angehörigen zufügte, schmerzte ihn offenbar sehr.[46]

In Alcatraz änderte er seine Einstellung. Er schätzte seine Arbeit, seine Einzelzelle und das Essen. Die Mahlzeiten, sagte er, seien endlich wieder ein Genuss. Er hörte klassische Musik, las so viele Bücher, wie er wollte, und stemmte fast jeden Tag Gewichte. Die Regeln seien »fair und vernünftig, und man muss sich anstrengen, um eine von ihnen zu übertreten«, schrieb er dem Priester. Seine Geschwister seien erleichtert gewesen, als er ihnen das Leben in Alcatraz beschrieben habe, und das werde seine Mutter hoffentlich auch sein. »Wir wollen das Beste daraus machen«, fuhr Whitey fort, »und hoffen, dass ich eines Tages in die Nähe von Boston verlegt werde.«

Viele Häftlinge äußerten sich ähnlich wie Whitey über das Leben in Alcatraz und vor allem über das Essen. Das Gefängnispersonal war auch durchaus stolz darauf, die besten Mahlzeiten zu servieren, die man in einem Bundesgefängnis bekommen konnte. Dahinter steckte eine bewusste Strategie: Man wollte die harten Männer, die in Alcatraz einsaßen, bei Laune halten. Whitey verbrachte drei Weihnachtsfeste in Alcatraz, und das Festtagsmenü konnte sich sehen lassen: gebratener Truthahn mit Walnussfüllung und einer Soße aus Truthahninnereien, Fiesta-Salat, gefüllte Oliven, Kartoffelschaum, kandierte frische Süßkartoffeln, junge Buttererbsen, gebratene Perlzwiebeln, Hefebrötchen, Brot, Butter, Kuchen mit einer Füllung aus Dörrobst und Sirup, Obstkuchen sowie Kaffee mit Sahne.

Whitey war so zufrieden, wie ein Mann, der einen Großteil seines jungen Lebens hinter Gittern verbringen musste, es nur sein konnte. Doch bald gab es erneut Ärger. Erstaunlicherweise ging es diesmal um zwei der Dinge, die Whitey an Alcatraz am besten gefielen: die tägliche Arbeit und das Essen. Eine Gruppe von Häftlingen, die behaupteten, das Essen sei nicht mehr so gut wie früher, hatte einen Streik organisiert. Und die Streikführer drängten die Gefängnisinsassen, in den Zellen zu bleiben, wenn der Morgenalarm sie zur Arbeit rief. Die wenigen, die nicht mitmachen wollten, wurden als Streikbrecher beschimpft und bedroht.

Whitey hatte zwar nichts am Essen auszusetzen, aber da er nicht als Streikbrecher gelten wollte, beteiligte er sich am Streik. Nach fast zwei Wochen gaben die meisten Häftlinge auf und kehrten an ihren Arbeitsplatz zurück, doch Whitey gehörte zu den acht Leuten in seinem Zellenblock, die weiter durchhielten. Er warf den Wärtern vor, dass es ungerecht sei, dass Sunday und ein anderer Häftling exemplarisch bestraft und ins »Loch« gesteckt worden seien. Das Loch war eine wenig beleuchtete Zelle mit solider Stahltür, Toilette und Waschbecken. Für die Nacht wurde eine Matratze auf den Fußboden gelegt.[47] Die Vollzugsbeamten hatten zudem Gerüchte gehört gehört, denen zufolge Whitey und drei andere Häftlinge einen Messerangriff auf Mithäftlinge planten, die trotz des Streiks am Kai gearbeitet hatten.[48]

Als er vor einem Untersuchungsgremium des Gefängnisses stand, das ihm einen Teil seiner schwer verdienten Zeitgutschrift wieder aberkennen wollte, wirkte Whitey niedergeschlagenen und gleichzeitig stolz. Er meinte, es gehe ihm nicht um seine eigenen Interessen, sondern ums Prinzip. »Mir taten die Männer leid, mit denen ich zusammenarbeitete und die im Loch saßen. Wie hätte ich ihnen noch ins Gesicht sehen können? Ich muss mit ihnen leben, und ich kann sie nicht im Stich lassen. Darum habe ich gestreikt.«[49] Die Anspannung hielt auch nach dem Streik noch einige Zeit an, weil Wärter angeblich beobachtet hatten, wie Whitey, Sunday und ein anderer Häftling im Hof aufgeregt miteinander geredet hatten. »Sie führen NICHTS Gutes im Schilde – aber ich weiß nicht, was«, schrieb der stellvertretende Direktor auf einen Bericht.[50] Im Speisesaal wechselten Whitey und mehrere andere Häftlinge ihre Sitzplätze, um den Streikbrechern ihre Verachtung zu zeigen. Schlussendlich verlor Whitey wegen seines Verhaltens während des Streiks 200 seiner gutgeschriebenen Tage.[51] Jahre später prahlte er damit, wegen einer Schlägerei zehn Tage im Loch verbracht zu haben, und Sunday bestätigte das. Ob die Geschichte stimmt oder nur ein wenig zur Legendenbildung beitragen sollte, ist unklar. In Whiteys Gefängnisakten findet sich auf jeden Fall kein Hinweis darauf, dass er jemals in Isolationshaft gewesen wäre.[52]

Die Kürzung seines Zeitguthabens tat weh, sehr sogar. Jeder verlorene Tag bedeutete einen Tag mehr hinter Gittern. Whitey hatte über diese Tage genau Buch geführt und wollte sicher sein, dass sie auch alle anerkannt wurden. Daher schrieb er an das Gefängnis in Atlanta und erkundigte sich, wie viel Bonus er für seine Teilnahme an der LSD-Studie bekommen habe. Als er erfuhr, dass man ihm dieses Guthaben um 45 Tage gekürzt hatte, war er wütend. Um sich abzureagieren, rackerte er sich beim Gewichtheben derart ab, dass er wegen »Herzschmerzen« die Krankenstation aufsuchen musste.[53] Dort beruhigte man ihn, dass sich sein Herz ganz normal anhöre und dass es sich wahrscheinlich nur um einen Muskelkater handle. Der Versuch, seinen Zorn nicht an den Vollzugsbeamten auszulassen, sondern mithilfe der Hanteln und körperlicher Anstrengung zu bewältigen, zeigte, dass er allmählich dazugelernt hatte: Es war sinnvoller, zurückhaltend und freundlich zu sein, als impulsiv und wütend zu reagieren. Daher schrieb er als Nächstes einen höflichen Brief an die Gefängnisleitung in Atlanta und fragte, was er tun könne, um seinen vollen Anspruch auf ein Zeitguthaben wegen seiner freiwilligen Teilnahme am LSD-Experiment durchzusetzen. »Es tut mir sehr leid, Sie belästigen zu müssen, aber ich habe mir diese Zeitgutschrift auf Kosten meiner körperlichen und seelischen Gesundheit verdient, und diese ist für mich kostbar«, schrieb er.[54] Die Beamten in Atlanta überprüften die medizinischen Akten, bestätigten, dass Whitey im Recht war, und rechneten ihm 45 zusätzliche Tage an.

Bald danach erhielt er noch bessere Nachrichten. Er traf in Alcatraz einen der Bankräuber, die dem FBI gegenüber behauptet hatten, er sei 1955 an einem Mord in Indiana beteiligt gewesen. Dieser Mann, Richard Barchard, entschuldigte sich nun überschwänglich und gestand, sich die ganze Geschichte ausgedacht zu haben. Barchard wusste nicht, dass sie sich gegenseitig beschuldigt hatten – dass Whitey ihn als Komplizen bei dem Bankraub angegeben und sogar seine Freundin dazu überredet hatte, dies schriftlich zu bestätigen.

Der Bankraub war allerdings sehr real, den Mord hatte es nie gegeben. Barchard erklärte, er habe die wilde Story vom Mord an einem gar nicht existierenden Menschen in der Isolationshaft erfunden und dadurch sich selbst und Whitey belastet. Er habe gehofft, wegen dieses »Geständnisses« nach Indiana verlegt zu werden und dort seine Zeit angenehmer absitzen und vielleicht sogar eine Strafverkürzung erwirken zu können. Die Idee sei hirnverbrannt gewesen, gab Barchard zu, aber er sei damals eben sehr verzweifelt gewesen. Whitey kochte vor Wut. Denn der Mordvorwurf hatte dazu geführt, dass man ihn in Atlanta sehr streng überwacht hatte. Außerdem war seine Freundin verhört worden, und seine Familie hatte sich große Sorgen gemacht. Aber Whitey war klar, dass es ihm nichts nützte, auf Barchard wütend zu sein. Stattdessen überredete er ihn, seine Geschichte vom Mord öffentlich zu widerrufen. Am 3. November 1960 schrieb Barchard daher einen vierseitigen Brief an die Polizei, in dem es hieß: »Dies ist der aufrichtige Versuch, etwas gutzumachen, was falsch, unüberlegt und unreif war.«[55]

Whitey war sich bewusst, dass eine Mordanklage ihm eine lebenslange Freiheitsstrafe einbringen konnte. Jetzt hoffte er, dass seine Entlastung die Gefängnisleitung veranlassen würde, ihn in einem günstigeren Licht zu sehen. Vielleicht würde sie dann sogar seine Verlegung in die Nähe von Boston empfehlen. Denn die große Entfernung von Southie hatte zur Folge, dass er selten Besuch bekam. Sein Bruder Bill hatte ihn im Sommer 1958 zum letzten Mal besucht, als er noch in Atlanta gewesen war. Aber Bill blieb Whiteys rastloser Anwalt, der sich bei der Gefängnisleitung für eine Verlegung einsetzte und Whitey auch oft schrieb.

Bill Bulgers Karriere als Anwalt entwickelte sich bestens, und er wurde als künftiger Politiker gehandelt. In Boston fand er zunehmend Beachtung wegen seiner geistreichen Reden und Debattenbeiträge – dabei nutzte er die klassischen Texte, die er einmal auswendig gelernt hatte. Es war nicht zu übersehen, dass er Führungsaufgaben anstrebte. Im Jahr 1960 erfuhr Whitey zu seiner großen Begeisterung, dass Bill ins Repräsentantenhaus von Massachusetts gewählt worden war. »Mann, er hat echt gewonnen«, sagte er, nachdem Bill ihm in einem Brief von seinem Erfolg berichtet hatte.[56] »Wenn ich hier rauskomme, muss ich schon ihm zuliebe anständig bleiben.« Whitey war stolz auf seinen jüngeren Bruder, und es war ihm ein wenig peinlich, als er Sunday gestand, dass sie in ihrem Heimatort als »der gute und der böse Bruder« bekannt gewesen seien.

Bills Erfolg spornte Whitey richtiggehend an. Im jährlichen Führungsbericht, der einige Monate später verfasst wurde, wurde er für seine »positive Einstellung« gelobt.[57] Er arbeitete gewissenhaft neben Sunday in der großen Gefängniswäscherei und bediente oft die Mangel, mit der er Bettlaken glatt presste. Whitey war als zuverlässiger Arbeiter geschätzt, der mit schwarzen und weißen Häftlingen gleichermaßen auskam.[58] In jener Zeit tief sitzender rassistischer Vorurteile und zunehmender Auseinandersetzungen über die Bürgerrechte war dies ein auffallender Charakterzug.

Und Whitey hatte Heimweh. Da es für seine Familie nicht so einfach war, die lange Reise nach Alcatraz zu unternehmen, bekam er dort nur dreimal Besuch: zweimal von seiner Schwester Carol und ihrem Mann, einem Marinepiloten – die beiden lebten in Kalifornien –, und einmal von einem Jugendfreund, der in der Nähe bei der Marine diente. Etwa zwei Wochen, bevor er 32 Jahre alt wurde, bat Whitey Vollzugsbeamte, ein Foto von ihm zu machen und es seinen Eltern zu schicken. »Ich bin seit fünfeinhalb Jahren eingesperrt und habe meine Eltern in dieser Zeit nur einmal gesehen«, schrieb er auf das Antragsformular.[59] Bill Bulger und McCormack, der Mehrheitsführer im Repräsentantenhaus, übten weiter Druck auf die Gefängnisleitung aus, und George F. McGrath, der Chef der Abteilung Resozialisierung in der Gefängnisbehörde von Massachusetts, unterstützte sie. Er schrieb einen Brief an Bennett, den Direktor der Gefängnisbehörde, und drängte ihn, Whitey in seinen Heimatstaat zu verlegen. McGrath war unter Pater Drinan stellvertretender Dekan der juristischen Fakultät der Bostoner Universität gewesen, als Bill dort studiert hatte. Wenige Häftlinge konnten sich so mächtiger Unterstützer rühmen – die Folge politischer Verbindungen und der Southie-Solidarität. Und dieses Mal hatten die Eingaben Erfolg. Im Oktober 1961 wies Bennett die Vollzugsbeamten in Alcatraz an, einen detaillierten Bericht über Whiteys Fortschritte zu erstellen. Darin stand, dass dieser seit seiner Beteiligung am Streik jeden Ärger vermieden habe, es ihm jedoch immer noch schwerfalle, sein Temperament zu zügeln. Was Whiteys Intelligenz und Charakter anbelangte, blieb der Bericht vage.[60] »Er ist extrem nervös und muss sich sehr anstrengen, um Streit mit anderen Insassen zu vermeiden«, hieß es. »Er reagiert sehr gereizt auf abfällige Bemerkungen über Religion, das Land und Frauen. Vor Kurzem äußerte er sich erfreut über die neuen Vier-Mann-Tische [im Esssaal], weil ihm dadurch erspart bleibe, ›widerwärtigen Charakteren‹ zuhören zu müssen. Er benutzt keine vulgären Ausdrücke und mag es nicht, wenn andere dies tun. Er spricht mit großem Respekt und liebevoll von seiner Familie und sagt, er werde ihr nie wieder durch irgendwelche Handlungen Schande bereiten. Für seine gegenwärtige Lage macht er niemand anderen verantwortlich, und er ist Vollzugsbeamten gegenüber nicht vorwurfsvoll. Auf die Frage, warum er die Gottesdienste nicht besucht, antwortet er, dass zu viele Häftlinge den Geistlichen nach dem Gottesdienst verspotten, respektlos angrinsen oder kritisieren. Er wolle aber keinen Streit riskieren, wenn er diesen Bemerkungen widerspreche.«

Whitey erzählte allen Leuten, die in der Lage waren, ihm zu helfen, dass er es seiner Familie schulde, sich nach seiner Entlassung anständig zu benehmen. Das wiederholte er immer wieder, und andere gaben es ebenfalls weiter. Der Leiter der Wäscherei, der Whitey beaufsichtigte, hielt es für unwahrscheinlich, dass dieser nach Verbüßung seiner Haft wieder Straftaten begehen werde:

»Ihm liegt sehr viel an einem guten Ruf. Er ist imstande, gründlich nachzudenken, ist gut im Gewichtheben und kommt mit seinen Mithäftlingen aus. Er ist meist extrem nervös und schreckhaft und scheint immer auf der Hut zu sein. Er schätzt seine Angehörigen sehr und hält sich für das schwarze Schaf der Familie. Anscheinend schämt er sich dafür … Er hofft, nach seiner Entlassung eine Schule besuchen zu können und eines Tages in den Augen seiner Familie und seiner Freunde wieder als anständig zu gelten. In dieser Hinsicht scheint es ihm sehr ernst zu sein.«[61]

Der Beamte, der für den Zellentrakt zuständig war, lobte Whitey ebenfalls und beschrieb ihn als gepflegten, sorgfältig frisierten Mann, dessen Zelle etwas sauberer sei als sonst üblich. Er sei anscheinend gebildeter als die meisten anderen und lese gerne Gedichte.[62] Sunday sei sein bester Freund, und »obwohl einige seiner Freunde als Unruhestifter bekannt sind, hat Bulger offenbar eigene Vorstellungen und schließt sich dieser Gruppe nicht an«. Der Beamte fügte hinzu: »Meines Wissens hat er nie um irgendwelche Gefälligkeiten gebeten, und er ist nicht der Typ, der den Vollzugsbeamten gegenüber vertraulich wird. Er lächelt oft, als erzähle er sich selbst Witze. Obwohl er sehr stark ist, versucht er nicht, andere Insassen damit einzuschüchtern.«

Whitey verlangte vielleicht keine Vorzugsbehandlung, aber er profitierte sicherlich von McCormacks politischem Einfluss. In dem Bericht des Beamten wird ein eher ungewöhnliches Ereignis erwähnt: Bennett, der Direktor der Gefängnisbehörde, habe während eines Besuchs in Alcatraz ein persönliches Gespräch mit Whitey geführt. Der Beamte schrieb, Whiteys Einstellung und seine Führung seien in letzter Zeit sehr gut gewesen. »Seit seinem Gespräch mit Mr. Bennett, als dieser zum letzten Mal die Anstalt besuchte, war sein Verhalten hervorragend.« Ein Gefängniskomitee befand, Whitey habe »ein überschäumendes Temperament«, bedauere es, dass er sich zur Beteiligung am Streik habe »verleiten lassen«, und verdiene es, in ein weniger gesichertes Gefängnis verlegt zu werden.[63] Die Gefängnisleitung rechnete ihm 100 Tage Zeitguthaben wegen guter Führung an, und im April 1962 genehmigte Bennett seine Verlegung in das Gefängnis in Leavenworth, Kansas.

Während Whitey in Alcatraz auf seine Verlegung wartete, unternahmen drei Häftlinge einen gefährlichen Fluchtversuch. Frank Morris und die Brüder John und Clarence Anglin hatten mehrere Monate lang mit gestohlenem Werkzeug Löcher in die Wände ihrer Zellen gebohrt, und am 11. Juni 1962 zwängten sie sich durch diese Öffnungen, krochen auf das Dach und verschwanden auf einem behelfsmäßigen Floß aus Regenmänteln. In ihre Betten hatten sie die Attrappen von Köpfen gelegt, um die Wärter bei ihren Kontrollgängen zu täuschen. Die Männer wurden nie gefunden. Einige Leute vermuteten daher, dass sie im kalten Wasser ertrunken und dann ins Meer hinausgetragen worden seien. Andere glaubten, sie seien entkommen. Mit dieser Flucht hatte Whitey allerdings nichts zu tun. Im folgenden Monat verließ er Alcatraz. Er wog 79 Kilogramm und war immer noch stark und fit – aber er hatte sich auch verändert. Er war in Bezug auf seine Zukunft planvoller, überlegter und selbstsicherer geworden.

Whitey verbrachte das folgende Jahr in Leavenworth, wo er als Kammer-jäger arbeitete. Er bekämpfte Nagetiere und Schädlinge, versprühte Insek-tizide und stellte Fallen für Mäuse und Ratten auf. Die restlichen 100 Tage Zeitguthaben für gute Führung, die er in Alcatraz verloren hatte, waren ihm wieder zuerkannt worden. Der Weg zu einer Entlassung auf Bewäh-rung war somit vorbereitet. Doch der Bewährungsausschuss zeigte sich von seinem ersten Antrag im Februar 1963 unbeeindruckt und lehnte ihn ab.

In Kansas bekam er wiederholt Besuch von seinem Vater, von seinem Bruder Jack und von Will McDonough, einem Freund aus South Boston, der inzwischen ein bekannter Sportjournalist beim *Boston Globe* war und der Bill Bulgers erfolgreiche Kandidatur für das Repräsentantenhaus von Massachusetts gemanagt hatte. McCormack hatte sich in allen Fällen für die Besuchserlaubnis eingesetzt und für die Betroffenen gebürgt. Am 3. September 1963, seinem 34. Geburtstag, wurde Whitey schließlich in das Bundesgefängnis nach Lewisburg in Pennsylvania verlegt. Er sah seinem Bruder, dem Politiker, so ähnlich, dass die Gefängnisleitung während der Verlegung zwei Fotos von Bill konfiszierte, weil sie dachte, es seien Fotos von Whitey.[64] In einer schriftlichen Eingabe erklärte Whitey, er habe ein Foto 1960 in Alcatraz bekommen und das andere 1962 in Leavenworth. »Ich hätte diese Bilder gerne zurück. Falls das nicht möglich ist, bitte ich um Erlaubnis, sie nach Hause zu schicken«, schrieb er. Die Fotos wurden daraufhin an seine Mutter in South Boston geschickt.

In Lewisburg belegte Whitey eine Einzelzelle und arbeitete im Hygiene-trupp. Da er seiner Heimat jetzt noch näher war, bekam er während sei-ner 18 Monate in diesem Gefängnis zehnmal Besuch. Am 16. Januar 1964 sah er seinen Vater zum letzten Mal, als dieser mit Jack bei ihm war.[65] Zwei Monate später, an dem Tag, an dem der Bewährungsausschuss zum zwei-ten Mal Whiteys Freilassung auf Bewährung ablehnte, erhielt der Gefäng-niskaplan um 17 Uhr einen Anruf von Bill Bulger, der ihm mitteilte, dass sein Vater James Bulger am Tag zuvor im St. Elizabeth's Hospital in Brigh-ton, Massachusetts, an Lungenentzündung gestorben sei. Er habe im Krei-se seiner Familie die letzte Ölung erhalten. Der Kaplan überbrachte Whitey die Nachricht eine halbe Stunde später. Whiteys Verurteilung hatte seinen Vater schwer belastet. Bill Bulger erzählte einem Freund, sein Vater habe keinen glücklichen Tag mehr seit der Verhaftung seines Sohnes gehabt.[66] Whitey bat darum, an der Beerdigung – zwei Tage später in der Kirche St. Monika – teilnehmen zu dürfen, doch man teilte ihm mit, dass die Zeit für die erforderlichen Vorkehrungen zu knapp sei.[67] Nach Aussage des Ka-plans zeigte er »trotz einer gewissen Verbitterung eine lobenswerte Einstel-lung« und erzählte seiner Mutter, die er am nächsten Tag anrufen durfte, nichts von der abgelehnten Strafaussetzung. Die beiden unterhielten sich fünf Minuten lang über den Tod des Vaters, und der Kaplan hörte auf Bitten Whiteys zu.[68]

Whiteys Ungeduld wegen der Ablehnung seiner Bewährung wuchs. Er sehnte sich nach Freiheit. Wärter berichteten, er habe »immer noch einige fragwürdige Freunde und gehört zu der Gruppe, die ständig das hintere Tor, die Türme und andere kritische Teile der Anstalt beobachtet«.[69] Allerdings merkten sie auch an, dass er einflussreiche Freunde habe: »Er scheint gute Aussichten zu haben und sehr stolz auf Mitglieder seiner Familie zu sein, die in der Politik tätig sind. Zu erwähnen ist außerdem, dass seine Familie eine sehr enge Beziehung zum Sprecher des Repräsentantenhauses [McCormack] hat.«

Bill Bulgers hartnäckige Bitten um McCormacks Hilfe und dessen Strategie, die einzelnen Strafanstalten zu übergehen und sich direkt an das Bundesamt für Gefängnisse zu wenden, zahlten sich schließlich aus. In einem Brief an den Gefängnisleiter in Lewisburg, der Whitey gegenüber anscheinend freundlich eingestellt war, schrieb H. G. Moeller, der stellvertretende Direktor der Behörde, Whitey habe sich gut angepasst »und er bemüht sich intensiv um einen guten Eindruck, um eine Strafaussetzung zu erreichen«.[70] Whitey erschien ein drittes Mal vor dem Bewährungsausschuss und erklärte, er habe einen Job in Aussicht, er könne für 1,50 Dollar pro Stunde bei Farnsworth Press, einem Grafik-Unternehmen im Hafenviertel von Boston, arbeiten. Er könne bei seiner Mutter in South Boston wohnen, und sein ehrenamtlicher Bewährungshelfer werde Pater Drinan sein. Aller gute Dinge waren offenbar auch diesmal drei. Denn nun gab der Ausschuss nach.

Whitey war mit dem Vorsatz ins Gefängnis gegangen, sich weiterzubilden, und er hatte in der Tat etwas gelernt: Es genügte nicht, sich auf seinen eigenen Verstand und seine Cleverness zu verlassen, man brauchte Freunde an höherer Stelle. Nachdem er neun Jahre in einigen der fürchterlichsten Ecken des Landes verbracht hatte, war er zu der Einsicht gelangt, dass man mit Macht, selbst nur dem Anschein von Macht, mehr erreichen konnte als durch Einschüchterung. Am 1. März 1965 um 10.55 Uhr verließ Whitey mit 64,27 Dollar in der Tasche das Gefängnis in Lewisburg. Er sollte rechtzeitig zum St. Patrick's Day in South Boston sein.

4

Der Unantastbare

Er hatte alle davon überzeugt – seine Familie, seinen Priester, seinen besten Freund im Gefängnis und zum Schluss auch den Bewährungsausschuss –, dass er nach seiner Entlassung keine krummen Dinger mehr drehen würde. Aber wenn Whitey Bulger das ernst meinte, dann meinte er es nicht lange ernst. Als er wieder in Southie war, bekam er einen Job als Bauarbeiter, sah sich aber gleichzeitig nach einer Arbeit um, die ihm passender erschien. Wenn Timing alles ist, dann war Whiteys Timing perfekt. Während der neun Jahre, die er im Gefängnis verbracht hatte, hatte er sich nicht nur mental weiterentwickelt, sondern es hatte sich auch seine Chance, in der Bostoner Unterwelt Karriere zu machen, drastisch verbessert.

Whitey war noch in Alcatraz gewesen, als die irischen Gangster in Boston einander im Jahr 1961 mit beispielloser Gewalt bekriegten. Das Blutvergießen dauerte Jahre, und als es vorbei war – zu der Zeit, als Whitey das Gefängnis verließ –, waren rund 60 Verbrecher tot. Ein paar Dutzend andere mussten wegen Gewaltanwendung im Zusammenhang mit dem Gangsterkrieg lange Gefängnisstrafen absitzen. So etwas hatte es in der Stadt nie zuvor gegeben. Auf der Straße wäre Whitey entweder ein potenzielles Opfer oder ein Täter gewesen, wahrscheinlich beides. Im sicheren Gefängnis aber näherte er sich der Macht, ohne einen Finger zu krümmen. Der Krieg hatte die kriminelle Landschaft in Boston drastisch verändert und ein Machtvakuum geschaffen. Jetzt boten sich zahlreiche Möglichkeiten, die Whitey, inzwischen älter, weniger impulsiv und taktisch geschickter, nutzen sollte.

Wie vieles, was mit den irischen Kriminellen in Boston zu tun hatte, wurde der Bandenkrieg durch eine explosive Mischung aus Alkohol, Frauen und einer eigenartigen Vorstellung von Loyalität entfacht. Zahlenmäßig hätten die Iren eigentlich die dominierende ethnische Gruppe innerhalb der organisierten Kriminalität sein müssen, doch sie splitterten sich auf in Stadtteilgruppen oder manchmal sogar in noch kleinere Grüppchen. Dadurch schwächten sie ihre Machtposition in der Stadt und lieferten einander teils sogar blutige Kämpfe wegen kleiner Meinungsverschiedenheiten, bei denen es um Territorien und Ehre ging. Die Italiener hingegen profitierten davon, dass sie über eine Organisation verfügten – die Cosa Nostra –, deren wichtigste Zugehörigkeitsbedingung, die italienische Herkunft, einen größeren Zusammenhalt ermöglichte und zumindest in kleineren Städten wie Boston das Risiko einer Fraktionsbildung begrenzte.

Die irischen Banden zeigten zudem eine erstaunliche Neigung zum Brudermord, sodass ihre Mitglieder gefährlicher lebten als die Italiener. Dieses Modell des organisierten Verbrechens in Boston ging auf die Zeit der Prohibition zurück. Selbst der hinterhältige Überfall der Mafia auf Frank Wallace, den Anführer der Gustin-Gang, die damals in Southie dominiert hatte, veranlasste die Iren nicht, sich zusammenzuschließen. Stattdessen zogen sie sich in ihre jeweiligen Ghettos zurück und schmiedeten Bündnisse, die jedoch meist an persönlichen Streitigkeiten und kleinen Verstößen scheiterten.

Am Bandenkrieg in Boston in den Sechzigerjahren waren Verbrecher jeder Couleur beteiligt, aber für die Iren war er besonders folgenschwer. Sie hatten ihn schließlich auch begonnen. Als der Krieg zu Ende war, hatten die Italiener vor allem deshalb an Macht gewonnen, weil sie sich zurückgehalten und dem Bruderkampf der Iren zugeschaut hatten. Das verheerende Chaos danach verschaffte Whitey Bulger nicht nur die Möglichkeit, in der dezimierten irischen Unterwelt rasch aufzusteigen, es begründete auch die Überzeugung, die Mafia sei in Boston allmächtig. Als Whitey aus dem Gefängnis kam, war die Mafia mit ihren nationalen und internationalen Auswüchsen die mächtigste kriminelle Organisation, die Boston je gesehen hatte. Das FBI hatte den Auftrag, die Cosa Nostra auszuschalten, und daher verfolgte auch die FBI-Dienststelle in Boston die Mafia mit größtem Eifer. Der Kampf gegen die irischen Verbrecher trat dabei in den Hintergrund. Und Whitey konnte seine Macht genau deshalb festigen, weil das FBI in seinem Kampf gegen das organisierte Verbrechen die Mafia für das einzig lohnende Ziel hielt. FBI-Agenten erhielten Belobigungen und Beförderungen, wenn sie Antimafiainformanten anwarben, nicht, wenn sie Mörder oder unbedeutende Gauner irischer Herkunft festnahmen.

Der Bandenkrieg war ein entscheidender Wendepunkt in der Geschichte der Bostoner Unterwelt, und alles begann damit, dass George McLaughlin seine Hände nicht im Zaum halten konnte.

George war der jüngste von drei Brüdern, die über die Ganoven in Charlestown herrschten. Charlestown war mit nur 15.000 Einwohnern der kleinste »große« Stadtteil von Boston, die Stätte einer der wichtigsten Schlachten des Revolutionskrieges und das Zentrum der Schiffs- und Werftindustrie. Wie in South Boston fanden Hafenarbeiter in der Werft Jobs und Verbrecher günstige Gelegenheiten. Die McLaughlins waren nicht nur die Herren des Glücksspiels in der Stadt, sondern auch der Diebstähle an den Docks. Ihre Buchmacher gingen die Kais entlang wie Aufseher und nahmen Wetten von Hafenarbeitern für ein illegales Zahlenlotto entgegen. Währenddessen suchten andere Ganoven die Waren aus, die sie stehlen und verkaufen wollten. Die McLaughlins pflegten eine überwiegend friedliche Beziehung zu ihren meist irischen Gangsterkollegen in Winter Hill in der Nachbarstadt Somerville. Doch das sollte sich ändern.

George McLaughlin fing oft Streitereien an, vielleicht weil er wusste, dass seine großen Brüder ihm immer zu Hilfe eilten. Doch an einem feuchtfröhlichen Labor-Day-Wochenende in Salisbury Beach, gleich südlich der Grenze zu New Hampshire, ging er zu weit. Wie einige Gangster und Polizisten berichteten, torkelte er auf die Frau eines Winter-Hill-Kriminellen zu und betatschte ihre Brust, was ihr Mann und seine Freunde natürlich als Beleidigung empfanden. George McLaughlin wurde daraufhin bewusstlos geschlagen und musste in ein Krankenhaus gebracht werden.

Bernie McLaughlin, Georges älterer Bruder und Anführer der Charlestown-Gang, wollte daraufhin Rache. Also suchte er James »Buddy« McLean auf, den Anführer der Winter-Hill-Gang. Bernie hielt seine Forderung für absolut gerecht: Jeder, der seinen kleinen Bruder verprügelt hatte, sollte umgebracht werden, und McLean sollte sich darum kümmern. Doch Buddy McLean lehnte das ab, denn seine Männer hätten sich ehrenhaft verhalten, während George McLaughlin die Ehre einer Frau verletzt habe, und das vor Männern aus Somerville und Charlestown. George habe nur das bekommen, was er verdient habe.

Bernie McLaughlin fuhr verärgert nach Charlestown zurück – allerdings mit einem Plan. Er schickte einige Männer los, die an McLeans Auto eine Bombe anbringen sollten. Dieser ertappte sie jedoch auf frischer Tat und jagte sie davon. Kurz danach ging McLean eines Nachmittags vor der Bar »Morning Glory« in Charlestown auf Bernie McLaughlin zu, und diesmal wurde nicht über die Etikette in der Unterwelt diskutiert. McLean zog eine Waffe und schoss Bernie in den Kopf.[1]

Damit hatte das Spiel begonnen.

Der Bandenkrieg in den Sechzigerjahren schaffte nicht nur freie Bahn für Whitey Bulger, er machte auch den Mann berühmt, der Whiteys engster Partner werden sollte, und führte ihn in die offenen Arme des FBI:

Stevie Flemmi. Mit seinen 1,67 Metern war der drahtige Flemmi nie der Größte im Raum, aber meist der Gefährlichste.

Als Sohn italienischer Einwanderer war er im Bostoner Stadtteil Roxbury aufgewachsen und schien der geborene Kriminelle zu sein. Mit 15 wurde er wegen »unsittlichen Verhaltens« festgenommen – dieser Vorwurf wurde gewöhnlich gegen Jugendliche erhoben, die als Minderjährige Sex hatten – und wegen Körperverletzung kurz eingesperrt.[2] Selbst bei der patriotischsten Tat seines Lebens, als er sich im Januar 1952 bei der Armee verpflichtete, war er nicht ehrlich. Da er als 17-jähriger Schüler zu jung für den Militärdienst war, stahl er den Ausweis eines Freundes, und weil gerade der Koreakrieg tobte, merkten die zuständigen Beamten der Armee anscheinend nichts oder sie wollten nichts merken. Flemmi diente daraufhin in der 187. Luftlandedivision und erwies sich als meisterhafter Schütze. Laut eigenen Aussagen tötete er während seiner ersten Feindberührung fünf chinesische Soldaten[3], und seine Kameraden nannten ihn wegen seiner Schießkünste »Jäger«. Ein Spitzname, der ihm bleiben sollte. Dank seiner Erfolge auf dem Schlachtfeld konnte er seinen Vorgesetzten schließlich seinen richtigen Namen offenbaren. Flemmi sagte, er habe dies getan, damit seine Eltern eine Hinterbliebenenrente bekämen, falls er im Krieg fallen sollte.

Flemmi tötete noch viele weitere chinesische und nordvietnamesische Soldaten. Deshalb brachte er nicht nur ein Diplom, das einem Highschool-Abschluss gleichwertig war, und einen Spitznamen aus Korea nach Hause mit, sondern auch eine Identität, die ihm wichtiger war als seine kriminelle Karriere: Er war nun ein Armeeveteran. Voller Stolz auf seine Zeit beim Militär sammelte er Geld für Denkmäler und nahm regelmäßig an Veteranentreffen und -veranstaltungen teil. Gleichzeitig stieg er in der Unterwelt auf. Außerdem fand er heraus, was er wirklich gut konnte und offenbar auch gerne tat: Menschen erschießen. Genau das hatte er in der Armee gelernt, als er 1955 nach Boston zurückkehrte. Und für das, was er vorhatte, reichten diese Kenntnisse.[4]

In Boston eröffnete er in Dudley Square, dem wichtigsten Geschäftsviertel in Roxbury, einen Gemischtwarenladen namens Jay's Spa und traf bald Edward »Wimpy« Bennett, einen Kriminellen, der eine Fassade in der Nähe als Tarnung für sein umfangreiches Glücksspielunternehmen nutzte. Bennett fragte Flemmi, ob einige Kunden, denen er Geld geborgt hatte, Rückzahlungen in Jay's Spa abliefern könnten. Später verschaffte ihm der dankbare Bennett etwas Geld durch Wetten, das Flemmi dafür verwendete, zu horrenden Konditionen Darlehen an Spieler zu vergeben. So begann seine Karriere als Kredithai.

1958 erregte er als aufstrebender Gangster bereits die Aufmerksamkeit der örtlichen Polizei und bekam Besuch von Paul Rico, dem wichtigsten lokalen Betreuer der FBI-Informanten in der Unterwelt. Rico hatte zwei Jahre zuvor Whitey Bulger verhaftet, nachdem ein Spitzel ihn in einem Nachtclub gesehen hatte. Rico tauchte in Flemmis Laden auf und fragte ihn, ob er vor Kurzem bei einem Bankraub mitgemacht habe. Flemmi war überrascht und bestritt, Banken zu überfallen – und in der Tat waren Banküberfälle eine der wenigen kriminellen Aktivitäten, mit denen er sich damals nicht befasste. Rico glaubte ihm, doch bald kam er zurück und warf Flemmi vor, einen Bankräuber von Roxbury nach Los Angeles gefahren zu haben. Diesmal hatte Rico recht. Flemmi hatte diese Fahrt tatsächlich zusammen mit einem Bankräuber unternommen. Plötzlich wurde ihm klar, dass der Beamte mit Wimpy Bennett geredet haben musste, da der von der Fahrt quer durch das Land gewusst hatte. Flemmi mutmaßte zu Recht, dass Rico ihn als Informanten gewinnen wollte. Deshalb hatte er ihn wissen lassen, dass ihm eine Verhaftung drohte, dass Leute, denen er vertraut hatte, über ihn redeten und dass das FBI ihn möglicherweise am besten schützen konnte.

Rico suchte Flemmis Laden nun jeden Tag auf. Er fragte ihn über die Mafia im North End aus, deren häufiger und angesehener Gast Flemmi war. Er hatte viele lokale Mafiosi kennengelernt, einschließlich jener, die einen Club besuchten, den er in Roxbury eröffnet hatte. Wenn Rico und sein FBI-Partner Dennis Condon Flemmi anfangs etwas verunsichert hatten, so erkannte er die Vorteile dieser Bekanntschaft, als der Bandenkrieg in Somerville und Charlestown ausbrach. Flemmi war klar, dass die beiden Männer ihm etwas verheimlichten, dass sie ihr eigenes Spiel spielten, das er damals noch nicht ganz durchschaute. Die Beamten hatten ihre Günstlinge, und sie wollten nicht nur die Sieger bestimmen, sondern auch die Opfer.[5]

Flemmi wollte natürlich bei den Gewinnern sein. Darum wechselte er auf Drängen von Rico und Condon die Seiten und schloss sich den Winter-Hill-Gangstern in Somerville an. Das fiel ihm nicht besonders schwer, da er die McLaughlins schon lange nicht mehr leiden konnte und sie für arrogante, undisziplinierte Säufer und unzuverlässige Verbündete hielt. Dies war ein folgenschwerer Wendepunkt für ihn und die Stadt. Denn Flemmi sollte den Krieg überleben und mit Whitey Bulger ein Team bilden in einem Spiel, das vom FBI gesteuert wurde.

Flemmi beobachtete, wie Rico und Condon Intrigen schmiedeten, um das Kräftegleichgewicht im Bandenkrieg zu beeinflussen. Dabei bekam er erstmals eine Ahnung davon, wie tief das FBI in die Bostoner Unterwelt verwickelt war und wie verschwommen die Grenze zwischen Verbrechern und Verbrechensbekämpfern war. Es sollte nicht das einzige Mal sein, dass er dies mitbekam. Im Jahr 1965 begegnete er Buddy McLean im »Pal Joey«, einer Kneipe in Somerville, in der sich die Anführer der Winter-Hill-Gang trafen. Er erzählte ihm, was er erfahren hatte. Zu seiner Überraschung bestätigte McLean, dass er häufig mit Paul Rico und Dennis Condon sprach. Das war also kein finsteres Geheimnis, sondern ein offenes Bündnis.

Rico und Condon hassten die McLaughlins. Aber sie rechneten auch damit, dass Winter Hill den Krieg gewinnen konnte, vor allem mit ihrer Hilfe. Die Motive der Beamten waren und sind ein Rätsel, eine Quelle wilder Spekulationen unter den Bostoner Gangstern. Doch es ging eindeutig um etwas Persönliches.

Frank Salemme, der spätere Boss der Bostoner Mafia, war mit Flemmi aufgewachsen und wurde sein Komplize, bevor dieser sich mit Whitey Bulger verbündete. Salemme glaubte, dass Condon – der in Charlestown aufgewachsen war – die McLaughlins loswerden wollte, weil sie seinen Bruder bei einem Streit in einer Bar bedroht hatten. Ricos Rachefeldzug war Salemme zufolge noch persönlicher. Er behauptete, Ricos Hass auf die McLaughlin-Gang sei auf die gedankenlose und beleidigende Art der Brüder McLaughlin zurückzuführen – besonders auf ihre Andeutungen, dass Rico und der FBI-Direktor J. Edgar Hoover eine Liebesbeziehung hätten. In der Tat grassierten damals entsprechende Gerüchte über Hoover, und die McLaughlins machten sich einen Spaß daraus, den angeblichen Skandal immer wieder mit Rico in Verbindung zu bringen.

Rico ignorierte den Spott, doch er rächte sich, indem er Winter Hill half, die McLaughlin-Gang Gangster für Gangster auseinanderzunehmen. Er unterstützte Winter Hill 1964 dabei, Ronnie Dermody zu ermorden, der 1955 mit Whitey eine Bank ausgeraubt hatte. Dermody war zwar einer von Ricos Informanten, doch als dieser herausfand, dass er bei Winter Hill auf der Abschussliste stand, schmeichelte er sich bei Buddy McLean ein und half ihm, Dermody, eine eher unwichtige Figur, zu beseitigen.

Rico verabredete sich etwa 1,5 Kilometer von seinem Haus entfernt mit Dermody – angeblich ein Routinetreffen zwischen einem Polizisten und seinem Informanten. Doch Rico kam nicht, stattdessen tauchte McLean mit einer Waffe auf. Nach dem Mord holte Rico diesen ab und ließ ihn sogar ein paar Tage bei sich wohnen.[6]

Aber der Tod von Dermody war eher unbedeutend. Rico und Condon legten es vielmehr darauf an, George und Edward »Punchy« McLaughlin endlich wie ihren Bruder Bernie zu beseitigen. Die Schmutzarbeit wollten sie dabei allerdings Winter Hill überlassen.

Wie sein Name bereits andeutet, war Punchy McLaughlin ein Boxer und flink auf den Beinen. In den Sechzigerjahren hatte er zwei Mordanschläge heil überstanden. Nun wollte Rico dafür sorgen, dass er den dritten nicht überlebte. George McLaughlin war zu der Zeit des Mordes angeklagt, und Punchy verfolgte den Prozess vor dem Kammergericht in Suffolk jeden Tag. Rico folgte daher Punchy, um herauszufinden, wie dieser zum Gericht gelangte, dann fuhr er zum Dudley Square und berichtete Flemmi, dass Punchy jeden Morgen mit dem Bus von einer Haltestelle in West Roxbury zum Gerichtsgebäude in der Stadtmitte fuhr. Flemmi verkleidete sich daraufhin und ging zur Bushaltestelle. Er versteckte einen Revolver Kaliber .38 mit langem Lauf in einer Zeitung und schoss Punchy sechsmal in die Brust, als dieser den Bus bestieg. Als Flemmi Rico einige Zeit später traf, lobte ihn der FBI-Agent mit den Worten: »Gut geschossen!«[7]

Der Bandenkrieg, der 1961 begann, flaute Mitte der Sechzigerjahre allmählich ab. Bis dahin hatte Flemmi Wimpy Bennett und dessen zwei Brüder – treue Gefolgsleute der McLaughlins – umgebracht. Wimpy hatte Flemmi zwar zu seinem Debüt in der Unterwelt verholfen, doch er hatte ihn auch bei Rico verpfiffen. Mit dem Mord setzte Flemmi ein Zeichen: So erging es Leuten, die ihn verrieten.

Auch die McLaughlin-Gang konnte ein wenig Rache üben, ehe alles vorbei war. Im Oktober 1965 überfielen einige ihrer Mitglieder den Winter-Hill-Anführer Buddy McLean, als er die Kneipe »Pal Joey« verließ. Dieser Mord erinnerte daran, wie McLean vier Jahre zuvor Bernie McLaughlin vor der Bar »Morning Glory« erschossen hatte. Die Ermordung der Bandenchefs beendete den Krieg, aber für die Gangster in Charlestown erwies sich McLeans Tod als Pyrrhussieg. Denn er wurde durch Howie Winter ersetzt, der noch gerissener, skrupelloser und erfolgreicher war. Nachdem Winter das Steuer übernommen hatte, legten die Gangster in Somerville alle überlebenden Rivalen in Charlestown um.

Kaum waren die McLaughlins besiegt, bekräftigte Paul Rico formell, was sieben Jahre lang eine ungeschriebene Abmachung gewesen war: Im Jahr 1965 wurde Steve Flemmi ein offizieller Informant des FBI.

Whitey verließ das Gefängnis in Lewisburg 1965 und zog wieder bei seiner Mutter im Logan Way 41 ein. Bei seinem Strafantritt war er ein dünner 26-Jähriger gewesen, nun war er ein 35-Jähriger, der nach jahrelangem Hanteltraining um einiges muskulöser und, wichtiger noch, selbstsicherer war. Er war älter, klüger und härter. Seine berühmten hellen Locken waren etwas dunkler geworden, da Whitey ihnen jahrelang das Sonnenlicht vorenthalten hatte. Der Zukunftsplan, den er dem Bewährungsausschuss vorgelegt hatte, änderte sich fast sofort, nachdem Whitey frei war. Aus dem Job bei Farnsworth Press, einem grafischen Betrieb im Hafenviertel, den sein Bruder Bill ihm verschafft hatte und der ihm anderthalb Dollar pro Stunde eingebracht hätte, wurde nie etwas. Stattdessen vermittelte ihm ein Freund der Familie, der die Gewerkschaft der Druckluftarbeiter leitete, eine Stelle als Bauarbeiter. Einer seiner ersten Einsatzorte war St. Maria, das Studentenwohnheim der Jesuiten am Boston College. Unter denen, die in diesem spartanischen Heim wohnten, befand sich Pater Drinan, Whiteys Gefängnisbrieffreund und ehrenamtlicher Bewährungshelfer. Die Arbeit im College brachte ihn zudem in Kontakt mit einem anderen Bekannten aus seiner Zeit in Old Harbor: John Connolly.

1961 hatte Connolly Bill Bulgers Rat befolgt und sich am Boston College eingeschrieben. Kurz vor seinem Abschluss spazierte er mit John Cunniff, dem Hockeystar des College aus Southie, über den Campus, als dieser plötzlich winkte und zu einem Mann ging, der vor St. Maria Granitplatten schleppte.

»Johnny«, rief Cunniff und holte Connolly mit einer Geste zu sich, »kennst du Jimmy Bulger?«

John Connolly schüttelte dem Mann die Hand, der ihm vor vielen Jahren ein Eis gekauft hatte. »Klar«, antwortete er, »wir sind beide in Old Harbor aufgewachsen.«

Der magere Teenager, an den Connolly sich erinnerte, war nun ein Exhäftling mit stämmigem, muskulösem Körper. »Ich bin ein guter Freund deines Bruders Bill«, fügte Connolly hinzu. Sie plauderten noch ein wenig, schüttelten sich die Hände, und dann verabschiedeten sich Cunniff und Connolly, und Whitey arbeitete weiter.

»Woher kennst du ihn?«, fragte Connolly.

»Wir haben zusammen auf dem Bau gearbeitet«, erwiderte Cunniff.[8]

Connolly schaute über die Schulter zurück. Er sah Whitey Bulger erst etwa zehn Jahre später wieder, als FBI-Agent, der einen Handel abschließen wollte.

Whitey arbeitete nur deshalb gerne auf dem Bau, weil er dabei in Form blieb. Er hoffte dennoch, etwas anderes zu finden, und sein Bruder Bill, der zum dritten Mal ins Repräsentantenhaus gewählt worden war, verschaffte ihm einen Job als Hausmeister im Bezirksgerichtsgebäude.[9] Es war ein seltsamer Arbeitsplatz für einen ehemaligen Sträfling, aber im Boston der Sechzigerjahre setzte politischer Einfluss sich gegen Sicherheitsbedenken durch. Zum Glück für Bill erregte Whiteys Einstellung keine Aufmerksamkeit, aber es bestand immer die Gefahr, dass sein Bruder ihn als Politiker in Schwierigkeiten brachte.

Whitey war enorm stolz auf Bills politischen Erfolg, und als sein Bruder 1970 für den Senat in Massachusetts kandidierte, meldete er sich freiwillig als Wahlhelfer. Er fuhr Leute in ganz Southie umher und verteilte Broschüren. Eines Tages, als Wahlhelfer mit Wahlplakaten in den Händen am Rondell gegenüber St. Monika im Regen standen, tauchte Whitey mit einigen

Regenschirmen auf, die er spontan gekauft hatte.[10] Nach dieser ersten Senatskampagne setzte Whitey sich wohl nicht weiter für die politische Karriere seines Bruders ein. Sein Ausscheiden aus dem Wahlkampfbetrieb fiel mit seinem Wiedereintritt in die Unterwelt zusammen. Ob sein Rückzug Zufall war oder ob er ihn geplant hatte, ist unklar. Sein Temperament und seine leidenschaftliche Loyalität gegenüber Bill hätten auf jeden Fall jederzeit zu peinlichen Zwischenfällen führen können. Politik war in Southie eine Frage der persönlichen Kontakte, aber während dieses Wahlkampfs ging Whitey eines Tages zu weit. Pat Nee, der fast sein ganzes Leben lang entweder Whiteys Rivale oder Verbündeter war, berichtete, dass Whitey oft zugunsten seines Bruders eingegriffen und Leute eingeschüchtert habe, die er für politische Feinde hielt. Einer von ihnen, Patrick Loftus, war jedoch mehr als ein vermeintlicher Feind. Im Jahr 1970 kämpfte er gegen Bill Bulger um den vakanten Sitz im Senat. Loftus war Antikorruptionsbeauftragter des Staates und später der Autor einer schöngefärbten Denkschrift über Southie, und er hatte als Redner eine Gabe für ebenso blumige wie schneidende Ausdrücke. Was die Rhetorik betraf, war er Bill Bulger gewachsen, und er stieg gerne mit ihm in den Ring. Nach einer hitzigen Debatte marschierte Whitey ins Wahlkampfzentrum der Loftus-Anhänger und stellte den Kandidaten zur Rede. Er warf ihm vor, seine Familie zu beleidigen. Whiteys Verhalten war unverkennbar bedrohlich, und als Bill Bulger davon erfuhr, war er entrüstet. Später erklärte er vor einem Kongressausschuss, sein Bruder habe sich nur dieses eine Mal mit einem politischen Gegner angelegt, und er habe ihn aufgefordert, auf eine Parteinahme dieser Art zu verzichten. »Billy befahl ihm, damit aufzuhören«, sagte Nee. »Whitey hasste die Familie Loftus, weil sie Billy herausgefordert hatte. Billy wollte, dass er damit aufhörte. Ich glaube nicht, dass er ihn dazu angestiftet hat. Es war Whiteys Idee.«[11]

Als Whitey zwei Jahre nach Verbüßung der Mindesthaftzeit und elf Jahre vor dem offiziellen Ablauf seiner Gefängnisstrafe beantragte, auf Bewährung entlassen zu werden, konnte er den Bewährungsausschuss davon überzeugen, dass er keine Straftaten mehr begehen wolle. Aber er hielt sich nicht sehr lange an die Bewährungsauflagen. Noch im März 1969 berichtete sein Bewährungshelfer, Whitey sei als Hausmeister recht zufrieden. »Er nimmt die Arbeit ernst, und sie scheint ihm Spaß zu machen. James arbeitet immer noch und ist bisher nicht in Schwierigkeiten geraten.«[12] Doch nichts davon stimmte. Whitey erschien nicht mehr zur Arbeit im Gerichtsgebäude. Stattdessen hing er in den zahlreichen Kneipen in Southie herum, nicht um zu trinken, sondern um Kontakte zu knüpfen. Er ließ sich wieder mit der Sorte von Männern ein, mit denen er vor seiner Verurteilung verkehrt hatte. Mit Spielern. Mit Leuten, die ihr Geld unsauberen Geschäften verdankten. Es war nur eine Frage der Zeit, bis die Brüder Killeen auf ihn aufmerksam wurden.

Donnie und Kenny Killeen waren damals die mächtigsten Gangster in South Boston, und Whitey gefiel ihnen, weil er Grips und Knasterfahrung besaß. Seine Haft in Alcatraz, die ihm anderswo viele Türen verschloss, öffnete ihm den Zugang zum »Café Transit«, der zwielichtigen Bar an Southies West Broadway, die der Killeen-Gang als Hauptquartier diente.

Die Killeens verdienten ihr Geld vor allem mit lukrativen Glücksspielen und Kreditwucher. Ihre Kunden waren Hafen-, Fabrik- und Lagerarbeiter an der Küste. Aber das Geschäft hatte auch seine Risiken. George Killeen war 1950 im North End abgeknallt worden, und Eddie Killeen wurde 1968 erschossen. Im selben Jahr beschlossen Donnie und Kenny, die überlebenden Brüder, Whitey in ihre Vollstreckertruppe aufzunehmen. Die Killeens waren Kinder der raueren und ärmeren Westseite von Southie, und Whiteys Ruf eilte ihm im Lower End und in Old Harbor voraus, wo viele Kunden der Killeens wohnten. Donnie Killeen führte die Gruppe an und sorgte dafür, dass Billy O'Sullivan, sein bester Mann, Whitey unter seine Fittiche nahm.

Billy O, wie er genannt wurde, war ein ehemaliger Marinesoldat. Er war geschickt mit den Fäusten und noch geschickter mit einer Kanone. Wann immer jemand in Southie ermordet wurde, nahm man allgemein – wenn auch nicht immer zu Recht – an, dass Billy O der Täter war. Bald sollte es seinem Schützling ähnlich ergehen. Ob die Gerüchte stimmten, war dabei unwichtig, der Ruf, skrupellos zu sein, war auf jeden Fall sehr gut fürs Geschäft. Billy O war auch ein talentierter Lehrer. Er brachte Whitey bei, seiner Beute unauffällig zu folgen, und, ebenso wichtig, einen Beschatter abzuschütteln. Seine militärische Ausbildung war von unschätzbarem Wert, und Whitey bekannte später, er sei Billy O dankbar für alles, was er von ihm gelernt habe.[13] In anderer Hinsicht war Billy O allerdings kein Vorbild, denn sein großes Laster war die Trunksucht. Eine der Bewährungsauflagen Whitey Bulgers war das Verbot, übermäßig viel Alkohol zu trinken. Das war für ihn nie ein Problem, weil er kein starker Trinker war und Alkoholiker für schwach und unzuverlässig hielt. Die Straßen von South Boston und Charlestown waren schließlich mit den Leichen von Männern übersät, die zu betrunken gewesen waren, um ihren Mördern zu entkommen.

Der Somerville-Charlestown-Bandenkrieg war erst seit wenigen Jahren beendet, als im Juli 1969 ein kleinerer, aber fast ebenso tödlicher Konflikt ausbrach. Dieser Krieg beschränkte sich auf Southie, und wie der ehemalige irische Bruderkrieg begann er, nachdem Alkohol in reichlichen Mengen geflossen war. Schon lange schwelte ein Streit zwischen der Killeen-Gang und den Mullens, einer kriminellen Gruppe aus South Boston, benannt nach einer Straßenecke in City Point, die den Namen eines Helden des Ersten Weltkriegs trug. Mullen Square war eher eine Ecke als ein Platz, und Mullens Name schmückte ein Schild an einer schwarzen Stange.

Pat Nee war auf der Seite der Mullens. Der gebürtige Ire war mit acht Jahren nach Southie gekommen und hatte nicht nur einen deutlichen Akzent, sondern fiel auch durch sein Stottern auf. Er wurde deswegen gehänselt, aber er wehrte sich mit den Fäusten, und das war die sicherste Methode, sich in South Boston Respekt zu verschaffen. Schon als Teenager schlug er sich auf die Seite der Mullens, die anfangs eher kleine Ganoven waren als eine echte Bande. Sie stahlen Donuts im Laden an der Ecke, sammelten Flaschen wegen des Pfands und suchten nach Müll, den sie verkaufen konnten. Doch als sie älter wurden, begannen sie, Waren aus den LKWs zu stehlen, die bei Castle Island die Docks verließen. Metallschrott, vor allem Zinn, war eine bevorzugte und lukrative Beute.[14]

1962 ging Nee zur Marine. Als er 1966, nachdem er in Vietnam gekämpft hatte, nach Southie zurückkehrte, bemerkte er, dass die Mullens den Killeens gegenüber, die damals die einzigen wirklich organisierten Verbrecher in Southie waren, weniger respektvoll auftraten. »Ich glaube, das lag zum Teil daran, dass viele von uns beim Militär gewesen waren«, meinte Nee. »Viele Mullens waren in Vietnam gewesen und dachten: ›Wir haben im verdammten Dschungel gegen die Vietcong gekämpft. Warum sollten wir uns da von Donnie Killeen in Southie etwas sagen lassen?‹«

Der Krieg war auch ein Streit der Generationen. Ende der Sechzigerjahre begannen junge Amerikaner das Establishment zu kritisieren, und im kriminellen Milieu verhielt es sich ebenso. Für die Mullens waren die Killeens das weiße Establishment, der verachtete Status quo. Die Mullens waren dagegen unbekümmerter und chaotischer. »Wir waren einfach kriminelle Opportunisten, Wanderratten. Die Killeens hatten eine strenge hierarchische Struktur, wir waren nur ein lockerer Zusammenschluss«, erklärte Nee. »Wenn wir etwas sahen, das wir haben wollten, dann stahlen wir es eben. Sie gehörten zum organisierten Verbrechen, wir zum unorganisierten. Wir raubten alles Mögliche. Wir hatten wenig Respekt vor ihnen, und das führte eines Tages zu ernsten Auseinandersetzungen. Wir häuften Schulden bei ihnen an, wetteten auf alles und sagten zu den Killeens: ›Ja, ja, wir zahlen euch alles zurück, sobald wir Geld haben.‹ Aber wir hatten nie die Absicht, das Geld zurückzuzahlen. Das machte sie natürlich wütend. Darum war ein Krieg unvermeidlich.«[15]

Die Spannungen zwischen den beiden Gruppen nahmen derart zu, dass im Sommer 1969 ein eigentlich unbedeutender Vorfall ausreichte, um einen Krieg auszulösen, und dabei ging es um Mickey Dwyers Nase. Dwyer, ein Mitglied der Mullens, saß im »Café Transit« und trank. Das roch bereits nach Ärger, doch zudem prahlte er damit, dass die Mullens keine Angst mehr vor den Killeens hätten.

Irgendwann hatte Kenny Killeen genug von dieser Frechheit und stürzte sich auf Dwyer. Der war zwar Boxer, aber auch betrunken, außerdem war Killeen viel schwerer. Die beiden rauften auf dem Fußboden, bis Killeen ein Stück von Dwyers Nase abbiss, dann zog er eine Waffe und schoss ihm in den Arm.

Mickey Dwyers Demütigung im »Transit« war für die Mullens der Tropfen, der das Fass zum Überlaufen brachte. Bisher waren sie nur als rauflustig bekannt gewesen, nicht als schießwütig. Das änderte sich jedoch nach Dwyers Verstümmelung, denn die Mullens besorgten sich Waffen, und der Krieg begann. »Bis dahin hatten wir nur unsere Fäuste benutzt, vielleicht mal einen Baseballschläger«, berichtete Pat Nee. »Wir hatten keine Knarren. Aber das musste sich nun ändern.«

Die meisten Leute gaben den Mullens keine Chance, denn sie hatten nur etwa 20 Mitglieder, und keiner von ihnen war als Killer bekannt. Die Killeens hatten dagegen Billy O'Sullivan und Whitey Bulger aufzuweisen, die als eiskalte Mörder galten. Bald stellten die beiden auch erneut unter Beweis, dass sie ihren Ruf tatsächlich verdient hatten. Eines Nachts machten Whitey und O'Sullivan Jagd auf Mitglieder der rivalisierenden Gang, als Whitey den Anführer der Mullens, Paulie McGonagle, allein die East Seventh Street in City Point entlangfahren sah. Er parkte vor seinem Haus. Whitey kam aus der Gegenrichtung und hielt direkt neben ihm.

»He, Paulie!«, rief er.

Als McGonagle sich umdrehte, schoss Whitey ihm ins Gesicht. Schon als er abdrückte, erkannte er seinen Fehler.[16] Der Mann war nämlich gar nicht Paulie McGonagle, sondern dessen Bruder Donnie, der ihm sehr ähnlich sah. Donnie McGonagle hatte zwei Kinder und war nie an kriminellen Aktivitäten beteiligt gewesen. Bestürzt raste Whitey zu O'Sullivans Haus, das nur ein paar Kilometer entfernt war. O'Sullivan führte ihn in die Küche, wo Whitey auf einem Stuhl zusammensank. Vermutlich erwartete er eine Standpauke, stattdessen bekam er etwas anderes: O'Sullivan holte ein paar Schweinekoteletts aus dem Kühlschrank und warf sie in eine Bratpfanne.

»Ich habe den Falschen erschossen«, murmelte Whitey ungläubig. »Ich habe Donald umgelegt.«

Whitey war immer stolz darauf, dass er zuverlässig arbeitete und nie trank, wenn er schießen musste. Er hatte stets Geduld und zögerte auch nicht, ein potenzielles Opfer laufen zu lassen, wenn er ein ungutes Gefühl hatte. Diesmal schien alles zu passen, bis zu dem Augenblick, als er abdrückte und den falschen Mann tötete. O'Sullivan blieb jedoch ungerührt und riet Whitey, die Sache zu vergessen. Donnie sei ein starker Raucher gewesen, der ohnehin bald gestorben wäre. »Also«, fragte O'Sullivan dann und rieb sich die Hände, »wie möchtest du deine Koteletts haben?«[17]

1971 eskalierte der Krieg zwischen den Mullens und den Killeens dramatisch, er wurde sowohl brutaler als auch sinnloser. Eines Tages kam Buddy Roache, ein Mitglied der Mullens, in einer Bar am Broadway zu O'Sullivan und Whitey. Er sagte, er habe nichts gegen sie beide, aber er werde Donnie Killeen umlegen und dadurch den Krieg ein für alle Mal beenden. Das war erstaunlich leichtsinnig von ihm, vor allem angesichts der Tatsache, dass keine anderen Mullens anwesend waren, die ihm hätten helfen können. Buddy Roache hatte wohl geglaubt, O'Sullivan und Whitey seien zu vorsichtig, um in einer überfüllten Bar etwas Dummes zu tun.

Buddys Bruder Mickey war zwar Polizist und sollte Jahre später Polizeibeauftragter werden, aber Roache war jetzt allein und schutzlos, als O'Sullivan einen .22er-Revolver aus der Tasche zog. Der Schuss traf Roaches Wirbelsäule. Obwohl sein Bruder Polizist war, gab es keine Festnahmen – Buddy war von da an zwar gelähmt und konnte nicht mehr gehen, aber er wollte auch nicht reden, zumindest nicht mit der Polizei. Und obwohl das Lokal gut besucht war, hatte trotzdem niemand den Schützen gesehen. Das war in Southie so üblich.

Dann nahm der Krieg eine Wendung, die Whitey nicht erwartet hatte. Er war gerade in New York, um Tommy Devaney, einen alten Freund aus dem Gefängnis in Atlanta, zu besuchen, der jetzt als Vollstrecker für die Westies-Gang in Manhattans West Side arbeitete, als das Telefon klingelte: Die Mullens hatten Billy O'Sullivan vor seinem Haus erschossen. Der Mord verstörte Whitey. Wenn sein Mentor, der abgebrühteste Killer weit und breit, verwundbar war, was war dann mit ihm? Auf Whiteys Drängen kam Devaney mit nach Southie und zeigte sich dort mit ihm. Die Nachricht verbreitete sich rasch: Die Westies standen auf der Seite der Killeens. Doch wenn das die Mullens hatte einschüchtern sollen, dann ging der Plan gründlich schief. Die Ermordung O'Sullivans hatte die Feinde vielmehr davon überzeugt, dass sie dem Sieg nahe waren.

»Wir hatten keine Angst vor ihnen«, sagte Pat Nee, »und das wussten sie.«

Nee hätte Whitey nach eigenen Aussagen zweimal fast umgebracht. Beide Male hatte er ihn im Visier gehabt, aber nicht abgedrückt, weil er befürchtet hatte, unschuldige Passanten zu treffen. Seine erste Chance kam eines Nachmittags, als er in einer Bar gegenüber dem Bahnhof in Southie saß, dem wichtigsten Bahnhof für Pendler im Süden der Stadt. Es war Hauptverkehrszeit, und Nee schaute aus dem Fenster, während der Verkehr sich schrittweise vorbeischob und Hupen ertönten.

»Verdammt«, sagte er plötzlich zu Paul McGonagle, »da ist Whitey.«
Whitey saß auf dem Fahrersitz eines blauen Ford LTD, kaum mehr als
30 Meter entfernt. Er steckte im Verkehr fest und war damit im Visier der
Mullens.

»Gib mir deine Knarre«, flüsterte Nee.

McGonagle schob ihm unter dem Tisch eine .32er zu, und Nee steckte
sie in die Jackentasche. Dann verließ er die Bar und begann zu laufen. Jack
Curran, ein Vollstrecker der Killeens, und ein anderer Typ befanden sich
auf dem Rücksitz des Wagens. Sie waren wahrscheinlich bewaffnet, saßen
aber in der Falle – dachte Nee zumindest. Whitey, der stolz auf seine Fahr-
künste war, bog einfach auf den Mittelstreifen ab und pflügte mit funken-
sprühendem Unterboden auf die Gegenfahrbahn. Nee blieb stehen und
zielte, während Whitey davonschlingerte. Da überall unbeteiligte Fußgän-
ger unterwegs waren, ließ Nee schließlich die Waffe sinken und tauchte in
der Menge unter. Dann ging er zurück in die Bar, wo McGonagle ihm als
Trost ein Bier spendierte. »Ich habe etwas herausgefunden«, meinte Nee.
»Sie waren unbewaffnet. Andernfalls hätten sie auf mich angelegt.«

Am nächsten Tag besuchte Nee die Stammkneipe der Mullens und setzte sich neben Jimmy Mantville, genannt »das Wiesel«. Mantville gehörte
zu den Mullens, die begeistert waren, dass die Mitglieder der Gang jetzt
nicht mehr nur mit Fäusten kämpften, sondern auch schossen. »Wiesel«,
sagte Pat Nee und legte ihm einen Arm um die Schulter, »wir gehen auf
die Jagd.«

Nee und Mantville waren ein hübsches Paar. Nee trug eine dunkle Perücke und einen Schnurrbart. Mantville hatte sich in Kleider seiner Freundin
gezwängt und eine blonde Frauenperücke aufgesetzt. Außerdem nahm Nee
eine Babypuppe und legte sie in einen Kinderwagen. Aber ihre Beute war
schwer zu fassen. Whitey ließ sich nirgendwo blicken, und Donnie Killeen
war selten allein. Wenn er nicht zu Hause oder im »Transit« Hof hielt, ging
er mit seinem kleinen Sohn auf dem Broadway spazieren. »Wir hatten unsere Regeln in Southie, und niemand schoss auf einen Typen, wenn sein Kind
bei ihm war«, erklärte Nee. »Wer das getan hätte, wäre bald tot gewesen.«

An diese Regel hielten sich offenbar beide Seiten, wie Pat Nee feststellen
konnte. Wie die anderen führenden Mullens war er während des Krieges
aus seinem Haus in Southie ausgezogen und hatte sich in der Sozialwohnung einer Freundin in Bunker Hill, Charlestown, einquartiert. Seine .45er
hatte er immer bei sich, und wenn er mit der kleinen Tochter seiner Freundin vor dem Fernseher saß, versteckte er den Revolver unter einem Ge-
schirrtuch auf dem Tisch.

»Das Licht des Fernsehers erhellte das Fenster des Apartments, und ich
sah einen Gewehrlauf, der aufs Fenster zeigte. Genauer gesagt auf mich«,

berichtete Nee. »Ich sah Whiteys Gesicht. Ich wusste, dass er es war. Er war klar im Vorteil.«

Als Nee nach seiner Waffe griff, erschreckte seine plötzliche Bewegung das Kind, sodass die Kleine aufsprang. »Sie stand genau in der Schusslinie«, erzählte Nee. »Sie stand zwischen mir und dem Fenster. Ich sah über ihren Kopf hinweg Whitey an. Er senkte das Gewehr und lächelte mich an. Dann verschwand er einfach.«

Nee holte daraufhin ein Gewehr und verfolgte Whitey. Er sah ihn mit der Waffe in der Hand über den Hof rennen. Nee kniete nieder und suchte Whitey mit dem Zielfernrohr. Im Hof saßen ein paar Leute auf Treppen herum oder spazierten auf und ab und gerieten immer wieder in sein Sichtfeld. Bevor er Whitey ins Visier nehmen konnte, sprang dieser auf den Beifahrersitz eines Autos, dessen Tür jemand aufgestoßen hatte. Die Reifen quietschten, und Pat Nee fluchte. »Aber ich habe nie bedauert, dass ich unter diesen Umständen nicht geschossen habe«, versicherte er. »Ich hätte jeden treffen können, obwohl ich ziemlich sicher bin, dass ich auch Whitey erwischt hätte. Und wenn ich ihn erwischt hätte, wären viele andere noch am Leben.«[18]

So geschickt Whitey Mordanschlägen auch zu entgehen wusste, so war ihm doch klar, dass er das Glück nicht gepachtet hatte. Darum traf er Vorkehrungen für seinen Tod. Er kaufte einen guten Anzug und hängte ihn in den Schrank einer Freundin. »Für den Fall, dass mich im Bandenkrieg jemand abknallte«, erklärte er Jahre später einem Freund. »Ich wollte bei meiner Beerdigung im offenen Sarg gut aussehen.«[19]

Wie viele andere schreibt Nee Jimmy Mantville und Tommy King das Verdienst zu, den Krieg beendet zu haben. Zwar hatten die Mullens davon abgesehen, Donnie Killeen zu erschießen, als er mit seinem Sohn den Broadway entlanglief, aber nichts konnte sie daran hindern, ihn nach der Geburtstagsparty des Jungen außerhalb seines Zuhauses umzulegen.

Es war Samstagabend, der 13. Mai 1972. Die Familie Killeen hatte eben zu Abend gegessen und wollte den Kuchen für den fünfjährigen Sohn anschneiden, als Donnie zu seiner Frau sagte, er müsse noch etwas besorgen. Kaum hatte er sich ans Steuer seines Autos gesetzt, rannten Mantville und King mit einer Maschinenpistole herbei. Sie hatten in einem nahe gelegenen Wassergraben stundenlang auf der Lauer gelegen. Der Gerichtsmediziner holte 15 Geschosse aus Killeens Leiche. Der .38er-Revolver, den Killeen aus dem Handschuhfach geholt hatte, war nicht abgefeuert worden.[20]

Die Mullens jubelten. Sie schickten anlässlich Donnies Totenwache ein Blumengebinde, das mit einem Band mit den Worten »Au Revoir« geschmückt war. Eine letzte Beleidigung durfte nicht fehlen: Die Blumen wurden per Nachnahme geschickt.[21]

Der Nachtclub »Chandler« in Bostons South End war ein Wirklichkeit gewordenes Klischee, ein typisches Gangsterlokal, wie man es sich in Hollywood vorstellte. Die polierte Mahagonibar war von harten Männern meist in Lederjacken und grell geschminkten Frauen gesäumt. Alle trugen knallbunte Kleidung, und alle waren laut. Eine Kakophonie derber Worte prallte von den Wänden ab, und eine Rauchwolke schwebte über der Bar. Das »Chandler« wirkte normalerweise genau so, wie eine Mafiakneipe sein sollte. Doch an diesem Morgen im Jahr 1972 kam der einzige Lärm von einem Staubsauger, der im weitläufigen Speisesaal brummte, und vom Klirren der Löffel in den Kaffeetassen. Ein Dutzend Ganoven drängte sich in einigen Nischen zusammen. Der Bandenkrieg in Southie sollte beendet werden, und das sollte bei einem Frühstück im »Chandler« passieren.

Seit dem Ende des Bandenkriegs zwischen Somerville und Charlestown in den Sechzigerjahren war das »Chandler« zu einer Art offiziellem Treffpunkt für Gangster geworden. Die Eigentümer waren angeblich Howie Winter, der Anführer der Winter-Hill-Gang, und einige seiner Partner. Der Nachtclub war ein Versammlungsort für Verbrecher aller ethnischen Gruppen. Mafiosi saßen mit Winter-Hill-Gangstern zusammen. In einer Stadt, die für ihre Rassentrennung bekannt war, waren hier jedoch sogar schwarze Kriminelle willkommen. Daher eignete sich der Club hervorragend für Verhandlungen über das Ende des Bandenkriegs in Southie. Beide Seiten wussten, dass das Töten nicht weitergehen konnte. Es führte letztlich nur zu Ärger mit der Polizei, und es war schlecht fürs Geschäft.

Donnie Killeen war tot. Da Kenny Killeen nicht die Absicht hatte, das Schicksal seines Bruders zu teilen, hatte er sich plötzlich zurückgezogen. Dadurch wurde Whitey de facto zum Anführer der dezimierten Killeen-Gang. So war es auch Whitey, der Howie Winter aufsuchte, um ihn um Unterstützung beim Aushandeln eines Waffenstillstands mit den Mullens zu bitten. Winter war der Chef der größten und mächtigsten irischen Verbrecherorganisation in Boston, und er genoss den Respekt beider Parteien. »Whitey spazierte ins ›Chandler‹«, erinnerte sich Winter. »Ich hatte ihn nie zuvor gesehen. Er wusste, dass ich ein freundschaftliches Verhältnis zu den Mullens hatte, und bat um meine Vermittlung. Ich sagte: ›Ist das dein Ernst? Ich mach das nur, wenn du dich dann an die Abmachungen hältst.‹ Er versprach es.«[22]

Die Sache sprach sich herum, und am festgesetzten Morgen stand Howie Winter im Durchgang zwischen den beiden Nischen mit den Southie-Rivalen und schlug ihnen vor, den Krieg zu beenden. »Warum schließt ihr euch nicht zusammen und verdient gemeinsam Geld, anstatt einander zu bekämpfen?«, fragte er. Die Southie-Gangster beäugten sich misstrauisch, aber als Winter weitersprach, nickten sie zustimmend. Er bot sogar an, ihnen Geld für Buchmachergeschäfte zur Verfügung zu stellen, an denen sie sich beide beteiligen könnten. »Warum fangt ihr nicht an, Wetten auf Pferde, Hunde und Sportveranstaltungen abzuschließen, und verdient so euer Geld?«, schlug Winter vor. [23]

Im Zuge dieser Verhandlungen bekam Whitey Bulger das Mafiaäquivalent einer Aktienoption. Howie Winter ernannte ihn zum Anführer der Southie-Gruppe. Infolgedessen wurde Whitey zum Partner von Howie Winter, Joe McDonald und Jimmy Sims sowie von John Martorano, dem eigentlichen starken Mann von Winter Hill. Howie Winter mochte Whitey, dessen schwere Zeit in Alcatraz ihn ebenso beeindruckte wie sein vermeintliches Bündnis mit den Westies in New York.[24] Jetzt sollte Whitey mit Winters Segen dessen Gang in Southie anführen.

Das gefiel Paulie McGonagle, Pat Nee, Tommy King und dem Rest der Mullens natürlich gar nicht. Sie hielten schließlich ihre Seite für den Sieger. Immerhin hatte Donnie Killeens Ermordung, laut Nee das »Hiroshima« des Mullens-Killeen-Kriegs, den Streit beendet. Die Killeens hatten fast sofort nach Donnies Beerdigung um Frieden gebeten, und die Mullens fanden es schon großzügig, dass sie den erbetenen Waffenstillstand überhaupt in Erwägung zogen, und wollten jetzt ihren Lohn einheimsen. Aber die Winter-Hill-Gang entsprach von ihrer Struktur her eher einer Gruppierung des organisierten Verbrechens, und die Mullens waren ihrer Meinung nach zu unstrukturiert, zu wild. Die Mullens mochten vielleicht den Krieg beendet haben, aber die Buchmacher, die für die Killeens gearbeitet hatten, verdienten erwiesenermaßen viel Geld. Und entscheidend war letztlich, wer mehr Geld zu Wucherzinsen unter die Leute verteilen und ins Glücksspiel schleusen konnte. Howie Winter entschied, dass Whitey der richtige Mann dafür war.

Irgendwann während der Diskussion nahm Tommy King seinen Kumpel Pat Nee beiseite. »Mir gefällt das nicht«, sagte er. »Wir hätten Whitey vor diesem Abkommen umlegen sollen. Eines Tages werden wir diesen Tag bereuen.«[25] King galt als Hitzkopf und unsicherer Verbündeter, er war auch nicht der Schlauste der Mullens. Doch offenbar sah er die Gefahr voraus, die der jetzt wieder mächtige Whitey Bulger darstellte.

Nach seinem Gefängnisaufenthalt hatte Whitey es innerhalb weniger Jahre vom kleinen Unruhestifter zu einem Hauptakteur gebracht, und er war gut gerüstet für den Aufstieg an die Spitze. Im Krieg zwischen den Mullens und den Killeens hatte er zudem viel über die irische Unterwelt gelernt, über die Stärken und Schwächen der Gangster, die Kämpfe mit Angriff, Gegenschlag und Vergeltung, die oft groteske Sinnlosigkeit dieser Auseinandersetzungen und die Kunst des Überlebens. Nichts, was er gelernt hatte, widersprach dem, was er seit Langem von sich selbst dachte: dass er schlauer als die meisten anderen Gauner war, raffinierter, umsichtiger und völlig skrupellos, was die Gewaltanwendung im Gewerbe seiner Wahl betraf. Zudem hatte Whitey etwas an sich, was die Leute zu ihm hinzog und ihn zum Anführer prädestinierte. Sein Ungestüm, seine Selbstdisziplin und sein Ehrgeiz hatten etwas seltsam Charismatisches an sich.

Seine Aura – ganz zu schweigen von seinem kräftigen Körperbau und den durchdringenden Augen – hatte auch eine starke Wirkung auf Frauen, und nach seinen Jahren im Gefängnis hatte Whitey auf diesem Gebiet eine Menge nachzuholen. Noch bevor er erneut zum Verbrecher wurde, stellte er seinen alten Ruf als Frauenheld wieder her. Nach neun Jahren ohne körperlichen Kontakt mit Frauen wollte er nun so oft wie möglich seinen Spaß im Bett haben. Die weitaus meisten dieser Begegnungen waren nichts weiter als flüchtige Affären, die ihm, vom Sex abgesehen, wenig oder gar nichts bedeuteten. Aber es gab auch eine Beziehung, die mehr war als ein einmaliges Abenteuer und die zur Geburt seines einzigen bekannten Kindes führte.

Er war seit einem Jahr in Freiheit, als er auf einer Baustelle in Quincy, unmittelbar südlich von Southie, mit dem Presslufthammer zugange war. Dabei fiel ihm eine junge Kellnerin auf, die ein Esslokal gegenüber der Baustelle verließ. Ihr Name war Lindsey Cyr, sie arbeitete morgens in dem Lokal und nachmittags in einer Anwaltskanzlei. Mit ihrem goldbraunen Haar und ihren vollen Brüsten war sie eine jüngere, etwas dunklere Version seiner ehemaligen Geliebten Jacquie McAuliffe.

Von da an frühstückte Whitey vor der Arbeit in dem Lokal. Er flirtete mit Lindsey, die 21 war, also 15 Jahre jünger als Whitey, und sich geschmeichelt fühlte, weil ein älterer Mann Interesse an ihr hatte. »Er sah so gut aus«, erinnerte sich Lindsey. Außerdem war er höflich, hatte gute Manieren und erzählte ihr mit beeindruckender Offenheit, dass er als Bankräuber im Gefängnis gesessen hatte. Das war aber nicht der Grund dafür, dass Lindsey ihn immer wieder abwies, wenn er sie um eine Verabredung bat. Sie versuchte vielmehr gerade, eine gescheiterte Beziehung zu beenden, und war noch nicht bereit für eine neue. Doch Whitey ließ sich nicht beirren.

Eines Morgens, als Whitey gerade dort frühstückte, tauchte Lindseys ehemaliger Freund im Lokal auf. Der Mann packte sie an der Bluse und schrie sie an, weil sie ihn beleidigt habe. Das war für Whitey die Gelegenheit, den edlen Ritter zu spielen. Er schubste den Mann hinaus auf den Gehsteig, versetzte ihm rasch vier Schläge und ließ ihn zusammengekrümmt auf dem Boden liegen. Dann ging er ruhig an seinen Platz zurück, griff nach seiner Kaffeetasse und sagte: »Er wird dich nicht mehr belästigen.«[26]

Whiteys brutale Galanterie verfehlte ihre Wirkung nicht. Jetzt willigte Lindsey ein, mit ihm auszugehen. Doch schon nach wenigen Verabredungen war Whitey frustriert, weil Lindsey nicht mit ihm ins Bett ging. »Ich habe es satt, mit dir auszugehen und danach woanders hingehen zu müssen, um das zu kriegen, was ich haben will«, sagte er schließlich zu ihr. »Du weißt, wo du mich findest. Keine halben Sachen mehr.«[27] Lindsey sah ihn sechs Wochen lang nicht mehr. Doch da sie sich in ihn verliebt hatte, war sie sehr unglücklich darüber. Also suchte sie ihn sechs Wochen nach seinem Ultimatum im »Café Transit« auf und meinte nur: »Ich bin bereit.«

Whitey war es ebenfalls. Doch zuerst ging er mit ihr in ein Kaufhaus in Dorchester und kaufte ein paar neue Bettlaken. Im Gefängnis hatte er gelernt, ein Bett schnell abzuziehen und neu zu überziehen, und diese Fähigkeit setzte er nun mit Begeisterung ein, nachdem er Lindsey in eine Wohnung gebracht hatte, die dem Barkeeper des »Transit« gehörte. Für Lindsey war Whitey sexsüchtig. Er wollte immer und zu den unmöglichsten Tageszeiten. Wenn er mit ihr durch Southie fuhr, bog er plötzlich in eine Gasse ab und öffnete seine Hose. Eines Tages tauchte Whitey auf einmal unangekündigt auf, als Lindsey im Stadtzentrum in einem Bürogebäude arbeitete. »Komm mit«, sagte er. Sie folgte ihm schnurstracks in die Damentoilette, wo sie in einer Kabine Sex hatten.

Sie hatten spontan, heimlich und häufig Sex. Und sie hatten ungeschützten Sex. Als ihre Beziehung einige Monate alt war, bemerkte Lindsey, dass sie schwanger war. Whitey war darüber nicht erfreut, er wollte kein Kind. Die Killeens hatten ihn aufgenommen, und er arbeitete für sie im Bereich Glücksspiel und Kreditwucher. Das Letzte, was er jetzt brauchen konnte, war ein Kind. Er riet Lindsey zur Abtreibung, aber sie weigerte sich. Nach einem heftigen Streit und als klar war, dass sie das Kind behalten wollte, erklärte Whitey sich letztlich bereit, sie dabei zu unterstützen. Seine einzige Bedingung war, dass sein Name nicht auf der Geburtsurkunde stehen durfte.[28] In seiner Branche war es gefährlich, bekannte Nachfahren zu haben, da diese potenzielle Ziele für eine Erpressung, eine Entführung oder einen Mord waren. Lindsey gab daher ihren Exfreund, den Whitey laut ihren Angaben zusammengeschlagen hatte, als Vater an.

Lindsey brachte am 22. Mai 1967 einen Jungen zur Welt, den sie Douglas nannte. Es war eine schwere Geburt. Als sie im Krankenhaus aufwachte, saß Whitey neben ihrem Bett. Sie erinnerte sich daran, dass der Gangster, der wenig Erfahrung mit Babys hatte, das Neugeborene im Arm hielt, »als halte er eine Zeitbombe«. Der Junge hatte die blauen Augen und das blonde Haar seines Vaters, und Whitey verhätschelte ihn, wenn er ihn besuchte. Mindestens zweimal pro Woche schaute er in Lindseys Wohnung in Weymouth, südlich von Boston, vorbei. Er unterstützte sie finanziell und überhäufte seinen Sohn mit Spielzeug. Er kaufte dem jungen Douglas ein Klavier und bezahlte auch den Unterricht. Er nahm den Jungen mit auf Bootsfahrten und Grillpartys der Familie. Lindsey und Douglas waren in Bill Bulgers Haus in Southie stets willkommen, wenn Whitey sie gelegentlich mitbrachte.

Es war ein fast normales familiäres Zwischenspiel in Whiteys Leben, das nicht so recht zu seinen kriminellen Aktivitäten passte. Als Douglas drei Jahre alt war, rief Lindsey Whitey eines Tages panisch an, weil ihr Sohn mit einem Babysitter auf ein Volksfest gegangen und dort irgendwie verschwunden war. Damals führten Whitey und die Killeens immer noch Krieg gegen die Mullens. Da Whitey glaubte, dass seine Rivalen den Jungen entführt hätten, erschien er mit drei seiner Männer auf dem Rummelplatz. Die Erklärung für das Verschwinden war letztlich allerdings wenig dramatisch. Douglas wurde bald an einer nahe gelegenen Donutbude gefunden, zu der ihn ein Mädchen aus der Nachbarschaft mitgenommen hatte, ohne dem Babysitter Bescheid zu sagen.

Im Herbst 1973, nachdem Whitey in Southie das Kommando übernommen hatte und ein geschätztes Mitglied der Winter-Hill-Gang geworden war, wurde der sechsjährige Douglas mit Fieber und Übelkeit ins Massachusetts General Hospital eingeliefert. Die Ärzte diagnostizierten das Reye-Syndrom, eine schwere, oft tödliche Reaktion auf Aspirin. Whitey war einer der mächtigsten Verbrecher der Stadt, aber hier konnte er nichts ausrichten. Drei Tage lang wachte er am Bett des Jungen. »Als er starb, war Jimmy wie von Sinnen«, erinnerte sich Lindsey. »Tränen strömten ihm übers Gesicht.«[29]

Der Gefühlsausbruch nach Douglas' Tod wich jedoch bald einer emotionslosen Kälte. Whitey fuhr nach Somerville und ging in die Werkstatt, die der Winter-Hill-Gang als Treffpunkt diente. Dann informierte er seine Partner darüber, dass sein Sohn – von dem sie bisher nichts gewusst hatten – gestorben sei, und bat sie, keine Blumen zu schicken und nicht zur Totenwache oder zum Begräbnis zu kommen. So wollte er es haben.[30]

Whitey bezahlte die Beerdigung und begleitete Lindsey zur Kirche und zum Friedhof. Aber Douglas' Tod war auch der Tod ihrer Beziehung. Whitey schwor, dass er nie wieder ein Kind haben wolle, und er besuchte Lindsey nicht mehr. Er konnte das Haus, in dem Douglas Klavier gespielt hatte, nicht betreten. Sie trafen sich nur noch zum Sex, und er bestand darauf, dass sie nicht miteinander sprachen. Der Spaß und die Romantik waren dahin. Der Tod des Jungen hatte Whitey verändert. »Er war kälter geworden«, sagte Lindsey.[31]

Er war immer kalt gewesen, aber ihre Liebe hatte Lindsey dafür unempfindlich gemacht. Im Grunde war Whitey nie ehrlich zu ihr gewesen. Als sie mit seinem Kind schwanger war, fing er ein Verhältnis mit einer Frau namens Teresa Stanley an, das beinahe 30 Jahre lang dauern sollte.

Whitey hatte während seiner ganzen Jugend versucht, der erstickenden Enge der Dreizimmerwohnung im Logan Way zu entfliehen. Doch als er seine kriminelle Karriere erneut aufnahm, fand er in seiner Beziehung zu Teresa die stabile Häuslichkeit wieder, vor der er als Jugendlicher weggelaufen war. Er war seit 19 Monaten auf freiem Fuß, als er in einer Kneipe in Southie Teresa auf einem Hocker sitzen sah. Er wäre nie auf die Idee gekommen, dass sie erst vor drei Monaten ihr viertes Kind geboren hatte. Teresa war von Natur aus schön. Sie hatte strahlende blaue Augen, hohe Wangenknochen, sinnliche Lippen und Kurven wie Marilyn Monroe, allerdings war sie brünett und nicht blond.

Abgesehen von ihrer atemberaubenden Attraktivität war Teresa eine eher ungewöhnliche Partnerin für einen aufstrebenden Gangster. Sie hatte sich scheiden lassen und wohnte als 25-jährige alleinerziehende Mutter mit vier Kindern, von denen das älteste sieben Jahre alt war, im Sozialwohnungsprojekt Old Colony. Doch Whitey lief ihr nach, und sie freute sich darüber. Er erzählte ihr, er sei im Baugeschäft tätig, und versicherte ihr, dass es ihr nie an etwas fehlen werde. Er werde ihr das Geld geben, das sie für ihre Kinder brauche. Dafür solle sie seine Gefährtin sein. Er bezeichnete sie nie als Ehefrau, aber aus der Beziehung wurde eine Art wilde Ehe.

Für sie war Whitey eine gute Partie, ein gut aussehender Typ, der immer Geld hatte. Was gab es daran auszusetzen? Wenn sie eine Bar oder ein Restaurant besuchten, fielen sie auf. Aus einer alleinerziehenden Mutter in einer Sozialwohnung war über Nacht eine Art Berühmtheit in Southie geworden.[32]

Obwohl Whitey keine eigenen Kinder mehr haben wollte, behandelte er Teresas Kinder wie seine eigenen. Er hatte strenge, sehr traditionelle Ansichten, was die Familie und das Familienleben betraf. Die Kinder mussten jeden Abend mit der Familie zu Abend essen. Er wies sie an, ihren Freunden zu sagen, dass Anrufe zwischen 17 und 19 Uhr verboten waren, und wenn das Telefon während des Essens klingelte, wurde Whitey so wütend, dass die Kinder ihre Augen senkten. Er hielt ihnen Vorträge über die Bedeutung von Dingen, die er in seiner Jugend vernachlässigt hatte: Sie sollten ihre Hausaufgaben machen, hart arbeiten, Geld sparen und den Umgang mit den falschen Leuten meiden.

Aber Whiteys väterlicher Einsatz und seine finanzielle Unterstützung hatten auch ihren Preis. Teresa war von Natur aus sanftmütig und unbekümmert, aber Whitey erwartete Unterwürfigkeit von ihr. Er erwartete, dass sie ihm nie widersprach. Und er war oft kurz angebunden und herablassend.

An einem Heiligabend beugte sich Teresa mit einer Schale voller Nüsse über den Kaffeetisch.

»Ich werde sie hier hintun«, meinte sie.

Whitey runzelte die Stirn. »Warum sagst du nicht: ›Ich stelle sie hier hin‹?«

Teresa wusste wenig über Whiteys Beruf, obwohl sie wohl ahnte, dass er sein Geld mit Glücksspiel verdiente. Wenn sie, selten genug, die Frage stellte, wo Whitey gewesen sei oder was er getan habe, erhielt sie immer die gleiche Antwort: »Das geht dich einen feuchten Dreck an.« Also hörte sie auf zu fragen.

»Er erwartete Perfektion von allen«, sagte sie.

Whitey war großzügig zu Teresa und ihren Kindern. Er machte mit Teresa regelmäßig Urlaub. Dann reisten sie nach Europa, nach San Francisco und sehr häufig nach Provincetown, einem Urlaubsort an der Spitze von Cape Cod.

In Provincetown gab es traditionell eine große Homosexuellengemeinde, und Whiteys regelmäßige Besuche förderten die Gerüchte, er sei homo- oder bisexuell. Doch Teresa fand das lächerlich, sie gab an, sie seien nur wegen der Restaurants und um Leute zu beobachten nach Provincetown gereist. Obwohl Teresa und andere, die Whitey nahestanden, es bestritten, hielt sich hartnäckig das Gerücht, Whitey sei schwul. Meist wurden diese Gerüchte von seinen kriminellen Partnern verbreitet, von denen viele es für die schlimmste aller Beleidigungen hielten, der Homosexualität bezichtigt zu werden.

Whitey zog keine Frau, auch nicht Teresa, jemals ins Vertrauen, aber sie gab ihm etwas, was er schätzte: einen stabilen häuslichen Bereich in seiner Welt. Das gab ihm Halt und unterstützte ihn dabei, den jahrelangen brutalen Bandenkrieg in Southie und die Tumulte, die seinem Aufstieg zum Gangsterboss in diesem Stadtteil vorausgingen, zu überstehen. Teresa half ihm, obwohl sie gar nicht wusste, wobei sie ihm half.

5

Leg niemanden um

Auf jeden Verbrecher, den Southie hervorbrachte, kamen einige
Polizisten. Als der Teenager Whitey Bulger begann, Lastwagen im
Hafenviertel von Southie zu plündern, trug John Connolly noch
kurze Hosen und spielte im Hof hinter dem O'Callaghan Way in Old Harbor Räuber und Gendarm mit den Doohers, seinen Cousins. Connolly
schwindelte nie beim Spielen – er wollte immer zu den Guten gehören.[1]
In Southie war man stolz darauf, einen Job bei der Polizei zu haben. Diese
Tradition reichte bis zur Jahrhundertwende zurück, denn damals war Polizist einer der wenigen Berufe, für die es nicht nachteilig war, irischer Herkunft zu sein.

Connollys Eltern stammten aus Galway im ländlichen, felsigen Westen
Irlands. Sie waren nach Boston ausgewandert und hatten sich nicht lange
nach den Bulgers in Old Harbor niedergelassen. Sein Vater war ein freundlicher, zurückhaltender Mann, den man in Southie Galway John nannte.
Er half bei Gottesdiensten in der Kirche St. Monika mit und arbeitete 50
Jahre lang als Buchhalter in einer Fabrik, die Rasierzubehör für Gillette her-
stellte, dem größten Arbeitgeber in Southie. Connollys Mutter, eine Hausfrau, starb mit 54 Jahren ziemlich jung.

Galway Johns Sohn wollte unbedingt eine Polizeimarke besitzen, aber er
hatte von Anfang an höhere Ziele, als Cop in Boston zu werden. Wie Bill
Bulger verließ der junge John Southie, um eine bessere Schule zu besuchen:
die Christopher Columbus High im North End, dem italienischen Viertel
der Stadt, einer Hochburg der Mafia. Dort bewegte er sich zwischen Buchmachern und Kleinkriminellen, die später seine Informanten werden sollten. Er befolgte Bill Bulgers Rat und schrieb sich am Boston College ein.
Nach dem Examen arbeitete er drei Jahre lang als Aushilfslehrer in öffent-

lichen Schulen Bostons. Seine Schwester war ebenfalls Lehrerin. Aber im Grunde liebäugelte er mit dem FBI, und wie es in Southie üblich war, erreichte er sein Ziel dank politischer Beziehungen.

Mit seinem einnehmenden Wesen und der sinnvollen Mischung aus schulischem und auf der Straße erworbenem Wissen war er ein gut geeigneter Kandidat für das FBI. Doch aufgrund einer alten Sportverletzung an der Hüfte bestand der 28-jährige Connolly den erforderlichen Fitnesstest des FBI nicht. Im verzweifelten Bemühen, dieses unerwartete Hindernis zu umgehen, schrieb er einem alten Freund seines Vaters aus Southie, dem Sprecher des Repräsentantenhauses John McCormack, einen Brief und bat ihn um Hilfe. Außerdem besuchte er Bill Bulger, seinen Freund und Mentor aus Old Harbor, der damals Mitglied des Repräsentantenhauses war, und bat auch ihn um Unterstützung.

McCormack schickte J. Edgar Hoover ein überschwängliches Empfehlungsschreiben, und Bulger setzte sich ebenfalls für Connolly ein. Doch der Leiter der orthopädischen Abteilung im Marinekrankenhaus in Bethesda, Maryland, der den ärztlichen Untersuchungsbefund noch einmal prüfte, erklärte, »Connolly wäre in der Position eines Sonderermittlers ein Risiko«. Das geht aus einem FBI-Memo in Connollys Personalakte hervor. Aber im gleichen Memo hieß es auch, man solle Connolly eine zweite Chance geben. Außerdem wurde darauf hingewiesen, dass der Sprecher des Repräsentantenhauses in diesem Fall einflussreicher sei als ein Orthopäde der Marine. »Der Sprecher des Repräsentantenhauses, John W. McCormack, schrieb, Connollys Vater sei ein enger und geschätzter Freund von ihm, und der Arzt des Bewerbers bekräftigt in einem Attest, dass Connollys Hüfte inzwischen wieder normal beweglich sei und dass er sich in hervorragender gesundheitlicher Verfassung befinde. Der Direktor [Hoover] unterstützt die Empfehlung, Connolly in einer Einrichtung der Regierung einer vollständigen körperlichen Untersuchung zu unterziehen, einschließlich einer orthopädischen Untersuchung, um festzustellen, ob er in physischer Hinsicht für die Position eines Sonderermittlers geeignet ist.«[2]

Es überrascht nicht, dass Connolly diesmal den Test bestand. Im November 1968 wurde er daher zum Beamten ernannt und dem Revier in Baltimore zugeteilt. Anfang 1970 wurde er nach San Francisco und bald darauf nach New York versetzt – ein traumhafter Posten für einen jungen Beamten, der erst vor drei Jahren die Hochschule verlassen hatte. Er näherte sich rasch seinem Ziel.

Connolly hatte immer vor, irgendwann nach Hause zurückzukehren und sich im Bostoner Revier einen Namen zu machen. 1972 half ihm Steve Flemmi dabei, ohne es zu wissen. Flemmi war seit 1969 nicht mehr in der Stadt gewesen, nachdem er und sein Partner Frank Salemme ein Auto in die Luft gesprengt und einen Anwalt, der einen Zeugen gegen die Mafia vertrat, schwer verletzt hatten. Nach einem Tipp von Paul Rico, seinem alten Kontaktmann beim FBI, setzte er sich nach Montreal ab, wo er als Fotograf und Drucker arbeitete. Mit Rico und dessen Partner Dennis Condon blieb er jedoch stets in Verbindung.

Condon hatte 1971 versucht, auch Whitey anzuwerben. Der Krieg gegen die Mullens war damals in vollem Gang, und Condon dachte, Whitey sei womöglich bereit, Informationen weiterzugeben. In einem Anflug von Optimismus trug er Whitey daher im Mai 1971 in die Liste der Informanten ein, doch offenbar war dieser nicht besonders hilfsbereit. »Kontakt mit diesem Informanten war in diesem Fall nicht besonders nützlich, und es scheint, dass er immer noch einige Hemmungen hat, Informationen zu liefern«, schrieb Condon am 7. Juli 1971. »Weitere Kontakte mit ihm sind vorgesehen, und wenn sie nicht ergiebiger werden, ist zu prüfen, ob die Zusammenarbeit beendet werden sollte.«[3] In der Tat wurde Whitey nur drei Monate nach seiner Anwerbung durch Condon wieder von der Liste der Informanten gestrichen. Es ist unklar, ob Whitey überhaupt wusste, dass man ihn für kurze Zeit als Informanten führte. Auf jeden Fall wollte er wohl nicht mitspielen. Denn Condon kam aus Charlestown, und das war für Whitey schon Grund genug, ihm zu misstrauen.

Aber Flemmi vertraute ihm. Er berichtete Rico und Condon, dass Salemme immer noch in New York sei. Kurze Zeit später, im Dezember 1972, nahm Connolly Salemme, der gerade zu Fuß in Manhattan unterwegs war, inmitten einer Menschenmenge fest. Die Verhaftung brachte ihm Lob und die ersehnte Versetzung nach Southie ein. Dass Connolly von Rico und Condon erfahren hatte, wo er Salemme finden würde, konnte nie eindeutig bewiesen werden. Connolly jedenfalls bestreitet es, und Flemmi beharrt darauf, dass der Tipp von einem Mafioso aus Providence stammte. Aber Salemme kaufte ihm das nicht ab, und glaubt es heute noch nicht. Er denkt, dass Flemmi ihn verpfiffen hat, und die Abfolge der Ereignisse spricht für seine Auffassung.[4]

Was zu Salemmes Festnahme führte, mag unklar bleiben, aber was danach geschah, ist bekannt. Connolly wurde nach Boston versetzt, wo er bald einen Job übernahm, der ihn in die Fußstapfen von Rico und Condon treten ließ: Er machte aus Gangstern Informanten. Spitzel zu gewinnen und zu betreuen war damals die Hauptaufgabe der FBI-Agenten, und Connolly war dafür wie geschaffen. Er war gesellig und charismatisch, ein freundlicher Geschichtenerzähler, der gerne lächelte und sich eher wie ein Mafioso anzog als wie ein Polizist. Seine Anzüge waren maßgeschneidert und eleganter als die der konservativen Kollegen. Seine Aufschläge waren breit, seine Krawatten noch breiter. Wie viele der Männer, die er zu überreden versuchte, trug Connolly einen Ring am kleinen Finger – auch das war unter FBI-Agenten eher unüblich. Er ließ sich seine Nägel maniküren, und außerdem hatte er sein dichtes schwarzes Haar zu einer Haartolle frisiert, die Whitey dazu bewog, ihn Elvis zu nennen (nur einer von mehreren Spitznamen, die er Connolly gab).

Connollys Großspurigkeit grenzte an Arroganz, was für Southie-Bewohner nicht ungewöhnlich war. Er war in seinem neuen Büro ebenso beliebt wie in seinem alten Stadtviertel. Andere Ermittler, von denen viele nicht in Boston aufgewachsen waren, wunderten sich über seine vielen Freunde und Kontakte, unter denen bekannte Politiker waren, aber auch Leute, die Eintrittskarten für die begehrtesten Spiele der Red Sox, Bruins und Celtics beschaffen konnten. Connollys Akzent, sein Charakter und seine Herkunft öffneten ihm einige Türen und verliehen ihm Glaubwürdigkeit bei Menschen auf beiden Seiten des Gesetzes. Da er in Old Harbor aufgewachsen war, wusste er, was auf den Straßen ablief, und sein Studium am Boston College verschaffte ihm Zugang zu den wichtigsten Politikern und Geschäftsleuten der Stadt. Dank seiner unerschütterlichen Freundlichkeit fiel es ihm leicht, Informationen zu sammeln. Er war gut in seinem Beruf.

Salemmes Verhaftung brachte nicht nur Connolly, sondern auch Flemmi zurück in die Heimat. Salemme wurde wegen des Sprengstoffanschlags auf das Auto eines Anwalts zu 30 Jahren Gefängnis verurteilt. Der Zeuge, der gegen Salemme aussagte, widerrief seine ursprünglichen Vorwürfe gegen Flemmi. Und die Botschaft, die Paul Rico, sein alter FBI-Kontaktmann, Flemmi sandte, war unmissverständlich: Zu Hause bist du am sichersten.[5]

Nachdem die Anklage fallen gelassen worden war, schmiss die Mafia für Flemmi eine Party. Im Grunde war das jedoch nur ein Vorwand, um ihn anzuwerben. Sie feierten im »Giro«, einem Restaurant im North End. Larry Baione, die Nummer zwei der örtlichen Mafia, zog Flemmi in eine Ecke des Lokals und meinte, es sei Zeit, ihn aufzunehmen. Er wolle sein Förderer sein.

Der Mafioso war deshalb so überaus freundlich, weil er hoffte, künftig seinen eigenen Maulwurf in einer Gang zu haben, die sowohl der größte Verbündete als auch der härteste Rivale der Mafia war. Er schlug Flemmi vor, die »Augen und Ohren« der Mafia in Winter Hill zu sein. Doch Flemmi schüttelte nur den Kopf und meinte, er fühle sich zwar geehrt, aber dieser Job sei nichts für ihn. Später besuchte er die Werkstatt in der Marshall Street in Somerville und berichtete seinen Freunden von Baiones Vorschlag.

Sie alle amüsierten sich köstlich darüber.[6]

Whitey verbrachte immer mehr Zeit in dieser Werkstatt. Marshall Motors war eine Autolackiererei mit Platz für zehn Autos und zugleich das Hauptquartier der Winter-Hill-Gang. Spieler, die der Gang Geld schuldeten, wurden in Howie Winters Büro in der Mitte der Werkstatt geführt und durften die billige Holzvertäfelung bewundern. Dabei mussten sie unweigerlich auch die Falltür im Fußboden bemerken. Währenddessen saß Howie an seinem Schreibtisch und erläuterte den Schuldnern vor dem Hintergrundgeräusch der arbeitenden Mechaniker, dass es eine Frage des Anstands sei, Geld zurückzuzahlen. Howies Überredungskünste waren legendär, und er brauchte seine unausgesprochene Drohung, den Schuldner durch die Falltür zu entsorgen, nie wahr zu machen.[7]

Whitey schaute jeden Tag vorbei und plauderte mit Howie Winter und seinen Partnern. Was er bei seinen anfänglichen Aktivitäten in der Unterwelt in Southie verdient hatte, war Kleingeld im Vergleich zu dem, was er bei der Winter-Hill-Gang verdiente. Die Gang hatte den größten Teil des Ballungsraums im Griff, und ihr Einfluss reichte im Norden bis nach Lowell, einer Industriestadt, die 50 Kilometer von Boston entfernt war.

Die Arbeit in der Werkstatt bestand hauptsächlich darin, mit Buchmachern und Spielern abzurechnen, die Geld geliehen hatten und zurückzahlten. Aber die Werkstatt war gleichzeitig auch eine Art gesellschaftlicher Treff für die Unterwelt. Die Frauen und Freundinnen der versammelten Gangster kochten dort abwechselnd oder brachten Essen vorbei. Eines Tages, nachdem einige Frauen Spaghetti mit Fleischbällchen gebracht hatten, band Whitey eine von ihnen auf einem Stuhl in Howie Winters Büro fest und warf mehrere Male zum Spaß ein Messer an die Wand hinter ihr, wie in einem Zirkus. »Ich weiß noch, dass ich sagte: ›Was zum Teufel ist mit diesem Typen los?‹ Er hielt es offenbar für lustig«, erzählte Winter. »Alle anderen verdrehten die Augen und meinten: ›Was macht der Kerl?‹«[8]

Zwischen 1972 und 1975 liefen die Geschäfte gut. Im Jahr 1975 kreisten die Gespräche in der Werkstatt jedoch immer öfter um die unsichere Allianz zwischen Winter Hill und der Mafia. Whitey und die anderen hatten den Eindruck, dass die Dinge langsam aus dem Ruder liefen. Sie spekulierten immer häufiger darüber, wie wahrscheinlich ein Krieg war. Wie die anderen Mitglieder fürchtete Whitey sich weniger vor den Waffen der Mafia als vor ihren Verbindungen. Die Italiener hatten viel mehr Polizisten und Politiker in der Hand, und diese Verbündeten konnten den entscheidenden Ausschlag geben.

Einerseits wusste Whitey, dass ihm wenig Ärger blühen konnte, denn South Boston, das er für Winter Hill regierte, würde nie von der Mafia übernommen werden. Es gab dort einfach zu viele Iren und zu wenige Italiener. Andererseits hatte Whitey schon als Kind die warnende Geschichte von Frank Wallace und der Gustin-Gang gehört, denen die Italiener im North End eine Falle gestellt hatten. Die Erinnerung an diesen Verrat war in der Subkultur von Southie tief verwurzelt.

Winter Hill und die Mafia hatten lange Zeit versucht, miteinander auszukommen, weil es genug Geld zu verdienen gab und Frieden besser fürs Geschäft war als Krieg. Doch gelegentlich gab es Zusammenstöße, wenn beide Parteien demselben Geld nachstellten. Im Jahr 1975 stritten sie sich um Münzautomaten. Eine Firma zahlte der Mafia 50.000 Dollar im Monat dafür, dass sie ihre Automaten in den Bars in und um Boston aufstellen durfte. Die Hill-Gang erlaubte allerdings keine von der Mafia genehmigten Automaten in den Bars von Somerville, Charlestown, Southie, Roxbury und Dorchester, weil sie das Geschäft dort selbst machen wollte.

Jerry Angiulo, der die Mafia im Namen der in Rhode Island ansässigen Familie Patriarca leitete, tobte vor Wut, als er erfuhr, dass Howie Winter und seine Männer die Automatenfirma verjagt hatten. Im Bostoner FBI-Büro war man einerseits besorgt über Angiulos Zorn, andererseits witterte man aber auch eine Gelegenheit, Kontakte mit einer oder mit beiden Seiten zu knüpfen. Einer von Connollys Informanten, der Whitey nahestand, berichtete, dass die Winter-Hill-Gang einige Mafiosi umbringen wolle. Das würde einen Krieg auslösen, womöglich einen schlimmeren Krieg als den in den Sechzigerjahren, dem 60 Menschen zum Opfer gefallen waren. Connolly suchte daher Jim Scanlan auf, seinen Vorgesetzten, und schlug ihm vor, Whitey umzudrehen. »Warum nicht?«, antwortete Scanlan.[9]

Connolly ließ Whitey daraufhin durch einen gemeinsamen Freund mitteilen, dass er mit ihm sprechen wolle. Der Bote kam mit der Nachricht zurück, dass ein Treffen in Southie unmöglich sei und nicht in der Öffentlichkeit stattfinden könne. Man vereinbarte also einen Tag, die Uhrzeit und den Ort: am Ende des Wollaston Beach in Quincy, ein paar Kilometer die Küste entlang.

»Welches Auto fährt er?«, fragte Whitey. Er sollte es auch im Dunkeln finden.

Am 18. September 1975, einem Donnerstagabend, fuhr Whitey Bulger wie immer mit eingeschaltetem Autoradio zu dem Treffen. In den Nachrichten wurde ständig darüber berichtet, dass die Zeitungserbin Patty Hearst in San Francisco festgenommen worden war. Man warf ihr Bankraub vor, so wie Whitey vor 20 Jahren.

Es war fast zehn Uhr abends, als John Connolly rückwärts auf einen Parkplatz am Ende des Wollaston Beach fuhr. Die Skyline von Boston schimmerte in der Ferne. Der Mond war fast voll, und sein gelbliches Licht breitete sich im Wagen aus. Nur ein einziges Auto stand in der Nähe. Als Connolly hinüberschaute, sah er zwei Männer, die anscheinend ein Rendezvous auf dem Rücksitz hatten. Deshalb fuhr er ein Stück weiter den Strand entlang und parkte erneut so, dass er Whiteys Ankunft sehen konnte.[10]

Wie Paul Rico vor ihm hielt sich Connolly für einen besonders guten Spitzelanwerber. Seiner Meinung nach war das eine Wissenschaft und eine Kunst. Und wie Rico gewann er die Ganoven durch seine Freundlichkeit und erwarb sich bei ihnen Respekt, indem er ihnen ebenfalls Respekt erwies, selbst den Mafiosi. Vor allem den Mafiosi. Eines Tages zum Beispiel, als Connolly den Auftrag erhalten hatte, einen Mafioso namens Richie Floramo zu verhaften, empfingen ihn die Kinder des Gangsters an der Tür. Connolly gab an, er sei Anwalt und müsse ihren Vater sprechen. Dann brachte er Richie zum Auto, ohne ihm Handschellen anzulegen, wie es eigentlich Vorschrift gewesen wäre. Jahre später, als Connolly in Floramos Restaurant kam, begrüßte dieser ihn herzlich und stellte ihm seine inzwischen großen Kinder an der Bar vor. Floramo hatte es ihm nie vergessen, dass er ihn vor seinen Kindern nicht gedemütigt hatte.[11]

»Mit Honig lockt man mehr Bienen an«, war stets Johnny Connollys Leitspruch.

Connolly war ganz in Gedanken, als plötzlich die Beifahrertür aufschwang und Whitey sich auf den Sitz fallen ließ. Er kann sich heute noch lebhaft an das folgende Gespräch erinnern.

»Wo zum Teufel kommst du denn her?«, fragte Connolly überrascht. »Bist du mit dem Fallschirm abgesprungen?«

Whitey zuckte mit den Schultern. »Ich habe am Wasser auf dich gewartet, bin einfach zu Fuß gekommen.«

Whitey hatte sein Auto in einer Seitenstraße geparkt, denn er wollte nicht riskieren, dass jemand es auf einem der Parkplätze am Strand sah.

»Ich möchte nur, dass du mir zuhörst«, begann Connolly.

»Ich weiß, wer du bist«, unterbrach ihn Whitey. »Du bist ein Freund meines Bruders.«

Connolly nickte.

Da Whitey ihm beweisen wollte, wie viel er wusste, erwähnte er, dass Connolly vor drei Jahren Frank Salemme verhaftet hatte. »Das war ein guter Fang, damals in New York«, sagte er. »Damit hast du dich bei Jerry beliebt gemacht.«

Connolly war froh, dass Whitey dieses Thema angesprochen hatte, denn der schwelende Streit zwischen Jerry Angiulos Mafiatruppe und der Winter-Hill-Gang war ja der eigentliche Grund für das Gespräch. Er erzählte, dass seinen Informanten zufolge Angiulos rechte Hand Larry Baione überall verbreite, dass Winter Hill der Mafia wegen der Automaten den Krieg erklären wolle. Whitey erwiderte, dass Winter Hill Baione erledigen werde, wenn er das Maul aufmache. Er vertraue weder Jerry Angiulo noch sonst einem Italiener.

»Angeblich liefert Jerry der Polizei Informationen über dich, damit sie dich festnehmen«, fuhr Connolly fort. »Ich halte es übrigens für keine gute Idee, gegen die Mafia zu kämpfen.«

Whitey drehte sich jäh zu ihm. »Du glaubst nicht, dass wir gewinnen können?«, fragte er.

»Klar könnt ihr gewinnen«, antwortete Connolly, »aber ich glaube nicht, dass sie die Absicht haben, euch direkt anzugreifen.«

Connolly erläuterte seine Theorie: Seiner Meinung nach war Angiulo zu schlau, um sich auf eine Schießerei mit einem Haufen verrückter Iren einzulassen, schon gar nicht mit Flemmi und Johnny Martorano, dem Vollstrecker der Winter-Hill-Gang. Stattdessen werde Angiulo die Gang allmählich aufreiben – er werde seine Kontaktleute bei der Polizei anweisen, »euch alle in den Knast zu stecken«. Whitey bestätigte, dass auch er dies als eigentliche Gefahr sehe. Angiulo hatte Cops in der Hand, und das nutzte er, um gegen jede Gang vorzugehen, die sich ins Revier der Mafia wagte. Whitey war besonders darüber besorgt, dass es Angiulo gelungen war, eine Waffe in das Auto von Joe Barboza zu schmuggeln, der früher als Auftragskiller für die Mafia gearbeitet hatte, nun aber als unzuverlässiger Abtrünniger galt. Die untergejubelte Knarre zwang Barboza, der auf keinen Fall Ärger bekommen wollte, nun dazu, als Zeuge für die Justiz aufzutreten – die größte aller Demütigungen für einen Verbrecher. Whitey fürchtete, Jerry Angiulo werde ihn mithilfe seiner korrupten Verbündeten bei der Polizei in eine ähnlich unangenehme Lage bringen wie Barboza.

»Was ist, wenn mich drei Cops nachts stoppen und behaupten, in meinem Auto befinde sich ein Maschinengewehr?«, fragte Whitey. »Wem wird ein Richter glauben? Mir oder den drei Beamten?«

Whitey schüttelte den Kopf. Connolly nickte verständnisvoll und ließ Whitey weiterreden.

»Jerry hat den Deckel eines sehr gefährlichen Topfs angehoben«, fuhr dieser fort. Aber er bewunderte auch widerstrebend Angiulos Cleverness. »Ohne Freunde bei der Polizei kannst du einfach nicht überleben«, sagte er dann fast wehmütig.

Connolly sah nun seine Chance gekommen. »Ich mache dir einen Vorschlag. Warum bekämpft du nicht Feuer mit Feuer – mit unserer Hilfe?«

Whitey schwieg.

»Warum verwendest du nicht die gleiche Taktik?«, fuhr Connolly fort. »Du hebst eine Mafiafamilie aus und bist dann das Tagesgespräch im ganzen Land.«[12]

Whitey war fasziniert, meinte aber, er müsse das Angebot erst noch mit seinen Winter-Hill-Partnern besprechen. »Ich weiß, dass du meinen Bruder kennst«, fügte er hinzu, »aber ich glaube nicht, dass du mir etwas schuldest. Ich bin ein großer Junge. Ich habe mich für dieses Geschäft entschieden.« Dann öffnete er die Tür und verschwand so schnell, wie er gekommen war, im Mondlicht.

Bei seinem Versuch, Whitey für sich zu gewinnen, konnte Connolly einen klaren Vorteil nutzen: Er stammte nicht nur aus Southie, sondern sogar aus Old Harbor. Er kannte die Bulgers nicht nur, sondern galt als Freund der Familie. Und er erzählte jedem, der es hören wollte, dass er ohne Bill Bulger nicht dort wäre, wo er war – und Bill war nicht nur Whiteys kleiner Bruder, sondern auch sein größter Held.

Whitey wusste, dass man ihn möglicherweise bereits für einen Verräter halten würde, wenn man ihn im Gespräch mit einem FBI-Agenten gesehen hatte. Also erzählte er seinen Winter-Hill-Partnern, Connolly arbeite für ihn, nicht umgekehrt. Er behauptete, der Beamte habe ihm Informationen und Schutz vor Strafverfolgung angeboten, um Bill Bulger einen Gefallen zu tun, der ihm den Weg zum College gezeigt und ihm geholfen habe, etwas aus sich zu machen.[13]

Connolly habe Bill gefragt, was er für ihn tun könne, und Bill habe geantwortet: »Sorge einfach dafür, dass mein Bruder keinen Ärger bekommt.«

Zwei Wochen später schickte Whitey eine Nachricht an Connolly: gleiche Zeit, gleicher Ort.

»Sie finden es gut«, berichtete Whitey dann über seine Besprechung mit der Gang.

Connolly lächelte, aber Whitey hob eine Hand, als wolle er sagen, er sei noch nicht fertig.

»Wir machen es so«, fuhr er dann fort, »ich will kein Geld von dir. Denn ich bin kein verdammter Spitzel. Nur deine Kontaktperson bei Winter Hill. Wir werden keinem unserer Freunde schaden. Gespräche über die IRA [die Irisch-Republikanische Armee] wird es nicht geben.«[14]

Aber er war durchaus bereit, der Mafia zu schaden, und das war alles, was Connolly interessierte, weil das FBI die Cosa Nostra im ganzen Land zerschlagen wollte. »Ich rede nur über diese Bastarde mit dir«, erklärte Whitey. »Sie sind unsere Feinde.«

Es war ein außergewöhnliches Selbstgespräch, denn im Grunde hatte Whitey einen Stammeskrieg ausgerufen – Iren gegen Italiener. Er wollte nicht nur sich und seine Freunde in Winter Hill schützen, sondern auch die Vernichtung der Gustin-Gang durch die Italiener vor einem halben Jahrhundert rächen. Und ein FBI-Agent saß da und ließ sich von einem Gangster die Bedingungen für eine Zusammenarbeit diktieren.

Mit seiner bedingten Zustimmung und der Bevorzugung des Begriffs »Kontaktperson« statt »Informant« unterstrich Whitey von Anfang an, dass er das Sagen hatte. Und er würde seine kriminellen Aktivitäten weiter fortsetzen. Das FBI stellte für ihn nur eine einzige Grundregel auf, jedoch halbherzig und erst nach mehreren Jahren: Leg niemanden um.[15] Er wurde nie verwarnt oder angehalten, seinem Schicksal zu danken, dass das FBI ihm half. Seine Bedingungen wurden akzeptiert, und man stellte keine Fragen.

Whitey hatte schließlich noch eine letzte Bedingung: Sein Bruder Bill durfte nichts erfahren.

Whitey hatte wahrscheinlich immer schon vorgehabt, Tommy King umzubringen, den Raufbold, der einst sein Gegenstück und Rivale gewesen war. Nachdem Whitey einen Pakt mit dem FBI geschlossen hatte, war das nur noch eine Frage der Zeit. Er brauchte keinen Grund, um King zu töten, aber King lieferte ihm einen. Und Whiteys neue Rolle beim FBI half ihm dabei, ungeschoren davonzukommen.

Tommy Kings geballte Faust blieb an seinem Körper, aber Whitey hatte sie gesehen. Sie hatten einen Wortwechsel ganz hinten im »Café Transit«, das inzwischen »Triple O« hieß. Die Killeens gab es nicht mehr: Donnie war tot, Kenny hatte sich zurückgezogen. Jetzt hielt Whitey Bulger Hof, und sein Thron stand hinten im »Triple O«. King war früher bei den Mullens gewesen und jetzt ein jähzorniges Mitglied der Gruppe, die Whitey aufbaute. Er redete immer zu viel, wenn er zu viel trank, und er trank immer zu viel. Seine Fäuste waren groß wie Toaster, und er war berühmt für seine unerwarteten Schläge, wilde Schwinger, die aus dem Nichts kamen und ihrem Ziel das Bewusstsein raubten. Whitey warf einen Blick auf Kings rechte Hand und sah, dass sie zur Faust geballt war, bereit zum Zuschlagen. »Halt dich zurück, Tommy«, warnte er ihn.

King öffnete die Faust und griff nach der langhalsigen Flasche Budweiser, die vor ihm stand. Aber es war zu spät, er war schon so gut wie tot. Denn Whitey hatte die geballte Faust gesehen und wusste, dass es nicht das letzte Mal gewesen sein würde. Darum musste er dafür sorgen, dass es das letzte Mal gewesen war.[17]

Doch die Faust war nicht das einzige Problem. King hatte davon gesprochen, Eddie Walsh zu töten, einen Polizisten aus Southie, der Whitey und seine Jungs immer wieder anhielt, ihr Auto inspizierte und sich merkte, wer mit wem unterwegs war. Walsh machte sich nicht gerne Notizen und schrieb auch keine guten Berichte, aber er erinnerte sich mit unfehlbarer Sicherheit an Gesichter und Namen. Außerdem war er Connollys Verbindungsmann bei der Bostoner Polizei, der Beamte, dem Connolly seine

Informantenberichte, 302s genannt, übergab. Nach der Übereinkunft im Auto am Wollaston Beach basierte fast jeder Bericht über kriminelle Aktivitäten in South Boston, den Walsh von Connolly bekam, auf den unbestätigten, häufig offensichtlich unwahren Aussagen von Whitey Bulger.

Eines Tages kochte Kings Aversion gegenüber Walsh über, als dieser Whiteys Auto am Carson Beach zur Seite winkte.

»Na, was habt ihr Jungs vor?«, fragte Walsh, beugte sich nach vorne, schaute in den Fond des Wagens und prägte sich die Insassen ein. Dann nickte er Whitey auf dem Fahrersitz zu.

»Verpiss dich!«, schnauzte King. Whitey bedachte ihn dafür mit einem kalten, harten Blick.

»So spricht man nicht mit einem Polizeibeamten, Tommy«, mahnte Walsh.

Als sie weiterfuhren, rastete King auf dem Rücksitz aus. »Das müssen wir uns nicht gefallen lassen«, tobte er. »Ich lege diesen verdammten Bastard um.«

»Hey«, rief Whitey und starrte King im Rückspiegel an, »du wirst niemanden umlegen, und schon gar keinen verdammten Cop!«[18]

Am Abend nach der Geschichte mit der geballten Faust im »Triple O« klopfte King an die Wohnungstür der Bulgers. Er hatte einen Kater, sein Haar war zerzauster als sonst, seine Zunge fühlte sich an wie Schmirgelpapier.

»Es tut mir leid, Jimmy«, entschuldigte er sich, als Whitey die Tür öffnete. »Ich habe mich gestern danebenbenommen.«

Whitey schaute über die Schulter, trat in den Hausflur hinaus und schloss die Tür hinter sich. King sollte die Wohnung seiner Mutter nicht betreten.

»Vergiss es, Tommy«, meinte er dann. Dabei war er überzeugter denn je, dass er King umbringen musste. »Die Sache ist erledigt.«[19]

Sie schüttelten sich die Hände.

Eine Woche später war Tommy King tot.

Der Ansicht von Pat Nee und Howie Winter nach wollte Whitey so viele Mullens wie möglich töten, nachdem Winter zwischen den Killeens und den Mullens einen Friedensvertrag ausgehandelt hatte.[20] Und die Falle, die er King stellte, war clever und gemein. Er schob King den Mord an Paul McGonagle, dem nominellen Anführer der Mullens, in die Schuhe. Dieser Mord hatte für Whitey absoluten Vorrang gehabt. »Das war ziemlich schlau«, sagte Nee. »So wurde Whitey nicht nur Paulie los, sondern der Rest der Gang sah Tommy in einem anderen Licht als bisher. Whitey isolierte ihn. Und als klar war, dass Tommy bei uns anderen abgemeldet war, beseitigte er ihn.«

Der Mord an Paulie McGonagle war für Whitey ein länger schon unerledigtes Geschäft. Irgendwie machte er diesen dafür verantwortlich, dass er während des Bandenkriegs versehentlich Donald McGonagle getötet hatte. Da Whitey annahm, dass Paulie irgendwann Rache für die Ermordung seines Bruders üben würde, beschloss er, ihm zuvorzukommen.

Flemmi behauptet, Whitey habe Paulie unter einem Vorwand in ein Autos gelockt: Er gab vor, ihm einen Koffer voller Falschgeld zeigen zu wollen. Tommy King spielte mit und versprach Paulie, er werde dabei ein gutes Geschäft machen. Paulie stieg vor der Stammkneipe der Mullens in den Wagen. Dann öffnete Whitey den Koffer, zog einen Revolver heraus und erschoss ihn.[21]

Bis dahin war es in der Unterwelt üblich gewesen, Leichen an Ort und Stelle liegen zu lassen oder sie in den Kofferraum zu stopfen. Es war das Gesetz des Dschungels, die Besiegten ein letztes Mal zu demütigen und quasi als Jagdtrophäe zur Schau zu stellen. Doch nach Paul McGonagles Ermordung wich Whitey von dieser Vorgehensweise ab. Stattdessen sollte der Leichnam verscharrt werden. So würde es kein Begräbnis, keine Trauer und keinen sicheren Beweis für seinen Tod geben. Wenn es aber keinen bestätigten Tod gab, war die Gefahr, dass die Freunde des Toten sich rächten, viel geringer. Und wenn es keine Leiche gab, war das Risiko, strafrechtlich verfolgt zu werden, fast null. Sie brachten Paulie zum wenige Kilometer entfernten Tenean Beach in Dorchester und hoben im Mondlicht ein Grab aus. King weigerte sich, an der Beerdigung teilzunehmen. Das hielt Whitey aber nicht davon ab, allen Mullens zu erzählen, King habe McGonagle umgebracht.[22] Und King war ein derartiger Hitzkopf, dass sie ihm glaubten.

Nachdem Paulies Leiche im Sand von Dorchester verschwunden war, ließ Whitey ein Jahr verstreichen, ehe er gegen King vorging. Die Mullens schäumten vor Wut über den Mord, und King wurde immer unberechenbarer und unbeliebter. Aber das war noch nicht alles. Whitey erklärte der Winter-Hill-Gang, King müsse verschwinden, weil er zu einem kleinen Mädchen etwas Ungehöriges gesagt habe.[23] Den Mullens redete er ein, Kings Drohung gegen Eddie Walsh könne sie alle in den Knast bringen. Selbst Howie Winter, der King mochte, war der Meinung, dass es dumm sei, einen Cop zu bedrohen, und dass es ihnen nur Ärger einbringen werde.[24] Und Whitey hatte die geballte Faust im »Triple O« nicht vergessen.

Eines Nachmittags hielt Whitey vor dem Clubhaus der Mullens, und King kam zu ihm. »Wir brauchen dich«, sagte Whitey. »Wir suchen Suitcase. In ein paar Stunden sind wir wieder zurück. Warte vor dem Pflegeheim auf uns.«

Es war durchaus glaubhaft, dass sie Alan »Suitcase« Fidler, einen Gangster und Rivalen, umlegen wollten. Doch in Wahrheit jagten sie nicht Suitcase, sondern nahmen das als Vorwand, um King ins Auto zu locken. Einige Stunden später sprang King, als Whitey auf dem Parkplatz hinter dem Pflegeheim in der Columbia Road hielt, bereitwillig auf den Beifahrersitz.

Johnny Martorano saß auf dem Rücksitz, direkt hinter King. Martorano den Rücken zuzuwenden war immer und überall gefährlich, aber King machte sich keine Gedanken darüber. Flemmi fuhr einen zweiten Wagen und nickte King zu. Dann holte Whitey ein paar Revolver und Funksprechgeräte aus einer Reisetasche und verteilte sie. Die Waffe, die er King gab, war mit Platzpatronen geladen. Als Whitey den Day Boulevard entlangfuhr, vorbei am Carson Beach, begann King, aufgeregt zu reden.

»Wo sollen wir suchen?«, fragte er.

»Überall«, antwortete Whitey. »Zuerst fahren wir nach Savin Hill.«

»Wenn wir Suitcase nicht finden, können wir ja das hier testen«, sagte King und klopfte mit den Fingerknöcheln gegen die kugelsichere Weste, die er trug.

Whitey grinste. Martorano beugte sich vor. Die Mündung seines Revolvers war nur ein paar Zentimeter von Kings Hinterkopf entfernt. Dann drückte er ab. Von hinten packte er Kings Schultern und drückte ihn nach rechts, sodass seine rechte Schulter an der Tür lehnte. Er setzte ihm eine Baseballmütze auf den Kopf und drückte den Schild ein wenig nach unten. So sah es aus, als schlafe King.

Whitey fuhr langsamer, um auf der Straße nach Squantum, einem abgelegenen Teil von Quincy, umzukehren, doch Martorano bat ihn, beim Schnellrestaurant Dunkin' Donuts auf der anderen Straßenseite zu halten. »Ich muss noch ein Rennen abchecken«, erklärte er, als sei es das Normalste auf der Welt, eine Leiche auf dem Vordersitz eines Autos zu transportieren, dann in die Telefonzelle vor dem Dunkin' Donuts zu gehen und zu telefonieren.

»Beeil dich«, rief Whitey ihm nach und drückte den Schalthebel in die Parkstellung.

Sie begruben Tommy King in der Nähe des Dunkin' Donuts am Ufer des Neponset.[25]

Später am Abend suchte und fand Whitey ein anderes Mitglied der Mullens, Buddy Leonard. Buddy würde Kings Ermordung vielleicht rächen wollen, und Whitey wollte ihm keine Gelegenheit dazu geben. Doch der Mord an Buddy war mehr als nur eine Vorsichtsmaßnahme, er war auch ein Ablenkungsmanöver. Nach der Tat traf sich Whitey nämlich mit John Connolly und behauptete, Tommy King habe Buddy Leonard umgebracht.[*]

---

[*] Die Geschworenen des Bezirksgerichts in Boston befanden am 12. August 2013, die Anklage habe nicht beweisen können, dass Whitey an Leonards Ermordung beteiligt gewesen sei.

Whitey war erst seit gut einem Monat Informant des FBI, als er Tommy King und Buddy Leonard tötete, und er merkte schnell, wie nützlich sein neues Arrangement sein konnte. Er hatte Connolly bisher meist mit Klatschgeschichten aus der Unterwelt abgespeist, doch nun konnte er ihn dazu benutzen, dem FBI und der Bostoner Polizei Berichte zukommen zu lassen, die die Ermittler gezielt auf eine falsche Fährte lockten.

Vier Tage, nachdem Leonards Leiche in Kings Auto gefunden worden war, zitierte Connolly seinen ungenannten Informanten – Whitey –, der ihm mitgeteilt habe, dass King Leonard nach einem heftigen Streit getötet habe. »Die Quelle meint, King habe von der Mullin-Gang [*sic*] wahrscheinlich eine Maßregelung zu erwarten, weil er Leonard auf diese Weise getötet habe. Es werde aber wohl keine schwere Bestrafung sein, weil fast alle Mitglieder der Mullin-Gang Leonard nicht leiden konnten und weil er selbst einige Morde begangen habe.«

Elf Tage später erzählte Whitey Connolly eine neue Story.

»Die Quelle berichtet, dass Tommy King, der kürzlich Francis X. ›Buddy‹ Leonard ermordet habe, von der Mullin-Gang [*sic*] angewiesen worden sei, die Region Boston für immer zu verlassen. Der Quelle zufolge wurde King gezwungen, diese Entscheidung zu akzeptieren. Er teile aber die Ansicht, dass es für ihn besser sei, nie mehr zurückzukommen, weil es Gerüchte gebe, wonach die Polizei ein paar Zeugen für den Mord an Leonard gefunden habe. Sowohl die Mullin-Gang[*sic*] als auch die Winter-Hill-Gang hätten diesen Beschluss gefasst, und der Quelle zufolge sei beabsichtigt, King während seiner Abwesenheit zu unterstützen.«

An Silvester beschloss Whitey, seine Erzählung zum dritten und letzten Mal zu ändern. Allmählich machte es ihm Spaß, seine eigene Geschichte zu erfinden. »Der Quelle zufolge gibt es Gerüchte, wonach Tommy King ›beseitigt‹ worden sei. Es gebe widersprüchliche Angaben darüber, ob er tatsächlich getötet worden sei und wenn ja, warum«, schrieb Connolly. »Die Quelle hat gehört, dass King zu ›blutrünstig‹ geworden sei und das Leben anderer gefährdet habe, denn er habe von irrwitzigen Plänen gesprochen, mehrere Menschen umzubringen, darunter auch Polizisten. Der Quelle zufolge habe King ihnen keine andere Wahl gelassen, als etwas gegen ihn zu unternehmen.«[26]

Während Whitey John Connolly solche Geschichten auftischte, saßen die beiden kaum einen Kilometer von Tommy Kings Leiche entfernt in einem Auto.

6

Southie ist seine Heimat

Als es am 8. September 1975 dunkel wurde, stieg Whitey in seinen grünen Chevrolet Impala und fuhr durch die Stadt. Kühle Luft strömte ins Auto, während er Franklin Park und Forest Hills durchquerte. Sein Ziel war Brookline, ein blühender Stadtteil und eine Hochburg der Liberalen auf der anderen Seite der Stadt, 15 Minuten – acht Kilometer – und eine Welt von South Boston entfernt. Er war wütend, er kochte sogar vor Wut, und er hatte etwas vor, das die Stadt erschüttern sollte.

Es war nicht eines der üblichen Vorkommnisse, das Whitey so in Rage gebracht hatte. Es ging nicht um ein Gangmitglied, das ihn betrogen hatte, oder um einen Buchmacher, der nicht zahlen wollte. Nein, was ihn aufregte, war die Stille. Die öffentlichen Schulen in Boston waren an diesem Morgen wieder geöffnet worden, und der Tag war ruhig geblieben, vor allem im Vergleich zum Jahr davor, als Gerichte die Rassentrennung an den Schulen aufgehoben hatten und die ersten Busse mit schwarzen Kindern die G Street hinauf zur Highschool in South Boston gefahren waren. Die schwarzen Schüler waren von einem Hagel aus Steinen und Beleidigungen empfangen worden. Für Whitey roch diese Ruhe nach Gleichgültigkeit oder zumindest danach, dass der gewaltsame Widerstand gegen die Integration erloschen war. Wie die meisten anderen Bewohner von Southie sah auch Whitey in dieser Gleichstellung der schwarzen Schüler eine tödliche Bedrohung für den Stadtteil, so wie sie ihn kannten, und für die Highschool, die seinen Namen trug. Als eher unbequemer Schüler hatte Whitey nie die Möglichkeit gehabt, in die South Boston High zu gehen, aber er sah in ihr ein Symbol für die Eigenständigkeit und Entschlossenheit des Viertels. Da Southie jedoch verstummt war, wollte er selbst ein wenig Lärm machen. Er hatte alles, was er dazu brauchte, zur Hand: eine mit Benzin gefüllte Flasche, ein Feuerzeug in der Tasche, eine Dose Sprühfarbe auf dem Rücksitz und einen Komplizen auf dem Beifahrersitz.[1]

Kurz nach zehn Uhr parkte Whitey in der Stedman Street, einer Parallelstraße zur Beals Street in einem grünen Viertel von Brookline. Später schilderte er einem Gangmitglied, was danach geschah. Er nahm den Molotowcocktail und die Farbdose, durchquerte einen Hinterhof und sprang über einen Zaun. Dann folgte er einer engen Gasse, bis er neben einer altmodischen Gaslampe vor einem zweistöckigen Haus mit grünem Schindeldach stand.[2] In diesem Haus in der Beals Street 83 war John F. Kennedy geboren worden. Als beliebte Sehenswürdigkeit war das Haus tagsüber meist voller Touristen, aber nachts war es leer und unbewacht. Whitey war in Alcatraz gewesen, als Jack Kennedy zum Präsidenten gewählt worden war. Wie fast alle irisch-katholischen Amerikaner hatte er damals einen Anflug von ethnischem, religiösem und kulturellem Stolz gespürt. Aber die Kennedys waren jetzt keine Helden mehr, sie waren Feinde, die politischen Förderer von W. Arthur Garrity jun., dem Bundesrichter, der Southie vor Kurzem auf den Kopf gestellt hatte. Jack Kennedy hatte Garrity zum Staatsanwalt in Massachusetts ernannt, und Garrity hatte für Bobby Kennedy gearbeitet. Nach der Ermordung des Präsidenten wurde Senator Edward Kennedy zum wichtigsten Förderer Garritys und setzte seine Ernennung zum Bundesrichter durch. Der Senator blieb Garritys einflussreichster Unterstützer und einer der bekanntesten Befürworter der Rassenintegration an Schulen. Für ihn war die Beförderung von schwarzen Kindern mit dem Bus in andere Stadtteile ein zwar mangelhaftes, aber notwendiges Mittel, um nach langer Zeit endlich das zu beenden, was er für eine Schande hielt: die krasse Benachteiligung der Schwarzen in puncto Bildungschancen und Qualität der Schulen. Die Kennedys, die einst die unbegrenzten Aufstiegsmöglichkeiten der irischen Katholiken in Amerika symbolisiert hatten, galten jetzt in Southie als reiche, abgehobene Schnösel, die selbstgefällig den liberalen Ansichten ihrer eigenen Sippe frönten. Für Whitey waren die Kennedys schlimmer als Feinde. Sie waren Verräter.

Whitey bückte sich und zielte mit der Sprühdose auf den Gehweg. Nach vollbrachter Tat richtete er sich auf und bewunderte sein Werk, das aus großen, schwungvollen Buchstaben in schwarzer Farbe bestand: »Bus Teddy«. Dann schlich er hinter das Haus und schaute durch den dunklen Flur in die Küche. Er zündete den Lappen an, den er in den Flaschenhals gestopft hatte, und schlug das Fenster der Hintertür ein.[3] Die Flasche explodierte auf einem goldfarbenen Teppich, und bald leckten Flammen an den Küchenwänden. Whitey und ein anderer Mann sprangen über den Zaun eines Hauses in der Stedman Street, das einem Mann namens Marvin Feil gehörte. Feil konnte erkennen, dass sie dunkle Hemden trugen, ansonsten aber nicht viel mehr über sie sagen.[4]

Feil und andere Nachbarn riefen die Polizei, und die Feuerwehr konnte den Brand schnell löschen. Aber die Polizei fand das Auto nicht, das sie als grünen Impala identifiziert hatte und das vor dem Haus eines Mannes namens Robert Novak in der Stedman Street 82 geparkt hatte.[5] Nach den Löscharbeiten war die Küche komplett ausgebrannt, und Whitey befand sich nebst seinem Komplizen wieder in Southie, wo sie das Auto in einer Garage versteckten. Whitey prahlte vor Freunden damit, dafür gesorgt zu haben, dass das Kennedy-Haus drei Monate lang geschlossen bleiben musste.[6]

Seinen Abstecher nach Brookline unternahm Whitey nur zehn Tage vor seinem Treffen mit John Connolly am 18. September. An diesem Tag brachte der FBI-Agent zum ersten Mal die Idee zur Sprache, Whitey könne der »Verbindungsmann« des FBI bei Winter Hill werden. Damals ging es Whitey gut – es ging ihm seit dem vergangenen Sommer gut.

Er hatte nicht nur den Krieg gegen die Mullens-Gang überlebt, sondern auch das Machtvakuum gefüllt, das nach der Ermordung seines ehemaligen Chefs Donnie Killeen in der Unterwelt von South Boston entstanden war. Er war ein vollwertiges Mitglied der Winter-Hill-Gang, die ihr Hauptquartier in Somerville hatte, und beherrschte South Boston in deren Auftrag. Mit Glücksspiel und Kreditwucher verdiente er in Southie eine Menge Geld. Aber Kräfte von außen hatten sich zum Verderben der stolzen Einwohner von South Boston verschworen, ihre Ehre zu verletzen und in ihr Territorium einzudringen. Im Jahr 1974 wollte ein Bundesrichter mit einem Urteil, das Whiteys Welt grundlegend verändert hätte, Southies Ruf als rassistische Hochburg zementieren – ein Ruf, den viele, vielleicht die meisten Leute in Southie für ungerecht hielten. Richter Garrity wollte Rassengleichheit herstellen, aber die Folge war ein hässlicher Streit, bei dem es um Identität und Macht ging und der Boston mehr als ein Jahrzehnt lang in eine Phase der Instabilität und der Polarisierung stürzte.

Die Einwohner von South Boston schätzten den nachbarlichen Zusammenhalt. Eltern waren daher erbost darüber, dass ihre Teenager gezwungen werden sollten, ihren Stadtteil zu verlassen und eine kilometerweit entfernte Highschool zu besuchen. Besonders empörte es sie, dass Schüler aus Southie nach Roxbury verfrachtet werden sollten, in einen überwiegend schwarzen Stadtteil mit einer höheren Kriminalitätsrate und einer Highschool, die der Richter selbst als minderwertig bezeichnet hatte. Ebenso inakzeptabel war die Idee, dass Außenstehende nach Southie kommen sollten. Das widersprach dem Gedanken von Autonomie, der für diesen Stadtteil so charakteristisch war. Die gerichtlich verfügte Störung bedrohte zudem die so verschiedenen kriminellen und politischen Imperien, die zwei Strippenzieher namens Bulger aufgebaut hatten. Der Status quo vor Garritys Verfügung war für beide Brüder, wenn auch auf ganz unterschiedliche Weise, vorteilhaft gewesen. Keiner von ihnen hielt es daher für günstig, etwas zu verändern. Und sie hatten nicht die geringste Lust, sich von Außenstehenden vorschreiben zu lassen, was sie tun sollten.

Bill Bulger, South Bostons Senator, entpuppte sich bald als wortgewaltigster Gegner des *busing*. Er kritisierte den Richter, der den Gerichtsbeschluss verkündet hatte, und den Bürgermeister, der sich ihm fügte. Er prangerte die Polizei an, die den Beschluss durchsetzte, und beschuldigte sie, taktisch unklug gegen unbescholtene Bürger vorzugehen, die berechtigte Anliegen hätten. Er brandmarkte die Liberalen in den Vorstädten mit einigem Recht als Heuchler, die es nie zulassen würden, dass ihre Kinder mit Bussen in weit entfernte, minderwertige Schulen in Gegenden mit hoher Kriminalität gebracht würden. Und er griff die Medien an, die den Rassismus in den Fokus rückten und die Sorgen der Einwohner von Southie herunterspielten. Man dürfe Kinder nicht als Versuchskaninchen für ein gesellschaftliches Experiment missbrauchen.

Die oft wiederholte Versuchskaninchen-Analogie könnte bei Whitey durchaus Zustimmung gefunden haben, denn sie erinnerte ihn vielleicht an seine Erfahrungen im Gefängnis als freiwilliger Teilnehmer an einer Studie der Regierung über die Wirkungen von LSD. Aber am meisten ärgerte ihn wohl eine Folge des Aufruhrs in seinem Stadtteil: Die zahlreichen Polizisten, die herbeiströmten, um den Gerichtsbeschluss durchzusetzen, schadeten seinem Geschäft. Whitey erkannte, dass diese Situation von ihm eine neue Taktik erforderte. Da die Polizei sich hauptsächlich um die öffentliche Ordnung kümmern sollte und daher meist tagsüber im Einsatz war, musste er seine Arbeit nun eben vermehrt nachts erledigen. Mehr denn je nutzte er den Schutz der Dunkelheit, um seinen Geschäften nachzugehen, seine Rivalen zu beseitigen und mit einem Molotowcocktail in der Hand nach Brookline zu fahren.

Die Schulbuskrise festigte die Position der Brüder im Stadtteil. Bill, der gewählte Kämpfer für Southie, war auf den Straßen und Diskussionspodien anzutreffen. Whitey dagegen arbeitete im Schatten und beschränkte sich auf symbolische Gesten. Er ging gegen diejenigen vor, die sich erdreisteten, in South Boston kommandieren zu wollen. In Analogie zur IRA könnte man es auch so sagen: Wenn Billy der Anführer des politischen Flügels der Anti-*busing*-Bewegung war, dann befehligte Whitey im Untergrund den militärischen Flügel.

Richter Garrity war 1974 mit einer klaren Tatsache konfrontiert: Da ethnische Gegensätze und die Rassentrennung in Bostons Stadtvierteln eine lange Tradition hatten, gab es in den Schulen fast nur eine Farbe, entweder Schwarz oder Weiß. Nach der Großen Depression waren Schwarze aus den Südstaaten nach Norden gezogen, und nach dem Zweiten Weltkrieg hatten sich Weiße, vor allem Juden, aus Boston in den Vorstädten niedergelassen. Dadurch waren die Stadtteile Roxbury und South End sowie Teile von Dorchester fast ganz afroamerikanisch geworden. Southie, Charlestown, East Boston, Hyde Park, North End und West Roxbury blieben dagegen, was sie gewesen waren: fast ganz weiß. Die Volkszählung von 1970 zeigte, dass mehr als 98 Prozent der 38.489 Einwohner von Southie Weiße waren.[7]

In den Jahrzehnten vor dem Bürgerkrieg war Boston die Hauptstadt der Gegner der Sklaverei, und im gesamten 19. Jahrhundert gab es in den öffentlichen Schulen der Stadt zumindest offiziell keine Rassentrennung. Aber die Bostoner Schüler hatten immer die Schule in der Nähe ihres Wohnsitzes besucht, und deshalb spiegelten diese Schulen die demografische Struktur ihrer Stadtteile wider. Dort, wo die Rassen getrennt wurden, meist durch historische Geschehnisse, war der krasse Qualitätsunterschied zwischen weißen und schwarzen Schulen die Folge einer politischen Entscheidung des weißen Establishments.

Nachdem der Oberste Gerichtshof 1954 entschieden hatte, dass eine Rassentrennung gegen die Verfassung verstieß, verhielt sich der Schulausschuss der Stadt Boston angesichts der offensichtlichen Rassentrennung in den Schulen wie üblich: Er tat nichts. Bald galt Boston daher als eine der intolerantesten Städte im Norden. Die Ostküstenaristokratie mochte die Bewegung zur Abschaffung der Sklaverei angeführt haben, aber die Einwanderer aus Europa, die in der zweiten Hälfte des 19. Jahrhunderts nach Boston geströmt waren, vor allem die Iren, machten sich weniger Gedanken über das Schicksal der Sklaven und ihrer Nachfahren. Sie sahen die Schwarzen eher als Rivalen, die mit ihnen um Jobs und Sozialwohnungen konkurrierten.

Der Bostoner Schulausschuss wies jeden Vorwurf, seine Politik zementiere die Rassentrennung an den Schulen, empört zurück. Aber diese Haltung wurde bald als das entlarvt, was sie war – zum Teil dank der Bemühungen von Whitey Bulgers spirituellem Berater und Bill Bulgers Dekan: Pater Robert Drinan.

Im Jahr 1964 – im selben Jahr, in dem er brieflich zugesichert hatte, er sei Whiteys ehrenamtlicher Bewährungshelfer und Förderer – begann Drinan als Vorsitzender des Ausschusses, der im Auftrag des Bundesstaats Massachusetts das Amerikanische Komitee für Bürgerrechte beriet, einen

Bericht über Bostons Schulen vorzubereiten. Dadurch wurde er zu einer einflussreichen intellektuellen Stimme in Massachusetts, nicht nur, weil er die Aufhebung der Rassentrennung unterstützte, sondern auch, weil die Beförderung von Schulkindern in verschiedene Stadtteile seiner Meinung nach das beste Mittel gegen die traditionelle und institutionalisierte Rassentrennung war. Er schrieb regelmäßig in *America*, der Jesuitenzeitschrift, die Whitey auf Drinans Anregung im Gefängnis abonniert hatte, über die Notwendigkeit, die Bürgerrechtssituation der Schwarzen zu verbessern. In seinem wegweisenden Bericht stellte Drinan fest, dass die Bostoner Schulen nach Rassen getrennt unterrichteten, dass die von schwarzen Kindern besuchten Schulen minderwertige Gebäude und Bücher hatten und dass ihre Leistungen schwächer waren.[8]

Drinan betonte, die Rassentrennung an den Bostoner Schulen habe das Selbstvertrauen der schwarzen Kinder untergraben, »die Vorurteile von Kindern jeder Hautfarbe« verstärkt und zu »einem krassen Qualitätsunterschied« geführt, was die Ausstattung der Schulen anbelange.[9] Der Schulausschuss ignorierte den Bericht, aber er trug dazu bei, dass 1965 ein Bundesgesetz verabschiedet wurde, wonach Schulen in Bezug auf die Hautfarbe der Schüler ausgewogen zu sein hatten. Allerdings ignorierte der Bostoner Schulausschuss auch das neue Gesetz.

1972 reichte die Nationale Organisation für die Förderung farbiger Menschen (NAACP), die von der Untätigkeit der Stadt bitter enttäuscht war, im Auftrag einiger schwarzer Eltern eine Klage ein. Richter Garrity wurde mit dem Fall beauftragt und entschied im Juni 1974 zugunsten dieser Eltern. Im folgenden Herbst wurde die gesamte, rein weiße elfte Klasse der South Boston High in die Roxbury High School geschickt, und die zehnte Klasse der Roxbury High, die überwiegend schwarz war, musste in die South Boston High gehen. Etwa 85 Schüler der zwölften Klasse der South Boston High, die im benachbarten Savin Hill wohnten, wurden mit Bussen nach Dorchester in eine hauptsächlich schwarze Schule gebracht. Andere Schulen in überwiegend weißen Stadtvierteln – darunter Roslindale, West Roxbury und Hyde Park – waren von der ersten Phase des *busing* ebenfalls betroffen. Es gab wütende Proteste und Gewaltausbrüche in der ganzen Stadt, Weiße griffen Schwarze an, und Schwarze griffen Weiße an. In Southie war der Widerstand jedoch noch größer und emotionaler. Die Einwohner von South Boston sahen Garritys Verfügung als Zumutung und reagierten darauf mit Spott und offenem Ungehorsam. Während einige Eltern in anderen Stadtteilen Widerstand leisteten, probte Southie einen regelrechten Aufstand.

Über Nacht tauchten alle möglichen Abzeichen und Autoaufkleber auf: Southie bleibt hier. Southie sagt Nein. Kein erzwungenes *busing*. Plötzlich richtete das South Boston Information Center, eine Bürgerbewegung gegen das *busing*, ein Büro in einem bis dahin leer stehenden Laden ein. Die jungen Männer in diesem Büro wirkten aggressiv und einschüchternd, zumindest auf Außenstehende. Kundgebungen wurden organisiert, und viele Einwohner von South Boston schworen, ihre Kinder niemals mit dem Bus aus ihrem Viertel bringen zu lassen. Manche schickten ihre Kinder nun in konfessionelle Schulen, andere gründeten später eine Privatschule. Das *busing* war der Albtraum von Southie, aber es war zugleich ein enorm verbindendes Thema für einen Stadtteil, der seine Rassenprobleme und Klassenunterschiede meist herunterspielte.

Bill Bulger wehrte sich heftig gegen den Vorwurf, viele seiner Wähler wollten einfach keine schwarzen Kinder in Southie haben. Er beharrte darauf, dass es nicht um Rassen gehe, sondern um die Einmischung der Behörden und um Fragen der gesellschaftlichen Zugehörigkeit. »Die versprochene schnelle Lösung – nur arme innerstädtische Kinder werden in andere Viertel gebracht – wurde von Millionen Menschen in den weißen Hochburgen der Vorstädte lautstark unterstützt«, sagte Bill Bulger. »Auch die wohlhabenden Bürger Bostons, die es sich leisten konnten, ihre Kinder in Privatschulen zu schicken, befürworteten die Idee. Sie alle waren ja nicht betroffen. Widerstand leisteten nur diejenigen, die man gezielt zu Opfern machte, vor allem die innerstädtischen katholischen Angehörigen bestimmter ethnischer Gruppen mit dünnen Brieftaschen.«[10]

Mit diesen Aussagen folgte Bulger seinem politischen Helden James Michael Curley, der behauptete, dass die größte ethnische Gruppe der Stadt, die katholischen Iren, von den reichen Schichten unterdrückt würde. In einem Punkt hatte er sicherlich recht: Viele der entschiedensten Befürworter der Busbeförderung von Schulkindern in andere Bezirke mussten nicht mit deren Folgen leben. Nach dem Gesetz war eine Schule, in der über 50 Prozent der Schüler einer Minderheit angehörten, in Bezug auf die Hautfarbe ihrer Besucher unausgewogen. In den Vorstädten gab es einfach nicht genug nicht weiße Schüler, um die harten Sanktionen des Gesetzgebers auszulösen. Den Menschen in Southie erschien das als willkürliche und politisch bequeme Ungleichbehandlung, und der Groll gegen die weißen Vorstädte Bostons vertiefte sich. Das war der Grund dafür, dass Whitey Bulger wenige Tage vor der Ankunft der ersten Busse mit schwarzen Schülern an der South Boston High im Schutz der Dunkelheit nach Wellesley fuhr. In dieser wohlhabenden Vorstadt westlich von Boston wohnte Richter Garrity.

Wellesley und Southie waren seit Langem durch erhebliche Klassenunterschiede getrennt, aber das *busing* machte daraus eine unüberwindliche Kluft. In Southie sprach man nur abwertend von Wellesley, denn es repräsentierte mit den schmucken Häusern und gepflegten Rasenflächen al-

les, was Southie nicht war. Diese Ansicht vertrat Whitey schon lange vor
den gerichtlich verfügten Busfahrten. Einmal hatte er zwei Kriminelle aus
Southie sogar gedrängt, ihre Einbrüche lieber in Wellesley zu begehen.[11]
Whitey war wütend darüber, dass Schüler aus Southie in die schlechte-
ren Schulen eines Stadtteils mit hoher Verbrechensrate verfrachtet wurden.
»Sozialer Betrug durch ein Politikerpack … und [ein] Bundesrichter aus
dem reichen Wellesley«, schrieb er später einem Freund.[12]

Whiteys Vorbehalte waren geprägt von Klassenneid und Southie-Stolz,
und muten in puncto Kriminalität eigenartig an, denn immerhin handelte es sich bei ihm um einen Mann, der durch Morde und Drohungen die
Nummer eins der Unterwelt in seinem Stadtviertel geworden war. Aber sie
zeugten auch davon, dass er sich als fairen Gangster sah, als Boss einer Unterwelt, in der es Regeln gab und Verbrecher noch Skrupel hatten, was in
anderen Stadtteilen, vor allem in den schwarzen, fehlte. Whitey benutzte
häufig das Wort »Nigger« und äußerte sich oft herablassend über Schwarze. Einige Leute, die ihn gut kannten, hielten ihn für einen Rassisten.[13]
Whitey war überzeugt, für Southies Interessen zu kämpfen, als er in dieser
Nacht, wenige Tage vor dem Start des *busing*, nach Wellesley fuhr. Er wollte Richter Garrity eine Botschaft zukommen lassen. Doch er war nicht
dumm, selbst wenn er wütend war. Er wusste natürlich, dass das Haus des
Richters im Stadtviertel Wellesley Hills rund um die Uhr bewacht wurde. Darum hatte er sich ein anderes Ziel ausgesucht, eine Grundschule,
die etwa 800 Meter vom Haus des Richters entfernt war. Whitey näherte
sich der Kingsbury Elementary School mit einem Molotowcocktail in der
Hand, dann schlug er ein Fenster ein und warf die Brandbombe in das Gebäude.[14] Zwei Klassenzimmer wurden zerstört, bevor die Feuerwehr den
Brand löschen konnte. Am nächsten Tag rief er anonym in der Feuerwa-
che von Wellesley an. Er gab an, wo er den Benzinkanister versteckt hatte,
mit dem er den Molotowcocktail gefüllt hatte. »Ich werde jede Schule in
Wellesley niederbrennen«, warnte er zudem, »und wenn ich 30 Jahre dafür
brauche.«[15] Joseph Keough, der stellvertretende Kommandant der Feuerwehr, sagte, die Ermittler hätten den Brandstifter nie identifizieren können, aber der Anrufer habe sein Motiv klar ausgedrückt. »Er sagte, wenn
die Kinder aus Southie mit Bussen weggebracht würden, dann müsse man
auch die Kinder aus Wellesley mit Bussen wegbringen.«[16] Überall in Southie wurde gemunkelt, dass Whitey der Täter gewesen sei, doch die Polizei
konnte nichts beweisen. Whiteys Anliegen erfüllte sich zumindest zeitweise: Etwa 40 Schüler aus Wellesley mussten ein paar Monate lang in nahe
gelegene Schulen gebracht werden, während Bauarbeiter die beiden vom
Feuer beschädigten Klassenzimmer instand setzten.

Der Brennpunkt des *busing*-Konflikts war die South Boston High School, ein dreistöckiges gelbes Gebäude in der Nähe der Dorchester Heights. Dort hatten Kolonisten im Jahr 1776 die britische Flotte mit Kanonen vertrieben. Da die Schule auf einem Hügel stand, glich sie einer Zitadelle, und im September 1974 wurde sie auch eine. Unter den rund 2000 Schülern der Southie High befanden sich zwischen 1964 und 1974 nur drei Schwarze, zwei von ihnen waren Schwestern.[17]

Jim Miara arbeitete für die Sozialbehörde in der Bostoner Innenstadt, als sein Chef Freiwillige suchte, die als Beobachter in den Schulbussen mitfahren sollten. Am Morgen des 12. September 1974 bestieg Miara in Roxbury einen Bus mit dem Ziel Southie. Er und der Fahrer waren Weiße, alle Kinder waren schwarz. »Der Bus war etwa halb voll«, erzählte Miara. »Die meisten Kinder waren kleine Mädchen, Neuntklässlerinnen. Fast keine Jungs. Alle wirkten ängstlich. Alle waren nervös. Keiner von uns wusste, was uns bevorstand, aber wir erwarteten keine freundliche Begrüßung, so viel ist sicher.« Der Bus fuhr am Carson Beach vorbei und bog dann in die G Street ein, um die kurze Strecke hinauf zur Highschool zu fahren. Die Gehsteige waren von Menschen gesäumt, die die Fäuste schüttelten.

»In der Mitte der Straße hatte jemand in riesigen Lettern ›Nigger geht nach Hause‹ auf den Boden geschrieben«, sagte Miara. »In der Nähe der Highschool gab es einen Verkehrsstau. Darum mussten wir in der G Street anhalten und auf die Weiterfahrt warten. Am Straßenrand standen Menschen, die auf den Bus zukamen. Leute im mittleren Alter, Männer und Frauen, schlugen auf den Bus ein und schrien ›Nigger‹ und ›Nigger haut ab‹. Sie trommelten gegen den Bus. Überall waren Polizisten, aber die taten nichts. Sie griffen nie ein. Die Kinder hatten einen ratlosen Ausdruck auf den Gesichtern: Was ist los? Wir werden doch nicht umgebracht, oder? Die Kinder weinten nicht. Sie blieben stumm. Sie waren verängstigt, genau wie ich. Ich werde den Gesichtsausdruck der Leute, die auf den Bus einschlugen, nie vergessen. Ihre Gesichter waren vor Wut und Hass verzerrt. Der Hass auf dieser Straße war fast greifbar.«[18]

Wenn Southie je einen gewissen moralischen Bonus für sich in Anspruch nehmen konnte, weil es unter einer Willkürjustiz zu leiden hatte, so ging dieser verloren, als die Szenen rund um die Highschool landesweit im Fernsehen gezeigt wurden. Southie wurde nun überall als rassistische Provinz verhöhnt. Die Fernsehberichte machten Bill Bulger zornig, weil er sie für absolut nicht repräsentativ hielt. Seiner Meinung nach war die öffentliche Wut zwar bedauerlich, aber die verständliche Folge von Garritys unsensiblem Gerichtsbeschluss. Er stellte sich immer wieder mit seinen Wählern vor die Highschool und war stolz darauf, nie die Beherrschung zu verlieren.

Eines Tages verlor er sie dennoch, als er Polizeikommissar Robert diGrazia vor der Southie High zur Rede stellte. Die Tactical Patrol Force (TPF), eine berittene Spezialeinheit, die gebildet worden war, um eine Störung des *busing* zu verhindern, säumte die Straßen und wies die Einwohner an, in ihre Häuser zurückzugehen.

»Gestapo raus!«, schrie Bulger laut diGrazia an.[19]

Für diGrazia war Bulger einer der Politiker, die zur Eskalation rund um das *busing* beigetragen hatten, weil sie verstockt waren und selbst dann untätig geblieben waren, als den Schulen Verstöße gegen die Rassengesetze des Bundesstaats nachgewiesen worden waren.

»Bulger«, feuerte diGrazia zurück, »wenn Sie ein Rückgrat hätten, wären wir nicht in dieser Lage. Wenn Sie Ihren Job machen würden, wären wir nicht hier. Sie hatten zehn Jahre Zeit. Wenn Sie Mumm hätten, würden Sie diesen Leuten sagen, sie sollen ihre Kinder in die Schule schicken.«[20]

Bill Bulger spürte die Adern in seinem Nacken pulsieren. Er ging ein paar Schritte weg, wirbelte dann aber herum, lief auf diGrazia zu und kam ihm so nah, dass ihre Gesichter sich fast berührten. »Die Gemeinde hat Ihnen etwas zu sagen, diGrazia«, zischte er. »Verpissen Sie sich!« Dann stürmte er davon und bedauerte seine Worte bereits, noch ehe er ans Ende der G Street gelangt war.

Bill Bulger beschuldigte diGrazia im Besonderen und die Polizei im Allgemeinen, sich ausgeklügelte Verschwörungstheorien auszudenken, die die Bürger von South Boston und ihre angeblichen Vorhaben betrafen. Seiner Meinung nach hatte die Polizei das Gerücht in die Welt gesetzt, dass sein Bruder Whitey Bürgermeister Kevin White ermorden wolle, der hoch und heilig versprochen hatte, die Rassenintegration durchzusetzen.[21] Aber auch wenn Bill Bulger das für eine böswillige Verleumdung hielt, betrachtete es der Bürgermeister durchaus als sehr reale Bedrohung und erzählte vielen seiner Freunde, dass Whitey ihn umbringen wolle. Bald war er nahezu besessen von diesem Gedanken. Eines Abends, nachdem er Tennis gespielt hatte und eigentlich sein Sportcenter in South Boston verlassen wollte, übermannte ihn plötzlich die Furcht. Das Studio lag am Rand des Industriehafenviertels von Southie, und der Bürgermeister war sicher, dass Whitey draußen mit einer Waffe auf ihn warte, um ihn zu überfallen.[22]

Der Bürgermeister war nicht nur überzeugt, dass Whitey den entschiedenen Widerstand des Stadtteils gegen die erzwungene Integration befürwortete, sondern auch, dass die Schulbusaktion durch die hervorgerufene Unruhe seine Profite schmälerte. Während der Kampagne im folgenden Jahr machte der Bürgermeister sich offenbar größere Sorgen um sein Leben als um seine Wiederwahl. »Im Konflikt von 1975 war allen klar, dass die Mafia mich erledigen wollte«, erzählte er dem Journalisten Christopher

Lydon 1978 in einem Gespräch ohne Kamera nach einem Fernsehinterview. »Whitey bringt mich um, und sie siegen auf der ganzen Linie.«[23]

Whitey sei verrückt genug, um das zu tun, beharrte White. Doch Whitey wusste genau, dass die Polizei ihn und jeden anderen Ganoven in Southie nach einem Anschlag auf den Bürgermeister gnadenlos jagen würde. Auch wenn er White und den anderen Unterstützern des *busing* sicher nur das Schlimmste wünschte, muss ihm doch klar gewesen sein, dass die Ermordung des Bürgermeisters ihn ruiniert hätte.

DiGrazia und andere Vertreter der Justiz aus jener Zeit behaupten sogar, Whitey habe sein Bestes getan, um den gewaltsamen Widerstand gegen die Integration in Zaum zu halten, denn der Aufruhr habe ihn tatsächlich Geld gekostet. Das war im Wesentlichen allerdings eine Erfindung, ein Teil des Bildes vom »guten Whitey«, das der Gangster zu pflegen begonnen hatte. Whitey tat durchaus mehr, als der Polizeibeamte sich vorstellen konnte, aber nichts davon hatte etwas mit der Bewahrung des Friedens zu tun. Er nutzte die Überlastung der Polizei infolge des *busing* dazu, alte Rechnungen zu begleichen. Zwei Monate nach Beginn der ersten Phase der erzwungenen Schülerbeförderung hatte er Paul McGonagle, den alten Bandenchef der Mullens, erschossen und heimlich beerdigt. Ein Jahr später, als die zweite Phase des *busing* begann, lockte er Tommy King in den Tod. Doch das geschah, nachdem John Connolly und das FBI ins Spiel gekommen waren. Jetzt war die Polizei vom Aufruhr auf den Straßen und in den Schulen derart abgelenkt, dass sie das Verschwinden einzelner Gangster kaum wahrnahm.

Bill Bulger hielt Richter Garrity, Senator Kennedy und den *Boston Globe* für Heuchler – wegen des Gerichtsbeschlusses und dessen Unterstützung, aber auch wegen der Berichte über die Krise in der größten Tageszeitung der Stadt. »Als Vater war ich der Ansicht, dass es das Recht der Eltern ist, solche Entscheidungen zu treffen«, sagte er. »Ich hörte die ganze Zeit über niemanden vom *Boston Globe*, niemanden vom US-Senat, keinen Geistlichen, keinen Priester, keinen Minister, keinen Rabbiner, keinen einzigen der Kritiker, die von außen auf uns einprügelten, jemals zu seiner Gemeinde oder zu seinen Kindern sagen: ›So, von nun an entscheidet ein Bundesrichter über euch.‹«[24]

Die Berichterstattung der Presse über das *busing* schürte den Verfolgungswahn, der in Southie weitverbreitet war. Viele Leute glaubten, dass die Medien die Intoleranz der Weißen übertrieben und die Gewalt rachsüchtiger Schwarzer gegen Weiße herunterspielten. Nachdem ein schwarzer Schüler im Dezember 1974 an der Southie High einen weißen Schüler beinahe erstochen hätte, klagten viele in South Boston, die Medien, vor allem der *Globe*, verharmlosten den Messerangriff. Hätte ein Weißer einen Schwarzen niedergestochen, wäre das Medienecho größer gewesen, hieß es.[25] Bill Bulger beschwerte sich darüber, dass der *Globe* unablässig nach schlechten Nachrichten über South Boston suche, dass Southie grob vereinfachend als Heimat von Fanatikern dargestellt werde und dass man ihn ständig zum schlimmsten Buhmann mache.[26] Doch Bill konnte die Zeitung nur mit harten Worten attackieren. Einen Monat nach dem Beginn des *busing* beschloss Whitey daher zu handeln. In einem Brief an einen Freund erläuterte er, warum er die Zeitung angriff. Der *Globe* sei Southie feindlich gesinnt und habe die Einwohner Rassisten genannt. Er behauptete zudem, die meisten Journalisten dieser Zeitung hätten ihre Kinder in Privatschulen angemeldet. Aber in Whiteys Augen wurde nicht nur Southie ungerecht behandelt, am meisten ärgerte es ihn, wie die Zeitung mit seinem Bruder umging. »Der *Globe* fällt in seinen Leitartikeln immer über meinen Bruder her«, schrieb er.[27]

Das *Globe*-Gebäude am Morrissey Boulevard in Dorchester stand nur etwa 1,5 Kilometer von den Straßen entfernt, in denen Whitey aufgewachsen war. Historisch betrachtet war die Zeitung immer ein Vertreter der Armen und Einwanderer. Viele Menschen aus Southie arbeiteten beim *Globe*, aber nur wenige von ihnen als Reporter. Manche druckten die Zeitungen oder lieferten sie aus, andere arbeiteten als Sekretärinnen oder Hausmeister. Die Einwohner von Southie begegneten den Eigentümern der Zeitung, die dem alten Yankee-Clan von Neuengland angehörten, mit Misstrauen, und daraus wurde unverhohlene Feindseligkeit, als die Zeitung in ihren Leitartikeln das *busing* unterstützte.

Whitey fiel es nicht schwer, Pat Nee zur Teilnahme an einem Anschlag auf den *Globe* zu überreden. Nee hatte nach seiner Rückkehr aus dem Vietnamkrieg kurz dort gearbeitet, seine Stelle aber verloren, nachdem er einen Vorgesetzten niedergeschlagen hatte. Wie Whitey hasste er die Zeitung, weil sie seiner Meinung nach Vorurteile gegen Southie hegte. Manche Leute aus Southie benutzten ihre Autos, um mit Blockaden die Auslieferung des *Globe* zu verhindern. Aber Whitey wollte mehr. Er lud eine Flinte Kaliber .12 mit Schrotkugeln für die Hirschjagd und setzte sich ans Lenkrad. Whitey und Nee brauchten fünf Minuten, um von der Stammkneipe der Mullens in City Point zum Sitz der Zeitung zu fahren. Mitternacht war vorbei, als Whitey sein Auto auf dem Morrissey Boulevard anhielt, unmittelbar vor dem Verlagsgebäude. Sie stiegen aus und eröffneten das Feuer.

Ein Wachmann, der in einer Kabine am Eingang des Parkplatzes saß, blickte Whitey in die Augen und ließ sich fallen, als dieser die Flinte hob.[28] Aber Whitey zielte nicht auf ihn, sondern auf die Glastüren der Eingangshalle. Dabei verfehlte er einen 18-jährigen Wächter hinter einem Schreibtisch nur knapp, angeblich habe er absichtlich vorbeigeschossen, behauptete Whitey.[29]

Drei weitere Schüsse durchbohrten die Spiegelglasfenster im Pressezimmer. Da Polizisten in der folgenden Nacht vor dem Gebäude Wache hielten, fuhren Whitey und Nee zur Rückseite des Hauses am Southeast Expressway und schossen aus dem Auto auf das Verlagshaus. Whitey prahlte später damit, er habe einen Mann durch die Nachrichtenabteilung laufen sehen und ihn absichtlich mit Kugeln gejagt.[30] Voller Schadenfreude nahm er später zur Kenntnis, dass der *Globe* Zehntausende von Dollar ausgeben musste, um die Fenster mit kugelsicherem Glas auszustatten. »Der *Globe* wusste, dass ich es war«, schrieb Whitey und brüstete sich damit, »Jobs geschaffen« zu haben, weil er die Zeitung gezwungen habe, das Gebäude 24 Stunden am Tag bewachen zu lassen und Überwachungskameras einzubauen. »Diese Bastarde gaben wegen mir ein Vermögen aus.«[31]

Whitey plante damals jeden seiner Angriffe sehr sorgfältig. Er wollte die im Stadtviertel vorherrschende Wut möglichst deutlich machen, zugleich aber wenig Risiko eingehen. Da er wusste, dass ein Anschlag auf Garrity oder dessen Haus die Polizei zu harten Maßnahmen veranlasst hätte, attackierte er eine Schule in der Nähe. Und aus gleichem Grund verübte er auch kein Attentat auf Ted Kennedy, sondern zündete das Geburtshaus von John F. Kennedy an. So gerne er gegen die Polizei losgeschlagen hätte, die während der *busing*-Jahre eine so einschüchternde Präsenz gezeigt hatte, wusste er doch, dass dies verrückt gewesen wäre. Dennoch sann er auf Rache, als die Tactical Patrol Force eine Kneipe in Southie stürmte und auf Gäste einschlug, die im Verdacht standen, gewaltsam gegen das *busing* protestiert zu haben. Der Beamte DiGrazia behauptet, Whitey sei einer der Gäste gewesen, doch er befand sich nicht im Lokal, als die Polizisten hereinstürmten, war jedoch mit einigen Gästen befreundet.[32] Whitey wusste, dass jeder direkte Angriff auf einen Polizisten eine unverhältnismäßige Reaktion auslösen würde, darum beschloss er, an einem anderen Punkt anzusetzen. »Sie lieben ihre Pferde«, sagte er. »Bringen wir also ihre Pferde um.«[33]

Whitey beschloss, Äpfel mit Zyanid zu vergiften und auf einer Wiese am Ende der G Street zu verteilen, auf der die Pferde der TPF standen, wenn sie nicht bei der Highschool im Einsatz waren. Whitey entfernte die Kerngehäuse aus einigen Äpfeln, füllte in die Löcher Gift und setzte die Kerngehäuse wieder ein. Lange vor der Morgendämmerung verteilte er sie dann im Gras. Der Plan scheiterte allerdings, weil ein Polizist einen der Äpfel aufhob und bemerkte, dass jemand am Kerngehäuse herumgepfuscht hatte.[34] Eilig brachten die Beamten daraufhin ihre Pferde weg und sammelten die vergifteten Äpfel ein.

Whiteys seltsamste Protestaktion spielte sich weit entfernt von South Boston ab, 65 Kilometer südlich an einem symbolisch bedeutsamen Ort. 1976 gab Whitey einem Mann aus South Boston Dynamitstäbe und wies ihn an, diese am historisch wichtigen Plymouth Rock zu deponieren, wo die Pilgerväter im 17. Jahrhundert angeblich ans Ufer gewatet waren. Die Explosion sprengte ein kleines Stück aus dem Felsen heraus und hinterließ ein Loch im Sand, doch im Wesentlichen blieb der Felsen unversehrt.[35] »Die Symbolik bestand, wie Jimmy es sah, darin, die ersten Siedler anzugreifen, weil die Yankees, die Ostküstenaristokraten, uns das *busing* aufgezwungen hatten«, erklärte Kevin Weeks, Whiteys langjähriger Partner. Das Ganze entsprang eher zweifelhaften Überlegungen, aber die Einwohner von Southie ließen sich nicht von ihrem Verstand leiten, wenn es um das *busing* ging. »Jimmy hasste das *busing*. Er hasste, was es Southie antat«, sagte Weeks. »Wir alle dachten so. Also tat er, was er tun musste. Wir alle taten es.«[36]

Im Gegensatz zu den wütenden Menschen, die an Straßenecken standen und mit Steinen oder Schimpfworten um sich warfen, war Bill Bulger eigentlich dafür bekannt, dass er für die Bürgerrechte eintrat. In den Sechzigerjahren hatte er David Nelson, einen ehemaligen Kommilitonen, mit in die Kirche St. Monika gebracht, wo er einen Vortrag über Gerechtigkeit für alle Rassen hielt. Nelson, der später der erste schwarze Bezirksrichter am Bostoner Bundesgericht wurde, war Anwalt und Mitglied des Katholischen Interrassischen Rates, einer Gruppe, die sich für Bürgerrechte einsetzte. Er erzählte, die Rede sei gut angekommen, und hielt Bill Bulger zunächst für fortschrittlich in puncto Bürgerrechten. Allerdings änderte er seine Meinung, als er Bulgers Verhalten während der *busing*-Krise mitbekam. »Ich weiß, dass er zuverlässig ist«, sagte Nelson. »Ich weiß, dass er ein Familienmensch ist. Aber ich nehme Billy als Politiker in die Pflicht. Er kam zu dem Schluss, die Aufhebung der Rassentrennung sei falsch und das *busing* sei ein Skandal. Das lasse ich auf intellektueller Ebene gelten. Andererseits wusste er keine Antwort auf die Fragen: Wenn keine Busse, was dann? Wenn keine gemischten Klassen, was dann? Meiner Ansicht nach hatte Billy mehr Macht und Einfluss als alle anderen. Er hätte dank seiner Stärke und Führungsqualitäten den Hass, die Wut und die rückwärtsgewandten Ideen zumindest abmildern und später ganz beseitigen können. Ich finde, er hat wenig in diesem Sinne getan.«

Nelson hielt Bill für ein Opfer des Selbstbildes, dem die Einwohner von Southie anhingen. Für sie war ihr Viertel anders als alle anderen. »Aber diese Vorstellung führt zu nichts. Man kann eine Stadt oder ein anderes großes Gebiet nicht als Nische betrachten, als separaten Bereich.«[37] Nelson beurteilte Bill Bulger sowohl nach seinen Schwächen als auch nach seinen Stärken. Was er nicht wusste und nicht wissen konnte, war, dass ein anderer Bulger – Whitey – sich inmitten der Rassenunruhen klammheimlich für ihn eingesetzt hatte.

Nelson war Partner von Joe Oteri, einem Anwalt, dessen enormes Verhandlungsgeschick im Gerichtssaal dazu geführt hatte, dass ihn mehrere kriminelle Verbündete von Whitey mit ihrer Verteidigung beauftragt hatten. Eines Abends, mitten in der *busing*-Krise, fuhr Oteri mit Nelson zu seiner Mutter nach South Boston, um bei ihr zu essen. Als die beiden auf dem Gehsteig standen, waren sie plötzlich von einer Gruppe Teenager umringt. »Wir wollen hier keine Nigger«, knurrte einer der Jungen. »Verzieh dich!«

Oteri stellte sich vor Nelson, um ihn zu schützen. Als ehemaliger Marinesoldat empfand er eher Wut als Angst. »He, ich bin hier aufgewachsen, und dieses Haus gehört meiner Mutter«, rief er und bedauerte seine Worte sofort. Die Teenager regten sich noch mehr auf und kamen näher. Da eilte Oteris älterer Onkel aus dem Haus und befahl den Jugendlichen zu verschwinden, was sie schließlich, vulgäre und rassistische Beleidigungen ausstoßend, auch taten.

Oteri machte sich nun Sorgen um seine Mutter. Vielleicht würden die Jungen zurückkommen und das Haus verwüsten. Doch dann hatte er eine Idee – er rief Steve Flemmi an, den er einige Male als Anwalt vertreten hatte, erklärte ihm die Situation und den Grund für seinen Anruf. »Stevie, würdest du Jimmy Bulger bitten, dafür zu sorgen, dass hier nichts passiert?«

Eine Woche später klingelte in Oteris Kanzlei das Telefon. Am Apparat war einer der Teenager, die ihn auf dem Gehsteig angepöbelt hatten. Der Junge entschuldigte sich für sein rüpelhaftes Benehmen. »Wir haben uns danebenbenommen«, sagte er kleinlaut. »Es wird nicht wieder vorkommen.«[38] Als Joe Oteri den Hörer wieder auflegte, wusste er zweierlei: Niemand würde seine Mutter belästigen, weil David Nelson bei ihr gegessen hatte, und Whitey Bulger regierte nicht nur die Unterwelt in Southie.

Whitey reagierte emotional, aber gleichzeitig auch wohlüberlegt auf das *busing*. Manchmal griff er ein – etwa zugunsten von Oteri –, damit die Lage nicht völlig aus dem Ruder lief. Die Interessen seines Bruders in der Politik waren ihm dabei wichtiger als seine eigenen Belange.

Im Frühjahr 1975 war Bürgermeister Kevin White wegen der *busing*-Krise politisch angeschlagen, zumindest unter den weißen Arbeitern der Stadt, die traditionell die meisten Wähler in Boston stellten. In South Boston hofften viele Bürger, dass jemand den Bürgermeister herausfordern werde. Die zwei führenden Politiker im Stadtteil, Bill Bulger und

Ray Flynn, sondierten daher das Terrain und versuchten herauszufinden, ob sie eine Chance hätten. Bill Bulger saß im Senat, Ray Flynn im Repräsentantenhaus von Massachusetts. Die Begeisterung ihrer Unterstützer war groß, und überall im Viertel wurde darüber spekuliert, wer wohl die besten Aussichten habe. Auch in den Kneipen und Restaurants gab es eine Menge Gerede. »Es wurde zum Teil richtig unangenehm«, erinnert sich Brian Wallace, Flynns wichtigster Berater. »Beide Seiten waren wohl der Überzeugung, ihr Mann könne es schaffen, wenn er es versuchte. Und alle Leute waren sich darin einig, dass nur einer der beiden kandidieren solle. Wenn beide antraten, würden die Stimmen der *busing*-Gegner in Southie und in den anderen Stadtvierteln aufgeteilt. Darum gab es viele Positionskämpfe, an denen allerdings Billy und Ray weniger beteiligt waren als ihre Anhänger.«

Eines Nachmittags war Wallace eben nach Hause zurückgekehrt, als das Telefon klingelte. Sein Vater nahm den Hörer ab.

»Brian«, rief er dann, »das ist für dich.«

»Wer ist dran?«

»Ein Typ namens Jim«, antwortete sein Vater.

Wallace nahm den Hörer und meldete sich mit Hallo.

»Brian«, sagte eine Stimme am anderen Ende, »hier spricht Jimmy Bulger.«

Wie jeder in Southie wusste Wallace, wer Whitey Bulger war, aber er hatte noch nie mit ihm gesprochen.

»Was ist passiert?«, fragte Wallace.

»Nichts«, antwortete Whitey. »Ich wollte nur etwas mit Ihnen besprechen.«

»Wo sind Sie?«, meinte Wallace.

»Vor Ihrem Haus«, erwiderte Whitey, »in einem blauen Auto.«

Wallace schluckte. »Okay, ich komme raus.«

Sein Vater, der das Gespräch mitgehört hatte, nahm ihm den Hörer ab und legte ihn auf.

»Das war Whitey Bulger«, informierte Wallace seinen Vater. »Er will mit mir reden.«

»Ich möchte nicht, dass du rausgehst«, bat sein Vater.

»Dad«, erwiderte Wallace, »ich muss. Es ist Whitey Bulger. Ich muss wissen, was er will.«

Etwa 20 Minuten lang schien der Gangster gar nichts zu wollen, denn er fuhr mit Wallace einfach herum. Sie fuhren an der Highschool vorbei, vor der alles ruhig war, weil die Schulbusse weggefahren waren. Sie fuhren an den Autos vorbei, die in Zweierreihen am East Broadway parkten, weiter nach City Point, dann am Ufer entlang, vorbei an Jachtclubs und am Carson Beach. Wallace traute sich nicht zu sprechen. Schließlich brach Whitey das Schweigen. »Gestern Abend wollte ich Sie umlegen«, offenbarte er. »Ich bin Ihnen gefolgt.«

Whitey nannte jede Kneipe, in der Wallace und einige seiner Freunde am Abend zuvor gewesen waren. Er wusste, wie lange sie geblieben waren, welche Kleidung sie getragen hatten, wohin sie anschließend gegangen waren. Wallace begriff, dass Whitey ihm stundenlang gefolgt war. Er saß ruhig da, als Whitey langsam an den Sozialbauten vorbeifuhr, in denen er aufgewachsen war. Wallace war 25 Jahre alt, ein Parteifunktionär der zweiten Reihe, den jeder als guten Basketballspieler an der Southie High in Erinnerung hatte. Er war »harmlos«, wie man in Southie zu sagen pflegte. »Welchen Grund hätten Sie, mich umzubringen?«, fragte er fast flüsternd.

»Das hier ist ein kleines Viertel, Brian«, antwortete Whitey. »Hier werden viele gemeine Sachen über meinen Bruder erzählt.«

»Aber ich schätze Ihren Bruder«, warf Wallace ein.

Whitey drehte sich um und starrte ihn an. Daraufhin verstummte Wallace.

»Sie wissen, wen ich meine. Sie wissen, um wen es sich handelt und was sie sagen. Ich kann nicht zulassen, dass sie respektlos über meine Familie reden. Sie stehen mittendrin und lassen es zu. Sie ermutigen die Schwätzer. Diese Leute stehen auf Ihrer Seite. Es sind Ray Flynns Leute. Und Sie müssen dafür sorgen, dass sie damit aufhören, andernfalls …«

Er sagte, er habe Wallace zum Teil deshalb am Leben gelassen, weil er mit der Tochter eines Mannes ausgehe, der für ihn als Buchmacher arbeite. »Ich habe Ihnen einen Aufschub gewährt«, erklärte Whitey. »Aber das war der letzte Aufschub. Ich kann Ray Flynn nicht töten, aber ich kann Sie umbringen. Ich könnte ins ›Bayview‹ [eine Kneipe] gehen und Ihnen eine Kugel in den Kopf schießen, und niemand würde etwas sagen.«

Als sie vor einer Ampel hielten, drehte Whitey sich zu Wallace, der nun in die kalten blauen Augen starrte, von denen er andere Leute seit Jahren hatte sprechen hören. »Brian«, fuhr Whitey fort, »ich habe bisher 26 Menschen umgebracht. Es wäre nicht schwer, Sie auch zu töten.«

Sie unterhielten sich eine halbe Stunde lang, während Whitey in Southie herumfuhr. Wallace sagte wenig, wehrte sich aber, als Whitey ihm vorwarf, Kevin White zu unterstützen. »Ich war nie für White, ich würde nie jemandem helfen, der das *busing* befürwortet.«

Whitey lächelte, und plötzlich war die Gefahr vorbei, verpufft. Sie begannen, über gemeinsame Bekannte zu reden, über Geschichten und Leute aus Southie. Es war, als habe jemand einen Lichtschalter umgelegt. Das einschüchternde Gesicht strahlte jetzt, die bedrohliche Stimme klang heller. Als Whitey ihn vor seinem Haus absetzte, fühlte Wallace sich wie benommen. Zu Beginn des Gesprächs hatte er erfahren, dass Whitey ihn am

Abend zuvor hatte erschießen wollen, und am Ende schüttelten sie sich die Hände, und Whitey war die Freundlichkeit in Person. Und das alles innerhalb einer Stunde.

In den folgenden Wochen bemühte sich Wallace darum, dass Flynns Anhänger ihren Ton mäßigten. Und letztlich forderten weder Bill Bulger noch Ray Flynn den Bürgermeister heraus.

Einige Zeit nach seinem Gespräch mit Whitey im Auto traf Brian Wallace einige Freunde im »Triple O«. Plötzlich brachte ihm eine Kellnerin ein Bier.

»Das habe ich nicht bestellt«, protestierte er.

»Es ist von ihm«, erwiderte die Frau und deutete mit dem Daumen auf Whitey, der mit dem Rücken zur Wand an der Bar stand.

»Ich will es wirklich nicht haben«, sagte Wallace.

Die Kellnerin starrte ihn an, dann warf sie das Haar zurück und meinte, während sie sich umdrehte: »Verdammt, dann gehen Sie rüber und sagen es ihm.«

Wallace dachte ein paar Augenblicke nach, dann ergriff er das Glas und hob es hoch, als wolle er Whitey dankbar zuprosten. Doch dieser schaute nicht einmal zu ihm hinüber.[39]

Die Brüder Bulger traten für ihren Stadtteil so ein, wie sie es am besten vermochten: Bill mit Beredsamkeit, Whitey mit Drohungen. Aber der Streit um das *busing* hatte für beide erhebliche Folgen. Als die Rassentrennung an den Schulen aufgehoben war, verloren die Sozialwohnungen Ende der Achtzigerjahre ihren Status, auch die Wohnung, in der Whitey aufgewachsen war und gelegentlich mit seiner Mutter gewohnt hatte, bis sie 1980 gestorben war. Whiteys Macht gründete zum Teil auf seinem Ruf, skrupellos zu sein und den ganzen Stadtteil als unsichtbare, aber alles sehende Kraft zu regieren. Die neu hinzuziehenden Bewohner wussten davon jedoch nichts, denn sie kamen aus Stadtteilen, in denen der Name Whitey Bulger nichts bedeutete. Als South Boston in wirtschaftlicher Hinsicht vielfältiger und, was die Bewohner betraf, weniger homogen wurde, verblasste Whitey Bulgers Ruf ebenso wie seine Macht.

Das *busing* veränderte das Viertel auch auf andere Weise. Vielen der alteingesessenen Bewohner, die in die Vorstädte zogen, um ihre Kinder vor den Bustransporten zu bewahren, folgten jüngere, wohlhabendere Menschen aus anderen Stadtteilen. Die dreistöckigen Häuser, die in der Vergangenheit stets Mieter beherbergt hatten, wurden nun Stockwerk für Stockwerk als Eigentumswohnungen verkauft. Die schäbigen Kneipen, die Generationen von Hafen- und Fabrikarbeitern bewirtet hatten, wurden durch schicke Lokale mit poliertem Holz und Glastüren ersetzt. Unter den Veränderungen litt auch Whiteys Glücksspielgeschäft, vor allem als die legale staatliche Lotterie an Bedeutung gewann. Darum sah er sich in den Achtzigerjahren nach anderen Einnahmequellen um. Sein lukrativstes Geschäft wurde die Erpressung der Drogenhändler in Southie, deren Zahl wuchs.

Billys Karriereaussichten wurden durch die *busing*-Krise noch mehr getrübt. Sein leidenschaftlicher Kampf für seinen Stadtteil hatte seine Popularität in South Boston weiter gesteigert. Aber während er in Southie der politische Papst war, galt er wegen seines trotzigen Widerstands gegen das *busing* als intolerant und somit außerhalb seines Bezirks als unwählbar. Seine Einstellung schmälerte jedoch nicht seine Beliebtheit bei seinen Kollegen im Senat. Im Jahr 1978 wurde er zu dessen Präsidenten gewählt und behielt diese Stellung 18 Jahre lang, länger als jeder andere in der Geschichte des Bundesstaats. Da er außerhalb seines Viertels jedoch vor allem mit der Ablehnung des *busing* in Verbindung gebracht wurde, musste er seinen beruflichen Ehrgeiz dauerhaft zügeln.

Im Gegensatz dazu konnte Ray Flynn seine politische Laufbahn jenseits von Boston fortsetzen, obwohl er mit der Anti-*busing*-Bewegung ebenso viel zu tun hatte wie Bill Bulger. Flynn wurde 1983 nach einer Kampagne gegen einen schwarzen Kandidaten, die wegen ihres konzilianten Tons auffiel, zum Bürgermeister von Boston gewählt. Bill Bulger warf Flynn vor, seinen Stadtteil der Karriere zuliebe verlassen zu haben. Das hinderte ihn jedoch nicht daran, ihn um einen Gefallen zu bitten: Er möge John Connolly, Billys alten Freund und Whiteys Kontaktmann beim FBI, zum Polizeipräsidenten von Boston ernennen. Flynn lehnte jedoch ab, weil er einen eigenen Lieblingskandidaten hatte: Mickey Roache, dessen Bruder während des Bandenkriegs in Southie niedergeschossen worden und seitdem gelähmt war und der sich als Polizeipräsident für die Versöhnung der Rassen einsetzen wollte. Bill Bulger sah darin eine Brüskierung Connollys und war von da an ein überzeugter Feind des Bürgermeisters. Whitey hasste Flynn ebenfalls. Kevin Weeks, einer seiner Männer, brüstete sich damit, dem späteren Stadtoberhaupt einen Faustschlag versetzt zu haben, als Flynn in den Siebzigerjahren im »Triple O« etwas getrunken habe.

Das *busing* veränderte auch die Beziehung der Brüder Bulger zu ihrem alten Freund Pater Drinan dauerhaft. Der Priester hatte sich aktiv um Whiteys Resozialisierung bemüht und war sogar sein ehrenamtlicher Bewährungshelfer gewesen, was Whiteys Entlassung zuträglich gewesen war. Aber Drinan, der von 1971 bis 1981 Kongressmitglied war und 1974 die erste Resolution einbrachte, die ein Amtsenthebungsverfahren gegen Präsident Nixon forderte, war auch die treibende Kraft und der juristische Geist hinter den Bemühungen des Staates Massachusetts, die Rassentrennung an Schulen aufzuheben. Nach dem *busing* war das Verhältnis zwischen Bill Bulger und Drinan bestenfalls angespannt.

Drinan starb 2007, und seine Schwägerin Helen Drinan meinte, er habe bisweilen darüber geklagt, dass seine Bemühungen um Whitey so wenig gefruchtet hätten. Helen war mit Pater Drinans Bruder, einem Arzt, verheiratet, und der Pater pflegte manchmal beim sonntäglichen Abendessen in ihrem Haus in Newtown, ganz in der Nähe des Campus, über sein verlorenes Schaf Whitey Bulger zu sprechen. Pater Drinan korrespondierte mit vielen Sträflingen und setzte sich für sie ein, aber Whitey war ein Sonderfall, weil seine Familie zu ihm hielt und weil er intelligent war. Whiteys Briefe aus dem Gefängnis, erzählte Drinan seiner Familie, seien grammatikalisch nahezu perfekt gewesen. Drinan »behielt die Leute im Auge, die ihn um Rat baten, und er nahm es sich zu Herzen, wenn sie scheiterten«, sagte Helen Drinan. »Er opferte für Bulger eine Menge Zeit. Er kannte die Familie, und als Whitey Bulger ins Gefängnis kam, schrieb Bob ihm regelmäßig. Bob sagte, er [Whitey] sei sehr intelligent und hätte sich alle Berufswünsche erfüllen können. Aber er wollte anscheinend ein Verbrecher sein.«

»Bob war sehr traurig«, fuhr Helen Drinan fort. »Er wollte ihn auf den rechten Weg bringen, und das kostete ihn eine Menge Zeit. Einmal dachte er wirklich, der Mann sei anständig geworden. Doch dann änderte sich alles. Er fühlte sich als Versager.«

Pater Drinans offene Unterstützung des *busing* verstimmte jedoch nicht nur die Bulgers. »Viele Leute in Boston waren anderer Ansicht als er«, sagte Helen. »Die Bulgers äußerten sich vielleicht deutlicher, aber sie waren nicht allein.«[40] Und die Zahl der Kritiker des Integrationsexperiments und des Gerichtsbeschlusses nahm stetig zu, denn wenn auch die Absicht hinter dem Projekt lobenswert war, so war die Umsetzung eine Katastrophe. Tausende von weißen Familien verließen Boston und zogen in die Vorstädte, sodass die Rassentrennung schon wenige Jahre nach Beginn der Aktion schlimmer war als je zuvor. Selbst der *Boston Globe*, der Hauptbefürworter des *busing* unter den Medien, räumte schließlich ein, dass »die Schulbusaktion in Boston gescheitert ist« – so hieß es in einem Leitartikel zum zwanzigsten Jahrestag der gerichtlichen Verfügung. »Sie hat weder zur Integration noch zu besseren Lernbedingungen geführt.«

20 Jahre nach Whiteys Anschlag auf JFKs Geburtshaus durchsuchten FBI-Agenten sein Arbeitszimmer zu Hause und beschlagnahmten einen Stapel Bücher und Papiere. Eines der Bücher war *Southie Won't Go* (Southie wird nicht gehen), ein Tagebuch, das ein Lehrer an der South Boston High während der ersten zwei Jahre des *busing* geführt hatte. Whitey hatte einen Absatz auf Seite 117 des Buches eingekreist, in dem es um neue Berichte über den Brandanschlag und um die gesprühten Worte »Bus Teddy« auf dem Gehsteig vor dem Haus ging. Am Rand der Seite stand in sauberer Druckschrift: »MaryJo K. würde sich wünschen, Teddy hätte an diesem Abend in der Küche Kaffee getrunken – und andere wünschen das auch.«

Mary Jo Kopechne war in Ted Kennedys Auto gesessen, als es 1969 auf Chappaquiddick Island von einer Brücke gestürzt war, und ertrunken. In Whiteys Vorstellung hätte Ted Kennedys Tod sie gerächt. Und Southie ebenfalls.

Teil zwei

Auf dem Höhepunkt

7

Eine wunderbare Freundschaft

Als **Steve Flemmi 1974** nach fünfjähriger Flucht endlich nach Hause kam, war dies für einige Gangster der Stadt ein Anlass, die Rückkehr des verlorenen Sohnes zu feiern. Die Party an diesem Abend in der South-End-Kneipe »Chandler«, in der einige Jahre zuvor der Bandenkrieg beigelegt worden war, lockte eine besonders bunte Schar von Bostoner Ganoven an: Flemmis alte Partner aus Winter Hill und eine Gruppe von lokalen Mafiosi. Laute Männer in knallbunten Hemden klopften Flemmi auf den Rücken. Mafiosi in Lederjacken küssten ihn auf beide Wangen. Frauen in engen Kleidern küssten ihn auf den Mund. Wie bei einer politischen Veranstaltung oder auf einer Party der High Society war es wichtig, dabei zu sein. Im Dämmerlicht der Kneipe bemerkte Flemmi plötzlich einen Mann, der etwas abseits stand. Er lehnte an der Mahagonitheke, die auf einem alten Ziegelsockel ruhte. Dieses Gesicht hatte er seit Jahren nicht mehr gesehen: Whitey Bulger.[1] Sie schüttelten sich die Hände. Whitey wollte bald mit Flemmi reden. Flemmi war einverstanden, und so vereinbarten sie ein Treffen in der Werkstatt in der Marshall Street.

Während Flemmis Abwesenheit war Whitey in den inneren Kreis der Winter-Hill-Gang aufgenommen worden. Er war jetzt einer von sechs Partnern in einer gesetzlosen Firma – und zwar ein Seniorpartner. Er bekam die Einnahmen aus dem Revier der Killeens und obendrein einen Anteil aus dem umfangreichen Glücksspiel- und Kreditwuchergeschäft von Winter Hill. Manche Gangster wären vielleicht neidisch gewesen, aber Flemmi war beeindruckt, nicht nur, weil Whitey den Krieg gegen die Mullens überlebt hatte, sondern auch, weil er der Anführer der vereinigten Banden von Southie geworden war, sorgfältig ausgewählt von Howie Winter, dem Boss von Winter Hill. Wenn Howie glaubte, Whitey sei der fähigste Gangster von Southie, dann gab es für Flemmi keinen Grund, daran zu zweifeln.[2]

Flemmi hatte Whitey vor ihrer Begegnung im »Chandler« nur ein paar Mal getroffen, aber er kannte ihn als ehrgeizigen Burschen, der oft in Flemmis Club in der Dudley Street in Roxbury gekommen war, als er noch unter Bewährung stand. Dieser Club war mehr als ein Lokal, in dem man noch Alkohol bekam, wenn die anderen Kneipen schon geschlossen hatten, er war eine Art Markt für Gangster, ein Ort, an dem man kriminelle Partnerschaften eingehen und Pläne schmieden konnte. Als Flemmi ihn zum ersten Mal traf, hatte Whitey überall nach einem Partner gesucht. Jetzt, nach fünf Jahren, war Flemmi zurück und seinerseits auf der Suche. Er musste sich nämlich nicht nur in der Winter-Hill-Gang neu bewähren, sondern auch darüber hinaus.

Kurze Zeit nach der Begrüßungsparty traf Flemmi Paul Ricos alten FBI-Kollegen Dennis Condon. Rico war mittlerweile nach Miami versetzt worden, aber Condon versicherte Flemmi, er habe nichts zu befürchten. Die alten Haftbefehle gegen Flemmi hatte er aufheben lassen. Dabei ging es um den Mord an Billy Bennett und um den Sprengstoffanschlag, der den Anwalt John Fitzgerald schwer verletzt hatte. Wegen dieser Verbrechen hatte Flemmi aus der Stadt fliehen müssen.[3] Flemmi wusste, dass Condon dafür eine Gegenleistung von ihm erwartete: Er sollte dem FBI wieder Informationen liefern. Aber er ahnte nicht, dass das FBI ihn zu Whiteys Partner machen wollte.

Für die Winter-Hill-Gang arbeiteten Dutzende Ganoven und zahlreiche Buchmacher, aber der harte Kern war klein: Howie Winter, der Chef, dann Jimmy Sims, Joe McDonald, John Martorano, Whitey Bulger und Steve Flemmi. Innerhalb der Gang gab es keine starre Hierarchie mit Capos und Soldaten wie bei der Mafia. Es war den Mitgliedern freigestellt, selbstständig zu agieren und eigene Partnerschaften einzugehen, sofern die gemeinsamen Interessen nicht darunter litten. Mitte der Siebzigerjahre begann Winter Hill, unabhängige Buchmacher unter Druck zu setzen und von ihnen Geld zu verlangen für das Privileg, im großen Revier der Gang Wetten annehmen zu dürfen. Whitey und Flemmi erboten sich, diese neue Geschäftsform voranzutreiben. Gemeinsam wollten sie die Buchmacher ausquetschen.

Die beiden waren irgendwie seelenverwandt, ihr Instinkt und ihre Neigung zur Brutalität waren erstaunlich ähnlich ausgeprägt. Zu Beginn ihres neuen Einsatzes beobachtete Flemmi beispielsweise eines Tages zustimmend, wie Whitey einen Buchmacher namens Bernie Weisman mit einer Axt bedrohte. Weismann brach zusammen und griff sich an die Brust. Aber er erholte sich wieder und begann, brav zu zahlen.[4] Es gab noch mehr Ähnlichkeiten zwischen den beiden. Obwohl sie in einem gefährlichen Gewerbe eher Einzelgänger waren, sehnten sie sich nach häuslichem Frieden und konnten sich nie für eine bestimmte Frau entscheiden. Und sie hielten sich beide für prinzipientreu und patriotisch, selbst wenn sie ohne Skrupel mordeten und die Justiz korrumpierten. Mit der Zeit wurden sie Partner, die einander absolut vertrauten – aber niemandem sonst.

Als Kinder hatten sie in der Schule versagt, nicht etwa mangels Intelligenz, sondern mangels Interesse, doch später erwarben beide beim Militär die allgemeine Hochschulreife. Als Verbrecher vermieden sie es, sich mit großen Organisationen einzulassen, und zogen es stattdessen vor, ihren Profit zu maximieren und gleichzeitig das Risiko, betrogen oder verpfiffen zu werden, zu minimieren. Trotz ihrer Probleme in der Schule und beim Militär waren sie eindeutig schlauer und cleverer als die meisten ihrer kriminellen Verbündeten.

Gemeinsam repräsentierten sie die beiden wichtigsten ethnischen Zweige des organisierten Verbrechens im Boston des 20. Jahrhunderts. Das machte sie zu einem attraktiven Tandem für das FBI, das in beiden Lagern Augen und Ohren brauchte. Bulgers Eltern waren Kinder irischer Einwanderer, während Flemmi der älteste Sohn italienischer Einwanderer war, die sich in Bostons Stadtteil Roxbury niedergelassen hatten. Im Gegensatz zu Southie, wo die Iren klar in der Mehrheit waren, und zum North End, das damals fast rein italienisch war, lebten in Roxbury verschiedene ethnische Gruppen zusammen. Italiener, Iren und Juden teilten sich das Viertel während der ganzen ersten Hälfte des 20. Jahrhunderts. Als Afroamerikaner in großer Zahl nach Norden zu wandern begannen, entwickelte sich Roxbury zum größten schwarzen Stadtteil. Manche Italiener aus Roxbury, darunter auch Flemmis erster Partner, Frank Salemme, hofften, wie ihre Kumpels im North End, sich der Mafia anschließen zu können. Flemmi teilte diese Sehnsucht nicht, er fühlte sich im ethnischen Schmelztiegel und mit der Bewegungsfreiheit in Roxbury wohler, ohne die Einschränkungen der ziemlich hierarchisch strukturierten Mafia. Sein Club lockte in einer Stadt mit strikter Rassentrennung eine auffallend gemischte Schar von Gästen an. Einige der Buchmacher, die ihn bezahlten, damit sie arbeiten durften, und viele ihrer Kunden waren Schwarze. Er war also ein Gangster und Erpresser, der leidenschaftlich für Chancengleichheit eintrat.

Flemmis Vater Giovanni war Maurer und Besitzer eines Handwagens, von dem aus er Modeschmuck und Venusmuscheln verkaufte – alles, um ein paar Dollar zu verdienen. Außerdem war er berühmt für seine Genügsamkeit. Als er 1991 im Alter von 98 Jahren starb, erfuhren seine verdutzten Söhne, dass der einfache Arbeiter 70.000 Dollar gespart hatte.[5]

Die Flemmi-Söhne waren der lebende Beweis dafür, dass in den Arbeitervierteln von Boston ein und dieselbe Familie sowohl Verbrecher als auch Po-

lizisten hervorbringen konnte. Steve und sein jüngerer Bruder Jimmy »der
Bär« waren mehrfache Mörder, während Michael, der Jüngste, zur Bostoner Polizei ging. Steve war, was das Geschäft anbelangte, viel vorsichtiger als
Jimmy. Einige Tage nach Weihnachten 1964 geriet Jimmy in einen Streit
mit einem Kleinganoven namens George Ashe, der nicht zu der Sorte Männer gehörte, die eine Auseinandersetzung nur mit Worten beendeten. Als
Ashe ihn vom vorderen Sitz seines Autos aus beschimpfte, zog Jimmy eine
Waffe und erschoss ihn durchs offene Fenster. Zwei Polizisten beobachteten den Vorfall, doch anstatt Jimmy festzunehmen, suchten sie sofort Steve
auf und berichteten, was geschehen war. Flemmi gab den Cops 1000 Dollar als verspätetes Weihnachtsgeschenk, dann ging er zu seinem Bruder und
stauchte ihn zusammen – er habe Glück gehabt, dass er Ashe vor zwei korrupten Polizisten erschossen habe.[6]

Auf der anderen Seite war es Jimmy, der seinen Bruder in die Welt ein-
führte, in der sich die Interessen der Polizei und der Verbrecher überschnit-
ten und beide Seiten zum gegenseitigen Vorteil kooperieren konnten. Jimmy
hatte in den Sechzigerjahren als Informant für Rico und Condon gearbeitet,
und die beiden hatten nicht nur seine vielen Morde gedeckt, sondern auch
zwei dieser Verbrechen vier anderen Männern, zwei davon führende Mafiosi, in die Schuhe geschoben.[*] Später lernte Steve Flemmi diese dunkle, korrupte Seite des FBI und dessen sture, gefährliche Besessenheit von der Mafia
besser kennen, als Jimmy es je gedacht hätte.

Aber es gab noch mehr Ähnlichkeiten zwischen Whitey und Stevie. Im
Unterschied zu anderen Gangstern wollten sie sich unbedingt gesund er-
nähren und in bester körperlicher Verfassung bleiben. Sie trainierten je-
den Tag, und obwohl sie ungewöhnlich viel Zeit in Kneipen verbrachten –
Whitey im »Triple O« in Southie, Flemmi im »Marconi Club« in Roxbury
–, tranken sie sehr wenig. Ein vom Alkohol aufgedunsenes Gesicht ließ ihre
Eitelkeit nicht zu, darum bevorzugten sie Wein zum Essen statt Bier, dem
Lieblingsgetränk vieler Ganoven, die zu dick geworden waren. Sie sahen andere Gangster als ihnen unterlegene, willensschwache Menschen an, die zu
Fehlern neigten, ihre Partner betrogen und leicht geschnappt wurden. »Die
anderen waren Partytypen. Wir gingen auch gerne auf Partys«, sagte Flemmi
und fügte hinzu, er und Bulger seien sicherlich keine Abstinenzler gewesen.
»Wir waren keine Spießer, aber wir haben es nie übertrieben.«[7]

---

[*] Die zu Unrecht Beschuldigten – Peter Limone, Henry Tameleo, Louis Greco und Joseph
Salvati – wurden 1965 vom Vorwurf des Mordes an Teddy Deegan freigesprochen, und das
Justizministerium musste ihnen 102 Millionen Dollar bezahlen. Greco und Tameleo starben
allerdings vorher im Gefängnis.

Während viele ihrer Kollegen bestenfalls die Rennsportergebnisse in der Zeitung studierten, lasen Whitey und Flemmi sogar Bücher. Sie interessierten sich sehr für Militärgeschichte und waren Anhänger Machiavellis. Und während ihre Kollegen Abstecher nach Miami oder Las Vegas bereits für Langstreckenflüge hielten, flogen Whitey und Flemmi gern nach Europa und besichtigten alte Schlachtfelder. Was ihre Partnerschaft jedoch wirklich einzigartig in der Stadt machte, was sie zusammenbrachte und 20 Jahre lang zusammenhielt, war ihre Zusammenarbeit mit dem FBI. Ihr Status als Informanten bestärkte sie in dem Glauben, sich alles erlauben zu können, solange sie nicht unvorsichtig waren – und sie waren stolz darauf, nie unvorsichtig zu sein.

Die FBI-Agenten Paul Rico und Dennis Condon hatten dafür gesorgt, dass Flemmi sich im Bandenkrieg zwischen Somerville und Charlestown auf der Seite der Sieger befand. Sie hatten sogar dazu beigetragen, dass Rivalen und potenzielle Mitbewerber ermordet wurden. Whitey war auch ohne Hilfe des FBI aufgestiegen und erfolgreich gewesen, aber er hatte seinen Status als FBI-Informant rasch zu seinem Vorteil genutzt – er hatte das FBI über seine Konkurrenten informiert und seine eigenen Spuren verwischt, nachdem er umgebracht hatte, was von der Mullens-Gang übrig geblieben war. Und das FBI verlangte als Gegenleistung lediglich, dass Whitey und Flemmi ihm alles berichteten, was sie über die Mafia wussten.

Als die beiden Männer sich nach dem Abend im »Chandler« in der Werkstatt trafen, zog Whitey seinen Kollegen beiseite, sodass die anderen Winter-Hill-Mitglieder ihn nicht hören konnten, und offenbarte ihm, wie und warum John Connolly ihn angeworben hatte. Es war eine überraschende Enthüllung und eine potenziell tödliche obendrein, aber Whitey verfolgte damit einen bestimmten Zweck. Flemmi las zwischen den Zeilen und kapierte: Whitey hatte von Connolly erfahren, dass Flemmi ebenfalls ein Informant war und das FBI von ihnen erwartete, Partner zu werden. Das würde ihr kleines Geheimnis bleiben – und bedeutete einen enormen Vorteil. Das FBI wünschte, ermutigte und billigte ihre Partnerschaft.[8] Jetzt würde sie niemand mehr aufhalten können.

Im Gegensatz zu den anderen Verbrechern in Boston fürchtete sich die Winter-Hill-Gang nicht vor der Mafia. Es bestand eine instabile Allianz zwischen den beiden Organisationen. Die Mafia galt als mächtig und war allgemein als gefährlich anerkannt, aber das beeindruckte die Jungs von Winter Hill nicht sehr. Sie kannten ihre Kollegen von der Mafia und hielten sie für weiche und verwöhnte Typen, die von ihrem Ruf lebten. In New York hatte die Mafia keine Rivalen, in Boston dagegen zwangen die wilde, unberechenbare Gewalt der irischen Gangster und ihre numerische Überlegenheit die Italiener dazu, ihren Rivalen Zugeständnisse zu machen oder sogar ihre Dienste zu nutzen. »Wären wir mit der Mafia in Konkurrenz gestanden, hätten wir sie mit absoluter Sicherheit vernichtet, und das wusste sie«, sagte Flemmi.[9]

Da Flemmi Italiener war, gut Geld verdiente und mit einer Waffe umgehen konnte, wurde er immer wieder von der Mafia angesprochen. Aber er verweigerte sich jedes Mal. Whitey gegenüber gestand er, dass seine Abneigung auf die späten Fünfzigerjahre zurückgehe, als Larry Baione, ein Mafiaboss, sich geweigert hatte, einen Gewinn von 3000 Dollar auszuzahlen, auf den ein von Flemmis Wettkunden Anspruch gehabt hatte. Baione behauptete, die Wette sei letztlich nie zustande gekommen, weil der Buchmacher, der die Wettscheine bei sich hatte, verhaftet worden sei, bevor er die Einsätze im North End deponieren konnte.[10] Für Flemmi war damit belegt, dass die Behauptung der Mafia, sie seien »Ehrenmänner«, Unsinn war, ein geschickt konstruierter Mythos. Andernfalls hätte Baione ihn nicht wegen einer solchen Kleinigkeit beschummelt. Er machte sich über Mafiosi wie Baione lustig, wenn sie versuchten, ihn anzuwerben, und alles, was er von ihnen erfuhr, leitete er sofort an das FBI weiter.

Nicht lange nachdem Whitey sich im September 1975 bereit erklärt hatte, als Informant für John Connolly zu arbeiten, und nachdem er Flemmi anvertraut hatte, dass er von dessen Vereinbarung mit Dennis Condon wusste, schlug er Flemmi vor, sich mit Connolly zu treffen. »Wir beide?«, fragte Flemmi.[11] »Nein«, antwortete Whitey. »Geh allein und mach dir dein eigenes Bild von Connolly.« Whitey organisierte das Treffen wie ein Privatsekretär. Er wählte ein Café in Newtown aus, weil er es für unwahrscheinlich hielt, dass andere Gangster sich dort herumtrieben.

Im Bostoner FBI-Büro hatte es mittlerweile einen Wechsel gegeben. Rico, der Flemmi als Informanten gewonnen hatte, war pensioniert, und Condon, Ricos Partner, der ihn übernommen hatte, sollte Rico bald folgen. Jetzt war Connolly der Chef, der FBI-Agent, der die hochrangigen Spitzel betreute, die Gangster, die dem FBI Informationen lieferten, obwohl sie als Verbrecher aktiv blieben. Als Flemmi im Café ankam, warteten Condon und Connolly schon auf ihn. Was sie ihm anboten, glich dem, was Whitey ihm erzählt hatte, als er seine Kontakte mit Connolly offenbart hatte: Sie konnten sich selbst retten, indem sie die Mafia verrieten. Flemmi war mit Gennaro »Jerry« Angiulo befreundet, der die Mafia von Boston führte, aber dem Boss der Mafiafamilie in New England mit Hauptsitz in Rhode Island verantwortlich war. Flemmi kannte auch Baione, den Consigliere (Berater) der Mafia. Niemand sonst hatte solche Verbindungen. Doch während er seinen Kaffee umrührte, wurde ihm klar, dass diese Abmachung sich von der in den Sechzigerjahren unterscheiden würde. Er sollte mit Whitey ein Team bilden, und das war für sie beide neu und ungewohnt.[12]

Flemmi versprach, über das Angebot nachzudenken, aber ihm war bewusst, dass er eigentlich keine Wahl hatte. Schließlich konnte er den Mitgliedern der Winter-Hill-Gang wohl kaum verraten, dass Whitey nicht nur Informationen von Connolly bekam, sondern ihm auch welche lieferte. Sonst hätte Whitey auch ihn als Informanten entlarvt, und dann wäre ihr Leben nicht mehr viel wert gewesen. Wenn er sich Whitey anschloss, war das Risiko auf jeden Fall geringer, als wenn er ihm die Stirn bot. Flemmi war also mit im Boot, und Connolly war nun auch sein Verbindungsmann. Das FBI bekam zwei Spitzel für den Preis von einem. Die anderen Gangmitglieder wussten, dass Whitey mit Connolly zu tun hatte, aber sie hatten keine Ahnung, dass jetzt auch Flemmi den Agenten ein paar Mal im Monat traf. Und Whitey und Flemmi hüteten ihr Geheimnis. Connollys Arrangement – zwei Gangster arbeiteten als Team für ihn – war für das FBI äußerst ungewöhnlich. Er räumte sogar ein, dass er bisweilen die Beiträge der beiden verwechselte und zusammenfasste, wenn er Berichte tippte.[13] Aber das war nicht etwa ein ungewolltes Versehen, Connolly wollte vielmehr bewusst den Anschein erwecken, dass Whitey als Quelle von Informationen über die Mafia Flemmi ebenbürtig war. In Wahrheit hatte dieser jedoch wenig zu bieten. Denn er traute den italienischen Gangstern nicht, und das Misstrauen war gegenseitig. Die Mafiabosse respektierten Whitey, aber sie mochten ihn nicht, weil er gewalttätig, unabhängig und deshalb unberechenbar war, ein Mann, den man eher fürchtete als schätzte.[14]

Connolly fälschte Berichte und schrieb Whitey detaillierte Informationen über die Machenschaften eines Mafiaschlägers zu. Doch acht Monate später gab er Flemmi als Quelle derselben Information an, und zwar in einer Aktennotiz, mit der er begründen wollte, warum es gerechtfertigt sei, Flemmi als Informanten zu behalten. Diese Fälschungen wurden bald zur Routine. Doch es war Flemmi und nicht Whitey, der sich regelmäßig mit Mafiosi traf.[15]

Connolly ließ Whitey und Flemmi nicht nur die Überzeugung, sie seien – wie Whitey es ausdrückte – Strategen und keine Spitzel, sodass sie sich selbst nicht verachten mussten, er glaubte selbst daran und verwendete die gleichen Ausdrücke. »Diese Männer waren keine Informanten, sondern Strategen«, betonte er. »Sie wurden nie bezahlt, und wir konnten sie nie dazu bringen, ihren Freunden zu schaden. Der Deal lautete: Wenn die Mafia Dame spielen will, dann spielen wir Schach.«[16]

Connolly bestand zudem darauf, dass weder er noch das FBI als Behörde Whitey und Flemmi grünes Licht für Morde gegeben hätten, um ihre Tarnung zu wahren. Doch er gab zu, dass sie Mörder waren und nicht an Verbrechen gehindert worden waren. Er fand es extrem naiv, davon auszugehen, man könne hochrangige Kriminelle als Informanten anwerben und dann von ihnen erwarten, dass sie sich besserten. Damit sie überhaupt von Nutzen waren und bei den Gangstern, mit denen sie verkehrten, glaubhaft blieben, mussten Whitey und Flemmi ihre brutale Rolle weiterspielen. »Sie waren wie Mafiosi«, sagte Connolly. »Wir haben es hier mit echten Killern zu tun, und genau solche Leute versuchen wir anzuwerben. Sollen wir sie dann etwa auffordern, nichts Böses mehr zu tun? Wollen Sie mich auf den Arm nehmen?«[17]

Whitey und Flemmi waren in diesem doppelten Spiel alles andere als zurückhaltend. Sie waren sogar der Inbegriff der Heuchelei und ermordeten ein Jahrzehnt lang Menschen, die zum größten Teil aktuelle oder potenzielle Informanten einer Polizeibehörde waren. Und wann immer sie einen nächsten Mord planten, nahmen sie am liebsten ihren Freund und Winter-Hill-Partner John Martorano mit.

Martorano war in einer gut situierten Familie in Milton aufgewachsen, einer wohlhabenden Vorstadt südlich von Boston. Sein Vater hatte ein Restaurant, das zugleich ein erfolgreicher, länger als üblich geöffneter Club war und eine Gangsterklientel anlockte. Martorano hatte eine angesehene katholische Privatschule in Rhode Island besucht. Unter seinen gut betuchten Klassenkameraden war nur ein armer Junge namens Ed Bradley, der ein Stipendium erhalten hatte und später Korrespondent und Nachrichtenmoderator beim Hörfunk- und Fernsehunternehmen CBS wurde. Wie viele wohlhabende Vorstadtkinder nahm auch Martorano an den Sommerlagern in den Berkshire Mountains teil. Aber er fühlte sich eher zu den Auftragsmördern hingezogen, die in der Bar seines Vaters verkehrten, als zu seinen Schulkameraden, die später Elitehochschulen besuchten. Nach der Highschool begann er sofort, im Lokal seines Vaters zu arbeiten, wo er manches lernte, was man auf dem College nicht erfuhr.

Anders als Whitey und Flemmi achtete Martorano nicht auf seine Ernährung oder die Menge des konsumierten Alkohols und wusste nur ungefähr, wie viele Menschen er erschossen hatte. Während Whitey und Flemmi ihr Geld eher diskret ausgaben, neigte Martorano dazu, damit zu protzen. Er trug eine riesige Rolex am Handgelenk und fuhr einen großen Mercedes. Doch was immer er an Selbstdisziplin vermissen ließ, machte er mehr als wett durch seine uneingeschränkte Bereitschaft, jederzeit einen Menschen zu erschießen, vor allem auf Wunsch eines Freundes. Und Whitey und Flemmi waren seine Freunde. Seinen ersten Mord beging er 1965 mit 24 Jahren auf Flemmis Wunsch. Flemmi hatte befürchtet, dass ein Mann namens Bobby Palladino seinem Bruder Jimmy einen Mord anhängen wolle. Martorano erschoss Palladino, bevor er Jimmy verpfeifen konnte.[18] Spitzel oder potenzielle Spitzel zu erschießen wurde seine Spezialität. Er hatte keine Ahnung, dass die beiden Männer, die ihm die meisten Aufträge dieser Art erteilten, selbst Spitzel waren.

Flemmi war gerade in Kanada, als Whitey und Martorano zum ersten Mal gemeinsam auf die Jagd gingen und mehrere Feinde von Winter Hill beseitigten. Im Dezember 1973 machten sie sich auf die Suche nach James »Spike« O'Toole, einem der letzten noch lebenden Mitglieder der McLaughlin-Gang aus Charlestown. Eines Abends genehmigte O'Toole sich einen Drink im »Bulldogs«, einer Kneipe im Stadtteil Savin Hill in Dorchester, die Eddie Connors, einem ehemaligen Boxer, gehörte. Dieser wusste, dass O'Toole auf der Abschussliste von Winter Hill stand, und griff zum Telefon. Noch bevor O'Toole ausgetrunken hatte, parkten Whitey und Martorano vor dem Lokal. Nachdem ihr Zielobjekt die Kneipe verlassen und ein Stück zu Fuß gelaufen war, stoppte Whitey sein Auto neben ihm. O'Toole flüchtete hinter einen Briefkasten, aber Martorano schoss einfach hindurch.[19]

Martorano zufolge hatten er und Whitey als Team ein halbes Dutzend Morde auf ihrem Konto, bevor sie mit Flemmi den ersten begingen, dem viele weitere folgen sollten. Der erste Mord geschah im Jahr 1975, und das Opfer war diesmal Eddie Connors. Er war aus mehreren Gründen dem Tod geweiht. Zum einen hatte er angeblich offen damit geprahlt, Winter Hill beim Mord an O'Toole geholfen zu haben. Außerdem fürchtete Howie Winter, Connors werde ihn in den Diebstahl eines gepanzerten Fahrzeugs verwickeln, für den er ein Strafverfahren zu erwarten hatte.[20] Connors war früher New-England-Meister im Mittelgewicht gewesen, was mitunter durchaus nützlich war, aber es bestand auch die Gefahr, dass er redete, wenn ihm eine lange Gefängnisstrafe drohte. Darum musste er verschwinden.

Irgendjemand teilte Connors mit, Winter Hill wolle ihn sprechen und er solle zu einem Münztelefon an der Ecke Morrissey Boulevard und Freeport Street kommen, etwa eine halbe Meile vom »Bulldogs« entfernt. An einem regnerischen Abend kurz nach neun Uhr hielt Connors mit seinem schwarzen Lincoln Continental neben der Telefonzelle. Er betrat die Kabine, ließ aber die Autotür offen und den Motor laufen. Ein Polizeiauto, das einige Hundert Meter entfernt geparkt hatte, war mit einer erfundenen Geschichte über einen schweren Unfall in der Nähe weggelockt worden. Der Anruf, auf den Eddie wartete, kam nie, stattdessen kamen Whitey und Flemmi. Sie rannten aus dem Schatten auf ihr Opfer zu, das in der Falle saß. Whitey feuerte aus einer abgesägten Schrotflinte, bis Connors zusammenbrach. Dann zog er einen .38er-Revolver und entleerte das Magazin in Connors Körper, während Flemmi ihn mit einem Karabiner duchsiebte.[21]

Connors lag auf dem Boden der Telefonzelle. Eines seiner Beine ragte durch die zersplitterte Glasscheibe. Der Telefonhörer baumelte an seiner Schnur.[22]

Meist übernahm Martorano das Schießen, doch diesmal war er der Fahrer des Fluchtwagens. Whitey und Flemmi sprangen im Adrenalinrausch ins

Auto, und Martorano fuhr gemächlich los. Sie hatten noch keinen Kilometer zurückgelegt, als ein ungeduldiger Whitey seinem Komplizen befahl, am Straßenrand zu halten, und unter dem Vorwand, er kenne die Gegend besser, das Steuer übernahm. Whitey drückte das Gaspedal durch, und 15 Minuten später waren sie in Somerville.[23]

Trotz gelegentlicher kleiner Streitereien erwiesen sich die drei als sehr effektives Team. 1976 zogen sie wieder einmal los, diesmal, um Richie Castucci zu töten, einen Buchmacher, der gleichzeitig ein professioneller Spieler war. Das war eine unselige Kombination, potenziell ebenso unglücklich wie bei einem Alkoholiker, dem eine Kneipe gehört – die Versuchung, das eigene Produkt zu probieren, ist immer da. Laut Flemmi brachten sie Castucci um, weil Whitey von Connolly erfahren hatte, dass dieser ein FBI-Informant gewesen sei. Genauer gesagt, dass Castucci das Versteck einiger flüchtiger Winter-Hill-Gangster in New York verraten habe. Das allein wäre Grund genug gewesen, ihn umzubringen, aber es gab noch ein weiteres Motiv: Geld. Wenn die Winter-Hill-Gang Castucci erledigte, musste sie ihm 230.000 Dollar Spielschulden, die sie bei ihm hatte, nicht mehr zurückzahlen.[24]

Castucci wurde unter dem Vorwand, die erste Rate seiner Forderung zu erhalten, in die Werkstatt in der Marshall Street gelockt. Dort teilte ihm Martorano mit, es handle sich dabei um 60.000 Dollar, die in einer nahe gelegenen Wohnung bereitlägen und Castucci gerne überprüfen dürfe. Whitey brachte Castucci in das Apartment und überreichte ihm ein großes Bündel kleiner Geldscheine. Ein paar Minuten später kam Martorano. Während Castucci noch versuchte weiterzuzählen, hielt ihm Martorano einen kurzläufigen .38er-Revolver ans Ohr und drückte ab.[25] Dann stopften sie ihn in einen Schlafsack und warfen diesen in den Kofferraum seines Autos.

Richie Castucci, ein 48-jähriger Vater von vier Kindern, war tot, aber die Spielschulden lebten weiter, denn ein großer Teil der 230.000 Dollar stand eigentlich der Mafia in New York zu. Als einige Mafiosi aus New York nach Norden kamen, um sich mit der Winter-Hill-Gang in deren Werkstatt zu treffen und das Geld einzukassieren, erkannte Whitey einen von ihnen als ehemaligen Mithäftling.[26] Die Mafiosi bemerkten, dass die Werkstatt mit viel mehr Menschen als Autos gefüllt war. Martorano hatte 50 Gangster aus der Umgebung versammelt, um Stärke zu zeigen.[27] Sie standen in wachsamen Gruppen herum. Die New Yorker Mafiosi wurden von Sonny Mercurio begleitet, einem Mafiasoldaten aus Boston, der später auf Empfehlung von Whitey und Flemmi ein Informant Connollys werden sollte.[28] Die Mafiosi schüttelten die Köpfe, als Martorano ihnen erklärte, Winter Hill werde nicht zahlen, weil Castuccci ebenso wie sein Geschäftspartner ein Spitzel gewesen sei.[29] Es war eine eigenartige Situation: Ein FBI-Informant wurde entlarvt, ein anderer getötet, und alles auf Betreiben eines weiteren FBI-Informanten namens Whitey Bulger. Aber Winter Hills Manöver funktionierte. Die Mafiosi zogen mit leeren Händen wieder ab.

Doch es genügte Whitey und Flemmi nicht, Castucci ermordet und die Spielschulden gestrichen zu haben. Sie wollten außerdem Castuccis Anteil am »Squire« übernehmen, einem beliebten und sehr profitablen Stripclub in Revere. Sandra, Castuccis Witwe, war starr vor Angst, als Flemmi ein Jahr nach dem Mord an ihrem Mann unerwartet in ihrem Haus in Revere Beach aufkreuzte. Er fragte nach ihrem Anteil am Club und schlug vor, ihn für sie zu verwalten. Sie war Flemmi zwar noch nie begegnet, kannte aber seinen Ruf, daher informierte sie den Partner ihres Mannes über den Besuch. Sofort mischte sich die Mafia ein, und dieses Mal gewann sie. Raymond L. S. Patriarca, der Mafiaboss in New England, bestellte Sandra Castucci zu einer Besprechung in das Hinterzimmer eines Ladens in Providence, Rhode Island. Dann erklärte er ihr, dass er den Anteil ihres Mannes am Club beschlagnahme, weil dieser ihm Geld geschuldet habe. Sandra Castucci ging leer aus, aber sie war zu verängstigt, um zur Polizei zu gehen. Das FBI wusste, dass sie betrogen worden war, schaute jedoch weg.[30]

Der Mord an Richie Castucci war für Whitey und Flemmi der Beweis dafür, dass das FBI sie beschützte, egal, was sie anstellten. Sie wussten, dass sie sogar andere Informanten umbringen konnten, weil das FBI solche Vorfälle als Preis für geschäftliche Absprachen mit gefährlichen Leuten rechtfertigte. Jahre später wurde Castuccis Betreuer, der FBI-Agent Tom Daly, gefragt: »Was haben Sie unternommen, um den Mord an Ihrem Informanten aufzuklären?«

»Nichts«, antwortete Daly.[31]

Mitte der Siebzigerjahre wurde die Kanzlei von Joe Oteri in der Bostoner City der bevorzugte Treffpunkt von Whitey und Flemmi. Sie war erheblich vornehmer als die Werkstatt in Somerville, und zudem gab es dort Trainingsgeräte, die Gangster so schätzten. Fitnesscenter waren damals groß in Mode, aber Whitey und Flemmi hatten keine Lust, für eine Mitgliedschaft zu bezahlen und sich unter Fremde zu mischen. Stattdessen benutzten sie das hochmoderne Fitnessstudio der Kanzlei, in der es meist von Winter-Hill-Gangstern wimmelte, weil Oteri viele von ihnen vertrat. Whitey und Oteri kannten einander gut, schon seit ihrer Grundschulzeit. Oteri war einer der erfolgreichsten Strafverteidiger der Stadt; er stammte aus Southie und war bei der Marine gewesen. Auch die Hart School in South Boston hatte er zusammen mit Whitey besucht. Oteri erinnerte sich an Whitey als den Jungen, der einfach aus der Schule hinausspazierte.

Als Sohn italienischer Einwanderer hatte Oteri seine eigene Ansicht bezüglich der ethnischen Zugehörigkeiten und Probleme in South Boston. Die Iren dominierten aufgrund ihrer hohen Zahl die Italiener. »Ich wusste erst gar nicht, dass ich Italiener war«, bekannte Oteri. »Ich dachte, ich sei ein Spaghettifresser, weil ich immer so genannt wurde.« Damals machten sich die Leute keine Gedanken über die Bigotterie in Southie. Sie gaben sich unwissend – oder war es eher gleichgültig –, wenn von den schwierigen ethnischen Konflikten die Rede war. Da sich zahlreiche italienische Familien in der Emmet Street in South Boston angesiedelt hatten, nannten die Nachbarn diese Straße »Spaghetti-Emmet« – beinahe liebevoll, aber nur beinahe. »Wir hatten einmal in der Woche Streit«, erzählte Oteri. »Die irischen Kinder nannten uns Spaghettifresser, bis jemand zuschlug.«

Die Feindseligkeit war die Folge der großen Einwanderungswellen und des unterschiedlichen Erfolgs der einzelnen Gruppen. Als die Iren in der zweiten Hälfte des 19. Jahrhunderts nach Boston geströmt waren, wurden sie von der Ostküstenaristokratie herablassend behandelt. Anfang des 20. Jahrhunderts, als die Italiener in großer Zahl einzuwandern begannen, waren die Iren bereits in der Politik, Polizei, Feuerwehr und anderen Einrichtungen der Stadt vertreten. Die Italiener standen gesellschaftlich gesehen noch tiefer, und die Iren sorgten dafür, dass sie das nie vergaßen. »Die ethnische Herkunft war in der Stadt enorm wichtig, aber nirgendwo wichtiger als in Southie«, erklärte Oteri. »Und vor allem rund um Andrew Square und die Sozialwohnungen. Damit ist Whitey aufgewachsen.«

Oteri war dennoch nicht überrascht, dass Whitey sich für Flemmi als Geschäftspartner entschieden hatte. »Mein bester Freund in meiner Kindheit war Ire«, bekannte er. »Zwischen uns lief alles bestens. Aber in einer Gruppe waren wir die Spaghettifresser. Es war Gruppendenken, kein individuelles Denken. Whitey und Stevie waren sich als Menschen sehr ähnlich, darum arbeiteten sie auch zusammen. Die Beziehungen zwischen Iren und Italienern hatten damit nichts zu tun, außer dass das FBI die Mafia bekämpfen wollte und Whitey und Stevie wussten, was gut für sie war.«

Oteris Kanzlei befand sich auf dem Post Office Square, gegenüber dem Bundesgericht, wo eine ganze Reihe seiner Mandanten regelmäßig Termine hatte. Bald kamen Whitey und Flemmi jeden zweiten Tag in die Kanzlei, hauptsächlich, um das Fitnessstudio zu benutzen. »Sie mochten die Geräte«, sagte Oteri. »Sie waren sehr ehrgeizig und versuchten, einander zu übertreffen.« Nach dem Training saßen sie noch herum, aßen etwas und unterhielten sich. Whitey stocherte in seinem Salat und verzog das Gesicht, wenn Oteri in einen Hamburger biss. »Das Zeug bringt dich um«, warnte er ihn.

Wenn sie über Fälle diskutierten, versuchte Whitey gern, Eindruck zu schinden. Eines Tages überlegte Oteri, ob er im Fall eines Winter-Hill-Mitglieds Einspruch einlegen oder die Sache vor Gericht austragen solle. Whitey sagte: »Joe, das ist wie Skylla und Charybdis.«

Oteri lachte laut auf, und Whitey sah ihn aus kalten Augen an.

»Jimmy«, erklärte Oteri seine Reaktion und streckte die Hände aus. »Ich lache nicht über dich. Ich lache, weil nur drei Leute in Massachusetts wissen, was du meinst: ich, du und Alan Dershowitz.«

Diese Erklärung, eine Übertreibung, die ihm schmeicheln sollte, besänftigte Whitey allerdings nicht. Er schaute Oteri an und meinte: »Ja, klar, ich war neun Jahre im Gefängnis, und ich lese jeden Tag ein Buch.«

Whitey nahm Oteri das offenbar übel, denn unter den Hinweisen, die Whitey Connolly angeblich lieferte, war immer wieder die unbewiesene Behauptung, in Oteris Kanzlei werde Kokain verkauft, was dieser vehement bestritt. Aber in Connollys Berichten wird Whitey mehr als einmal als Quelle für den Vorwurf genannt, Oteri vertrete nicht nur die Drogenhändler Michael Caruana und Kevin Dailey, sondern mache auch Geschäfte mit ihnen. Einem Bericht vom 25. November 1980 zufolge behauptete Whitey, Oteri und andere Bostoner Anwälte hätten auf einer Benefizveranstaltung für den damaligen Bezirksstaatsanwalt William Delahunt im Restaurant »Anthony's Pier 4« im Hafenviertel von Southie Kokain konsumiert. Wie Whitey Bulger, ein verurteilter Ganove und mehrfacher Mörder, davon wissen konnte, wird in Connollys Bericht nicht erwähnt. Eine politische Benefizveranstaltung wie diese wäre eher die Domäne Bill Bulgers oder seiner Kollegen in Beacon Hill gewesen, nicht aber die seines kriminellen Bruders.

Oteri glaubt nicht, dass Whitey Bulger ihn des Drogenhandels oder Kokainkonsums beschuldigt hat. Seiner Meinung nach handelte es sich um eine Intrige John Connollys als Teil eines Rachefeldzugs, den dieser gegen einige Strafverteidiger führte. Connolly, sagte er, sei oftmals unverschämt zu ihm gewesen, im Gericht und in der Öffentlichkeit, und habe ihn in Southie-Manier Spaghetti-Oteri genannt. »Jimmy hatte keinen Grund, mir das anzutun«, gab er zu bedenken. »Ich stand ihm nicht sonderlich nahe, aber er wusste, dass ich ein Freund seines Bruders war.« [32]

Doch Whiteys Wunsch, ein aktiver und nützlicher Informant zu bleiben, war vielleicht Grund genug. Schließlich musste er regelmäßig Hinweise liefern, egal, ob sie wahr oder falsch waren. Und die Informationen flossen in beide Richtungen. 1978, nachdem fünf Männer bei einem Drogenraub in einem Bostoner Nachtclub namens »Blackfriars« erschossen worden waren, bat Whitey Connolly, ihm Kopien der Tatortfotos zu besorgen. Connolly bekam die Fotos von einem Kontaktmann bei der Bostoner Polizei und übergab sie Whitey, der damit zu einem Mann ging, der Vincent Solomonte, einem der Blackfriar-Opfer, 60.000 Dollar geschuldet hatte. Whitey behauptete, er sei gekommen, um das Geld im Auftrag der Familie Solomonte einzutreiben.

»Du erinnerst dich doch an Vinny, oder?«, fragte Whitey und zeigte dem Mann ein Foto des Ermordeten. Daraufhin zahlte der Mann, und Whitey teilte das Geld mit Flemmi und John Martorano.[33] Das war die erste, aber wohl kaum letzte Erpressung, die Whitey mit der stillschweigenden oder aktiven Unterstützung des FBI beging.

1979 bat John Connolly seinen Vorgesetzten John Morris, sich mit Whitey Bulger und Steve Flemmi zu treffen. Das war nicht ungewöhnlich, aber die darauffolgende Bitte durchaus: Connolly schlug vor, die beiden in Morris' Haus in Lexington, einem schicken Vorstadtbezirk, zu treffen.[34]

Morris nickte nur und stimmte zu. Doch Connolly blickte ihm in die Augen. Das war eine ernste Sache. Er bat ihn, Whitey und Flemmi nicht wie Kriminelle zu behandeln, sondern respektvoll. Denn sie seien nicht nur Informanten, sondern Strategen und Partner im selben Boot.

Eigentlich verstieß es gegen die Vorschriften, Gangster in das Privathaus eines Agenten einzuladen. Außerdem war es leichtsinnig und gefährlich, die Familie mit Verbrechern in Verbindung zu bringen, die dies möglicherweise zu ihrem Vorteil nutzen konnten. Connolly hatte an Morris jedoch etwas gespürt, noch ehe er fragte. Morris hatte sich oft über die Verwaltungsarbeit in seinem Beruf beklagt und beneidete die Kollegen im Außendienst. Und er beneidete vor allem Connolly, weil dieser so gut vernetzt war. Er kannte Politiker. Er kannte jeden. Er war angesehen. Connolly spürte, dass der unruhige und schwache Morris im Büro ein nützlicher Verbündeter sein konnte.

Die Beziehung zwischen Morris und seiner Frau Rebecca war zu dieser Zeit bereits sehr angespannt, und sie war überhaupt nicht erfreut von der Idee, Kriminelle einzuladen. Daher weigerte sie sich, für sie zu kochen, und überließ das Essen ihrem Mann. Morris briet Steaks, und als sie alle am Tisch saßen, füllte er ständig sein Weinglas nach. Whitey unterhielt ihn währenddessen mit Geschichten über Alcatraz, und Flemmi erzählte von seinem Leben in Montreal.

Beide bemerkten, wie viele Gläser Wein Morris trank.

Sie suchten immer nach einer Schwäche.

Immerhin empfanden Whitey und Flemmi in einem Punkt Mitgefühl für Morris: Sie wussten, wie schwer es war, Beruf und Privatleben unter einen Hut zu bringen. Ihre zahlreichen und vielschichtigen familiären Beziehungen kosteten sie offenbar ebenso viel Zeit wie ihre blühenden kriminellen Geschäfte. Whitey war seit einem Jahrzehnt mit Teresa Stanley zusammen gewesen, als er sie und ihre Kinder 1976 von der Sozialwohnung in ein zweistöckiges Kolonialhaus mit Backsteinfassade umquartierte, das er in der Silver Street in South Boston gekauft hatte. Es befand sich ganz in der Nähe der Wohnung seiner Mutter. Whitey zog ebenfalls ein und teilte die acht Zimmer mit den Stanleys. Die Silver Street war eine schmale Straße auf dem Telegraph Hill, ganz in der Nähe der South Boston High School und des historischen Denkmals auf den Dorchester Heights. Er war wie ein Vater zu Teresas Kindern, aber sie nannten ihn nie Dad. Ihr Spitzname für ihn war Charlie. So sehr er sie auch liebte, war er doch vom täglichen Chaos in einem Haus mit Kindern, die zwischen zehn und 17 Jahre alt waren, schnell überfordert. Einiges gefiel ihm natürlich: die abendlichen Familienmahlzeiten, das Zusammensein an Feiertagen und Teresas bedingungslose Hingabe. Doch wegen seiner Geschäfte kam er oft erst spät nachts nach Hause, und Teresa und die Kinder mussten dann am Morgen auf Zehenspitzen herumschleichen, um ihn nicht zu wecken. Schließlich zog er mit der Begründung wieder aus, er brauche mehr Ruhe.[35] In Wahrheit hatte Whitey schon ein Jahr zuvor eine andere Frau kennengelernt, und diese Beziehung wurde allmählich ernster. Catherine Greig war 24, als sie sich trafen – zehn Jahre jünger als Teresa. Ende der Siebzigerjahre etablierte Whitey eine neue Gewohnheit: Er aß fast jeden Abend bei Teresa zu Abend und schlief dann woanders, meist in Catherines Wohnung in Quincy.

Die beiden waren ein ungewöhnliches Paar. Catherine Greig, 22 Jahre jünger als Whitey, war in City Point aufgewachsen, umgeben von der Mullens-Gang. Ihr Vater stammte aus Schottland und arbeitete als Mechaniker, ihre Mutter war eine kanadische Hausfrau. Es war eine zerrüttete Familie, denn der Vater war Alkoholiker. Catherine, die eine Zwillingsschwester, eine weitere Schwester und einen Bruder hatte – die beiden Letzteren waren viel jünger –, verbrachte die Nachmittage meist bei ihrer Großmutter.[36] Die Familie lebte in einem dreistöckigen Haus in der East Fourth Street, einen Block von den McGonagles entfernt. Zu diesem großen Clan gehörten auch Paulie McGonagle, der Anführer der Mullens, und sein Bruder Bobby, der als Feuerwehrmann in Boston arbeitete.

Viele Klassenkameraden von Catherine wollten zur Armee gehen oder Beamte werden, um einen sicheren Beruf mit guter Pension zu haben. Ihre Zwillingsschwester Margaret träumte von einem Job als Sekretärin. Doch Catherine, die zum hübschesten Mädchen ihrer Klasse gewählt worden war, schrieb 1969 ins Jahrbuch der Southie High, sie strebe »eine medizinische Laufbahn« an.

Wie Whitey war sie eine große Tierfreundin und spielte daher mit dem Gedanken, Tiermedizin zu studieren. Dennoch schrieb sie sich nach der Highschool an der Forsyth School for Dental Hygienists, die damals der

Northeastern University angegliedert war, für eine zweijährige Ausbildung ein. Da sie sich als sehr gute Schülerin erwies, durfte sie in ihrem zweiten Jahr im Labor von Dr. Sigmund Socransky, einem bekannten Parodontologen und Forscher, arbeiten. Obwohl sie sich einmal geschworen hatte, nicht als jung verheiratete Hausfrau ohne Beruf zu enden, heiratete sie Bobby McGonagle, ihren ersten richtigen Freund, bereits mit 20. Als die beiden aus den Flitterwochen zurückkehrten, klagte McGonagle, Catherine habe die ganze Zeit am Strand gesessen und Bücher gelesen.[37] In gewisser Weise war Catherine in Southie gefangen: Sie behauptete einerseits zwar, außerhalb dieser engen Grenzen leben zu wollen, andererseits heiratete sie in eine große Familie ein, die durch und durch in Southie verwurzelt war.

Die Ehe stand von Anfang an unter keinem guten Stern. McGonagle wollte jeden Abend ausgehen, Catherine zu Hause bleiben. Als McGonagle in einer kompromittierenden Situation mit Catherines Zwillingsschwester erwischt wurde, scherzte er vor Familienmitgliedern, er habe die beiden verwechselt. Catherine war tief betroffen vom Betrug ihres Mannes und ihrer Schwester. McGonagle zog schließlich aus und nahm die Beziehung zu Margaret wieder auf. Catherine blieb mit den beiden Zwergschnauzern des Paars zurück. Das Paar trennte sich 1973, aber die Ehe wurde erst 1977 geschieden.

Noch vor der Scheidung hatte Catherine angefangen, mit Whitey auszugehen. Entweder wusste sie nicht, dass Whitey zwei ihrer Schwager getötet hatte – Donnie McGonagle aus Versehen, Paulie McGonagle ganz gezielt –, oder es war ihr gleichgültig. Angesichts ihrer Gefühle für den Mann, den sie geheiratet hatte, ist Letzteres durchaus denkbar, obwohl Mitte der Siebzigerjahre wenig über die Ermordung von Donnie McGonagle bekannt war. Und Paulie McGonagle war einfach verschwunden, da Whitey seine Leiche auf der anderen Seite der Bucht von Dorchester begraben hatte.

Charles »Chip« Fleming, einer der Bostoner Kriminalpolizisten, die seit Jahren hinter Whitey her waren, meinte, Cathy Greig habe Whitey absichtlich nachgestellt und ihn im »Triple O« gesucht. »Sie wollte es ihrem Mann heimzahlen«, behauptete Fleming. »So machte man das in Southie.«[38] Doch selbst wenn Catherine den Anstoß für die Romanze gab, war Whitey derjenige, der das Zepter in der Hand behielt.[39] Er konnte charmant und anziehend sein, wenn er wollte, und diese Seite zeigte er Catherine. Sie arbeitete viele Stunden und belegte Abendkurse an der Northeastern University, tagsüber unterrichtete sie im Forsyth-Programm und machte schließlich ihren Abschluss als Bachelor. Bald schon brüstete sie sich damit, wie vorteilhaft es war, einen Gangster als Freund zu haben. Ihre Kollegen im Zahnforschungszentrum bemerkten neuen Schmuck und sogar einen Pelzmantel. »Ich glaube, nach allem, was sie mit ihrem Ex durchgemacht hatte, wollte sie einfach nur geliebt werden«, sagte Linda Hanlon, die ehemalige Dekanin der Forsyth, die mit Catherine befreundet war. »Und Jimmy war sehr gut zu ihr. Zumindest in materieller Hinsicht.«[40]

Da Catherines Kollegen ihren Freund gern kennenlernen wollten, schlugen sie immer wieder ein gemeinsames Essen oder ein Treffen auf ein paar Drinks vor, doch Catherine lehnte jedes Mal ab und gab als Grund anderweitige Verpflichtungen an. Dafür sang sie ständig ein Loblied auf Whitey und beschrieb ihn gegenüber ihren Kollegen als großzügigen Wohltäter, der Fremden half. Er habe jemandem die Zahnbehandlung bezahlt und jemand anderem ein Auto gekauft. Catherine wusste, dass einige ihrer Kollegen Whitey für einen Gangster hielten – schließlich hatte er massenhaft Geld –, aber sie konnte oder wollte nicht viel dazu sagen, welchen Beruf er ausübte. Stattdessen zeichnete sie ein ganz anderes Bild von ihm: Sie sah ihn als eine Art Robin Hood, den die Polizei ungerecht behandelte. Entweder machte sie sich da etwas vor, oder sie glaubte wirklich daran. Wahrscheinlich trifft beides ein wenig zu.[41]

Steve Flemmis Privatleben ähnelte dem seines Partners. Er hatte Kinder mit Marion Hussey. Die Familie aß meist gemeinsam zu Abend, dann verließ er das Haus und besuchte seine jüngere Geliebte. Marion Hussey war 19 Jahre alt gewesen und hatte ein Baby namens Deborah, als sie ihren Mann wegen Flemmi verließ, der damals 25 Jahre alt, Ehemann und Vater von zwei Töchtern war. Flemmi hatte sich von seiner Frau getrennt und war zu Marion und ihrer Tochter gezogen. Die beiden hatten zusammen drei Kinder – Billy, Stephanie und Stephen –, aber Flemmi bestand darauf, dass sie den Familiennamen Hussey tragen sollten. Wie Whitey, der seinen Sohn Douglas hatte schützen wollen, fürchtete auch Flemmi, dass Kinder mit seinem Namen zu Zielscheiben werden könnten. 1969, als Flemmi fliehen musste, um einer Mordanklage zu entgehen, arbeitete Marion als Kellnerin und Hundepflegerin, um ihre Kinder zu versorgen.

Im Sommer 1970 mietete Flemmi, der sich immer noch vor dem Gesetz versteckte, für die Familie ein Haus am Strand von Montauk auf Long Island. Er wollte die Familie zusammenhalten, während er sein neues Leben plante. Sie verbrachten die Tage am Strand. Als sein neunjähriger Sohn Billy von einer heftigen Strömung aufs Meer hinausgetrieben wurde, rannte Deborah Hussey, inzwischen zwölf und eine gute Schwimmerin, herbei und rettete ihn.[42] Sie war schnell gewachsen und musste schon als Kind auf ihre Geschwister aufpassen, während Flemmi sich in Kanada aufhielt und Marion arbeitete. Zudem war eine echte Schönheit aus ihr geworden.

Als Flemmi wieder in Boston war und sich der Winter-Hill-Gang anschloss, zog die Familie in eine große Villa in Milton, südlich von Boston, mit Swimmingpool und Tennisplätzen. Die Familie versammelte sich je-

den Sonntag zu italienischen Mahlzeiten, die seine Mutter Mary zubereite-
te. Oft waren Whitey und Teresa Stanley sowie andere Gangster und ihre
Freundinnen zu Gast. Manchmal steckte Whitey den Kindern 20-Dollar-
Scheine zu.

Aber eine Frau, die Kinder und das gesamte häusliche Leben genügten
Flemmi nicht. Daher hatte er immer Freundinnen, die stets viel jünger waren als er. Am längsten war er mit Debra Davis zusammen, und sie wäre
vielleicht noch länger bei ihm geblieben, wenn sie nicht herausgefunden
hätte, dass er und Whitey Kontakte zu John Connolly und zum FBI hatten.

Sie begegneten sich 1972 zum ersten Mal, als Flemmi auf der Suche nach
einem Geschenk für seine Töchter ein Juweliergeschäft in Brookline betrat.
Er betrachtete den Schmuck in einer Vitrine, wurde dann aber auf die junge Verkäuferin aufmerksam, die dahinter stand. Debra Davis war 17, sah
jedoch älter aus. Sie hatte vor Kurzem geheiratet, und ihr junger Ehemann
saß bereits im Gefängnis. Für sie war die Ehe beendet gewesen, als man die
Zellentür hinter ihm geschlossen hatte.

Debra hatte die Figur eines Bikinimodels, tiefblaue Augen und ein zau-
berhaftes Lächeln. Sie frisierte ihr blondes Haar so, dass sie die Leute an
Farrah Fawcett erinnerte. Da sie mit neun Geschwistern aufgewachsen war,
hatte sie geheiratet, um dem häuslichen Chaos zu entrinnen. Aber das war
nun vorbei, und jetzt flirtete dieser ältere Mann namens Stevie bei der Arbeit mit ihr und sie mit ihm.

Flemmi hatte eine Schwäche für jüngere Frauen, und Debra war 21 Jahre
jünger als er. Er war in sie verknallt, und sie wusste, dass er ihr sehr viel mehr
bieten konnte als ihr im Gefängnis sitzender Mann. Bald wohnte sie daher
mit Flemmi in einem Hochhausapartment. Er kaufte ihr Kleider und Autos – einen Jaguar, dann einen Mercedes, dann eine Corvette – und nahm
sie mit in die Karibik. Als Debra eine ordentliche Scheidung wollte, zahlte
Flemmi auch dafür. Und als ihr Mann im Gefängnis sich darüber beklagte,
ließ Flemmi ihm ausrichten, dass er sein Einverständnis erwarte. Daraufhin
unterschrieb der junge Mann die Scheidungspapiere und belästigte sie nie
wieder.[43]

Debras Vater Ed war überhaupt nicht damit einverstanden, dass seine
Tochter mit einem Gangster im mittleren Alter ausging, und um seine Ablehnung zu unterstreichen, schlug er auf eines der Autos, die Flemmi ihr geschenkt hatte, mit einem Vorschlaghammer ein.[44] 1975 fiel Ed Davis dann,
als er mit einigen Freunden einen Bootsausflug machte, im Hafen von Boston über Bord und ertrank. Flemmi schwor, damit nichts zu tun zu haben,
und der Todesfall galt offiziell als Unglück, aber Debras Familie hat bis heute Zweifel daran.

Debra sprach von Heirat, Flemmi von Scheidung. Um Debra zu beeindrucken, flog er nach Haiti, um eine Schnellscheidung von seiner Frau zu erwirken. Dabei nahm er Debras Bruder Mickey als Zeugen mit. Doch trotz dieser Geste wollte Flemmi gar nicht heiraten und behielt auch seine Beziehung zu Marion Hussey bei. Nach einigen Jahren wurde Debra klar, dass sie mehr wollte als eine kostenlose Wohnung, ein Auto und all das Geld, das sie ausgeben durfte. Sie wollte ein Haus, einen Zaun, Kinder – ein normales Leben. Und genau das konnte oder wollte Flemmi ihr nicht geben.[45]

Als Debra Anfang 1981 eine Urlaubsreise nach Acapulco unternahm, die Flemmi bezahlte, bei der er sie aber nicht begleiten wollte, nahm sie ihre Mutter Olga mit. In dem Urlaubsort traf Debra einen Mexikaner namens Gustav, der mit Olivenöl und Geflügel ein Vermögen verdient hatte. Er war all das, was Flemmi nicht war: ein ehrlicher Geschäftsmann, ein Romantiker und ein Mann, der Kinder haben wollte. Er wollte auch keine Geliebte, sondern eine Ehefrau. Debra und ihre Mutter redeten nun in einem fort von Gustav, auch vor Flemmi, weil sie dachten, er werde seine Haltung dadurch vielleicht verändern. Stattdessen flogen Flemmi und Whitey nach Mexiko und suchten Gustav, doch sie fanden ihn nicht. Flemmi zufolge meinte Whitey, dass sie Debra töten sollten, wenn sie Gustav schon nicht umbringen konnten, weil man ihr nicht mehr trauen könne, wenn Flemmi keinen Einfluss mehr auf sie habe. Laut Flemmi war Whitey die treibende Kraft hinter der Ermordung Debras. Whitey hingegen versicherte in Briefen und Gesprächen mit Freunden, dass er Debra nicht umgebracht habe – er habe nie eine Frau getötet.

Flemmi deutete später an, dass Debra aus Eifersucht hatte sterben müssen – nicht wegen seiner, sondern wegen Whiteys Eifersucht. Whitey ärgerte sich oft, wenn er Flemmi anrief oder anfunkte und dieser nicht antwortete, weil er bei Debra war. Für Whitey galt das nicht als Privatsache, sondern gehörte zum Geschäft. Er warf Flemmi vor, er sei zu nachgiebig und Debra mache ihn weich. Angeblich verloren sie Geld, weil Flemmi ständig mit seiner anspruchsvollen Freundin beschäftigt war. »Bulger war irgendwie wütend darüber, dass ich nicht genug Zeit für ihn und unser Geschäft hatte«, sagte Flemmi später aus.[46]

Flemmi behauptete stets, er liebe Debra, aber er beging zwei Fehler, die zu ihrem Tod führten: Er erzählte ihr, er und Whitey hätten einen FBI-Agenten namens John Connolly in der Tasche, und er verriet Whitey, dass sie es wusste.[47] Er hatte nicht die Absicht gehabt, sie einzuweihen, doch er hatte sich verplappert, als sie eines Abends ein romantisches Abendessen im Bay Tower Room einnahmen. Im dreiunddreißigsten Stock dieses Bürogebäudes in der Innenstadt hatten sie einen herrlichen Ausblick auf Boston. Es war einer jener Abende, von denen Debra gern mehr gehabt hätte, und genau das wollte sie ihm gerade klarmachen, als dessen Funk sich meldete. Es war Connolly, der ihn um ein Treffen bat. Debra war wütend und misstrauisch. Denn Flemmi eilte immer wieder zu Besprechungen, ohne je einen Grund dafür zu nennen. Flemmi versuchte sie zu besänftigen und versicherte ihr, es sei keine andere Frau gewesen, sondern Whitey. Oder besser gesagt nicht Whitey, sondern John Connolly, ein FBI-Agent, der Whitey und ihm erlaube, nach Belieben Geschäfte zu machen. Alles, was er Debra geben könne, verdanke sie der Tatsache, dass er und Whitey Kontakt zu einem FBI-Agenten hätten.[48]

Das war das einzige Detail aus seinem Leben, das Flemmi niemandem mitteilen durfte, und als er Whitey davon erzählte, war Debra so gut wie tot. Flemmi versuchte, das alles herunterzuspielen – immerhin kannten Whiteys engste Freundinnen Connolly ebenfalls. Flemmi zufolge wussten sie zudem, dass Whitey ein Informant war.[49] Aber Whiteys Mädchen stammten aus Southie und kannten die Regeln. Sie würden dichthalten und eher ins Gefängnis wandern, als mit der Polizei zu reden. Doch Debra war anders, im Grunde war sie noch ein Kind und verstand das Leben nicht wirklich. Sie würde nicht dichthalten. Whitey bestand daher darauf, dass sie verschwinden müsse. Und wenn Flemmi es nicht tun wolle, werde er es tun.[50]

Am 17. September 1981 rief Flemmi Debra an und bat sie um ein Treffen. Sie stimmte zu, weil sie ohnehin mit ihm reden wollte – sie wollte ihm sagen, dass sie ihn verlassen würde. Sie war nämlich erneut in Acapulco gewesen, diesmal einen Monat lang, und war sich sicherer denn je, was Gustav betraf. »Sie liebte ihn«, sagte ihr Bruder Victor. »Sie wollte ihn heiraten und musste nur noch Flemmi verlassen. Doch sie hatte Angst.«[51]

Flemmi behauptete, ihr ein Haus in der East Third Street in South Boston zeigen zu wollen, das er für seine Eltern gekauft hatte. Da Debra ein gutes Auge für Design und Dekor hatte, solle sie sich das Haus ansehen und ihm sagen, was sie davon halte. Pat Nee war gerade auf dem Weg zur alten Stammkneipe der Mullens an der Ecke O Street und Third Street, ganz in der Nähe des Hauses, vor dem Flemmi hielt. Flemmi begrüßte ihn und stellte ihm Debra vor. Nee warf Debra einen Blick zu und interpretierte ihre Körpersprache richtig: Sie presste sich gegen die Beifahrertür, als wolle sie sich möglichst weit von Flemmi fernhalten.[52]

Flemmi fuhr mit dem Auto ein Stück weiter die East Third Street entlang, parkte und ging mit Debra zu dem Haus zurück, das er für seine Eltern gekauft hatte. Es war ein hübsches Haus mit angesehenen Nachbarn: Whiteys Bruder Bill, inzwischen Präsident des Senats von Massachusetts, wohnte nebenan. Whitey besuchte ihn oft. Doch diesmal hatte er sich in Flemmis Haus versteckt und wartete auf ihn und Debra. Kaum war Debra eingetreten, berichtete Flemmi später, näherte Whitey sich ihr von hinten.

Debra wusste nicht, dass er da war – bis er ihr die Hände um den Hals legte. Whitey wollte wohl keine Waffe benutzen, um eine Frau zu töten, nur die bloßen Hände. Es dauerte nur wenige Minuten, bis sie erstickt war, und während sie starb, schaute sie Flemmi ins Gesicht.[*]

Whitey würgte sie immer noch, als er sie zur Kellertreppe zog. Flemmi schaute nur zu, dann folgte er Whitey in den Keller. Debra war bewusstlos oder vielleicht bereits tot. »Lass sie noch beten«, meinte Flemmi, als Whitey sie auf den Boden legte. Wenn Whitey ihn gehört hatte, ignorierte er ihn.[53] Flemmi bückte sich und küsste Debras Stirn. »Bald bist du an einem besseren Ort«, flüsterte er.

Auf einmal wurde er von Reue gepackt, und einen Augenblick lang dachte er daran, Whitey an Ort und Stelle zu töten. Aber dieser Gedanke verflüchtigte sich schnell. Stattdessen holte er eine Zange aus der Tasche, kniete nieder und riss Debra die Zähne aus, um eine Identifizierung der Leiche zu erschweren, falls sie gefunden wurde. Dann zog Whitey ihr die Kleider aus und wickelte die Leiche in Plastik.[54]

Whitey und Flemmi hatten bis dahin mindestens ein halbes Dutzend Morde gemeinsam begangen, von denen fast alle etwas mit der Unterwelt zu tun hatten. Der Mord an Debra Davis war etwas anderes, und der Beschluss, sie zu töten, belastete ihre Partnerschaft. Es war der einzige Mord in ihren vielen gemeinsamen Jahren, den Flemmi zufolge nur er und Whitey bezeugen konnten. Später sollte jeder den anderen beschuldigen. Damals wurden jegliche aufkeimenden Unstimmigkeiten rasch unterdrückt, und beide machten sich wieder an die Arbeit und bereiteten sich wortlos darauf vor, die Leiche zu beseitigen.

Wenige Minuten nachdem Whitey Debras Leiche in Plastik gewickelt hatte, betrat er die Mullens-Kneipe und setzte sich neben Pat Nee.

»Wir brauchen Hilfe«, sagte er. »Stevie ist ein paar Häuser weiter und macht Debra alle.«

»Er macht sie alle? Was meinst du damit?«, fragte Nee.

»Er bringt sie um«, antwortete Whitey.[55]

Sie warteten, bis es dunkel wurde, dann legten sie die Leiche in einen Kofferraum und fuhren ein paar Kilometer über die Brücke nach Quincy.

---

[*] Steve Flemmi sagte mehrere Male bezüglich Debra Davis' Ermordung aus, aber Whitey versicherte Freunden, er habe sie nicht umgebracht. Die Autoren haben außerdem Briefe gesehen, die Whitey aus dem Gefängnis schrieb. Auch darin behauptete er, weder Debra noch Deborah Hussey getötet zu haben. Die Geschworenen am Bezirksgericht in Boston konnten sich im August 2013 nicht auf eine Verurteilung Whiteys wegen Mordes an Debra einigen, aber sie entschieden, dass er an dem Mord beteiligt gewesen war.

Dort begruben sie Debra in einem Sumpfgebiet neben einer Eisenbahnbrücke, einige Hundert Meter von der belebtesten Straße Bostons entfernt.[56]

Olga Davis ahnte, dass etwas nicht stimmte, denn Debra würde nicht einfach verschwinden, ohne sie anzurufen. Aber Flemmi besuchte sie und erklärte, er habe alles im Griff. Debra sei nach Texas gegangen, und er habe ihr ein paar Leute nachgeschickt, um sie zu suchen. »Ich finde sie«, versprach er. »Ich werde nicht aufhören, sie zu suchen.«[57]

Später rief Flemmi einen Freund an und bat ihn, zu Debras Zahnarzt in Brookline zu gehen und ihre Akte zu stehlen. Sobald er die Unterlagen hatte, vernichtete er sie.[58] Er hatte ihr zwar die Zähne gezogen, aber er wollte unbedingt verhindern, dass man sie jemals identifizieren konnte, falls man sie fand. Seine Reue, sofern er welche verspürte, war nur von kurzer Dauer. Nicht lange nachdem er Debra begraben hatte, ging er mit ihrer 13 Jahre alten Schwester Michelle ins Bett, die bei Debra gewohnt hatte, als sie verschwand.[59] Von Debra fehlte weiter jede Spur, und die beiden Männer, die sie ermordet hatten, waren davon überzeugt, dass ihre Leiche niemals gefunden würde.

Es gab eine oberflächliche Untersuchung. FBI-Beamte besuchten Olga Davis, die wie ihre Söhne aussagte, dass Flemmi mit Sicherheit hinter Debras Verschwinden stecke. Die Beamten nickten nur und machten sich Notizen, doch weder Flemmi noch Whitey wurden jemals deswegen vernommen. Olga Davis meldete ihre Tochter bei der örtlichen Polizei als vermisst, und die Polizei gab eine Vermisstenanzeige in das National Crime Information Center (NCIC) ein, die nationale Computerdatenbank des FBI. Sechs Monate nach Debras Verschwinden zapfte jemand heimlich die Datenbank des FBI an und löschte die Vermisstenanzeige. Der Unbekannte behauptete fälschlicherweise, Debra sei in Houston gesehen worden.[60]

Auch wenn einige FBI-Agenten sich aktiv bemühten, Whitey und Flemmi zu schützen, so bereiteten andere Beamte eine Anklage wegen Wettbetrugs gegen die Winter-Hill-Gang vor. Mitte der Siebzigerjahre war ein Gangster namens Tony Ciulla, ein gebürtiger Bostoner, nach New Jersey ins Gefängnis gewandert, weil er auf mehreren Rennbahnen an der Ostküste Betrügereien begangen hatte. Angesichts der Summen, um die es ging, war Ciullas Strafe – vier bis sechs Jahre Gefängnis – relativ mild, dennoch erbot er sich, andere zu verraten, um früher entlassen zu werden. Die Polizisten in New Jersey wussten nicht, von wem er sprach, als er anfing, mit den Namen Howie, Whitey, Flemmi und Martorano um sich zu werfen. Also zogen sie das FBI hinzu. Noch bevor das Bostoner FBI-Büro eingreifen konnte, hatten die Kollegen in New Jersey bereits Anklage vor einem Großen Geschworenengericht gegen Ciulla erhoben.

In New Jersey war der Fall ein Erfolg, in Boston löste er heftige Kopf-schmerzen aus, denn unter den Personen, gegen die ermittelt wurde, befan-den sich auch Whitey und Flemmi. Als John Connolly Wind von der Sache bekam, unterrichtete er Whitey davon. Sie trafen sich in Connollys Haus in Southie, und Connolly meinte, er werde mit seinem Vorgesetzten John Morris und Jeremiah O'Sullivan sprechen, dem Bundesstaatsanwalt in Bos-ton, der den Fall aus New Jersey übernommen hatte. Die beiden würden si-cherlich einsehen, dass es unsinnig wäre, wegen eines unbedeutenden Falls von Wettbetrug, bei dem einige Jockeys verprügelt worden waren, zwei In-formanten im Kampf gegen die Mafia zu verlieren. Das war im Jahr 1979, und das FBI hatte sich zum Ziel gesetzt, die lokale Mafia zu zerschlagen. Connolly und Morris sagten O'Sullivan, sie könnten es sich nicht leisten, einen ihrer Spitzel in der Mafia zu verlieren. Doch O'Sullivan erwiderte, er müsse das mit Tom Daly besprechen, der mit dem Fall Tony Ciulla befasst sei. Wenn Daly noch wütend auf Whitey war, weil dieser ein paar Jahre zu-vor seinen Informanten Richie Castucci ermordet hatte, dann zeigte er es nicht. Vielmehr stimmte er dem Ganzen zu, und Whitey und Flemmi blie-ben unbehelligt.

Connolly rang den beiden jedoch ein Versprechen ab. »Wir mussten un-ser Wort geben, Ciulla nicht zu töten«, sagte Flemmi später aus.[61] Connol-lys Bedingung war ungewöhnlich – nie zuvor hatte er auf eine solche Zusa-ge bestanden, wenn er Whitey und Flemmi Informanten oder potenzielle Informanten offenbart hatte.

Den anderen Mitgliedern von Winter Hill hätte es eigentlich auffallen müssen, wie seltsam es doch war, dass von allen, die am Wettbetrug betei-ligt gewesen waren, nur Whitey und Flemmi nicht angeklagt wurden. Aber Winter, Martorano, Jimmy Sims und Joe McDonald waren so erleichtert, dass überhaupt jemand vom Knast verschont blieb und sich um die Interes-sen der Gang kümmern konnte, dass sie nicht weiter darüber nachdachten. Stattdessen verteilten sie ihre Geschäftsbereiche bei einem Essen neu. John-ny Martorano übernahm die Sportwetten und bot Whitey und Flemmi ei-nen Teil davon an. Winter, McDonald und Sims behielten das Zahlenlotto und den Kreditwucher.

Johnny Martorano schlug außerdem vor, nach und nach die unabhängi-gen Buchmacher zur Zahlung einer Abgabe zu zwingen, so, wie es in New York gemacht wurde. Whitey und Flemmi waren mit allem einverstanden.[62] Wenn sie einigen Dutzend Buchmachern monatlich 1000 Dollar dafür ab-knöpften, damit sie im Geschäft oder am Leben bleiben durften, würden sie fast 25.000 Dollar im Monat verdienen. Das war durchaus verlockend. Ge-gen Ende des Essens verkündete Johnny Martorano, er werde fliehen, um einer Anklage zu entgehen. Sein Ziel war für einen Mafioso nicht sonderlich fantasievoll: Florida. Kaum hatte er sich in Miami eingerichtet, als John Connolly Whitey und Flemmi auch schon im Vertrauen mitteilte, Martorano sei in Miami gesehen worden.

Whitey und Flemmi ließen diesem daraufhin sofort eine Nachricht zukommen: Zieh um. Später diskutierten sie mit Connolly darüber, welche Vorteile es hatte, wenn Martorano sich eine Zeit lang außerhalb der Stadt aufhielt. Flemmi meinte, Connolly sei sogar einen Schritt weiter gegangen: Martorano solle für immer auf der Flucht bleiben. Solange er draußen in der Welt herumschwirre, werde die Mafia nicht gegen Flemmi oder Whitey vorgehen, weil sie wisse, dass Johnny sie rächen würde. Martorano war der fleißigste Auftragskiller in Boston, und jetzt, da er in Florida auf Eis lag, war er in gewisser Hinsicht noch gefährlicher.

Doch der Angeber Martorano war ein schlechter Flüchtling. »Euer Mann ist in Fort Lauderdale«, erfuhren Whitey und Flemmi bald von Connolly. Eines der Probleme dabei war, dass viele Leute aus Southie und der restlichen Bostoner Region, die ihn kannten, regelmäßig nach Fort Lauderdale reisten. »Er muss wieder umziehen«, sagte Whitey. Doch als Flemmi ihn deshalb anrief, meinte Martorano, er könne nicht umziehen, weil er eben Möbel bekommen habe.[63] Einige Zeit später lenkte er jedoch ein und zog nach Boca Raton. Später versicherte das FBI, man sei ihm von dem Moment an, als er sich zur Flucht entschlossen habe, dicht auf den Fersen gewesen. Connolly tat jedoch alles ihm Mögliche, um seine Festnahme zu verhindern, da Martorano zu viele Menschen ermordet hatte. Wenn man ihn einsperrte, konnte er in Versuchung geraten, zu reden und einen Handel abzuschließen. Darum musste er in Freiheit bleiben.

Einige Zeit nach dem letzten Treffen der Winter-Hill-Gang fuhr Flemmi zum Staatsgefängnis in Shirley in Zentralmassachusetts, wo Howie Winter wegen eines Erpressungsfalls einsaß. Er erläuterte ihm, wie das Geschäft aufgeteilt worden sei, und versicherte ihm, man werde sich um seinen Anteil kümmern. Winter kapierte. Er hatte nur eine Forderung: »Ihr müsst raus aus der Werkstatt. Ich werde sie vermieten.«[64]

Also verließen die Gangster die Werkstatt in der Marshall Street, das schäbige Hauptquartier, in dem so viele Pläne geschmiedet worden waren. Jahre später wurde Howie Winters alter Treffpunkt, wo Whitey Bulger zum ersten Mal die Zügel der Macht in Boston übernommen hatte, zu einer evangelischen Kirche umgebaut.

8

Lancaster Street

Da die Werkstatt in der Marshall Street nicht mehr zur Verfügung stand und ihre Winter-Hill-Partner entweder im Gefängnis saßen oder auf der Flucht waren, brauchten Whitey und Flemmi einen neuen Stützpunkt. Sie fanden ihn in einer der schmalen Seitenstraßen beim Boston Garden, wo die Boston Bruins und die Boston Celtics spielen. Die Lancaster Street war perfekt, weil sie vom North End aus zu Fuß zu erreichen war. Dort befand sich das Hauptquartier der Mafia, und dort sollten Whitey und Flemmi dem FBI nützliche Informationen besorgen. Die Lancaster war zudem eine Einbahnstraße und hatte anders als die benachbarten Straßen keine Verbindung zu großen Durchgangsstraßen. Es gab nur wenige Geschäfte. Wer nicht hierher gehörte, fiel auf. In dieser Gasse richteten sie eine Autowerkstatt ein, um wie bei ihrem letzten Quartier in Somerville den Eindruck eines legalen Gewerbes zu erwecken. Doch auch hier trafen sich Männer, deren Geschäfte alles andere als astrein waren.

Schon bald wurde die Werkstatt überwacht. Während das FBI oder eine Gruppe im FBI Whitey und Flemmi beschützen wollte, war die Polizei von Massachusetts wild entschlossen, sie zu schnappen. Die Beziehung zwischen dem FBI und der Polizei des Bundesstaats war schon seit Langem angespannt und ähnelte in gewisser Weise dem Verhältnis von Mafia und Winter Hill: Beide Gruppen übten zwar das gleiche Gewerbe aus und standen angeblich auf der gleichen Seite, aber institutionelle und persönliche Differenzen führten zu Streit und bisweilen zu offener Feindseligkeit. Jahrelang hatten die beiden Polizeibehörden versucht, gemeinsam gegen das organisierte Verbrechen in der Region Boston vorzugehen und Täter anzuklagen. Doch weil das FBI darauf bestand, sämtliche Ermittlungen zu leiten, und sich weigerte, Informationen mit Kollegen zu teilen, kam es zu erheblichen Reibereien, die jegliche Fortschritte verhinderten. Das Problem war ein grundsätzliches: Die Polizei von Massachusetts sah sich als paramilitärische Truppe – wer die Ausbildung erfolgreich abschloss, war mit einem Marinesoldaten vergleichbar, der die Grundausbildung in Parris Island überstanden hatte. Diese Polizisten hielten viele FBI-Agenten für Weichlinge und ärgerten sich über die ihrer Meinung nach unverdiente Führungsrolle des FBI. Sie fühlten sich gegängelt und respektlos behandelt. Aber das war noch nicht alles, es ging auch um Whitey. Die *Staties* hatten beobachtet, dass Whitey und Flemmi unbehelligt vom FBI immer mächtiger und gefährlicher wurden, und sie glaubten zu wissen, warum.

Colonel Jack O'Donovan, der jahrelang die Kripobeamten befehligte, die sich auf das organisierte Verbrechen spezialisiert hatten, war der Erste, der öffentlich auf die heimlichen Spannungen zwischen den beiden Behörden hinwies. Der ehemalige Marinesoldat war in der Truppe eine Legende. Mitte der Sechzigerjahre hatte er eine Kugel abbekommen, als er einen flüchtigen Verbrecher auf einem Dach gejagt hatte. Später hatte er einen Mann gestellt, der ihn mit einer Flinte bedroht und in einer Apotheke Geiseln genommen hatte. O'D, wie er genannt wurde, war wegen seiner Intelligenz und seiner oft ruppigen Offenheit allgemein anerkannt, und im Jahr 1979 bewies er beides als Schüler der FBI-Akademie in Quantico, Virginia. Ein FBI-Agent namens Bob Fitzpatrick, der dort unterrichtete, war ziemlich überrascht, als O'Donovan das Wort ergriff. Whitey Bulger, Bostons schlimmster Verbrecher, dürfe ungestraft weitermorden, weil er FBI-Informant sei, erklärte O'Donovan.[1] Natürlich konnte er das nicht beweisen, weil das FBI es bestritt, doch O'Donovan und einige seiner Beamten hatten begonnen, Whitey dem FBI zum Trotz nachzuspüren.

Dies führte den Kripobeamten Rick Fraelick im Frühjahr 1980 in das schäbige Büro einer Absteige in der Merrimac Street. Das Gebäude war als Unterkunft für ältere Schwule bekannt, darum gab Fraelick sich als homosexuell aus und mietete ein Zimmer mit Blick auf die Lancaster Street, da diese Straße so ruhig sei, wie er dem Mann mit den Schlüsseln erklärte.[2]

Die *Staties* ahnten, dass etwas im Gange war, als Whitey nicht mehr in Howies altem Hauptquartier in Somerville auftauchte, aber den neuen Stützpunkt hatten sie eher zufällig entdeckt: Sie hatten einen Tipp über eine Bande bekommen, die Autos stahl und in eine Werkstatt in der Lancaster Street in der Nähe des Boston Garden brachte. Fraelick, ein erfahrener verdeckter Ermittler, war dort hingefahren, um sich die Werkstatt näher anzuschauen. Dabei sah er Whitey und Flemmi, die einzigen Mitglieder der Winter-Hill-Gang, die gerade nicht im Gefängnis saßen oder auf der Flucht waren, vor dem Haus stehen und begriff, dass sie umgezogen waren. »Bob«, sagte er, als er das Büro seines Vorgesetzten Bob Long betrat,

»du wirst es nicht glauben.« Und tatsächlich glaubte der Inspektor ihm erst, als er die Gangster von einem Zivilfahrzeug aus mit eigenen Augen sah. »Verdammt«, fluchte Long, »sie sind tatsächlich alle hier.«

Die Pension bot sich zur Überwachung an, und als Fraelick feststellte, dass man von seinem Zimmer aus einen guten Blick auf die Werkstatt hatte, sagte er: »Ich nehme es.« Dann stellte er eine Kamera auf und begann, Fotos zu schießen: Whitey Bulger, der wie ein Wachhund draußen stand und sich sonnte. Whitey mit Larry Baione, dem Consigliere der örtlichen Mafia, und Danny Angiulo, dem Bruder des Mafioso Jerry Angiulo. Whitey mit Frank Lepere, einem der größten Drogenhändler in Boston, der regelmäßig auftauchte. Es war ein Treffpunkt der Bostoner Unterwelt. Jeder, der etwas auf sich hielt, kam vorbei, um zu plaudern oder Whitey und Flemmi ihren Tribut zu entrichten. Manchmal gingen die Männer in das Büro der Werkstatt, und Brieftaschen voller Geld wechselten den Besitzer. Die Polizisten brauchten nicht lange, um so viele Fotobeweise zu sammeln, dass eine elektronische Überwachung – der Einsatz einer Wanze – gerechtfertigt war.

Whitey und Flemmi stolzierten auch gerne draußen herum und bewunderten sich in den spiegelnden Fenstern der geparkten Autos. Wenn die Kripobeamten sich nicht über diese immense Eitelkeit der beiden Ganoven lustig machten, töteten sie die riesigen Küchenschaben, die über die schmierigen Böden der Absteige huschten. Sie notierten den Todeszeitpunkt und die Größe ihrer Beute und stapelten die toten Schaben wie Großwildjäger ihre Trophäen an der Wand. Das vertrieb ihnen die Langeweile der Observierung ein wenig.

Nicky Femia, ein schwergewichtiger Auftragskiller, war damals Whiteys und Flemmis Bodyguard. Er lungerte auf dem Gehsteig herum und war so schlampig, wie Whitey adrett war. Als er eines Nachmittags einen Hamburger mit Pommes auf das Dach von Whiteys glänzendem schwarzem Chevrolet legte, kam dieser wütend aus der Werkstatt gerannt, schnappte sich das Essen und bewarf Femia damit.

Die Polizisten im Haus gegenüber beobachteten alles. Bob Long als Leiter des Beobachtungsteams traf sich regelmäßig mit Jeremiah O'Sullivan, dem leitenden Staatsanwalt in der Abteilung für organisiertes Verbrechen im Justizministerium. Long hatte keine Ahnung, dass O'Sullivan auf Bitten von John Connolly und John Morris keine Anklage wegen Wettbetrugs gegen Whitey und Flemmi erhoben hatte. O'Sullivan wollte mit deren Hilfe das Hauptquartier der Mafia im North End verwanzen, das von der Werkstatt in der Lancaster Street nur zehn Minuten zu Fuß entfernt war. Da ihm bewusst war, dass er die Polizei des Bundesstaats nicht ganz von Whitey fernhalten konnte, sagte er zu, dass die Regierung die Kosten für die Überwachung übernehmen werde, ansonsten seien die Beamten jedoch auf sich allein gestellt. Damit war Long einverstanden. Jack O'Donovan war Longs Mentor, und wie O'D glaubte auch Long, dass das FBI Whitey und Flemmi schützte. Je weniger sie mit dem FBI zu tun hatten, desto besser.

Ihr erster Versuch, die Werkstatt zu verwanzen, lief unter dem Kodenamen »trojanisches Pferd«. Dazu wurde in einen Lieferwagen ein doppelter Boden eingebaut, in dem sich ein Beamter namens Jack O'Malley versteckte. Fraelick brachte den Wagen kurz vor Feierabend in die Werkstatt. Doch O'Malley bekam keine Gelegenheit, auszusteigen und die Wanze anzubringen, weil ein Betrunkener sich vor der Werkstatt niederließ und randalierte. Da Long den Einsatz deshalb zu riskant fand, schlich O'Malley sich wieder aus der Werkstatt, und die Beamten schmiedeten einen neuen Plan. Beim nächsten Mal brachen sie einfach in die Werkstatt ein und versteckten ihre Wanzen. Eine davon wurde zerquetscht, als Vincent »Fat Vinnie« Roberto, ein 180 Kilogramm schwerer Mafioso, sich auf den Stuhl fallen ließ, an dem sie befestigt war. Eine andere funktionierte nicht. Die dritte Wanze nahm allerdings Gespräche auf, obwohl sie manchmal von den Funksprüchen der Krankenwagen gestört wurde. Da die Beamten das FBI bewusst aus dem Spiel ließen, mussten sie bei ihrer Abhöraktion etwas improvisieren, denn sie hatten keinen Zugang zur Spitzentechnik des FBI. Einige Mikrofone, die sie benutzten, kauften sie sogar einfach in einem Elektronikgeschäft.[3]

Doch das alles war letztlich egal, weil Whitey und Flemmi plötzlich damit aufhörten, ihre Geschäfte offen vor Ort zu besprechen. Wenn sie reden wollten, stiegen sie stattdessen in Autos ein. Irgendwann kamen sie dann gar nicht mehr in die Werkstatt. Mehr als drei Monate lang hatten die Polizisten beobachtet, dass Whitey und Flemmi keinerlei Vorsichtsmaßnahmen ergriffen, wenn sie andere Gangster trafen. Doch sobald die Wanzen installiert waren, verlor die Garage ihre Funktion als wichtiger Treffpunkt. »Sie wurden gewarnt«, mutmaßte Bob Long und starrte aus dem Fenster. »Jemand hat sie gewarnt.«

Zunächst fiel der Verdacht auf John Morris. »Habt ihr in der Lancaster Street etwas am Laufen?«, hatte Morris einen Bostoner Kripobeamten namens Bob Ryan auf einer Party der Justizangestellten mit einem Glas Wein in der Hand gefragt. Ryan wusste nicht, was er antworten sollte. Obwohl er einer der leitenden Ermittler im Büro des Bezirksstaatsanwalts von Suffolk County war, das eine richterliche Genehmigung für die Abhöraktion erwirkt hatte, täuschte er daher zunächst Unwissenheit vor und rief dann Bob Long an. Long ging daraufhin zu O'Donovan, der eine Besprechung mit dem FBI forderte.

Sie trafen sich an einem Morgen im August in einem Hotel in der Stadtmitte. Offenbar gab es eine undichte Stelle, und O'Donovan ließ keinen Zweifel daran, dass er sie beim FBI vermutete. Er gab sogar an, dass es seiner Meinung nach Morris war. »Noch etwas«, fuhr er fort, »wir wissen, dass Bulger und Flemmi FBI-Informanten sind.«[4] Die FBI-Agenten versprachen, die Sache zu untersuchen. Stattdessen begannen Connolly und Morris, verschiedene Geschichten als Ablenkungsmanöver in Umlauf zu bringen: Die *Staties* seien in puncto Abhöraktionen einfach zu unerfahren – was stimmte – und hätten sich auf eine Person mit zweifelhaften technischen Fähigkeiten verlassen – was ebenfalls stimmte. Die Kollegen wollten ihre Verantwortung nur abwälzen, sagte das FBI.

Später erklärte John Connolly, Jerry O'Sullivan habe ihm von der Abhöraktion erzählt und ihn aufgefordert, Whitey und Flemmi zu informieren. O'Sullivan sei überrascht gewesen, als er geantwortet habe, es sei nicht nötig, die beiden Gangster zu warnen, weil sie bereits Bescheid wüssten. »Mitten im Fall Lancaster Street hörte ich von Stevie, die Werkstatt sei verwanzt«, berichtete Connolly.[5] Whitey teilte dem FBI mit, er habe seine Informationen von einem bestechlichen Kripobeamten erhalten. Und er hatte recht. Die undichte Stelle war Richard Schneiderhan, den Flemmi seit Jahren bezahlte.

Obwohl das FBI keine Schuld traf, sorgten O'Donovans Vorwürfe wegen der undichten Stelle für einige Unruhe. Larry Sarhatt, der neue Leiter des Bostoner FBI-Büros, rief daher Morris zu sich und befahl ihm, Whitey und Flemmi nicht länger als Informanten zu beschäftigen und stattdessen gegen sie zu ermitteln. »Ich hielt das für verrückt«, sagte Connolly. »Wir waren ganz nah an den Angiulos dran.« Er und Morris suchten Whitey und Flemmi auf. »Ich vermute, die ganze Sache ist wegen Lancaster Street beendet worden«, sagte Connolly zu ihnen. »Ab sofort kann ich euch nicht mehr treffen.«[6]

Dann unternahmen Connolly und Morris einen letzten Versuch, Sarhatt zur Einsicht zu bringen. Sie wiesen Whitey an, jemanden im North End zu treffen. Also stand Whitey eines Nachmittags im Spätherbst 1980 auf dem Gehsteig vor einem unscheinbaren Wohnblock in der Prince Street 98 und wartete darauf, dass die Tür sich öffnete. Flemmi stand neben ihm und hatte soeben an die Tür geklopft. Ihre Anwesenheit an diesem Tag rief Erinnerungen an ein ähnliches Ereignis vor einem halben Jahrhundert wach. Damals hatte Frankie Wallace, Whiteys Vorgänger als mächtigster Gangster von Southie, in derselben Gegend vor einer Tür gestanden, weil er seine Rivalen von der Mafia besuchen wollte. Er wurde von einem Geschosshagel empfangen, der die Tür durchschlug. Dieser dreiste Hinterhalt ermöglichte es der Mafia, die irische Gustin-Gang auszulöschen und den örtlichen

Alkoholschmuggel jahrelang zu beherrschen. Von da an regierten Italiener die Unterwelt einer Stadt, in der die Iren kraft ihrer Zahl das Verbrechen ebenso hätten dominieren müssen wie die Politik.

Dieses Mal öffnete sich die Tür jedoch, und Whitey wurde nicht mit Gewehrfeuer begrüßt, sondern mit fragenden Blicken. Der Mafiaboss Jerry Angiulo und seine Leute hatten sich in dem Apartment versammelt, das der Cosa Nostra als Hauptquartier in Boston diente, und sie hatten nicht erwartet, dass Whitey mit seinem Partner Flemmi vorbeikam. Flemmi war zwar ein häufiger Gast, doch dies war das erste und einzige Mal, dass Whitey den Mafiaschlupfwinkel betrat. Das war, ohne dass Angiulo es wissen konnte, die Rache von Frankie Wallace: Denn Whitey war vom FBI geschickt worden, um das Apartment in Augenschein zu nehmen, weil das FBI das Hauptquartier der Mafia verwanzen und bei Gericht einen entsprechenden Antrag stellen wollte – ein wichtiger Schritt im Kampf gegen das kriminelle italienische Syndikat.

Das Mafiahauptquartier war eine bessere Junggesellenwohnung im untersten Stock eines vierstöckigen Ziegelgebäudes, in dem Angiulo, ein gedrungener Mann mit dicken Brillengläsern, dröhnender Stimme und weißem Haar, Buchmacher zusammenstauchte. Whitey war nicht etwa dort, weil das FBI seine Hilfe gebraucht hätte, um einen Richter von der Notwendigkeit einer Abhöraktion zu überzeugen – die Ermittler bekamen von den geschädigten Buchmachern, die unter Angiulo litten, mehr Informationen, als sie brauchten. Und die Früchte des Besuchs, eine grobe Skizze, die Flemmi von dem L-förmigen Raum anfertigte – einschließlich des Fernsehers, der am Fester stand, und der Küche, in der die Angiulos viele ihrer Mahlzeiten zubereiteten –, hätten ohnehin nicht viel genützt. Nein, Whitey war dort, weil Connolly und Morris ihn hingeschickt hatten. Er sollte einen Nutzen vortäuschen, den er in Wirklichkeit gar nicht besaß, damit der Streit über die Lancaster Street im Vergleich zu Whiteys Wert als Informant banal aussah. Das FBI in Boston bereitete sich auf den folgenreichsten Schlag aller Zeiten vor – das Verwanzen von Angiulos Hauptquartier –, und wenn Whitey Informant bleiben sollte, musste er einen gewissen Anteil an dieser Aktion haben.

Connolly kannte die grundsätzlichen Unterschiede zwischen dem FBI und der Polizei von Massachusetts, und um Whitey weiter im Rennen zu behalten, nutzte er die bestehenden Animositäten und beiderseitigen Vorurteile. Er stellte die Polizeibeamten als unfähige Leute hin, die mit den Fingern auf das FBI zeigten, weil sie neidisch seien. Die FBI-Agenten seien professionell, die Polizisten nur ein Haufen Cowboys. Connolly schrieb ein Memo für Sarhatt, das sich auf ein Gespräch mit Whitey stützte und in dem er versuchte, die Polizisten des Bundesstaats im Allgemeinen und O'Donovan im Besonderen als paranoid hinzustellen. »Die Polizei von Massachusetts spekuliert, Special Agent Connolly habe Whitey Bulger möglicherweise über seinen Bruder, den Senatspräsidenten William Bulger, eine Warnung zugehen lassen. Die Quelle berichtete, sie seien sehr verärgert über das Scheitern ihrer Ermittlungen und wollten ihr Versagen jemand anderem in die Schuhe schieben. Die Quelle fügte hinzu, Agent Connolly sei ein Hauptziel, weil er [in einem Mordfall] ermittelt habe, der für die bundesstaatliche Polizei peinlich gewesen sei.«[7]

Sarhatt drängte auf ein Treffen mit Whitey, um sich davon zu überzeugen, dass dieser all die Mühe wert war. Da Connolly und Morris von Whiteys Charisma so eingenommen waren, glaubten sie vielleicht, auch Sarhatt werde von ihm angemessen beeindruckt sein. Die Begegnung war äußerst ungewöhnlich, denn leitende FBI-Agenten setzten sich selten selbst mit Informanten zusammen. Sie trafen sich zwei Tage vor Thanksgiving 1980 im »Hilton« auf dem Flughafen Logan. Connolly zahlte 37 Dollar für den Raum. Die Begegnung dauerte vier Stunden. Whitey war wie üblich selbstsicher und legte seine Cowboystiefel auf den Tisch. Sarhatts Bericht über das Treffen ist insofern erstaunlich, als er Whiteys Ausführungen anscheinend akzeptierte, ohne sie im Geringsten zu hinterfragen. Whitey behauptete, er sei Informant geworden, weil FBI-Agent Paul Rico, der ihn 1956 wegen Bankraubs verhaftet habe, so freundlich zu seiner Familie gewesen sei. »Seine Familie schrieb ihm, Special Agent Paul Rico sei ein echter Gentleman und sehr hilfsbereit. Daraufhin habe er, der Informant, seinen Hass auf die gesamte Justiz aufgegeben«, notierte Sarhatt. »Zudem hegt er große Sympathie für Special Agent John Connolly, weil beide im selben Bostoner Stadtteil aufwuchsen und als Kinder die gleichen Probleme hatten. Er hasst die Cosa Nostra sehr.«

Whitey erzählte Sarhatt, er wisse, dass die Polizei von Massachusetts ihn für einen FBI-Informanten halte, dennoch fürchte er nicht um seine Sicherheit, denn – so schrieb Sarhatt in einer weiteren Aktennotiz – »niemand würde glauben, dass er ein Informant sei, es wäre einfach zu unglaubwürdig«.

Erstaunlich war Sarhatts Reaktion, als Whitey den Namen des korrupten Polizisten nicht nennen wollte, der ihm einen Tipp gegeben hatte. »Der Informant wurde gefragt, ob er die Identität des Polizisten nennen wolle, der ihn mit Informationen versorge. Er lehnte ab, weil diese Quelle keine finanziellen Gründe habe, sondern ihm nur einen Gefallen tun wolle, da sie einander nahestünden.«[8]

Das war alles. Der FBI-Chef in Boston erlaubte Whitey, sein Geheimnis zu wahren. Und Whitey hatte erneut bewiesen, wie geschickt er mit dem FBI umgehen konnte. »Colonel O'Donovan habe er einige Male getroffen«, fuhr Sarhatt fort. »Eine Begegnung hob er besonders hervor, weil O'Donovan sich dabei sehr abfällig über den Professionalismus des FBI geäußert habe. Das habe ihn [Whitey] geärgert, weil seine Beziehung zum FBI stets äußerst professionell gewesen sei.«[9]

In der Woche nach dem Treffen im Hotel schrieb Connolly auf Sarhatts Anweisung hin ein Rechtfertigungsmemo als Reaktion auf die Kontroverse über die Ermittlungen in der Lancaster Street. Darin übertrieb er Whiteys Bedeutung als Informant und gab Sarhatt reichlich Gründe dafür, Whitey in dieser Rolle zu behalten. Er erwähnte sogar lobend, dass Whitey das Leben von zwei verdeckten Ermittlern des FBI gerettet habe. Diese Behauptung war äußerst fragwürdig. Außerdem gab er an, Whitey habe die Namen der Verbrecher enthüllt, die 1980 in Medford, etwas außerhalb von Boston, einen schweren Bankraub begangen hätten – erneut eine zweifelhafte Behauptung, weil die Polizei diese Namen sehr schnell ermittelt hatte.[10] Zur Krönung des Ganzen schrieb er noch, Whitey helfe dem FBI, ins Hauptquartier der Mafia im North End zu gelangen.

Das war frei erfunden – jegliche Unterstützung kam von den eingeschüchterten Buchmachern. Doch das konnte Sarhatt nicht wissen, er war nicht aus Boston. Wie alle Vorgesetzten, die von außerhalb kamen, war er auf Beamte im Außendienst angewiesen. Einer von denen war Connolly, und der wusste genau, was er sagen musste und wie er es sagen musste. Das FBI war zu der Zeit dabei, auf nationaler Ebene Beweise gegen Familien der Cosa Nostra zu sammeln. Daher reagierte Sarhatt äußerst empfindlich auf jede Andeutung, der Verzicht auf einen Informanten könne möglicherweise das FBI im Kampf gegen die Mafia schwächen. Im Vergleich zu den Mafiosi galt Whitey als unbedeutend.

Connolly und Morris redeten ihrem Chef schließlich aus, Whitey abzuservieren, und es gelang ihnen, die beinahe katastrophalen Folgen der Ermittlung in der Lancaster Street unbeschadet zu überstehen. Aber es gab Mitglieder der Polizei des Staates Massachusetts, die empört waren, wie dreist das FBI Whitey schützte, und daher mehr denn je entschlossen waren, den Gangster zu erledigen. Sie hatten nun auch verstanden, dass sie hinter dem Rücken des FBI arbeiten mussten, nicht mit dem FBI. Der Kampf gegen das organisierte Verbrechen in Boston stand kurz vor seinem Höhepunkt, und die ganze Zeit über standen das FBI und die Polizei des Bundesstaats miteinander auf Kriegsfuß. Whitey hatte diesen Konflikt nicht angezettelt, aber er war sein größter Nutznießer.

Einen Monat, nachdem Connolly und Morris Sarhatt dazu überredet hatten, Whitey weiter als Informanten einzusetzen, wurden über die Wanze, die das FBI in Jerry Angiulos Büro installiert hatte, Gespräche abgehört, die nicht nur Verbrechen der Mafia enthüllten. Anguilo und seine Handlanger lobten Whitey und Flemmi in den höchsten Tönen als hochrangige Kriminelle.

»Whitey beherrscht ganz Southie«, sagte Anguilo, »und Stevie hat ganz South End unter sich.«

Anguilo deutete zudem an, dass die beiden als Subunternehmer der Mafia arbeiteten.

»Eines kann ich euch sagen«, versicherte er den versammelten Mafiosi. »Wenn ich diese Jungs jetzt anrufen würde, dann würden sie jeden umlegen, den wir loswerden wollen.«

Larry Baione, der Consigliere, schloss sich der Lobrede an und pries die beiden als tödliche Problemlöser. »Das sind nette Jungs«, stimmte er zu, »genau die richtigen, um Dinge in Ordnung zu bringen.«[11]

Erst vier Jahre später lagen diese Aufzeichnungen einem Gericht vor. Als die Bänder abgehört wurden, erklärten Ermittler der bundesstaatlichen Polizei, dies sei der Beweis dafür, dass das FBI Mörder gedeckt habe.

Inzwischen hatte die amerikanische Drogenbehörde DEA eine Allianz mit der Polizei von Massachusetts sowie mit der Polizei in Boston und Quincy geschmiedet, um Whitey wegen seines lukrativsten Geschäfts ins Visier zu nehmen: der Erpressung von Drogenhändlern. Der Trupp, der Whitey jagte, wurde also immer größer, und das vor allem wegen der Ermittlungen in der Lancaster Street.

Das Absurde daran ist, dass die Person, die die gesamte Operation gefährdete, ein Polizist des Bundesstaats war, nicht ein FBI-Agent wie Connolly oder Morris. Aber der Skandal, den das Bestehen einer undichten Stelle ausgelöst hatte, veränderte die Schwerpunkte der Strafverfolgungsbehören so, dass binnen weniger Jahre jede Behörde Whitey im Gefängnis sehen wollte. Jede Behörde mit Ausnahme des FBI.

9

Konzentrische Kreise

Im Herbst 1982 schlenderte Whitey Bulger in den Speisesaal des »Ritz«. Von dort aus konnte man die gepflegten Grünanlagen in der Bostoner Back Bay bewundern. Heute existiert dieser Saal nicht mehr, doch damals war er der eleganteste Speisesaal der Stadt, und seine Gäste waren die Reichen, die Schönen und die Mächtigen. Whitey war der Meinung, dass er dort hingehöre. Er war ebenso der Chef eines Unternehmens wie all die Banker und Anwälte an den Tischen, die mit frischen weißen Tischdecken bedeckt waren. Er hatte seinen Schützling Kevin Weeks mitgebracht, einen Boxer, den er zu seinem Helfer ausgebildet hatte. Ihre Frauen standen einen Schritt hinter ihnen, während sie auf einen Tisch warteten. Weeks kam aus der Sozialbausiedlung in Southie, und das Haus, in dem Whitey aufgewachsen war, lag auf der anderen Straßenseite. Leute aus dem Armenviertel aßen normalerweise nicht im »Ritz« zu Abend. Aber sie waren keine Armen mehr, sie waren die Fürsten der Stadt.

»Schaut euch das an«, sagte Whitey fast zu sich selbst.

Kronleuchter funkelten über ihren Köpfen. Edle Vorhänge rahmten die großen Spiegelglasfenster ein, durch die man einen wunderbaren Blick über Boston hatte. Von den besten Tischen aus sahen die Gäste Beacon Hill jenseits des Parks, in dem eine bronzene Reiterstatue von George Washington stand und die berühmten Schwanenboote zu einer Fahrt durch eine künstliche Lagune einluden. Die Neuankömmlinge wurden zu ihrem Tisch geführt, und Whitey setzte sich neben Teresa Stanley, Weeks neben seine Frau Pam.

»Wir beginnen mit Dom Pérignon«, sagte Whitey zu dem Kellner im Smoking, dann bestellte er Kaviar, Hummer, Filet mignon und eine Auswahl französischer Weine. Den Weinkellner wies er an, die Rotweine zu dekantieren und die Weißweine in den Eiskübel zu stellen. Whiteys Begleiter lehnten sich zurück und genossen die Extravaganz.

»Wer hätte das mehr verdient als wir?«, fragte Whitey Weeks. Dann deutete er zum Nachbartisch. »Hat dieser Bursche das alles verdient? Warum sollten wir die schönen Dinge des Lebens nicht genießen? Warum sollte er etwas haben, was wir nicht haben?«

Es hörte sich an wie ein Selbstgespräch oder wie der Beginn eines solchen. Whitey dachte wohl an seinen Weg aus der Armut und Bedeutungslosigkeit hin zu Ruhm und Reichtum. Die Frauen verstanden das nicht und lachten nur, aber Weeks nickte. Er hatte solche Aussagen schon oft gehört. Und er wusste, was sie bedeuteten: dass er, Kevin Weeks, jetzt in Whiteys Welt leben durfte.

Als Whitey die Rechnung gebracht wurde, warf Weeks einen Blick darauf und sah, dass die Zeche rund 2700 Dollar betrug.[1]

Obendrein gab Whitey ein ordentliches Trinkgeld.

Er bezahlte alles in bar.

Ende der Siebziger-, Anfang der Achtzigerjahre war Whitey ein unangefochtener Machtfaktor in der Bostoner Unterwelt. Er und Steve Flemmi leiteten allein das Winter-Hill-Imperium, da ihre Partner auf der Flucht oder im Knast waren. John Connolly und das FBI hielten ihnen den Rücken frei, und ihre Hauptrivalen von der Mafia waren dabei, sich ins Gefängnis zu reden. Whiteys Wettgeschäfte in Southie liefen immer noch gut, doch er und Flemmi waren mit den monatlichen Zahlungen der Buchmacher nicht mehr zufrieden. Sie bereiteten sich daher auf ein lukrativeres Geschäft vor: den Drogenhändlern, die in Southie und in der Umgebung arbeiteten, Geld abzupressen.

Einer der Schlüssel zu Whiteys anhaltendem Erfolg und zu seinem Überleben war sein Bestreben, relativ unauffällig und innerhalb seiner Grenzen zu bleiben. Whiteys Welt erstreckte sich nur ein paar Kilometer weit von den verborgenen Gräbern am Neponset in Quincy bis nach Southie, wo er im »Triple O« Hof hielt. Tagsüber besuchte er Castle Island an Southies Küste, um über Geschäfte zu reden, ohne dass ihn jemand abhören konnte. Abends aß er meist mit Teresa Stanley und ihren Kindern in ihrem Haus in der Silver Street, bevor er sich in die Wohnung zurückzog, die er mit Cathy Greig in Quincy teilte. Während er in Southie sehr bekannt und gefürchtet war, verbreitete sich sein Ruf kaum über den Stadtteil hinaus. Sein Name stand selten in den Zeitungen, selbst nachdem sein Bruder Bill 1978 zum Präsidenten des Senats von Massachusetts gewählt wurde. Whitey pflegte einen kleinen Kreis von vertrauenswürdigen Freunden und Geschäftspartnern. Einige waren Verbrecher, andere FBI-Agenten. Manche waren Angehörige, andere Geliebte. Alle waren ihm irgendwie hörig, gefangen von seiner faszinierenden, einschüchternden Aura. Er war, was sie gerne gewesen wären: ein harter Bursche. Oder der Reiche, der ihnen den Lebensstil ermöglichte, von dem sie träumten. Zu seinem Kreis zu gehören bedeutete, als Unbeteiligter an seinem aufregenden Leben teilhaben zu können, und es hatte einige sehr handfeste Vorteile. Für die Gangster war das Geld. Für die Frauen Geld, seine Ausstrahlung als böser Junge, sein gutes Aussehen und seine unbestreitbare Macht. Für die FBI-Agenten war die Nähe zu dieser Macht interessant, aber auch ihr Status innerhalb der Truppe sowie die Leistungszulagen und Beförderungen, die ihnen zuteilwurden, weil sie Tipps von einem hochrangigen Informanten erhielten. Manchmal ging es aber auch ihnen ums Geld. Er hatte sie alle korrumpiert, mal mehr, mal weniger.

Whiteys engster innerer Zirkel bestand aus mehreren konzentrischen Kreisen. Er teilte sein Leben bewusst in einzelne Bereiche ein, um es in all seiner Komplexität in den Griff zu bekommen. Wer ihn verstehen will, muss wissen, wie er seine Welt zusammenfügte, was er von sich selbst und anderen im Rahmen einer Freundschaft erwartete und wo er die Grenzen seiner Loyalität zog. Seine Angehörigen, besonders seine Brüder Bill und Jack, bildeten einen dieser Kreise, sie gaben ihm bedingungslose Liebe und Unterstützung und bekamen beides zurück. Seine Familie schaute weg, wenn es um Whiteys Geschäfte ging. Vor allem Bill hatte eine überaus zweifelhafte Einstellung gegenüber den kriminellen Aktivitäten seines Bruders. Für ihn war Whitey ein Mann, der gemeinsam mit dem FBI gegen die Mafia vorging, nicht ein skrupelloser Mörder. Cathy Greig und Teresa Stanley, die Frauen, mit denen Whitey die beständigsten Beziehungen hatte, belegten jeweils separate Bereiche ganz nah am Zentrum, obwohl es in größerer Entfernung noch andere Frauen gab, die zwar in seinem Bett willkommen waren, aber nie sein Vertrauen genossen. Die Männer, mit denen Whitey im Gefängnis saß, waren Teil eines weiteren Kreises. Mit einigen von ihnen blieb Whitey in Kontakt, besonders mit denen, die er aus Alcatraz kannte.

Abgesehen von Flemmi stand ihm niemand näher als Kevin Weeks. Während Weeks Whitey als den Mann bewunderte, der er selbst gern sein wollte – zutiefst gefürchtet und respektiert –, schätzte Whitey an ihm, dass er der Typ war, der andere mit einem einzigen Schlag umhauen konnte, und genau davon hatte Whitey in seiner Jugend geträumt. Weeks war der geborene Kämpfer. Sein Vater, ein Profiboxer, hatte ihn trainiert, wenn man Schläge ins Gesicht eines kleinen Jungen als Training bezeichnen mag. Manchmal schlug ihn sein Vater, weil er zu oft blinzelte. Er glaubte, seinem Sohn damit einen Gefallen zu tun, denn Southie war hart, und die Sozialbauten der Old Colony, wo Weeks aufwuchs, waren noch härter. Nur wer kämpfen konnte, überlebte. »Mein Vater gehörte zu den Typen, die zwei Schläge einsteckten, um einen zu landen«, sagte Weeks.[2] Genau so hatte ein Bostoner Polizist einst den Teenager Whitey Bulger beschrieben.

Wie Whitey hatte auch Weeks fünf Geschwister, und nur ein Familienmitglied war kriminell. Beide fingen bescheiden an und hatten Brüder, die beruflich ohne die Hilfe einer Waffe erfolgreich waren. Die beiden Brüder von Weeks studierten in Harvard, einer wurde Rechtsanwalt, der andere ein angesehener Parteifunktionär, der in der gescheiterten Wahlkampagne des Präsidentschaftsbewerbers Michael Dukakis im Jahr 1988 eine wichtige Rolle spielte.* Whitey sah den gemeinsamen Nenner in ihrem Leben, und seine Beziehung zu Weeks war fast familiär. Als Weeks' Vater starb, bezahlte Whitey das Begräbnis, nahm aber wie üblich nicht daran teil. Er mochte solche öffentlichen Veranstaltungen nicht, machte aber eine Ausnahme, als seine Mutter 1980 starb. Doch auch da schlich er sich nach dem Leichenschmaus ins Bestattungsinstitut, um der Verstorbenen allein die letzte Ehre zu erweisen. Whitey mied Ereignisse wie Beerdigungen, weil er nicht fotografiert werden wollte. Seiner Meinung nach war das für die Zeitungen nur eine weitere Möglichkeit, um seinen Bruder, den Politiker, in Verlegenheit zu bringen.

Weeks ging wie Bill in die Boston College High School. Doch während Bill seinen Abschluss erfolgreich erreichte, hielt Weeks nur ein Jahr durch. Er verpasste die letzte Schulwoche, weil er suspendiert worden war, nachdem er einen Jungen niedergeschlagen hatte, der seine an Arthritis leidende Mutter Peg in Anspielung auf ihre Krücken »Holzbein« genannt hatte. Weeks verließ die BC High und besuchte die Southie High, wo er im Frühling 1974 den Abschluss machte – ein Jahr bevor das gerichtlich angeordnete *busing* die Schule ins Chaos stürzte. Dennoch fand Weeks sich bald mitten in diesem Drama wieder, jedoch nicht als Schüler, sondern als Helfer beim Sicherheitsdienst der Highschool. Sein Ruf, ein harter Bursche zu sein, eilte ihm voraus, und die Schulleitung hoffte, dass allein seine Anwesenheit einige Unruhestifter zur Zurückhaltung bewegen werde. Wegen seiner Herkunft aus Southie geriet Weeks natürlich zwischen die Fronten in den Klassenzimmern und Fluren. Schwarze Schüler warfen ihm vor, er begünstige die Weißen, und einer behauptete sogar, Weeks habe ihn geschla-

---

* Jack Weeks wurde zu Recht oder zu Unrecht vorgeworfen, er habe Dukakis dazu gebracht, vor Journalisten in einem Panzer zu fahren. Das sollte eigentlich dessen Ansehen bei den Unterstützern des Militärs stärken, doch das Bild eines Präsidentschaftskandidaten, der einen Overall und einen zu großen Helm trug, bewirkte eher Spott und wurde von den Republikaner benutzt, um Dukakis zu schaden.

gen. Weeks bestritt das, dennoch wurde er entlassen. Außerdem wurde er wegen Körperverletzung angeklagt, nachdem er den Vater eines schwarzen Schülers verprügelt hatte. Während er im Bezirksgericht in South Boston auf seine Verhandlung wartete, kam er mit Billy O'Neil ins Gespräch, der beschuldigt wurde, einen schwarzen Taxifahrer niedergeschlagen zu haben. O'Neil und seine zwei Brüder waren die Eigentümer des »Triple O«. Nachdem sich die beiden ein bisschen bemitleidet hatten, bot O'Neil Weeks einen Job als Rausschmeißer in der Bar an.

Das »Triple O« war eine typische Southie-Kneipe: lang und relativ schmal, schwach beleuchtet, mit einer Rauchwolke unter der Decke, Nischen an einer Seite und Hockern und einer Bar an der anderen Seite. Die O'Neils hatten einige lokale Künstler beauftragt, die Wände mit Bildern der Sieben Zwerge und anderer Disneyfiguren zu bemalen – ein unpassendes Dekor angesichts der Leute, die dort verkehrten. An einem St. Patrick's Day stellte Weeks Bier und Eis ab, das er gerade aus dem Keller geholt hatte, und schlug zwei raufende Männer mit zwei schnellen Boxhieben nieder. Zum ersten Mal nahm Whitey, ein regelmäßiger Gast im »Triple O«, von dem vierschrötigen Rausschmeißer Notiz. »Damals wusste ich nicht, dass Jimmy mich testen wollte«, sagte Weeks, der seinen Chef immer Jimmy nannte. »Er wollte herausfinden, was ich draufhatte, wie ich mich verhielt.«

Im »Triple O« gab es dazu reichlich Gelegenheit. Prügeleien waren an der Tagesordnung, vor allem an Wochenenden, wenn einige Leute nur vorbeikamen, um zu schauen, wer als Erster anfing. Weeks war dafür bekannt, dass er solche Raufereien unterband, bevor etwas in der Kneipe kaputtgehen konnte. Whitey stand am liebsten mit dem Rücken zur Wand am Ende der Bar, dort sah er alles und jeden und konnte durch die Hintertür hinausschlüpfen, wenn es vorne Ärger gab. Meist trug er Jeans, Cowboystiefel und, wenn es nicht gerade Sommer war, eine Lederjacke. Irgendwann begann Whitey, sich mit Weeks zu unterhalten. Er riet ihm, Ärger zu vermeiden, Bücher zu lesen und sich vor Alkohol zu hüten. Weeks erinnert sich noch an Whiteys Ermahnung: »Säufer sind Nieten.«

Eines Abends gab es einen Streit vor dem Lokal, und ein Motorradfahrer wurde niedergestochen. Als Weeks hinausging, um nachzusehen, was los war, reichte ihm jemand ein blutiges Messer. Er nahm es wortlos mit in die Kneipe. Kevin O'Neil, der die Kneipe führte, rastete aus: »Du bringst dieses Messer mit rein?«, schnauzte er ihn an. »Ich werde deswegen noch meine verdammte Lizenz verlieren!«[3] Weeks sagte nichts, während Kevin ihn weiter wegen seiner Dummheit beschimpfte. Ein paar Wochen später bat ihn sein jüngerer Bruder Billy, Weeks zu entlassen. Billy gab an, den Motorradfahrer niedergestochen und das Messer Weeks in die Hand gedrückt zu haben, damit er es beseitige.

Whitey, der wieder einmal an der Bar stand, hörte den Wortwechsel und war beeindruckt, dass Weeks trotz der falschen Anschuldigungen den Mund gehalten hatte. Er beobachtete Weeks fast drei Jahre lang, ehe er zu ihm ging und sagte: »Komm, wir machen eine kleine Spritztour.« Sie waren nur ein paar Minuten unterwegs, als Whitey vor einer Kneipe am East Broadway hielt und ein Mann in den Zwanzigern, den Weeks nicht kannte, einstieg. Weeks hatte den Eindruck, dass alles geplant war. Whitey begann, den Burschen anzuschreien, und warf ihm vor, er habe seine Nichte geschlagen. Dann fuhr er weiter in die M Street, hielt am Straßenrand und setzte seine Tirade fort. Whitey durchsuchte den Mann, fand ein Messer bei ihm und zog dessen stumpfe Seite quer über den Hals seines Opfers. Natürlich kam kein Blut, aber der Typ glaubte, Whitey habe ihm die Kehle durchschnitten, und seine Augen weiteten sich vor Panik. Whitey sah Weeks kurz an, der dabeigesessen und sich gefragt hatte, was das alles sollte. Ohne ein Wort zu sagen, schlug Weeks daraufhin auf den Mann ein. Sein erster Schlag brach ihm die Nase, der zweite schlug ihm einige Zähne aus. Nun packte Whitey einen Knüppel und bearbeitete sein Opfer damit. Dann brachten sie den Verletzten zurück zu der Kneipe, vor der sie ihn aufgelesen hatten, und warfen ihn auf den Gehsteig. Kaum war der Mann in die Bar getaumelt, kamen schon einige seiner Freunde herausgerannt. Doch Weeks wartete bereits auf sie. Nachdem er den Ersten mit einem einzigen Hieb niedergeschlagen hatte, blieben die anderen abrupt stehen. »Will sonst noch jemand meine Nichte belästigen?«, fragte Whitey.

Niemand meldete sich. Ein paar Tage später gab Whitey gegenüber Weeks zu, dass ihm ein Fehler unterlaufen sei. Der junge Mann, den sie so übel zugerichtet hatten, hatte zwar ein Mädchen geschlagen, aber nicht Whiteys Nichte. Das mache jedoch keinen Unterschied, erklärte er. Der Kerl habe ein Mädchen geschlagen und daher Strafe verdient. Whitey lobte Weeks zudem dafür, dass er dem Typ das Gesicht zermanscht hatte, und gab ihm 1000 Dollar. Jetzt gehörte Weeks offiziell zu Whiteys Team.[4]

Manche Leute im Viertel hielten Weeks für Whiteys Fahrer, doch dieser fuhr immer selbst, denn er traute niemand anderem am Lenkrad. Weeks saß daher stets auf dem Beifahrersitz, wenn die beiden unterwegs waren. Whitey liebte Lincoln Continentals, er hatte einen mit vier Türen und einen mitternachtsblauen mit zwei Türen. Auch Chevrolets gefielen ihm, besonders Malibus, aber auch Impalas. Er besaß mehrere davon. Außerdem hatte er einen waldgrünen Jaguar XJS, eine Luxuslimousine, die er selten fuhr. Als Weeks sie ihm einige Jahre später abkaufte, zeigte der Kilometerzähler nur 3200 Kilometer an. Der Jaguar passte nicht sehr gut zu dem

Image, das Whitey in Southie aufrechterhalten wollte: Er war ein Mann, der aufgestiegen war, ohne seine Wurzeln zu vergessen.

Mit seinen dicken Unterarmen und riesigen Händen war Weeks der Pitbull seines Chefs. Whitey hetzte ihn auf jeden, der ihn ärgerte, und Weeks schlug gehorsam zu, ohne Fragen zu stellen. Whitey riet ihm allerdings dringend, seine Schlagkraft aufs Geschäft zu beschränken und Kneipenschlägereien aus dem Weg zu gehen. Er sagte, Weeks wisse gar nicht, wie gefährlich seine Fäuste seien. »Du bist nur einen Schlag vom Knast entfernt«, warnte er ihn einmal. Eines Tages ignorierte ein Jugendlicher, dessen Auto ihnen in einer engen Gasse in Southie den Weg versperrte, Whiteys Bitte wegzufahren. Schlimmer noch: Der Junge empfahl ihm, sich zu verpissen. »Kevin«, sagte Whitey, und mehr brauchte es auch nicht. Weeks stieg aus, ging zur Fahrerseite und schlug dem Jungen auf den Mund, wobei einige Zähne zu Bruch gingen. Der Vater des Jungen war Polizist, seine Mutter Schülerlotsin. Sie klagten und verlangten Schadenersatz. Whitey zahlte mehr als 1600 Dollar für die Zahnbehandlung, außerdem ermahnte er Weeks.

»Warum hast du ihn so hart geschlagen?«

»Du hast gesagt, ich soll ihn schlagen.«

»Schon, aber ich habe nicht gesagt, dass du so hart zuschlagen sollst«, erwiderte Whitey.[5]

Einmal war ein Typ, der vor dem »Triple O« in einem Auto saß, so dumm, Whitey den Stinkefinger zu zeigen. Weeks ging daraufhin zu ihm und versetzte ihm durch das offene Fenster einen Hieb. Später bemerkte er, dass bei dem Schlag ein Diamant aus dem Ring an seinem kleinen Finger herausgefallen war. Whitey kaufte ihm sofort einen neuen Ring. »Das war das einzige Mal, dass er mir Schmuck kaufte«, sagte Weeks. »Der Ring enthielt einen fünfkarätigen Diamantsolitär. Er war über 100.000 Dollar wert.«

Mit seiner rauen Art trug Weeks viel dazu bei, dass Whitey sein Image als wohltätiger Gangster pflegen konnte. Wer in Southie etwas tat, was Whitey nicht gefiel, musste mit Schlägen oder mit Schlimmerem rechnen. Doch Weeks bestand auch darauf, er und sein Boss hätten auch etwas für die Gesellschaft getan. Er verglich Whitey mit einem schurkischen Sheriff in einer gesetzlosen Stadt, der Selbstjustiz anwendet, um Furcht auszulösen und für Sicherheit zu sorgen. Southie hatte immerhin den Ruf, in puncto Straßenkriminalität eines der sichersten Stadtviertel Bostons zu sein. Es war vergleichsweise sicher, weil es so gefährlich war. Wer aus der Reihe tanzte, riskierte eine Auseinandersetzung mit Whitey, und das bedeutete, er machte womöglich Bekanntschaft mit Weeks' Fäusten. Weeks behauptet, er und Whitey hätten die Heroindealer aus Southie vertrieben und Whitey habe bedürftigen Familien Geld gegeben. Er räumt ein, dass es sich dabei um eine Mischung aus öffentlichkeitswirksamer und echter Menschenfreundlichkeit gehandelt habe. »Jimmy war wirklich ein guter böser Junge«, sagte Weeks.

Der gute böse Junge. So beschrieb Whitey auch sich selbst, sogar gegenüber der Polizei. Im Jahr 1985 gelang es der DEA, eine Wanze in Whiteys Auto zu installieren, sodass Bruchstücke von Gesprächen zwischen Whitey und Flemmi oder Weeks mitverfolgt werden konnten. Aber es reichte nicht für eine Anklage. Weeks untersuchte Whiteys Auto regelmäßig mit einem Gerät, das Wanzen aufspüren konnte, und nachdem das Gerät stark angeschlagen hatte, brachte er das Auto in eine Werkstatt in der Nähe ihres Spirituosenladens in Southie. Ein Mechaniker nahm die Türverkleidung ab, und Weeks entfernte ein paar Drähte. Die DEA-Agenten, die das Abhörgerät von einem in der Nähe geparkten Lieferwagen aus überwachten, eilten herbei, um ihre elektronische Ausrüstung zu retten. Whitey versuchte, die Leute zu beruhigen. »Wir sind doch alle gute Jungs«, sagte er. »Ihr seid die guten Guten, und wir sind die bösen Guten.«

Dass Whitey aus einer armen Familie stammte, prägte ihn sehr. Nicht lange, nachdem Weeks sich ihm voll und ganz angeschlossen hatte, steuerte Whitey seinen blauen Lincoln Continental langsam durch eine schmale Gasse in Dorchester und zeigte auf eines der drei Stockwerke. Auf dem Beifahrersitz reckte Weeks seinen Hals nach oben.

»Dort haben wir gewohnt«, verriet ihm Whitey.

Doch er hielt nicht an, denn das Haus, das die Familie Bulger als ihr Heim bezeichnet hatte, ehe sie nach Southie in den Logan Way gezogen war, rief nur vage Erinnerungen wach, und keine davon war angenehm.

»Wir hatten kein warmes Wasser«, erzählte Whitey. »Es war immer kalt.«[6]

Whitey hatte es gehasst, arm zu sein. Aber er hütete sich auch davor, als zu reich wahrgenommen zu werden, obwohl er gelegentlich eine Menge Geld für Schmuck und Kleider ausgab. Der Ring, den er Weeks geschenkt hatte, war fast identisch mit dem Diamantring, den Whitey selbst am kleinen Finger der rechten Hand trug. Um seinen Hals baumelte eine goldene Christusmedaille, und am Handgelenk saß eine goldene Patek-Philippe-Uhr, die seine Winter-Hill-Freunde ihm geschenkt hatten. An seinem linken kleinen Finger trug er einen Claddagh-Diamantring, das traditionelle irische Zeichen der Freundschaft oder Liebe. Seine Schlüsselkette war mit den Worten »Born to Raise Hell« (Geboren, um Krach zu schlagen) verziert.[7] Whitey bevorzugte Cowboystiefel der Edelmarke R. J. Foley mit hohem Absatz. Manche Leute meinten, er trage sie, um seine geringe Köpergröße zu kompensieren. Das stimmte zwar, aber in diesen Stiefeln konnte er in einem Wadenhalfter auch gut sein Messer verstecken. Mitte der Achtzigerjahre bekam Weeks mit, dass Whitey einmal im Kaufhaus El Paso in der Newbury Street, Bostons mondänstem Einkaufsviertel, 2500 Dollar in bar für ein Paar schwarze Foleys aus Alligatorhaut zahlte. Seine Anzüge kaufte Whitey bei Louis, dem teuersten Herrenausstatter in Boston, und er war stets sehr freundlich zu dem Personal. Alles, was er kaufte, bezahlte er bar. Nichts lief auf seinen Namen. Die Autos, die er fuhr, gehörten Strohmännern. Außerdem gab er eine Menge Geld für gutes Essen aus, in Restaurants und zu Hause. Oft schickte er Teresa Stanley über den Charles River nach Cambridge zu Bread & Circus, einem Naturkostladen, und er bezahlte für die Lebensmittel gerne viel mehr, als er bei Flanagan, dem Supermarkt an Southies East Broadway, gezahlt hätte.[8]

Weeks war öfter mit Whitey zusammen als Flemmi, im Grunde war er sein Schatten. Obwohl Weeks 24 und Whitey 51 Jahre alt war, als ihre Zusammenarbeit begann, widerspricht Weeks jeglichen Aussagen, sie seien wie Vater und Sohn oder auch Lehrer und Schüler gewesen. »Jimmy behandelte mich wie einen Partner, einen Geschäftspartner«, sagte Weeks.

Sie hatten sich eine Routine angewöhnt, die, wie Weeks zugibt, eintönig war. Whitey blieb fast die ganze Nacht über wach und schlief dann weit in den Tag hinein. Am Nachmittag fuhr er nach Southie, um Weeks abzuholen. Dann fuhren sie umher und gingen ihren Geschäften nach: Sie sammelten Geld von den Buchmachern und Drogenhändlern ein und brachten ihren Kredithaien Geld. Jeden Tag trafen sie Flemmi in einer der Scheinfirmen, die sie benutzten – eine Kneipe, ein Möbelgeschäft, ein Schnapsladen –, aber sie redeten dort nie über Geschäfte, weil sie annahmen, dass diese Orte abgehört wurden. Alles, was kriminelle Aktivitäten betraf, wurde im Freien besprochen. Fast täglich liefen Whitey und Weeks um Castle Island herum, einen idyllischen, rund neun Hektar großen Park an der Ostspitze der Halbinsel Southie. Dort trafen sie sich sogar im Winter, wenn es eisig kalt war und der Wind das Wasser aufpeitschte. Dann hüllten sie sich in dicke Luftwaffenjacken, um warm zu bleiben. Dieser tägliche Spaziergang diente mehr als nur einem Zweck. Zum einen war er ein gutes Training in einer schönen Umgebung: Der gewundene Uferweg umkreist das eindrucksvolle fünfeckige Fort Independence. Wenn sie um das Fort herumgingen, bot sich ihnen ein spektakulärer Ausblick auf den Bostoner Hafen auf der einen Seite und auf die Docks und Wolkenkratzer der City auf der anderen. Auf der Sugar Bowl, dem Weg, der Castle Island mit dem Strand bei Pleasure Bay verbindet, konnten sie übers Wasser blicken und die undeutlichen Umrisse der Küste von Quincy wahrnehmen, wo die Leichen von Debra Davis und Tommy King begraben waren. Castle Islands Abgeschiedenheit und die Größe von Fort Independence ermöglichten es Whitey und Weeks zudem, über Geschäfte zu reden, ohne eine elektronische Überwachung befürchten zu müssen. Selbstverständlich hatte die Justiz Versuche dazu unternommen. Einmal hatten DEA-Agenten und Bostoner Polizisten eine Wanze dort im Boden vergraben, wo Whitey und Weeks auf ihren Spaziergängen um Castle Island herum regelmäßig stehen blieben. Doch das Gerät funktionierte nicht richtig und fing die Frequenz eines lokalen Rundfunksenders mit Nachrichten ein.[9] Die riesigen Granitmauern des Forts verhinderten, dass die Polizisten, die in Zivilfahrzeugen in der Nähe parkten, sie mit weit reichenden Mikrofonen abhören konnten.

An den meisten Tagen waren Whitey und Flemmi kaum mehr als eine Stunde zusammen, während Weeks ganze Arbeitstage mit ihm verbrachte. Jeden Abend, gewöhnlich gegen fünf oder sechs Uhr, zog sich Whitey in Teresa Stanleys Haus zurück, um mit ihr und den Kindern zu essen. Dann holte er Weeks ab, und sie fuhren ihre Runde, meist schweigend, weil sie die Funksprüche der verschiedenen Polizeibehörden abhörten. Manchmal, wenn sie einen verdeckten Ermittler bemerkten, der ihnen folgte, wendete Whitey den Wagen und folgte dann selbst nur zum Spaß diesem Auto.[10] Gewöhnlich fuhren die beiden gegen Mitternacht zum Store 24 am West Broadway, um die erste Ausgabe des *Boston Globe* und des *Boston Herald* zu kaufen. Dann suchten sie nach Artikeln über Verbrechen und kritisierten die Bostoner Presse. »Jimmy sagte immer, die Journalisten wollten eine gute Story nicht durch Tatsachen verderben«, erinnerte sich Weeks.

Sobald sie über die neuesten Nachrichten informiert waren, setzte Whitey seinen Partner ab und fuhr zehn bis 15 Minuten nach Quincy zu Cathy Greig, bei der er die Nacht verbrachte. Der Tagesablauf war – unterbrochen von gelegentlichen Gewaltausbrüchen – immer ungefähr derselbe, an sechs Tagen in der Woche. »Sonntags nahm Jimmy sich frei«, sagte Weeks. »In dieser Hinsicht war er sehr tradigionell.«[11]

Whitey verließ sich bei Entscheidungen darüber, wen er in seine engeren Kreise aufnahm und wie nahe ihm jemand kommen durfte, ganz auf sein Bauchgefühl. Weeks und Flemmi vertraute er absolut, anderen nicht. Pat Nee war ein typischer Fall. Whitey und Nee fingen als Rivalen an: Whitey als Schläger für die Killeen-Gang, Nee als Killer für die Mullens. Sie hatten mehrere Male versucht, einander umzubringen, doch nachdem die Killeens und die Mullens einen Waffenstillstand geschlossen hatten und in der Winter-Hill-Gang aufgegangen waren, hatten sie alle Feindseligkeit begraben. Sie zollten einander sogar widerwillig Respekt, aber es war unverkennbar, dass keiner dem anderen traute. Whitey nannte Nee hinter dessen Rücken »Betonschädel«.[12] Und Nee versuchte ständig, Whitey in Gegenwart anderer Gangster in Verlegenheit zu bringen, indem er sich über seine Eigenarten lustig machte. Als Whitey einmal in einer Hütte auf Cape Cod vorbeischaute, in der sich Nee und einige seiner Kumpel aus Charlestown zum Trinken und Kartenspielen getroffen hatten, wies Nee die anderen an, möglichst viele Zigaretten zu rauchen und Whitey die Hand zu schütteln, wenn er kam und ging. Whitey hasste Zigarettenrauch und schüttelte selten jemandem die Hand, nicht einmal seinen engsten Vertrauten, da er Angst vor Bakterien hatte. »Ich wusste, dass ihn das nerven würde«, gestand Nee.[13]

Nees Ansicht nach war Whitey eifersüchtig auf seine Erfolge im Vietnamkrieg. Denn als Whitey bei der Luftwaffe gedient hatte, hatte er die Vereinigten Staaten nicht verlassen. Außerdem, behauptet Nee, habe Whitey ihm seine guten Kontakte zu den Mitgliedern der IRA verübelt, die nach Boston kamen, um sich zu verstecken oder um Waffen zu beschaffen. Nee war in Irland geboren und hatte gute Beziehungen zu den IRA-Leuten. Als Whitey 1986 nach Irland reiste, wollte er sich auch mit IRA-Mitgliedern treffen. »Sie ließen ihn abblitzen«, berichtete Nee. »Ihrer Meinung nach war er zu sehr von sich selbst eingenommen.« Während viele Kollegen Whiteys Intelligenz bewunderten, tat Nee das nicht. Einmal, als sie im alten Hauptquartier der Mullens saßen, zeigte ihnen Whitey ein Buch von Sun Tsu, dem Militärstrategen aus dem alte China.

»*Die Kunst des Krieges*«, sagte Nee, »habe ich gelesen.«

Whitey erwähnte Machiavelli.

»*Der Fürst*«, fuhr Nee fort, »habe ich auch gelesen.«

Whitey nahm an, er könne Nee mit dem *Buch der fünf Ringe*, einem klassischen Werk über Kampfkunst, aus der Fassung bringen, aber Nee erklärte ihm, der Autor, Miyamoto Musashi, sei der größte aller Samurai gewesen.

Whitey starrte ihn daraufhin nur noch wütend an. Doch trotz aller Spannungen betraute er ihn immer wieder mit heiklen Aufträgen, vom Mord bis zum Ausheben von Gräbern. »Ich kann es nicht erklären«, gab Nee zu. »Wir arbeiteten zusammen, obwohl wir einander nicht vertrauten. Er wusste, dass ich kompetent war. Ich wusste, dass er kompetent war. So ging es in der Unterwelt zu.« Nee wusste jedoch auch, dass er nicht zum Kreis von Whitey, Flemmi und Weeks gehörte. Das bedeutete unter anderem, dass er immer damit rechnen musste, getötet zu werden, wenn man ihn zu einer Besprechung einlud. Wenn Weeks ihn anrief und wie eine Mücke summte, war dies eine verschlüsselte Nachricht: Wir treffen uns in dem kleinen Park in der East Fourth Street. Quakte Weeks wie ein Frosch, bedeutete das: Wir treffen uns hinter der Tynan-Grundschule. Dort standen Tische im Freien, deren Beine Froschbeinen nachempfunden waren. Nee kam immer bewaffnet, aber sie unternahmen nichts gegen ihn.

Allerdings dachte Whitey durchaus darüber nach. Mitte der Achtzigerjahre drängte er Weeks plötzlich und ohne Angabe von Gründen dazu,
Nee umzulegen. Weeks war fassungslos, für ihn kam dies völlig unerwartet.
Whitey schlug ihm vor, Nee zu besuchen und ihn um eine Tasse Tee zu bitten. Nee bot seinen Gästen nämlich gern irischen Tee an. Wenn Nee ihm
den Rücken zuwende, um Tee zu kochen, könne Weeks einen Revolver ziehen und ihn erschießen. Da Weeks Nee mochte und mit ihm Kampfsport-
wettbewerbe absolviert hatte, war er sehr erleichtert, als Whitey schließlich
den Plan, Nee zu töten, ebenso abrupt wieder fallen ließ, wie er ihn ausgeheckt hatte.[14]

Im Gegensatz zu Nee bewunderte Weeks vieles an Whitey. Für ihn war
er ein faszinierender Chef, ein Kenner der menschlichen Natur. Whitey unterhielt sich immer wieder mit Fremden, die ihn nicht kannten und sich
auch keine Gedanken über ihn machten. Einer seiner Lieblingsplätze war
der Public Garden beim Boston Common. »Er setzte sich auf eine Park-
bank und unterhielt sich drei Stunden lang mit Leuten«, erinnerte sich
Weeks. »Er hatte zwei verschiedene Persönlichkeiten. Das Geschäft war die
eine Seite, aber in jeder anderen Hinsicht war er ein ganz normaler Mann.
Er versuchte herauszufinden, was in den Menschen vorgeht. Doch das war
mehr als Neugier, er wollte anderen einen Schritt voraus sein.«

Aber Whitey feilte auch an der Kunst des Verbrechens. Er hörte sich
zum Beispiel immer den Wetterbericht aufmerksam an, wenn er etwas
plante und das Risiko, dabei beobachtet zu werden, überdurchschnittlich
hoch war. Wenn es darum ging, Waffen zu transportieren, jemandem zu
schaden oder jemanden zu treffen, der die Aufmerksamkeit der Polizei erregen konnte, bevorzugte Whitey Regen oder Schnee. Dann liefen die Menschen mit gesenktem Kopf vor sich hin oder hatten es eilig, weil sie nicht
nass werden wollten. Die Gefahr, dass sie einen Ganoven bemerkten, war
dann eher gering.

Whiteys Fürsprecher, darunter sein Bruder Bill, beriefen sich zu seiner
Verteidigung bisweilen auf die Nachwirkungen der LSD-Experimente im
Gefängnis. Das LSD habe seinen Geist verändert, sagten sie, und dies sei
auch einer der Gründe dafür, dass er Drogen absolut missbillige und sich
bemühe, Southie davor zu schützen. Das gehörte allerdings in den Bereich
des Mythos. Denn natürlich gab es überall in Southie Drogen. Studien aus
den Achtzigerjahren zeigten, dass ungewöhnlich viele junge Drogenabhängige in diesem Stadtteil lebten. Und Whitey steckte bis zur Hüfte im Handel. Weeks schätzte, dass Whitey in den fast 20 Jahren ihrer Zusammenarbeit rund 30 Millionen Dollar damit einnahm, von Dealern Gelder dafür
zu erpressen, dass sie in seinem Revier Geschäfte machen durften. Nur selten beteiligten sie sich jedoch selbst am Handel. Eines Tages regte Flemmi

sich fürchterlich auf, als er zu Whitey und Weeks ins Auto stieg und erfuhr, dass sie dabei waren, einem Dealer in der Nähe eines Sozialbaus in Southie ein Kilogramm Kokain zu liefern. Whitey war optimistisch, obwohl er wusste, das die DEA es auf ihn abgesehen hatte. Er fühlte sich in seiner Heimat »außergewöhnlich wohl«.[15] Laut Weeks war dies das einzige Mal, dass sie Drogen ausgeliefert hatten. Whitey habe auch Unterschiede bezüglich der Drogen gemacht, Heroinhändler habe er regelmäßig aus South Boston verjagt, während er die lokalen Kokain- und Marihuanadealer verschont habe. Die Heroinhändler hätten sich meist schon nach der ersten Warnung verzogen. Einen Dealer, der zu langsam gewesen sei, habe Whitey mit dem Auto angefahren, sodass er im Krankenhaus gelandet sei. »Nach seiner Entlassung aus dem Krankenhaus verschwand er«, sagte Weeks.

Drogenfahnder bezweifeln, dass Whitey bei Drogen und Dealern Unterschiede gemacht habe. »Whitey nahm Geld von allen, egal, was sie verkauften«, behauptete Paul Brown, der stellvertretende Leiter der DEA in Boston. Brown war zuständig für die Beobachtung der Drogenhändler, die Abgaben an Whitey zahlen mussten. »Die Aussage, er habe Southie vor Drogen bewahrt, ist ein Witz. Er erlaubte den Drogenhandel und verdiente damit Geld.«[16]

Whiteys Familie hatte einen ganz besonderen Stellenwert bei ihm, und er verteidigte sie erbittert, besonders wenn es um seinen Bruder Bill ging, der ein so treuer Verbündeter gewesen war, als er im Gefängnis gesessen hatte. Bills Erfolg als Politiker und sein Ruf als exzellenter Interessenvertreter von Southie machten die Familie stolz. Und Whitey fühlte sich verpflichtet, diesen Ruf zu schützen und gegebenenfalls Anfeindungen zu rächen. Als Bill Bulger beispielsweise die Bewerbung seines Freundes John Silber, des Präsidenten der Boston University, um das Amt des Gouverneurs unterstützte, bemühte sich Whitey darum, den Namen von Silbers demokratischem Rivalen Frank Bellotti, dem ehemaligen Generalstaatsanwalt von Massachusetts, zu verunglimpfen. Whitey hasste Bellotti, weil dieser einmal die Polizei auf ihn gehetzt hatte – seiner Meinung nach der Versuch, die Ehre der Familie in den Dreck zu ziehen und seinen Bruder Bill zu demütigen.[17] Es gab keine Beweise dafür, dass Bellotti als Staatsanwalt jemals einer Anklage gegen Whitey nahe war, aber es gibt viele Hinweise darauf, dass Bill Bulger ihn nicht mochte. Noch weniger gefiel es Bill, dass er seinen Freund Silber herausforderte. Bellottis Wahlwerbung, die zwischen Silbers autoritärem Verhalten an der Universität und Bulgers knallhartem Führungsstil als Senatspräsident Parallelen zog, hielt Bill für beleidigend.

Whitey beschloss daher, auf Bellottis Wahlwerbung mit eigener »Werbung« zu reagieren, die auf eine längst vergangene Kontroverse anspielte.

Vor Jahren hatte sich ein Finanzbeamter namens John Coady umgebracht, wenige Stunden nachdem er erfahren hatte, dass er vor einem Großen Geschworenengericht aussagen sollte, das Bellotti im Rahmen eines Korruptionsfalles angerufen hatte. Kritiker warfen Bellotti vor, er ermittle aus politischen Gründen und habe Coady nur benutzt, um an andere heranzukommen. Der Selbstmord warf ein schlechtes Licht auf Bellottis Büro. Acht Jahre später fuhren Whitey und Weeks herum und sprühten die Worte »Denkt an John Coady« auf Bürgersteige, Mauern und Autobahnbrücken. Die Botschaften fielen natürlich auf und regten zu neuen Zeitungsartikeln darüber an.[18] Als Bellotti die Vorwahl verlor, prahlte Whitey Weeks gegenüber, er habe die Wahl Bellottis verhindert – eine zweifelhafte Behauptung. »Er war ebenso stolz darauf wie auf ein Verbrechen, das ihm Geld einbrachte«, sagte Weeks. »Er hatte einem Freund seines Bruders geholfen.«[19] Bellotti glaubt, dass er durch Whitey Stimmen verloren habe, aber nicht nur deshalb, weil er die Leute an John Coady erinnert habe. »Whitey und Weeks rissen überall im Stadtteil meine Plakate herunter«, so Bellotti.[20]

Bill Bulger hatte außerdem seit Längerem Streit mit einem Senator namens Alan Sisitsky, der Bulger Anfang der Achtzigerjahre öffentlich der Korruption bezichtigte. Einmal erhob sich Sisitsky im Senat und behauptete, der Bruder des Senatspräsidenten, Whitey, belausche die Sitzung und könne alles mithören.[21] Als Sisitskys Verhalten immer extremer und sonderbarer wurde, verbannte Bill Bulger ihn schließlich aus den Senatskammern, und Sisitskys Familie brachte ihn in ein Krankenhaus. Aber Whitey schwebte eine Intervention anderer Art vor. Er wies Weeks an, Sisitsky anzurufen. »Ich weiß, wo du bist«, zischte Weeks. »Und ich werde dich umbringen.«[22]

Weeks Ansicht nach hätte Whitey nicht einmal dann aufgehört, Bills politische Feinde zu schikanieren, wenn dieser ihn darum gebeten hätte. Aber Bill Bulger versicherte vor einem Kongressausschuss, er habe seinen Bruder zur Zurückhaltung gedrängt, als Whitey im Jahr 1970 Patrick Loftus, Bills Mitbewerber um einen vakanten Senatssitz, angegangen sei. »Jimmy fasste es als persönliche Beleidigung auf, wenn jemand Billy in die Quere kam«, erklärte Weeks. »Aber er machte kein großes Aufhebens darum. Er nannte es Hobby. Er hatte Hobbys, und das war eben eines von ihnen.«

Eine andere Lieblingsbeschäftigung Whiteys war das Verteilen von Geschenken an seine Freunde im FBI, vor allem zu Weihnachten. Diese Freunde standen Whitey sowohl beruflich als auch persönlich nahe. Dadurch, dass er diese Grenze verwischte, konnte er seinen kriminellen Geschäften nachgehen, ohne eine Strafverfolgung befürchten zu müssen, und FBI-Informant bleiben, selbst als es keine vernünftige Rechtfertigung mehr dafür gab.

Das Überreichen der Geschenke war eine Tradition an den Feiertagen und wurde in Teresa Stanleys Haus in der Silver Street am Küchentisch vorbereitet. Whitey hatte auf einem kleinen Zettel eine Geschenkeliste mit Symbolen und Spitznamen stehen. Vino bezeichnete John Morris, weil er gerne Wein trank. Pipe stand für den FBI-Agenten Jim Ring, da er Pfeife rauchte. Nicky war FBI-Agent Nicholas Gianturco. Agent Orange war FBI-Agent John Newton, weil Whitey glaubte, er habe im Vietnamkrieg gekämpft. Sobald Whitey ein Geschenk für jemanden ausgesucht hatte – Bargeld, Lalique-Kristall oder eine Uhr –, strich er den Namen durch.[23] »Weihnachten ist etwas für Cops und Kinder«, sagte Whitey zu Weeks, als er wieder einmal Umschläge füllte. Die Geschenke wurden dann von John Connolly ausgeliefert, für den Whitey drei Spitznamen benutzte: Zip, weil die beiden im Bereich derselben Postleitzahl *(zip code)* aufgewachsen waren, Nachbar, weil Connolly ganz in der Nähe der Bulgers gewohnt hatte, und Elvis wegen seiner Frisur. Auch Whitey erhielt im Gegenzug Geschenke. Er freute sich besonders über einen Gürtel, den FBI-Agent Nick Gianturco ihm zukommen ließ und auf dessen Schnalle »Alcatraz 1934–1963« stand – so lange war das Gefängnis auf dem Felsen in Betrieb gewesen.[24]

Gianturco traf Whitey 1979 zum ersten Mal, nachdem Connolly ihm erzählt hatte, der Gangster habe ihm das Leben gerettet. Connolly zufolge hatte Whitey ihn darüber informiert, dass LKW-Entführer, in deren Mitte Gianturco verdeckt ermittelt hatte, ihn als Agenten entlarvt hätten und ihn ermorden wollten. Diese Behauptung war mit ziemlicher Sicherheit falsch – die angebliche Drohung wurde nie an Gianturcos Vorgesetzte weitergegeben, und der Gangster, der sie ausgesprochen haben sollte, wurde deswegen nie angeklagt –, aber sie erhöhte Whiteys Wert als Informant. Eines Abends war Gianturco zu einem Essen eingeladen, das John Morris auf Connollys Drängen für Whitey und Flemmi bei sich zu Hause in Lexington gab. Connolly hatte Morris dazu überredet, weil er wollte, dass Morris und andere Kollegen Whitey und Flemmi kennenlernten. Das Dinner war wirklich außergewöhnlich: Gangster und FBI-Agenten saßen gemeinsam am Tisch, schenkten einander Wein ein, lobten die Steaks und die angenehme Gesellschaft. Bei diesem Essen, sagt Flemmi, habe Morris ihm und Whitey versichert, sie dürften tun, was immer sie wollten, mit einer Ausnahme: Sie sollten niemanden umlegen.

Gianturco schätzte Whitey und Flemmi so sehr, dass er sie und seine Kollegen viermal zu einem Essen in sein Haus in Peabody, nördlich von Boston, einlud. Er gab zu, dass sie regelmäßig kleine Geschenke ausgetauscht hätten. Bei einem dieser Essen überreichte Whitey ihm einen Spielzeug-LKW als wenig subtile Erinnerung daran, dass er ihn angeblich vor einem LKW-Räuber gerettet hatte.[25] Whiteys Geschenke für Morris und

Connolly waren da wertvoller. Whitey war ein Weinkenner und schenkte Morris oft ein paar Flaschen oder ganze Kartons. Als sie einmal nach einem Abendessen die Wohnung von Morris' Freundin verließen, gab Whitey ihm 5000 Dollar.[26] Da Morris eine Familie und eine Geliebte unterhalten musste und Whitey selbst zwei Geliebte hatte, wusste er, unter welchem finanziellen und anderweitigen Druck Morris stand.

Es gab noch andere Essen: im Haus der Flemmis in South Boston, wo Mary Flemmi für ihren Sohn, Whitey und einige FBI-Agenten italienische Spezialitäten zubereitete. Bei einem dieser Treffen im Jahr 1983 kam plötzlich Bill Bulger von nebenan hereinspaziert, als die Teller geleert waren und die Gangster und Agenten ihre Drinks genossen. Jim Ring, der Morris vor Kurzem als Leiter der Abteilung für organisiertes Verbrechen abgelöst hatte, war überrascht, als der Senatspräsident Fotos von einer noch nicht lange zurückliegenden Reise nach Irland hervorholte und den Gästen zeigte.[27] Bill Bulgers Anwesenheit kam ihm wie eine nachträgliche Weihe des Essens vor, als stillschweigende Absegnung einer unheiligen Allianz zwischen Verbrechern und FBI-Agenten durch einen der mächtigsten Politiker in Massachusetts. Die geselligen Dinner, der Austausch von Geschenken, die freundlichen Sticheleien und auch die Anwesenheit seines Bruders waren für Whitey die Bestätigung dafür, dass er und seine FBI-Kontaktleute gleichrangig waren. Sie waren Partner in einem Geschäft, das ihren beiderseitigen Interessen diente. Whiteys Ansicht nach machten sie zudem die Welt sicherer, weil sie in der Unterwelt für etwas mehr Ordnung sorgten.

Wie ernst Whitey die Beziehung zu Connolly und zum FBI nahm, wurde Weeks klar, als Connolly eines Tages im Jahr 1984 in den Spirituosenmarkt kam, den Whitey seit einiger Zeit als sein Hauptquartier nutzte. Der South Boston Liquor Mart befand sich in einem niedrigen einstöckigen Gebäude zwischen den beiden Sozialbauten, in denen Whitey und Weeks aufgewachsen waren. Das Schild über dem Eingang zeigte ein Kleeblatt, und ein weiteres, viel größeres Kleeblatt war außen auf die weiß getünchte Fassade gemalt worden. Der Laden war vollgestopft mit Weinregalen, und an einer Seite waren Bierkästen gestapelt. Weeks stand hinter der Theke, als Connolly hereinkam. Er schaute Connolly mürrisch an – für ihn war er nur ein korrupter Ermittler von vielen, die auf Profit aus waren – und grüßte ihn nicht. »Wie geht's? Gibt's was Neues?«, fragte Connolly und hielt nach »dem anderen Typen« – Whitey – Ausschau, aber der war nicht da. Als Whitey zurückkam, erzählte Weeks ihm davon. »Der hat vielleicht Nerven«, meinte er, »kommt rein und fragt, ob es was Neues gibt. Als ob ich das einem Scheißbullen erzählen würde.« Weeks erwartete, für seine Diskretion gelobt zu werden, aber Whitey war stinksauer. »Halt deine verdammte Schnauze!«, zischte er. »Sprich nie wieder so über diesen Mann. Er ist unser Freund.«[28] Das war ein gängiger Ausdruck, den ein Mafioso auch in Bezug auf einen anderen wichtigen Mann gebrauchen würde.

Connolly bestand gegenüber anderen Ermittlern und sogar gegenüber seinen Vorgesetzten Morris und Ring darauf, dass man Whitey und Flemmi als Verbündete betrachten müsse, nicht als Kriminelle. Connolly und Whitey hatten allerdings nicht nur beruflichen, sondern auch privaten Kontakt. Sie machten zusammen Urlaub und fuhren gelegentlich nach Provincetown. In einem besonders schneereichen Winter im Jahr 1978 erholten sich beide zusammen in Mexiko. Nachdem sie mit dem Auto einen Unfall gehabt hatten, kam Connolly mit einem blauen Auge ins FBI-Büro, das er natürlich erklären musste.[29] Connolly genoss es, mit einem Mann zu reisen, der Geld ausspuckte wie ein Geldautomat. Doch auch für Whitey hatte das Ganze Vorteile. Als sich einmal auf dem Flughafen von Mexiko lange Warteschlangen gebildet hatten, gingen die beiden einfach nach vorne, und Connolly zeigte seine Dienstmarke und stellte Whitey als Kollegen vor. Daraufhin wurden sie an Bord des Flugzeugs begleitet, ohne sich anstellen zu müssen.[30] Doch trotz aller Freundschaft gab es in ihrer Beziehung auch ein natürliches Ungleichgewicht. »Ich hatte den Eindruck, dass Connolly uns beneidete. Eines Tages sagte er zu mir, Jimmy und Stevie: ›Ihr Jungs habt den ganzen Spaß.‹ Er war Billy dankbar dafür, dass er ihn ins College geschickt hatte, und für vieles mehr, aber er wäre gerne wie Jimmy gewesen«, berichtete Weeks.

Manchmal zeigte Connolly, der Anfang der Achtzigerjahre ein geschiedener Junggeselle mit einem aktiven gesellschaftlichen Leben war, die Vorzüge dieser Partnerschaft allzu offen. Die protzigen Anzüge, der Ring am kleinen Finger und ein Urlaub auf Cape Cod mit einem acht Meter langen Boot passten nicht zu seinem bescheidenen FBI-Gehalt. »Er muss sich etwas zurückhalten«, meinte Whitey daher zu Weeks. »Man sollte die Leute nicht auf sich aufmerksam machen.« Laut Flemmi überredete Whitey Connolly, das Boot zu verkaufen, das er von Geld bezahlt hatte, das sie ihm gegeben hatten.[31] Whitey war auch verärgert, als Connolly eine Eigentumswohnung in der gleichen, sechs Einheiten umfassenden Anlage in der West Fourth Street kaufte, in der Whitey und Weeks Wohnungen erworben hatten. »Dumm von ihm«, stellte er fest.[32] Meist aber arbeiteten Connolly und Whitey reibungslos zusammen, und ihre Besprechungen führten zu zahlreichen ausführlichen Berichten. Doch Connolly tat noch mehr, als Whiteys Informantenakte zu bestücken, er benahm sich wie Whiteys PR-Berater und verbreitete dessen selbst inszeniertes Image, dem zufolge er ein disziplinierter Verbrecher war, der willkürliche Gewalt ablehnte und als Ordnungshüter im Stadtteil dem Allgemeinwohl diente. Connolly pflegte Kontakte mit allen Bostoner Medien und stellte Whitey gegenüber Repor-

tern immer als guten Bösewicht dar. Manchmal polierte er Whiteys Ansehen auch dadurch weiter auf, dass er ihn in spektakulären Fällen um Hilfe
bat. 1985 etwa blieb ein neunjähriges Mädchen verschwunden, nachdem
es aus einer wohlhabenden Bostoner Vorstadt entführt worden war. Der
damit befasste FBI-Agent Dick Baker informierte Connolly darüber, dass
es einen Verdächtigen gab, einen 22-jährigen Mann aus South Boston. Daraufhin bat Connolly Whitey, den jungen Mann, der wegen anderer Delikte im Gefängnis saß, zu besuchen und herauszufinden, wo er die Leiche
des Mädchens vergraben hatte. Der Mann war starr vor Schreck, als er im
Besucherraum Whitey Bulgers Gesandten Kevin Weeks erblickte. Doch er
leugnete überzeugend, etwas mit dem Verbrechen zu tun zu haben. Whitey
hatte seit Langem damit angegeben, dem FBI zu helfen, und in diesem Fall
tat er es tatsächlich. Er sagte zu Connolly und Baker: »Ich denke nicht,
dass dieser Kerl der Täter ist.«[33] Die FBI-Ermittler, die für den Fall zuständig waren, glaubten Whitey. Und tatsächlich gab die Frau, die den jungen
Mann in Verdacht gebracht hatte, später zu, die ganze Geschichte erfunden zu haben.

Connolly war mehr als Whiteys wichtigster Kontaktmann, er war auch
sein größter Fürsprecher. Er beharrte darauf, dass Whitey und Flemmi
»eine Erweiterung der Polizei waren, der Unterschied zwischen Anarchie«
und Normalität. Connolly bestritt nicht, dass Whitey und Flemmi Mörder waren. »Ich glaube nicht, dass sie jemals jemanden umgebracht haben, der nicht versucht hätte, sie zu töten oder zu verpfeifen«, sagte er.[34]
Und Connolly konnte den Vorwurf nicht verstehen, es sei ein Fehler gewesen, einen Ermittler aus Southie mit einem Verbrecher aus Southie zu-
sammenarbeiten zu lassen. Es gab da keinen Interessenskonflikt, pflegte er
nur zu sagen, sondern ein Zusammenspiel. »Ich mochte ihn. Ich mochte ihn sehr«, gestand Connolly. »Wir kamen aus ähnlichen Verhältnissen.
Aber ich vergaß dabei nie, wer er war und was er war. Manche Leute sagen,
dass ein Mann aus Southie keinen Informanten aus Southie betreuen sollte. Doch wer zum Teufel sollte ihn sonst betreuen? Mit anderen würde er
nicht sprechen.«

Für Connolly ging es bei dem ganzen ungewöhnlichen Arrangement um
Prioritäten und Zahlen. Die Priorität des FBI war die Vernichtung der Mafia. Und Whitey und Flemmi lieferten ihm die Italiener. »Es war eine erfolgreiche geschäftliche Entscheidung«, sagte Connolly. »Wir bekamen 42
Kriminelle und ließen dafür zwei unbehelligt. Ist das etwa keine gute Ren-
dite? Kein Geschäftsmann würde das ablehnen.«[35] Und das war nicht nur
Connollys Ansicht. Es war auch die Meinung der FBI-Leitungen in Boston und Washington, die ihn dafür belohnten, dass er einen hochrangigen
Informanten wie Whitey gewonnen und bei der Stange gehalten hatte. In

den Achtzigerjahren stieg Connollys Gehalt von 45.000 auf 65.000 Dollar.[36] Während dieser Zeit füllte sich seine Schreibtischschublade mit Gehaltsschecks. Als Connolly eines Tages eine Sekretärin im Büro anrief und sie bat, seinen Scheck in seine Schreibtischschublade zu legen, war sie sehr erstaunt, darin zehn weitere nicht eingelöste Schecks vorzufinden.[37] Er lebte über seine Verhältnisse und löste seine Schecks trotzdem nicht ein. Irgendetwas konnte da nicht stimmen.

Es gab noch einen Geldstrom. Flemmi sagt, er und Whitey hätten Connolly im Laufe der Jahre rund 235.000 Dollar gegeben. Von Whitey bekam er meist zweimal im Jahr einen großen Betrag: 5000 Dollar für den Urlaub und 10.000 Dollar zu Weihnachten. Wenn sie ein besonders gutes Geschäft machten, zum Beispiel einen großen Drogenhändler zur Kasse baten, bekam Connolly gelegentlich einen Anteil. Laut Flemmi scherzte Connolly, nachdem er 1983 ein Schmiergeld von 25.000 Dollar angenommen hatte, das sie von einem Dealer erpresst hatten: »He, ich gehöre jetzt zur Gang.«[38]

Connolly behauptet dagegen felsenfest, er habe von Whitey oder Flemmi nie Geld angenommen.

Whiteys Bestreben, Beziehungen zu pflegen, und seine Loyalität als Freund zeigten sich besonders deutlich in seinen Bemühungen, alte Kumpel aus dem Gefängnis im Auge zu behalten. Tief in seinem Inneren blieb die Erinnerung an diese Menschen und die dort verbrachten Jahre stets lebendig. Zwar hatte er geschworen, nie wieder ins Gefängnis zu gehen, aber er konnte der Versuchung nicht widerstehen, Alcatraz zu besuchen, als es in einen Nationalpark umgewandelt und für Gäste geöffnet wurde. 1977 mischte er sich mit Teresa Stanley an seiner Seite unter Hunderte von Touristen und lief durch den alten Zellenblock, den Speisesaal und den Freiganghof. Er sog den Anblick, die Gerüche und die Geräusche in sich auf, die ihn an die drei Jahre im Inselgefängnis erinnerten.[39] Während des Rundgangs zupfte er Teresa am Ärmel und deutete auf seine alte Zelle gegenüber der Bücherei. Als er einem Aufseher anvertraute, dass er ein ehemaliger Häftling war, erhielt er auf der Stelle einen VIP-Status. Der Mann zog ihn von der Gruppenführung weg und nahm ihn mit auf eine Privattour. Er führte ihn einige Stufen hinauf zur dritten Ebene des Zellenblocks, legte einen großen Hebel um, und schon öffneten sich die schwere Metalltür von Zelle C-314. Whitey betrat die winzige Zelle, in der er fast drei Jahre lang gelebt hatte, streckte die Arme aus und berührte den vertrauten kalten Beton.

Noch mindestens zwei weitere Male kehrte Whitey nach Alcatraz zurück. Er hasste zwar Gefängnisse, aber er liebte »The Rock« oder zumindest das Gefühl, Teil einer Bruderschaft zu sein, die in Amerikas berüchtigtstem Gefängnis gesessen hatte. Auf dem Broadway, dem zentralen Gang zwischen den Blöcken B und C, hatte er Verbindungen geschmiedet, die ebenso stark waren wie die aus Southie. Whiteys Besuch in Alcatraz im Jahr 1977 löste eine Nostalgie in ihm aus, die dazu führte, dass er Freunde zu suchen begann, die mit ihm ihre Strafe verbüßt hatten. Er sehnte sich danach, mit anderen Insassen über die Zeit im Gefängnis zu reden, und wollte wissen, was aus ihnen geworden war. Richard Sunday, der Whitey von der Strafanstalt in Atlanta nach Alcatraz gefolgt war, arbeitete als Immobilienmanager in Virginia, als Whitey ihn Anfang der Achtzigerjahre aus heiterem Himmel anrief. Die beiden hatten nicht mehr miteinander gesprochen, seitdem Sunday Alcatraz 1961 verlassen hatte.

»Sunday!«, sagte Whitey herzlich. Er rief aus Boston an, hoffte aber, seinen alten Freund bald besuchen und zum Essen einladen zu können. Sunday trauerte um seinen gerade verstorbenen 13-jährigen Sohn, war verheiratet, hatte einen ordentlichen Beruf und wollte keinen Ärger. »Was machst du?«, fragte er. »Bist du sauber geblieben?« Whitey log, er arbeite im Baugewerbe und das FBI habe ihn ohne Grund im Visier. »Sag nichts«, meinte er. »Mein Telefon könnte abgehört werden.«[40]

Whitey erzählte, er sei auf der Suche nach ein paar alten Freunden aus dem Gefängnis, vor allem David Comeaux, mit dem er in Atlanta eingesessen hatte. Sunday wusste, dass Comeaux in Biloxi, Mississippi, lebte. Also flog Whitey mit Teresa nach Süden, und sie fanden Comeaux tatsächlich. Er war arm und krank, musste sich einer Dialyse unterziehen und hatte Mühe, seine Rechnungen zu bezahlen. Whitey gab ihm Geld für seine Miete und ein paar Kleider, schenkte ihm ein kleines Auto, mit dem er zur Dialyse fahren konnte, und lud ihn zum Essen ein. Während einer anderen Reise quer durchs Land wollten Whitey und Teresa Comeaux erneut besuchen, erfuhren jedoch, dass er 1986 im Alter von 54 Jahren gestorben war.[41] Whitey rief daraufhin Comeaux' Schwester an und sagte, er wolle vorbeikommen, ihre Mutter besuchen und ein paar Blumen auf das Grab seines alten Kameraden legen. Als sie ihn bat, das nicht zu tun, und das Gespräch abbrach, war er ziemlich verärgert.[42]

Nachdem Whitey erfahren hatte, dass ein anderer Freund aus Alcatraz, Clarence »The Choctaw Kid« Carnes, gestorben und in einem Armengrab bestattet worden war, beschloss er, etwas zu unternehmen.[43] Whitey hatte Carnes bewundert und hielt ihn für ein Opfer der Regierung. Carnes, ein Indianer aus Oklahoma, war im Alter von 16 Jahren wegen Mordes verurteilt worden, nachdem sein Komplize bei einem Tankstellenraub einen Tankwart getötet hatte. Da Carnes mehrere Male versucht hatte, aus dem Gefängnis zu fliehen, wurde er mit 18 Jahren nach Alcatraz gebracht. 1973 kam er auf Bewährung frei und kehrte später wie Whitey als freier Mann nach Alcatraz zurück, nämlich als technischer Berater für einen Film über seine 18 Jahre im Gefängnis. Er bekam eine Stelle als Berater in einem Resozialisierungszentrum in Kansas City, Missouri, konnte aber nicht aufhören zu trinken und wurde wegen Verstoßes gegen seine Bewährungsauflagen wieder ins Gefängnis gesteckt.

Whitey hatte Carnes gemocht. Wenn dieser ihm mit dem Karren, den er durch Alcatraz geschoben hatte, Bücher gebracht hatte, hatte er ihm indianische Sagen über das Leben nach dem Tod erzählt und den Wunsch geäußert, auf dem Land der Choctaw in Oklahoma begraben zu werden. Da Whitey ihm unbedingt hatte helfen wollen, hatte er für ihn kurz vor seiner geplanten Entlassung eine Wohnung in Kansas City gemietet.[44] Aber Carnes war nie eingezogen, denn der 61-jährige war am 3. Oktober 1988 im Bundesgefängnis in Missouri gestorben. Da die Gefängnisleitung keine Verwandten ausmachen konnte, wurde er ohne Zeremonie begraben. Whitey war wütend, weil Carnes seiner Ansicht nach im Leben und im Tod ungerecht behandelt worden war. Daher zahlte er 10.000 Dollar, um Carnes' Leiche exhumieren zu lassen und ihm ein ordentliches Choctaw-Begräbnis in seiner Heimatstadt Daisy in Oklahoma zu verschaffen.[45]

Whitey leitete telefonisch aus Boston alles in die Wege und wies den Bestatter an, keine Kosten für die Grabpflege zu scheuen. Sein Freund sollte in einem kleinen indianischen Friedhof neben seinen Verwandten ruhen. Whitey kaufte für 4000 Dollar einen edlen Bronzesarg und einen Grabstein aus texanischem rosafarbenem Granit mit einer Gedenktafel aus Bronze. Schließlich flog er mit Teresa nach Dallas, wo sie einen Lincoln Continental mieteten und 246 Kilometer weit fuhren, um am 17. November 1988 an der Gedenkfeier in Daisy teilzunehmen. Kurz nach ihrer Ankunft erfuhr Whitey, dass Carnes einen Großneffen hatte, der in Tulsa im Gefängnis saß. Er beeilte sich, ihn auf Kaution freizubekommen, und nahm ihn mit zum Begräbnis. Whitey hatte seinen alten indianischen Freund nach Hause gebracht, so, wie Carnes es sich gewünscht hatte. Wieder einmal bezahlte er alles in bar und sorgte für einiges Stirnrunzeln, wenn er ein Bündel Geldscheine aus der Tasche zog, das »dick genug war, um ein Pferd zu erwürgen«, wie Robert Embry, der ehemalige Direktor des Bestattungsinstituts Atoke Funeral Home, berichtete. Whitey gab dem Prediger und den Sängern jeweils 50 Dollar und Embry 100 Dollar für die Vorbereitungen sowie ein paar Hundert Dollar für das Aussuchen des Grabsteins. »Wenn es jemals heißen sollte, ich gehöre zur irischen Mafia, dann glauben Sie das nicht«, beruhigte er Embry.[46] »Ich besitze nur ein paar Spirituosenläden.« Whitey versprach Embry, ihm ein eigenes Bestattungsunternehmen zu kaufen, falls er je nach Boston umziehen wolle. Doch Embry lehnte höflich ab.

Als Whitey erfuhr, dass Leon Thompson, ein anderer ehemaliger Insasse von Alcatraz, ein Buch geschrieben hatte und versuchte, es zu veröffentlichen, ermittelte er seine Telefonnummer und rief ihn in Kalifornien an. Sie waren zwar teilweise gemeinsam in Alcatraz gewesen, doch Whitey konnte sich nicht an Thompson, einen Bankräuber, erinnern, obwohl dieser ebenfalls den Spitznamen Whitey trug. Thompson begann, Namen und Ereignisse aufzuzählen, doch Whitey widersprach ihm und erzählte ihm seine Version. Als er bemerkte, dass Thompson ganz still geworden war, warf er ihm ärgerlich vor, sich Notizen über das Gespräch gemacht zu haben.[47]

Thompson wechselte schnell das Thema und erzählte von seiner Frau, einer Engländerin, die nach dem Zweiten Weltkrieg eingewandert und nie mehr in ihre Heimat zurückgekehrt war. Thompson hoffte, ihr einen Besuch in England ermöglichen zu können, wenn sein Buch sich gut verkaufe. Whitey wollte nun mit Helen Thompson sprechen, die ihm sofort sympathisch war, da sie ebenso tierlieb war wie er und einen charmanten Akzent hatte. Er erbot sich daher, ihr die Reise nach England zu finanzieren, und bat sie, sich nach dem Preis für einen Hin- und Rückflug zu erkundigen. Er werde in ein paar Stunden noch einmal anrufen. »Vergiss nicht 20 Dollar für das Buch!«, rief Leon im Hintergrund. Whitey hielt Wort, er schickte Helen das Geld für den Flug und 100 Dollar Taschengeld. Freunden gegenüber erzählte er, er habe Leon einen ordentlichen Geldbetrag zukommen lassen, weil er ihm helfen wolle, sein Buch herauszubringen.[48]

Im Sommer 1988 sandte Thompson ihm ein handsigniertes Exemplar seiner Biografie *Last Train to Alcatraz* mit einem kurzen Brief: »Wann immer du an der Westküste bist, schau unbedingt bei mir und Helen vorbei. Es wäre uns eine große Freude, dich zu sehen. Pass auf dich auf. Mit den besten Wünschen, Leon und Helen.«[49] Nachdem er Thompsons Geschichte gelesen hatte, war Whitey jedoch ziemlich wütend, weil sie seiner Meinung nach viele Falschdarstellungen und Fehler enthielt. Besonders verärgert war er über die Beschreibung einiger seiner alten Kumpel aus Alcatraz. »Der Autor hat den Männern, die in Alcatraz waren, keinen Gefallen getan. Das Buch enthält Lügen über Personen, Verhältnisse, Ereignisse usw.«, kritzelte Whitey vorne in das Buch, unter eine Widmung, mit der der Autor ihm alles Gute wünschte. »Dieses Buch ist reine Fiktion.« So schnell wurde Thompson vom Freund zum Feind. Da Whitey nie ein Dankschreiben von Thompsons Frau erhalten hatte, war er überzeugt, dass Leon das Geld, das für ihre Reise nach England bestimmt gewesen war, selbst eingesteckt hatte.[50]

Er beschloss daher, Thompson einen Besuch abzustatten, und zwar keinen freundschaftlichen. Whitey und Teresa Stanley flogen zweimal nach San Francisco und suchten ihn. »Ich wollte ihn zur Rede stellen, ihn einen

Lügner nennen und ihm vielleicht den Kiefer brechen«, schrieb Whitey.[51] Wie andere ehemalige Alcatraz-Häftlinge und Wärter, die Bücher über ihre Zeit im Gefängnis geschrieben hatten, wurde Thompson oft um Signierstunden im ehemaligen Gefängnis gebeten. Whitey lungerte daher einige Zeit am Kai 41 herum, wo die Fähren nach Alcatraz aufbrachen, und hoffte, Thompson anzutreffen. »Er kam an fünf Tagen hintereinander her und hielt nach ihm Ausschau«, erinnerte sich Peter Dracopoulos, der seit den Siebzigerjahren in einer kleinen Bude am Landungssteg Bücher und Souvenirs verkaufte. »Ich glaube, er war so wütend, dass er ihn gleich am Kai zusammengeschlagen hätte.«[52]

Wer einmal aus einem von Whiteys Kreisen ausgeschlossen wurde, erhielt nie wieder Zugang.

Ein kleiner, aber wichtiger Lebensbereich Whiteys war für seine Frauen reserviert. Er bekam viel von ihnen, was häusliche Geborgenheit und Freundschaft anbelangte, und er gab ihnen auch viel zurück, aber er vertraute ihnen nie die Probleme und Einzelheiten seines gewalttätigen Berufs an. Alle waren erstaunlich blind für seine dunkle Seite und seine geschäftlichen Aktivitäten.

Teresa Stanley und Cathy Greig waren die wichtigsten Frauen, mit ihnen war Whitey am längsten zusammen, obwohl er häufig Affären hatte. Aber sie unterschieden sich sehr voneinander. Cathy stammte aus South Boston, war aber nicht allein von Southie geprägt. Sie war gebildeter und weltläufiger als Teresa, hatte keine Kinder und war am liebsten in Gesellschaft von Tieren, vor allem von Hunden. Dagegen hatte Whitey grundsätzlich nichts einzuwenden. Er sagte oft, er möge Tiere mehr als Menschen.[53]

Mit Cathy gab es ständig Streit wegen Whiteys Beziehung zu Teresa. Diese hatte jedoch keine Ahnung von Cathys Existenz und von Whiteys häuslicher Gemeinschaft mit ihr. Teresa wusste nicht, dass Whitey, wenn er ihr Haus verließ, die zehn Kilometer nach Quincy fuhr, wo er und Cathy zusammenlebten. Bei Teresa fand Whitey eine gewisse familiäre Normalität, die einen Ausgleich für seine anstrengende Arbeit als Verbrecher und FBI-Informant darstellte. Er behandelte ihre Kinder wie seine eigenen und führte sogar Teresas Tochter Karen zum Traualtar, als sie den Eishockeyprofi Chris Nilan – der für seine Schlägereien auf dem Eis berüchtigt war – heiratete, und bezahlte die Hochzeit. Whitey schloss seinen »Schwiegersohn« sofort ins Herz. Er hatte sich bisher nie sonderlich für Sport interessiert, doch wenn Nilan für die Montreal Canadiens spielte, fuhr er oft mit Teresa nach Montreal, um sich die Spiele anzuschauen. Als die Canadiens 1986 den Stanley Cup gewannen, posierte ein lächelnder Whitey stolz mit Nilan und dem Pokal für ein Foto.

Obwohl Cathy es hasste, Whitey mit einer anderen zu teilen, war sie tolerant, was seine gelegentlichen Affären betraf. Als sie mit Whitey in einer Eigentumswohnung am Louisburg Square in Quincy wohnte, brachte er eines Abends eine andere Frau mit, während Cathy nicht zu Hause war. Am nächsten Morgen kam Cathy zurück und bereitete in der Küche das Frühstück zu. Da kam die andere herein und fragte: »Sind Sie das Dienstmädchen?« Cathy erwiderte: »Nein, du hast die ganze Nacht mit meinem Freund gebumst.«[54]

Cathys Reaktion auf Whiteys Untreue bestand darin, sich möglichst attraktiv zu machen. Sie trainierte täglich, ging jeden Monat zur Zahnreinigung, ließ sich die Brüste vergrößern, das Gesicht liften, Fett absaugen und unterzog sich einer Lidkorrektur.[55] Das Mädchen, das 1969 zur hübschesten Schülerin ihrer Klasse in der Southie High gewählt worden war, ließ sich runderneuern, und Whitey bezahlte alles.

Trotz allem liebte sie Whitey sehr. Einerlei, zu welcher Stunde er nachts oder morgens auftauchte, sie stand auf und kochte für ihn. Er wurde seinerseits auch immer anhänglicher. Schließlich gab sie sogar ihren Beruf auf, um sich noch mehr um Whitey kümmern zu können. Eine Entscheidung, die auch vom Freitod ihres 26-jährigen Bruders David, der drogensüchtig gewesen war, beeinflusst worden war. David Greig erschoss sich im Haus der Familie in South Boston. Für Cathy war das ein schwerer Schock. Und Whitey sagte, sie brauche nicht an ihren Arbeitsplatz zurückzukehren, er werde für sie sorgen. Im Jahr 1986 kaufte er ihr sogar ein Haus in Squantum.

Bei Teresa war Whitey ein Familienmensch, doch von Cathy erwartete er ungeteilte Aufmerksamkeit, und es gefiel ihm nicht, wenn sie sich zu sehr um ihre geliebten französischen Pudel kümmerte. Während DEA-Agenten eines Tages sein Telefon abhörten, konnten sie mitverfolgen, wie er schrie: »Die verdammten Hunde sind dir wichtiger als ich!« Wie Teresa fehlte es Cathy an nichts, wenn Whitey bei ihr war. Er bezahlte alle Rechnungen. Er stellte in Cathys Wohnzimmer einen Globus auf, in den man eigentlich wie in eine Bar Flaschen stellen konnte. Doch er benutzte ihn als Geldspeicher und stopfte ihn mit Hundert-, Fünfzig- und Zwanzigdollarscheinen voll. Wenn Cathy etwas kaufen wollte, öffnete sie den Globus und bediente sich. Cathys Zwillingsschwester Margaret McCusker staunte, als sie eines Tages dabei war, als Cathy den Globus öffnete und Geld herausholte. »Mein Gott, weißt du eigentlich überhaupt, wie viel Geld du ausgibst?«, fragte Margaret.[56]

Aber das spielte keine Rolle. Das Geld strömte nur so herein, und Whitey hatte alles im Griff. Er hatte viel am Hals und unterhielt zwei familienähnliche Partnerschaften, während er Rivalen entweder mit seiner

Waffe oder durch seine Berichte ans FBI ausschaltete. Sein Leben war kompliziert, aber er kam damit zurecht. Solange Whitey in Whiteys Welt blieb und jeden seiner Kreise stabil hielt, schien sein Imperium solide wie die Mauern von Fort Independence auf Castle Island. Doch sobald er die sorgfältig aufgebaute Struktur in seinem Leben verletzte und seine eigenen Regeln brach, musste das zu Ärger führen. Und er bekam ihn.

10

Zu weit gegangen

Der Schlag kam im Frühjahr 1981 von John Callahan, einem gewieften und erfolgreichen Geschäftsmann, der wie seine kriminellen Freunde immer auf der Suche nach Profit war. Callahan bat Whitey und Flemmi, einen Konkurrenten zu beseitigen, der ihm im Weg stand – einen sauberen Typen, wie die Gangster es ausdrücken. Das hatten die beiden noch nie getan. Bisher hatten ihre Opfer immer etwas mit der Unterwelt zu tun gehabt. Aber das hier ging darüber hinaus – zu weit, wie sich herausstellen sollte. Doch Whitey und Flemmi hörten Callahan zu, weil sein Plan so lukrativ klang, so einfach.

Callahan war ein Steuerberater, der sich gerne in Gesellschaft von Mördern befand. Er stand mit den Gangstern, die er im »Chandler« – dem Nachtclub im South End, den die Winter-Hill-Gang führte – traf, auf Du und Du. Dass er gerne etwas ausgab, gefiel den Gangstern ebenso wie die Tatsache, dass er trotz seines anständigen Berufs ein Gauner war, der bereit war, mit Kriminellen Geschäfte zu machen und Geld zu waschen.

Callahan war in Medford aufgewachsen, einer Arbeiterstadt, in der Ganovenyuppies aus dem benachbarten Somerville gerne ihre Familien ansiedelten. Sein Vater war Großhändler für landwirtschaftliche Produkte in Charlestown, einem Stadtteil, in dem es fast so viele Verbrecher gab wie Hafenarbeiter. Callahan war untersetzt, hatte ein herzliches Lachen und kannte und liebte das Leben. Da er fleißiger war als die meisten seiner Altersgenossen, war er gleich nach der Highschool zur Luftwaffe gegangen, um das Militär für seine Collegeausbildung zahlen zu lassen. Die Luftwaffe hatte ihn nach Yale geschickt, um dort Chinesisch zu lernen. Er hatte den Dienst nach Ablauf der Mindestdienstzeit verlassen und an der Bentley University Finanz- und Rechnungswesen studiert und währenddessen für seinen Vater in Charlestown gearbeitet. Nach einiger Zeit hatte er einen Job in der Wirtschaftsprüfungsfirma Ernst & Ernst bekommen. Nachdem er amtlich zugelassener Buch- und Rechnungsprüfer geworden war, hatte er zur größeren, landesweit tätigen Firma Arthur Andersen gewechselt. Als gewiefter Schmeichler hatte er es 1970 sogar zum Partner gebracht, doch das Glück war ihm nicht lange hold geblieben. Denn er liebte das Nachtleben zu sehr, um sich in Kundengesprächen früh am nächsten Morgen bewähren zu können. Oft war er verkatert und ungepflegt erschienen – wenn er überhaupt aufgetaucht war. 1972 hatte er schließlich das Unternehmen verlassen und sich selbstständig gemacht. Seine Kontakte in die Bank- und Finanzwelt waren ebenso ausgeprägt wie die in die Unterwelt, und er nutzte beide Seiten.

1974 bekam er einen Auftrag von World Jai Alai, einer Firma mit Sitz in Miami, die in den Dreißigerjahren gegründet worden war und als eines der ersten Unternehmen im Bereich der baskischen Sportart Jai Alai – bei der ein Ball mit einem runden Korb gefangen und mit erstaunlicher Geschwindigkeit weggeschleudert wird – den Abschluss von Wetten ermöglichte. Diese Wetten waren nur in wenigen Bundesstaaten erlaubt, unter anderem in Florida und Connecticut, und World Jai Alai wollte expandieren.[1] Deshalb wurde Callahan beauftragt, der Firma bei der Suche nach einem neuen Präsidenten behilflich zu sein. Nachdem er sich vom soliden Kapitalbestand der Firma überzeugt hatte, empfahl Callahan sich selbst und wurde vom Verwaltungsrat mit der mindestmöglichen Stimmenanzahl gewählt. Callahans Unterstützer wiesen auf seine fachliche Kompetenz und seine Kontakte zu Bankiers hin, die hilfreich sein konnten, benötigtes Kapital zu beschaffen. Seine Gegner wandten ein, er verstehe nichts vom Spielbetrieb. Beide Seiten irrten sich. Er hatte mehr Kontakte zu Verbrechern als zu Bankern, und er wusste mehr über das Glücksspielgeschäft, als sie glaubten.

Der Verwaltungsrat hätte vielleicht anders entschieden, wenn ihm bekannt gewesen wäre, dass Callahan zur selben Zeit, als die Mitglieder über ihn berieten, in Boston mit einem Winter-Hill-Schläger namens Brian Halloran zusammensaß. Im Laufe des Abends geriet Halloran in Streit mit einem Polizisten, der nicht im Dienst war. Er schlug den Cop zusammen und wurde verhaftet, obwohl Callahan zu seinen Gunsten aussagte. Ohne es zu wissen, hatte World Jai Alai einen Mann eingestellt, der Ärger wie ein Magnet anzog.

Callahans Entscheidungen in seinem neuen Job wurden von Anfang an misstrauisch beäugt. Der Mann aus Boston, den er einstellte, um die Jai-Alai-Arena mit Speisen und Getränken zu versorgen, war hauptsächlich als Boxer und Boxmanager bekannt. Kaum hatte er mit seinem neuen Job begonnen, als er vor Wut die Tür der Gefriertruhe in der Stadionküche mit einem Fußtritt aus den Angeln riss.[2] Callahan rehabilitierte sich, indem er einen seit Kurzem pensionierten FBI-Agenten, der auf das organisierte Verbrechen spezialisiert gewesen war, als Sicherheitchef einstellte: Paul Rico. Rico schien eine gute Wahl zu sein. Er war mit den besten Empfehlungen zu Callahan gekommen – von Kriminellen. Während seiner Zeit in Boston hatte Rico den Aufstieg der Winter-Hill-Gang gefördert und ihr geholfen, ihre Rivalen in Charlestown zu beseitigen. Wie John Connolly, seinen Nachfolger im Bostoner Büro, hatte ihn die Unterwelt zunächst fasziniert und dann verschlungen. Der Verwaltungsrat sah in ihm jedoch nur den ehemaligen FBI-Agenten, der dem Unternehmen Pluspunkte bei der Justiz einbringen konnte.

Callahans Vorliebe in puncto abendlicher Gesellschaft und sein Faible für die brutale, zügellose, ständig Pläne schmiedende Unterwelt veranlassten World Jai Alai schließlich, ihn zu entlassen. 1976, als die Firma weiter expandieren wollte und eine Arena in Connecticut eröffnete, forderte der Verwaltungsrat Callahan zum Rücktritt auf, weil die Polizei sich über seine Kontakte zu Verbrechern beklagt hatte, vor allem zu Jimmy und Johnny Martorano und zu Howie Winter, dem Chef der Winter-Hill-Gang. Callahan konnte unmöglich den Unschuldigen spielen. Am 1. März 1976 hatte er einen Nachmittag lang mit Polizisten des Bundesstaats Connecticut verhandelt, die World Jai Alai unter die Lupe nahmen, und als die Beamten auf die Personen zu sprechen kamen, mit denen er nach der Arbeit verkehrte, verabschiedete er sich abrupt und behauptete, er müsse nach Miami fliegen. Da sie ihm nicht glaubten, folgten sie ihm, als er von Hartford nach Boston fuhr und sich dann im »Playboy Club« mit Jimmy Martorano traf. Später überreichte die Bostoner Polizei ihren bundesstaatlichen Kollegen eine Reihe von Überwachungsfotos, aus denen hervorging, dass Callahan regelmäßig das »Chandler« besuchte, die Stammkneipe der Winter-Hill-Gang.

Callahan war entlarvt. Er erklärte dem Verwaltungsrat seine Bereitschaft, zurückzutreten, wenn sein Freund Richard Donovan ihm nachfolge und Rico seinen Posten behalte. Das Gremium hatte keine Ahnung, warum ihm das so wichtig war, denn die Mitglieder wussten nicht, dass Callahan und Rico Geld der Firma unterschlagen hatten – bis zu einer Million Dollar im Jahr, meist Bargeld, das Kunden für Essen, Parkplätze und nicht angemeldete Wetten bezahlt hatten. Zwei Monate später erschien Callahan mit einem überraschenden Vorschlag: Er wolle das Unternehmen für 35 Millionen Dollar kaufen. Der Verwaltungsrat lehnte ab. Es hätte ihm eine Warnung sein sollen, dass Callahan dann Jack Cooper, einen Partner des Gangsters Meyer Lansky in Miami Beach, als Käufer empfahl. Auch dieses

Angebot wies der Verwaltungsrat zurück, obwohl er einem Verkauf nicht grundsätzlich ablehnend gegenüberstand.[3]

Dann hatte Callahan eine Idee, die er für genial hielt: Wenn ein angesehener Geschäftsmann als Retter in der Not die Firma kaufte, wäre der Verwaltungsrat zufrieden, das Interesse der Justiz würde nachlassen, und er konnte trotzdem heimlich seinen Anteil einstreichen. Callahan nutzte seine geschäftlichen Kontakte in Boston, um Roger Wheeler für den Plan zu gewinnen, einen Unternehmer aus Oklahoma, der mit einer Computerfirma namens Telex Corp ein Vermögen verdient hatte und sein Geld gewinnbringend investieren wollte. Wheeler hatte nichts mit Spielern zu tun und erst recht nichts mit Kriminellen. Der gebürtige Bostoner war in Reading aufgewachsen, einer Vorstadt nördlich der Stadt. Er hatte am MIT (Massachusetts Institute of Technology) studiert, in der Marine gedient und war dann an die Notre Dame and Rice University gegangen, wo er 1946 sein Examen als Elektroingenieur abgelegt hatte. Danach hatte er in der Ölindustrie gearbeitet, bevor er eigene Firmen gegründet und Chemikalien und Metalle produziert hatte. Im Jahr 1965 hatte er die damals marode Telex Corporation in Tulsa übernommen und daraus ein lukratives Unternehmen gemacht. Wheeler war sehr erfolgreich, aber er wollte mehr. Er wollte so reich werden, dass er sich einen Traum erfüllen und ein Haus auf Nantucket kaufen konnte, einer exklusiven Insel vor der Küste von Massachusetts. Da er um die obszön hohen Gewinne der legalen Spielindustrie wusste, wollte er in diesen Bereich einsteigen.[4] Als frommer Presbyterianer war Wheeler persönlich zwar gegen Glücksspiele, doch solange sie legal waren, sollten sie seiner Meinung nach von verantwortungsbewussten Geschäftsleuten veranstaltet werden – von Leuten wie ihm.[5]

Wheelers darauffolgende vergebliche Versuche, Rennbahnen, ein Automatenkasino und sogar ein Kasino in Las Vegas zu kaufen, zeugten von seinem großen Interesse. Deshalb sprach ihn David McKown von der First National Bank in Boston an. McKown war Kreditsachbearbeiter, hatte bereits mit Wheeler Geschäfte gemacht und verstand sich gut mit ihm. Er erzählte ihm, dass die Firma World Jai Alai für 50 Millionen Dollar zu haben sei. 1977, in seinem letzten Jahr als öffentliche Kapitalgesellschaft, hatte das Unternehmen einen Umsatz von 31 Millionen Dollar und einen Nettogewinn von fünf Millionen Dollar ausgewiesen.[6] Diese Gewinnmarge war unwiderstehlich. Wheeler konnte jedoch nur 17 Millionen aufbringen, doch McKown versicherte ihm, die Bank werde ihm die fehlenden 33 Millionen zu günstigen Bedingungen zur Verfügung stellen. Der Handel wurde abgeschlossen.

Eine der ersten Maßnahmen des neuen Eigentümers Wheeler bestand darin, seine Söhne nach Miami zu schicken, um die Finanzen der Firma zu prüfen. Das machte Callahan ziemlich nervös, und er hatte auch allen Grund dafür. Unterschlagungen in Höhe von einer Million Dollar im Jahr waren wohl kaum zu übersehen. Er musste daher einen Weg finden, Wheeler das Unternehmen wegzuschnappen, bevor er ihn entlarvte. Und er hatte eine Idee. Er rief Johnny Martorano an, seinen alten Zechbruder aus dem »Chandler«. Als Martorano nach seiner Anklage wegen Wettbetrugs im Jahr 1979 geflohen war, hatte ihm Callahan in Florida zu einer Wohnung und einem Auto verholfen. Und wenn Martorano Bargeld brauchte, ließ Callahan es ihm aus Boston bringen. Jetzt bat Callahan ihn um einen Gefallen. Er wollte World Jai Alai übernehmen, aber vorher wollte er sichergehen, dass Winter-Hill-Schläger seine Investition sicherten. »Er versuchte, das [Geschäft] für viel Geld zu kaufen«, berichtete Martorano. »Er sagte, wenn der Coup gelinge, bekäme ich 10.000 Dollar pro Woche, in bar, von der Firma, in Form von Parkgebühren, Verkaufserlösen oder Ähnlichem.«[7]

Sobald Callahan am Ruder war, sollte Winter Hill dafür sorgen, dass ihn niemand, vor allem keine andere Bande, belästigte. Das roch nach leicht verdientem Geld, und es war leicht verdient – so viel in der Woche, wie Winter Hill im Monat von einem Dutzend Buchmachern erpresste. Martorano wandte sich an die beiden einzigen noch verfügbaren Winter-Hill-Partner – Whitey und Flemmi –, und auch sie hielten das Geschäft für einen Selbstläufer. Sie würden für die 10.000 pro Woche wahrscheinlich keinen Finger rühren müssen. Es gab nur ein Problem: Roger Wheeler. »Callahan hat ihm 60, 80, 100 Millionen geboten, und der Kerl hat abgelehnt«, berichtete Martorano. »Wheeler weigerte sich zu verkaufen.« Callahan erklärte Martorano, dass Wheeler verschwinden müsse, und bat ihn, ihn umzubringen. Matoranos erster Impuls war, einem Freund wie Callahan zu helfen, aber dann dachte er nach. Whitey und Flemmi mussten jedem Mord zustimmen, und sie waren skeptisch – nicht wegen des Handels, sondern weil es gefährlich war, Leute wie Wheeler zu töten. Da Callahan zuversichtlich war oder vielleicht auch nur verzweifelt, beschloss er, selbst mit Whitey und Flemmi zu reden.[8]

Sie trafen sich an einem warmen Frühlingsabend in der »Black Rose«, einer irischen Kneipe neben dem Faneuil Hall Marketplace, einer Ansammlung von Restaurants und Läden in einer touristischen Gegend in Boston. Wie Whitey gab Callahan sich gerne als 100-prozentiger Ire und spendete auch regelmäßig Geld für die IRA. In der »Black Rose« spielte immer laute Musik, und das war an diesem Abend nicht anders. Während irische Rebellenlieder ertönten, beugte Callahan sich vor und meinte zu Whitey und Flemmi: »Hört zu. Wheeler ist unvernünftig.« Er erklärte, er und Rico hätten entschieden, dass der einzige Weg, die Firma zurückzubekommen, darin bestehe, Wheeler zu beseitigen. Er sei sicher, dass Wheelers Frau verkaufen werde, wenn ihr Mann tot sei. Und er fügte hinzu, Johnny Martorano sei bereit, die Sache zu übernehmen, allerdings nur, wenn Whitey und Flemmi zustimmten.[9] Die Gangster wollten darüber nachdenken, aber bereits als sie die lärmende Kneipe verließen, äußerte Whitey ernste Bedenken. Erstens trinke Callahan zu viel, was Whitey bei Geschäftspartnern nie schätzte. Und so gerne Callahan auch mit Gangstern zusammen sei und so fließend er deren Jargon beherrsche, so bleibe er dennoch ein Außenstehender, sei kein Mitglied einer Gang. Und nun wolle er plötzlich einen Mord in Auftrag geben?

Flemmi rief daraufhin Rico an, seinen alten FBI-Betreuer. »Bist du mit dabei?«, fragte er ihn.

»Klar, ich will, dass es gemacht wird«, antwortete Rico. »Wir möchten, dass ihr mitmacht.«[10]

Wheeler sollte an seinem Wohnort in Tulsa ermordet werden, wo er am leichtesten zu treffen war. Rico hatte bereits damit begonnen, Wheelers Tagesablauf auszukundschaften, um herauszufinden, wann er gewöhnlich zur Arbeit ging, wann er zurückkam und welcher Platz am günstigsten war, um ihn zu erschießen. Aber Whitey gefiel die Sache immer noch nicht. »Er ist ein seriöser Geschäftsmann«, wandte er ein, während er im Broadway Furniture auf und ab lief, dem Elektrogeschäft in Southie, das sie als Treffpunkt nutzten. Whitey hatte zwar schon viele Menschen getötet, aber alle waren kriminelle Rivalen und Bostoner gewesen. Er hatte in seinem riskanten Beruf so lange überlebt, weil er schlauer und vorsichtiger war als die meisten anderen. Diesmal handelte es sich um etwas Neues, und das machte ihn nervös, obwohl das Geld zweifellos verlockend war.

Tagelang ging es zwischen Whitey und Flemmi hin und her wie in einem Tennis- oder Jai-Alai-Match. »Der Mann hat Geld wie Heu«, sagte Whitey. »Seine Familie hat Verbindungen zur Politik. Wir kommen nie damit durch.«[11]

»Das ist leicht verdientes Geld«, erwiderte Flemmi.[12] Außerdem sei ihr alter Freund Rico ihre Versicherungspolice. Denn der werde mit seinen Verbindungen zum FBI die Ermittler bestimmt ablenken. Er könne alles abbiegen. »Johnny macht das sowieso, egal, ob wir dabei sind oder nicht«, fuhr Flemmi fort. »Er ist unser Partner. Wir müssen mitmachen.«[13]

Whitey konnte durchaus stur sein, aber ihm war auch der Druck seiner kriminellen Partner nicht gleichgültig. Wenn er seine Partner mit einem Mord beauftragte, erwartete er ja auch keine Debatte. Er ging davon aus, dass sie ihm gehorchten, ohne Fragen zu stellen. Schließlich machte Flemmi ihn mürbe. Wahrscheinlich war er der Einzige, der das konnte.[14] Doch selbst nachdem Flemmi ihn überredet hatte, zweifelte Whitey an seiner Entscheidung. »Wir werden alle im Knast landen«, sagte er zu Flemmi. »Das wird nicht gut gehen. Auf keinen Fall.«[15]

Es war nie ratsam, einen Mord allein zu begehen, schon gar nicht auf unbekanntem Gelände. Selbst ein legendärer Killer wie Martorano brauchte Hilfe. Also bat Rico einen ehemaligen Auftragsmörder der Winter-Hill-Gang um Beistand. Joe McDonald war zwar auf der Flucht, erklärte sich aber bereit mitzumachen, weil er Rico angeblich schon seit Jahren einen Gefallen schuldete.[16] Martorano und McDonald flogen nach Oklahoma City und mieteten ein Auto, dann fuhren sie 160 Kilometer ostwärts Richtung Tulsa und stiegen in mehreren billigen Motels ab, zuletzt im »Trade Winds West«. Whitey und Flemmi hatten die Ausrüstung besorgt: einen .38er-Revolver, eine Maschinenpistole mit Schalldämpfer, einen Autoknacker-Bügel und ein Werkzeug, um die Zündung des gestohlenen Wagens herauszuziehen, der für den Mord benutzt werden sollte. Sie hatten alles verpackt und zusammen mit Kleidern in einen Koffer gesteckt, den sie per Greyhound-Bus nach Tulsa schickten. Währenddessen verbrachten Martorano und McDonald ihre Zeit damit, den besten Platz für den Mord an Roger Wheeler auszukundschaften. Sie nahmen seine Villa in der East Forty-first Street unter die Lupe und befanden den Ort für ungeeignet. So, wie das Haus aussah, gab es auf dem Gelände bestimmt Überwachungskameras. Also fuhren sie zum Bürogebäude der Telex Corporation und entdeckten eine Kamera an dem Gebäude, die genau auf Wheelers Parkplatz gerichtet war.[17]

Nachdem Martorano Callahan mitgeteilt hatte, dass sie Schwierigkeiten hätten, einen geeigneten Ort für den Mord zu finden, schickte dieser ihm rasch einige neue Informationen, die er von Rico bekommen hatte. Wheeler spielte jeden Mittwoch Golf im Southern Hills Country Club. Als Martorano den Brief auseinanderfaltete, staunte er über Rico. Der pensionierte FBI-Agent war zwar korrupt, aber höchst präzise wie immer. Außer der Anschrift des Clubs hatte Rico Wheelers durchschnittliche Spielzeit vermerkt: Wenn man davon ausging, dass eine Runde etwa vier Stunden dauerte, würde Wheeler ungefähr um 16 Uhr den Platz verlassen.[18]

Wie das wöchentliche Golfspiel vermuten ließ, war Wheeler ein Gewohnheitsmensch. Mit seinen 55 Jahren lief er jeden Tag 5,5 Kilometer. Er war fit und schlank und hatte noch das gleiche Gewicht wie mit 20. Nach dem Golfspiel am Mittwoch duschte er gewöhnlich, trank einen Scotch und spülte diesen mit einem Schokoladenmilchshake hinunter. Am 27. Mai 1981 verlor Wheeler eine Wette mit einem Freund und klagte, sein Handicap 12 sei zu niedrig. Er bekomme zu wenig Vorgabeschläge und verliere eine Wette nach der anderen. »Bis Samstag«, rief er dem Leiter des

Golfshops des Clubs zu, als er ging. »Sorg dafür, dass mein Handicap erhöht wird. Diese Jungs bringen mich um.«[19]

Kurz nach 16 Uhr sah Martorano einen Mann, der Wheeler ähnelte, über den Parkplatz gehen. Er stieg daraufhin aus dem Pontiac aus, den McDonald am selben Tag gestohlen hatte, und folgte ihm mit schnellen Schritten. Er wollte sicher sein, dass der Mann auch zu Wheelers Cadillac ging. Wheeler öffnete die Fahrertür und warf seine lederne Sporttasche auf den Beifahrersitz, dann schob er sich hinter das Lenkrad und versuchte, die Tür zu schließen.

Zwei kleine Mädchen, die auf dem Sprungbrett des Schwimmbeckens standen, das der Country Club neben dem Parkplatz angelegt hatte, beobachteten, wie ein stämmiger Mann mit einer Baseballmütze und einem Bart (der sich als falsch herausstellte) schnell auf den Cadillac zuging und die Tür festhielt. Dann ließ der Mann mit der Mütze, Johnny Martorano, ein weißes Handtuch fallen, das er um einen kurzläufigen Revolver in seiner Hand gewickelt hatte, und drückte ab. Der Revolver explodierte, und fünf Patronen fielen auf den Asphalt, doch der eine Schuss, den Martorano abgeben konnte, durchschlug Wheelers Stirn und tötete ihn. McDonald kam sofort mit dem Pontiac angefahren, hielt kurz, und Martorano schlüpfte flink in den Wagen. Innerhalb weniger Sekunden waren sie verschwunden. Die Mädchen auf dem Sprungbrett konnten das Nummernschild nicht erkennen.[20]

Als die Nachricht von Wheelers Ermordung Boston erreichte, machte sich John Connolly Sorgen über die möglichen Folgen für seinen wichtigsten Informanten. Daher rief er in Teresa Stanleys Haus an, weil er wusste, dass er Whitey zur Essenszeit dort antreffen würde. »Wenn jemand fragt, hast du gerade mit mir gesprochen, als es passiert ist«, sagte Connolly.[21] Whiteys Bedenken gegen das Verbrechen erwiesen sich als berechtigt und seine Zustimmung als Fehler. Der Mord löste bei der Polizei größere Bestürzung aus als ein Mord in der Unterwelt. Wenn ein Geschäftsmann und Millionär auf dem Parkplatz eines Country Clubs erschossen wurde, erregte das mehr Aufsehen als sonst. Callahan hatte Martorano 50.000 Dollar für den Mord gegeben, etwas mehr als üblich, weil die Tat in einem anderen Bundesstaat stattfinden musste und daher besonders riskant war. Martorano teilte das Geld mit McDonald und gab dann Whitey und Flemmi etwas von seinem Anteil ab. Als Whitey das Geld einsteckte, wusste er, dass es den bevorstehenden Ärger nicht wettmachen konnte.

Mike Huff, der Kripobeamte, der sich als Erster über Wheelers Leichnam gebeugt hatte, stieß schnell auf einige gute Spuren. Er fand heraus, dass es bei World Jai Alai allgemein bekannt war, dass John Callahan die Firma übernehmen wollte und er enge Kontakte zur Winter-Hill-Gang pflegte. Doch als das FBI in Tulsa seine Bostoner Kollegen um Hilfe bat, erhielt es die schroffe Antwort, Boston schließe eine Verbindung mit Winter Hill absolut aus. Das war natürlich eine Lüge. Morris hatte Connolly gebeten, Callahan zu befragen, und dieser hatte versichert, er habe mit diesen Winter-Hill-Figuren nichts zu tun. Daraufhin gab Connolly an, seine Informanten Whitey und Flemmi seien an Roger Wheelers Ermordung nicht beteiligt gewesen und bürgten auch für Callahan.

Es war wieder eine dieser Lügengeschichten, die in der Vergangenheit schon oft jeden möglichen Ärger abgewendet hatten. Und es schien zunächst, als hätte das Vorgehen auch diesmal wieder Erfolg, obwohl Callahan und Rico Wheelers Witwe gewaltig unterschätzt hatten. Sie weigerte sich nämlich, die Firma Jai Alai zu verkaufen, und Wheelers Söhne Larry und David waren davon überzeugt, dass Callahan und seine Kumpane aus der Unterwelt etwas mit der Ermordung ihres Vaters zu tun hatten. Sie hatten auch völlig recht, doch weil das FBI in Boston die Ermittlungen aktiv sabotierte, kamen Mike Huff und die Polizei von Tulsa nicht weiter. Huff war schließlich so frustriert, dass er beschloss, sich jenseits des üblichen Dienstwegs direkt an Connolly zu wenden. Er wusste natürlich nicht, dass Whitey und Flemmi Informanten waren und von Connolly betreut wurden. Huffs Hilfegesuch verlief im Sand. Er berichtete, Connolly habe erklärt, »seine Aufgabe sei es, die [Mafia] zu erledigen, nicht aber, gegen ›seine Iren‹ zu ermitteln«.[22]

Whitey und Flemmi, die dankbar für die Unterstützung waren, schickten Morris einen Karton mit edlem Wein.[23] Als Connolly das Geschenk in die Garage des Bostoner FBI-Büros brachte, bat ihn Morris, es zurückzugeben. »Sie müssen es annehmen«, beharrte Connolly. »Wenn Sie es ablehnen, glauben die beiden, dass Sie ihnen nicht trauen.«[24] Morris nickte zustimmend und nahm den Wein mit.

Für Whitey schien damit ein unangenehmes Kapitel beendet zu sein, doch es sollte eine Fortsetzung geben.

Nur Betrunkene oder Ortsunkundige besuchten das »Four Seas« in Bostons Chinatown, um dort etwas zu essen. Die Speisekarte war uralt, die Rippchen waren fettig und die Geflügelsticks noch fettiger. Der lachende Porzellanbuddha auf dem Fensterbrett im Erdgeschoss wachte über eine unterirdische, grell beleuchtete chinesische Billigkneipe. Das »Four Seas« besaß zwar keine Alkohollizenz, schenkte aber trotzdem Alkohol aus und hatte bis vier Uhr morgens geöffnet, was eine bunte Mischung von Gästen anlockte: Politiker aus Beacon Hill, höhere Polizeibeamte, Stripperinnen aus dem nahe gelegenen Vergnügungsviertel und Gangster von überallher. Im Oktober 1981 saßen drei Männer an einem runden Tisch im ansonsten leeren Restaurant: George Pappas, ein Kokainhändler, Brian Halloran,

John Callahans Freund und Randfigur in der Winter-Hill-Gang, und Jackie Salemme, ein Mafioso. Pappas sollte bald eine fünfjährige Gefängnisstrafe wegen Kokainhandels antreten. Ein Richter hatte ihm einen Monat Zeit gegeben, um seine Angelegenheiten zu ordnen. Das schloss seiner Meinung nach ein morgendliches Treffen mit Salemme und Halloran im »Four Seas« ein.

Jerry Angiulo, der Mafiaboss, hatte Pappas beschuldigt, ihm Schutzgelder vorenthalten zu haben, und Salemme sollte sich darum kümmern. Dieser hatte den hünenhaften Halloran zur Verstärkung mitgebracht.[25] Soon Yen Chin, der Kellner, brachte Halloran und Salemme Sprite in Dosen. Pappas bestellte ein Steak zum Mitnehmen. Die drei Männer unterhielten sich freundschaftlich. Chin legte das Päckchen vor Pappas auf den Tisch und überreichte ihm die Rechnung. Dann hörte er von der Küche aus einen einzelnen Schuss. Er rannte die Treppe nach oben und versteckte sich zusammen mit zwei Köchen. Als die Polizei eintraf, waren Halloran und Salemme verschwunden, und George Pappas lag mit dem Gesicht nach unten auf dem Tisch. Blut floss aus dem Loch über seinem rechten Auge und gerann auf dem braunen Papierpaket, das sein kalt werdendes Steak enthielt.[26/*]

Salemme eilte zu seinen Mafiafreunden, die ihm nahelegten, eine Weile unterzutauchen. Halloran hatte weniger Unterstützung, er war auf sich allein gestellt, dachte er zumindest. Er wusste nicht, dass ihn ein Ermittler namens Bill Murphy von der Sicherheitsbehörde für Alkohol, Tabak und Schusswaffen seit sieben Wochen überwachte. Murphy ging einem Hinweis nach, dass Halloran unerlaubt eine Waffe besaß. Stundenlang hatte er in seinem verbeulten Chevrolet Impala gesessen und schlechten Kaffee getrunken, während er Halloran von einer Kneipe zur nächsten gefolgt war. Da das Autoradio kaputt war, hatte er keinerlei Ablenkung. Am Kolumbus-Tag-Wochenende folgte er Halloran gegen zwei Uhr morgens zurück in dessen Wohnung in Quincy und machte dann endlich Feierabend. Das war Pech für ihn, denn kaum hatte er die Überwachung Hallorans beendet, sprang dieser in sein Auto und fuhr zum »Four Seas«, wo er kurz nach drei Uhr eintraf.

Als Murphy am nächsten Morgen ins Büro kam, fragte einer seiner Kollegen: »He, hast du von dem Mord in Chinatown gehört?« Murphy schwante Übles, daher rief er die Bostoner Mordkommission an, und der zuständige Beamte verriet ihm, was er wusste: Es gab eine Leiche auf dem Tisch und einen Schlüsselbund unter dem Tisch. Der Autoschlüssel passte

---

* 1985 widerrief der Oberste Gerichtshof von Massachusetts Salemmes Verurteilung wegen Mordes an Pappas.

zu einem weißen Buick Regal, den die Polizei auf einem Parkplatz in der Nähe des Restaurants gefunden hatte und der bei National Car Rental gemietet worden war. »Das war Brian Halloran«, erklärte Bill Murphy daraufhin dem erstaunten Steve Murphy. »Diesem Auto bin ich gefolgt. Es hat hinten einen Kindersitz, oder?«

Kurze Zeit später standen die beiden Murphys und ein Staatsanwalt vor der Wohnung in Quincy, die Bill Murphy seit Wochen beobachtet hatte. Sie hatten einen Durchsuchungsbefehl dabei, in dem es hieß, dass sie einen Haftbefehl gegen Brian Halloran bekommen würden, falls der Schlüssel in die Wohnungstür passe. Steve Murphy probierte einen der Schlüssel aus, die man unter dem Tisch gefunden hatte, an dem George Pappas seine letzte Mahlzeit bestellt hatte, und das Schloss ging auf.[27] 17 Tage nach dem Mord an Pappas stellte sich Halloran. Er bezahlte die Kaution, doch alles, was er damit erreichte, war seine Entlassung in die Gefahr. Er war zur Zielscheibe geworden und konnte nicht ernsthaft glauben, dass Salemmes Freunde davon ausgingen, er würde den Mund halten. Ein paar Monate nach Pappas Tod und drei Tage, nachdem Hallorans Frau am Weihnachtstag ihren zweiten Sohn geboren hatte, wandte sich Halloran daher an den FBI-Agenten Leo Brunnick und sagte, er wolle auspacken und Informationen gegen Personenschutz eintauschen. »Ich weiß, wer Roger Wheeler umgebracht hat«, sagte er zu Brunnick und dessen Partner Gerry Montanari.

So begann Whiteys Fehler wieder aus der Versenkung aufzutauchen.

Halloran erzählte eine fesselnde Geschichte und rief sich den Tag ins Gedächtnis zurück, an dem er Callahan besucht hatte. Callahans Wohnung lag über seinem Büro an einem Kai mit Blick auf den Bostoner Hafen. Im Apartment hatte Halloran sowohl Whitey als auch Flemmi vorgefunden. Sie hatten gerade darüber gesprochen, Wheeler beseitigen zu wollen, um zu verhindern, dass er die Bücher von Jai Alai überprüfen ließ, was ziemlich viel Staub aufgewirbelt hätte. Halloran sagte, Callahan habe ihn vor Whitey und Flemmi gebeten, Wheeler zu töten.

Er habe zwar einen Ruf als harter Bursche, dennoch habe er gefragt, ob es nicht einen anderen Weg gebe, Wheeler loszuwerden. Whitey habe daraufhin nur höhnisch gegrinst. Whitey mochte Halloran nicht, und die Abneigung beruhte auf Gegenseitigkeit. Callahan habe Halloran gebeten, noch einmal über die Sache nachzudenken, und versprochen, sich wieder zu melden. Zwei Wochen später trafen die beiden sich erneut in Callahans Büro. Dieser überreichte Halloran 20.000 Dollar in bar und sagte, er werde wegen Wheeler nicht mehr gebraucht. »Ich hätte dich gar nicht erst fragen sollen.«[28]

Nach Wheelers Ermordung, berichtete Halloran den Ermittlern, habe er Callahan im »Pier« getroffen, einem Restaurant mit Bar im Hafenviertel von Southie, und der habe ihm erzählt, wie die Sache abgelaufen sei: Johnny Martorano habe geschossen, Steve Flemmi habe den Fluchtwagen gesteuert und Whitey Bulger einen Ersatzwagen gefahren. Montanari und Brunnick waren skeptisch, und das mit Recht. Die Schilderung war nämlich eine Mischung aus Tatsachen – Martoranos Rolle – und Lügen – Whiteys und Flemmis direkte Beteiligung am Mord. Zudem war Halloran zwar als Schläger bekannt, der Schulden eintrieb, nicht aber als Auftragsmörder. Warum hätten sich Callahan und die Winter-Hill-Gangster wegen eines so komplizierten, riskanten Auftrags dann gerade an ihn wenden sollen? Dennoch wusste Halloran ihrer Meinung nach zu viel über den Mord, um seine Aussage einfach so vom Tisch wischen zu können. Callahan musste ihm etwas erzählt haben. Und nun saß er vor ihnen und beschuldigte nicht nur Whitey und Flemmi, sondern auch seinen guten Freund John Callahan eines Auftragsmordes.

Halloran hatte nichts zu verlieren und alles zu gewinnen, indem er Whitey und Flemmi anschwärzte. Er wusste, dass die Mafia nicht lange fackeln würde, ihn umzubringen, um ein Mitglied wie Salemme zu schützen. Aber es ging nicht nur um die Mafia. Halloran hatte kaum noch einen Überblick über alle, die ihn töten wollten. Er versprach Brunnick und Montanari daher, als Zeuge auszusagen, wollte dafür aber ins Zeugenschutzprogramm aufgenommen werden. Bevor er des Mordes an Pappas beschuldigt worden war, hatte er bereits zwei Mordanschläge überlebt. Seine Frau stillte gerade ein neugeborenes Kind, und er musste von der Straße weg, ehe sie zur Witwe wurde. Er nahm an, das FBI werde die Chance ergreifen, die zwei schlimmsten Gangster des Stadtviertels aus dem Verkehr zu ziehen. Aber er wusste natürlich nicht, dass die Männer, die er dem FBI ausliefern wollte, zwei der wertvollsten Informanten dieser Behörde waren.

Da Brunnick und Montanari auf andere Bereiche spezialisiert waren, fragten sie John Morris, den Leiter der Abteilung für organisiertes Verbrechen, ob er Halloran für glaubwürdig halte. »Er ist ein Kokser«, meinte Morris. »Unzuverlässig.«[29] Doch obwohl Morris die Anfrage abgeschmettert hatte, machte er sich Sorgen. Schließlich gehörten Brunnick und Montanari nicht zu seinem Team und bearbeiteten ihre eigenen Fälle. Und sie hatten nicht das Geringste in Whitey und Flemmi investiert. Morris ging in Connollys Büro und fragte ihn: »Würden Bulger und Flemmi diesem Halloran so weit vertrauen, dass sie ihn bitten würden, etwas für sie zu erledigen?«

»Nein«, antwortete Connolly, »das wissen Sie doch. Die trauen ihm nicht über den Weg.«[30] Er sah Morris misstrauisch an. »Was ist los? Wenn jemand etwas über meine Informanten sagt, habe ich ein Recht, es zu erfahren.«[31]

Morris erklärte es ihm, und Connolly war beunruhigt. Halloran mochte ein Lügner und ein zwielichtiger Typ sein, dennoch konnte selbst er eine Geschichte erzählen, die glaubhaft klang. Connolly suchte daraufhin Whitey und Flemmi auf und teilte ihnen mit, dass Halloran ihnen den Mord an Wheeler anhängen wolle. Als er wieder im Büro war, log er Morris an: »Sie wissen es schon.«[32]

Connolly überlegte, ob Halloran Whitey und Flemmi erpressen wollte. Aber das erschien ihm dann doch eher unwahrscheinlich, denn es war kaum vorstellbar, dass Whitey und Flemmi jemandem Geld geben würden, der sie verraten konnte. Viel eher würden sie ihn umbringen. Brunnick und Montanari waren verständlicherweise skeptisch, was Halloran betraf, und schlugen ihm daher vor, sich einem Lügendetektortest zu unterziehen. Da Halloran sich weigerte, versahen sie ihn mit einem Abhörgerät und schickten ihn als Köder los. Als Connolly davon erfuhr, rief er sofort Whitey an.

»Brian Halloran ist verwanzt«, berichtete er.[33]

Letztlich war es Jerry O'Sullivans Entscheidung. Der Chef der Einsatztruppe gegen das organisierte Verbrechen in Boston bereitete gerade den Coup seines Lebens vor. Er sichtete die Aufzeichnungen der Gespräche, die Jerry Angiulo und andere Mafiosi in ihrem Hauptquartier im North End geführt hatten. Und nun wollten Brunnick und Montanari Schutz für einen Ganoven, der zwei wichtige Informanten über die Mafia beschuldigte, an der Ermordung eines Geschäftsmannes in Tulsa beteiligt gewesen zu sein. O'Sullivan erschien Halloran wenig glaubwürdig oder als Zeuge geeignet. Er konnte seine Behauptungen nicht belegen, außerdem hieß es, er sei drogensüchtig und ein Alkoholiker. O'Sullivan lehnte den Antrag der FBI-Agenten daher ab. Dann bat Bob Fitzpatrick, der stellvertretende Leiter des FBI-Büros in Boston, ihn dringend, sich die Sache noch einmal zu überlegen. Brunnick und Montanari hätten Halloran und seine Familie in ein sicheres Haus in Falmouth auf Cape Cod gebracht und hätten ihm mitgeteilt, dass Halloran ihrer Meinung nach auf der Straße nicht sehr lange überleben werde. Doch O'Sullivan blieb unnachgiebig.

Halloran langweilte sich derweil in dem sicheren Haus zu Tode. Er saß darin mit seiner Frau und seinen beiden 22 und fünf Monate alten Söhnen fest und drehte allmählich durch. Das FBI, klagte er seiner Frau gegenüber, lasse ihn zappeln. Er wolle nach Boston gehen, um sich ein Auto zu besorgen, und dann könnten sie Massachusetts verlassen. Am Dienstag, den 11. Mai 1982, stieg er in Falmouth in den Bus. Er verließ ihn in Southie und machte sich auf den Weg in die »Topside Lounge«, eine Kneipe beim Restaurant »Pier«, die er gut kannte.

Das Lokal öffnete gegen 16 Uhr. Halloran zog einen Hocker neben das Spiegelglasfenster, das ihm einen Blick auf die Northern Avenue ermöglichte. Diese Straße mit Kopfsteinpflaster war die wichtigste Durchfahrtsstraße im schmuddeligen Hafenviertel von Southie. Um 16.30 Uhr stand er auf, ging zum Münztelefon, rief das FBI-Büro an und fragte nach Leo Brunnick. Gerry Montanari nahm das Gespräch an.

»Gerry, hier ist Brian Halloran.«

»Wo sind Sie?«

»In der City«, log Halloran, »Leo sucht mich.«

Dann hinterließ er eine Nummer, und wenige Minuten später rief Leo Brunnick ihn zurück.

»Wie geht's?«, fragte Halloran. »Ich habe gehört, Sie suchen mich.«

Brunnick verneinte, meinte aber, es sei verrückt, sich in Boston herumzutreiben. »Gehen Sie zurück zu Ihrer Familie«, bat Brunnick. »Hören Sie auf, draußen herumzurennen.«

Halloran erwiderte, er müsse jetzt gehen, und legte auf.

Dann lief er zurück an die Bar und gab eine Runde aus.[34] Er brauchte jemanden, der ihn nach Hause brachte.

Am selben Morgen machte sich Patricia Donahue fertig für die Arbeit. Der kleine Friseursalon, in dem sie ab und zu einer Freundin half, lag etwa 800 Meter von ihrem Haus entfernt in der Roseland Street in Dorchester. Normalerweise arbeitete sie in der Innenstadt. »Du brauchst dringend einen Haarschnitt«, sagte sie beim Frühstück zu ihrem Mann Michael. »Komm doch heute Nachmittag vorbei, ich bin ja ganz in der Nähe.«

Während sie ihm das Haar schnitt, überlegte Pat Donahue laut, was sie an diesem Tag alles erledigen mussten. Michael wollte zum Fish Pier fahren, um dort mit jemanden über ein paar Regale zu verhandeln, die seine Frau und er für ein Geschäft brauchten, das sie eröffnen wollten. Außerdem wollte er Köder für den Angelausflug nach Maine kaufen, den er seinem achtjährigen Sohn Tommy anlässlich seiner Kommunion als Geschenk versprochen hatte. Tommy, der die St.-Markus-Schule besuchte, bekam sogar einen Tag schulfrei, damit er Angeln gehen konnte. Seine älteren Brüder Shawn, 11, und Michael jun., 13, beneideten ihn darum. Michael Donahue schaute in den Spiegel, drehte sich hin und her und verkündete dann sein Urteil über das Können seiner Frau.

»Du bist eine Künstlerin«, sagte er, küsste sie und verließ den Salon.

»Ich ruf dich an«, rief er ihr über die Schulter zu, dann war er weg.[35]

Während Halloran trank und die Donahues ihrer Arbeit nachgingen, waren Whitey und Kevin Weeks im Broadway Furniture in Southie und warteten auf Flemmi. Plötzlich kam John Hurley herein, ein gedrungener, allmählich kahl werdender Mann mit muskulösen Unterarmen und Knollennase, der den Bandenkrieg zwischen Charlestown und Somerville überlebt hatte und jetzt in Boston einer der besten Spendensammler für die IRA war. Wie alle anderen in der Unterwelt auch wusste er, dass Halloran dem Tod geweiht war. Und er wusste, wie er sich bei Whitey Bulger beliebt machen konnte. »Halloran ist unten im ›Pier‹«, sagte er.[36]

Das Restaurant »Pier« war bei Fischern, Hafenarbeitern und LKW-Fahrern sehr beliebt. Dort hatte Halloran von Callahan Einzelheiten über den Mord an Wheeler erfahren. Nun beschloss Whitey, dass Brian Halloran dort sterben sollte. »Danke, John«, sagte er lächelnd. »Vielen Dank.«[37]

Hurleys Tipp war für Whitey das Signal zum Handeln. Als Erstes suchte er Flemmi, dann Pat Nee.[38] Danach schickte er Weeks in das alte Mullens-Hauptquartier in der O Street und wies ihn an, dort zu warten. 20 Minuten später fuhr Whitey in seinem »Abschleppwagen« vor, wie sie das Auto nannten, das sie speziell für Morde verwendeten. Der blaue Chevrolet Malibu verfügte nämlich über einige Extras, die an James-Bond-Filme erinnerten. Unter anderem konnte man Öl auf die Straße fließen lassen oder eine Rauchwolke erzeugen, um die Flucht zu erleichtern. Das Auto war außerdem so frisiert, dass es bis zu 320 Kilometer pro Stunde fahren konnte.

Als Whitey aus dem »Abschleppwagen« stieg, trug er eine schmutzigblonde Perücke und einen herabhängenden Schnurrbart. Er hatte Flemmi angefunkt, aber keine Antwort bekommen.

»Fahr zu ›Jimmy's Harborside‹ und warte da auf mich«, befahl er Weeks.[39]

Weeks stieg in sein Auto, einen Oldsmobile Delta 88, den er John Connolly abgekauft hatte, und fuhr die fünf Minuten zu dem beliebten Restaurant, das nur ein paar Häuser vom »Pier« entfernt war. Whitey kam in seinem Wagen nach und reichte Weeks ein Sprechfunkgerät. Ein Mann auf dem Rücksitz, der sein Gesicht mit einer Maske verhüllt hatte, richtete sich auf und winkte.

»Geh zu ›Anthony's‹«, sagte Whitey. Er meinte »Anthony's Pier 4«, das größte Fischrestaurant des Viertels gegenüber dem »Pier«. »Park dort und sag mir Bescheid, wenn Balloonhead aufsteht.«[40]

»Balloonhead« (Ballonkopf) war Whiteys Spitzname für Halloran, eine Anspielung auf seinen ungewöhnlich großen Kopf, der vom jahrelangen Alkoholkonsum aufgedunsen war.

Es war fast Essenszeit, und Pat Donahue wartete immer noch auf Michaels Anruf. Um 18 Uhr klingelte das Telefon in der Küche des dreistöckigen Hauses in der Roseland Street.

»Ich fahre gleich los«, versprach Michael Donahue. »In zehn Minuten bin ich zu Hause.«

Pat hatte das Telefon zwischen die Schulter und die Wange geklemmt, da sie am Herd stand.

»Es gibt Schweinekoteletts«, sagte sie. »Wir warten nur noch auf dich.«

»Zehn Minuten«, wiederholte er. Das war ein wenig geflunkert, da er fast zehn Kilometer entfernt im Hafenviertel war.

Außerdem hatte er Brian Halloran versprochen, ihn nach Hause zu bringen, und Halloran ließ sich eine Menge Zeit. Hallorans Vater wohnte gleich um die Ecke der Donahues, in dem Haus, in dem Halloran aufgewachsen war. Donahue wollte lediglich einem alten Freund aus der Nachbarschaft helfen, er wusste nicht, dass Brian Halloran dem Tod geweiht war. Andere Leute in der Kneipe sagten später aus, Donahue habe unruhig darauf gewartet, dass Halloran austrank. Er sei auf und ab gegangen und habe erwähnt, er wolle zum Abendessen zu Hause sein.

Weeks hatte noch nicht lange Position bezogen, als er sah, dass einer der Männer, die bei Halloran saßen, aufstand und vor die Tür ging. Es war Michael Donahue. Er lief zu einem kleinen blauen Datsun, den er für diesen Tag von seinem Vater ausgeliehen hatte. Halloran hatte ihn gebeten, mit nach Dorchester fahren zu dürfen. Er ging davon aus, dass die Leute, die ihn umbringen wollten, es nicht riskieren würden, einen Unbeteiligten zu töten. Schließlich kannte er die eiserne Unterweltregel: Lass Unschuldige aus dem Spiel. Halloran konnte jedoch nicht wissen, dass Whitey und seine Freunde in diesen Tagen einige ihrer eigenen Regeln brachen, dass ihre sprichwörtliche Umsicht der Überheblichkeit und jetzt, da Halloran sie verpfiffen hatte, auch der Verzweiflung gewichen war. Als Donahue mit dem Datsun vor die Kneipe fuhr, stand Halloran am Tisch auf.

»Der Ballon steigt«, sprach Weeks ins Funkgerät. »Der Ballon ist in der Luft.«

Halloran war gerade eingestiegen, als Whitey neben den Datsun fuhr und sich mit einem Karabiner aus dem Fenster lehnte.

»He, Brian!«, rief er.

Aber er wartete nicht auf eine Antwort, sondern ballerte gleich los. Er hatte die Automatik abgestellt, sodass er zielen und Schüsse platzieren konnte.[41] Der Maskierte auf dem Rücksitz begann ebenfalls zu feuern, aber seine Waffe hatte schnell eine Ladehemmung. Donahues Auto, das sich im Leerlauf befand, rollte langsam über die Northern Avenue und prallte gegen einen geparkten Wagen. Whitey machte auf der breiten Straße eine Kehrtwende. Halloran war aus dem Auto geklettert und lag nun mitten auf der Straße. Whitey schob sein Gewehr aus dem Fenster und drückte noch ein paar Mal ab. Von der anderen Straßenseite aus beobachtete Weeks, wie Hallorans Körper sich aufbäumte, als die Geschosse in ihn eindrangen. Dann raste der »Abschleppwagen« davon, dabei verlor er eine seiner glänzenden Radkappen.

Ein Richter schloss später aus den Berichten, dass Whitey absichtlich auf Hallorans Arme und Beine gezielt habe, um ihn vor seinem Tod noch möglichst lange leiden zu lassen. Eine Autopsie zeigte, dass Halloran 22-mal getroffen worden war: fünfmal in die Beine, viermal in die Arme, viermal in die Leiste und in den Unterleib. Ein Kopfschuss streifte ihn nur.[42] Donahue war sofort tot, doch als die Polizei Minuten später eintraf, stellte sie fest, dass Halloran noch lebte. »Verdammt, bringt mich hier weg«, schrie er die Polizisten an, die als Erste bei ihm waren. »Ich will nicht sterben! Bringt mich in ein verdammtes Krankenhaus!«[43] Halloran war wie von Sinnen und kämpfte gegen die Sanitäter an, die versuchten, ihn auf eine Tragbahre zu legen. Sergeant William »Bo« Mullane von der Bostoner Polizei stammte aus Southie und kannte alle Ganoven dort. Er erkannte Halloran und stieg zu ihm in den Krankenwagen.

»Brian«, fragte er, »wer hat dir das angetan?« Er beugte sich nach unten, damit er Hallorans letzte Worte besser hören konnte.

»Jimmy Flynn«, flüsterte Halloran.

Das ergab Sinn. Halloran hatte dem FBI erzählt, Jimmy Flynn, ein Komplize der Winter-Hill-Gang, suche nach ihm, weil er – mit Recht – annehme, Halloran werde ihn beim FBI verpfeifen.[44] Mit dem blonden Haar und dem dicken Schnurrbart hatte der Schütze wie Flynn ausgesehen. Whitey hatte sich nicht absichtlich wie Flynn zurechtgemacht, es war einfach Glück, dass Halloran glaubte, Flynn habe ihn erschossen.[45]

Nach der Schießerei war Whitey euphorisch. Und hungrig. Daher ging er zu Teresa Stanley zum Essen. Während Teresa für ihre Kinder kochte, wunderte Whitey sich immer noch darüber, dass Flemmi nicht aufgetaucht war. Er schickte ihm eine Nachricht: »Der Ballon ist geplatzt.«[46] Als Flemmi das abhörte, wusste er, dass Halloran tot war, und begann zu fluchen, weil er den ganzen Spaß verpasst hatte.[47]

Gegen 21 Uhr, wenige Stunden nach den Morden, ließ Whitey sich von Weeks abholen. Sie machten sich auf die Suche nach der verlorenen Radkappe und fanden sie schließlich am Straßenrand. Dann fuhren sie zu Flemmi, der bei seiner Mutter war, die direkt neben Bill Bulger wohnte. Während Mary Flemmi in der Küche eine Tomatensoße zubereitete, unterhielt Whitey seinen Partner im Wohnzimmer mit allen blutigen Einzelheiten: wie Halloran sich umgedreht hatte, als Whitey seinen Namen gerufen hatte, wie die ersten Schüsse das Fensterglas zerschmettert hatten und wie Hallorans Körper sich aufgebäumt hatte, als die Kugeln ihn auf der Straße trafen.

»Verdammt, ich wünschte, ich wäre dabei gewesen«, sagte Flemmi. »Ich wünschte wirklich, ich wäre dabei gewesen.«[48]

Sie setzten sich zu einem späten Abendessen in die Küche – es gab Spaghetti, Kalbfleisch und Auberginenauflauf –, und Whitey lobte Mary Flemmis Kochkünste immer wieder.[49] Nach dem Essen machten Whitey, Flemmi und Weeks einen langen Spaziergang nach Castle Island und unterhielten sich weiter über die Morde wie über ein unvergessliches Baseballspiel.

Pat Donahue hatte die Herdplatte, auf der die Koteletts standen, auf geringe Hitze gestellt und wartete auf Michael. Im Zimmer nebenan lief der Fernseher, sodass sie die 18-Uhr-Nachrichten hören konnte. Der Moderator berichtete aufgeregt über eine Schießerei im Hafenviertel und erklärte, es sei ein Streit zwischen Gangstern gewesen. Sie fragte sich, ob Michael wohl etwas davon mitbekommen hatte.[50]

»Wo zum Teufel bleibt Michael nur?«, rief sie laut, während sie die Hitze am Herd noch weiter zurückschaltete, damit das Fleisch nicht austrocknete. Dann hörte sie im Fernsehen, man habe Bilder von dem Auto der Männer, die im Hafenviertel erschossen worden seien. Mit einem Pfannenwender in der Hand stand sie im Türrahmen der Küche, blickte zum Fernseher im Wohnzimmer und stammelte: »Das ist Michael.«

Ihr Mann hatte das Auto seines Vaters ausgeliehen, und jetzt war es auf dem Bildschirm zu sehen. Die Fenster waren zersplittert, die Seite war von Kugeln durchlöchert. Sie ging in den zweiten Stock zu Michaels Vater, einem Polizisten. »Jemand hat Michael niedergeschossen«, sagte sie. Der alte Mann konnte es nicht fassen.

Der Fernsehreporter sagte, einer der Männer sei tot, der andere liege im Krankenhaus. Also griff Pat zum Hörer und rief systematisch jedes Krankenhaus in Boston an. Doch niemand konnte ihr weiterhelfen. Nirgendwo war Michael eingeliefert worden. Die Nachricht verbreitete sich rasend schnell in der Nachbarschaft, und bald ging es im Haus zu wie in einem Bienenstock. Nachbarn brachten Essen und sorgten dafür, dass die drei Jungen nichts von den Nachrichten mitbekamen, da niemand genau wusste, was los war. War Michael tot oder lebendig?

Die Polizei kam erst um 22 Uhr, vier Stunden nach der Schießerei. Sie brachten Pat ins Massachusetts General Hospital, wollten ihr aber nicht verraten, ob ihr Mann noch lebte. Dann kam einer der Ärzte. »Es tut mir leid, Mrs. Donahue«, sagte er. Jetzt wusste sie es. Sie baten sie, in ein Zimmer zu gehen und die Leiche zu identifizieren, aber sie blieb zunächst an der Tür stehen, um sich etwas zu sammeln. Sie überlegte, was sie tun würde: Sie würde sich hinsetzen und ein paar letzte Worte zu Mike sagen. Als sie das Zimmer betrat, sah sie, dass ihr Mann hochgelagert worden war; es sah aus, als sitze er. Sein Kopf war bandagiert, seine Augen waren geschlossen. Man konnte fast meinen, er schlafe. Pat betrachtete ihren toten Mann, und all ihre Pläne, ihm noch einmal zu sagen, wie sehr sie ihn liebte, waren zerstoben. Rasch verließ sie den Raum, sie konnte es nicht ertragen, ihn so zu sehen.

Eine halbe Stunde später war sie wieder in dem Haus in der Roseland Street und rief die Jungen aus dem dritten Stock nach unten. Sie hatten mehrere Stunden im Flur verbracht und gehört, wie die Erwachsenen miteinander geflüstert hatten. Sie wussten, dass etwas nicht stimmte. Einige Frauen weinten, und Michael, der Älteste, ahnte wohl, was geschehen war. Wenn auch die jüngeren Brüder nicht begriffen, was passiert war, der 13-jährige Michael wusste es.

Pat Donahue schickte alle anderen aus dem Wohnzimmer und bat ihre Söhne, sich aufs Sofa zu setzen. »Papa ist tot, und er kommt nicht mehr zurück«, erklärte sie. Der acht Jahre alte Tommy weinte, noch ehe sie die letzten Worte ausgesprochen hatte.

Das Verbrechen im Hafenviertel beherrschte die Nachrichten. Polizisten suchten fieberhaft nach Jimmy Flynn und dem unbekannten zweiten Schützen. Wenn Whitey sich Sorgen machte, zeigte er es nicht. Ein paar Tage nach den Morden fuhr er mit Flemmi und Weeks zu dem Abstellplatz, auf dem Donahues beschlagnahmter Datsun stand. Sie fanden ihn und sahen, dass er mit Einschusslöchern übersät war. Whitey zeigte auf das Werk seiner Hände an der Kopfstütze des Fahrersitzes: Haare, Kopfhaut und Gewebe.[51]

Etwa zehn Tage nach den Morden besuchten John Morris und John Connolly Whitey in seiner Wohnung in Quincy. Die Agenten machten sich Sorgen, weil ihre Informanten als Mordverdächtige galten. Whitey versorgte Morris mit Bier, während dieser ihn darüber informierte, was er von verschiedenen Justizbehörden erfahren hatte. Er erwähnte auch, dass ein FBI-Agent Halloran beschattet und das Kennzeichen des Mordfahrzeugs notiert habe.

Am nächsten Tag erhielt Weeks entsprechende Anweisungen von Whitey: Er solle dafür sorgen, dass ihr Spezialwagen in einer Werkstatt in der K Street versteckt bleibe, bis sie ihn zerlegen konnten. Whitey sagte, Morris sei am vergangenen Abend sehr mitteilsam gewesen – das Bier habe wie ein Wahrheitsserum gewirkt. »Danken wir Gott für Beck's Bier«, scherzte Whitey.[52]

Kurze Zeit nach diesem informativen Abend bei Whitey musste Morris zu einem zweiwöchigen Lehrgang über Ermittlungen bei Drogendelikten nach Georgia. Er rief Connolly mit einer etwas heiklen Bitte an. Morris hatte immer noch ein allseits bekanntes Verhältnis mit seiner Sekretärin, und er wusste, dass Connolly seine Frau verlassen hatte und ein Aufreißer war. Daher hatte Morris keine Bedenken, ihn um ein wenig Unterstützung zu bitten. Morris erinnerte Connolly daran, dass Whitey und Flemmi ihm immer wieder Hilfe angeboten hätten. »Glauben Sie, die könnten mir ein Flugticket besorgen?«, fragte Morris.[53]

Kurze Zeit später überreichte Connolly Morris' Freundin einen weißen Umschlag und sagte, der Inhalt stamme von Morris. Darin befanden sich 1000 Dollar in bar, mehr als genug für ein Ticket nach Georgia. Connolly lächelte und log, dass Morris das Geld eigens für diesen Anlass gespart habe. Sie nahm sich daraufhin sofort ein paar Tage Urlaub, eilte zum Flughafen Logan Airport und wartete auf einen Flug, den ihr zwei Mörder geschenkt hatten.[54] Morris war jetzt derart kompromittiert, dass er nicht mehr nur Whitey und Flemmi schützte, sondern auch sich selbst. Die beiden hatten John Morris mit Wein und Weib geschmiert, das Einzige, was da noch fehlte, war der Gesang.

Zwei Wochen nach dem Mord an Halloran fand in der FBI-Zentrale in Washington eine große Besprechung statt. Mitarbeiter der Zentrale sowie Agenten aus Boston, Miami und Oklahoma City drängten sich um den Konferenztisch. Es gab ein Problem: Zwei wichtige Informanten, Whitey und Flemmi, wurden verdächtigt, an der Ermordung von Wheeler und an der Schießerei im Hafenviertel, der Halloran und Donahue zum Opfer gefallen waren, beteiligt gewesen zu sein. Bob Fitzpatrick, der stellvertretende Leiter des Bostoner Büros, empfahl, sie von der Liste der Informanten zu streichen. Doch Sean McWeeney, der Leiter der Abteilung für organisiertes Verbrechen in Washington, hatte Einwände dagegen: Das Hauptquartier stehe nach wie vor hinter den beiden – sie seien im Kampf des FBI gegen die Mafia »extrem wertvoll«.[55]

Nicht nur das Bostoner Büro unterstützte also Whitey und Flemmi, sondern auch die Zentrale in Washington. Die FBI-Oberen waren bereit, zwei Mordverdächtige zu decken, weil die Außenstelle in Boston das Hauptquartier davon überzeugt hatte, dass sie unentbehrlich waren. Es war eine kritische Zeit im Kampf des FBI gegen die Mafia. Während die Beamten im Frühjahr 1982 darüber diskutierten, wie sie mit Whitey und Flemmi verfahren sollten, füllten Techniker des FBI Bänder mit den Aufnahmen, die im September 1983 zur Festnahme von Jerry Angiulo und anderen hochrangigen Mafiosi in Boston führen sollten. Was würde aus diesem Fall werden, wenn zwei Informanten, auf die das FBI sich bisher verlassen hatte, des Mordes angeklagt würden?

Ein Geschäftsmann, ein Unbeteiligter und ein Verbrecher hatten ihr Leben verloren, weil Whitey einen Schritt zu weit gegangen war. John Connollys Sorge wuchs, dass die Polizei sie schnappen würde. Doch er fragte Whitey nicht, ob er Halloran und Donahue getötet habe. Stattdessen sagte er: »Die Polizei wird intensiv gegen euch ermitteln.«[56] Flemmi war sich sicher, dass Connolly wusste, dass Whitey der Mörder war. Schließlich hatte dieser Connolly mitgeteilt, dass Halloran kurz vor seinem Tod den falschen Mann der Tat bezichtigt habe und Jimmy Flynn nichts mit dem Mord zu tun habe.[57] Connolly war überzeugt, die Hinweise, die seit den Morden in seinem Büro eingingen, abwiegeln zu können, aber er fand es beunruhigend, dass seine Kollegen ein so großes Interesse an John Callahan zeigten. Andere FBI-Agenten waren nämlich entschlossen, Callahan zu vernehmen. Er war das Bindeglied zwischen den Morden an Wheeler und Halloran, die einzige erkennbare Verbindung zwischen beiden Fällen.

Connolly äußerte gegenüber Whitey und Flemmi den Verdacht, Callahan werde nicht dichthalten. Er sei »Zivilist«, kein Gangster, höchstens ein Möchtegerngangster.[58] Whitey stimmte ihm zu. Es war also wieder einmal Zeit, mit Johnny Martorano zu sprechen und ihm einen neuen Auftrag zu erteilen. Nach einigen ausführlichen Telefongesprächen vereinbarten sie ein Treffen im »Hotel Marriott« auf dem Flughafen LaGuardia in New York. Die Wahl des Hotels war kein Zufall. Martorano kannte jemanden, der dort arbeitete und ihnen einen Rabatt einräumen würde.

Martorano flog von Florida nach New York und benutzte dabei den falschen Namen Richard Aucoin. Whitey und Flemmi kamen mit dem Auto. »Dein Freund wird den Mund nicht halten«, sagte Whitey, nachdem sie sich gesetzt hatten. Whitey war der Wortführer und wiederholte ständig, dass Connolly ihn gewarnt habe: »Wir landen alle für den Rest unseres Lebens im Knast, wenn er plaudert.«[59] Er redete auf Martorano ein und baute seine Argumentation wie ein Anwalt vor Gericht logisch auf. »Whitey sagte, Halloran sei zum FBI gegangen und habe ausgesagt, ich hätte Wheeler getötet«, erinnerte sich Martorano.[60]

»Ich habe Halloran umgelegt, um dich zu schützen«, behauptete Whitey.

»Danke, das weiß ich zu schätzen«, erwiderte Martorano.

Jetzt sei Martorano am Zug, erklärte Whitey. Doch der weigerte sich. Er wusste, dass man Callahan vieles vorwerfen konnte, nicht aber, dass er ein Verräter sei. Er versicherte Whitey daher, Callahan werde sie nicht verpfeifen. Hier hakte Whitey ein. »Er hat dich aber an Halloran verpfiffen«, sagte er.[61]

Martorano war tief betrübt. Immerhin hatte Callahan ihm auf der Flucht geholfen, ihm eine Wohnung, ein Auto und Möbel besorgt, und sie hatten zusammen eine Menge Spaß gehabt. Er war ein Freund, und Martorano hatte noch nie einen Freund umgebracht.

Whitey schloss seine Argumentation mit einer letzten Frage ab: »Hält er 20 Jahre durch?«

Martorano überlegte. Er durfte sich nichts vormachen – Callahan war ein Partylöwe und liebte das schöne Leben. Es war kaum vorstellbar, dass er die harte Seite des Lebens dauerhaft verkraften würde. »Nein«, musste er zugeben, und in diesem Augenblick war Callahan so gut wie tot.

Whitey wollte keine weiteren Leichen in Boston haben, da sie bereits genug Ermittlungsdruck spürten. Er solle ihn besser nach Florida locken, ihn umbringen, die Brieftasche und die Uhr abnehmen und diese in Little Havana zurücklassen. So würde das Ganze wie ein missglückter Drogenhandel aussehen. Joe McDonald könne ihm helfen. Eine Woche später trafen Whitey und Flemmi John Connolly in dessen Haus in Southie. »Wir haben mit Martorano über Callahan gesprochen«, teilte Whitey ihm mit. »Wir haben ihm alles Wichtige gesagt, und er hat versprochen, sich um die Sache zu kümmern.«[62] Ein paar Wochen bevor Callahan ermordet wurde, schrieb Connolly in einem Bericht, der sich angeblich auf Informationen von Whitey stützte, Callahan sei in kriminelle Machenschaften mit einer kubanischen Bande in Miami verwickelt.[63] Sie stellten eine Liste plausibler Verdächtiger zusammen und legten so bereits die Richtung der Ermittlungen im Fall eines Mordes fest, der noch gar nicht begangen worden war.

Martorano konnte Callahan wochenlang nicht finden. Er wusste nicht, dass Callahan spontan nach Irland gereist war. Als er zurückkehrte, fand er einen Stapel Botschaften von Martorano: »Komm zu mir. Ich will dich sehen. Wir können bisschen was unternehmen.«[64]

Sie hatten vereinbart, in Callahans Wohnung in Plantation, gleich außerhalb von Fort Lauderdale, zu bleiben. Callahan flog nach Florida, und Martorano holte ihn am Flughafen ab. Er trug sogar sein Gepäck zum Dodge-Minibus in der Garage. Während Martorano zur Seitentür ging, um den Koffer in der mittleren Sitzreihe unterzubringen, ließ Callahan sich auf dem Beifahrersitz nieder. Martorano warf den Koffer in den Bus, zog den .22er-Revolver hervor, den er unter einer Decke versteckt hatte, richtete ihn auf Callahans Hinterkopf und drückte ab. Dann zog er die Leiche nach unten, schloss die Tür, stieg ein und fuhr weg.[65]

Joe McDonald, der Wache geschoben hatte, folgte ihm in einem anderen Auto. Es war kurz nach 23 Uhr, und auch wenn Leute in der Nähe waren, fiel ihnen wohl nichts auf. Martorano hatte den Cadillac, den Callahan benutzte, wenn er in Florida war, in einer Garage abgestellt, sodass sie die Leiche unbemerkt in den Kofferraum legen konnten. Doch als sie den Toten bewegten, hörten sie ein Geräusch – es war, als stöhne Callahan. McDonald bat um Martoranos Waffe, streckte einen Arm in den Kofferraum und schoss Callahan mehrere Male in den Kopf. Jetzt war kein Stöhnen mehr zu hören. Dann nahmen sie ihm die Brieftasche, die Uhr und den gesamte Inhalt seiner Taschen ab und ließen alles in der Toilette einer Kneipe in Little Havana zurück.[66] Danach fuhren sie zum Flughafen in Miami und stellten den Cadillac auf dem Parkplatz ab. Ein paar Tage später fiel einem Parkplatzwächter ein unangenehmer Geruch auf, und er sah, dass es aus dem Kofferraum heraustropfte.

John Callahan war tot, aber seine Bankkonten in der Schweiz waren noch höchst lebendig.

Einen Monat nach dem Mord ließen Whitey und Flemmi daher Callahans Freund und Geschäftspartner Mike Solimando ausrichten, sie wollten ihn im »Triple O« treffen. Solimando war Immobilienmakler und Miteigentümer des »Durgin Park«, eines berühmten Restaurants im Faneuil Hall Marketplace. Er verwaltete Callahans Grundbesitz, und Whitey und Flemmi behaupteten, sie seien daran interessiert. Sie führten ihn in ein Zimmer im zweiten Stock. Obwohl er den mächtigen Körper eines Gewichthebers besaß, fühlte er sich ziemlich unwohl, als er sich an einen der runden Tische setzte.

Whitey zog einen Stuhl neben ihn und legte sich eine Maschinenpistole auf den Schoß.

»John Callahan schuldete uns Geld«, behauptete Whitey. »Jetzt sind seine Schulden Ihre Schulden, und wir wollen unser Geld zurück.«

»Wie viel?«

»600.000«, antwortete Whitey. »Und wir wissen, dass es auf seinen Konten in der Schweiz liegt.«

Während er dies sagte, drückte er die Maschinenpistole unter dem Tisch in Solimandos Leiste. »Wenn wir unser Geld nicht bekommen, töten wir Sie, Ihre Partner und Ihre Familie.«

Flemmi schaute nur zu und grinste. Das Ganze war ein Schwindel, Callahan schuldete ihnen nichts. Aber Solimando sah sich nicht in der Lage, Beweise zu verlangen. Whitey zog die Waffe unter dem Tisch hervor und presste den Lauf an Solimandos muskulöse Brust. »Ihre Muskeln nützen Ihnen jetzt gar nichts«, höhnte er.

Solimando erklärte sich damit einverstanden, das Geld zu beschaffen, selbst wenn er deswegen in die Schweiz fliegen musste. Also senkte Whitey die Waffe und ließ ihn gehen. Als er an der Tür war, die zum Erdgeschoss führte, rief Whitey noch einmal nach ihm. Solimando blieb stehen und drehte sich um. »Gehen Sie nicht zum FBI«, warnte ihn Whitey. »Das würde ich innerhalb von fünf Minuten erfahren.«[67]

Callahans Ermordung erhöhte den Druck auf Whitey und Flemmi und zugleich den auf Connolly und Morris. Sieben Wochen nach dem Mord strich Connolly Flemmi daher von der Liste der Informanten, jedoch nur auf dem Papier. Er sagte ihm nichts davon und traf sich weiter mit ihm. Whitey blieb auf der Liste, und Connolly schrieb ihm alle Informationen zu, die von Flemmi stammten, wie es früher bereits oft der Fall gewesen war. Es war eine reine Formsache, ein Ablenkungsmanöver. Whitey und Flemmi waren immer noch im Geschäft und wussten, dass Connolly und Morris ihnen den Rücken freihielten. Sie teilten Morris mit, wie sehr sie seine Treue schätzten, gaben Connolly erneut eine Kiste Wein mit einem Umschlag, der einen 1000-Dollar-Schein enthielt, mit, die dieser in der Garage des Bostoner FBI-Büros an Morris weiterleitete. Diesmal nahm Morris das Geschenk ohne Zögern an.[68]

Gerry Montanari, der FBI-Agent, dessen Informant im Hafenviertel von Kugeln zerfetzt worden war, ließ Connolly keine Ruhe. Er wollte mit Whitey und Flemmi sprechen. »Montanari versucht, den Jai-Alai-Fall als Karrieresprungbrett zu nutzen«, beklagte sich Connolly bei Whitey und Flemmi.[69] Auch Ermittler im FBI-Büro in Oklahoma City übten Druck aus, denn ihnen saß Mike Huff von der Mordkommission in Tulsa im Nacken. Im April 1983 baten FBI-Beamte aus Oklahoma um Erlaubnis, mit Whitey und Flemmi sprechen zu dürfen, doch Boston lehnte ab. Der Antrag veranlasste Connolly jedoch dazu, einen Bericht zu verfassen, der Whitey ein Alibi für die Tage verschaffte, an denen Wheeler und Callahan ermordet worden waren.[70]

Huff und die Polizei in Tulsa ließen allerdings nicht locker, sie bestanden auf einem Gespräch mit den Verdächtigen. Im November 1983 gab Connolly daher nach und arrangierte ein Treffen. Whitey und Flemmi sollten Fragen zu den Morden an Wheeler, Halloran und Callahan beantworten. Das ganze Unterfangen war jedoch ein Schwindel, der Connollys Informanten nur stärken sollte. Die Niederschrift dieses Gesprächs vom 2. November 1983 enthüllt mehrere Unregelmäßigkeiten und Verstöße gegen die Vorschriften des FBI. Whitey und Flemmi wurden gemeinsam vernommen, was äußerst ungewöhnlich war und Montanari jeder Chance beraubte, sie bei Widersprüchen zu ertappen. Sie bestanden zudem darauf, dass das Gespräch im alten Mullens-Hauptquartier in Southie stattfand, nicht im FBI-Büro. Connolly benahm sich wie ein Strafverteidiger, der zwielichtige Gestalten vertritt: Er ermahnte Whitey und Flemmi, Anzüge zu tragen, da Montanari Fotos machen und dem Geschworenengericht in Tulsa schicken würde, das den Mord an Wheeler untersuchte.

In ihrem Bericht schrieben Montanari und sein Kollege Brendan Cleary, dass Whitey behauptet habe, ein solches Gespräch normalerweise abzulehnen, doch er und Flemmi wollten reinen Tisch machen und ein für alle Mal klarstellen, dass Hallorans Behauptung, sie seien in den Mord an

Wheeler verwickelt – ganz zu schweigen von der Anschuldigung, sie hätten Halloran, Donahue und Callahan getötet –, falsch sei. Whitey bestritt alles: dass er und Flemmi irgendetwas mit einem der Morde zu tun hatten oder auch mit Halloran, den Whitey als Lügner, Schläger und Aufschneider bezeichnete. Whitey versicherte den FBI-Agenten, er und Flemmi würden sich keinesfalls in ein Verbrechen außerhalb der Region Boston hineinziehen lassen, weil sie dann die Situation nicht mehr im Griff hätten. Er fügte noch hinzu, dass es auch eher ihr Stil sei, jemandem Schutzgeld abzuknöpfen und sich nicht um seine Straftaten zu kümmern. Der Betreffende könne dann wohl kaum zur Polizei gehen.

Den Vorwurf, sie hätten World Jai Alai geschröpft, erklärte Whitey für Unsinn. Er und Flemmi hätten von ihren Winter-Hill-Partnern Spielschulden bei der Mafia in Höhe von 250.000 Dollar geerbt, könnten aber nur 2500 Dollar Zinsen pro Woche zahlen. Hätten sie Geld von World Jai Alai bekommen, wäre inzwischen mit Sicherheit der gesamte Betrag beglichen worden.

Außerdem erinnerte Whitey die Beamten daran, dass viele Leute Halloran umbringen wollten, schließlich habe der Menschen ausgeraubt, sei völlig unzuverlässig und entweder mit Kokain zugedröhnt oder betrunken gewesen. Und obwohl er leugnete, für den Mord an Michael Donahue verantwortlich zu sein, versuchte er, diese Tat zu rechtfertigen. Er behauptete, Donahue sei Hallorans Fluchtfahrer gewesen, nachdem dieser im chinesischen Restaurant Pappas erschossen habe. Donahue habe draußen in einem Minibus auf ihn gewartet und ihn zu sich nach Hause mitgenommen. Das war eine Lüge, die Whitey verbreitet hatte und die andere, einschließlich Connolly, aufgenommen hatten, um Donahues Ruf zu schädigen und anzudeuten, dass er kein Unbeteiligter gewesen sei, der lediglich einen Bekannten nach Hause gebracht habe. Zum Schluss des Gesprächs lehnte Whitey einen Lügendetektortest mit der Begründung ab, er traue diesem Gerät nicht. Wieder einmal legte er die Bedingungen fest.

Connolly schien ebenfalls unbeschadet aus dem Vorfall herauszukommen. Seine Informanten wurden verdächtigt, an der Ermordung von vier Männern beteiligt zu sein. Die Opfer waren ein Geschäftsmann, ein Unbeteiligter und zwei mögliche Mordzeugen, die das Arrangement des FBI mit Whitey und Flemmi hätten aufdecken können. Aber Whiteys Betreuer schwebte im siebten Himmel. Er hatte immer schon vorzügliche Leistungsbewertungen erhalten, doch nach den Morden an Wheeler, Halloran, Donahue und Callahan war seine Bewertung geradezu überschwänglich – kein Wunder, da John Morris sie verfasst hatte. »Connollys Leistungen auf diesem Gebiet gehen weit über das Übliche hinaus und sind wahrhaft außergewöhnlich«, schrieb Morris im November 1982. »Er hat selbstständig eine Gruppe von hochrangigen und produktiven Informanten zusammen-gestellt, betreut und angeleitet. Seine Arbeit und die daraus resultierenden Informationen haben zu Erfolgen geführt, die in der Abteilung für das organisierte Verbrechen beispiellos sind ... Seine Leistung liegt auf einem Niveau, das alle anstreben sollten, das jedoch nur wenige erreichen können.«

John Connolly, erklärte Morris, sei das Aushängeschild des FBI, der Vorzeigeagent, der Inbegriff eines guten FBI-Agenten.

Letztlich hatte der Plan, World Jai Alai zu übernehmen, zu drei kaltblütigen Schießereien geführt, die vier Männern das Leben gekostet hatten: Roger Wheeler, Brian Halloran, Michael Donahue und John Callahan. Whitey bezeichnete die Morde als seine »Heilige Dreifaltigkeit« und blickte mit Bedauern auf sie zurück.[71]

In einem Punkt hatte er auf jeden Fall recht gehabt. Es war ein Fehler gewesen, Roger Wheeler zu töten. Diesem Mord folgten weitere Fehler. Und dem FBI fiel es immer schwerer, Whiteys Status als geschützter Informant zu rechtfertigen. Whitey hatte sich von der Aussicht auf schnell verdientes Geld verleiten lassen und war dabei einen Schritt zu weit gegangen. Damit hatte er sein Imperium und sich selbst in Gefahr gebracht.

Und das wusste er.

11

Der falsche Mann

Als **Whitey Bulger 1975** sein Abkommen mit John Connolly schloss, hatte er drei Bedingungen gestellt: Erstens würde er nie Freunde – die engsten Kameraden in der Gang – verpfeifen. Zweitens musste sein Bruder Bill vollständig außen vor bleiben. Und drittens bestand er zur Überraschung Connollys darauf, nie Informationen über die IRA zu liefern.

Das war auch deshalb erstaunlich, weil Connolly nie das geringste Interesse an der IRA erwähnt hatte. Allerdings beobachtete das FBI angeblich die illegalen Aktivitäten der Irisch-Republikanischen Armee in den Vereinigten Staaten. IRA-Sympathisanten in Boston sammelten regelmäßig Geld und beschafften Waffen für die Gruppe, aber das war nicht Connollys Aufgabenbereich. Er konzentrierte sich ganz auf die Mafia – auf Informationen, die dazu beitragen konnten, diese Organisation zu unterwandern und zu vernichten. Für ihn war es daher kein Problem, Whitey von der Verpflichtung zu befreien, Informationen über die IRA zu beschaffen. Vielleicht hegte Connolly auch selbst Sympathien für die IRA oder stand ihr zumindest ambivalent gegenüber.[1]

Whitey empfand mehr als nur Sympathie für das Anliegen der IRA. Es war eine Leidenschaft wie sein Patriotismus. Seit dem Ausbruch der Unruhen in Nordirland im Jahr 1968 verfolgte Whitey den Konflikt, der stets nur »The Troubles« (die Unruhen) genannt wurde, mit großer Aufmerksamkeit. Wie viele andere in Southie sympathisierte er mit den Katholiken in Nordirland. Er sah in ihnen eine unterdrückte Minderheit und in der IRA ihre rechtmäßige Vertretung. Natürlich waren die IRA-Leute auch Mörder, doch das war eben der Preis des Krieges. »Wegen Jimmy befasste auch ich mich mit Irland«, berichtete Kevin Weeks. »Er las eine Menge

Bücher darüber und wusste, worum es ging. Jimmy hielt den Kampf für edel – er war kein Verbrechen, sondern der Weg zu einem großen Ziel.«

In South Boston gehörte die irische Herkunft wesentlich zur Identität und sorgte für ein gewisses Ansehen im Stadtviertel. Sie war zum Teil auch der Grund für die Überzeugung, dass Southie außergewöhnlich war: Die Iren waren etwas Besonderes, und dieser Stadtteil gehörte ihnen. Es gab dort zwar reichlich Italiener, Litauer und Polen, aber die Iren hatten das Sagen. Sie hatten alle Positionen inne, für die man nominiert oder gewählt werden musste. Die meisten Polizisten und Feuerwehrleute waren Iren. Das inoffizielle Maskottchen von Southie war ein irischer Kobold, der die geballten Fäuste kampfbereit nach oben streckte. Der wichtigste alljährliche Ausdruck des irischen Zusammengehörigkeitsgefühls war die Parade am St.-Patrick's-Tag. »Die meisten Schulen von South Boston legten zudem großen Wert auf das soziale und kulturelle Erbe des irischen Volkes«, sagte der Historiker Thomas H. O'Connor. »Irische Lieder und Geschichten waren ein fester Bestandteil des Lehrplans. Irische Heilige und irische Feste wurden meist mit größter Begeisterung gefeiert, und in der Augustinus-Schule verzierten romantische Szenen aus dem irischen Landleben die Aula.«[2]

Irische Rebellenlieder wie *The Rising of the Moon* oder *A Nation Once Again* wurden in Southie häufig gespielt, nicht nur in den vielen Kneipen, sondern bei fast allen Festen. Als Bill Bulger 1970 Southies Senator wurde, stand er auch der jährlichen Grillparty am St.-Patrick's-Tag vor, bei der jeder Politiker zuerst einen müden Witz erzählen, den beißenden Spott des Moderators ertragen und anschließend ein Rebellenlied singen musste.

Abgesehen davon, dass Whiteys Erklärung, die IRA sei für ihn tabu, unerwartet kam, wohnte dem Ganzen auch ein gewisser ironischer Widerspruch inne. Denn immerhin hatte er sich als Informant verdingt, und für Iren gab es nichts Schlimmeres, als ein Verräter – eine Ratte – zu sein. Informanten waren jahrhundertelang das Verderben irischer Revolutionäre gewesen, und ihr Verrat hatte zahllose Aufstände gegen die Briten vereitelt. In Southie galten Spitzeldienste daher als besonders verwerflich – für manche waren sie schlimmer als Mord. Auch das war typisch irisch. »In Southie war nichts schlimmer, als eine Ratte zu sein«, erinnerte sich Weeks. »Das betonte Jimmy ständig. Er vergaß auch nie, dass einer seiner Partner bei den Banküberfällen ihn verpfiffen hatte.«[3] Natürlich wusste Weeks nicht, dass auch Whitey Komplizen verraten hatte.

Es war eine Moral, die schon kleinen Kindern eingetrichtert wurde. Whiteys Bruder Bill sagte, die Abscheu gegenüber Informanten sei während seiner Jugend und der seines Bruders in Old Harbor besonders ausgeprägt gewesen. Nachdem einmal ein Nachbarskind eine Straßenlampe zerbrochen hatte, hatte die Polizei Jagd auf den Übeltäter gemacht, erzählte er.

»Sie sagten uns, dass ein kürzlich beschlagnahmter Baseball erst dann zurückgegeben werde, wenn wir den Lampenzerstörer auslieferten. Wir waren wütend auf den Missetäter, weil wir den Ball brauchten, aber wir verabscheuten Verräter. Das war kein bewusstes Aufbegehren – unsere Geschichte war einfach voll von Personen, die in der Vergangenheit ihre Brüder den Henkern und Schlimmerem ausgeliefert hatten.«[4]

Whitey hätte an dem Tag, an dem er sich als Informant verpflichtete, allerdings nur sehr wenig über die IRA berichten können. Bis dahin hatte er der Irisch Northern Aid (NORAID) – der wichtigsten Unterstützergruppe der IRA in den USA – nur relativ kleine Beträge gespendet. Doch sobald er das FBI auf seiner Seite hatte, engagierte er sich stärker. Er spendete nicht mehr nur Geld. Zuerst schickte er der IRA einige Waffen, dann überredete er Flemmi zufolge einen wohlwollenden FBI-Agenten, C4-Sprengstoff zu beschaffen. Und schließlich unterstützte Whitey den größten Waffentransport aller Zeiten aus den USA an die IRA und half bei der Organisation. Diese Mission war für ihn die Krönung seines Einsatzes, ein ehrbares Zwischenspiel in seiner langen Karriere als Verbrecher. Es war ein kühnes Projekt, das scheitern musste – am Fluch der irischen Revolutionäre, an einem Spitzel.

Mit Connollys Hilfe fand Whitey angeblich heraus, wer dafür verantwortlich gewesen war, und beschloss, ihn zu töten. Doch wie damals im Bandenkrieg von Southie, als er Donnie statt Paulie McGonagle erschossen hatte, erwischte er auch diesmal den falschen Mann.

Joe Cahill war daran gewöhnt, in Kneipen Geschäfte zu machen, aber seine Jagdgründe lagen gewöhnlich in West Belfast, wo er geboren worden war, nicht in South Boston.

Da der Krieg aber immer noch im Gange war, wäre Cahill überall hingegangen, um Waffen für die IRA zu beschaffen. Jetzt befand er sich in einem Zimmer im zweiten Stock über dem »Triple O«, Whitey Bulgers Festung am West Broadway. Cahill nickte beifällig, als er die irische Trikolore an der kahlen Ziegelwand sah. Auf der Bar stand ein Fernsehgerät. Cahill zog eine Videokassette aus einer Einkaufstüte.

Sein kleiner Wuchs, die dicke Brille und seine zurückhaltende, fast großväterliche Art verbargen eine gewisse Skrupellosigkeit, die er mit den anderen Männern im Raum teilte. Einer von ihnen war Whitey, dessen Ruf ihm vorauseilte. Auch Pat Nee war anwesend, der in Irland geborene ehemalige Mullen-Gangster, der einst Whitey gejagt hatte und jetzt mit ihm gemeinsam andere jagte, sowie Joe Murray, der größte Marihuanahändler im Stadtteil und Whiteys neuester Partner.

Sie waren nichts weiter als Ganoven, aber Joe Cahill war Revolutionär, er war eine Legende.

Als 22-jähriger war Cahill verurteilt worden, weil er während eines der Gewaltausbrüche der IRA in den Vierzigerjahren in Belfast einen Polizisten getötet hatte. Cahill und seine drei Freunde waren zum Tode verurteilt worden. Sein Freund und Mitverschwörer Tom Williams war gehängt worden, dann hatte der Vatikan interveniert und die britische Regierung gebeten, die anderen drei Katholiken zu verschonen. Später sollten die Briten die Gnade bereuen, die sie Calhill erwiesen hatten, als sie ihm die Schlinge erspart und ihn letztlich nach nur acht Jahren Haft entlassen hatten.

Danach kämpfte Cahill weiter für die IRA. In den Sechzigerjahren zog er sich für kurze Zeit von der Organisation zurück und warf deren Führern vor, zu weich geworden zu sein und sich zu sehr auf die extrem linke Ideologie einzulassen, die sich in Europa ausbreitete. Seiner Meinung nach konzentrierten sie sich nicht genügend auf ihren eigenen Kampf. Seine Warnung erschien im Nachhinein fast prophetisch. Als marodierende Banden protestantischer Schläger 1968 durch die katholischen Stadtteile von Belfast zogen, war die IRA machtlos und mit ihren armseligen, uralten Waffen nicht in der Lage, ein Pogrom aufzuhalten. In der Folge fand sich an einigen Wänden in West Belfast der höhnische Slogan »IRA – I Ran Away« (Ich lief weg). Cahill wollte diese Demütigung nicht hinnehmen, er pfiff von da an auf die Politiker und bestärkte den gewalttätigen Flügel der Republikaner. So wurde er zu einem der Gründer der aggressiveren Provisorischen IRA.

Als die IRA Anfang der Siebzigerjahre gegen die Briten kämpfte, reiste Cahill ins Ausland, um Waffen zu kaufen. 1973 wurde er vor der Küste von Irland auf einem Schiff gefangen genommen, das mit fünf Tonnen Gewehren und Sprengstoff beladen war – ein Geschenk des libyschen Staatschefs Muammar Gaddafi, der die Briten fast so hasste wie Cahill. Als ein Richter Cahill als Drahtzieher des Waffenschmuggels bezeichnete, stand dieser auf, verbeugte sich galant und sagte: »Damit erweisen Sie mir eine Ehre.«[5]

Cahill saß drei Jahre im Gefängnis. Sobald er wieder frei war, hielt er erneut im Ausland nach Waffen Ausschau, und es war fast unvermeidlich, dass seine Suche ihn auch nach Boston führte. In den Arbeiterenklaven von South Boston und Charlestown sah man überall IRA-freundliche Graffiti an den Wänden. In Southie hatte der Inhaber eines Spirituosenladens ein riesiges Wandgemälde auf die dem West Broadway zugewandte Fassade malen lassen, auf dem stand: »Ein unfreies Irland wird niemals friedlich sein.« Das Wandbild ist heute noch zu sehen. Ein Mechaniker hatte über den Eingang seiner Werkstatt im Lower End in großen Lettern geschrieben: »Óglaigh na hÉireann«, was den meisten Passanten nichts sagte, aber Joe Cahills Anerkennung fand. Übersetzt bedeutete dies »Irische Freiwillige«, der Name, den die IRA sich auf Gälisch – in der irischen Sprache – gegeben hatte. In anderen Gegenden hätte man es vielleicht merkwürdig oder sogar skandalös gefunden, solcherart Solidarität mit einer gesetzlosen Gruppe auszudrücken. In Southie war das gut fürs Geschäft.

Und Cahill bemerkte das. »Als sie mit mir in Southie herumfuhren, fühlte ich mich wie in West Belfast«, sagte er.[6]

In den unzähligen Kneipen von Southie wurde oft Geld für einen Fonds gesammelt, der die Familien der IRA-Gefangenen unterstützte. Manche Lokale stellten sogar Krüge auf, in die man Spenden für die NORAID werfen konnte. Wofür das Geld genau verwendet werden sollte, war dabei unwichtig: Selbst wenn damit keine Waffen gekauft wurden – und es gab deutliche Hinweise darauf, dass ein Teil des Geldes genau diesem Zweck diente –, ging es doch an die Angehörigen der Häftlinge, sodass die IRA ihre Mittel anderweitig einsetzen konnte.

John Hurley, einer der Leiter der NORAID, hatte den Bandenkrieg zwischen Charlestown und Somerville überlebt und war inzwischen ein Helfer der Winter-Hill-Gang. Aber er verbrachte den größten Teil seiner Zeit damit, Geld zu sammeln und Gewehre für die IRA aufzutreiben. 1982 hatte Hurley Whitey verraten, wo er Brian Halloran finden und ermorden konnte. Und es war auch Hurley, der Joe Cahill drängte, sich mit Whitey Bulger zu treffen.[7] Denn er wusste, dass die Verbrecher in Boston sich nur dann für die IRA einsetzen konnten, wenn Whitey damit einverstanden war. Whitey hatte regelmäßig für die NORAID gespendet und zu diesem Zweck Geld aus der Kasse seiner Gang entnommen, doch er sah sich nicht als »Gelegenheitspatrioten«, sondern stellte sich als überzeugten Iren dar. Dank seiner Großmutter mütterlicherseits, Jane O'Brien McCarthy, die 1866 in Cork City geboren worden war, hatte er die irische Staatsbürgerschaft erhalten und 1987 einen irischen Pass bekommen.[8] Für ihn besaß dieser Pass nicht nur sentimentalen Wert, er wusste, dass er ihm nützlich sein konnte, wenn er fliehen musste.

Whitey hatte die IRA schon immer unterstützt, doch nach Joe Cahills Besuch im »Triple O« verstärkte er seinen Einsatz erheblich. Whitey bewunderte nur wenige Menschen, doch Cahill war einer davon.[9] Als Cahill ihn treffen wollte, fühlte er sich daher sehr geschmeichelt. »Jimmy blickte wirklich zu Joe Cahill auf«, sagte Kevin Weeks. »Cahill war eine echte Legende.«

Als verurteilter Mörder und Waffenschieber durfte Cahill zwar nicht in die USA einreisen, aber nach Kanada durfte er fliegen, und die Bostoner Gangster überlegten sich einen Plan, um ihn von dort über die Grenze zu schmuggeln. Sie rieten der IRA, Cahill im Winter nach Kanada zu schicken, damit die Reise mit dem Eishockeyspiel der Boston Bruins gegen die Canadiens in Montreal zusammenfiel. IRA-Sympathisanten aus Charlestown und Southie mieteten einen Bus, der Bruins-Fans zu den Spielen brachte. Da Cahill normalerweise mit drei Begleitern reiste, wurden vier Eishockeyfans aus Boston überredet, ein paar Tage länger in Kanada zu bleiben, damit Cahill und seine Kameraden ihre Plätze im Bus übernehmen konnten. Die Grenzkontrollen waren damals lasch, und wenn die Zahl der Businsassen bei der Ausreise die gleiche war wie bei der Einreise, wurden die Busse am Grenzübergang nur durchgewinkt. Auf diese Weise schmuggelte man Cahill vier Mal in die USA.[10]

Nach einer dieser Grenzüberquerungen stieg Cahill in den zweiten Stock des »Triple O« hinauf. Whitey bestand darauf, dass kein Alkohol angeboten wurde, schließlich ging es ums Geschäft. Er setzte sich mit Pat Nee, Joe Murray, John Hurley und Kevin Weeks an den Tisch und schaute sich die Videokassette an, die Cahill aus Belfast mitgebracht hatte. Es war ein Dokumentarfilm, der britische Soldaten und Mitglieder der königlichen nordirischen Gendarmerie zeigte, wie sie in Nordirland mit Plastikkugeln in eine aufgebrachte Menge schossen. »Im Film waren getötete kleine Mädchen zu sehen«, sagte Weeks. »Die Plastikgeschosse waren in ihre Köpfe eingedrungen.« Das Hetzvideo grenzte an Propaganda und erzielte genau die Wirkung, die Cahill sich erhofft hatte.

Als der Film zu Ende war, schaltete Cahill den Fernseher ab und wandte sich an die versammelten Gangster. »Jungs«, rief er und faltete die Hände, als wolle er beten, »wir brauchen eure Hilfe.«[11] So überredete der Gründer der Provisorischen IRA die irischen Gangster in Boston, Waffen für diese große Sache zu beschaffen. Die Verbrecher widmeten sich dieser Aufgabe mit Begeisterung, während die IRA bemüht war, solche Kontakte geheim zu halten. Die britische Regierung hatte wie auch die irische und amerikanische Regierung jahrelang versucht, die IRA als kriminelle Bande hinzustellen, die den Konflikt nur als Vorwand für Raub und Mord benutze. Die IRA war so sehr darum bemüht, ihren Ruf bei zivilen Sympathisanten zu wahren, die sichere Häuser zur Verfügung stellten und bei IRA-Einsätzen wegschauten, dass Cahill seinen Kämpfern sogar verbot, Autodiebe mit dem Diebstahl der Wagen zu beauftragen, mit denen sie bei Angriffen fuhren, Waffen verschoben oder Bomben beförderten.[12] Er bestand darauf, dass die Männer die Autos selbst stahlen, obwohl einige von ihnen dafür total ungeeignet waren. Doch es war ihm immer noch lieber, dass ein Diebstahl misslang, als bei einer Zusammenarbeit mit gewöhnlichen Kriminellen ertappt zu werden.

Knapp 5000 Kilometer entfernt hatte Cahill allerdings nichts dagegen, mit einigen der berüchtigtsten Verbrecher in Boston in einem Raum zu sitzen. Das Bündnis der IRA mit Murray, dem Marihuana- und Kokainimporteur, war fast noch erstaunlicher. Hätte Murray in Belfast Drogen verkauft, so wie in Boston, hätten seine Freunde in der IRA sich wohl verpflichtet gefühlt, ihn zu erschießen. Sie betrachteten Drogenhändler und ihre Kunden nämlich als unsichere Kandidaten bei Polizeiverhören, da sie mit harten Strafen rechnen mussten und daher häufig plauderten. Whitey teilte in diesem Punkt die Bedenken der IRA. Das Einzige, was ihm an Drogenhändlern gefiel, war das Geld, das er von ihnen erpressen konnte.

Mit Murray hatte er sich erst vor Kurzem zusammengetan. Nachdem er erfahren hatte, dass Murray in einem Lagerhaus in Southie eine Schiffsladung Marihuana versteckt hatte, hatte er mit ihm ein Gespräch in einem Park in Charlestown vereinbart. Sie trafen sich in der Nähe des Bunker-Hill-Denkmals, das an eine Schlacht im Unabhängigkeitskrieg erinnert, die die Kolonisten zwar verloren, aber wie einen Sieg feierten, weil dabei zahlreiche Briten getötet wurden. Die beiden nahmen unterhalb des knappe 65 Meter hohen weißen Obelisken Platz, und Whitey schwärmte von den Vorzügen der Bostoner Geografie. Dadurch, dass Murray in Southie eingedrungen war, hatte er eine Grenze überschritten und stand daher in Whiteys Schuld. »Du wirst eine Strafe zahlen«, sagte Whitey, doch er ließ ihn relativ ungeschoren davonkommen. Murray musste 60.000 Dollar bezahlen und versprechen, Whitey an künftigen Geschäften in Southie zu beteiligen.[13]

Die IRA war bereit, über Murrays Drogengeschäfte hinwegzusehen, weil Murray ihr immer wieder einen Gefallen tat. Er war ein großzügiger Spender, und seine schmierige Kneipe in Charlestown, die »Celtic Tavern«, bot IRA-Mitgliedern, die sich auf der Flucht befanden, Unterkunft und Verpflegung. Murray und die Gangster in Charlestown waren mit der IRA am engsten verbunden, doch wenn Joe Cahill nach Boston kam, ging er zu Whitey Bulger, um sein Anliegen vorzutragen. Er wusste, wo sich das Machtzentrum befand.

Anfang der Achtzigerjahre kaufte Whitey einen Kleinbus, und Weeks brachte ihn nach Southie in eine Werkstadt, wo er einen jungen Mechaniker damit beauftragte, ein Geheimfach einzubauen. Darin versteckte Whitey Waffen und C4-Plastiksprengstoff.[14] Laut Flemmi war der Sprengstoff ein Geschenk von John Newton, einem FBI-Agenten, den Whitey durch John Connolly kennengelernt hatte.[15] Newton, ein ehemaliges Mitglied einer Spezialeinheit der US-Armee, habe ihn und Whitey in sein Haus in Southie eingeladen und gesagt: »Ich hab was für euch.« Whitey und Flemmi seien ganz aufgeregt gewesen, als Newton ihnen eine graue Holzkiste mit Seilhenkeln überreicht habe, die mit 18 Kilogramm Plastiksprengstoff gefüllt war. Schon mit ein paar Pfund C4 konnte man einen LKW in die Luft sprengen. Angeblich hatte Newton das C4 bei einem

Training in Fort Devens nordwestlich von Boston beschafft.[16] Newton bestreitet, den Gangstern C4 gegeben zu haben. Er habe keinen Zugang zu Sprengstoff gehabt, zudem hätte es strenge Kontrollen gegeben und es sei unmöglich gewesen, etwas aus Fort Devens herauszuschmuggeln.[*] Gegen Newton wurde nie aufgrund von Flemmis Behauptungen ermittelt.

Der Kleinbus mit den Waffen wurde nach Europa verschifft, und der Schmuggel war ein voller Erfolg. Allerdings war Whitey etwas enttäuscht, als er erfuhr, dass die IRA den Bus nach der Entnahme der Waffen und des Sprengstoffs abgefackelt hatte. »Was für eine Verschwendung«, klagte er gegenüber Weeks, »dieses Versteck war ideal. Wir hätten es noch gebrauchen können.«[17]

Die IRA war beeindruckt, dass die Gangster in Boston es geschafft hatten, so mühelos Waffen über den Atlantik zu schaffen. Doch Ende 1983 genügte der IRA die Ladung eines Kleinbusses nicht mehr. Murray hatte Schiffe, die eine große Last befördern konnten, denn er hatte jahrelang Boote benutzt, um die Ostküste mit Marihuana und Kokain zu beliefern, und dabei ein Vermögen angehäuft. Murray war sehr dafür, die IRA zu bewaffnen, aber es dauerte doch eine Weile, ehe er sich mit der Idee anfreunden konnte, eine große Ladung Waffen auf einem seiner Schiffe nach Irland zu schicken. »Wir überredeten Joe, sich wie ein echter Ire zu verhalten. Das sei gut für sein Geschäft«, sagt Nee.[18] Trotz ihres Einflusses hatten die Iren in Boston keine Marine, aber Murray hatte eine Flotte.

Der Plan sah vor, die *Valhalla*, einen der Fischkutter, mit denen Murray Marihuana geschmuggelt hatte, mit Waffen zu beladen und dann in See zu stechen. Das amerikanische Schiff sollte in internationalen Gewässern die *Marita Ann* treffen, ein irisches Schiff in den Händen der IRA. Die Waffen sollten dann umgeladen werden, und anschließend sollten beide Schiffe in ihre Häfen zurückkehren und vorgeben, sie seien auf Fischfang gewesen.[19]

Da der IRA die Idee gefiel, schickte sie John Crawley, eines ihrer Mitglieder, nach Boston, um die Aktion zu koordinieren. Damals war Crawley 26 Jahre alt, ein stämmiger, muskulöser Mann mit einem Kindergesicht. Er war für den Auftrag bestens geeignet, weil er nicht aus einer traditionellen irisch-republikanischen Familie stammte. Daher würde er nicht weiter auffallen, wenn er einen Flug über den Atlantik buchte. Im Gegensatz zu vielen anderen war er nicht durch prügelnde Polizisten oder Soldaten auf den Straßen von Belfast und Derry radikal geworden. Er war in New York geboren worden und in Chicago aufgewachsen. Seine Eltern waren in ihre iri-

---

[*] In einem Gespräch mit den Autoren nannte Newton Flemmis Behauptung, ihm und Whitey C4 gegeben zu haben, absurd und unverschämt. Die Polizei habe ihn deswegen nie vernommen.

sche Heimat zurückgekehrt, als er 14 Jahre alt gewesen war. Genau damals hatte der Aufruhr begonnen. Crawley hatte in einer verschlafenen Vorstadt von Dublin gelebt und fasziniert den Konflikt im Norden mitverfolgt, der jeden Tag die Fernsehnachrichten einleitete.

1975 war er wieder in die USA gezogen und zur Marine gegangen. Dort hatte er vier Jahre gedient und gelernt, mit Bomben umzugehen und sie in elektrischen Anlagen hinter den feindlichen Linien zu verstecken. Das waren nützliche Fertigkeiten für einen angehenden irischen Radikalen. Als er 1979 nach Irland zurückgekehrt war, hatte er sich der IRA angeschlossen und wertvolles Wissen über Waffen und Sprengstoffe mitgebracht. Außerdem besaß er etwas, das von unschätzbarem Wert war: die amerikanische Staatsbürgerschaft. Da der geplante Waffenschmuggel schwierig und von erheblicher Größenordnung war, wählte die IRA-Führung Crawley aufgrund seiner amerikanischen Herkunft für diese Aufgabe aus.[20]

Er war allerdings nicht scharf darauf, mit Kriminellen zusammenzuarbeiten. Besonders argwöhnisch begegnete er Joe Murray und Whitey Bulger, berichtete Pat Nee. »Sean«, wie Nee ihn nannte, »mochte Whitey nicht und traute ihm nicht. Er fand, Whitey sei zu sehr von sich selbst eingenommen. Als Whitey vorschlug, die IRA solle Brandbombenanschläge auf Zivilflugzeuge verüben, solange sie sich auf dem Boden befänden, schaute Sean ihn an, als sei er verrückt. Whitey hatte keine Ahnung, wie die IRA arbeitete. Doch die IRA wusste, dass tote Zivilisten ihrer Sache nur schadeten. Whitey war das egal. Sean mochte auch Murray nicht, weil er ihn arrogant fand, aber letztlich zuckte er nur mit den Schultern und sagte: ›Er hat das Geld und die Schiffe, also müssen wir mit ihm klarkommen.‹«[21]

Nee zufolge besorgten sie sich eine Million Dollar – den Betrag, den sie brauchten, um die Waffen zu beschaffen –, indem sie Drogendealer in South Boston und Charlestown erpressten. Whitey segnete die Erpressung ab und sah sie beinahe als karitativen Akt an. »Ehrlich gesagt leisteten die meisten gerne ihren Beitrag, als wir ihnen den Grund erklärten. Wir mussten niemandem drohen. Ich schätze, sie glaubten, etwas Nützliches oder Ehrbares zu tun«, erinnerte sich Nee. »Auch unter Verbrechern gibt es so etwas wie Ehre.«

Da die Mannschaft keinen Lohn bekommen würde, erklärte sich ein Trio aus Bostoner IRA-Sympathisanten bereit, diese Rolle zu übernehmen, obwohl keiner von ihnen etwas von Schiffen verstand.[22] Murray brachte Bob Andersen, der jahrelang die Schiffe befehligt hatte, die Murrays Drogen zur Ostküste gebracht hatten, dazu, als Kapitän der *Valhalla* zu fungieren. Außerdem überredete Murray einen Drogenkurier, der auf seinen Schiffen in der Rolle eines Ingenieurs mitfuhr, zur Teilnahme an der Fahrt: John McIntyre.

McIntyre war der Sohn eines irischen Vaters und einer deutschen Mutter. Im Zweiten Weltkrieg hatte sein Vater für den Geheimdienst gearbeitet, aus dem später die Central Intelligence Agency hervorgegangen war. Er war in Quincy aufgewachsen und hatte an der Northeastern University studiert, um Ingenieur zu werden. Doch 1970 hatte er seine Eltern mit der Ankündigung überrascht, er werde die Hochschule verlassen und zur Armee gehen, obwohl er nicht einberufen worden war. »Er wollte nach Vietnam, weil sein Vater ein großer Patriot war und er seinen Vater bewunderte«, sagte seine Mutter später aus.[23] Doch seine militärische Laufbahn war schnell beendet, und bald war er wieder in Quincy.

1974 hatte sich McIntyre erneut an der Northeastern eingeschrieben, sein Studium aber schon nach einem Monat wieder abgebrochen. Er war Taxi gefahren, hatte bei Bauarbeiten unter Wasser und der Asbestbeseitigung mitgewirkt. Das waren harte, schmutzige Jobs, die schlecht bezahlt wurden. Während er sich an Land anstrengen musste, war er ein Könner, sobald er das Deck eines Schiffs betrat. Er konnte an jeder Maschine arbeiten. Als Fischer, der nur mühsam über die Runden kam, und Arbeiter, der mit seiner Asbest-Mannschaft immer wieder arbeitslos war, war er in Chelsea, nördlich von Boston, auf der Suche nach Ersatzteilen auf einen Schrottplatz gestoßen. Dort hatte ihn jemand beobachtet, wie er an Motoren herumgeschraubt hatte, und gefragt, ob er eine Menge Geld verdienen wolle. Danach hatte er angefangen, im »Heller's« herumzuhängen, einer Kneipe, die trotz ihres heruntergekommenen Aussehens eine Bank für örtliche Buchmacher war. Kurze Zeit später war er Joe Murrays Ingenieur.

Immer häufiger hatte McIntyre nun die »Celtic Tavern« aufgesucht, Murrays Kneipe, und seine Mutter erinnert sich daran, dass er sich plötzlich für seine irische Herkunft interessiert habe. Er habe kritisiert, dass die Katholiken in Nordirland misshandelt würden, und sei über Nacht zum naiven irischen Patrioten geworden. »Das kam aus dem Nichts«, sagte seine Mutter.

Kapitän Bob Andersen sympathisierte mit der IRA, aber sein Engagement war hauptsächlich beruflicher Art. Murray versprach ihm, dass er den Erlös aus dem Verkauf aller Schwertfische behalten dürfe, die sie fangen würden, sobald sie die Waffen auf hoher See umgeladen hätten. Andersen war ein erfahrener Seemann, und er und McIntyre kannten die Grenzen der *Valhalla* genau, die für eine Atlantiküberquerung doch sehr klein war. Sie zögerten, als Murray ihnen mitteilte, die Aktion sei für Mitte September geplant – in der Hochsaison der Wirbelstürme.

Andersen gab zu bedenken, sie forderten ihr Glück ohnehin schon heraus, weil sie mit einem nur 27 Meter langen Schiff über den Atlantik fahren wollten. Doch Murray und Nee wollten den Auftrag unbedingt vor dem

Wintereinbruch erledigt haben. Und Whitey war der gleichen Meinung. Während Nee den Großteil der Arbeit erledigte, erzählte Whitey jedem, er habe die ganze Sache gebilligt. Sie hielten die Sturmwarnungen sogar eher für hilfreich, denn wer würde annehmen, dass Waffenschmuggler so verrückt waren, mitten in der Hurrikansaison übers Meer zu fahren?

Sie hatten sechs Monate Zeit, um die Waffen zu beschaffen. Crawley schaute Pat Nee ungläubig an, als dieser ihm erklärte, sie könnten fast alles, was sie brauchten, legal erwerben, nämlich durch ein Inserat in den *Shotgun News.*

»Wie kann das legal sein?«, fragte Crawley.

»Entspann dich, Sean«, meinte Nee und legte ihm beruhigend die Hand auf die Schulter. »Du bist in Amerika.«

Nee ließ die Gewehrteile in den Columbus Yacht Club in South Boston schicken – unter dem dreisten Decknamen Patrick Mullen. »Einmal ein Mullen, immer ein Mullen«, sagte er. Nee hatte den falschen Namen nicht mit Whitey abgesprochen, denn er war davon überzeugt, dass Whitey das nicht lustig finden würde.

Zwischen April und August 1984 gab Nee mehr als 500.000 Dollar aus Murrays Kasse für Waffen und Waffenteile aus. Alle Käufe wurden legal getätigt, alle Waren kamen per UPS, und alle wurden an einen Bootsclub im Hafenviertel von South Boston geliefert. »Der einfachste Kauf war das Flugabwehrzeug«, verriet Nee. »Wir haben es einfach per Post bestellt.«[24]

Die Ladung wurde von vielen Gangstern noch erweitert, auch von Whitey, der einige ihrer eigenen Waffen beisteuerte. Whitey gefiel der Gedanke, dass die Waffen, die er in South Boston benutzt hatte, nun britische Soldaten und Polizisten in South Armagh töten würden. Er mochte diese Region in Nordirland schon allein wegen ihres Spitznamens: Banditenland. »Sie waren richtiggehend stolz darauf, eine eigene Waffe auf der *Valhalla* zu haben«, sagte Nee. »Die Jungs standen Schlange, um Waffen zu spenden. Whitey brachte sogar mehr als eine.«

Whitey warb sogar Stevie Flemmi als Helfer an, der nichts Irisches an sich hatte. Und Flemmi fragte seinen Bruder Michael, einen Bostoner Polizisten, wie sie an kugelsichere Westen kommen konnten, die wahrscheinlich IRA-Attentäter tragen würden, wenn sie aufbrachen, um britische Polizisten in Nordirland zu töten. Michael Flemmi meldete seine kugelsichere Weste daraufhin als gestohlen und bald gehörte sie zur Ladung der *Valhalla* und wartete darauf, zur IRA gebracht zu werden.

Als am 13. September 1984 die Nacht anbrach, führten Crawley und Nee eine Karawane aus sechs Kleintransportern an, die zum Gloucester Harbor fuhren, einem der betriebsamsten Fischereihäfen in den USA nördlich von Boston. Whitey fuhr mit seinem Malibu auf eine Anhöhe mit

Blick auf den Hafen. Er und Weeks saßen mit Ferngläsern im Auto, hörten den Polizeifunk ab und achteten darauf, dass das Umladen der Waffen auf die *Valhalla* reibungslos und unbemerkt vonstatten ging. »Ist das nicht großartig?«, murmelte Whitey mit dem Fernglas an den Augen.[25]

Er war zu Recht begeistert, denn er und eine Bande irisch-amerikanischer Gangster hatten die größte Waffenlieferung zusammengestellt, die jemals an die IRA geschickt wurde. Und nach wenigen Stunden war die Ladung verstaut: 91 Gewehre, acht Maschinenpistolen, 13 Flinten, 51 Kurzwaffen, elf kugelsichere Westen, 70.000 Schuss Munition sowie Handgranaten und Raketenköpfe. Kapitän Bob Andersen hatte außerdem 20 Tonnen Eis und mehr als drei Tonnen Köder bestellt, damit es bei Nachfragen glaubhaft danach aussah, dass die *Valhalla* auf Schwertfischfang war.

Kurz nach Mitternacht brachen sie auf. McIntyre überprüfte den Motor, während eine Mannschaft aus kriminellen Landratten sich auf ihre erste Hochseefahrt vorbereitete.

Pat Nee stand am Kai und winkte Crawley ein letztes Mal zu. Der winkte zurück. Auf dem Hügel über dem Hafen setzte Whitey sein Fernglas ab und drehte den Zündschlüssel um.

»Verschwinden wir von hier«, sagte er zu Weeks.

Mit seinen traurigen Augen und dem singenden Akzent passte Sean O'Callaghan nicht in das Klischee eines IRA-Attentäters.[26] Er war in einer streng republikanischen Familie in Kerry aufgewachsen. In keiner anderen Region der Republik Irland gab es so viele Sympathisanten der IRA. Sein Vater war in den Vierzigerjahren ein IRA-Mann gewesen und war ohne Gerichtsverfahren ins Gefängnis gesteckt worden. Sean hatte automatisch als sein Nachfolger gegolten, und man hatte von ihm erwartet, dass er sich der IRA anschloss. Doch er hatte diese Entscheidung erst getroffen, nachdem er im Fernsehen gesehen hatte, wie protestantische Rowdys 1969 in Belfast Häuser von Katholiken angezündet hatten. Damals war er 15 Jahre alt gewesen.

Er war in Tralee aufgewachsen, und als immer mehr junge IRA-Rekruten aus dem Norden in dieser verschlafenen Hafenstadt aufgetaucht waren, um den Umgang mit Waffen und Sprengstoff zu erlernen, hatte sich O'Callaghan ihnen begeistert angeschlossen. Als er 17 Jahre alt gewesen war, war eine vom ihm gebastelte Bombe explodiert. Er war zwar nur leicht verletzt worden, war aber wegen subversiver Aktivitäten festgenommen und sechs Monate ins Gefängnis gesteckt worden. 1974 war er zu einer IRA-Einheit nach Nordirland abkommandiert worden und hatte an einem Angriff auf einen lokalen Armeestützpunkt teilgenommen. Dabei war eine Frau, die bei der Nationalgarde gedient hatte, getötet worden.

Ein Jahr später hatte O'Callaghan den Auftrag zu einem Attentat erhalten. Das Ziel war Peter Flanagan, ein Mitglied der britischen Sicherheitspolizei in Nordirland. Flanagan war nicht nur deshalb der Feind der IRA, weil er sich bei Verhören von IRA-Mitgliedern bewährt hatte, sondern auch, weil er katholisch war. Die IRA bemühte sich, möglichst viele katholische Polizisten zu ermorden, um andere vom Polizeidienst abzuschrecken.

O'Callaghan hatte Flanagan in einer Kneipe aufgespürt, wo dieser nach Feierabend etwas getrunken hatte. Er hatte gerade Zeitung gelesen und an seinem Bier genippt, als O'Callaghan plötzlich mit einem Gewehr vor ihm stand.

Der dreiste Mord am helllichten Tag hatte O'Callaghan das Lob seiner Vorgesetzten eingebracht. Aber mit 20 Jahren hatte er bereits begonnen, an seinen Aktionen zu zweifeln. Eines Tages hatte er sich mit anderen IRA-Männern in einem Apartment aufgehalten und Tee gemacht, während der Fernseher lief. Ein Nachrichtensprecher hatte berichtet, dass eine Polizistin von einer IRA-Bombe getötet worden sei. »Hoffentlich war sie schwanger«, hatte daraufhin einer seiner Kameraden lachend gesagt. »Dann haben wir gleich zwei erledigt.«

Desillusioniert von all dem skrupellosen Blutvergießen, war O'Callaghan nach Tralee zurückgekehrt und unauffällig aus der IRA ausgetreten. Er war nach London gezogen, hatte eine Büroreinigungsfirma gegründet und geheiratet. Aber das, was er im Auftrag der IRA getan hatte, hatte ihm keine Ruhe gelassen. Er fand, er sei naiv gewesen. Fast sein ganzes Leben lang war er davon überzeugt gewesen, dass es notwendig sei zu töten, um Irland zu vereinigen. Jetzt änderte sich seine Einstellung. Er begann, die IRA zu hassen, weil sie seiner Meinung nach ebenso fanatisch und unmoralisch handelte, wie sie es den Briten vorwarf.

Während seiner Zeit bei der IRA hatte er das Betrügen gelernt, und nun hatte er beschlossen, diese Fähigkeit gegen seine ehemalige Organisation einzusetzen – er wollte ihre Kämpfer beseitigen und ihre Pläne vereiteln. 1979 war er daher wieder nach Irland gezogen, erneut in die IRA eingetreten und hatte heimlich der Garda Síochána, der irischen Polizei, seine Dienste angeboten. Ihm war bewusst, dass es in Irland nichts Schlimmeres gab als einen Verräter, aber er war bereit, einer zu werden, weil er fand, dass die IRA kein Recht hatte, aus leicht beeinflussbaren Teenagern Mörder zu machen.

O'Callaghan sabotierte viele IRA-Einsätze, darunter einen, bei dem er den Prinzen und die Prinzessin von Wales, Charles und Diana, in die Luft sprengen sollte – und mit ihnen alle Menschen, die das Pech gehabt hätten, sich in der Nähe der königlichen Loge im Dominion Theatre in London zu befinden, wo Duran Duran 1983 ein Konzert gaben. Durch seine Mithilfe kamen im Laufe der Zeit Dutzende ehemalige Kameraden ins Gefängnis.

Und es war auch O'Callaghan, der ungewollt Whitey Bulger dazu bringen sollte, einen Verräter zu suchen und zu töten – den Mann, der seiner Meinung nach die ruhmreiche Reise der *Valhalla* verraten hatte.

O'Callaghan ahnte, dass etwas Großes im Gange war, als ein Berater eines hohen IRA-Kommandeurs aus Belfast im Frühjahr 1984 nach Tralee kam. Der Abgesandte teilte O'Callaghan mit, dass die IRA unterirdische Bunker brauche, um eine riesige Waffenlieferung aus Amerika zu verstecken, die bald in Kerry eintreffen sollte. O'Callaghan versprach, sich darum zu kümmern, doch insgeheim war er entsetzt. Den Gedanken, dass Amerikaner Waffen sandten, um Iren zu töten, fand er unerträglich. »Kein Amerikaner hat das Recht, Waffen in mein Land zu schicken, weder aus Gewinnstreben noch aus fadenscheinigen politischen Gründen«, sagte er später.[27] Aber er hatte noch einen weiteren Grund, den Plan zu vereiteln. Martin Ferris, sein langjähriger Erzfeind in der IRA, sollte an Bord der *Marita Ann* sein, wenn die Waffen auf hoher See von der *Valhalla* umgeladen wurden.

O'Callaghan machte sich Sorgen darüber, dass Ferris womöglich mutmaßte, dass er ein Informant war. Mittlerweile waren doch sehr viele seiner Aktionen gescheitert. Außerdem mochte er Ferris nicht und hielt ihn für einen Fiesling. Ihre Großfamilien standen einander zwar nahe, aber O'Callaghan verachtete Ferris, weil dieser einer der erfolgreichsten Anwerber der IRA war und junge Leute dazu überredete, ihr Leben wegzuwerfen.

Als O'Callaghan mehr Einzelheiten über den geplanten Waffenschmuggel erfahren wollte, erwiderte Ferris nur, er solle sich auf seine Aufgabe konzentrieren und die Bunker besorgen. Alles andere dürften nur diejenigen erfahren, die es etwas anging. Das war die übliche Praxis in der IRA. Dennoch fand O'Callaghan heraus, was er wissen wollte. Er erfuhr, dass Michael Browne, der Kapitän eines Fischerboots und zugleich IRA-Mitglied war, mit seiner *Marita Ann* die Waffen von dem amerikanischen Schiff übernehmen sollte. Also versorgte er diesen in einer Kneipe so lange mit Drinks, bis er mehr über die bevorstehende Aktion wusste. Als die Planung des Waffenschmuggels ihrem Ende entgegenging, bot O'Callaghan dem Kapitän an, während des Sommers bei ihm zu wohnen. O'Callaghan wusste nur, dass amerikanische Sympathisanten an der Waffenlieferung beteiligt waren; selbst Browne wusste nicht, dass es sich dabei um Verbrecher handelte.

Im August begann Browne, sich so eigenartig zu benehmen, dass O'Callaghan darin eine Chance witterte, sich ein wenig zu profilieren. Er berichtete anderen IRA-Leuten von Brownes Verhalten. »Mit Michael stimmt etwas nicht«, sagte er. »Es ist nicht nur der Alkohol. Er benimmt sich seltsam. Wir sollten ihn im Auge behalten.«

O'Callaghan überredete Browne, in eine Klinik zu gehen, um vor der großen Aktion gesund zu werden. Dem besorgten Ferris versicherte er, Browne werde rechtzeitig zur Stelle sein. Das stimmte auch. Anfang September, Wochen vor dem Rendezvous der *Marita Ann* mit der *Valhalla*, das irgendwo in der Nähe von Porcupine Bank, 200 Kilometer vor der Westküste Irlands, stattfinden sollte, präsentierte O'Callaghan Ferris einen fitten und putzmunteren Browne. Ferris war beeindruckt.

Ein paar Stunden, bevor die *Marita Ann* in See stechen sollte, trafen sich Ferris und O'Callaghan in einem Café in Tralee. Es sollte das letzte Mal sein.

Ferris schlug O'Callaghan vor, an der wichtigen Mission teilzunehmen.

Doch O'Callaghan rührte seinen Tee um und schüttelte den Kopf. »Wir sehen uns, wenn du zurückkommst«, sagte er.

Kaum hatte die *Marita Ann* den Hafen verlassen, rief O'Callaghan seinen Betreuer bei der Polizei an.

An Bord der *Valhalla* lief nichts rund. Der starke Wellengang machte dem kleinen Schiff schwer zu schaffen, zumal es sieben Tonnen Waffen an Bord hatte. Am ersten Tag der Reise geriet die *Valhalla* südlich von Neuschottland in den Ausläufer eines kleinen Wirbelsturms und wurde von viereinhalb Meter hohen Wellen erschüttert. In der dritten Nacht auf See erblickte Andersen ein kleines Zeichen auf dem Radarschirm: Sie wurden verfolgt. Andersen vermutete, dass es sich um ein Schiff der kanadischen Marine handelte. Es behielt konstant einen Abstand von fünf Kilometern zur *Valhalla* bei, folgte ihr aber eindeutig. »Weck die anderen«, befahl er Crawley.

Während Andersen seinen Kurs beibehielt, brachte die Mannschaft die Waffen an Deck und breitete eine Plane darüber aus. Andersen teilte Crawley derweil mit, was dieser nur ungern hörte: Sollte das Schiff, das ihnen folgte, die Geschwindigkeit steigern, mussten sie ihre Ladung über Bord werfen.

Doch zunächst versuchte Andersen ein Ablenkungsmanöver. Er verringerte die Geschwindigkeit der *Valhalla* auf Schleppnetztempo und schaltete die Scheinwerfer ein. Es sollte so aussehen, als würden sie Schwertfische fangen. Plötzlich änderten die Verfolger ihren Kurs, und das Echozeichen verschwand vom Radarschirm. Aber die Verzögerung kostete sie Stunden.

Am Ende der ersten Woche wurden sie plötzlich von einem Wirbelsturm eingeholt, der noch auf den Bahamas gewesen war, als die *Valhalla* Massachusetts verlassen hatte. Eine zwölf Meter hohe Welle schwappte über Bord und zerschmetterte die Fenster des Ruderhauses. Glassplitter hinterließen tiefe Schnittwunden in Andersens rechter Hand. McIntyre verband sie provisorisch mit schwarzem Isolierband, und Andersen richtete den Bug weiter gegen die Wellen.

McIntyre schlug nun vor, Neufundland anzusteuern, um Andersens Hand verarzten und die zahlreichen Schäden der *Valhalla* reparieren zu lassen. Aber Andersen wusste, dass die kanadischen Behörden das Schiff inspizieren und sie alle festnehmen würden. Daher hielt er weiter Kurs auf Irland. McIntyre ging daraufhin nach unten, um den Generator zu reparieren, damit sie wieder Strom hatten.

Die Gangster waren als Mannschaft natürlich nutzlos, sie konnten kein Schiff steuern, und wenn der Wellengang zunahm, waren sie so seekrank, dass sie gar nichts mehr tun konnten. »Sie wollen nicht einmal ihre Kabinen verlassen«, klagte McIntyre.[28]

Nachdem der Sturm abgeflaut war, kam die *Valhalla* in der folgenden Woche bei ruhiger See gut voran. Am vierzehnten Tag war Andersen gerade auf dem Weg zum Ruderhaus, als er ein Flugzeug entdeckte. Die einzigen Flugzeuge, die er auf dem offenen Meer je gesehen hatte, waren Wetterbeobachtungsflugzeuge gewesen, aber dieses sah eindeutig anders aus. Und es flog zu niedrig. Andersen war davon überzeugt, dass es ein Militärflugzeug war, das in Erkundungshöhe flog, um zu fotografieren.

Als die Nacht hereinbrach, befand sich die *Valhalla* 320 Kilometer vor der Küste von Irland. Plötzlich ertönte die wütende Stimme von Martin Ferris aus dem Funkgerät: »Ihr kommt zwei Tage zu spät!« Ferris war zwar einer der höchsten und meistgefürchteten IRA-Führer, aber Bob Anderson hatte keine Lust, sich von jemandem anschnauzen zu lassen, der nicht soeben in einem nur 27 Meter langen Schiff den Atlantik überquert und zwei Wirbelstürmen getrotzt hatte. Crawley nahm dem aufgebrachten Andersen das Mikrofon ab und beruhigte beide Seiten. Dann legten sie den Zeitpunkt und die Koordinaten für das Umladen der Waffen fest.

Die beiden Schiffe gingen längsseits. Da die Wellen über drei Meter hoch waren, schlug die *Valhalla* immer wieder gegen die *Marita Ann* und beschädigte deren Rumpf. Also brachten sie die Schiffe wieder weiter auseinander, und Andersen machte den Vorschlag, die Waffen mit einem Beiboot zu transportieren.

McIntyre meldete sich freiwillig als Bootsführer. Sie befestigten ein 30 Meter langes Seil an beiden Schiffen, und McIntyre zog sich an diesem Seil durch die aufgewühlte See hin und her. Jedes Mal wurde das Boot mit einer Kiste voller Waffen beladen. Die vierzehnte und letzte Fahrt brachte schließlich Crawley und die restlichen Waffen zur *Marita Ann*.

Crawley beugte sich nach unten und schüttelte McIntyre die Hand. »Du warst großartig!«, schrie er.

McIntyre streckte den Daumen nach oben und zog sich am Seil zurück zur *Valhalla*. Gerade brach der Morgen an.

Andersen drehte die *Valhalla* nach Süden und fuhr los. Die *Marita Ann* steuerte dagegen auf die Südwestküste von Irland zu, wo bereits eine Überraschung auf sie wartete.

Mit Whiteys Segen waren Pat Nee und Joe Murray mit ihren Frauen nach Irland geflogen. Sie hatten gehofft, an Bord der *Marita Ann* sein zu können, wenn die Waffen auf dem Meer umgeladen wurden. Doch die IRA hatte dies in letzter Minute untersagt. Nee überbrachte die Nachricht, als sie in der Lounge des »Shelbourne« saßen, des luxuriösesten Hotels in Dublin.

Joe Murray war wütend. »Ich bezahle die verdammte Geschichte«, tobte er. »Sie benutzen mein verdammtes Schiff, meine verdammten Leute. Ich mache diese verdammte Flugreise. Und jetzt darf ich nicht dabei sein?«

»Joe«, versuchte Nee ihn zu beruhigen, »das ist Sache der IRA. So arbeiten diese Leute. Wir sollten sie nicht kritisieren.«

Murray trank daraufhin sein Bier aus, behauptete, seine Frau, die im dritten Monat schwanger war, sei krank, und fuhr zum Flughafen. Er war zurück in Charlestown, noch bevor die *Marita Ann* den Hafen verließ.

Nee mietete ein Auto und fuhr mit seiner Frau und ein paar anderen Leuten aufs Land. Während sie ein paar Tage später Charlestown im Bezirk Mayo durchquerten, hörten sie im Radio eine Meldung: Die irische Marine habe vor der Südwestküste einen Fischkutter beschossen und beschlagnahmt. Man habe eine große Menge Waffen gefunden, und eine Gruppe von IRA-Männern sei festgenommen worden. Sofort fuhren Nee und seine Begleiter an die Ostküste und mit einer Fähre nach Frankreich – sie fürchteten nämlich, verhaftet zu werden, wenn sie sich auf einem irischen Flughafen blicken ließen.

Nee war überzeugt, dass es sich nicht um bloßen Zufall handeln konnte. Jemand musste die Aktion verraten haben.

Als Martin Ferris, Mike Browne, John Crawley und die anderen IRA-Männer in Dublin in ein Gerichtsgebäude gebracht wurden, stand Joe Cahill, der Gründer der Provisorischen IRA, in der Nähe und beobachtete das Ganze.[29] Der Waffenschmuggel, der in einer Kneipe in Southie eingefädelt worden war, als er Whitey Bulger und die anderen irischen Gangster in Boston gebeten hatte, Förderer der IRA zu werden, war ein katastrophaler Fehlschlag geworden. Und die Erkenntnis, dass die IRA mit Bostoner Kriminellen zusammenarbeitete, konnte mehr Schaden anrichten und war schwerer zu verkraften als der Verlust von sieben Tonnen Waffen.

Etwa um die Zeit, als Cahill in Dublin das Vorgehen beobachtete, hörte Whitey in seiner Wohnung in Quincy in den Fernsehnachrichten, dass ein mit Waffen beladenes Schiff vor der Küste von Kerry beschlagnahmt worden sei. Damals hatte die DEA in seiner Wohnung eine Wanze versteckt. Einen Augenblick lang vergaß Whitey seine übliche Vorsicht und rief: »Das ist unser Zeug.«[30]

Als er auf den Bildschirm starrte, keimte in Whitey der Verdacht, dass jemand sie verpfiffen hatte. Und während die *Valhalla* über den Atlantik nach Boston fuhr, versuchte er bereits, den Verräter zu finden.

Die *Valhalla* dockte am Freitag, den 12. Oktober 1984, kurz vor Mitternacht im Hafen von Boston am Pier 7 an. Andersen befahl der Mannschaft, sich möglichst schnell davonzumachen. Dann begutachteten er und McIntyre mit gefurchter Stirn den Schaden am Schiff. »Wir müssen das reparieren«, sagte Andersen. »Wenn wir so nach Gloucester zurückkehren, sind wir geliefert.« Doch innerhalb von 24 Stunden, noch bevor er mit der Arbeit beginnen konnte, wurde McIntyre verhaftet. Nicht wegen Waffenschmuggels, sondern weil er versucht hatte, seine Noch-Ehefrau zu besuchen. Er hatte an der Tür ihres Hauses in Quincy geklingelt, und als niemand geöffnet hatte, war er auf den Balkon geklettert. Ein Nachbar hatte der Polizei einen Einbruch gemeldet, und als die Beamten eintrafen, ihn herunterholten und seinen Ausweis überprüften, spuckte der Computer einen alten Haftbefehl aus – McIntyre war nicht zu einem Prozess wegen Trunkenheit am Steuer erschienen. Also wurde er verhaftet, sollte aber erst am Montagmorgen dem Richter vorgeführt werden. McIntyre hatte die Grenzen seiner Belastbarkeit erreicht. Er hatte sechs grauenhafte Wochen auf einem kleinen Schiff hinter sich, Wirbelstürme und zwölf Meter hohe Wellen überstanden. Die Aussicht, die nächsten 24 Stunden in einer Gefängniszelle zu verbringen, gab ihm den Rest. Also begann er, etwas von Drogen, Waffen, der IRA und Gangstern zu plappern. Da der Polizist, der ihn verhaftet hatte, damit nichts anzufangen wusste, rief er Dick Bergeron an, einen Kripobeamten aus Quincy, der sich mit der Mafia auskannte.

Seit er herausgefunden hatte, dass Whitey Bulger Quincy zu seiner zweiten Heimat neben Southie gemacht hatte, war Bergeron ihm auf den Fersen. Es war eine Art Besessenheit geworden. Auf sein Betreiben hin hatte die DEA eine Wanze in Whiteys Wohnung versteckt. Bergeron hatte mit einem DEA-Agenten namens Steve Boeri auch versucht, Bulger wegen Drogendelikten festzunageln, und als er nun hörte, dass irgendein Fischer verhaftet worden war und über Männer aus Southie, Charlestown, über die IRA und Drogenboote redete, eilte er ins Revier und rief Boeri an.

Als Boeri im Polizeirevier eintraf, hatte John McIntyre bereits einen Entschluss gefasst. »Ich möchte einen Handel mit Ihnen abschließen«, schlug er Bergeron und Boeri vor, die nur mühsam ihre Freude darüber verbergen konnten. »Ich möchte hier raus, und ich möchte diese zwei alten Haftbefehle loswerden. Ich will einfach ein normales Leben führen. Bisher habe ich irgendwie mit einem Messer im Bauch gelebt … Ich meine, ich bin nicht dazu geboren worden, so zu leben, verstehen Sie?«[31]

»Klar«, antwortete Boeri, »Sie wollen also mit der Regierung kooperieren?«

»Ja«, erwiderte McIntyre, »wenn Sie mir jetzt aus der Patsche helfen.«

An seiner momentanen Misere war McIntyre ganz alleine schuld. Die Behörden hatten nichts Gravierendes gegen ihn vorliegen, bis er selbst davon anfing. Aber er hatte das Leben satt, das ihn zwar in Kontakt mit gefährlichen Männern gebracht, aber wenig für sein eigenes Bankkonto getan hatte. Er war bei sieben Drogentransporten als Murrays Ingenieur dabei gewesen und hatte wenig dafür bekommen. Während des Verhörs, das die ganze Nacht dauerte, wich McIntyre den Fragen nach der Gang in South Boston aus. Er erwähnte nie Whiteys Namen und kannte Kevin Weeks nur als Kevin. Aber er kannte Pat Nee – dieser sei die treibende Kraft hinter dem Waffenschmuggel gewesen.

Boeri kannte alle Beteiligten und wusste, wie gefährlich sie waren.

»Ich möchte jetzt etwas klarstellen«, meinte der DEA-Agent zu McIntyre. »Wollen Sie sich tatsächlich von diesen Kriminellen lossagen, deren Komplize Sie waren?«

»Ich möchte nur nachts wieder ruhig schlafen können«, antwortete McIntyre.

»Wollen Sie denn in der Region Boston bleiben?«, fragte Boeri.

»Ja.«

Boeri wusste, wozu Whitey fähig war, und begriff, dass McIntyre es offenbar nicht wusste.

»Ich kann Sie also nicht dazu überreden, woanders hinzugehen?«, insistierte Boeri.

»Nein.«

Schließlich kam Boeri zur Sache. »Was halten Sie davon … Wären Sie bereit, uns Informationen über Ihre Zusammenarbeit mit diesen Leuten zu geben?«

»Ich bin dazu bereit«, erklärte John McIntyre, »wenn Sie mir helfen.«

Am nächsten Tag wurde McIntyre vom FBI-Agenten Roderick Kennedy verhört, dem Verbindungsmann des FBI zur DEA. McIntyre erklärte, dass »eine Person namens Whitey, der in South Boston ein Spirituosengeschäft führt«, in die Drogengeschäfte seines Chefs Joe Murray verwickelt war.[32] Kennedy war auch dabei, als Zollbeamte McIntyre vernahmen. Später beharrte er darauf, dass Connolly gelauscht habe, als er und andere Ermittler sich darüber unterhalten hätten, dass jemand von der *Valhalla* mit ihnen kooperiere.

Connolly traf sich mit Whitey und erzählte ihm, was er wusste. Seine Informationen waren allerdings wenig präzise. Der *Boston Globe* hatte ein Foto veröffentlicht, auf dem Andersen und McIntyre von Bord der *Valhalla* gebracht wurden, um anschließend vom Zoll vernommen zu werden. Flemmi sagte, Connolly habe Whitey davon unterrichtet, dass einer der beiden Männer auf dem Foto mit der Polizei zusammenarbeite.[33]

Whitey hatte McIntyre von Anfang an in Verdacht gehabt. Anderson war seiner Meinung nach zu lange Murrays Komplize gewesen, er würde den Mund halten. McIntyre hingegen war ein unsicherer Kandidat.

Zudem hatte Connolly ihnen berichtet, Dick Bergeron, ein Kripobeamter aus Quincy, habe den Informanten umgedreht. Whitey wusste, dass Andersen aus der Region North Shore stammte, während McIntyre in Quincy in der South Shore lebte. Es musste also McIntyre sein. »Der Typ wird den Mund nicht halten«, meinte Whitey und hatte recht.

Weeks zufolge ging Whitey daraufhin zu Joe Murray und erzählte ihm, dass McIntyre seiner Meinung nach plaudern werde. Murray war entsetzt, nicht nur, weil sein Drogenimperium gefährdet war, sondern auch, weil er den besten Schiffsingenieur verlieren würde, den er je gehabt hatte. Er schlug vor, McIntyre nach Südamerika zu schicken, wo er bei seinen Drogenlieferanten bleiben könne. »Wir könnten ihn dort lassen, bis die ganze Sache vorbei ist. Oder wir könnten ihn dort umbringen.«[34]

Als Alternative regte Murray an, McIntyre genau vorzugeben, was er vor einem Geschworenengericht aussagen solle, damit es zu keinen Anklagen kommen könne. Whitey starrte Murray nur an. Er wollte McIntyre allein erwischen und ihn verhören – und bei Bedarf auch foltern. Er musste herausfinden, was die DEA und der Zoll wussten. Ob ihnen bekannt war, dass er etwas mit der *Valhalla* zu tun hatte und Millionen mit Drogen verdiente. Whitey zweifelte nicht daran, dass er aus McIntyre die Wahrheit herausholen würde, wenn er ihn allein in die Finger bekäme. Aber er wollte erst noch zusätzliche Beweise gegen ihn sammeln. Whitey wies daher Pat Nee an, McIntyre vorzuschlagen, 20.000 Dollar in einen Drogentransport zu investieren, den die Gang in South Boston plane.[35] Whitey wusste, dass McIntyre pleite war und diesen Betrag nicht aufbringen konnte. Wenn er sich aber an seine Betreuer bei den Justizbehörden wandte und ihnen von Nees Vorschlag berichtete, würde er das Geld bekommen. »Wenn er 20 Riesen beschaffen kann«, sagte Whitey, »dann arbeitet er mit dem Zoll oder mit der DEA zusammen.«[36]

Wenige Tage später brachte McIntyre das Geld. Jetzt musste Whitey ihn nur noch allein erwischen.

Whitey erklärte Nee seinen Plan: Nee solle McIntyre vorgaukeln, sie würden seinem Bruder in South Boston eine Ladung Bier für eine Party bringen. Pat Nee holte McIntyre in Quincy ab. Auf dem Rücksitz seines Autos standen zwei Bierkästen. »Wir fahren zu meinem Bruder«, sagte Nee, »und bringen ihm das Zeug.«

Nees Bruder wohnte in New Hampshire. Nachdem Nee vor dem Haus in der East Third Street 799 geparkt hatte, holte er einen Kasten Bier vom Rücksitz, ging damit zur Haustür und rief McIntyre über die Schulter zu: »Nimm den anderen Kasten und komm.«

Es war Freitagmittag, eine Woche nach Thanksgiving, und John McIntyre dachte, er tue Pat Nee einen Gefallen, als er ins Haus ging. Dann sah er Kevin Weeks und Stevie Flemming in der Küche stehen, und Whitey kam hinter dem Kühlschrank hervor. Er hielt eine MAC-10-Maschinenpistole mit Schalldämpfer in der Hand und zielte auf McIntyres Brust. McIntyre stellte das Bier ab und stolperte nach hinten. Er wollte wegrennen, aber Weeks sprang vor, packte ihn mit einer Hand am Hals und mit der anderen am Haar und zog ihn nach unten.

Es war unheimlich still in der kleinen Küche.

»Steh auf«, befahl Whitey.[37]

Weeks zog ihn auf die Füße, während Flemmi und Whitey ihm je eine Hand auf die Schultern legten und ihn auf einen Küchenstuhl bugsierten. Wortlos zog Flemmi Handschellen, Fußfesseln und eine lange Kette aus einer Reisetasche, dann fesselte er McIntyre.

»Wir müssen reden«, begann Whitey und legte die Waffe auf den Tisch. Dann zog er einen Stuhl heran und setzte sich McIntyre gegenüber. McIntyres Blicke wanderten ständig zu der Waffe, er schien sich in sein Schicksal ergeben zu haben, noch bevor Whitey eine einzige Frage gestellt hatte, und er bestätigte Whiteys Verdacht, wie Flemmi sich erinnerte, innerhalb von 30 Sekunden. »Es tut mir leid«, sagte McIntyre. »Ich war schwach.«

McIntyre hatte mit der Polizei nicht nur über den Waffentransport gesprochen, er hatte der DEA auch geholfen, eine Schiffsladung Marihuana zu beschlagnahmen, die Whitey drei Millionen Dollar hätte einbringen sollen. Mehr brauchte Whitey nicht zu wissen, um einen Grund zu haben, ihn zu töten. Und McIntyre war das bewusst. Aber McIntyre ein Geständnis zu entlocken war nur der Anfang, denn Whitey wollte noch mehr Informationen haben. Daher versuchte er, ihn zu beruhigen. »Entspann dich. Dir passiert nichts. Aber wir müssen uns was überlegen.«

Whitey sagte, sie müssten ihn vielleicht für eine Weile zu Murrays Freunden nach Südamerika schicken, bis die Lage sich beruhigt habe. Es bleibt fraglich, ob McIntyre ihm das wirklich glaubte. Whiteys Verhör war nicht besonders raffiniert, aber McIntyre gab schnell zu, dass Bergeron und Boeri ihn umgedreht hatten und dass der Zoll ihm 20.000 Dollar in bar gegeben hatte, um seinen Anteil am Drogentransport zu bezahlen. Whiteys Falle hatte perfekt funktioniert.

McIntyre entschuldigte sich bei Nee und beteuerte, er habe die *Valhalla* nicht verraten. Er klang ein wenig wie Whitey vor fast einem Jahrzehnt am Wollaston Beach, als er in Connollys Auto gesessen und gesagt hatte: »Ich würde niemals die IRA verraten.« Das glaubte ihm Whitey sogar, aber für ihn war das bereits eine alte Geschichte. Jetzt ging es um ihn selbst: Wusste die DEA genug, um ihn zu verhaften? Und es ging ums Geschäft. Er hatte sich schon seit Langem gefragt, ob Murray ihm einen fairen Anteil an seinen Drogengeschäften zahlte. Durch McIntyre konnte er das herausfinden.

Für Whitey war es enorm wichtig zu erfahren, welche Drogenmengen Murray bewegte, was er in letzter Zeit importiert hatte und was er noch plante. Flemmi blieb während des sechsstündigen Verhörs bei Whitey in der Küche, und Weeks sah im Wohnzimmer fern. Die Stimmen in der Küche wurden nie laut. »Wir geben dir ein wenig Geld, John«, beteuerte Whitey. »Dann schicken wir dich weg.«

Aber der 32 Jahre alte John McIntyre kam nicht weiter als bis zur Treppe, die im Haus in der East Third Street in den Keller führte. Seine Ketten klirrten beim Laufen. Im Keller wurde er erneut auf einen Stuhl gestoßen, aber es gab keine weiteren Fragen. Flemmi stand daneben, als Whitey ein dickes Seil um McIntyres Hals wickelte und es anzog.

McIntyre saß nur apathisch da und ergab sich in seine Hinrichtung. Doch das Seil war offenbar zu dick, um McIntyres Luftröhre einzuschnüren und ihn zu ersticken. Stattdessen musste McIntyre würgen und übergab sich.

Whitey trat zurück. Seine Stirn glänzte vor Schweiß, seine Hände und Arme waren vor Anstrengung angespannt. »So geht das nicht«, keuchte er, dann griff er nach einer Waffe, einem Gewehr Kaliber .22 mit abgesägtem Lauf, Pistolengriff und Schalldämpfer, und zeigte es McIntyre. »Möchtest du eine Kugel in den Kopf?«, fragte er freundlich.

»Ja, bitte«, antwortete McIntyre und richtete sich auf, nachdem er wieder Atem geschöpft hatte.

Whitey tat ihm den Gefallen und feuerte einen Schuss in McIntyres Hinterkopf. Die Kugel drang am Kinn wieder heraus, und McIntyre sank erneut nach vorne.

Flemmi, der meist den Gerichtsmediziner spielte, wenn Whitey jemanden hinrichtete, legte ein Ohr an McIntyres Brust und betastete seinen Hals.

»Er lebt noch«, sagte er dann. Daraufhin packte er McIntyres schlaffen Kopf an den Haaren und zog ihn nach oben, sodass Whitey eine Salve in dessen Gesicht feuern konnte. Als Flemmi den Kopf losließ, sackte McIntyres Körper zu Boden.

»So, jetzt ist er aber tot«, meinte Whitey.

Nun holte Flemmi seine Zange aus der Tasche und zog McIntyre die Zähne. Kevin Weeks grub derweil den Kellerboden auf, und Whitey ging nach oben und machte ein Nickerchen.

»Kevin«, rief Flemmi plötzlich, während Weeks grub. »Komm mal kurz her.«

Als Weeks bei ihm war, streckte Flemmi ihm die Zange entgegen und wedelte damit herum. Ein Stück von McIntyres Zunge klebte an ihrem Ende.

»Die kann er jetzt nicht mehr benutzen«, grinste Flemmi.

Weeks fand das allerdings nicht besonders lustig und machte sich wieder an die Arbeit.

Als John McIntyres Leiche begraben war, gingen Whitey und Flemmi essen. Whitey war nachdenklich und rekapitulierte das Verhör in Gedanken. Seiner Meinung nach, sagte er zu Flemmi, habe McIntyre in einer Hinsicht auf jeden Fall die Wahrheit gesagt: Er habe die *Valhalla* nicht verraten. Das musste jemand anderes gewesen sein.

Auf der anderen Seite des Atlantiks profitierte dieser Jemand, Sean O'Callaghan, gerade davon, dass Martin Ferris aus dem Verkehr gezogen worden war. Er war nun der Chef der IRA in Kerry. Seine Vorgesetzten in Belfast befahlen ihm herauszufinden, wer den Waffenschmuggel verraten hatte. Außerdem sollte er Ferris und die anderen IRA-Männer, die auf der *Marita Ann* gefangen worden waren, aus dem Gefängnis befreien.

Der IRA-Kommandeur aus Belfast, der für den Waffenschmuggel zuständig gewesen war, verlor angesichts des Debakels seinen Posten. Die IRA war inzwischen davon überzeugt, dass der Verräter ein Ire war, und startete eine interne Untersuchung.

O'Callaghan versuchte sich in der Politik und wurde in den Stadtrat von Tralee gewählt. Aber er wurde zunehmend paranoid und glaubte, andere wüssten, dass er Ferris verraten hatte. Daher zog er plötzlich nach England und bot dem MI5, dem britischen Inlandsgeheimdienst, eine Zusammenarbeit an. Sein geistiger Zustand verschlechterte sich weiter. Vier Jahre nach seinem Verrat spazierte er in ein Polizeirevier in Kent und teilte dem erstaunten Beamten mit, er habe zwei Menschen in Nordirland getötet.

Als die Autoren dieses Buches 1994 in einem Gefängnis in Nordirland mit ihm sprachen, wusste er, dass er ungewollt schuld am Tod von John McIntyre gewesen war. 1996 wurde O'Callaghan aus dem Gefängnis entlassen, in dem er acht Jahre einer lebenslangen Freiheitsstrafe verbüßt hatte.

Er lebte mit der ständigen Drohung, von der IRA ermordet zu werden. Für seine Familie war er allerdings schon tot. Sein Geständnis, ein Informant gewesen zu sein, verschaffte ihm ein paar neue Freunde unter den Konservativen in London, aber in Irland wurde er weitgehend geächtet. Selbst Iren, die die IRA hassten, sahen O'Callaghan als Spitzel, als Verräter, als Abschaum.

Doch O'Callaghan etablierte sich in seiner Rolle und schrieb eine Autobiografie unter dem Titel *The Informer*. 1997, wenige Stunden bevor er zu einer Werbetour nach Amerika flog, hörte er, dass sein Vater Jack O'Callaghan Anfang der Woche gestorben war. Kein Familienmitglied hatte sich die Mühe gemacht, ihm das mitzuteilen. Er ging nicht zum Begräbnis.

Die Grabrede hielt ausgerechnet Martin Ferris, der IRA-Führer, den Sean O'Callaghan für zehn Jahre ins Gefängnis gebracht hatte. Ferris pries Jack O'Callaghan als republikanischen Helden, den Sohn des Helden, den Verräter, erwähnte er nicht.

Einige Jahre zuvor, noch im Gefängnis, hatte Sean O'Callaghan sich bewundernd über Whitey Bulgers Fähigkeit geäußert, die Zügel stets in der Hand zu behalten. Whitey, der Spitzel, hatte gerade die Stadt verlassen, nachdem John Connolly ihm verraten hatte, dass seine Verhaftung bevorstand. »Eines muss ich ihm lassen«, gestand O'Callaghan. »Er war darin besser als ich.«

Als Teenager war Whitey Bulger einer der härtesten Burschen in seinem Stadtviertel. Er war ein leidenschaftlicher Fitnessfan, der am nahe gelegenen Carson Beach ausgiebig joggte und in der Sozialwohnung seiner Familie im Wohnprojekt Old Harbor Gewichte stemmte. (Mit freundlicher Genehmigung von Teresa Stanley)

In seinen Zwanzigern raubte Whitey bereits Banken aus und lebte auf großem Fuß. Nach eigenen Angaben gab er in einem Jahr 25.000 Dollar für Kleider, luxuriöse Mahlzeiten und schicke Hotels für sich und seine Freundin aus. (Mit freundlicher Genehmigung von Teresa Stanley)

William »Bill« Bulger 1988 in seinem Büro im Repräsentantenhaus von Massachusetts, dessen Präsident er von 1978 bis 1996 war. Er versuchte immer wieder, seinem älteren Bruder zu helfen, und unterstützte Whitey auch, als dieser neun Jahre im Gefängnis saß. (*Boston Globe*/Mark Wilson)

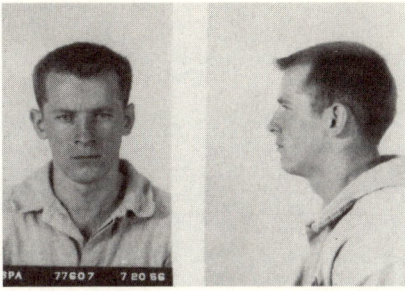

Oben links: Nach Whiteys Entlassung aus der Luftwaffe wurde er 1953 wiederholt wegen kleiner Straftaten festgenommen. (Mit freundlicher Genehmigung der Polizei von Boston)

Oben rechts: 1956 wurde er wegen Bankraubes zu 20 Jahren Gefängnis verurteilt und in die Vollzugsanstalt in Atlanta gebracht, wo er an einem LSD-Experiment teilnahm. Seither leidet er an Albträumen.

Unten links: Da Whitey verdächtigt wurde, an Ausbruchsplänen mitgewirkt zu haben, wurde er 1959 in das berüchtigte Gefängnis Alcatraz verlegt.

Unten rechts: Whiteys Vater starb 1964, während Whitey im Gefängnis von Lewisburg in Pennsylvania einsaß. Whitey durfte nicht an der Beerdigung teilnehmen. (Mit freundlicher Genehmigung des Nationalarchivs in San Bruno, Kalifornien)

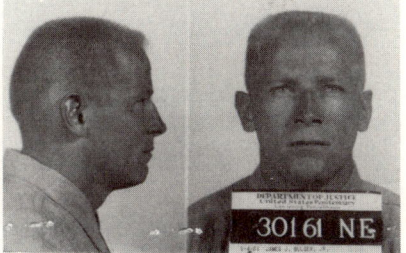

Lindsey Cyr, die Mutter des einzigen bekannten leiblichen Kindes von Whitey,
und ihr vierjähriger Sohn Douglas im Jahr
1971. Whitey, ein hingebungsvoller Vater,
war tief erschüttert, als der Junge im Alter
von sechs Jahren starb. (Mit freundlicher
Genehmigung von Lindsey Cyr)

Whitey warf 1975 eine Brandbombe in John F. Kennedys Geburtshaus, um gegen die Rassenintegration an den Schulen von Southie zu
protestieren. Er sprühte die Worte
»Bus Teddy« auf den Gehweg, weil
Senator Edward Kennedy ein überzeugter Anhänger des *busing* war.
(*Boston Globe*/George Rizer)

Das »Triple O« in South Boston war lange Zeit Whiteys Hauptquartier. Im ersten Stock
plante er Überfälle, erpresste seine Opfer und traf sich mit dem Gründer der Provisorischen Irisch-Republikanischen Armee. (*Boston Globe*/Pam Berry)

John Connolly, Whiteys Betreuer beim FBI, im Jahr 1998, neun Jahre nach seiner Pensionierung. Er wuchs im selben Sozialwohnungsprojekt auf wie die Bulgers, und Whiteys Bruder Bill war sein Mentor. Zum Dank dafür schützte Connolly Whitey. (*Boston Globe*/George Rizer)

1983 galt Connolly noch als vorbildlicher Agent. Hier begleitet er Frankie Angiulo, den Buchhalter der Mafia, nach seiner Festnahme zum Gericht. (*Boston Globe*/Ted Dully)

Whitey und Teresa Stanley in den Achtzigerjahren während einer Europareise. Whitey lernte Teresa, eine alleinerziehende Mutter von vier kleinen Kindern, 1966 kennen. Er bestand auf gemeinsamen Familienabendessen und predigte den Kindern, fleißig zu lernen und schlechte Einflüsse zu meiden. (Mit freundlicher Genehmigung von Teresa Stanley)

John Morris, 1987. Der Leiter des Bostoner FBI-Dezernats für das organisierte Verbrechen nahm von Whitey Geld und Geschenke an und gab ihm dafür Informationen. Er entging dem Gefängnis, weil er gegen Whitey und Connolly aussagte. (*Boston Globe*/Tom Herde)

Whitey und Teresa Stanley in den Achtzigerjahren bei einer Hochzeit. Whitey bezahlte die Hochzeit von Teresas Tochter Karen und Chris Nilan, der bei den Montreal Canadiens und den Boston Bruins Eishockey spielte. (Mit freundlicher Genehmigung von Teresa Stanley)

Whitey und sein Schützling Kevin Weeks 1994 auf Castle Island in South Boston. Whitey bildete den Amateurboxer zu seiner rechten Hand aus. Sie gingen täglich auf der Insel spazieren, weil sie dort nicht abgehört werden konnten. Weeks half Whitey in der ersten Zeit seiner Flucht, ehe er erfuhr, dass Whitey ein Informant gewesen war. Nach seiner Festnahme arbeitete er mit den Fahndern zusammen und führte sie zu den Gräbern, in denen Whiteys Opfer lagen. (*Boston Globe*/John Tlumacki)

Cathy Greig mit ihren Pudeln Nikki und Gigi auf einem undatierten Foto. Whitey warf ihr zuweilen vor, sich mehr um die Hunde zu kümmern als um ihn. Sie beklagte sich darüber, neben seiner ebenfalls langjährigen Freundin Teresa Stanley nur die zweite Geige zu spielen. (Mit freundlicher Genehmigung des FBI)

Kevin Weeks im Jahr 2006 auf Castle Island. Nach nur fünf Jahren im Gefängnis schrieb er ein Buch über sein Leben mit Whitey und sagte weiterhin in zahlreichen Prozessen als Zeuge über die Verbrechen von Whitey und Steve Flemmi aus. (*Boston Globe*/John Tlumacki)

Der Bostoner Mafiaboss Gennaro »Jerry« Angiulo im Jahr 1987, ein Jahr nach seiner Verurteilung wegen organisierter Verbrechen. Das FBI behauptete, dass es Whitey zu verdanken gewesen sei, dass in Angiulos Hauptquartier eine Wanze versteckt werden konnte. Allerdings gibt es keinen Hinweis darauf, dass Whitey gebraucht wurde, um eine richterliche Genehmigung zu erhalten. (*Boston Globe*/Jim Wilson)

Steve Flemmi und Debra Davis auf einem undatierten Foto. Die 26-jährige Debra wollte ihre neunjährige Romanze mit Flemmi beenden, als sie sich in einen anderen Mann verliebt hatte. Flemmi gab an, er und Whitey hätten Debra erwürgt, weil sie gewusst habe, dass sie Informanten gewesen seien. Whitey bestreitet, sie getötet zu haben. (Mit freundlicher Genehmigung von Bill St. Croix)

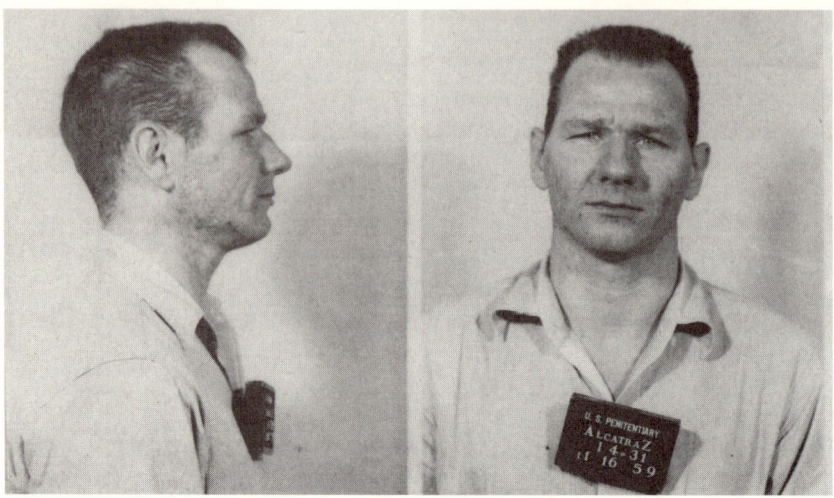

Richard Sunday saß mit Whitey Bulger in Atlanta und Alcatraz im Gefängnis und wurde einer seiner engsten Freunde. Whitey mochte Sundays Gedichte sehr und bewahrte eine Kopie der Ballade von Billy the Kid in seiner Bibel auf. (Mit freundlicher Genehmigung des Nationalarchivs in San Bruno, Kalifornien)

Der Bostoner Steuerberater John Callahan im Jahr 1975. Er bezahlte seine Freunde von der Winter-Hill-Gang für den Mord an Roger Wheeler. Die Gangster töteten ihn 1982 in Florida, damit er nicht gegen sie aussagen konnte. (Associated Press)

Roger Wheeler auf einem undatierten Foto. Der Eigentümer von World Jai Alai wurde 1981 in Tulsa erschossen, weil er sich geweigert hatte, sein Geschäft an John Callahan zu verkaufen. (Associated Press)

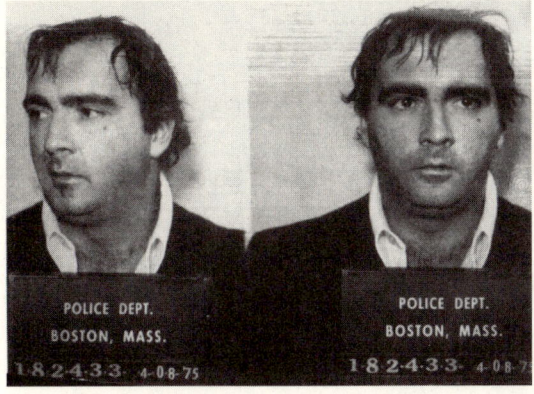

Brian Halloran 1975 auf einem Polizeifoto. Der Winter-Hill-Gangster wurde 1982 in Boston von Whitey erschossen, weil er gegenüber dem FBI behauptet hatte, Whitey und Flemmi hätten Roger Wheeler ermordet.
(Mit freundlicher Genehmigung der Polizei von Boston)

Der LKW-Fahrer Michael Donahue 1977 auf einem Familienfoto. Er wurde ein unschuldiges Opfer von Whitey, weil er Halloran nach Hause bringen wollte. Whitey schoss auf das Auto und tötete beide. (Mit freundlicher Genehmigung der Familie Donahue)

Deborah Hussey auf einem undatierten Foto. Laut Steve Flemmi hatten er und Whitey die Tochter seiner langjährigen Freundin 1985 getötet und in einem Keller verscharrt. Whitey bestreitet das. (Mit freundlicher Genehmigung von Tom Hussey)

John McIntyre auf einem undatierten Foto. Er gehörte zu einer Mannschaft, die der IRA eine von Whitey mitfinanzierte Waffenladung bringen sollte. Whitey und Steve Flemmi töteten ihn 1984, als sie erfuhren, dass er gegen sie aussagen wollte. (Mit freundlicher Genehmigung der Familie McIntyre)

Cathy Greig und Whitey bei einem Spaziergang mit Nikki und Gigi im Sommer 1988 in Dorchester in der Nähe des Hauses in Quincy, in dem sie damals wohnten. Whitey, der selten etwas trank, hob eine weggeworfene Bierdose auf und warf sie in einen Abfallkorb. (*Boston Globe*/John Tlumacki)

Die *Valhalla* im Jahr 1984, kurz nach ihrer Rückkehr in den Hafen von Boston. Der Fischkutter sollte der IRA sieben Tonnen Waffen bringen, nachdem einer der Gründer der Provisorischen IRA, Cahill, Whitey in Southie besucht und ihm mitgeteilt hatte, dass seine Organisation Waffen benötigte. (*Boston Globe*/George Rizer)

Pat Nee 1984 in seinem Geburtsland Irland. Er wartet auf die Ankunft der *Valhalla* mit den Waffen. Nee war einst ein Rivale von Whitey, wurde jedoch zu dessen Verbündetem. Er brach mit ihm, als er ihn verdächtigte, ein Informant zu sein. In seinen Memoiren übt er heftige Kritik an Whitey. (Mit freundlicher Genehmigung von Pat Nee)

Die Donahues 2008. *Von links:* Shawn, Patricia, Michael jun. und Tom. Die Regierung wurde dazu verurteilt, ihnen wegen der unrechtmäßigen Tötung von Michael Donahue Schadenersatz in Höhe von 6,3 Millionen Dollar zu zahlen. Ein Berufungsgericht hob das Urteil auf. (*Boston Globe*/ Pat Greenhouse)

Steve Flemmi im Jahr 2008 während seiner Zeugenaussage beim Prozess gegen Connolly wegen Mordes in Miami. Seiner Aussage nach hatten er und Whitey Connolly insgesamt etwa 235.000 Dollar gezahlt. Connolly habe einmal scherzhaft gesagt, er sei Mitglied der Bande. (Associated Press/J. Pat Carter)

John Connolly im Jahr 2008 bei einer Anhörung am Vorabend seines Prozesses in Miami, bei dem es um den Mord an John Callahan im Jahr 1982 ging. Er wurde zu 40 Jahren Gefängnis verurteilt. (Associated Press/Wilfredo Lee)

John Martorano auf einem undatierten Foto. Er saß wegen 20 Morden zwölf Jahre im Gefängnis, nachdem er sich bereit erklärt hatte, gegen Whitey, Flemmi und Connolly auszusagen. (Mit freundlicher Genehmigung der Familie Martorano)

Anna Bjornsdottir spielt im Jahr 2011 vor ihrem Haus in Reykjavik mit ihrer Katze. Die ehemalige Miss Island bekam vom FBI zwei Millionen Dollar für einen Hinweis, der zur Festnahme von Whitey führte. (*Boston Globe*/Bill Greene)

Der Wohnkomplex Princess Eugenia in Santa Monica wenige Stunden nach der Festnahme von Whitey und Cathy Greig im Juni 2011. Die beiden hatten 15 Jahre lang hier gelebt. Ihre Wohnung lag im obersten Stock ganz rechts. (Associated Press/David Zentz)

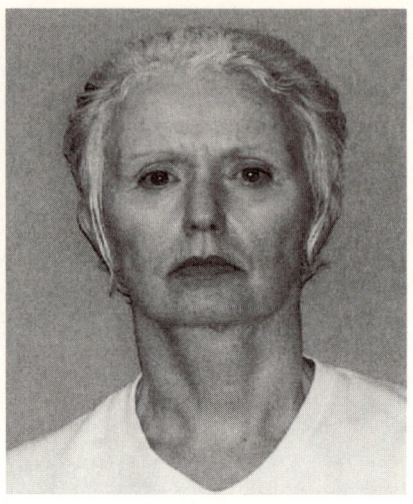

Whitey auf einem Polizeifoto kurz nach seiner Verhaftung im Juni 2011 in Santa Monica. (Mit freundlicher Genehmigung des U.S. Marshals Service)

Cathy Greig auf einem Polizeifoto kurz nach ihrer Verhaftung im Juni 2011 in Santa Monica. (Mit freundlicher Genehmigung des U.S. Marshals Service)

Whitey auf dem Flughafen Logan im Jahr 2011. U.S. Deputy Marshals haben ihn mit einem Hubschrauber der Küstenwache in einem Gefängnis in Plymouth, Massachusetts, abgeholt und bringen ihn nach Boston ins Bundesgericht. (Mit freundlicher Genehmigung von Bill Converse)

12

Im Geisterhaus

Whitey nannte es das Geisterhaus, weil das, was sich dort ab-spielte, unheimlich war.[1] Das Haus gehörte Pat Nees Bruder und war nur 75 Meter von Bill Bulgers Haus in South Boston entfernt. Es war ein einfaches zweistöckiges Gebäude im Neuengland-Stil, das zwischen den dreistöckigen Häusern, die es umgaben, winzig wirkte, und es stand oft leer, weil Nees Bruder häufig weg war. Im Erdgeschoss befanden sich eine Küche und ein Wohnzimmer, im ersten Stock zwei Schlafzimmer und ein Bad. Am wichtigsten war für Whitey jedoch ein unfertiger Keller, in dem ein Raum noch Lehmboden aufwies. Dieses Haus in der East Third Street 799 wurde zu seinem geheimen Friedhof.

Nach den intensiven Ermittlungen, die der Ermordung der »Heiligen Dreifaltigkeit« folgten, war Whitey davon überzeugt, dass er seine Leichen in Zukunft wieder begraben musste. Er und Steve Flemmi hatten seit Langem nach dem Motto »Kein Corpus Delicti« gehandelt. Denn ohne Leiche gab es meist keine Anklage. Sie hatten diese Regel zwar einige Male missachtet – aber jetzt nicht mehr. »Jimmy änderte seinen Modus Operandi nach der Heiligen Dreifaltigkeit«, sagte Kevin Weeks. »Er jagte niemanden mehr, er lockte seine Opfer zu sich, damit er ihre Leichen beseitigen konnte.«[2] Für diesen Zweck war das Geisterhaus bestens geeignet: Angelegenheiten konnten dort diskret erledigt werden, und es fiel nicht weiter auf, wenn man in die Nähe kam. Denn Flemmis Eltern wohnten neben Bill Bulger. Wenn ein Polizist also wissen wollte, warum sie so viel Zeit in der East Third Street verbrachten, hatte sowohl Whitey als auch Flemmi ein erstklassiges Alibi: Sie besuchten eben Verwandte.

Auch ihre Partnerschaft änderte sich in dieser Zeit, und sie entwickelten sich in verschiedene Richtungen. Aus dem leicht verdienten Geld, das

World Jai Alai ihnen hatte einbringen sollen, war nichts geworden. Und Whitey erinnerte Flemmi immer wieder daran, dass er ihm das missglückte Geschäft aufgeschwatzt hatte. Aber im Sommer 1983 fand Whitey eine neue Einnahmequelle.

Diesmal war das leicht verdiente Geld im Besitz von Arthur »Bucky« Barrett, der dazu bestimmt war, der erste Dauergast im Geisterhaus zu werden. Barrett stand schon länger auf ihrer Abschussliste. Er war ein berühmter Safeknacker, der einer Diebesbande dabei half, das Sicherheitssystem der Bank Depositors Trust in Medford zu überlisten. Der Bankraub am Wochenende des Memorial Day 1980 brachte Barretts Gruppe rund 1,5 Millionen Dollar ein. Das Ganze war nicht nur kühn, sondern tollkühn, denn ein großer Teil der Beute gehörte der Mafia und anderen Kriminellen und bestand aus Juwelen und illegal erworbenem Geld aus Schließfächern. Darum wurden die Räuber nicht nur von der Polizei gesucht, sondern auch von der Unterwelt.

Drei der sechs Ganoven, die in die Bank einbrachen, waren sogar Polizisten. Und Barrett unterstützte sie dabei, in die Bank zu gelangen und das Sicherheitssystem zu umgehen. Barrett hatte sowohl bei der Polizei als auch in der Unterwelt Bostons den Ruf eines Meisterdiebs und genialen Safeknackers. Aber er war kein harter Bursche und trug nie eine Waffe bei sich. Das machte ihn für Gangster wie Whitey Bulger zu einem leichten Opfer.

John Connolly, der stets versuchte, Whiteys Glaubwürdigkeit als Informant zu stärken, behauptete, Whitey habe die Bankräuber als Erster entarnt. In einem Bericht vom 25. Juni 1980 schrieb er, Whitey zufolge werde »auf der Straße gemunkelt«, dass Barrett den Einbruch begangen und den größten Teil des geraubten Goldes und der Juwelen in Verwahrung habe.[3] Connolly erwähnte dabei natürlich nicht, dass Whitey ihn und John Morris beauftragt hatte, Barrett auszurichten, dass er ihn suche und seinen Anteil haben wolle – und dass Barrett sich retten könne, wenn er das Zeugenschutzprogramm in Anspruch nehme und alle korrupten Polizisten verrate, die ihm beim Bankraub geholfen hätten.[4] Damit erreichte die konspirative Verbindung zwischen Whitey und dem FBI eine neue Ebene. Jetzt gab der Gangster den Beamten vor, wie sie Informanten gewinnen konnten und wen sie jagen sollten. Connolly und Morris führten Whiteys Auftrag pflichtbewusst aus, aber Barrett weigerte sich mitzumachen. Er glaubte, durch Frank Salemme, Flemmis alten Partner, der sich auf die Seite der Mafia geschlagen hatte, abgesichert zu sein.

Barrett wollte Whitey 100.000 Dollar als Tribut an Winter Hill zahlen und Salemme weitere 100.000 für die Mafia geben. Denn es war allseits bekannt, dass Barrett den Bankraub eingefädelt hatte, und ein kleiner Ganove tat gut daran, seine Beute mit den mächtigen Kriminellen im Viertel zu teilen.[5] Aus Gründen, die bis heute unbekannt sind, bekam Whitey jedoch seinen Anteil nicht, und er nahm diese Kränkung drei Jahre lang hin, ehe er gegen Barrett vorging. Er wollte sein Geld, und er wollte Informationen über Joe Murrays Drogengeschäfte, an denen Barrett inzwischen beteiligt war. Whitey hatte einen lukrativen, aber unsicheren Handel mit Murray geschlossen und hatte immer das Gefühl – schon vor dem Fiasko mit der *Valhalla* –, dass er nicht das bekam, was ihm zustand.

Whitey plante daher, Barrett ins Geisterhaus zu locken und ihm dort Informationen abzupressen. Er kannte Barrett gut genug, um zu wissen, dass dieser ein Geschäft mit Diamanten nicht ausschlagen konnte. Darum ließ er ihm von einem gemeinsamen Freund ausrichten, er habe gestohlene Diamanten günstig zu verkaufen. Da Barrett gefiel, was der Bote ihm zeigte, war er bereit, das Haus in Southies City Point aufzusuchen, um den Rest der Beute zu begutachten. Der Vermittler führte ihn zum Geisterhaus, doch als Barrett eingetreten war, sah er nur Whitey, der ein 9-mm-Maschinengewehr mit Schalldämpfer in der Hand hielt. Flemmi stand neben ihm und wartete darauf, ihrem Besuch Handschellen anzulegen. »Keine Bewegung, Bucky Barrett«, befahl Whitey.[6]

Weeks ging davon aus, es handle sich um eine Erpressung. »Jimmy hatte nichts davon gesagt, dass er ihn umbringen wollte«, erinnerte Weeks sich. »Es ging nur um Erpressung.« Wie gewöhnlich setzte sich Weeks ins benachbarte Wohnzimmer, um fernzusehen, während Whitey und Flemmi Barrett an einen Stuhl fesselten und ihn mit großer Ausdauer verhörten. Whitey verlangte einen detaillierten Überblick über Joe Murrays Drogenhandel: wer daran beteiligt war, wie viel er verdiente, wo er sein Marihuana und sein Kokain lagerte. Als Whitey alles erfahren hatte, forderte er Barretts Geld, und zwar keinen Anteil, sondern alles. Also rief dieser seine Frau in ihrem Haus in Quincy an, etwa 15 Autominuten entfernt, und meinte, er müsse ein paar Freunde nach Hause mitbringen, um etwas Geschäftliches zu besprechen. »Schalte die Alarmanlage ab«, sagte er. Dann fügte er noch hinzu, sie solle mit ihren beiden Söhnen – zwei Jahre und 13 Wochen alt – »für ein paar Stunden weggehen«.[7]

Keine Stunde später kamen Whitey und Flemmi mit den 40.000 Dollar zurück, die Barrett zu Hause versteckt hatte. Dann zwang Whitey seinen Gefangenen, jeden anzurufen, der ihm Geld geben konnte. Sein Partner in einem Restaurant im Faneuil Hall Marketplace kam mit 10.000 Dollar, die ordnungsgemäß eingesammelt wurden. Barrett rief auch Murray an und bat ihn eindringlich um Geld, doch dieser hatte kein Einsehen. Als Whitey davon überzeugt war, alles aus Barrett herausgeholt zu haben, war es Zeit, ihn zu töten. Er zog Flemmi beiseite und sagte, Barrett werde das Haus nicht lebend verlassen – er werde es überhaupt nicht mehr verlassen. Also brachte Flemmi Barrett zur Kellertür. »Bucky geht nach unten und legt sich ein bisschen hin«, rief Whitey Weeks zu.

Barrett war Flemmi ein paar Stufen auf der Kellertreppe gefolgt, als Whitey mit seinem Gewehr auf seinen Hinterkopf zielte. Als er abdrücken wollte, klemmte der Abzug. Alle hielten einen Moment inne, während Whitey unbeholfen seine Brille aufsetzte, die Waffe untersuchte und feststellte, dass sie gesichert war. Er entsicherte sie und zielte erneut. Barrett war beinahe am Ende der Treppe angelangt, als die Patronen in seinen Kopf drangen. Er fiel die letzten beiden Stufen hinunter und landete vor Flemmis Füßen.

Dieser tobte vor Wut. »Die Schüsse hätten durch ihn hindurchgehen und mich treffen können!«, schrie er.[8]

Whitey winkte ab und wandte sich an Kevin Weeks.

»Ich konnte Bucky nicht trauen«, erklärte er ihm. »Er musste verschwinden.«

Weeks sagte nichts.

»Geh runter und hilf Stevie«, wies Whitey ihn nun an. »Ich lege mich derweil hin.«

Während Weeks im Keller ein Grab aushob, zog Flemmi Barrett die Zähne, und Whitey machte auf dem Sofa im Wohnzimmer ein Nickerchen. »Sobald Bucky tot war, wurde Jimmy schnell ganz ruhig«, sagte Weeks. »Es war, als habe er Valium geschluckt.«[9] Weeks fühlte sich schlecht, vor allem, als er auf dem Küchentisch Barretts offene Brieftasche sah, in der ein Foto seines jüngsten Sohnes steckte. Aber Whitey schlief einfach ein. Weeks kannte das bereits: In den Tagen und Stunden vor einem Mord war Whitey hyperaktiv, doch unmittelbar nach der Tat wirkte er entspannt, zufrieden und erschöpft.[10]

Das Wichtigste bei dieser Geschichte war nicht Barretts Geld, sondern sein Wissen über Joe Murray. Whitey, dessen Verteidiger später behaupteten, er habe Southie vor Drogen bewahrt, hatte nun ein Druckmittel, um vom größten Drogenimporteur der Stadt bessere Konditionen zu verlangen. Er wollte seinen Anteil an allem haben, was Murray transportierte, einerlei, wo es an Land gebracht und aufbewahrt wurde. Es war die lukrativste Erpressung seiner Karriere.

Ein Jahr, nachdem Barrett im Keller begraben worden war, wurde John McIntyre neben ihm verscharrt. Da McIntyre für verschiedene Polizeibehörden als Informant gearbeitet hatte, wurde sein Verschwinden genauer untersucht als das von Barrett, aber der Ermittlungsdruck war weniger ausgeprägt als nach den Morden an Wheeler, Halloran, Donahue und Callahan. Immerhin gab es keine Leiche. McIntyre war einfach weg.

Der dritte und letzte Gast im Geisterhaus war Deborah Hussey. Sie sollte der letzte Mensch sein, dessen Ermordung Whitey und Flemmi zur Last gelegt wurde. Der Umstand, dass sie für Flemmi so eine Art Stieftochter gewesen war, hatte ihn nicht daran gehindert, sie zu belästigen, schon als sie ein junger Teenager gewesen war, obwohl er mit ihrer Mutter weiter in einer eheähnlichen Beziehung gelebt hatte. Bald nachdem der Missbrauch begonnen hatte, fing Deborah an, Drogen zu nehmen. Tom Hussey machte Flemmi dafür verantwortlich.

Man darf getrost annehmen, dass Tom Hussey der einzige Mann ist, der Flemmi je ins Gesicht gespuckt und diese Tat überlebt hat. »Stevie war eben bei meiner Frau eingezogen. Damals trank ich noch, und er kam in diese Kneipe namens ›Lombardi‹ in der Columbia Road. Ich ging einfach zu ihm und spuckte ihm ins Gesicht«, berichtete Tom Hussey. Flemmi schlug ihn blutig und ließ ihn dann liegen. Bald darauf verließ Hussey Boston und zog nach Florida, wo er in die Gewerkschaft der Klempner eintrat und aufhörte zu trinken. Debbie war mittlerweile ein aufsässiger Teenager geworden. Daher lud er sie nach Florida ein, damit sie etwas Zeit mit ihm verbringen und ihre Probleme hinter sich lassen konnte. Die Besuche halfen ihr. Sobald sie nicht mehr in Flemmis Nähe war, schien alles wieder gut zu sein. Aber sie kehrte immer wieder zurück nach Boston, zu Flemmi und zu den Drogen. »Sie war ein kluges, schönes Mädchen«, sagte Tom Hussey. »Ich überredete sie dazu, zu mir zu ziehen, als sie ungefähr 20 war. Ich verschaffte ihr sogar einen Job in einem Hotel in Boca Raton, und der Manager sagte, sie sei die beste Kellnerin, die er je gehabt habe. Aber sie kam einfach nicht von den Drogen los und fuhr wieder zurück zu Flemmi.«[11] Es waren aber nicht nur Drogen. Debbie tanzte in einem Stripclub und ging auf den Strich, um Heroin kaufen zu können. Flemmi behauptete, er sei schockiert gewesen, weil sie schwarze Freier mit ins Familienhaus in der Blue Hill Avenue im vorstädtischen Milton gebracht habe.[12] In diesem geräumigen Haus gestand Debbie ihrer Mutter im Herbst 1982, dass Flemmi der Grund dafür war, dass sie nicht von den Drogen lassen konnte. Debbie lag betäubt vom Rauschgift im Bett, und Flemmi ohrfeigte sie, als Marion ins Zimmer stürmte und wissen wollte, was los war.

Debbie gestand, dass sie Flemmi oral befriedigen musste, seit sie ein Teenager gewesen sei.[13]

Marion war fassungslos.

»Das tue ich seit Jahren«, sagte Debbie.

Flemmi packte sie daraufhin und zerrte sie aus dem Haus. Seine beiden Söhne waren unten und konnten das nicht hören. »Ich lüge nicht, Mama!«, schrie Debbie über die Schulter, als Flemmi sie zur Tür hinauswarf. Die drogensüchtige Debbie hatte jahrelang gelogen, was ihr Leben anbelangte, doch nun glaubte ihr Marion. »Verschwinde«, befahl Marion Flemmi am nächsten Tag. Und er ging.[14]

Debbie wurde in der Folge immer wieder festgenommen, meist wegen Prostitution. Sie nannte Namen. Flemmis Namen. Whiteys Namen. Manchmal auch den Namen von Flemmis Bruder Michael, dem Polizisten. So könne das nicht weitergehen, sagte Whitey daher eines Tages zu Flemmi. Wie im Fall Debra Davis vor vier Jahren begann er, Flemmi unter Druck zu setzen: Er solle Debbie beseitigen. Es war nur eine Frage der Zeit, bis sein Partner nachgab.

An einem kalten Abend im Januar 1985 holte Whitey Kevin Weeks ab. »Wir fahren zu Stevie«, sagte er.[15] Als Whitey vor dem Geisterhaus hielt, hatte Weeks ein mulmiges Gefühl. Zum ersten Mal fragte er sich, ob er jetzt wohl an der Reihe war. Doch er beruhigte sich schnell wieder, als Whitey erklärte, dass noch jemand kommen werde. »Stevie kauft ihr gerade einen Mantel«, meinte Whitey. Eine halbe Stunde später kam Debbie Hussey, die Flemmi mit der Behauptung hergelockt hatte, er überlege, das Haus für sie zu kaufen. Kevin Weeks war gerade oben im Bad, als er ein dumpfes Geräusch hörte. Seiner Aussage nach sei er sofort nach unten gegangen und habe Whitey im Wohnzimmer auf dem Rücken liegen sehen. Die Beine habe er um Debbies Taille, die Hände um ihren Hals geschlungen. Flemmi habe zugesehen, wie Whitey das Leben aus Debbie herauspresste. Whitey bestreitet zwar, dass er der Mörder war, doch die Aussagen von Flemmi und Weeks stimmen weitgehend überein.[16]*

Flemmi presste ein Ohr auf Debbies Brust und hörte offenbar noch etwas, denn er legte ihr einen Strick um den Hals und zog ihn mithilfe eines Stocks als Hebel fest. Als es vorbei war, lief alles wie üblich ab: Weeks grub, Flemmi zog Debbie die Zähne, und Whitey genehmigte sich ein Schläfchen.[17] Nachdem Debbie begraben war, fuhr Whitey in Southie herum – wie immer nach einem Mord entspannt und erleichtert. Wieder eine Gefahr beseitigt. »Worum ging es denn?«, fragte Weeks. »Weiß ich nicht«, antwortete Whitey. »Vielleicht hat Stevie sie gebumst, und sie wollte ihn verpfeifen.« Aber das sei nicht alles, fügte er schließlich hinzu. Debbie sei ein Junkie gewesen. »Sie brachte Nigger ins Haus und ging mit ihnen ins Bett. So konnte das nicht weitergehen.«[18]

Einige Monate nach dem Mord an Debbie Hussey fuhren Whitey und Weeks durch City Point, und als sie am Geisterhaus vorbeikamen, winkte Pat Nee sie heran, beugte sich durchs Fenster zu ihnen und sagte: »Mein Bruder verkauft das Haus.« Das war keine gute Nachricht. Was war, wenn

---

* 2003 bekannte Flemmi sich des Mordes an zehn Menschen schuldig, unter anderem des Mordes an Davis und Hussey. Er wurde zu einer lebenslangen Freiheitsstrafe verurteilt.

der Käufer beschloss, den Keller zu renovieren? Whitey war wütend. »Warum kannst du deinen Bruder nicht davon abbringen?«, fragte er. Nee zuckte mit den Schultern. »Es ist sein Haus. Was soll ich denn machen?«

Whitey ließ sich Zeit bei seiner Entscheidung. Erst überlegten sie, ob sie den Kellerboden zementieren sollten, dann, ob sie das Haus kaufen sollten. Aber das kam ihnen doch etwas übertrieben vor. Whitey schlug schließlich eine billigere und seiner Meinung nach gute Lösung vor. »Wir müssen die Leichen wegbringen«, sagte er zu Weeks. Flemmi stimmte ihm zu. Weeks graute es davor, denn er wusste, dass ein großer Teil der Arbeit ihm zufallen würde. Doch zuerst forschten er und Whitey im Stadtteil nach einer neuen Grabstätte. Whitey entdeckte ein bewaldetes Gebiet gegenüber der Florian Hall in Neponset, das zu Dorchester gehörte. In dieser Halle fanden Veranstaltungen der Bostoner Feuerwehr statt. Die Bäume und Büsche boten ausreichend Deckung, und der Verkehrslärm des nahe gelegenen Southeast Expressway würde die Grabegeräusche übertönen.

An einem kühlen Oktoberabend des Jahres 1985 stand Whitey Wache, während Weeks und Flemmi zu graben begannen. Sie füllten zehn große Reisetaschen mit Erde – die würden sie brauchen, um die Leichen zu bedecken –, legten sie in das zweieinhalb Meter breite Loch und deckten sie mit einer dünnen Schicht Erde zu. Dann steckte Whitey einen Zwanzig-Dollar-Schein unter einen Stein, der auf dem frischen Grab lag. »Falls er weg ist, wenn wir zurückkommen«, erklärte er, »hauen wir ab.«[19] Zwei Tage später, an Halloween, trafen sie sich im Geisterhaus, um die Leichen von Bucky Barrett, John McIntyre und Debbie Hussey auszugraben. Weeks, Nee und Flemmi trafen ein, als es dämmerte.[20] Sie trugen Arbeitskleidung, Schutzmasken und Handschuhe. Whitey überließ ihnen die Schmutzarbeit und schlief wie üblich lange. Dadurch entgingen ihm Szenen, die an einen Horrorfilm erinnerten. Barretts Leiche war so brüchig und trocken, dass der Kopf sich vom Rumpf löste, als Weeks sie hochhob. Die verwesten Leichen von McIntyre und Debbie Hussey zu bergen war noch schrecklicher. Die Masken schützten die beiden Männer kaum vor dem furchtbaren Gestank. Sie steckten die Körper in Leichensäcke, die Flemmi von einem Bestatter bekommen hatte.

Als die Nacht anbrach, tauchte Whitey mit einem holzgetäfelten Ford Kombi auf, den er Leichenwagen nannte, und parkte in der Zufahrt neben dem Eingang zum Keller. Als sie die zweite Leiche in den Kombi luden, kam ein alter Mann vorbei. Weeks und Flemmi erstarrten, doch Whitey riet ihnen, locker zu bleiben. »Er hat bestimmt nichts gesehen«, sagte er, »außerdem ist heute Halloween.«[21]

Es dauerte weniger als zehn Minuten, die acht Kilometer von City Point zum neuen Grab zurückzulegen. Sie wechselten sich mit Wacheschieben und Leichenbegraben ab. Als Weeks mit Aufpassen dran war und mit einem Maschinengewehr in der Hand auf dem Bauch lag, verließ ein junger Mann die Halloween-Party in der Florian Hall auf der anderen Straßenseite und stieg ins Auto. Offenbar musste er sich erleichtern, da er nur die Straße überquerte und dann wieder ausstieg. Das Auto stand sechs Meter von der Stelle entfernt, an der Whitey, Flemmi und Weeks sich hinter Bäumen und Büschen verbargen. Weeks musterte den Fahrer genau und nahm an, er müsse lediglich seine mit Bier gefüllte Blase entleeren. Er hatte auch recht, denn kurz darauf fuhr der junge Mann weiter. Doch Whitey war wütend und warf Weeks vor, er habe den Typen zu nahe herankommen lassen. »Du hättest ihn erschießen sollen«, schimpfte er. Weeks war diesmal nicht seiner Meinung, doch das äußerte er nicht. Noch Tage danach bekam er den Geruch der Leichen nicht mehr aus der Nase – und aus dem Kopf.

Im Rückblick war der Auszug aus dem Geisterhaus für Whitey ein Wendepunkt, der das Ende der gewalttätigsten Phase seiner kriminellen Herrschaft einläutete. Erpressungen waren immer noch an der Tagesordnung, aber das neue Geschäftsmodell bestand darin, Menschen mit dem Tod zu bedrohen, anstatt sie zu töten. Um die Einnahmen zu steigern, weitete Whitey das Erpressungsgeschäft auch auf gewöhnliche Geschäftsleute aus. Stephen und Julie Rakes waren die ersten Zielobjekte.

Rakes und seine Frau hatten eine alte Tankstelle gegenüber dem Wohnprojekt Old Colony gekauft und zu einem Spirituosengeschäft umgebaut. Ihre Preise lagen unter denen der anderen Schnapsläden in der Umgebung, und kaum hatten sie ihr Geschäft eröffnet, erhielten sie telefonische Drohungen. Ein Anrufer rief immer wieder an und behauptete, im Laden sei eine Bombe versteckt. Rakes überlegte, die Polizei einzuschalten, aber seine Schwester Mary O'Malley ging stattdessen zu Whitey. Sie traf ihn und Kevin Weeks im »Triple O« und bat sie, den Kerl ausfindig zu machen, der hinter den Anrufen steckte. Also hörten die beiden sich ein bisschen im Stadtviertel um und redeten mit den Konkurrenten, doch niemand wusste etwas.[22]

Als Whitey und Weeks eines Tages auf dem Andrew Square unterwegs waren, winkte sie ein alter Buchmacher, den sie kannten, herbei. Aus heiterem Himmel gestand ihnen der Mann, der ebenfalls ein Spirituosengeschäft führte, dass er Stephen Rakes mit einer Bombe gedroht habe, um einen Mitbewerber loszuwerden. »Hör auf damit«, riet ihm Whitey. »Rakes' Vater ist ein Freund von Kevin.«[23] Dann fuhren sie zu Rakes und versicherten ihm, er habe nichts mehr zu befürchten. Doch bald darauf erschien Mary O'Malley wieder im »Triple O«. Diesmal erzählte sie, ihr Bruder wolle den Laden verkaufen. Das gefiel Whitey: Ein legales Geschäft wäre eine gute Geldanlage, eine Möglichkeit, schmutziges Geld zu waschen. Außerdem suchte er gerade ein neues Hauptquartier, wo er, Flemmi und Weeks sich regelmäßig treffen konnten, ohne aufzufallen. Das Spirituosengeschäft und der benachbarte kleine Lebensmittelladen Rotary Variety waren bestens dafür geeignet.

Einige Tage später erschienen Whitey und Weeks im Geschäft. Da Rakes anscheinend nicht gerne vor seiner Frau reden wollte, schlug er vor, zu ihm nach Hause zu fahren. Dort einigten sie sich dann auf einen Preis: 100.000 Dollar. »Dann widerrief Rakes seine Zusage«, berichtete Weeks. »Er wollte mehr Geld. Es war eine Art Erpressung, aber niemand erpresst Whitey Bulger.« Stephen Rakes erzählte allerdings eine andere Version der Geschichte, die nicht annähernd so harmlos klingt wie die von Weeks. Rakes sagte, er habe das Geschäft nie verkaufen wollen. Whitey und Flemmi seien eines Nachts mit Weeks, einem alten Freund der Familie, bei ihm zu Hause aufgetaucht. »Sie haben ein Problem«, erklärte Whitey, als sie sich an den Küchentisch gesetzt hatten. »Wir sollen Sie töten.« Um seiner Aussage mehr Glaubwürdigkeit zu verleihen, zog er einen .38er-Revolver aus der Tasche und knallte ihn auf den Tisch. Rakes starrte den glänzenden Stahl der Waffe an. Whitey teilte ihm mit, dass es einigen Leuten nicht gefalle, dass er ihre Preise unterbiete.

»Aber ich weiß einen Ausweg«, sagte er. »Wir kaufen den Laden.«

»Er ist aber nicht zu verkaufen«, erwiderte Rakes.

Offenbar hatte er nicht begriffen, was Whitey wirklich meinte. »Verdammt, ich müsste dich umbringen«, wiederholte Whitey. »Du hast keine Ahnung, wie viel Glück du hast.«

In diesem Augenblick trippelte Rakes' einjährige Tochter Meredith in die Küche. Flemmi hob sie hoch und setzte sie auf seinen Schoß. Die Kleine griff nach dem Revolver und spielte damit herum, während Flemmi ihr das Haar zerzauste und Rakes angrinste, der starr vor Angst dasaß. »Du willst doch nicht, dass deine Tochter ohne Vater aufwächst, oder?«, fragte nun Flemmi. Whitey grinste, ließ sein Springmesser immer wieder auf- und zuschnappen und gab Rakes dadurch Zeit zum Nachdenken. »Hier«, meinte er dann und warf ihm eine braune Papiertüte mit 67.000 Dollar zu. »Jetzt gehört der Laden uns.«[24] Bald darauf benannte er den Laden in South Boston Liquor Mart um.

Julie Rakes war fassungslos angesichts dieser erpresserischen Übernahme und konnte kaum glauben, dass ihre Tochter als Druckmittel benutzt worden waren. Daher rief sie ihren Onkel Joe Lundbohm an, einen Bostoner Kripobeamten, und berichtete, was geschehen war. Lundbohm kontaktierte sofort John Connolly. Wen hätte er auch sonst anrufen sollen? Connolly stammte aus Southie und war für das organisierte Verbrechen zuständig.

Natürlich ahnte Lundbohm nicht, dass Connolly Whiteys Betreuer war. Sie trafen sich zu einem Kaffee, und Connolly schien genau zu wissen, was zu tun war. »Würden die beiden eine Wanze tragen? Würde Stephen eine Wanze tragen?«, fragte Connolly.

»Sie würden sich nicht trauen«, antwortete Lundbohm.

»Dann können wir nicht allzu viel unternehmen«, meinte Connolly.[25]

Einen Tag nach dem Treffen zwischen Lundbohm und Connolly erhielt Rakes erneut Besuch.

»Sag Lundbohm, er soll sich da raushalten«, zischte Whitey ihn an.

Jetzt wusste Rakes, dass Whitey einen guten Draht zum FBI hatte.

Die Ermittlungen, falls man sie so nennen kann, verliefen daraufhin im Sand, und Steve Rakes zog nach Florida, um seine Ruhe zu haben. In der Folge kursierten Gerüchte, dass Whitey Rakes ermordet habe. Doch Whitey legte immer noch großen Wert auf sein Ansehen im Viertel. Normalerweise waren solche Geschichten gut fürs Geschäft, weil sie seinen Ruf als Killer festigten. Aber die Familie Rakes war groß und in Southie sehr bekannt, und Whitey wollte nicht, dass die Leute glaubten, er habe jemanden umgebracht, nur um seinen Schnapsladen zu übernehmen. Darum ließ er sich von Rakes' Schwester seine Telefonnummer in Florida geben, und Weeks rief ihn an und forderte ihn auf, nach Southie zurückzukommen, um die Gerüchte zu zerstreuen. Rakes sagte, er werde in ein paar Wochen zurückkommen. Da übernahm Whitey den Telefonhörer und knurrte: »Du kommst sofort!«

Es war schon etwas seltsam: Mitten im Winter stand Stephen Rakes vor dem Geschäft, das einst ihm gehört hatte, und unterhielt sich eine Stunde lang mit den neuen Eigentümern Whitey Bulger und Kevin Weeks. Dann gingen sie zum Perkins Square und stellten sich auf die belebteste Kreuzung, damit jeder sie mit dem Mann sehen konnte, den sie angeblich ermordet hatten.[26]

Ende des Jahres 1986 hatte Whitey seit fast zwei Jahren niemanden mehr ermordet. Das war der längste mordfreie Zeitraum, seitdem Weeks vor sechs Jahren angefangen hatte, voll für Whitey zu arbeiten. Zwischen 1981 und dem Mord an Debbie Hussey Anfang 1985 war Whitey an der Ermordung von acht Menschen beteiligt gewesen: Roger Wheeler, Debra Davis, Brian Halloran, Michael Donahue, John Callahan, Bucky Barrett, John McIntyre und Deborah Hussey. Auch Flemmi brachte niemanden mehr um. Der Mord an Debbie hatte ihn mehr erschüttert als alle anderen. Früher hatte Flemmie häufiger als Whitey vorgeschlagen, ein Problem mit einem Mord zu lösen, jetzt begnügte er sich wie Whitey damit, die Leute zu bedrohen.[27]

Doch obwohl Whitey das Geisterhaus verlassen und sein Geschäftsmodell verändert hatte, blieb sein Leben ein schwieriger Balanceakt zwischen seinem kriminellen und seinem häuslichen Bereich. Er musste eine Gang leiten, die auf Kreditwucher, Erpressung und Drogen spezialisiert war, dem FBI regelmäßig Informationen liefern, und er unterhielt immer noch zwei Haushalte. Den frühen Abend verbrachte er bei Teresa Stanley, die Nacht bei Cathy Greig. Teresa wusste weiterhin nichts von Cathy Greig, und Whitey wollte, dass dies so blieb. Das allein kostete ihn eine Menge Energie.

An Werktagen aß er bei Teresa zu Abend, am Sonntagnachmittag aß er bei Mary Flemmi.[28] Whitey kam immer mit Teresa, war stets tadellos gekleidet und verwöhnte Mary Flemmi mit kleinen Geschenken. Da Mary kochte, konnte Teresa sich bei einem Drink entspannen. Sie achtete jedoch stets darauf, nicht mehr als ein paar Gläser Wein zu trinken, weil Whitey sonst ärgerlich wurde.[29]

Neben dem Haus der Flemmis stand ein Gebäude leer. Nachdem es Ende der Achtzigerjahre gebaut worden war, waren Teresa und ihre Freundin Terry eines Abends nach dem Essen dageblieben, um es zu putzen und für eine Party zu schmücken. Sie saugten den Boden, arrangierten das Sofa und die Stühle neu und reihten die Barhocker an einer Theke auf. Überall im Raum verteilten sie Blumen. Teresa und Terry tranken während der Arbeit Wein, und die Stunden vergingen wie im Flug. Gegen drei Uhr morgens waren die beiden Frauen fertig. Plötzlich stürmte Whitey wutentbrannt herein. Er war um Mitternacht am Haus vorbeigefahren und hatte kein Licht gesehen. Dann war er zu Teresa gefahren, und als er sie nicht zu Hause angetroffen hatte, war er in ganz South Boston herumgefahren, um sie zu suchen. Jetzt war es spät, und Teresa schien beschwipst zu sein. Whitey machte eine böse Bemerkung über ihren Alkoholkonsum, dann packte er sie unvermittelt am Hals und stieß sie heftig vor sich her. Sie ruderte mit den Armen und stürzte gegen die Tische, sodass die Blumenvasen auf den Boden fielen. »Lass sie in Ruhe!«, schrie Terry.

Whitey ignorierte sie und stieß Teresa immer wieder gegen die Möbel, was ihr ein blaues Auge und mehrere Blutergüsse einbrachte. »Es war eine eigenartige, schreckliche Nacht«, erinnerte sich Teresa, die damals zum ersten Mal erkannte, wie impulsiv Whitey war. Die Party wurde abgesagt, und Whitey befahl Teresa, sich von Terry fernzuhalten. Teresa sah ihre Freundin daraufhin acht Jahre lang nicht mehr, »weil ich Ärger vermeiden wollte«.

Whiteys erste und einzige Attacke auf Teresa war ein Zeichen für den zunehmenden Stress, dem er ausgesetzt war, oder vielleicht für seine zunehmende Unfähigkeit, mit dem Stress fertigzuwerden, unter dem er immer schon gestanden hatte. In den späten Achtzigerjahren, als er Ende 50 war, bekam er immer häufiger Albträume. Nach den LSD-Experimenten, an denen er in Atlanta freiwillig teilgenommen hatte, war er nachts immer wieder aufgeschreckt, aber diese Albträume waren ebenso schlimm. Eines Tages bat er Weeks, ihn zu einem Psychiater nach Watertown, gleich außerhalb von Boston, zu begleiten. Weeks Ansicht zufolge sah Whitey ein, dass er professionelle Hilfe brauchte, außerdem wollte er von einem Arzt eine schriftliche Bestätigung dafür haben, dass die LSD-Tests ihn krank gemacht hatten. Wenn er je vor Gericht stehen sollte, wollte er ein Stück Papier vorweisen können, aus dem hervorging, dass die Regierung ihn als menschliches Versuchskaninchen missbraucht hatte und dass er noch Jahrzehnte später darunter litt. »Der Arzt war ein Professor an der Harvard«, sagte Weeks. »Nach dem vierten Besuch lehnte er es ab, Whitey weiter zu behandeln. Was Jimmy sagte, erschreckte ihn zu Tode. Jimmy hatte ihm all diese blutigen Träume geschildert. Es war düsteres Zeug, das dem Arzt Angst einjagte. Er verwies Jimmy daher an einen Kollegen, aber Jimmy ging nie hin. Ich denke, er war überzeugt, dass kein Arzt ihm wirklich helfen konnte.«

Obwohl er freiwillig an der LSD-Studie teilgenommen hatte, beklagte er sich ständig darüber. Er war auch wütend auf die Regierung, die ihm und den anderen Teilnehmern nicht gesagt hatte, dass die Tests Teil eines geheimen CIA-Projekts zur Steuerung des Bewusstseins gewesen seien. Sein Zorn wuchs noch, als er das 1979 erschienene Buch *The Search for the Manchurian Candidate* von John Marks las, das in allen Einzelheiten beschrieb, wie Whitey und andere betrogen worden waren. Dieses Erlebnis und die quälenden Erinnerungen waren der Grund dafür, dass er den Ärzten und der modernen Medizin im Allgemeinen sein Leben lang misstraute. »Ich war in diesen Jahren oft krank und verletzt, habe mich aber mit frei verkäuflichen Medikamenten stets selbst behandelt«, schrieb er in einem Brief, der in Teresa Stanleys Haus beschlagnahmt und veröffentlicht wurde, nachdem er die Stadt verlassen hatte. »Ich glaubte – oder wollte es glauben –, dass der Körper sich mit frei verkäuflichen Arzneien selbst heilen konnte. Ich kann Ärzten einfach nicht vertrauen.« In anderen Briefen erwähnte Whitey, dass er wegen seiner Albträume einen Psychiater in Watertown konsultiert habe. »Ja, ich bin zu einem Arzt gegangen, zu einem Psychiater, der LSD und seine langfristigen Wirkungen untersucht hat. Ich bezahlte ihn für seine Dienste und für zahlreiche Gehirnwellentests und -aufzeichnungen. Der Arzt meinte, das LSD habe mein Gehirn eindeutig (physisch) geschädigt.«

Whitey litt zudem gelegentlich an Herzrhythmusstörungen, daher konsultierte er Ende der Achtzigerjahre regelmäßig einen Kardiologen im Massachusetts General Hospital. Er begann, das Medikament Atenolol einzunehmen, um Schmerzen in der Brust zu verhindern und den Blutdruck zu senken. Als der Arzt ihm riet, den Stress in seinem Leben abzubauen, fand Whitey schnell eine Lösung. »Er trennte sich von zweien seiner Freundinnen und behielt nur noch Teresa und Cathy«, sagte Weeks. »Jimmy behauptete, Frauen seien stressiger als Verbrecher.«

Weeks war davon überzeugt, dass Whiteys Absicht, sein Leben etwas ruhiger zu gestalten, ihn auch dazu veranlasste, nicht mehr zu morden.[30] »Dazu gehörte, dass wir niemanden mehr töten mussten«, erinnerte sich Weeks. »Vor allem aber versuchte Jimmy zu tun, was die Ärzte ihm empfahlen und was sein Körper ihm sagte. Er musste kürzertreten.«

Teresa hatte sich mit der Zeit daran gewöhnt, dass sie nicht alles aussprechen konnte, wenn sie Whiteys Gefährtin bleiben wollte. Sie musste sich seine Vorträge anhören und sich von ihm piesacken lassen. Doch seitdem Whitey zu einem Psychiater ging und die Ermahnungen seiner Ärzte befolgte, Stress abzubauen und seinen Blutdruck zu senken, bemerkte auch Teresa eine Veränderung. Er stritt nicht mehr wegen jeder Kleinigkeit mit ihr, sodass es einfacher wurde, mit Whitey Bulger zu leben. »Er war nicht mehr so wütend«, sagte sie. »Er war nicht mehr so grob und angespannt. Auch sagte er jetzt oft, er wolle nicht streiten. Vorher war sein Temperament meist mit ihm durchgegangen. Ich erinnere mich daran, dass er mir erzählte, mit seinem Herzen sei etwas nicht in Ordnung. Das habe er von seinem Arzt erfahren. Es sei nichts Ernstes, aber er müsse etwas ruhiger leben, sonst drohe ihm ein Herzinfarkt oder ein Schlaganfall.«

Die Achtzigerjahre vergingen, und Whiteys Einkommensquelle waren immer noch Erpressungen. Er wusste ja, dass John Connolly und das FBI alles, was schiefging – wie im Fall Rakes –, in Ordnung bringen konnten. Connolly, der Flemmi weiter als Informanten beschäftigte, obwohl er ihn 1982 offiziell von seiner Liste gestrichen hatte, erhielt 1986 die Erlaubnis, ihn wieder als Spitzel zu führen. Whitey und Flemmi hielten sich nach wie vor für unbesiegbar. »Jemand hat mich beauftragt, Sie zu töten«, sagte Whitey zu Ray Slinger, einem Immobilienmakler aus Southie, den er 1987 ins »Triple O« bestellt hatte. Das hatte Slinger nicht erwartet. Ein Jahrzehnt nach der Debatte über das *busing* war Southie der begehrteste Grundstücksmarkt in Boston. Yuppies strömten herbei und kauften Eigentumswohnungen in renovierten Häusern. Whitey hatte Slinger früher schon einmal gefragt, wie er von dem Immobilienboom profitieren könne. Daher hatte Slinger angenommen, dass es bei dem Treffen im »Triple O« erneut um dieses Thema gehen würde. Stattdessen machte Whitey ihm einen Vorschlag: Slinger solle ihm Geld geben, damit er den Mann töte, der ihn umbringen wolle, oder ihm zumindest Angst einjage. Slinger entschied sich für Letzteres und fragte, ob 1000 oder 2000 Dollar dafür ausreichten. »Da kosten ja schon meine Stiefel mehr als das«, erwiderte Whitey.[31] Er setzte den Preis auf 50.000 Dollar fest.

Der entsetzte und verwirrte Slinger rief daraufhin seinen Freund Jimmy Kelly an, einen Stadtrat, der früher Verbindungen zur Mullens-Gang gehabt hatte, inzwischen aber eine respektable Karriere hingelegt hatte, die er auch seiner Kampfeslust während der Anti-*busing*-Bewegung in den Siebzigerjahren verdankte. Slinger erzählte Kelly, was geschehen war, und bat ihn, bei Whitey zu intervenieren. Kurze Zeit später rief Kelly ihn zurück und sagte, es sei alles in Ordnung. Doch nichts war in Ordnung. Slinger wurde erneut ins »Triple O« befohlen. Er war derart verängstigt, dass er von einem Freund eine Waffe auslieh – ein sinnloses Unterfangen, da er von Waffen keinerlei Ahnung hatte. Whiteys Lakaien, Weeks und O'Neil, der Eigentümer des »Triple O«, nahmen ihm das Ding sofort ab, als er das Lokal betrat. Dann tasteten sie ihn ab, um zu überprüfen, ob er verwanzt war. Nachdem sie festgestellt hatten, dass er sauber war, drückten sie ihn auf einen Stuhl. Whitey schlenderte zu ihm, zog seine Waffe heraus, klopfte mit dem Lauf gegen Slingers Kopf und erklärte, bei einem Schuss aus diesem Winkel werde die Kugel genau in die Wirbelsäule eindringen, sodass kaum Blut fließen würde. Dann wandte er sich an die beiden Kevins und befahl: »Holt einen Leichensack.«[32]

Der verängstigte Slinger versprach, Whitey 50.000 Dollar zu zahlen, aber er konnte die wöchentlichen Raten nicht aufbringen und wusste, was das bedeutete. Deshalb rief er das FBI an. Unangekündigt kamen daraufhin die Agenten John Newton und Rod Kennedy in Slingers Büro. Newton war einer der besten Freunde von John Connolly beim FBI, und auch mit Whitey und Flemmi bestand eine freundschaftliche Kameradschaft. Immer wieder überließ er Connolly sein Haus in South Boston, damit dieser sich mit den beiden Informanten treffen konnte, die oft Knochen für seine beiden Golden Retriever mitbrachten. Newton und Kennedy führten das Gespräch mit Slinger, ohne einen Bericht für die Akten zu schreiben. Newton sagte, Kennedy, der Leiter dieser Ermittlung, habe sich während des Gesprächs Notizen gemacht und er sei davon ausgegangen, Kennedy hätte einen Bericht zu den Akten gegeben.[33] Kennedy behauptete allerdings Jahre später als Zeuge, er könne sich an das Gespräch nicht erinnern.[34] Erneut sabotierte das FBI also eine mögliche Anklage gegen Whitey. Da Slinger durch seine Gesprächsbereitschaft mit dem FBI ein Risiko für Whitey darstellte, hätte er ihn früher ohne zu zögern getötet. Doch nun sah er keinen Grund mehr dafür. Warum sollte er ein solches Risiko eingehen, wenn das FBI ihn so bereitwillig schützte? Mit dem Freibrief vom FBI in der Hand setzte Whitey lieber seine Praxis fort, Leute wie Ray Slinger ins »Triple

O« zu bestellen und ihnen seinen Standardsatz vorzutragen: »Du darfst dir dein Leben kaufen.« Er benutzte ihn immer und immer wieder und füllte auf diese Weise eine Kriegskasse, mit der er seine jahrelange Flucht finanzieren sollte.

Whiteys Problem war nie das FBI, das nicht die Absicht hatte, ihn zur Rechenschaft zu ziehen. Sein Problem war eine Gruppe ehrlicher lokaler und bundesstaatlicher Polizisten, DEA-Agenten und Finanzbeamten, die seit Jahren versuchten, ihn anzuklagen. Die ehrlichen Polizisten hassten aber nicht nur ihn, sie hassten auch das FBI. Gerade weil das FBI Whitey schützte, wurde er daher für andere Polizisten zu einem vorrangigen Ziel. Doch Whitey hatte schon viele Versuche vereitelt, ihn zu erledigen. Sein ungewöhnliches Glück hatte bereits manche Behörde zur Verzweiflung gebracht, die wusste, dass er von anderen Leuten geschützt wurde, unter anderem von seinem Bruder William, der inzwischen Senatspräsident war.

Der Druck auf Whitey nahm 1986 erheblich zu, weil eine Kommission, die im Auftrag des Präsidenten die organisierte Kriminalität untersuchte, ihn als Bankräuber, Drogenhändler und Mörder bezeichnete. Kurze Zeit nach Veröffentlichung des Berichts widersprach Whitey während einer Hochzeitsfeier einem der Ergebnisse der Kommission: »Ich bin kein Drogenhändler.«[35] Doch die Kommission begnügte sich nicht allein damit, das Märchen von Whiteys Kampf gegen Drogen anzuzweifeln, sie brachte auch seinen Namen vermehrt an die Öffentlichkeit, machte die Medien hellhörig und forderte eine genaue öffentliche Untersuchung. Zwei Stadtteilaktivisten in South Boston, Dan und Nancy Yotts, begannen Kritik an der Art und Weise, wie das Viertel verwaltet wurde, zu üben. Vor allem prangerten sie die Macht der Bulger-Brüder an. Dan Yotts erklärte öffentlich, dass Bill Bulger die legale Seite des Lebens in South Boston vor allem dadurch beherrsche, dass er seinen Günstlingen Jobs verschaffe, während Whitey Bulger die Unterwelt regiere.[36] Diese deutliche Kritik war in Southie ohne Beispiel, doch die Yotts sprachen für eine wachsende Anzahl von Menschen, die vom zunehmenden Drogenhandel und der damit verbundenen Kriminalität entsetzt waren und die Märchen über Whiteys Rolle in dem Ganzen satthatten. »Früher war ich blind loyal«, gestand Nancy Yotts, eine ehemalige führende Kämpferin gegen das *busing*. »Aber ich habe erkannt, dass das lächerlich war. Es wurde erwartet, dass man handelte, redete und dachte wie sie.«

Kaum hatten die Lokalzeitungen über Dan und Nancy Yotts Kritik an den Machtverhältnissen in Southie berichtet, wurde ihr Haus mit Eiern beworfen. Dann schlitzte jemand die Reifen ihres Autos auf. Als die anonymen Drohanrufe nicht aufhörten, verließen sie Southie Ende 1987.[37]

Doch der Anfang der Aufklärung war gemacht. Whiteys Name wurde nicht nur im Bericht der Kommission erwähnt, er spielte auch im langen Prozess gegen Jerry Angiulo und die Mafiaführung eine wichtige Rolle. Angiulo und andere Mafiosi brüsteten sich mit ihrer Beziehung zu Whitey und betonten, wie gefährlich er sei. Der Mann, über den man sich lange Zeit aus Angst nur flüsternd unterhalten hatte, war plötzlich eine öffentliche Person. Er und Flemmi wussten, dass sie jetzt, da zwei aufeinanderfolgende Serien von Verfahren gegen die Mafiabosse beendet waren, im Mittelpunkt der Aufmerksamkeit standen. Jerry Angiulo und seine Brüder waren im Gefängnis, und ihre Nachfolger hatte man samt ihren Helfern ebenfalls verhaftet. Der Fokus vieler Leute lag nun auf Whitey und Flemmi, auch der des *Boston Globe*.

1988 wagte der *Globe* sich an eine der großen ungeschriebenen Geschichten Bostons: Aufstieg und Herrschaft der Brüder Bill und Whitey Bulger, des mächtigsten Politikers im Bundesstaat und des Gangsters, der in South Bostons Unterwelt das Sagen hatte. Die Geschichte war seit Jahren bekannt, doch die Medien hatten sich der bisher gängigen Praxis in Southie angeschlossen und Whitey aus Bills Welt herausgehalten. Sie fanden es unfair, einen Politiker nur deshalb anzugreifen, weil sein Bruder ein Krimineller war. Viele Leute in Boston glaubten jedoch, dass beide Brüder in ihren jeweiligen Bereichen voneinander profitierten.

Bill Bulger kooperierte mit den investigativen Reportern des *Globe*, dem Spotlight-Team. Für Bill war die Story so etwas wie eine Chronik seiner Familie und ein Bericht über seinen Aufstieg zum dienstältesten Senatspräsidenten in Massachusetts. Doch Connolly fuhr seine Antennen frühzeitig aus. Einen Monat bevor der *Globe* seine vierteilige Serie veröffentlichte, schickte Connolly ein Memo an James Ahearn, den zuständigen Vorgesetzten, und warnte davor, dass die Quelle BS 1544-TE-Whitey aufzufliegen drohe. »Seit mehreren Wochen mache ich darauf aufmerksam, dass der *Boston Globe* eine Spotlight-Artikelserie plant, in der die genannte Quelle eine wichtige Rolle spielen und möglicherweise mit mir in Verbindung gebracht werden soll«, schrieb Connolly. »Einige der in der Vergangenheit bestehenden Verbindungen sind dem Dienststellenleiter bekannt, aber diesmal könnte der Fall anders liegen.«[38]

Connolly vermutete, dass der *Globe* ihn und Whitey überwachte. Er sagte, er wolle sich daher eine Weile von seinen Informanten fernhalten. In seinem Memo ist jedoch keine Rede von den intensiven Bemühungen des FBI, den *Globe* an der Enthüllung der geheimen Kontakte des FBI zu Whitey zu hindern. Zwei Monate vor der Veröffentlichung der Serie rief FBI-Agent Tom Daly im Spotlight-Büro des *Globe* an. Eine Sekretärin verband ihn mit Kevin Cullen, der damals Mitglied des investigativen

Spotlight-Teams war. Daly berichtete aufgeregt, er habe einen Anruf von Tony Ciulla erhalten, dem Hauptzeugen im Wettbetrugsverfahren des Jahres 1979, in dessen Verlauf die gesamte Führung der Winter-Hill-Gang mit Ausnahme von Whitey und Flemmi verurteilt worden war. Ciulla habe einen Brief vom *Globe* bekommen, in dem Fragen zu diesem Prozess gestellt wurden. Cullen erklärte, diesen Brief habe sein Kollege Dick Lehr geschrieben. »Es ärgert mich schon ein wenig, dass Sie mich nicht angerufen haben«, schimpfte Daly. Es gefalle ihm nicht, dass die Zeitung hinter seinem Rücken mit seinem Informanten reden wolle. »Erstens: Ciulla wird nicht mit Ihnen reden. Außerdem weiß ich, dass Billy Bulger vom *Globe* interviewt wurde. Ciulla sagte zu mir: ›Richte ihnen von mir aus, dass sie sehr vorsichtig sein sollen, wenn sie etwas über Whitey schreiben. Er ist gefährlich. Niemand sollte ihn ärgern.‹«

Daly gab vor, Cullen zu warnen, weil er ein Freund sei. Doch Cullen kannte Daly kaum und hielt ihn erst recht nicht für einen Freund. Zudem war Dalys Ton nicht gerade freundlich. »Whitey Bulger«, fuhr Daly fort, »hat kein Problem damit, wenn Sie die Wahrheit schreiben. Aber wenn Sie ihn oder seine Familie bloßstellen oder Lügen schreiben, dann gilt, was Ciulla sagte: ›Diese Person würde nicht mehr lange leben. Er [Whitey] würde nicht zögern, sie umzubringen.‹ Das gilt vor allem für Sie, Kevin. Ich meine es ernst, ohne zu übertreiben. Er ist extrem gefährlich, und ich weiß, dass Sie in South Boston leben.«

Dalys Warnung war ebenso bedrohlich wie unehrlich. Denn er behauptete, die Warnung stamme von Ciulla, aber er fügte Details hinzu – zum Beispiel, dass Cullen in Southie wohnte –, die Ciulla nicht kannte. Kam die Warnung also von einem Verbrecher oder vom FBI – oder von beiden? Und machte das einen Unterschied? Cullen und die anderen Redakteure und Verantwortlichen beratschlagten und kamen zu der Überzeugung, dass das FBI den *Globe* dazu bringen wolle, auf die Serie zu verzichten.

Der Gedanke, dass Whitey einen Reporter bedrohen könne, war allerdings nicht abwegig. Ende der Sechzigerjahre hatte Whitey gelegentlich im Bostoner Presseclub vorbeigeschaut, einem beliebten Treffpunkt von Journalisten. Dort hatte er mit Reportern über ihre Artikel gestritten. Doch während des politischen Aufstiegs seines Bruders hatte er die Medien gemieden. Als 1980 ein Buchmacher namens Louis Litif, der für Whitey gearbeitet hatte, im Kofferraum seines Lincoln Continental tot aufgefunden worden war, hatte sich in Southie das Gerücht verbreitet, dass Whitey ihn getötet habe. Paul Corsetti, ein Reporter des *Boston Herald American*, hatte davon gehört und eine Sensationsmeldung gewittert. Davon hatte Whitey Wind bekommen. Angeblich wollte Corsetti Whitey mit Mitgliedern der IRA in Verbindung bringen, die vor Kurzem im Bestreben, Waffen aufzutreiben, South

Boston besucht hatten. Noch schlimmer war es aus Whiteys Sicht, dass Corsetti Whiteys Bruder Bill in die Angelegenheit hineinziehen wollte.[39]

Corsetti war häufig in Kneipen anzutreffen, an Samstagabenden meist im »Dockside«, einem beliebten Lokal im Faneuil Hall Marketplace. Als gegen ein Uhr nachts kaum mehr Gäste da waren, kam ein Mann, den Corsetti nicht kannte, zu ihm.

»Sie sind Paul Corsetti?«

»Ja.«

»Wissen Sie, wer ich bin?«

»Nein.«

»Ich bin Whitey Bulger, du Wichser, und es ist mein Beruf, Leute umzulegen.«[40]

Whitey ließ diese Worte einen Augenblick wirken, dann beugte er sich zu Corsetti.

»Ich habe gehört, du willst eine Story über meinen Bruder schreiben und mich mit ihm in Verbindung bringen.«

»Da ist nichts dran«, versicherte Corsetti.

Doch Whitey ignorierte seine Antwort und zählte stattdessen einige Fakten auf: seinen Wohnort, den Namen seiner Frau, deren Arbeitsplatz, den Namen seiner Tochter und deren Schule.

»Wenn ich dich umlegen wollte«, erklärte Whitey höhnisch grinsend, »wäre das sehr einfach.«

Whitey warf Corsetti noch einen Blick tiefster Verachtung zu, dann ging er. Corsetti war erschüttert und meldete dies nicht nur der Polizei, sondern auch der Mafia. »Larry Baione schuldete mir etwas«, sagte Corsetti. »Ich habe seinen Namen aus irgendeinem Artikel gestrichen.« Baione, der Consigliere der Bostoner Mafia, erklärte ihm jedoch, dass die Mafia Whitey weder einschüchtern noch von etwas abbringen könne. »Das Einzige, was ich für Sie tun kann, ist, jemanden zu ihm zu schicken, der mit ihm redet, nachdem der Artikel erschienen ist. So erfahren Sie, wie sauer er ist.«

Nach der Veröffentlichung des Artikels, der vage Hinweise darauf enthielt, dass Litif ermordet worden sei, weil er gewisse Elemente der Unterwelt von South Boston verärgert habe, rief Baione bei Corsetti an. »Kein Problem«, berichtete er dem erleichterten Reporter. In dem Artikel fehlte auch ein wichtiges Detail, von dem Corsetti damals allerdings nichts wissen konnte: Louis Litif war ebenfalls John Connollys Informant. Einer von Connollys Informanten wurde also verdächtigt, einen anderen ermordet zu haben. Wie üblich gab Connolly einen Bericht zu den Akten, der die Aufmerksamkeit vom wahren Mörder ablenkte und nur andeutete, Litif sei das Opfer eines Streits in der Unterwelt geworden. Verdächtige nannte er nicht. Die Quelle des Berichts war Whitey Bulger.[41]

Die Einschüchterung Corsettis durch Whitey wurde in keiner Zeitung erwähnt, verbreitete sich aber dennoch blitzschnell unter den Journalisten in Boston. Die Gefahr, die Whitey darstellte, ist eine der Erklärungen dafür, dass er so selten das Ziel seriöser journalistischer Recherchen war. Viele Leute hatten einfach Angst vor ihm.

Im September 1988 veröffentlichte der *Globe* seine Serie, die unter anderem die sensationelle Nachricht enthielt, Whitey und John Connolly pflegten eine besondere Beziehung, die andere Polizeibehörden zu dem Schluss veranlasst hätten, das FBI schütze Whitey. Vorsichtshalber verließen Cullen und seine Frau vorübergehend ihre Eigentumswohnung in South Boston und stiegen in einem Hotel in Cambridge ab. Sie kehrten erst zurück, nachdem ein Informant der Polizei berichtet hatte, Whitey sei nur darüber erbost, dass in einem Artikel behauptet worden war, er habe vor Teresa Stanleys Haus einen Trunkenbold verprügelt, was ihn so brutal erscheinen ließ. »Das war kein Trunkenbold«, hatte Whitey dem Informanten versichert.[42]

In Wirklichkeit war Whitey mehr als ein bisschen unglücklich, als er die *Globe*-Artikel las – aber nicht, weil die Zeitung mit irgendwelchen schmutzigen Details unrecht gehabt hätte, sondern weil sie sein größtes Geheimnis enthüllt hatte: seine Arbeit für das FBI. Das konnte einen Mann erledigen, selbst einen Mann wie ihn. Und Whitey wusste, wer die geheime Information verraten hatte. »Das war dieser verfluchte Morris«, sagte er zu Connolly.[43]

Und er hatte recht. John Morris war, wie er später zugab, eine der Quellen des *Globe* gewesen. Er hatte den seit Langem bestehenden Verdacht bestätigt, dass Whitey ein FBI-Informant war. Gerard O'Neill, ein Redakteur des Spotlight-Teams, hatte Morris dazu überredet und die Bedeutung unterstrichen, dass diese Geschichte veröffentlicht werde. Morris behauptete, er habe das FBI zwingen wollen, Whitey und Flemmi fallen zu lassen, weil sie zu gefährlich geworden seien, kaum mehr kontrollierbar.[44] Whitey nahm an, Morris hoffe, dass er umgebracht werde. Aber er vertraute darauf, dass die *Globe*-Artikel in den Augen seiner kriminellen Verbündeten nicht so sehr ein Bericht über ihn waren als vielmehr der Versuch, seinen Bruder Bill mit Schmutz zu bewerfen.

So sah es auch John Martorano, der seit fast einem Jahrzehnt in Florida lebte, nachdem er vor dem Wettbetrugsprozess geflohen war. Und so sah es die Mafia, behauptete Anthony Cardinale, ein prominenter Strafverteidiger, der die Mafiosi in Boston und New York vertrat. Cardinale sagte, er habe mit zwei seiner Mandanten, Jerry Angiulo und John Gotti, dem Boss der Familie Gambino in New York, über die Artikel gesprochen. »Sie glaubten es nicht. Sie konnten nicht glauben, dass das FBI mit einem so bösartigen Menschen wie Whitey Bulger zusammenarbeitete.«[45]

Das FBI nahm ebenfalls an, dass niemand diese Geschichte glauben werde, und behielt Whitey und Flemmi weitere zwei Jahre als Informanten. Connolly nutzte seine Kontakte zu den Medien, um die Artikelserie des *Globe* als Hirngespinst abzutun, als missgünstige Spekulationen von Polizisten und DEA-Beamten, die das Scheitern ihrer Ermittlungen jemandem in die Schuhe schieben wollten. Ahearn, der Leiter des Bostoner FBI-Büros, verlangte sogar vom *Globe*, die Behauptungen zurückzunehmen, erreichte aber nichts. Ein Jahr später, als Ahearn sich anschickte, Boston zu verlassen, bereiteten seine Leute die jährliche Weihnachtsfeier vor. Unter anderem wurden Spirituosen verlost, die in Whiteys Schnapsladen in South Boston gekauft worden waren. Als die DEA und die Bostoner Polizei das Geschäft 1990 durchsuchten, fanden sie eine Quittung über 205 Dollar und einen Zettel, aus dem hervorging, dass ein FBI-Agent, der die Flaschen für die Feier gekauft hatte, mit einer Empfehlung gekommen war: »Dick Baker – Freund von John Connolly.«[46]

Die Polizei und die DEA beschlagnahmten die Akten im Rahmen von Ermittlungen, die im August 1990 zur Festnahme von 51 Kokainhändlern in Southie führten. Sie gehörten zu einem Ring, der Schutzgelder an Whitey zahlte. Wie einer der Dealer einem verdeckten Ermittler anvertraute, musste jeder, der in Southie Drogen verkaufen wollte, Geld an Whitey abgeben, »oder er ist eine Leiche«.[47] Whiteys Verteidiger, darunter sein Bruder Bill und John Connolly, spielten die Sache herunter und wiesen darauf hin, dass niemand Beweise gegen Whitey habe. Doch der einzige Grund dafür, dass Whitey nicht als 52. Drogenhändler angeklagt wurde, war der, dass die zuständigen Strafverfolger einen wichtigen Zeugen an das FBI und nicht an die DEA verwiesen hatten. Dieser Mann, ein Hypothekenmakler namens Tim Connolly, war einer der vielen Leute, die Whitey bedroht und erpresst hatte. Er hatte ihn im Sommer 1989 in den South Boston Liquor Mart bestellt und in einen Lagerraum geführt. Dort hatte er dann zu ihm gesagt: »Du darfst dir dein Leben kaufen«, und 50.000 Dollar verlangt. Dann hatte Whitey ein Messer aus der Scheide an seiner Wade gezogen und damit auf Kisten eingestochen, um seiner Forderung Nachdruck zu verleihen. Der Makler war zur Staatsanwaltschaft gegangen und hatte sich erboten, gegen Whitey auszusagen, doch die hatte ihn nicht zur DEA geschickt – obwohl der Mann in den großen Drogenfall verwickelt war –, sondern zum FBI. Es ist nicht weiter verwunderlich, dass der Fall dort jahrelang liegen blieb.[48]

John Connolly hatte im Laufe der Jahre so viel für Whitey und Flemmi getan, dass sie ihm etwas zurückgeben wollten. Etwas Wertvolleres als Geld. Etwas Persönlicheres als den Diamantring, den sie zu seiner Verlobung spendiert hatten.[49] Also lieferten sie ihm Sonny Mercurio.

Mercurio, ein Mafiamitglied, hatte Whitey und Flemmi 1986 angesprochen, nachdem Jerry Angiulo und seine Brüder verurteilt und ins Gefängnis gesteckt worden waren. Whitey und Flemmi hatten Geld von Buchmachern erpresst, die sich selbstständig gemacht hatten, da die Mafia nach den Festnahmen im Jahr 1983 führungslos geworden war. Nun, drei Jahre später, unterrichtete Mercurio sie darüber, dass die Mafia wieder im Geschäft war. Vinnie Ferrara, ein ehrgeiziger Mafioso, der die Angiulos ersetzen wollte, hatte eine neue Mannschaft zusammengestellt, und diese trommelte die Buchmacher zusammen, um ihnen die neue Sachlage zu erklären. Vor allem, sagte Mercurio, sollten Whitey und Flemmi sich von zwei älteren jüdischen Buchmachern namens Mo Weinstein und Doc Sagansky fernhalten – sie gehörten zur Mafia.

Whitey und Flemmi fanden heraus, dass die Mafia Mercurios Sandwichladen im Prudential Center in der Innenstadt als Treffpunkt nutzte. Dorthin kamen auch Buchmacher wie Weinstein und Sagansky.[50] Nachdem Whitey und Flemmi das alles Connolly berichtet hatten, versteckte das FBI in dem Geschäft eine Wanze und konnte so eine Anklage gegen die unerfahrenen Mafiabosse vorbereiten. Das war ein weiterer Erfolg für Connolly und eine Bestätigung für Whitey und Flemmi. Aber Whitey ging noch weiter. Er erzählte Connolly, Mercurio sei unzufrieden, verwundbar und reif für eine Übernahme: Er könne ein großartiger Informant sein.

Also nahm Connolly Kontakt zu Mercurio auf und stellte fest, dass Whitey recht hatte. Mercurio wurde in der Folge nicht nur Connollys Informant, sondern verhalf ihm zudem zum größten Coup seiner Laufbahn. Mit seiner Hilfe konnte das FBI in einem Haus in Medford Abhörgeräte verstecken, in dem 1989 vier Männer in die Mafia aufgenommen wurden. 21 Mafiosi wurden dank der Tonbandaufzeichnungen verhaftet, aber der Mitschnitt der Aufnahmezeremonie war darüber hinaus von großer Bedeutung. Er wurde zur Grundlage jeder darauffolgenden Anklage gegen die Mafia in den USA. Strafverteidiger konnten schwerlich behaupten, die Cosa Nostra existiere nicht, wenn der Mitschnitt gleichzeitig belegte, dass Männer »dieser unserer Sache« Treue gelobten, zu morden versprachen, sich in ihre Zeigefinger stachen, Heiligenbilder verbrannten und sich der *omertà*, dem Schweigegebot der Mafia, unterwarfen.

Generalstaatsanwalt Dick Thornburgh und FBI-Direktor William S. Sessions flogen eigens von Washington nach Boston zur Pressekonferenz, in der sie ankündigten, dass infolge des Mitschnitts gegen die beteiligten Mafiosi Anklage erhoben werde. Es war der Gipfel der Demütigung für die Mafia und die größtmögliche Bestätigung für John Connolly als Betreuer von Informanten. Später schickte Sessions einen überschwänglichen Brief an Connolly, in dem er sein Talent im Umgang mit Informanten lobte. Ein

Scheck über 1500 Dollar lag als Prämie bei.[51] Jetzt war Connolly mehr als ein hochgeschätzter Ermittler, er war ein Vorbild. Und das verdankte er Whitey und Flemmi.

Die Aufnahmezeremonie lieferte Connolly auch den Arbeitstitel für seine Memoiren, die er nach seiner Pensionierung im Dezember 1990 schreiben wollte. Als er die Tür des Hauses geschlossen hatte, in dem die Zeremonie aufgezeichnet worden war, hatte ein Mafioso gesagt: »Nur der verdammte Geist weiß, was hier und heute wirklich passiert ist, bei Gott.« Deshalb wollte Connolly sein Buch *Nur der Geist weiß es* nennen.[52] Ihm schwebte ein Bericht nach Art des Buches vor, das sein alter Freund Joe Pistone 1988 veröffentlicht hatte. Pistone hatte als FBI-Agent eine Mafiafamilie in New York unterwandert. Seine Geschichte bildete die Grundlage für den Film *Donnie Brasco* mit Johnny Depp und Al Pacino in den Hauptrollen. Als Pistone Mitte der Achtzigerjahre zu einem Essen nach Boston kam, arrangierte Connolly ein Treffen mit Whitey und Flemmi – er wollte mit seinen Verbindungen angeben.

Connolly hatte den Gipfel seiner Karriere erreicht, daher erschien ihm der Zeitpunkt gekommen, sich zurückzuziehen und einen guten Job als Sicherheitsdirektor bei Boston Edison, einem örtlichen Elektrizitätswerk, anzunehmen. Seine Abschiedsparty im Restaurant von Joe Tecce im North End war eine Pflichtveranstaltung. Der Raum im ersten Stock war voll mit Polizisten, Politikern und Vertretern von Wohltätigkeitsorganisationen in Southie. Whitey kam nicht – das wäre wohl doch etwas zu viel des Guten gewesen –, aber Bill Bulger war einer der Redner. Er stand am Pult, gab ein paar Scherze zum Besten und wurde dann ernst: »Loyalität ist die heiligste Tugend des menschlichen Herzens«, zitierte er Seneca, einen seiner Lieblingsphilosophen.

»John Connolly ist die personifizierte Loyalität«, fuhr Bill Bulger fort. »Er ist nicht nur loyal gegenüber seinen alten Freunden und seiner Arbeit, sondern auch den höchsten Prinzipien gegenüber. Er hat sie nie aufgegeben.«[53]

Als Connolly am 3. Dezember 1990 aus dem FBI ausschied, folgten ihm Whitey und Flemmi. Sie konnten niemandem mehr so vertrauen wie Connolly. Außerdem freuten auch sie sich auf ihren Ruhestand. Flemmi hatte mehr als eine Million Dollar in Immobilien in der Back Bay und in einigen Bostoner Vorstädten investiert.[54] Er hatte Menschen ermordet und erpresst, um ein Vermögen aufzubauen, jetzt wollte er vom boomenden Immobilienmarkt in Boston profitieren. Whitey hatte sein Geld vorausschauend im ganzen Land sowie in Dublin, London und Montreal verteilt. Er war auf alles vorbereitet, was da kommen konnte. Auf eines war er jedoch nicht gefasst: Nur sechs Monate nach seiner Entlassung als Informant des FBI gewann er in einer Lotterie. Er und drei andere, einschließlich Kevin Weeks, hatten einen Anspruch auf ihren Anteil an einem Gewinnlos, auf das 14,3 Millionen Dollar entfielen. Niemand mochte glauben, dass alles mit rechten Dingen zugegangen war, aber tatsächlich bedeutete der Gewinn für Whitey sein erstes legales Einkommen, seit er nach seiner Entlassung aus dem Gefängnis in den Sechzigerjahren Bauarbeiter gewesen war. Jahre später behauptete das FBI, es sei Betrug gewesen, und stützte sich dabei auf die Behauptung eines Informanten, Whitey habe dem Inhaber des Gewinnloses – dem Bruder eines engen Vertrauten – 700.000 Dollar für einen Sechstel-Anteil gezahlt. Weeks gab hingegen an, Whitey habe ganz normal gewonnen und habe sich die Geschichte vom Anteilskauf nur ausgedacht, um Flemmi zu besänftigen, der wütend gewesen sei, weil er leer ausgegangen war. Whitey erzählte Flemmi, er täusche den Lotteriegewinn nur vor, um den Eindruck zu erwecken, ein legales Einkommen zu haben. Insgeheim zahle er das Geld dem wahren Gewinner zurück.[55] Wie dem auch sei, dank der Lotterie verfügte Whitey, der mittlerweile nach einem Ruhesitz Ausschau hielt, über ein Einkommen von jährlich 80.000 Dollar nach Steuern. Er konnte jetzt einfacher reisen und Pläne für den Fall schmieden, dass nach der Pensionierung seines FBI-Kontaktmanns alte Ermittlungen wiederaufgenommen werden sollten. Schließlich gab es keine Garantie dafür, dass ein FBI-Büro ohne John Connolly ihm den Rücken weiter freihalten würde. Wie so oft hatte Whitey wohl eine Vorahnung.

Obwohl der *Globe* Whitey als Informanten enttarnt hatte, obwohl die Verhaftung von 51 Kokainhändlern sein sorgsam gepflegtes Image vom guten Gangster, der Southie vor Drogen schützte, beschädigt hatte, und obwohl Connolly Pensionär war, machten Whitey und Connolly sich keine großen Sorgen. Sie glaubten vielmehr, die öffentliche Meinung in Southie und auch über dessen Grenzen hinaus steuern zu können. Bulger-Anhänger, von denen viele Bill Bulger ihre Jobs verdankten, hielten am verblassenden Mythos fest, Whitey mache ihre Straßen sicherer. Und Whitey arbeitete eifrig daran, sich erneut als patriotischer Menschenfreund zu inszenieren. Er hatte Geld für das Denkmal des Koreakrieges auf Castle Island gespendet, auf dem der Name seines Schwagers und die Namen 19 anderer Einwohner von Southie standen, die im Krieg gefallen waren. Er und Flemmi stifteten 5000 Dollar für eine Steinbank an der Koreakrieg-Statue im Marinehafen von Charlestown, wo einst sein Vater gearbeitet hatte.[56] Und als Flemmi ihn im Juli 1990 einlud, an der Feier zum 50-jährigen Jubiläum der Luftlandedivision in Washington teilzunehmen, zögerte Whitey nicht. Er hörte aufmerksam zu, als General William Westmoreland, der ehemalige Oberbefehlshaber im Vietnamkrieg, die amerikanischen Fallschirmspringer rühmte. Während Whitey es in den vergangenen 25 Jahren bewusst vermieden hatte, sich in der Öffentlichkeit fotografieren zu lassen, ließ er sich bei dieser Feier im Ballsaal des »Hotel Mayflower« stolz neben dem Empfänger einer Tapferkeitsmedaille ablichten.[57] Unter den Veteranen in Southie wurden Geschichten über Whiteys Großzügigkeit genauso ausgetauscht wie Anekdoten aus dem Krieg.

Die drei Komplizen bereiteten sich auf ruhige und schöne Jahre vor. Doch während sie ihr Leben nach dem FBI neu ordneten, hatten Whitey, Flemmi und Connolly zwei Probleme. Erstens kam Chico Krantz nicht aus Southie, und zweitens war Tom Foley nicht beim FBI.

Burton »Chico« Krantz war der größte Buchmacher der Gegend und Tom Foley ein Polizist im Dienste des Staates Massachusetts. Als Foley den Buchmacher im Herbst 1990 ins Visier nahm, bedeutete das für Whitey den Anfang vom Ende seines süßen Lebens. Der große, frühzeitig ergraute Foley war in Worcester aufgewachsen, einer Stadt im Zentrum von Massachusetts, wo die Politik ebenso provinziell war wie in Southie. Von 1984 an hatte er mit dem FBI in einer Einsatzgruppe zusammengearbeitet, die gegen Kredithaie mit Mafiakontakten vorgegangen war. Foley hatte sich gerade auf Horchposten befunden, als John Connolly, damals noch ein Star des FBI, mit ausgestreckter Hand auf ihn zugekommen war. »Sie sind Dan Foleys Neffe, nicht war?«, hatte er gefragt.

Foleys Onkel war der Mehrheitsführer im Senat und Bill Bulgers rechte Hand. Foley hatte lächelnd genickt, während Connolly ein Loblied auf Bill Bulger angestimmt hatte.[58] Foley hatte auf Anhieb erkannt, wie durchtrieben Connolly war, aber er konnte nicht umhin, ihn zu mögen. Er hatte bei der Polizei Karriere gemacht und dabei auch mitbekommen, dass das FBI möglicherweise Kontakte zu Whitey Bulger pflegte. Im Zuge seiner Zusammenarbeit mit dem FBI in Einsatzgruppen war seine bestehende Skepsis noch größer geworden. Nachdem er das FBI dabei unterstützt hatte, einen Bundespolizisten anzuklagen, der einem Buchmacher zu nahegestanden hatte, hatte er erfahren, dass das FBI einer Sekretärin, die einem Gangster Informationen zugespielt hatte, eine unauffällige Kündigung ermöglicht hatte. Diese Form von Doppelmoral hatte ihn zutiefst empört.[59]

1990 übernahm Foley die Leitung der Abteilung für Sondereinsatzkräfte der Polizei von Massachusetts. Diese Abteilung war hauptsächlich mit dem organisierten Verbrechen befasst und arbeitete regelmäßig mit dem FBI zusammen. Doch es war wie immer ein problematisches Bündnis. Nachdem er die Leitung übernommen hatte, wollte Foley vor allem Whitey Bulger und Steve Flemmi erledigen. Und er wusste genau, wie er vorgehen musste. »Wir nehmen die Buchmacher aufs Korn«, sagte er zu Ed Quinn, dem Leiter des Dezernats für das organisierte Verbrechen beim FBI, als sie eines

Nachmittags zusammensaßen und ihre Strategie besprachen. Da Quinn die umfangreichsten Ermittlungen des FBI aller Zeiten in Boston geleitet hatte – die Zerschlagung der Mafia unter Jerry Angiulo –, hätte ihm diese Strategie eigentlich gefallen müssen. Immerhin hatten die Informationen der unzufriedenen Buchmacher – und nicht das Geschwätz von Whitey Bulger und Steve Flemmi – es dem FBI ermöglicht, im Hauptquartier der Mafia im North End Wanzen zu verstecken. Aber Quinn rümpfte nur die Nase. »Das ist Zeitverschwendung«, widersprach er.[60] Foley ignorierte ihn, es lohnte sich nicht zu versuchen, einen FBI-Mann davon zu überzeugen, dass er und seine Kollegen vielleicht eine bessere Idee hatten, um Gangster zu überführen. Wie viele andere auch verstand Foley nicht, warum Whitey und Flemmi unbehelligt blieben, während das FBI immer noch armselige Möchtegernmafiosi verfolgte, die das Vakuum füllen wollten, das nach mehreren Mafiaprozessen entstanden war.

Seiner Meinung nach gab es nur eine Möglichkeit, Whitey und Flemmi zu schnappen: Er musste das FBI diskret außen vor halten. Deshalb stellte er nur aus seinen Kollegen ein Team zusammen, um die Buchhalter zu schnappen. Er wollte sie nicht nur festnehmen, sondern auch ihr Geld beschlagnahmen, damit sie ein Motiv hatten, mit ihm zu kooperieren. Es war allgemein bekannt, dass Whitey und Flemmi die Probleme der Mafia genutzt hatten, um von den Buchmachern Geld zu erpressen. »Wenn wir genügend erwischen und ihnen das Geld wegnehmen, werden einige reden«, erklärte Foley.[61]

Und wenn Chico Krantz redete, waren Whitey und Flemmi erledigt. Foley wusste, dass Chico Schutzgeld an die beiden zahlte, denn seine Kollegen hatten im »Heller«, einer schäbigen Kneipe in Chelsea, eine Wanze versteckt und mitgehört, wie Chico sich über die Erpresser beklagt hatte. Das »Heller« war eine Art Bank der Buchmacher. Dort machten sie ihre Schecks aus dem Glücksspielgeschäft zu Bargeld. Chico war dort gewesen, um sein Geld zu waschen, und hatte Mike London, dem Banker der Buchmacher, etwas vorgejammert. London hatte hinter dickem, kugelsicherem Glas an seinem Kassenschalter gesessen und sein Mitgefühl ausgesprochen. Er wusste, wie schmutzig dieses Geschäft war. Und wie lukrativ.[62] London hob keine Augenbraue, wenn die Buchmacher ihre Schecks mit offensichtlich falschen, zum Beispiel von berühmten Sportlern entliehenen Namen unterschrieben: Arnold Palmer, Marvin Hagler, Bill Russell. Er behielt ein bis zwei Prozent von jeder Transaktion ein und wusch bis zu 50 Millionen Dollar im Jahr. Seine Kneipe befand sich in Chelsea, einer der ärmsten Städte in Massachusetts, aber sein Haus stand in Weston, der reichsten Stadt.[63]

Chico hatte es allmählich satt, Whitey Geld für nichts zu zahlen, und London meinte, er vergeude mit Whitey und Flemmi seine Zeit – sie würden nur Geld einstreichen, sich jedoch nicht um säumige Schuldner kümmern. Er drängte Chico, sich lieber Vinnie Ferrara zuzuwenden, dem ehrgeizigen Mafioso, der gerade versuchte, das Regime Angiulo zu ersetzen. »Vinnie wird für dich arbeiten«, versprach er. »Der Bursche setzt sich wirklich für dich ein.«[64]

Das FBI benutzte Erkenntnisse, die Mitte der Achtzigerjahre mithilfe von elektronischen Abhörgeräten gewonnen worden waren, um Mikey London und Vinnie Ferrara 1990 anzuklagen. Die Buchmacher ließen sie jedoch laufen, weil sie als kleine Fische galten, die man ins Wasser zurückwarf. Doch die Gespräche, die in der Buchmacherbank im »Heller« und danach in Sonny Mercurios Sandwichladen – wo Ferrara die Mafia neu organisieren wollte – abgehört wurden, waren Labsal für die Ohren von Foley und seinem Team. Offenbar hasste Chico Whitey und Flemmi, und unter den richtigen Bedingungen würde er vielleicht plaudern.

Die Einsatzgruppe brauchte einen Ansatzpunkt, und den bekam sie in der schwergewichtigen Gestalt von Vinnie »Fat Vinnie« Roberto. Vinnie war nicht besonders gut darin, Verfolger abzuschütteln, daher folgten ihm Polizisten eines Tages im Februar 1991 bis zu Chico Krantz' Haustür in Chestnut Hill, einer der exklusivsten Vorstädte im Raum Boston. Vinnie brachte Chico einen großen Beutel mit Münzen und Scheinen. Chico hatte nun sein Geld, und Foleys Team genügend Verdachtsmomente für einen Durchsuchungsbefehl. Bei der Hausdurchsuchung fanden die Polizisten den Schlüssel zu einem Schließfach, das sich in einer Bank in einem benachbarten Stadtteil befand. Es wurde in Anwesenheit des Bankdirektors geöffnet, der überrascht ausrief: »Da ist ja mehr Geld drin, als wir in der ganzen Bank haben!«[65]

In diesem Schließfach lag eine Million Dollar, in einem zweiten Fach befand sich eine weitere Million. Chico war gerade in Florida, als die Polizei sein Geld beschlagnahmte, flog sofort zurück und traf sich mit Foley – ohne Anwalt. Er wollte einen Handel abschließen und sein Geld zurückbekommen. Chico beklagte sich zudem über das Vorgehen der Polizei. Bisher habe die ungeschriebene Regel gegolten, dass die Häuser von Buchmachern nicht durchsucht würden. »Tja, wissen Sie«, erwiderte Foley, »die Regeln haben sich eben geändert.«[66]

Foley teilte Chico mit, dass sie sicherlich eine Einigung finden würden, wenn er bereit sei zu reden. Daraufhin flog Chico wieder nach Florida, und Foley witterte seine Chance. Er rief Pat Greaney an, einen seiner Mentoren, der bei der Polizei von Massachusetts seit Jahren gegen das organisierte Verbrechen ermittelte. Foley und Greaney folgten Chico nach Florida und versuchten mehrere Tage lang, ihn als vertraulichen Informanten zu gewinnen. Während Greaney sich bemühte, Vertrauen aufzubauen, indem er Geschichten über alte Buchmacher erzählte, erhielt Foley den Druck aufrecht und erinnerte Chico ständig daran, dass Whitey und Flemmi ihm Geld abknöpften, ohne ihm etwas dafür zu geben. Je länger Foley und Greaney auf ihn einredeten, desto bewusster wurde Chico, wie sehr er Whitey und Flemmi hasste und verabscheute. Er war in Dorchester aufgewachsen, in einer Zeit, als jüdische Kinder wie er oft von irischen und italienischen Kindern gepiesackt worden waren. Chico hatte etwas erreicht und war aufs College gegangen. Der Gedanke, dass Leute wie Whitey und Flemmi ihm nun sein Geld stahlen, wurmte ihn besonders.

Chico hatte Whitey in den Siebzigerjahren zum ersten Mal getroffen. Damals hatte Whitey als Schläger für die Winter-Hill-Gang gearbeitet. Er hatte Chico auf der Straße angesprochen und 86.000 Dollar verlangt, die dieser einem Buchmacher schuldete, der Schutzgeld an Winter Hill zahlen musste. »Entweder du zahlst«, hatte Whitey gesagt, »oder ich bringe dich um.« 1979, nachdem das FBI Whitey und Flemmi aus dem Wettbetrugsprozess herausgehalten hatte, der den Rest der Winter-Hill-Gang aufgelöst hatte, hatten Whitey und Flemmi begonnen, alle Buchmacher zu erpressen. Auch Chico hatte wieder Besuch von ihnen bekommen und sollte Schutzgeld zahlen. Am Anfang waren es 750 Dollar im Monat, doch innerhalb von fünf Jahren war der Betrag auf 3000 Dollar gestiegen. Als Chico sich darüber beklagt hatte, dass ein Kollege ihm Geld schuldete, hatte Whitey ein Treffen in einem Restaurant in Cambridge einberufen, den Streit geschlichtet und von Chico eine Vermittlungsgebühr von 5000 Dollar zusätzlich zum Schutzgeld verlangt. »Wofür bezahle ich diese Typen?«, hatte sich Chico gefragt.[67]

Doch was Chico wirklich ärgerte, war die Art und Weise, wie Whitey die Buchmacher behandelte. In einem Hotel in Newton, das die Massachusetts-Schnellstraße überspannte, ganz in der Nähe seines Hauses, erzählte Chico Greaney und Foley, wie Whitey einen Buchmacher, mit dem Chico befreundet war, zu einem Gespräch bestellt hatte. Whitey hatte dem Mann vorgeworfen, ihn zu betrügen. Er hatte ihm Bleichmittel auf den Arm geschüttet, sodass die Haut verätzt worden war und der Mann vor Schmerzen geschrien hatte. Whitey aber hatte nur grinsend gefragt: »Glaubst du, mir macht das Spaß?«[68] Mit jeder weiteren Geschichte wuchs Chicos Zorn. Doch jedes Mal, wenn Foley ihm vorschlug, als Zeuge auszusagen und zu helfen, Whitey und Flemmi aus dem Verkehr zu ziehen, bekam er Angst. »Sie würden mich umbringen«, sagte er. »Sie würden meine Familie ermorden.«

Foley erwirkte nun einen zweiten Durchsuchungsbefehl, um Chicos Haus erneut auf den Kopf zu stellen. Diesmal hatten sie genug Beweise – Chicos Notizen über seine Geschäfte, Bargeld und durch Überwachung gewonnene Erkenntnisse –, um Chico zu verhaften. Außerdem gab es Anzeichen dafür, dass Chicos Frau Jacqui Geld wusch, indem sie bei ihrer Bank Bargeld für ihn einzahlte. Foley rief erneut bei Chico an und sagte, sie müssten dringend reden. An einem späten Samstagabend traf Chico Greaney und Foley auf dem Parkplatz eines Einkaufszentrums in West Roxbury, ganz in der Nähe von Chicos Haus in Chestnut Hill. Chico setzte sich auf den Beifahrersitz neben Foley, der das Auto startete und den Parkplatz verließ. Auf dem Rücksitz saß Greaney mit einem Beutel Muffins und drei Bechern Kaffee. Er reichte Chico einen Becher, und Foley gab ihm den Entwurf einer Anklageschrift. »Chico«, erklärte er, »Jacqui wird angeklagt.«

Chico blätterte die Papiere durch und fand darin nichts, was er nicht bereits wusste. Jacqui hatte sein Geld gewaschen.

»Ihr Entscheidungsspielraum ist ziemlich begrenzt«, warnte Foley. »Entweder stehen Sie uns als Zeuge zur Verfügung, oder Jacqui wandert in den Knast.«

Chico starrte aus dem Fenster.

»Chico«, fügte Pat Greaney vom Rücksitz aus hinzu. »Glauben Sie, Whitey und Stevie liegt irgendetwas an Ihnen? Die würden Sie ohne mit der Wimper zu zucken in kleine Stücke schneiden und in den Fluss werfen.«[69]

Chico wusste, dass sie recht hatten. Es war Zeit zu kooperieren.

Sie brachten ihn zu seinem Auto am Einkaufszentrum zurück. Chico stieg aus, schaute sich auf dem Parkplatz um, ging ein paar Schritte auf seinen Wagen zu, dann kehrte er um, als habe er etwas vergessen. Pat Greaney kurbelte das Fenster herunter, und Chico beugte sich hinein.

»He«, fragte Chico Krantz, »essen Sie den letzten Muffin noch?«

Greaney reichte ihm ein Blaubeermuffin. Das war das Mindeste, was er für einen Mann tun konnte, der dabei war, sein Leben zu riskieren und Whitey Bulger die Hölle heiß zu machen.[70]

Teil drei

Die Flucht

13

Ein Vorsprung

*John Morris: »Was wollen diese Jungs Ihrer
Meinung nach wirklich von uns?«*

*John Connolly: »Ich glaube, alles, was
sie wollen, ist ein Vorsprung.«[1]*

Teresa Stanley war im Herbst 1994 allein zu Hause, als eine Frau
sie spätabends anrief und nach Whitey fragte. »Der ist nicht da«,
antwortete sie. »Ich finde, wir sollten reden«, schlug die Anruferin
vor, die sich als Cathy Greig vorstellte und vage Andeutungen über ihre
Beziehung zu Whitey machte. »Da ist etwas Schlimmes im Gange.«[2] Ihr
Name sagte Teresa nichts, aber sie hatte ein ungutes Gefühl. Noch nie hatte
eine Frau sie angerufen und nach Whitey gefragt. Und nun war eine Fremde am Telefon. Teresa hatte die Gerüchte über Whiteys Frauengeschichten
natürlich gehört, doch er hatte ihr immer versichert, dass sie seine einzige
Geliebte war. Sie wusste nicht einmal etwas von dem Sohn, den er gezeugt
und verloren hatte. Sie wusste überhaupt nicht viel von dem, was Whitey
tat, wenn er nicht bei ihr war. Darum war sie sehr überrascht, als Cathy sie
um ein Treffen unter vier Augen bat. Sie werde Teresa vor dem Haus abholen, das sie mit ihrer etwa 20 Jahre alten Tochter bewohnte.

Minuten später fuhr Cathy in einem grünen Ford Explorer vor, und Teresa stieg ein. Es war seltsam: Zum ersten Mal trafen sich die beiden Frau-
en, die Whitey so sorgsam voneinander ferngehalten hatte. Teresa schlug
das Herz bis zum Hals, aber sie zwang sich, ruhig zu bleiben. Mit ihren
53 Jahren war sie immer noch eine schöne Frau mit guter Figur, platin-

blondem Haar und hellen blauen Augen. Cathy, die zehn Jahre jünger war, hatte sich ebenfalls das gute Aussehen bewahrt, das Whitey an ihr so anziehend gefunden hatte. Schweigend legten sie die zehn Kilometer nach Quincy zurück. Cathy wohnte im Stadtteil Squantum, einer schmalen Halbinsel, auf der bescheidene Häuser auf zahlreichen winzigen Grundstücken standen. Whitey hatte Cathy das Haus mit vier Schlafzimmern und einem weißen Lattenzaun gekauft. Teresas Haus in Southie war ebenfalls ein Geschenk von Whitey. Cathy führte Teresa ins Wohnzimmer. Teresa setzte sich, zündete sich nervös eine Zigarette an und hörte stumm zu, als Cathy ihr gestand, dass sie seit fast 20 Jahren eine Affäre mit Whitey hatte, dass sie ihn liebte und dass er sie unterstützte – und sie immer von Teresa gewusst habe. Sie wisse auch über Whiteys viele andere Frauen Bescheid, sagte sie, und sie hätten sich deswegen oft gestritten. Doch jetzt hatte sie keine Lust mehr, ein Doppelleben zu führen. Whitey solle sich zwischen ihr und Teresa entscheiden. Sie war auch bereit, die Beziehung ein für alle Mal zu beenden, und Teresa von ihrer langen Affäre zu erzählen war ihrer Meinung nach die beste Methode, Whitey so zu verärgern, dass er sie endlich gehen ließ.

Teresa hörte 20 Minuten lang aufmerksam zu. Es fiel ihr schwer, die Fassung zu bewahren. Dann sagte sie leise: »Danke, dass Sie es mir gesagt haben.« Innerlich war sie jedoch wie versteinert. Sie hatte weder etwas von Cathy noch von den anderen Frauen gewusst und kam sich jetzt wie eine Idiotin vor. 30 gemeinsame Jahre, und sie hatte nichts geahnt.[3] Die beiden Frauen saßen immer noch angespannt im Wohnzimmer, als plötzlich ein aufgeregter Whitey mit Kevin Weeks im Schlepptau so lange gegen die Tür donnerte, bis Cathy ihn einließ. Cathy und Teresa erkannten sofort, in welch gefährlicher Gemütslage Whitey sich befand. Er atmete schwer und kämpfte mit seiner Wut. Whitey stand zu dieser Zeit unter enormem Druck: Chico Krantz, der verbitterte Buchmacher, und andere hatten vor einem Großen Geschworenengericht ausgesagt, und angeblich wurde gegen ihn eine Anklage wegen Erpressung in vielen Fällen vorbereitet. Und jetzt brach auch noch sein Privatleben zusammen. Irgendjemand hatte die zwei Frauen in Cathys Auto gesehen und ihn angerufen. Er hatte gleich geahnt, was los war.

»Gehen wir!« schnauzte er Teresa an.

»Nein!«, schrie diese. Bisher war sie ihm gegenüber immer sanft und duldsam gewesen, aber das war jetzt vorbei. »Sie hat mir alles erzählt«, schimpfte Teresa. »Du hast bei ihr gelebt … Es ist aus!«[4] Whitey begann zu fluchen und Cathy anzuschreien, während er Teresa am Arm packte und versuchte, sie aus dem Haus zu zerren. Teresa schrie ihn ihrerseits an. »Ich habe es satt, die zweite Geige zu spielen. Du musst dich entscheiden.«

Schließlich gewann Whiteys Wut die Oberhand. »Er packte Cathy am Hals, drückte sie zu Boden und begann, sie zu würgen«, erinnerte sich Weeks. »Er stand total neben sich. Er hatte beide Hände um ihren Hals gelegt und drückte zu. Ich dachte, er werde sie umbringen.«[5] Fast zehn Jahre zuvor war Weeks dabei gewesen, als Whitey im Geisterhaus in der East Third Street Deborah Hussey erwürgt hatte. Dieses Mal griff er jedoch ein, um Cathy, aber auch Whitey zu retten. Er rief sich seine alten Fertigkeiten als Rausschmeißer im »Triple O« in Erinnerung, zog kräftig am Arm seines Chefs, löste ihn von Cathy und zerrte ihn zur Tür. Cathy rappelte sich hoch und rang nach Atem und um ihre Fassung.

Weeks wandte sich nun Teresa zu und sagte: »Gehen wir, Teresa. Hier wird es sonst Ärger geben.«[6] Erneut verlangte Whitey, dass Teresa ihm folgte, und dieses Mal gehorchte sie. Im Auto ging der Streit weiter, während sie nach Southie zurückfuhren. Whitey gab seine langjährige Affäre mit Cathy zwar zu, behauptete aber, er habe bereits mit ihr Schluss gemacht. »Es ist aus zwischen uns, und sie hat das alles nur getan, weil ich sie verlassen habe und bei dir bleiben will«, versicherte er.[7] Das nahm Teresa ihm jedoch nicht ab. Sie zündete sich eine Zigarette an, obwohl Whitey das eigentlich nicht mochte. Doch diesmal sagte er nichts. »Du bist ein Lügner!«, schrie Teresa dann und starrte geradeaus. »Du bist ein Lügner!« Teresa wusste, dass Cathy die Wahrheit gesagt hatte, und war am Boden zerstört. Sie sollte Cathy nie wiedersehen und auch nie wieder die alten Gefühle für Whitey entwickeln. Sie kam nicht über seinen Betrug hinweg, der jedoch stillschweigend weiterging. Ein paar Tage nach dem Eklat stand Whitey wieder vor Cathys Tür, und sie wollte oder konnte ihn nicht abweisen.

Whitey beschloss um des lieben Friedens willen, Teresa etwas mehr Aufmerksamkeit zu widmen. Daher nahm er sie mit auf eine Reise nach Europa. Sie besuchten Dublin, London, Venedig und Rom. Aber das Ganze war nicht nur eine Urlaubsreise. Da Whitey vermutete, dass die Behörden, die gegen ihn ermittelten, ihre Anstrengungen noch intensivieren würden, fand er es an der Zeit, die Vorbereitungen für ein Leben auf der Flucht abzuschließen. Während sie im »Le Méridien Piccadilly«, einem Fünfsternehotel im Londoner West End, wohnten, deponierte er in einem Schließfach, das er zwei Jahre zuvor unter seinem und Teresas Namen bei der Barclays Bank eröffnet hatte, 50.000 Dollar in amerikanischer und ausländischer Währung sowie seinen irischen Pass.

Sie waren erst eine oder zwei Wochen zu Hause, als Staatsanwalt Donald K. Stern das FBI wenige Tage vor Weihnachten darauf hinwies, dass er im Begriff war, Anklage gegen Whitey und Flemmi zu erheben. Er wollte wissen, ob der lange gehegte Verdacht stimmte, dass Whitey ein FBI-Informant war. Das FBI brauchte 18 Tage für die unwirsche Antwort: Ja, er und Flemmi waren Informanten.[8] Doch es dauerte nur wenige Stunden, bis John Connolly mitbekam, was vor sich ging, und Whitey den Vorsprung verschaffte, den er ihm vor längerer Zeit versprochen hatte. In einem perfekt sitzenden Anzug betrat er Whiteys Spirituosengeschäft in South Boston und stampfte mit den Füßen. Es war der 23. Dezember, und der Wind peitschte das nahe gelegene Wasser mit bis zu 80 Kilometern pro Stunde auf.[9] Connolly war schon früher in dem Laden gewesen, um Whitey zu treffen, aber dieses Mal war alles anders. Er schaute sich um, dann ging er zur Theke, an der Weeks wartete. Weeks war weder überrascht noch freundlich.

»Ist der andere Typ da?«, fragte Connolly.[10]

Weeks schüttelte den Kopf.

»Oder Stevie?«

Wieder schüttelte Weeks den Kopf.

»Hör zu«, begann Connolly, dessen übliche Fröhlichkeit zunehmender Besorgnis gewichen war. »Ich muss euch etwas sagen. Es ist wirklich wichtig.«

Weeks führte ihn zu einem begehbaren Kühlschrank, in dem sie ihr Bier aufbewahrten. Dort machten die Ventilatoren das Abhören unmöglich, falls es Wanzen gab. »Sie werden Jimmy, Stevie und Frankie Salemme anklagen«, sagte Connolly. »Und zwar bald. Sie versuchen, die Anklageschrift während der Feiertage fertigzustellen, und wollen alle drei auf einmal schnappen. Nur vier Leute im FBI wissen davon. Einer von ihnen ist Dennis O'Callaghan, und der hat es mir verraten.« O'Callaghan war die Nummer zwei im Bostoner FBI-Büro und ein enger Freund Connollys.[11]

Connolly ließ Weeks wiederholen, was er ihm soeben mitgeteilt hatte. »Es ist sehr wichtig, vergiss es nicht«, insistierte er. »Du musst Whitey und Stevie Bescheid geben.« Kaum war Connolly gegangen, funkte Whitey seinen Chef an, der mit Teresa noch Weihnachtseinkäufe machte. Er war weiterhin sehr aufmerksam zu ihr. Whitey hielt mit seinen Wagen vor dem Laden, und Weeks kletterte auf den Rücksitz. Er traute sich nicht, im Auto etwas zu sagen, nicht so sehr wegen Teresa, sondern eher wegen einer möglichen Wanze. Sie brauchten etwa 15 Minuten, um im Nachmittagsverkehr Copley Square zu erreichen. Teresa wollte das Nobelkaufhaus Neiman Marcus besuchen. »Geh schon mal vor«, schlug Whitey vor, »ich komme nach.« Teresa musterte schon einmal die Schaufenster, während Weeks und Whitey zum geparkten Wagen zurückliefen.

»Connolly war da«, begann Weeks und wiederholte, was der FBI-Mann ihm mitgeteilt hatte.

»Hast du Stevie schon Bescheid gesagt?«

»Nein, noch nicht.«

Whitey blieb eine Weile stumm, dann drehte er sich um und pfiff laut.

»He«, rief er Teresa zu, »wir gehen.« Es würde keine Einkäufe in letzter Minute geben.

»Du musst Stevie finden und ihn informieren«, sagte Whitey. »Ich versuche auch, ihn anzurufen.«

Dann zog Whitey Teresa beiseite und meinte, er habe eine Überraschung für sie: eine Weihnachtsreise quer durchs Land. Sie fragte nicht, warum.[12]

Sie sprachen wenig, als sie zurück nach Southie fuhren. Whitey setzte Weeks um 16.30 Uhr vor dem Geschäft ab. Flemmi kam etwa eine Stunde später. Weeks wiederholte nun die Warnung, doch Flemmi blieb gelassen. »Mein Mann ist über alles informiert«, sagte er in Anspielung auf Richard Schneiderhan, den korrupten Polizisten, der ihm seit Jahren Tipps gab. »Er weiß, was so alles läuft.«

»Nur vier Leute wissen davon«, wandte Weeks ein. »Vielleicht gehört der Kerl ja nicht dazu.«

»Er weiß Bescheid«, beharrte Flemmi. »Ich habe Zeit.«[13]

Ein paar Tage nach Weihnachten schlenderte Flemmi in den Lebensmittelladen neben Whiteys Spirituosengeschäft. Weeks war fassungslos.

»Wieso bist du denn immer noch hier?«

»Mein Mann hat alles im Griff«, antwortete Flemmi. »Er hält mich auf dem Laufenden.«

»Was machst du hier? Jimmy ist schon weg.« Weeks konnte Flemmi nicht verstehen.

»Verlass die Stadt wenigstens für ein paar Wochen«, schlug er vor. »Wenn nichts passiert, kannst du ja zurückkommen. Und wenn sie dich suchen, hast du zumindest einen kleinen Vorsprung.«[14]

Aber Flemmi bekam seinen Vorsprung nie.

Teresa war nicht begeistert, Weihnachten nicht mit ihren Kindern und Enkeln feiern zu können, doch Whitey musste sofort die Stadt verlassen und hatte ihr immerhin eine schöne Reise versprochen. Sie verbrachten Weihnachten in New York und Silvester in New Orleans. Dort stiegen sie unter ihren richtigen Namen im »Le Richelieu« ab, einem kleinen Luxushotel im französischen Viertel. Anschließend fuhren sie nach Clearwater in Florida, wo Whitey Bargeld und einen falschen Ausweis aus einem Schließfach holte, das er vor Jahren gemietet hatte. Er hatte schon seit Langem damit geliebäugelt, Clearwater zu seinem Ruhesitz zu machen. Anfang 1993 war er zum Joggen am Strand von Sand Key, einer Düneninsel vor Clearwater, und hatte dabei ein Gebäude mit Eigentumswohnungen namens Bayside Gardens II. entdeckt. Er hatte eine Frau, die dort wohnte, gefragt, ob man noch Wohnungen kaufen könne. Sie hatte ihm die Wohneinheit

216 mit Blick auf die Bucht gezeigt. Nachdem er die Wohnung gekauft hatte, hatte er der Frau Blumen und Champagner geschickt – Whiteys Vorstellung von einem Finderlohn.[15] Dann hatte er die Wohnung nach seinem Geschmack umgestaltet, den Teppich entfernt und durch Fliesen ersetzt. Aber er sollte nie die Gelegenheit bekommen, diese Umbauten zu genießen. Da er die Wohnung unter seinem echten Namen gekauft hatte, war klar, dass das FBI ihn dort sehr schnell aufspüren würde.

Er war bereit, eine neue Identität anzunehmen, sobald es nötig war, wollte aber nichts überstürzen. Immerhin wäre das eine gravierende, unangenehme und vielleicht sogar dauerhafte Veränderung in seinem Leben. Jeden Tag rief er in Boston an, aber von einer Anklage war immer noch nicht die Rede – vielleicht war es ja doch falscher Alarm gewesen. »Fahren wir nach Hause«, sagte er schließlich ein paar Tage nach Neujahr zu Teresa. Doch fast genau zur selben Zeit, als er sein Auto nach Norden wendete, hatten das FBI, die Polizei von Massachusetts und die DEA ihren Plan fertiggestellt, um Whitey festzunehmen. Tom Foley und sein Team sowie DEA-Agent Dan Doherty hatten zwar immer noch Bedenken, das FBI einzubeziehen, aber diesmal blieb ihnen nichts anderes übrig. Es ging ja um eine Anklage wegen Erpressung von Buchmachern, und das FBI hatte sich an den Ermittlungen beteiligt. Whitey war seit Tagen nicht gesehen worden, doch ein Team sollte ihn entweder in Teresa Stanleys Haus in Southie oder in Cathy Greigs Haus in Quincy suchen. Auch wenn Teresa jahrelang ahnungslos gewesen war, war der Polizei Whiteys Doppelleben natürlich längst bekannt.

Flemmi wurde zuerst aufgespürt. Am Abend des 5. Januar verließ er das »Schooner«, ein Restaurant, das sein Sohn im Bankenviertel von Boston eröffnen wollte. Gemeinsam mit seiner neuen chinesischen Freundin wollten sie gerade in ihren weißen Honda Accord steigen, als die Polizisten zugriffen. Doherty, der DEA-Agent, sowie Tom Duffy und John Tutungian von der Polizei des Bundesstaats hatten den Auftrag, sofort zu handeln, wenn Flemmi in ein Auto stieg. Die Beamten blockierten also schnell den Honda mit ihrem Fahrzeug. Flemmi duckte sich, weil er fürchtete, erschossen zu werden. Dann riss Doherty die Tür auf, drückte Flemmi den Lauf seiner Pistole an die Schläfe und schrie: »Leg die Hände dorthin, wo ich sie sehen kann, Stevie!«[16]

Doherty zog ein Jagdmesser und einen Schlagstock aus Flemmis Tasche. Das Mädchen atmete hektisch, sie hyperventilierte beinahe. Flemmi erklärte, dass sie Angst vor ihnen habe, weil sie bei den Protesten auf dem Tiananmen-Platz dabei gewesen sei. »Sie mag keine Polizisten.« Die Beamten ließen sie laufen, brachten Flemmi ins Bostoner FBI-Büro und steckten ihn über Nacht in eine Zelle, bis das Gerichtsgebäude am Morgen geöffnet wurde. Flemmi wirkte zuversichtlich, als er sich im Beisein von zwei Polizisten und einem FBI-Agenten Fingerabdrücke abnehmen ließ. »Ich mache mir keine Sorgen«, sagte er und mutmaßte, dass die Anklage sich wohl nur auf die Aussage eines Buchmachers stützte. Doch Duffy, der Polizist im Dienst des Bundesstaats, schnauzte ihn an: »Glauben Sie etwa, wir hätten nur einen einzigen Zeugen? Wir haben rund 50 Leute, die gegen Sie aussagen, und jeden Tag werden es mehr.« Duffy war erstaunt, als der FBI-Agent Charlie Gianturco sich bedauernd an Flemmi wendete und meinte: »Bei uns läuft nichts mehr wie früher. Es gibt keinen Respekt mehr.« Duffy fühlte sich unbehaglich. »Es klang, als würde er sagen: ›Erwarten Sie nicht, dass dieser Blödmann Sie mit dem Respekt behandelt, den Sie verdienen‹«, erinnerte sich Duffy.[17]

Whitey war allerdings unauffindbar. Ein FBI-Agent hatte zunächst an die falsche Tür in der Silver Street geklopft, und als er die richtige gefunden hatte, war das Haus leer.[18] Zur gleichen Zeit befanden sich Whitey und Teresa irgendwo auf der Autobahn 95 auf dem Weg nach Norden. Tom Foley und Polizeileutnant Pat Greaney fuhren zu Cathy Greigs Haus in Quincy, um Whitey dort zu suchen. Cathy kam ihnen mit verschränkten Armen auf der Zufahrt entgegen.

»Haben Sie einen Durchsuchungsbefehl?«, fragte sie.

»Wir wollen nur mit Ihnen reden«, antwortete Foley.

»Verschwinden Sie von meinem Grundstück«, erwiderte sie.

»Wir wollen Ihnen nur ein paar Fragen stellen«, wiederholte Foley.

»Hauen Sie ab!«, zischte Cathy.

Da sie zu schreien begann, ging Foley zum Wagen zurück. Greaney schüttelte den Kopf. »Du hast keine Ahnung, wie man mit einer Frau redet«, flüsterte er Foley zu. »Pass mal auf.«

Doch Greaney hatte nur ein paar Schritte in Richtung Haus zurückgelegt, als sie ihn anschnauzte: »Sind Sie bescheuert? Ich habe doch gesagt, Sie sollen von meinem Grundstück verschwinden!« Ein kleinlauter Greaney stieg wieder ins Auto, und Foley unterdrückte nur mühsam ein Grinsen.[19]

Währenddessen spielte Weeks in der Kneipe »L Street« in Southie Karten. Er saß in der Nische neben der Jukebox, als Steve Flemmis Bruder Michael, ein Bostoner Polizist, hereinkam und ihn hinauswinkte. »Sie haben eben Stevie geschnappt«, teilte er ihm mit. Weeks schüttelte den Kopf. »Ich hab ihm vor zwei Wochen noch geraten abzuhauen«, sagte er. Als Michael Flemmi fort war, bemerkte Weeks Autos, die ständig um den Block fuhren und deren Fahrer Anzüge trugen.[20] Er schlüpfte zur Hintertür hinaus, sprang in das Auto eines Freundes und raste davon. Er wusste ja nicht, dass gegen ihn kein Haftbefehl vorlag, weil die Ermittler noch nicht genügend Material zusammengetragen hatten, um ihn anzuklagen.

Whitey und Teresa waren gerade irgendwo in Connecticut, als im Radio von der Festnahme Flemmis berichtet wurde. Sofort machte Whitey kehrt und fuhr wieder nach Süden in Richtung Manhattan, wo die beiden in einem Hotel eincheckten.

Auch Frank Salemme konnte fliehen, nachdem er von Flemmis Verhaftung gehört hatte, doch er hatte sich vorher keine Strategie zurechtgelegt, daher wirkte seine Flucht etwas unüberlegt. Er fuhr nach Florida – nicht gerade ein ungewöhnlicher Unterschlupf für Mafiosi – und wurde prompt sieben Monate später in West Palm Beach gefasst. Dort hatte er für 600 Dollar im Monat ein Haus gemietet, acht Kilometer westlich der ummauerten Villen von Donald Trump, Jimmy Buffett und Rod Stewart.

Whitey dagegen war viel besser vorbereitet. Sobald er sein Auto nach Süden gewendet hatte, verwandelte er sich in Thomas F. Baxter aus Selden im Bundesstaat New York, einer Kleinstadt auf Long Island. Er hatte sich den falschen Namen zugelegt, noch bevor der echte Thomas F. Baxter, der in einer Vorstadt nördlich von Boston gelebt hatte, im Januar 1979 gestorben war. Whitey hatte auch eine Fahrerlaubnis des Staates Massachusetts mit seinem eigenen Bild und Baxters Namen, Geburtsdatum und Sozialversicherungsnummer erworben und erneuerte sie alle vier Jahre. 1990 hatte er auch einen New Yorker Führerschein als Baxter erhalten, den er 1994 erneuerte. Dabei benutzte er die Anschrift von Weeks' Cousins auf Long Island. Seine Identität war bereits 15 Jahre alt, als er sie annehmen musste.

Obwohl die Polizei von Massachusetts dabei war, Whitey und Flemmi aufzustöbern und festzunehmen, ließ Tom Foley zwei seiner besten Männer nach Florida reisen. Es sah so aus, als hätten sie John Martorano gefunden. Foley beschloss, auf zwei wichtige Leute zu verzichten, weil er hoffte, den Auftragskiller der Winter-Hill-Gang so unter Druck setzen zu können, dass er gegen seinen alten Partner Whitey aussagte. Wie Bulger war auch Martorano ein häufiger Streitpunkt zwischen dem FBI und der bundesstaatlichen Polizei. Letztere war entschlossen, ihn zu verhaften, während das FBI wenig Interesse daran zeigte. Martorano hatte nicht nur mit Whitey Buchmacher erpresst, er war auch mit ihm an mehreren Morden beteiligt gewesen. Wenn sie Martorano fanden, konnten sie ihn vielleicht so in die Mangel nehmen, dass er Whitey die Morde in die Schuhe schob.

Steve Johnson, ein Kripobeamter, hatte eine Idee, wo sie ihn finden konnten. Er war gerade einem anderen Flüchtigen auf der Spur, einem Buchmacher und Kredithai, der Martorano nahestand. Als Johnson eine lange Liste von Telefongesprächen durchforstete, die der Buchmacher geführt hatte, fiel ihm immer wieder eine bestimmte Nummer auf. Die Rechnungsdaten führten ihn zu einer Adresse in Boca Raton. »Das könnte Johnny Martorano sein«, sagte Johnson zu Foley.

Obwohl es eine vage Vermutung war, erlaubte Foley Johnson zuversichtlich, mit einem Kollegen namens Michael Scanlan nach Florida zu fliegen. Mit einem Mietwagen fuhren sie zu der Anschrift in Boca Raton und mussten nur wenige Stunden warten, bis Martorano herauskam. Er hatte sich nicht einmal die Mühe gemacht, sein Aussehen zu verändern. Das FBI hatte John Martorano 16 Jahre lang »gesucht«, und die Polizei von Massachusetts fand ihn in weniger als einem Tag.

Foley berichtete Ed Quinn zu dessen großer Überraschung von Johnsons und Scanlans Erfolg. Der Fall konnte eine Riesenblamage für das FBI werden, daher war es wichtig, dass das FBI wenigstens bei der Verhaftung mitwirkte, um das Gesicht zu wahren. Johnson und Scanlan wurde deshalb angewiesen zu warten, bis ein FBI-Agent aus Boston mit einem neuen Haftbefehl eintraf. Johnsons schlimmste Befürchtungen wurden wahr, als der Agent, der den Haftbefehl bringen sollte, sich als Mike Buckley entpuppte, ein Freund von John Connolly und ein Mitglied der Abteilung für das organisierte Verbrechen, die Whitey jahrelang geschützt hatte. Johnson informierte Buckley darüber, dass sie Martorano seit drei Tagen beschattet hätten und er befürchte, dass dieser allmählich auf den Mietwagen aufmerksam werde. Johnson bat ihn daher, ein anderes Auto zu mieten, doch Buckley lehnte ab. »Ich bin nur hier, um euch im Auge zu behalten«, erklärte er.[21]

Martorano hatte seinen neunjährigen Sohn und dessen Freund in eine Eisdiele ausgeführt und stand nun mit den Jungen vor dem Haus, als Steve Johnson seinen Namen rief. Da Martorano vor den Kindern keine Szene machen wollte, leistete er keinen Widerstand. Während er in das Bezirksgefängnis gebracht wurde, fuhren Johnson, Scanlan und Buckley zurück zum Haus des Gangsters. Scanlan befragte Nachbarn, Johnson durchsuchte die Mülltonne, Buckley saß im Auto und tat nichts.

Johnson fand einige verbrannte Papiere im Abfall und versuchte gerade, sie zusammenzufügen, als Martoranos Freundin, tropfnass vom Duschen und nur mit einem Handtuch bekleidet, aus dem Haus rannte und auf ihn losging. »Sie haben kein Recht, unsere Sachen zu durchwühlen«, schrie sie und schlug auf Johnson ein, der viel größer war als sie. Er wehrte sie mit einer Hand ab und hielt die Papiere in der anderen Hand, während er ihr zu erklären versuchte, dass er durchaus berechtigt sei, aufgegebenes Eigentum zu untersuchen. Buckley schaute dem Handgemenge vom Auto aus zu, ohne sich zu rühren. Ein paar Stunden später flogen Johnson und Scanlan nach Boston zurück. Buckley begleitete sie, um an der Presseerklärung mitzuwirken, die selbstverständlich dem FBI einen gleichberechtigten Anteil an der Festnahme John Martoranos zuschrieb.[22]

Ein paar Tage nach der Ausstellung des Haftbefehls gegen Whitey Bulger wurde John E. Gamel, ein FBI-Agent, vom Büro des Senatspräsidenten Bill Bulger im Parlamentsgebäude abgewiesen.[23] Er hinterließ seine Visitenkarte und seine Telefonnummer am Empfang. Kurze Zeit später, am 9. Januar 1995, rief Bill Bulger den Ermittler an. Es war ein kurzes Gespräch, in dem er versicherte, er wisse nicht, wo sein Bruder sei, wolle nicht über ihn reden und habe kein Interesse daran, Fragen zu beantworten. »Gut«, sagte Gamel, »aber wenn Sie von ihm hören, dann sagen Sie ihm bitte, er soll mich anrufen. Dann können wir die Bedingungen aushandeln, um sich zu stellen.«

Daraufhin erwiderte der Senatspräsident das, was Gamel hören wollte: Er werde darüber nachdenken. Doch Bill Bulgers Loyalität gegenüber seinem Bruder war stärker als jedes Verantwortungsgefühl gegenüber dem FBI oder der Öffentlichkeit. Er hatte nie die Absicht, John Gamel zurückzurufen, wollte aber durchaus mit seinem Bruder reden. Einige Wochen nach Whiteys Flucht erfuhr Bill von Weeks, dass Whitey ebenfalls mit ihm reden wolle. Inzwischen wurden Whitey und Flemmi beschuldigt, diverse Erpressungen vorgenommen zu haben und gemeinsam mit der Mafia Buchmacher erpresst zu haben. Da Bill annahm, dass seine Telefone abgehört wurden, ließ er Whitey ausrichten, er solle ihn in der Wohnung von Eddie Phillips in Quincy anrufen. Phillips war ein Freund, der im Parlament arbeitete und Bill jahrelang als Fahrer gedient hatte.[24] Als Bill Bulger bei Phillips eintraf, saß dessen Familie gerade beim Essen. Er wartete allein in einem Zimmer auf den Anruf seines flüchtigen Bruders.

Sie sprachen nicht lange. »Er sagte, es gehe ihm gut«, gab Bill Bulger später vor einem Geschworenengericht an, das Whiteys Verschwinden untersuchte. »Ich meinte, ich mache mir große Sorgen um ihn. Das tue ich heute noch. Und dass ich hoffte, die Sache werde ein gutes Ende nehmen.« Gamels Forderung erwähnte Bill Bulger jedoch nicht. Er dachte auch nicht daran, Whitey zur Aufgabe zu bewegen. Bill sagte, er habe seinem Bruder juristischen Rat erteilt, ihm aber nicht vorgeschlagen, sich zu stellen, »weil ich nicht glaubte, dass dies in seinem Interesse wäre ... Ja, ich halte zu meinem Bruder und sorge mich um ihn. Ich hoffe, dass ich niemals jemandem behilflich bin, der gegen ihn ist.«[25]

Dennoch überlegte Whitey tatsächlich kurzzeitig, ob er sich stellen solle, und schickte Weeks zu Connolly, um diese Möglichkeit zu diskutieren. Weeks informierte Connolly: »Jemand will mit Ihnen reden«, und bat ihn, das Büro eines gemeinsamen Freundes namens Franny Joyce aufzusuchen, der wie Connolly ein Protegé Bill Bulgers war und mit dessen Unterstützung zum Chef des Kongresszentrums von Massachusetts ernannt worden war.[26] Connollys und Joyces Büros lagen nah beieinander im Prudential Center, in dem der pensionierte Agent für das Elektrizitätswerk Boston Edison arbeitete. Als das Telefon klingelte, nahm Connolly nach eigenen Angaben den Hörer in der Annahme ab, Flemmi rufe ihn aus dem Gefängnis an. Doch es war Whitey, und er war wütend.

Whitey ärgerte sich, weil die Anklage gegen ihn und Flemmi das Glücksspielgeschäft betraf, für das sie vom FBI grünes Licht bekommen hatten, solange sie Informationen über die Mafia geliefert hatten. In diesem Punkt hatte Whitey recht und somit jeden Grund, zornig zu sein. Während Connolly dem tobenden Whitey zuhörte, bekam er plötzlich Angst um seine eigene Sicherheit und um die seiner Frau und seiner drei Söhne. Er wusste ja, wozu Whitey fähig war, vor allem wenn er glaubte, jemand habe ihn betrogen. »Jimmy«, versicherte Connolly daher, »du weißt, dass ich nichts damit zu tun habe.«[27]

Außerdem versprach er, vor Gericht auszusagen, dass Whitey und Flemmi autorisiert oder gar ermutigt worden seien, ins Kreditwucher- und Glücksspielgeschäft einzusteigen, um ihre Glaubwürdigkeit bei den Gangstern zu steigern, über die sie Informationen sammeln sollten. Whitey nahm an, dass sein Abkommen mit dem FBI ihn vor der erhobenen Anklage schützen werde, und war bereit, sich zu stellen – allerdings nur, wenn er die Garantie bekam, dass er und Flemmi bis zur Verhandlung auf freiem Fuß bleiben konnten. Nach seinen Jahren in Alcatraz wollte er nie wieder ins Gefängnis. »Ich glaube nicht, dass das geht«, erwiderte Connolly. »Aber es kommt darauf an, was dein Anwalt für dich herausholt.«

Whitey dachte einen Moment nach. »Wen soll ich beauftragen?«, fragte er dann.

Sie vereinbarten, eine Woche später erneut zu telefonieren, und bei der Gelegenheit nannte Connolly ihm die Namen von drei Rechtsanwälten. Zwei von ihnen waren früher Staatsanwälte gewesen. Er konnte hören, dass Whitey sich die Namen notierte.

»Viel Glück«, wünschte Whitey seinem ehemaligen Betreuer.

»Auch dir viel Glück«, antwortete Connolly.[28]

Danach haben die beiden nie wieder miteinander gesprochen.

In diesen ersten Monaten auf der Flucht führte Whitey noch mehr Telefongespräche, um herauszufinden, was genau vor sich ging. Die Anklage gegen ihn wurde bald ausgeweitet, und man warf ihm nun auch vor, Geld von Drogenhändlern erpresst zu haben. Kein Anruf lag ihm mehr am Herzen als der bei John Morris im FBI-Büro in Quantico, Virginia. Einen Monat vor seinem 51. Geburtstag näherte sich Morris dem Ende seiner

FBI-Laufbahn. Obwohl er getadelt worden war, weil er dem *Boston Globe* 1988 Informationen für die Serie über die Bulgers zugespielt hatte, wurde er zum Ausbildungsleiter an der Akademie befördert. Es war eine weiche Landung angesichts seiner früheren Position und der Art seiner Verfehlung. Dennoch nahmen die Dinge einen verhängnisvollen Verlauf. Irgendjemand hinterließ immer wieder Nachrichten für ihn: »Richten Sie ihm aus, Mr. White habe angerufen«, wies der Mann seine Sekretärin an. »Sagen Sie ihm, ich rufe wieder an.«[29] Schließlich kam Mr. White durch, und Morris wusste, wer dran war, noch bevor in der Leitung die ersten drohenden Worte zu hören waren. »John«, begann Whitey, »ich habe es rausgekriegt. Du bist derjenige gewesen, der mich mit der Story ›Whitey Bulger ist ein bezahlter FBI-Informant‹ erledigen wollte.«

»Tut mir leid«, stotterte Morris. »Ich habe einen Fehler gemacht.«[30]

»Du warst mein bezahlter FBI-Informant, du Bastard«, schnauzte Whitey ihn an. »Wenn ich es damals gewusst hätte, dann hätte ich dir deinen verdammten Kopf weggepustet. Du warst mein Informant. Ich habe Informationen gekauft. Ich habe weder Informationen gegeben noch verkauft.«[31] Und er fügte hinzu: »Du hast Geld von mir genommen, und wenn ich in den Knast gehe, gehst du auch dorthin.«[32]

Whitey stellte ihm ein Ultimatum. Er solle seine Kontaktleute beim *Boston Globe* anrufen und veranlassen, dass die Behauptung zurückgenommen werde, Whitey sei ein Informant gewesen. Er solle den Verantwortlichen sagen, das habe nur dazu gedient, Whitey und seinen Bruder zu diskreditieren. Alles sei unwahr gewesen. Morris wandte ein, dass das nicht in seiner Macht stünde, doch Whitey riet ihm, seinen »machiavellistischen Geist« zu nutzen, um die Situation zu retten.[33]

In diesem Augenblick hörte Whitey einen dumpfen Aufschlag, dann war die Leitung tot. Morris war zusammengebrochen und wurde eilig ins Krankenhaus gebracht. Auf dem Operationstisch musste er wiederbelebt werden. »Er hatte einen Herzanfall!«, prahlte Whitey noch Jahre später.[34]

In einem Brief an einen alten Freund aus seiner Gefängniszeit beharrte Whitey darauf, er sei kein Informant gewesen und fühle sich von Morris und vom *Globe* verleumdet. »Der Kerl beim FBI, den ich durch mein Schweigen geschützt habe … nutzte die Presse, um mich kaltzumachen – was für ein Komplott! Selbst Alfred Hitchcock hätte sich das nicht ausdenken können!«[35]

Als Weeks Connolly von Whiteys Drohanruf und Morris' Reaktion erzählte, kicherte Connolly. »Er wäre auf dem Operationstisch fast ein zweites Mal gestorben«, sagte er. »Das muss ein Anruf gewesen.«[36]

Als sie auf der Autobahn umkehrten und zurück nach Manhattan fuhren, nachdem sie von Flemmis Verhaftung erfahren hatten, versuchte Whitey immer noch, Teresa Stanley einzureden, sie befänden sich auf einer ausgedehnten Urlaubsreise. Doch nach einem Monat hatte sie genug davon. Sie hatte Heimweh und nahm Whitey auch immer noch seine Affäre mit Cathy Greig übel. An Weihnachten hatte sie sich gefreut, weil Whitey sie mitgenommen hatte, aber nun war es Februar, und das Leben in Hotels, Motels und dergleichen hatte seinen Reiz verloren. »Ich will nach Hause«, bat Teresa daher. Whitey schien davon nicht überrascht zu sein, er stritt auch nicht mit ihr und sah sie nicht finster an wie sonst, wenn er seinen Kopf durchsetzen wollte. Stattdessen rief er Weeks an und sagte, Cathy Greig solle sich für die Flucht mit ihm bereitmachen.

Teresa wusste davon nichts, als sie auf dem Parkplatz eines Imbisses, etwa eineinhalb Kilometer vom Haus ihrer Tochter in einer Vorstadt von Boston entfernt, aus der schwarzen Limousine stieg, die noch nach Neuwagen roch. Der Abschied, immerhin das Ende dessen, was im Grunde eine 30-jährige wilde Ehe gewesen war, war enttäuschend. »Bis dann«, meinte Whitey. »Bis dann«, antwortete Teresa.[37]

Bald war Whitey wieder auf der Autobahn und fuhr 20 Minuten bis zu einem schmutzigen Sandstrand in Dorchester, der von den Einheimischen Malibu Beach genannt wurde und sich etwa auf halbem Weg zwischen dem South Boston Liquor Mart und den geheimen Gräbern befand. Dort wollte Whitey auf Cathy warten, die jetzt seine Nummer eins war.

Alles war genau geplant und wirkte fast, als wollten sie zusammen ausreißen. Weeks fuhr in dem Moment vor, als Cathy die Treppe hinabstieg, die vom Thomas Park in Southie nach unten führte. Es war 19.30 Uhr, kalt und dunkel, und Cathy war pünktlich. Ihre Zwillingsschwester Margaret hatte sie hergebracht und ihr ihren Führerschein gegeben. Cathy hatte ihr bereits das Einzige anvertraut, woran sie und Whitey gleichermaßen hingen: ihre beiden französischen Pudel Nikki und Gigi. Wenn Cathy bewusst war, dass sie lange Zeit unterwegs sein würde, dann hatte sie erstaunlich wenig Gepäck mitgenommen. Sie trug nur eine kleine Reisetasche über der Schulter. Ihrer Schwester versicherte sie, die Reise werde nur ein paar Monate dauern.[38]

Weeks war zuvor eine Stunde kreuz und quer herumgefahren, ehe er Cathy abgeholt hatte. Er wollte sicher sein, dass er nicht verfolgt wurde. Bevor er nach Malibu Beach fuhr, wiederholte er diese Zickzackfahrt noch einmal. Dann gingen er und Cathy zum vereinbarten Treffpunkt an der Savin-Hill-Seite des Strandes, wo plötzlich Whitey aus dem Schatten hervortrat. Er sah aus wie ein Cowboy: Texashut, schwarze Lederjacke, Jeans und Cowboystiefel. Cathy rannte zu ihm und warf sich in seine Arme. Sie umarmten sich lange. Weeks stand verlegen daneben. »Es war wie in *Casablanca*«, erinnerte er sich.[39]

Cathy strahlte, als sie zu Whiteys Mercury Grand Marquis ging. Er hatte sich für sie entschieden. Als es darauf ankam, hatte er sie gewählt. Und er hatte sie sogar geheiratet. Wenn auch nicht im wirklichen Leben, dann zumindest in dem Leben, das sie jetzt führen würden. Denn sie waren nun nicht mehr Whitey Bulger und Cathy Greig, sondern Tom und Helen Baxter aus Selden, New York, frischgebackene Ruheständler, die eine Reise durchs ganze Land machten.

Folgt man der Route 1 in Louisiana durch die Sumpfgebiete bis zur Südspitze, überquert man eine lange Zugbrücke und gelangt zu einem kleinen Urlaubsort namens Grand Isle, der sich selbst als Cajun Bahamas und Sportlerparadies bezeichnet. Louisianas einzige bewohnte Düneninsel ist bekannt für ihre Sandstrände, Salzwassermoore und Eichen-Sumpfkirschen-Wälder, in denen Tausende von Zugvögeln auf ihrer jährlichen Reise von Norden nach Süden eine kurze Pause einlegen. Einfache Ferienhäuser und Hütten auf Pfählen stehen entlang der flachen Küste. Die meisten der 1300 ständigen Einwohner von Grand Isle verdienen ihren Lebensunterhalt mit Krabbenfischen oder arbeiten auf Ölplattformen vor der Küste. Im Sommer steigt die Zahl der Einwohner auf über 6000. Wer hierherkommt, möchte – angelockt von den rund 280 Fischarten – fischen, schwimmen, Vögel beobachten oder einfach zusehen, wie die Sonne im Golf von Mexiko versinkt. Oder wie in Whiteys Fall untertauchen. Die meisten Häuser waren für Urlauber gebaut worden und standen nach der Saison leer. Als Whitey und Cathy, alias Tom und Helen Baxter, an einem ruhigen Tag Anfang 1995 eintrafen, gab es dort nur ein paar kleine Supermärkte und zwei immer noch bestehende Restaurants. Nicht einmal eine Bank gab es auf der Insel. Aber das störte Whitey nicht, er besaß seine eigene Bank: eine Gürteltasche, in der sich Bündel von Hundert-Dollar-Scheinen befanden, die er hervorholte, wann immer er etwas kaufen wollte. Cathy ging in den Friseursalon, den die Tochter des Polizeichefs führte, und ließ sich das Haar schneiden und färben. Sie hatte ihre eigenen Haarfarben mitgebracht und wechselte zwischen L'Oreal Light Ash Blonde und dem extrahellen Platinblond.

Whitey verliebte sich schnell in den Ort und die Leute, in die Ruhe und den Frieden, und sie überlegten, ob sie für immer dort bleiben sollten.[40] Aber ihr erster Besuch dauerte nur kurz. Sie verließen die Insel wieder, um von Long Island nach Wyoming zu reisen. Im Herbst 1995 kehrten sie zurück und blieben ein paar Tage in dem bescheidenen Wateredge Beach Resort.

Eines Tages, nicht lange nach ihrer Rückkehr, waren sie mit dem Auto unterwegs und entdeckten plötzlich ein Buschfeuer. Eine Frau stand mit zwei schwarzen Labrador-Retrievern vor ihrem Haus und betrachtete die Flammen. Whitey griff nach einem Beutel mit Hundekeksen, die Cathy eigens für diesen Zweck im Kofferraum verstaut hatte. »Das sind wirklich schöne Hunde«, sagte er und gab den Tieren von den Keksen, während Cathy sich hinkniete und sie kraulte.[41] Penny Gautreaux, eine 29 Jahre alte Stromableserin, lächelte die beiden Fremden an. Sie mochte Hundefreunde. Als Whitey erwähnte, dass sie auf der Suche nach einer Unterkunft waren, deutete Penny auf ein Doppelhaus am Ufer, das *It's Our Dream* hieß. Es war ein einfacher Pfahlbau mit Blick auf den Golf, der nur 400 Dollar im Monat kosten sollte. Sie blieben dort zwei Monate.

Kurz nachdem sie eingezogen waren, hielt Whitey vor dem Haus der Gautreaux', wo Penny gerade für ihren Mann Glenn und ihre vier Kinder kochte. Der Duft von scharfen Cajun-Gewürzen hing in der Luft. »Haben Sie genug für uns?«, fragte er liebenswürdig. Und schon hatten Penny und Glenn Gautreaux zwei neue beste Freunde: Tom und Helen Baxter. Tom hatte sein Geld angeblich im Immobiliengeschäft verdient und war jetzt im Ruhestand. Helen war Hundepflegerin, hatte ihr Geschäft jedoch aufgegeben, um mit ihrem Mann reisen zu können. Die Baxters pflegten die nachbarschaftlichen Beziehungen und erschienen nie mit leeren Händen. Sie kamen beladen mit Lebensmitteln und speisten wochenlang jeden Abend mit den Gautreaux. Whitey rühmte Pennys Bratkartoffeln und bestand darauf, dass sie Cathy zeigte, wie sie zubereitet wurden. Manchmal verließen Whitey und Cathy die Insel wochen- und sogar monatelang, doch sie kamen immer nach Grand Isle und zu den Gautreaux zurück.

Whitey liebte dieses abendliche Essensritual. Das Heim der Gautreaux ersetzte das, was er bei Teresa in Southie hatte zurücklassen müssen. Wie bereits dort übernahm er am Tisch das Kommando, so als sei es sein eigener. Er bestand darauf, dass das Essen eine große Bedeutung hatte und alle, Erwachsene und Kinder, anwesend sein mussten. Jeder hielt sich an die Anweisungen des Herrschers am Esstisch. Er tadelte auch Penny, wenn sie sich mit ihrem Teller auf das Sofa setzte, um fernzusehen. Und den Kindern hielt er die gleichen Vorträge, die er schon Teresas Kindern gehalten hatte: wie wichtig es sei, Hausaufgaben zu machen, vernünftig zu essen und in Form zu bleiben. Einmal begann Penny sogar zu weinen, als er sehr streng zu den Kindern war, doch sie verzieh ihm das Ganze schnell, schließlich versuchte er ja nur, zu ihnen durchzudringen. Seine Strenge war für sie ein Zeichen dafür, wie viel sie ihm bedeuteten.[42]

Besonders eifrig bearbeitete er Glenn und redete ihm zu, ehrgeiziger und energischer zu sein. Er kaufte ihm Werkzeug, damit er eine Schreinerei eröffnen konnte. »Setz deinen faulen Arsch in Bewegung«, befahl Whitey. »Du hast wunderbare Kinder und musst etwas aus deinem Leben machen.«[43] Penny staunte darüber, wie bemüht und eifrig ihr Mann war, wenn Whitey etwas von ihm verlangte.

Whitey war mit Geschenken ebenso großzügig wie mit Ratschlägen. Im Laufe der Monate tauschte er sämtliche Küchengeräte der Gautreaux' aus. Er kaufte ihnen einen Herd, einen Kühlschrank, eine Gefriertruhe und ließ das Grundstück auf seine Kosten einzäunen, damit die Hunde nicht weglaufen konnten. Als zwei der Kinder einen Brief aus der Schule mitbrachten, dass sie eine Brille bräuchten, brachten Whitey und Cathy sie zu einem Optiker und bezahlten alles. Whitey kaufte Kleider, Spielzeug und Bücher für die Kinder, dem 18-jährigen Glenn junior schenkte er ein Jagdmesser, das erheblich größer war als das Schnappmesser mit Perlmutgriff, das Whitey stets bei sich trug.

Die Kinder ahnten nicht, dass sie eine wunderbare Tarnung darstellten. Denn wenn Whitey und Cathy begleitet von ihren Enkeln beim Einkaufen waren, entsprach dies wohl kaum dem Bild eines flüchtigen Paares aus Boston. Einmal jedoch ließ Whitey seine harmlose Maske fallen. Als es an der Kasse seiner Meinung nach zu langsam voranging, regte er sich fürchterlich auf und schrie: »Wissen Sie eigentlich, wie viel Geld ich hier ausgebe?« Dann rannte er hinaus. Cathy folgte ihm mit den Kindern und beruhigte ihn auf dem Parkplatz.[44]

Die Kinder nannten die beiden nach einiger Zeit Onkel Tom und Tante Helen. Doch so gerne sie die Kinder auch hatten, für Onkel Tom gab es eine Grenze: Wann immer Penny oder Glenn ein Foto schießen wollten, lehnte Whitey ab. Cathy machte sich zunächst keine Gedanken darüber und posierte eines Tages gerade mit den Kindern, als Whitey ein Machtwort sprach. »Keine Bilder«, knurrte er. Die Gautreaux zuckten nur mit den Schultern und schrieben es Toms bisweilen schrulliger Persönlichkeit zu – schrullig und manchmal, etwa in der Schlange an der Kasse, erschreckend jähzornig. Eines Abends lud Whitey die Familie zum Essen bei »Anthony« ein, einem gehobenen Restaurant auf dem Festland. Die Kellnerin führte sie zu einem Tisch, doch Whitey drehte sich zu ihr und sagte: »Hier ist es mir zu laut«, dann zeigte er auf einen anderen Tisch in der Ecke.

»Es tut mir sehr leid, mein Herr«, widersprach die Kellnerin freundlich, »aber Sie müssen den hier nehmen.«

Whitey starrte sie an und erwiderte: »Nein, muss ich nicht.«

Er bestand auf dem Tisch in der Ecke, und schließlich bekam er ihn auch.[45]

Abgesehen von seinen gelegentlichen Wutausbrüchen war er ein sehr angenehmer Gesellschafter und sehr fürsorglich. Er hatte eine weiche Seite und scheute sich nicht, sie zu zeigen. Einmal wurde ein Welpe aus einem neuen Wurf schwarzer Labradors krank, und die Gautreaux brachten ihn zu einem Tierarzt. Da das Tier große Schmerzen hatte, empfahl der Arzt, es einzuschläfern. Als Whitey das hörte, war er strikt gegen eine tödliche Spritze und behauptete, es sei besser, den Hund zu erschießen, weil er dann weniger leiden müsse. Zuschauen dabei konnte er allerdings nicht. Als Glenn Gautreaux mit seinem Gewehr auf den Hinterkopf des Welpen zielte, wendete Whitey sich ab. Und als das Geräusch des Schusses über dem Wasser widerhallte, weinte Whitey Bulger.[46]

Whitey und Cathy verließen die Insel ein weiteres Mal, kehrten aber im Frühjahr 1996 zurück. Während ihrer Abwesenheit hatte sich im Haus der Gautreaux jedoch einiges verändert. Thomas »Black« Rudolph und seine Frau Mary, Glenns Schwiegereltern aus seiner ersten Ehe, waren bei ihnen eingezogen, was Whitey mehr zu stören schien als die Gautreaux. Die Neuankömmlinge brachten die gewohnte Routine durcheinander, die er monatelang sorgfältig gepflegt hatte. Es gefiel ihm auch nicht, dass Black Rudolph sich ihm nicht unterordnen wollte. »Er benahm sich, als sei er der Boss«, erzählte Black Rudolph über Whitey. Whitey prahlte vor Black gern mit seiner Bildung, denn er hielt ihn für einen dummen Bauerntölpel. Er gab mit seinen Reisen durch die Welt an und sagte, er habe genug Geld verdient, um sich früh zur Ruhe setzen zu können, und sei in besserer Verfassung als halb so alte Männer.

Das war eine Spitze gegen Black Rudolph. »Ich bin besser in Form als Sie«, behauptete daraufhin Black, der mit seinen 62 Jahren vier Jahre jünger war als Whitey. Er stand auf, legte sich auf den Boden und machte drei einarmige Liegestütze. »Ich mache eine einarmige für jede beidarmige, die Sie machen«, forderte Black Whitey heraus, doch dieser ging nicht darauf ein. »Ich bin ja viel älter als Sie«, sagte er. Da knallte Black Rudolph seinen Führerschein auf den Tisch und verlangte: »Zeigen Sie mir Ihren.« Doch Whitey winkte nur ab.

Im Juli 1996 verließen Tom und Helen Baxter die Insel erneut, kehrten aber nie zurück. Angeblich war ihr Ziel San Diego, doch das war gelogen. In Wahrheit war ihre Tarnung aufgeflogen, und schuld daran war jemand, der Whitey sehr nahestand. Also brachen sie hastig in Richtung Chicago auf.[47]

Der örtliche Polizeichef, Roscoe Besson jun., erfuhr später, dass auf den Mann, den er als Tom Baxter kannte, ein Kopfgeld von 250.000 Dollar ausgesetzt war. In Erinnerung daran, wie er eines Morgens den Verkehr vor der Grundschule der Insel gelenkt hatte, als Whitey am Straßenrand stand, sagte er: »Ich hielt den Verkehr an und ließ 250.000 Dollar über die Straße gehen.«[48]

Whitey hatte Teresa Stanley nicht vergessen. Während eines Telefongesprächs mit Weeks erkundigte er sich nach ihr, und Weeks berichtete, sie gehe mit Alan Thistle aus, einem zwielichtigen Typen aus Southie, dessen Strafregister bis in seine Teenagerjahre zurückreichte und der seit ein paar Jahren Whitey nacheiferte: Er war Informant des FBI. Im Mai 1996 kaufte Whitey in einem Laden in Okemah, Oklahoma, fünf Telefonkarten zu je 20 Dollar. Eine von ihnen benutzte er, um die Freundin einer älteren Tante von Teresa anzurufen. »Sagen Sie ihr, sie soll sich von diesem Dreckskerl Thistle fernhalten«, zischte er.[49]

Whitey mochte Thistle nicht, und wenn er nur die halbe Wahrheit gekannt hätte, wäre Alan Thistle wohl kaum am Leben geblieben, um Teresa nach Whiteys Abreise den Hof machen zu können. Thistle hatte zunächst als Informant für zwei Bostoner Kriminalpolizisten namens Frank Dewan und Jimmy Carr gearbeitet, die hinter Whitey her waren. Anfang der Neunzigerjahre war er Informant für John Gamel geworden, einen FBI-Agenten in der Einsatzgruppe, die nach Whitey fahndete. Eine der größten Leistungen Thistles hatte darin bestanden, dem FBI zu helfen, eine Wanze in dem kleinen Lebensmittelladen Rotary Variety Store in South Boston zu verstecken, wo Whitey sich oft aufgehalten hatte. Eines Morgens hatte er der Frau, die den Laden für Whitey jeden Tag im Morgengrauen öffnete, einen Reifen ihres Autos platt gemacht und sich angeboten, ihn in einer nahe gelegenen Werkstatt reparieren zu lassen. Sie hatte ihm ihren Schlüsselbund – zu dem auch der Schlüssel für das Geschäft gehörte – gegeben, und FBI-Agenten hatten rasch ein Duplikat angefertigt, während Thistle den Reifen flicken ließ. Die Ermittler, denen es bis dahin nicht gelungen war, das ausgeklügelte Alarmsystem des Ladens zu umgehen, waren nun – 1994 – in der Lage, die Tür mit ihrem Schlüssel zu öffnen und eine Wanze zu installieren. Da Whitey jedoch immer davon ausgegangen war, dass seine Lieblingstreffs abgehört wurden, hatte er sich stets dementsprechend verhalten – das Gerät konnte nur bedeutungsloses Geplauder aufzeichnen.

Thistle traf Teresa im Februar 1996 im Haus eines Freundes, als beide im Bostoner Kongresszentrum als Bankettkellner arbeiteten. Sie begannen, miteinander auszugehen, und waren bald »unheimlich verliebt«.[50] Er zog bei Teresa ein, fuhr mit dem weißen Grand Marquis herum, den Whitey ihr gekauft hatte, und trainierte in dem Fitnessstudio, das Whitey in ihrem Haus eingerichtet hatte. Thistle behauptete, er hätte Teresa auch dann umworben, wenn sie nicht zuvor Whiteys Freundin gewesen wäre, aber sicher hoffte er darauf, dass sie ihn zu Whitey führen würde und sie sich die Belohnung für seine Ergreifung teilen konnten. Ein Jahr nach Whiteys Flucht schrieb Gamel einen Brief an Teresa und teilte ihr mit, ihr Leben sei in Ge fahr, weil sie zu viel wisse. Sie zeigte den Brief Thistle, der sie daraufhin überredete, zum FBI zu gehen, seinen alten Betreuer anrief und ein Gespräch für den 29. April 1996 vereinbarte.

Doch selbst Thistle hatte nicht erwartet, dass Teresa den FBI-Agenten, die sie beide zur Vernehmung in ein Zimmer im »Sheraton« in der City gebracht hatten, solche Informationen preisgeben würde. »Wissen Sie, welchen Namen er benutzt?«, fragte einer der Beamten. »Klar«, antwortete Teresa, »Thomas Baxter.«

Während der folgenden Gespräche enthüllte sie Whiteys frühere Verstecke in Long Island, New York, und die Schließfächer, in denen er Geld und Dokumente aufbewahrte. Teresa und Thistle begleiteten FBI-Agenten nach Selden, New York, wo Teresa ihnen das Autohaus zeigte, in dem Whitey einen Wagen gekauft hatte, das Motel, in dessen Schwimmbad er geschwommen war, und das Haus, in dem er bei Cousins von Weeks gewohnt hatte. In einer Garage in der Nähe dieses Hauses stand ein schwarzer Grand Marquis, der Whitey gehörte.

»Mal sehen, ob die Motorhaube warm ist«, schlug Thistle aufgeregt vor.[51] Stattdessen schickten die Ermittler ihn und Teresa nach Hause und erklärten, sie wollten die Überwachung organisieren und würden sie informieren, sobald sie Whitey festgenommen hätten. Tage und Wochen vergingen, aber nichts geschah. Teresas Angst wuchs, und sie bereute mittlerweile, was sie getan hatte. Natürlich war sie wütend gewesen, als sie erfahren hatte, dass Whitey nach ihrem Abschied Cathy mitgenommen hatte, aber sie wollte nicht diejenige sein, deren Hinweise zu seiner Festnahme führten.

Trotzdem dachte sie nicht daran, von ihrem ehemaligen und untreuen Geliebten Anweisungen bezüglich ihrer Beziehung anzunehmen. Sie ignorierte nicht nur Whiteys Befehl, sich von Thistle zu trennen, sie nahm ihm dies auch ziemlich übel. Weeks beschloss daher eines Tages, sie zu besuchen und zur Vernunft zu bringen. »Der Kerl ist ein Penner«, sagte er. »Ein Informant. Alles, was du ihm erzählst, gibt er an die Cops weiter. Er will dich nur aushorchen.«[52] Weeks blieb fast drei Stunden bei Teresa und versuchte, sie zu überzeugen, sich künftig von Thistle fernzuhalten. Schließlich klopfte er sich auf die Schenkel und stand auf.

»Tja«, seufzte Teresa, »es ist ohnehin zu spät.«

Weeks blieb abrupt stehen. »Was meinst du damit?«

Teresa erhob sich, und Weeks folgte ihr in die Küche. Sie zündete sich mit zitternden Händen eine Zigarette an. Da sie nicht wollte, dass Thistle für das verantwortlich gemacht wurde, was sie getan hatte, nahm sie die Visitenkarte des FBI-Agenten John Gamel aus ihrer Handtasche und überreichte sie Weeks. »Ich habe ihm alles gesagt«, gestand Teresa. »Thomas Baxter. Selden, New York. Alles.«[53]

Weeks war klar, dass er Whitey sofort informieren musste, aber er konnte ihn nicht erreichen, sondern musste warten, bis Whitey ihn anrief. Das dauerte mehr als eine Woche. Whitey geriet jedoch nicht in Panik, als Weeks ihm Teresas Verrat in allen Einzelheiten schilderte. »Wenigstens weiß ich Bescheid«, sagte er. Er wusste nun, dass er nie mehr nach Selden zurückkehren durfte und seinen Decknamen Baxter ebenso aufgeben musste wie die beiden schwarzen Mercury Marquis, die er in New York unter diesem Namen angemeldet hatte. Eines der Autos – das vom FBI beobachtet wurde – befand sich noch auf Long Island. Er und Cathy stiegen in den anderen Wagen, der in Grand Isle stand, und fuhren nach Chicago. Dort ließen sie das Auto auf einem Parkplatz stehen und veranlassten, dass Weeks' Cousin es nach New York zurückbrachte.

Da Whitey sich eine neue Identität zulegen musste, rief er Weeks an und meinte, er habe einen Plan und brauche seinen Bruder Jack dazu. Weeks solle einen falschen Schnurrbart besorgen, ihn Jack ankleben und ein paar Fotos machen, die Whitey dann verwenden konnte, um einen neuen Ausweis zu bekommen. Obwohl Whitey neun Jahre älter war als Jack, sahen die beiden sich sehr ähnlich, hatten die gleiche breite Stirn und ähnliche Gesichtszüge. Bevor sie auflegten, fragte Weeks Whitey, ob er Alan Thistle töten solle. Whitey dachte einen Augenblick darüber nach. »Nein«, antwortete er dann, »mit Thistle ausgehen zu müssen ist Teresas Strafe.«[54]

Als Rechtspfleger am Bostoner Jugendgericht war Jack Bulger ein vereidigter Beamter, dennoch zögerte er nicht, das Gesetz zu brechen, um seinem flüchtigen Bruder zu helfen. Er zahlte die Monatsgebühr für ein Schließfach, das Whitey in Clearwater, Florida, gemietet hatte, und telefonierte zweimal mit ihm. Und er log zweimal, als er vorgeladen wurde, um vor Großen Geschworenengerichten auszusagen. Er behauptete nämlich, nie mit seinem flüchtigen Bruder gesprochen zu haben und nicht zu wissen, wo dieser sein Geld aufbewahre. »Er klang gut«, sagte Jack Bulger zu Weeks, nachdem er eines späten Abends in einer Klinik für Physiotherapie in Southie kurz mit Whitey telefoniert hatte. Natürlich war Jack Bulger auch bereit, seinem Bruder bei der Beschaffung falscher Papiere zu helfen. Als Weeks mit dem Bart bei ihm in Southie auftauchte, klebte er ihn sich auf die Oberlippe und setzte eine ernste Miene auf, damit Weeks mehrere Fotos schießen konnte.[55] Während Whitey bereit war, Teresa ungeschoren davonkommen zu lassen, obwohl sie ihn beim FBI verraten hatte, war Jack weniger nachsichtig. Als er sie einmal bei einem Spaziergang auf Castle Island in South Boston zufällig traf, knurrte er: »Ich wollte, du wärst tot. Weißt du eigentlich, was du angerichtet hast? Wie viel Ärger du verursacht hast?«[56]

Weeks beauftragte einen bekannten Fälscher vor Ort, ihm mithilfe von Jacks Foto sowie dem Namen und der Sozialversicherungsnummer eines

Mannes aus Massachusetts – Mark Shapeton – einen falschen Führerschein zu erstellen. Dann fuhr er mit einer Freundin in einem Mietwagen nach Chicago. Whitey und Cathy erwarteten sie am Water Tower, einem der berühmtesten Wahrzeichen Chicagos, an der Magnificent Mile. Whitey runzelte die Stirn, als er seinen neuen Ausweis betrachtete, denn das Foto war nicht sehr gut geworden. Whiteys Schnurrbart war bleistiftdünn, während Jacks Bart groß und buschig war, als hätte er eine haarige Raupe auf der Oberlippe.[57] Also kauften sie in einem Kaufhaus ein blaues Betttuch und machten dann in Whiteys Hotelzimmer vor dem blauen Hintergrund – die Farbe, die in Massachusetts bei Fotos für Führerscheine benutzt wurde – einige neue Fotos. Schließlich wies Whitey Weeks an, die Fotos mit nach Boston zu nehmen und dem Fälscher zu sagen, er solle mit irgendwelchen Namen eine Handvoll Führerscheine anfertigen.

Whitey war nach außen hin ruhig, aber innerlich war er nervös und ganz darauf konzentriert, eine neue Identität zu erwerben. An diesem Abend schlenderten die beiden Paare zu einem japanischen Restaurant. Drei junge Männer vor dem Lokal machten Bemerkungen über die zwei Frauen. »Was glotzt ihr so, ihr Drecksäcke?«, schrie Whitey und zog das Schnappmesser aus der Scheide an seiner Wade. Weeks zückte ebenfalls ein Messer. Die drei Männer rannten weg. Das war gewiss kein unauffälliges Verhalten für einen Mann auf der Flucht, aber Whitey hatte sich nie vollständig im Griff. Seine Wut verrauchte jedoch fast so schnell, wie sie aufgeflammt war. Nachdem sie das Restaurant betreten hatten, schien Whitey wieder ganz ruhig zu sein und wurde sogar nahezu philosophisch. »Jeder Tag in Freiheit ist ein weiterer Sieg für mich«, meinte er zu Weeks. »Und jede gute Mahlzeit ist eine Mahlzeit, die sie mir nicht mehr nehmen können.«[58]

Tom und Helen Baxter verließen Chicago nie. Während sie am 23. Juli 1996 durch die Bahnhofshalle liefen, wurden Whitey und Cathy zu Mark und Carol Shapeton. Sie bestiegen einen Zug Richtung New York und verbrachten die nächsten sieben Wochen damit, von einem New Yorker Hotel zum anderen zu wechseln, während Whitey auf neue Papiere wartete. Alle, denen sie begegneten, hielten sie für normale Touristen.

In Boston hatte die Beziehung des FBI zu Whitey zu einem Zerwürfnis innerhalb der Justizbehörden geführt mit der Folge, dass es zwei konkurrierende Ermittlungsgruppen gab. Das FBI-Büro in Boston nährte den Verdacht, dass es Whitey nicht wirklich fassen wollte, weil es die Abteilung für das organisierte Verbrechen damit beauftragte – John Connollys alte Einheit, die Whitey so viele Jahre lang geschützt hatte. Das Team aus bundesstaatlichen Polizisten und DEA-Agenten, das gegen Whitey wegen Erpressung ermittelt hatte, vermutete, dass FBI-Agenten Connolly mit Informationen versorgten und so alle Bemühungen sabotierten, Whitey zu schnappen. Als ein Informant Tom Foleys Gruppe von Whiteys Bemühungen um eine neue Identität berichtete, beschlossen die Beamten daher, das FBI nicht davon in Kenntnis zu setzen.

Der Informant gab an, Weeks habe ihn beauftragt, falsche Führerscheine für Whitey zu beschaffen. Er sollte ein paar Namen von Leuten auftreiben, die keine kriminelle Vergangenheit hatten, und dann von seinem Partner falsche Papiere anfertigen lassen.[59] Foley schickte daraufhin Inspektor Steve Johnson zum Standesamt, um Akten zu durchforsten und Namen von kürzlich verstorbenen Leuten aufzuspüren, deren Führerscheine noch nicht abgelaufen waren.[60] Der Informant brachte diese Namen seinem Partner, der sie für die falschen Ausweise verwendete, die er Weeks gab. Whitey würde seine Ausweise bekommen, aber die Polizei kannte die Namen.

Das Team verstärkte nun auch die Überwachung von Weeks, fest entschlossen, ihn nicht aus den Augen zu verlieren, wenn er sich auf den Weg machte, um Whitey die neuen Ausweise zu bringen. Der Plan scheiterte jedoch, weil Weeks es zu riskant fand, Whitey noch einmal zu treffen.[61] Denn er hatte beim Verlassen seines Hauses Hubschrauber und Flugzeuge bemerkt, die über ihm kreisten, und in seinem Auto eine Wanze gefunden. Daher wusste er, dass das FBI, die DEA und die Polizei ihn beobachteten. Whitey war nicht begeistert von der Planänderung, aber Weeks meinte, er fürchte, verfolgt zu werden, wenn er ihm die Papiere selbst überbringe. Daher gab er das Päckchen Peter Lee, einem alten Freund aus South Boston, der nicht zu Whiteys Organisation gehörte und nicht unter Beobachtung stand.[62] Lee nahm einen Zug nach Manhattan und traf Whitey und Cathy vor der öffentlichen Bibliothek an der Ecke Fifth Avenue und Fortysecond Street. Als sie in einer nahe gelegenen irischen Kneipe zu Mittag aßen, überreichte Lee Whitey das Päckchen. Doch selbst während Whitey an seiner neuen Tarnung arbeitete, zog er wieder einmal unnötig Aufmerksamkeit auf sich. Die Kellnerin, die sie bediente, schob beiläufig ihren BH-Träger unter die Bluse, nachdem er ihr von der Schulter gerutscht war. Whitey, der stets panische Angst vor Keimen hatte, erlitt daraufhin einen Wutanfall und schimpfte, dass sie sein Essen mit dergleichen schmutzigen Hand berührt habe.[63]

Nachdem sie das Lokal verlassen hatten, bat Whitey Cathy, auf ihn zu warten, während er mit Lee einen Spaziergang machte. Die beiden Männer hatten erst eine kurze Strecke zurückgelegt, als Whitey seinen Begleiter plötzlich eine U-Bahn-Treppe hinunterstieß, die nicht mehr benutzt wurde, und ihm hinterherlief. Der 1,90 Meter große Lee überragte Whitey um einiges, dennoch hatte er Angst, als er allein mit ihm in einem dunklen Gang stand. Er war davon überzeugt, dass Whitey ihn umbringen woll-

te, und vielleicht hatte er auch recht. Doch auf einmal öffnete sich eine
Tür, und mehrere Bahnpolizisten erschienen. »Was tun Sie hier?«, fragte
einer von ihnen. »Verschwinden Sie.«[64] Lee stolperte die Treppe hinauf und
schrie: »Das war's, ich hau ab.« Als er wegrannte, blieb Whitey einfach auf
dem Bürgersteig stehen.

Foley beauftragte einen Kollegen, jeden Tag die Datenbank der Justizbehörden zu überprüfen. Er hoffte, Whitey würde unter einem seiner neuen
Namen festgenommen werden. Doch Whitey leistete sich keinen Fehler.

Er und Cathy hatten nach dem Labor Day als Mark und Carol Stapleton
einen Zug nach Chicago bestiegen. Einige Monate später gelang es Weeks,
sich mit Whitey in New York zu treffen. Es sollte ihre letzte Begegnung
sein. Whitey war entspannt und fragte sogar einen Polizisten nach dem
Weg. »In einer großen Stadt kann man am besten untertauchen«, sagte er
zu Weeks, nachdem sie sich von dem arglosen Polizisten verabschiedet hatten.[65] »Die Leute sind so mit ihren eigenen Problemen beschäftigt, da fällt
man gar nicht auf.«

Dann aßen sie ein letztes Mal gemeinsam zu Mittag, und als sie zur
Penn Station gingen, wurde Whitey ernst und wiederholte noch einmal,
was er Weeks Monate zuvor in Chicago schon einmal gesagt hatte: »Wenn
du jemals Ärger bekommst, schieb die Verantwortung auf mich.«[66] An einem der Eingänge zum Bahnhof blieben sie kurz stehen. »Ich melde mich«,
meinte Whitey.

Aber er rief nie wieder an. Und das überraschte Weeks nicht. Ihm war
klar, dass Whitey wusste, dass Flemmi im Knast allmählich durchdrehte.
Während Whitey es sich auf der Flucht gut gehen ließ, war sein Komplize in einer kleinen Zelle eingepfercht. Whitey hatte immer wieder betont,
dass Flemmi es im Gefängnis nicht aushalten werde, und wusste, dass er
nur eine einzige Karte ausspielen konnte. Er sollte recht behalten. Einige
Monate, nachdem Whitey sich von Weeks verabschiedet hatte, beschloss
Flemmi, seine Geschichte zu erzählen und seine Verteidigungsstrategie offenzulegen: Wieso sollten er und Whitey für Verbrechen zur Rechenschaft
gezogen werden, die sie mit Erlaubnis des FBI begangen hatten?

14

Wo ist Whitey?

Das **Summen von Haartrocknern** und das englische oder vietnamesische Geplapper der Kundinnen empfingen Cathy Greig, als sie eines Tages im Januar 2000 die Tür des Schönheitssalons Fountain Hair & Nails öffnete, der zwischen einer Trockenreinigung und einem Herrensalon in einer kleinen Ladenzeile nahe der Hauptstraße in Fountain Valley, Kalifornien, lag. Die Stadt im Orange County war nicht weit von Disneyland entfernt und einer der vielen Orte in diesem Teil Kaliforniens, in denen alles recht hübsch ist, ohne dass etwas einen bleibenden Eindruck hinterließe oder jemand auffallen würde. Deshalb war die Stadt für Cathy und den bärbeißigen älteren Mann hinter dem Lenkrad ein perfekter Unterschlupf. Höflich lächelnd meinte Cathy, sie habe zwar keinen Termin, vielleicht könne ihr dennoch jemand rasch ihr Haar färben. Sie habe es eilig, und ihr Mann warte ungeduldig im Auto. Sie hielt eine Packung Haarfärbemittel hoch, die sie selbst gekauft hatte. Obwohl im Salon einige Kundinnen warteten, führte Kim, der Eigentümer, Cathy freundlich zu einem leeren Stuhl. Ob ihr Mann im Salon warten wolle? Cathy lehnte das Angebot ab, und der Mann blieb im Auto sitzen, das den großen Fenstern des Salons zugewandt war, und behielt Cathy im Auge. Sie redete wenig, zahlte bar – 16 Dollar fürs Färben plus Trinkgeld – und schlüpfte schließlich wieder auf den Beifahrersitz. Dann fuhren die beiden los.

Kim hatte an dem Besuch nichts ungewöhnlich gefunden – bis einige Wochen später FBI-Agenten erschienen und ihm Plakate mit Fotos von Whitey Bulger und Cathy Greig zeigten. Sie hatten einen Hinweis von einer Kundin bekommen, die gern die Fernsehsendung *America's Most Wanted* anschaute und daher das flüchtige Paar erkannt hatte. Sie war im Schönheitssalon gewesen, als Cathy ihr Haar hatte färben lassen, und ihr war auch der ältere Mann aufgefallen, der gewartet und sie beobachtet hatte.[1] Das FBI hatte Whitey fünf Jahre lang ohne Erfolg gesucht, und es hatte in letzter Zeit keine zuverlässigen neuen Meldungen mehr gegeben, dass er irgendwo gesehen worden wäre. Dies war daher der große Durchbruch, auf den man gehofft hatte, ein klares Zeichen dafür, dass Whitey sich in Südkalifornien versteckte.

Aber nichts, was mit Whitey und dem FBI zu tun hatte, war jemals so, wie es sein sollte. Nachdem das FBI-Büro in Los Angeles die Spur einige Monate lang diskret verfolgt hatte, ging es an die Öffentlichkeit und verkündete, Whitey und Cathy seien beim Schönheitssalon gesehen worden und hielten sich möglicherweise noch in Südkalifornien auf. Doch das Bostoner Büro, das die Fahndung leitete, war von dem Hinweis wenig beeindruckt und spielte seine Bedeutung sofort herunter. In einer Presseerklärung schrieb es, jemand habe eine Person gesehen, die Cathy »ähnlich« sehe, und über Bulgers Auftauchen gebe es »keine bestätigte« Meldung.[2] Genau diese Art von Fehlern, Engstirnigkeit und Animositäten war bis dahin charakteristisch für die Ermittlungsarbeit gewesen und hatte dazu beigetragen, dass das FBI, zumindest sein Bostoner Büro, als erstaunlich unfähig oder gar unwillig galt, Whitey festzunehmen. Für das FBI war der Fall des flüchtigen Whitey Bulger eine unvergleichliche Blamage vor der Öffentlichkeit. Obwohl das FBI Millionen Dollar und Tausende von Arbeitsstunden für die Fahndung geopfert hatte und seine Ermittler überall auf der Welt Hinweisen nachgingen, war der Erfolg bisher ausgeblieben.

Jene, die das Versagen des FBI nicht für einen Zufall hielten, hatten genügend Gründe für ihr Misstrauen. Nachdem Whitey kurz vor Weihnachten 1994 untergetaucht war, weil John Connolly ihn über die bevorstehende Anklage informiert hatte, hatte das FBI ausgerechnet Connollys alte Abteilung, das Sonderdezernat für das organisierte Verbrechen, mit der Suche beauftragt. Unter vielen möglichen Optionen hatte man die am wenigsten einleuchtende gewählt. Schlimmer noch, das FBI hatte Charlie Gianturco zum Chefermittler ernannt, einen Mann, dessen Familie sich Whitey verpflichtet fühlte, weil er Gianturcos Bruder Nick während eines verdeckten Einsatzes angeblich das Leben gerettet hatte. Das waren katastrophale Voraussetzungen, die bei allen Beteiligten den Eindruck erweckten, die Bemühungen des FBI seien nicht wirklich ernsthaft. Gerade in den ersten zwei Jahren nach Whiteys Flucht schien dieser Verdacht tatsächlich zuzutreffen. Whitey kehrte in dieser Zeit zumindest ein paar Mal nach Boston zurück. Einmal brachte er Teresa Stanley nach Hause und holte Cathy Greig ab. Doch weder Cathy noch Kevin Weeks, der sie zum Treffen mit Whitey fuhr, wurden damals überwacht. FBI-Agenten warteten zudem über ein Jahr, bis sie Teresa befragten. Und als sie es endlich taten und sie sich zu einer Kooperation bereit erklärte, folgten sie den Spuren, die sie ihnen geliefert hatte, nur zögerlich. Ermittler überprüften eine Telefonkarte, die man in einem verlassenen Auto Whiteys in New York gefunden hatte, nur ungenau und glaubten irrigerweise, er habe nur einen Anruf getätigt statt Dutzende. Erst zwei Jahre nach Whiteys Verschwinden sprachen Agenten mit Connolly. Als sie sich endlich mit dem pensionierten Kollegen in seinem Bostoner Büro im Prudential Center trafen, war er keine große Hilfe und sprach nur freundlich von Whitey. Er erinnerte sich daran, dass Whitey ihm ein Eis gekauft hatte, als er ein Junge gewesen war – eine Anekdote, die er im ersten Kapitel seiner Autobiografie unterbringen wollte, wie er den Ermittlern erzählte. Er behauptete, sein ehemaliger Vorgesetzter John Morris habe Whitey und Flemmi Schutz vor Strafverfolgung versprochen, weil sie so »gute Informanten« gewesen seien. Als die Agenten sich verabschiedeten, machte Connolly deutlich, wem seine Loyalität galt: »Ich hoffe, er wird nie erwischt«, sagte er.[3]

Sein Wunsch wäre beinahe in Erfüllung gegangen, weil sich das FBI weitere Schnitzer leistete. Die Behörde wartete zwei Jahre, bevor sie eine Belohnung von 250.000 Dollar für Hinweise aussetzte, die zur Festnahme Whiteys führten. Und es dauerte über vier Jahre, ehe sie ihn 1999 in die Liste der zehn meistgesuchten Verbrecher aufnahm, was zur Folge hatte, dass den Fahndern von da an mehr Ressourcen für die Fahndung zur Verfügung standen und alle Außenstellen verpflichtet waren, Hinweisen in Sachen Bulger oberste Priorität einzuräumen. Doch inzwischen war die Spur seit Jahren kalt. Die besten Chancen, Whitey zu schnappen, waren zu Beginn seiner Flucht vertan worden, vor allem nachdem Teresa seinen ursprünglichen Decknamen enthüllt hatte. Sie wurden vertan, weil das FBI für die Fahndung allein zuständig sein wollte und jeglichen Spuren nur im Schneckentempo nachging.

Es ist durchaus denkbar, dass das FBI die Suche nach Whitey nie weiter intensiviert hätte, wenn sich nicht ein Mann, der in der Öffentlichkeit kaum bekannt, aber in Justizkreisen eine Art Legende war, unermüdlich darum bemüht hätte: Mark Wolf, der Richter, der mit den Anklagen gegen Whitey, Steve Flemmi, Frank Salemme, John Martorano und Bobby DeLuca, einen weiteren Gangster, befasst war. Wolf war in vielerlei Hinsicht der ideale Mann dafür. Er war ein ehemaliger Staatsanwalt und, wichtiger noch, ein Schützling des früheren Generalstaatsanwalts Edward Levi, der sich in den Siebzigerjahren mit seinem Kampf gegen die Korruption in der Regierung einen Namen gemacht hatte. Wolf war ganz in der Nähe von Boston aufgewachsen und somit ein echtes Kind der Region. Sein Vater war der Steuerberater von Red Auerbach, dem legendären Trainer der Celtics. Als Junge hatte Wolf seinen Vater gern begleitet, wenn dieser und Auerbach das Angenehme mit dem Geschäftlichen verbunden hatten. Dazu hatten reichlich chinesisches Essen, lustige Geschichten und jede Menge Lebensweisheiten gehört. Von Auerbach und seinem Vater hatte er eine kompromisslose, sachliche Herangehensweise an Aufgaben gelernt, die er mit in die Justiz nahm. Nach seinem juristischen Examen in Harvard 1971 hatte er als Stellvertreter Levis gearbeitet, den Präsident Gerald Ford damit beauftragt hatte, die Glaubwürdigkeit und Transparenz im Justizministerium nach den Watergate-Exzessen wiederherzustellen. Eine seiner Aufgaben als 30-jähriger Anwalt im Justizministerium hatte 1976 darin bestanden, die Richtlinien für den angemessenen Umgang mit Informanten neu zu formulieren. Eine ungeahnt zukunftsweisende Aufgabe. 20 Jahre später war Wolf mit einem Fall befasst, in dem FBI-Agenten so ziemlich jede Regel verletzt hatten, die er aufgestellt hatte.

Die Behauptung, Whitey sei ein Informant, war seit 1988 im Umlauf, als der *Boston Globe* zum ersten Mal darüber berichtet hatte. Anthony Cardinale, ein vehementer Strafverteidiger, der neben anderen Kriminellen den Mafiaboss Frank Salemme vertrat, wollte schon seit Langem wissen, ob Whitey oder ein anderer in diesen Fall involvierter Angeklagter ein Informant gewesen war. Das FBI und das Justizministerium hatten die Antwort bisher stets hartnäckig verweigert, doch nun ließ Wolf ihnen keine andere Wahl. Er ordnete an, dass das FBI die Frage öffentlich und unzweideutig beantworten müsse. Natürlich lautete die Antwort »Ja«.

Als Wolf damit begann, Whiteys und Flemmis Beziehung zum FBI eingehend zu untersuchen, kam Kritik am FBI auf, weil es die Fahndung nach Whitey leiten wollte und dies einen Interessenskonflikt darstellte. Doch das FBI, das seine flüchtigen Verbrecher seit jeher selbst gejagt hatte, weigerte sich, die Suche den U.S. Marshals zu überlassen, die darauf spezialisiert waren. Erst nach zwei erfolglosen Jahren der Alleinzuständigkeit stellte das FBI im August 1997 endlich eine dreiköpfige Einsatzgruppe zusammen, die aus einem FBI-Agenten, einem Kripobeamten aus Boston und einem Polizeibeamten des Staates Massachusetts bestand und sich ganz der Suche nach Whitey widmen sollte.

Monate später setzte Wolf eine Beweisaufnahme in Gang, die von ihrer Ausführlichkeit her in der Geschichte Bostons einzigartig war. Sie dauerte beinahe ein Jahr, und es wurden fast 50 Zeugen befragt. Viele von ihnen waren Kollegen und Vorgesetzte von John Connolly. Keiner von ihnen machte jedoch eine derart folgenreiche Aussage wie John Morris, dessen einst ruhmreiche Karriere wegen seiner Beziehung zu Connolly und Whitey jäh zu Ende gegangen war. Obwohl Morris Connollys Chef gewesen war, gelang es ihm, mit dem Justizministerium einen Handel abzuschließen: Wenn er gegen Connolly aussagte, würde ihm eine Gefängnisstrafe erspart bleiben. Während seiner Aussage an acht Verhandlungstagen enthüllte Morris das System des FBI, das Whiteys Handeln möglich gemacht hatte. Er erklärte, dass die absolute Priorität des Kampfes gegen die Mafia dazu geführt hatte, dass das FBI in Boston Bündnisse mit Kriminellen eingegangen war, die ebenso kaltblütig mordeten wie die Mafia, in einigen Fällen sogar in deren Auftrag. Morris erweckte den Eindruck eines jämmerlichen Karrieristen und Schürzenjägers, der Connolly und Whitey benutzt hatte, um möglichst positive Einträge in seiner Personalakte zu erhalten, und der mithilfe von Whiteys finanzieller Unterstützung seine Geliebte zu einem Rendezvous hatte einfliegen lassen. Während die anderen FBI-Agenten jegliches Fehlverhalten abstritten oder beschönigten, legte Morris' Aussage alles schonungslos offen.

Tag für Tag trat er in den Zeugenstand und wirkte dabei wie ein unbedeutender Buchhalter. Sein Verhalten stand in krassem Gegensatz zu dem, was er aussagte. In einem vollbesetzten Gerichtssaal gab er zu, womöglich den Tod zweier Männer verschuldet zu haben, weil er Connolly mitgeteilt hatte, dass Brian Halloran ihre Informanten hatte verpfeifen wollen. Während Morris sprach, schauten die Zuschauer einander vielsagend an, als spürten sie, dass dies ein historischer Augenblick war, dass etwas lange Verborgenes endlich ans Licht kam. Die Angeklagten Flemmi, Salemme, DeLuca und Martorano saßen auf der Anklagebank. Flemmi rutschte unbehaglich hin und her, als Morris erzählte, dass FBI-Agenten mit ihm und Whitey zusammen gegessen hatten. Martorano starrte ihn wütend an. Polizisten, deren Versuche, Whitey und Flemmi zu überführen, im Laufe der Jahre immer wieder gescheitert waren, sahen sich endlich darin bestätigt, dass all ihre Vermutungen – und noch einiges mehr – wahr waren. Während einer Verhandlungspause saß Morris einsam auf einer Bank außerhalb des Gerichtssaals. FBI-Agenten starrten ihn von Weitem an. Er war ganz allein, ein Verräter und, obwohl er mit seiner Aussage der Gerechtigkeit diente, alles andere als ein Held.

Während Wolf die Beziehungen des FBI zu Whitey und Flemmi immer gründlicher erforschte, startete Connolly, der eine Katastrophe auf sich zukommen sah, heimlich einen Gegenangriff, mit dem er Wolf dazu bewegen wollte, eine Anklage wegen dieser schmutzigen Machenschaften fallen zu lassen. Er ließ Flemmis Verteidiger interne FBI-Informantenberichte zuspielen, die dieser nutzen konnte, um mehrere FBI-Agenten in Misskredit zu bringen, die in ihrer Aussage vor Wolf bestritten hatten, dass den beiden Informanten Immunität zugesichert worden war.[4] Connolly versuchte außerdem, Morris als unzuverlässigen Trunkenbold hinzustellen. Er gab Flemmi ein Tonband, auf dem vor Jahren Gespräche im Hauptquartier der Mafia aufgezeichnet worden waren. Dann sagte Flemmi wahrheitswidrig aus, Morris habe ihm und Whitey während eines geheimen Treffens dieses Band vorgespielt und sich dann derart betrunken, dass er es ihnen überlassen habe.[5] Connolly war entschlossen, jeden Kollegen mit Schmutz zu bewerfen, der gegen Whitey und Flemmi aussagte. Er beschaffte sich Briefbögen der Bostoner Polizei und schickte Richter Wolf einen anonymen Brief, der den Kripobeamten Frank Dewan fälschlich beschuldigte, Beweise gegen Whitey und Flemmi erfunden zu haben. Dann schrieb er unter dem Briefkopf des *Boston Globe* an die Bostoner Polizei und denunzierte Dewan weiter.[6] Dewan hatte einen großen Teil seiner Laufbahn mit dem Versuch verbracht, Whitey ins Gefängnis zu bringen, und hatte entscheidend dazu beigetragen, dass die DEA 1990 51 Kokainhändler anklagen konnte. Er hatte einen Ruf als ehrlicher Polizist, der sich nicht bestechen ließ.[7] Connollys Intrigen blieben daher nicht nur fruchtlos, sondern erwiesen sich sogar als Bumerang. Er hatte Mark Wolf, den Mann, den er täuschen wollte, falsch eingeschätzt.

Als der Richter im September 1999 einen vernichtenden, 661 Seiten starken Bericht über seine Ergebnisse veröffentlichte, war allgemein klar, dass das FBI Whitey und Flemmi erlaubt hatte, ungestraft ihren kriminellen Geschäften nachzugehen. Wolf zeichnete das Bild eines FBI, das davon besessen war, die Wahrheit zu verbergen: Es hatte Whitey und Flemmi Gefälligkeiten erwiesen und sie geschützt. Er wies zudem Flemmis Behauptung zurück, den beiden Gangstern sei im Austausch gegen ihre Informationen eine echte strafrechtliche Immunität zugesichert worden. Allerdings bestätigte er voll und ganz, dass sie unter dem Schutz des FBI Menschen ermordet hatten. Dann kam der Richter zum Kern der Sache: Das FBI hatte nicht nur die Partnerschaft von Whitey und Flemmi möglich gemacht, es hatte sie sogar ursprünglich initiiert. Um die Cosa Nostra zerschlagen zu können, hatte das FBI den beiden nahezu alles erlaubt. »Das FBI machte Bulger und Flemmi, die sich zuvor nur flüchtig gekannt hatten, zu einem perfekten Team«, schrieb Wolf. »Was Flemmi und Bulger in Boston auf einzigartige Weise verband, war ihre Antipathie gegen [die Cosa Nostra], der Wunsch, von deren Zerschlagung auf kriminelle Weise zu profitieren, und vor allem der vom FBI zugesicherte Schutz.«[8]

Seine Darlegungen zwangen das Justizministerium, gegen das FBI wegen Korruption zu ermitteln. Wolf stellte allerdings klar, dass Connolly nicht der einzige Schuldige gewesen sei. »Ich betrachte diesen Fall nicht als Problem mit einigen ›faulen Äpfeln‹, wie die Regierung es bisweilen formuliert hat«, gab Wolf an. Er sei vielmehr davon überzeugt, dass mehr als ein Dutzend FBI-Beamte in Boston und Washington ungesetzlich gehandelt hätten, um Whitey und Flemmi zu schützen.[9]

Dadurch, dass Wolf das FBI zu dem Eingeständnis zwang, dass Whitey und Flemmi Informanten gewesen waren, löste er eine wahre Lawine aus. Ein ehemaliger Gefolgsmann nach dem anderen wandte sich nun von ihnen ab. Monatelang saß John Martorano mit grimmigem Gesicht neben Flemmi auf der Anklagebank, während eine Karawane von Zeugen an Wolf vorbeizog und die Partnerschaft von Whitey, Flemmi und dem FBI entlarvte. Martorano kam sich wie ein Idiot vor. Er hatte für Whitey und Flemmi Menschen ermordet, während die beiden dem FBI die ganze Zeit über Informationen über ihre Freunde geliefert hatten, auch über ihn. Mitten in der Anhörung hatte Martorano plötzlich genug und erklärte sich zu einer Zusammenarbeit mit der Justiz bereit. Er verhandelte hart, denn er wusste, dass er viel zu bieten hatte, vor allem hinsichtlich der Morde. Die Staatsanwaltschaft und die Ermittler, die verzweifelt nach Zeugen gesucht hatten, fühlten sich daher verpflichtet, ihm einen außergewöhnlich guten Handel anzubieten: zwölf Jahre für 20 Morde. Die Familien der Mordopfer waren natürlich entrüstet, doch die Staatsanwälte verteidigten ihre Milde damit, dass der Deal es ihnen endlich ermögliche, die Morde aufzuklären und, wichtiger noch, Whitey und Flemmi wegen einiger dieser Morde anzuklagen. »Hätten wir diese Vereinbarung nicht getroffen, wäre der Verdacht an uns hängen geblieben, wir hätten dies nur getan, um das FBI zu schützen«, sagte Staatsanwalt Donald K. Stern.[10]

Martoranos Aussage hielt, was man sich davon versprochen hatte. In einem besonders spannenden Moment erklärte er eiskalt, warum und wie er Roger Wheeler auf dem Parkplatz des Country Clubs in Tulsa zwischen die Augen geschossen hatte. Nach Martoranos Ausführung musste sogar Wheelers Sohn David den getroffenen Deal bezüglich des Strafmaßes als schrecklich, aber notwendig anerkennen. »Ich finde es furchtbar, dass wir auf Auftragsmörder angewiesen sind, um die Wahrheit über unser FBI herauszufinden«, erklärte er.[11]

Zwei Monate nach der Veröffentlichung der Sitzungsergebnisse wurde Kevin Weeks wegen Mitgliedschaft in einer kriminellen Vereinigung angeklagt. Das war keine gute Nachricht für Whitey und John Connolly. Nach Whiteys Flucht hatten sich Weeks und Connolly regelmäßig getroffen und oft im »Top of the Hub« zu Mittag gegessen, einem Restaurant im 52. Stock des Prudential Tower mit einem herrlichen Ausblick auf die Stadt und ihre Umgebung. Weeks war zutiefst enttäuscht gewesen, als er erfahren hatte, dass Whitey und Flemmi Informanten gewesen waren. Außerdem hatte er Angst. Da er beiden Männern so nahegestanden hatte, fürchtete er, man werde ihn ebenfalls für einen Spitzel halten. Deshalb trug er nun ständig zwei Waffen bei sich.[12] Als er Flemmi im Knast besuchte, beklagte er sich darüber, dass er und Whitey ihn zur Zielscheibe gemacht hätten.

Doch Flemmi winkte ab und meinte nur, niemand werde Weeks für einen Informanten halten. Bei einem Essen im »Top of the Hub« vertrat Connolly die gleiche Meinung und riet Weeks zu warten, bis die ganze Geschichte herauskomme. »Sie haben jeden verraten«, sagte Weeks. »Nein, haben sie nicht«, erwiderte Connolly.[13]

Connolly versuchte, ihn davon zu überzeugen, dass alles nur Teil eines brillanten Plans gewesen sei mit dem Ziel, die Mafia auszulöschen, dass Whitey und Flemmi sich selbst geschützt hätten, indem sie dem FBI geholfen hätten, ihre wichtigsten kriminellen Rivalen zu bekämpfen. Doch als Weeks die FBI-Berichte durchblätterte, die Connolly ihm mitgebracht hatte, entdeckte er, dass Whitey und Flemmi auch Informationen über andere geliefert hatten, sogar über alte Freunde aus der Winter-Hill-Gang. Connolly beteuerte jedoch, dass Flemmi 90 Prozent der Informationen weitergegeben habe und er, Connolly, sie zum Teil Whitey zugeordnet habe, um dessen Ansehen beim FBI zu fördern. Doch Weeks kaufte ihm die Geschichte nicht ab. Er hatte manchmal die Geldscheine verpackt, die Connolly von Whitey und Flemmi bekommen hatte, und wusste, dass es zwischen ihnen eine korrupte Verbindung gegeben hatte.[14]

Weeks war 43 Jahre alt und Vater von zwei Jungen im Teenageralter. Schon nach drei Wochen Untersuchungshaft war er bereit, mit der Justiz zu kooperieren. Obwohl er viele Jahre lang für Whitey gearbeitet und ihn bewundert hatte, war er der Meinung, dass er ihm nun nichts mehr schuldete. Und Flemmi schuldete er auch nichts, ebenso wenig wie Connolly.[15] Er gab daher zu, Gehilfe bei fünf Morden gewesen zu sein, und wurde später zu fünf Jahren Gefängnis verurteilt. John Martorano lieferte der Polizei detaillierte Berichte über die Morde, Kevin Weeks zeigte ihnen die Gräber, wodurch nicht nur die Überreste von Whiteys Opfern zum Vorschein kamen, sondern auch der ganze Umfang seiner Zusammenarbeit mit dem FBI deutlich wurde.

Nach 15 Jahren waren die Bäume und Sträucher verschwunden, die einst eine so gute Deckung dargestellt hatten, als sie die Leichen aus dem Geisterhaus geholt und wieder begraben hatten. Dennoch führte Weeks die Polizisten und die DEA-Agenten sofort an die richtige Stelle. Es war eine klirrend kalte Nacht und es schneite, als ein Bagger den gefrorenen Boden aufgrub, während oben auf dem Southeast Expressway der Verkehr tobte. Eine halbe Stunde später stieß die schwere Metallschaufel auf Menschenknochen. Von da an gruben Arbeiter mit Schaufeln weiter und siebten die Erde sorgfältig durch. Sie arbeiteten die ganze Nacht. Heizstrahler und Zelte schützten sie vor dem kalten Wind, während sie die Überreste von John McIntyre, Bucky Barrett und Deborah Hussey einsammelten.[16]

Richter Wolfs Anhörungen setzten zwei voneinander unabhängige Untersuchungen in Gang. Die Staatsanwälte Fred Wyshak und Brian Kelly, die aus den Ermittlungsergebnissen der Polizei und der DEA Anklagen geschmiedet hatten, bereiteten nun auch Mordanklagen gegen Whitey und Flemmi vor. Und gleichzeitig setzte das FBI eine Arbeitsgruppe unter der Leitung des Sonderermittlers John Durham ein, um Beweismaterial gegen Connolly und möglicherweise auch gegen andere FBI-Agenten und deren Vorgesetzte zusammenzutragen, die sich laut Wolfs Ergebnissen gesetzwidrig verhalten hatten. Die anderen Polizeibehörden glaubten nicht so recht daran, dass das FBI Korruptionsfälle in den eigenen Reihen tatsächlich gründlich aufklären würde. Doch während die Verjährungsfrist abzulaufen drohte, schien Durhams Team tatsächlich losschlagen zu wollen. Dann bekamen sie unerwartet Hilfe von Frank Salemme, dem Mafiaboss.

Das geschah jedoch nicht aus selbstlosen Überlegungen, zumal der junge, ehrgeizige John Connolly Salemme 1972 in Manhattan verhaftet hatte, was ihm eine Haftstrafe von 15 Jahre eingebracht hatte. Obwohl Salemme sich seiner erneuten Festnahme für kurze Zeit hatte entziehen können, weil er nach Connollys Warnung ebenso wie Whitey die Stadt verlassen hatte, fühlte er sich nicht verpflichtet, jetzt den Mund zu halten – *omertà* galt nicht für korrupte FBI-Agenten. Er gab an, dass Connolly ihm zugesagt hatte, ihn rechtzeitig zu warnen. Das genügte, um Connolly anzuklagen. Doch Rache war nur ein Grund für die ungewöhnliche Entscheidung des Mafiabosses, die Justiz zu unterstützen. Salemme versuchte auch, seine Gefängnisstrafe von elf Jahren wegen Mitgliedschaft in einer kriminellen Vereinigung zu reduzieren. Außerdem musste er mit weiteren 18 Monaten Haft rechnen, wenn er nicht aussagte. »Ich hatte keine Lust, 18 Stunden für jemanden zu sitzen«, sagte Salemme, »und erst recht nicht 18 Monate.«[17]

Dass Connolly Whitey als Informanten im Krieg gegen die Angiulos benutzt hatte, war letztlich ein genialer Schachzug der irischen Gangster gegen die Cosa Nostra. Salemmes Beitrag zur Anklage gegen Connolly war die Rache der Mafia: Der Ermittler, der die Mafia zu Fall gebracht hatte, wurde von der Mafia zu Fall gebracht. Drei Tage vor Weihnachten 1999 klopften FBI-Beamte an die Tür von Connollys Haus in Lynnfield, einer wohlhabenden Vorstadt nördlich von Boston. Die Festnahme so kurz vor dem Feiertag war keine besondere Gemeinheit ihm gegenüber, sondern pure Notwendigkeit. Da Whitey zwei Tage vor Weihnachten 1994 von Connolly vor einer drohenden Verhaftung gewarnt worden war, wäre diese Straftat einen Tag später verjährt.

Connolly ging es schlecht, er hatte Grippe, doch die Beamten, die ihn verhafteten, teilten seine Meinung nicht, dass bestimmte Straftäter Anspruch auf Vorzugsbehandlung hätten, und legten ihm Handschellen an.

Als er in den Gerichtssaal kam, wirkte sein normalerweise perfekt frisiertes Haar ungepflegt. Statt des sonst üblichen maßgeschneiderten Anzugs trug er einen Trainingsanzug. Alles hatte sich verändert, nur nicht Connollys Einstellung. »Diese Ermittlungen sollten den Namen ›Unternehmen Sündenbock‹ tragen«, klagte Connollys Anwalt, nachdem sein Mandant vor der Verhandlung gegen Kaution auf freien Fuß gesetzt worden war.[18] Connolly erhielt einen Anruf von Bill Bulger, der ihm Unterstützung anbot. »Ich drückte lediglich mein Interesse an seiner Situation aus«, erklärte Bill Bulger später vor einem Großen Geschworenengericht. »Ich habe ihn einfach angerufen, um ihm zu sagen, dass ich ihm immer noch vertraute.«[19]

Während Connolly auf seinen Prozess wartete, gingen die Grabungen weiter, diesmal am Tenean Beach in Dorchester, wo man die Überreste von Paul McGonagle, dem einstigen Anführer der Mullens-Gang, fand. Monate später tauchte am Ufer des Neponset gegenüber der Dorchester Bay in Quincy die Leiche von Tommy King auf, rund 90 Meter von der Eigentumswohnung entfernt, in der Whitey in den Achtzigerjahren mit Cathy Greig gewohnt hatte. Die letzte Suche galt Debra Davis. Ihr Grab befand sich in der Nähe des Grabes von Tommy King am Ostufer des Neponset nahe der Mündung in die Dorchester Bay und des Campus der University of Massachusetts. Als die Grabung begann, bereitete sich Bill Bulger, der Präsident der Universität, darauf vor, eine Debatte zwischen George W. Bush und Vizepräsident Al Gore zu moderieren. Da die Universität bald im Rampenlicht stehen würde, summten die Generatoren die ganze Nacht und versorgten die Scheinwerfer mit Strom. Zunächst sah es danach aus, als würde man Debra nicht finden, denn nach fast zwei Wochen hatte der Suchtrupp noch keinen Erfolg vorzuweisen. Wenige Tage, bevor die Kandidaten und die Journalisten in die Stadt kamen, wurde die Suche unterbrochen. Einige Wochen später nahmen die Ermittler sie unterstützt von neuen Informationen wieder auf. Dann endlich fanden sie Debra Davis' Leiche.

Im September 2000 wurde Whitey wegen Mordes in 19 Fällen und Flemmi als Mittäter in zehn Fällen angeklagt, und zwar im Rahmen eines Verfahrens vor dem Bundesgericht wegen Mitgliedschaft in einer kriminellen Vereinigung. Monate später folgten in Tulsa und in Miami gegen Whitey, Flemmi und John Martorano Anklagen wegen Mordes an Roger Wheeler und John Callahan. Dabei drohte ihnen die Todesstrafe. Die kleine Gruppe von Polizisten und DEA-Ermittlern, die mit den Staatsanwälten Wyshak und Kelly zusammenarbeitete, hatte die Leichen gefunden und umstrittene Absprachen getroffen, um ausreichend Beweise gegen die zwei Informanten zusammenzutragen, die mit ihren Morden fast davongekommen wären. Die Behauptung der Whitey-Anhänger, er sei nur der größte

Buchmacher und Kredithai in Southie gewesen, war damit offiziell widerlegt. Jetzt musste man ihn nur noch finden und vor Gericht stellen.

John Connollys Absturz war atemberaubend. Eine Jury in Boston hielt die Aussagen seines korrupten Vorgesetzten John Morris und von Whiteys Totengräber Kevin Weeks für glaubhafter als alle Auszeichnungen und Ehren, mit denen das FBI Connolly überhäuft hatte. Er selbst trat nie in den Zeugenstand. Als das Urteil verkündet wurde, stand er neben seiner Frau Liz, die 19 Jahre jünger war als er und beim FBI als Sekretärin gearbeitet hatte, als sie ihn kennengelernt hatte. Er wurde wegen krimineller Machenschaften, Behinderung der Justiz und Belügen eines FBI-Agenten verurteilt. Sein einziger Trost war, dass das Gericht ihn von der schlimmsten Anklage freisprach: der Preisgabe von Informationen, die Whitey und Flemmi veranlasst hatten, potenzielle Zeugen gegen sie zu töten. Connolly durfte bis zur Urteilsverkündung auf freiem Fuß bleiben. Wenige Stunden nach dem Urteil setzte er sich mit seinen drei Söhnen zusammen, einem Zwölfjährigen und elfjährigen Zwillingen, und erklärte ihnen den Schuldspruch. Das sei die schlimmste Nacht seines Lebens gewesen, sagte er.[20]

Mehr als 200 Menschen schrieben Briefe an Richter Joseph Tauro und baten ihn um Gnade für Connolly. Einige von ihnen, darunter Joe Pistone, verewigt durch den Mafiafilm *Donnie Brasco*, und William Friedkin, der Hollywoodregisseur, waren bekannt.[21] Die meisten waren jedoch ganz normale Bürger, die Connollys Großzügigkeit und Freundlichkeit priesen. Die Mutter eines Mannes, der während eines Streits bei einem Jugend-Eishockeyspiel in einer Eissporthalle erschlagen worden war, berichtete, Connolly sei für die Söhne des Toten fast ein Ersatzvater geworden – er sei mit ihnen zu ihren Eishockeyspielen gefahren und habe ihnen die Schlittschuhe zugebunden.[22] Andere Briefe wiesen darauf hin, dass Connolly, der eine Hautkrebserkrankung überstanden hatte, regelmäßig Blut spendete und Geld für wohltätige Zwecke in Southie und darüber hinaus sammelte.[23] Tauro war davon jedoch wenig beeindruckt und verurteilte den entsetzten Connolly zu zehn Jahren Gefängnis. Connolly hatte gerade noch Zeit, seinen Ehering seiner Frau zu geben, bevor er eilig ins Gefängnis gebracht wurde, während er immer noch seine Unschuld beteuerte. »Vielleicht kann man mir ein schlechtes Urteilsvermögen vorwerfen, aber ich wollte nie ein Verbrechen begehen«, sagte er nach dem Urteil.[24] Er hatte nun alles verloren außer seinen Illusionen.

Steve Flemmi saß allein in seiner Zelle im Hochsicherheitsgefängnis in Walpole, südlich von Boston, und sah keinen Ausweg mehr. Er war 69 Jahre alt, litt unter den Haftbedingungen, und sein einst durchtrainierter Körper verdorrte langsam. Seit fast neun Jahren war er eingesperrt. Seine

Freunde hatten sich von ihm abgewandt. Sein ehemaliger Betreuer beim FBI saß ebenfalls im Gefängnis. Und Whitey war nach wie vor frei wie ein Vogel. Eines Tages schluckte Flemmi daher seinen Stolz hinunter und gab auf. Im Oktober 2003 gestand er zehn Morde und erklärte sich bereit, als Zeuge auszusagen. Deswegen blieb ihm die Todesstrafe erspart. Er schilderte die langen Jahre der Zusammenarbeit mit dem FBI in allen Einzelheiten und gab unter anderem Hinweise, die zu einer Mordanklage gegen Connolly in Miami führten, weil er am Tod von John Callahan beteiligt gewesen war. Außerdem führte Flemmis Aussage dazu, dass der pensionierte FBI-Beamte Paul Rico in Oklahoma angeklagt wurde, weil er mit Whitey, Flemmi und Martorano ein Mordkomplott gegen Roger Wheeler geschmiedet hatte. Rico zeigte bis zum Schluss keine Reue und starb wenige Monate vor der geplanten Verhandlung im Alter von 78 Jahren.

Während Connolly auf seinen Mordprozess wartete, waren Fragen bezüglich seiner Kollegen, die Geld und Geschenke von Whitey bekommen hatten, immer noch unbeantwortet. Was war mit den Vorgesetzten in Boston und Washington, die über Whiteys und Flemmis Verbrechen hinweggesehen und Connolly mit Belobigungen und Gehaltserhöhungen belohnt hatten? Nur Connolly war zur Verantwortung gezogen worden. John Durham, der Sonderermittler, verfolgte diese Fragen und versprach, sie in einem vollständigen und endgültigen Bericht zu beantworten. Doch dieser Bericht erschien nie, und außer Connolly wurde niemand im FBI jemals angeklagt, weil er Whitey Bulger geschützt hatte.

Während seine alte Welt zunehmend zuammenbrach und eine sensationelle Enthüllung der nächsten folgte, blieb Whitey unauffindbar. Zu Beginn des neuen Jahrtausends war er in den Siebzigern und sah wie ein ganz normaler kahl werdender alter Mann mit heller Haut und blauen Augen aus. Das FBI hatte sein Vermögen beschlagnahmt – seine Eigentumswohnung in Clearwater, Florida, seinen Lotteriegewinn, seine diversen Bankkonten und Schließfächer – und hoffte, dass ihm irgendwann das Geld ausgehen werde. Aber die Justizbehörden hatten keine Ahnung, wie viel Geld er überall im Land und in der Welt verteilt hatte. Immer wieder gab es Meldungen, dass er irgendwo gesehen worden sei, doch die meisten Spuren erwiesen sich als falsch. Im November 2000 konzentrierte sich das FBI ganz auf Kalifornien, nachdem die Belohnung für seine Festnahme von 250.000 Dollar auf eine Million erhöht worden war. Das FBI kündigte dies auf Pressekonferenzen in Boston, San Diego und Los Angeles an und erklärte, man halte es nunmehr für glaubhaft, dass Whitey und Cathy im selben Jahr vor dem Schönheitssalon in Fountain Valley gesehen worden seien. Etwa um die gleiche Zeit wollte jemand Whitey in Venice Beach in Kalifornien erkannt haben. Dort hatte er vor seiner Flucht mit Teresa Stanley Urlaub gemacht.[25] Das FBI verteilte Fahndungsplakate mit den Fotos von Whitey und Cathy entlang der mexikanischen Grenze, weil es – durchaus zutreffend – vermutete, er werde sich nach Tijuana aufmachen, um dort billige, leicht erhältliche Medikamente zu kaufen.

Endlich zog sich die Schlinge zusammen, und endlich, so schien es, schloss sich auch die Kluft des Misstrauens zwischen dem FBI und den anderen Polizeibehörden. Zur selben Zeit, als das FBI die Belohnung vervierfachte, gab die Behörde auch bekannt, sie arbeite nunmehr mit der Polizei von Massachusetts und der DEA zusammen, um Whitey zu finden. Es war ein symbolischer Waffenstillstand mit dem Ziel, jahrzehntelange Feindseligkeiten zu beenden, die der Pakt des FBI mit Whitey ausgelöst hatte. Die Zahl der Ermittler, die sich ganz auf die Jagd nach Whitey konzentrierten, erhöhte sich nunmehr von drei auf acht.[26] Polizeimajor Thomas Foley, Inspektor Thomas Duffy, Inspektor Stephen Johnson und DEA-Agent Dan Doherty – die Ermittler, die damit beschäftigt gewesen waren, John Martorano und Kevin Weeks zu verhören und Leichen auszugraben – erklärten sich zögernd bereit, eine Einsatzgruppe zu bilden, der auch zwei FBI-Agenten, ein Bostoner Kripobeamter und ein Justizbeamter angehörten. Das vergrößerte Team zog aus dem FBI-Büro in Boston in ein geräumiges neues Quartier um. Es befand sich in einem Gebäude mit Blick auf den Hafen, das die Büros der Küstenwache beherbergte. Es war zum einen neutraler Boden für die Behörden, die im Zuge der Ermittlungen gegen Whitey aneinandergeraten waren, und es war ein verborgener und sicherer Ort, an dem man heikle Akten lagern und Leute befragen konnte. Endlich sah es danach aus, als würden Hinweise weitergegeben, Kräfte gebündelt und Ressentiments begraben. Doch die besten Absichten lösten sich angesichts alter Feindschaften und der Überheblichkeit des FBI rasch in Luft auf. Kurz bevor die neue Hilfe eintreffen sollte, düpierte das FBI Foley, Duffy und Johnson, lud sie zur Vernehmung vor und verlangte die Herausgabe ihrer Handys und beruflichen Telefonnotizen. Angeblich ermittelte das Justizministerium gegen sie wegen der Preisgabe von Informationen in Sachen Whitey Bulger, doch die Betroffenen hielten das Ganze für den schlecht getarnten Versuch herauszufinden, von wem sie ihre Informationen erhielten. Tief verletzt weigerten sie sich, mit dem FBI zusammenzuarbeiten. Es war eine absurde Situation, die jede Chance auf Versöhnung oder auf eine gemeinsame Fahndung zerstörte. Mehrere andere Polizisten und DEA-Agenten wurden später der Einsatzgruppe unter Leitung des FBI zugewiesen, dennoch blieb die Partnerschaft angespannt. Und wie immer profitierte Whitey von den Zerwürfnissen und dem Chaos.

Zumindest anfangs profitierte er auch indirekt vom 11. September 2001, an dem die Organisation al-Qaida die Vereinigten Staaten angriff. Zwei der Flugzeuge, die von den Terroristen entführt wurden, starteten auf dem internationalen Bostoner Flughafen Logan, und jeder Ermittler im Bostoner FBI-Büro musste sich in der Folge an den Ermittlungen beteiligen. Ein paar Wochen später war die Einsatzgruppe Bulger das erste Team, das seine normale Tätigkeit wiederaufnahm und in Südamerika einem Mann nachjagte, der Whitey jedoch nur ähnlich sah. Das FBI als Behörde war jedoch plötzlich mit dem Terrorismus beschäftigt. Obwohl Whitey auf der Liste der zehn meistgesuchten Verbrecher stand und seine Ergreifung damit höchste Priorität hatte, sah die Realität nach dem 11. September anders aus, zumindest außerhalb der Einsatzgruppe.

Das FBI ging 2001 rund 2000 Spuren nach, die Whitey betrafen – mehr als in jedem anderen Jahr seit seiner Flucht.[27] Viele Hinweise kamen aus Übersee. Ein älterer Mann in Barcelona, der sich letztlich als Priester entpuppte, sah Whitey derart ähnlich, dass nur seine Fingerabdrücke ihn entlasteten. Ein anderer Verdächtiger wurde bei einer wilden Verfolgungsjagd durch die Straßen von Rio de Janeiro gehetzt, bis sich herausstellte, dass er ein Portugiese war, der wegen Geldwäsche gesucht wurde. 2002 rief ein britischer Geschäftsmann das FBI an und gab ihm den vielversprechendsten Hinweis, seit Cathy Greig ihr Haar in dem Salon in Fountain Valley hatte färben lassen. Er sagte, er habe Whitey Bulger auf einer belebten Straße beim Piccadilly Circus in London spazieren gehen sehen. »Er war braun gebrannt«, gab der Mann an und behauptete, er habe Whitey sofort als den amerikanischen Touristen wiedererkannt, mit dem er sich 1994 angefreundet habe, als er in einem Fitnessstudio im Hotel »Le Méridien Piccadilly« trainiert habe.[28] Damals habe er mit Whitey an der Hotelbar gesessen, ein Sandwich gegessen und ein Bier getrunken, während der ältere Amerikaner ihm aus seinem Leben erzählt habe – einschließlich seines Aufenthalts in Alcatraz.[29] Die Einsatzgruppe Bulger hielt den Tipp für glaubhaft, weil Teresa Stanley ausgesagt hatte, sie sei einige Monate, bevor er sich abgesetzt habe, während einer Reise durch Europa mit Whitey im »Le Méridien Piccadilly« abgestiegen.[30] Jahre zuvor hatte Teresa auch enthüllt, dass Whitey in einer Londoner Bank ein Schließfach besaß, doch das FBI hatte es nicht gefunden, obwohl es einen Agenten nach England geschickt hatte. Die neue Spur brachte wieder Schwung in die Suche, sodass Kommissare von Scotland Yard schließlich das Schließfach aufspürten. Außerdem machten sie die überraschende Entdeckung, dass Whitey, als er das Schließfach 1992 gemietet hatte, seinen Bruder Bill, damals Senatspräsident in Massachusetts, bei der Bank als Kontaktperson angegeben hatte.[31] Als die Londoner Bank ihre Büros in ein anderes Gebäude verlegt hatte, hatte ein Bankmitarbeiter Bill Bulger in seinem Haus in South Boston angerufen und ihn darüber in Kenntnis gesetzt, dass das Schließfach verlegt worden sei. Die nicht identifizierte Person, die den Anruf entgegengenommen hatte, hatte der Bank mitgeteilt, dass Whitey Bulgers Aufenthalt nicht bekannt sei. Später erklärte Bill Bulger vor einem Kongressausschuss, weder er noch ein anderes Familienmitglied habe einen Anruf bekommen. Das Schließfach enthielt 50.000 Dollar in verschiedenen Währungen. Weitere Schließfächer, die Whitey gehörten, fand das FBI in London, Dublin und Montreal. Es startete nun auch eine Medienkampagne in Europa, damit mehr Leute auf Whitey aufmerksam wurden. Die Einsatzgruppe war Gast in der BBC-Show *Crimewatch UK* und bat um die Mithilfe der Öffentlichkeit. Doch nachdem sie weniger als ein Drittel der 100 Hinweise überprüft hatten, die nach der Sendung eingegangen waren, kehrten die Ermittler nach Boston zurück. Whitey war auf einmal nicht mehr so wichtig, weil die britischen Behörden, die mit der Bulger-Einsatzgruppe zusammengearbeitet hatten, jetzt dringendere Aufgaben hatten: die Durchsuchung von Wohnungen mutmaßlicher Terroristen, die Ermittlungen im Zuge der Entdeckung selbst gebastelter Bomben in einem Apartment in der Nähe des Flughafens Gatwick und die Bedrohung durch das tödliche Gift Ricin.[32] Auch wenn der Hinweis des britischen Geschäftsmannes verheißungsvoll geklungen hatte, war die Spur in London eiskalt. Denn Whitey war seit Beginn seiner Flucht nicht mehr nach London zurückgekehrt. Später gestand er, dass er nach seiner Europareise mit Teresa das Land nur für kurze Abstecher nach Mexiko verlassen habe, um dort billige Medikamente zu kaufen.

Der Aufruhr, für den Whitey in seinem Stadtteil gesorgt hatte, beschränkte sich nicht auf seine Komplizen und seine korrupten Freunde beim FBI. Auch seine Angehörigen und Freunde waren betroffen. Loyalität hatte ihren Preis, vor allem für Whiteys Brüder. Nicht lange, nachdem Whitey sich abgesetzt hatte, wurden Große Geschworenengerichte einberufen, um die Menschen, die ihn am besten kannten, zur Mitarbeit bei der Untersuchung zu zwingen. Die Einsatzgruppe Bulger überprüfte Telefonkarten von Whitey und Cathy und ermittelte Dutzende von Wohnungen und Geschäftsräume in der Region Boston, die im Sommer 1996 von ihnen angerufen worden waren, als Whitey sich um eine neue Identität bemüht hatte. Die beiden Menschen, die Cathy am nächsten standen – ihre Zwillingsschwester Margaret McCusker und ihre treue Freundin Kathleen McDonough –, wurden beschuldigt, in Bezug auf Telefonanrufe, die sie von Cathy erhalten hatten, gelogen zu haben. Daraufhin wurden sie zu sechs Monaten Hausarrest, gefolgt von einer Bewährungszeit, und einer Geldstrafe von jeweils 2000 Dollar verurteilt.[33] Als Margaret, die sich nur ungern um Cathys geliebte Pudel Nikki und Gigi gekümmert hatte, begriff, dass ihre Schwester nicht so bald zurückkehren würde, beschloss sie, die Tiere, die sie als Last empfand, einschläfern zu lassen.[34] Daraufhin brachte das FBI in der Sendung *America's Most Wanted* die Meldung, dass die Hunde tot seien – in der Hoffnung, Cathy werde darauf reagieren. Der Plan hätte auch beinahe geklappt, denn eine Nachbarin von Margaret erhielt Anfang 1999 einen Anruf von Cathy, die bestürzt fragte: »Was ist mit meinen Hunden passiert?« Die verängstigte Nachbarin legte jedoch ohne Antwort auf.[35]

Die Einsatzgruppe Bulger installierte Fangschaltungen, mit deren Hilfe sie alle Nummern registrieren konnte, die Whiteys Brüder Bill und Jack in ihren Wohnungen in Southie wählten. Doch Dick Schneiderhan, Flemmis korrupter Freund bei der Polizei, ließ beiden durch Weeks eine Warnung zukommen.[36] Was die Justiz nicht selbst bewerkstelligen konnte, erledigte Whitey, wenn auch unabsichtlich, indem er Telefonkarten benutzte, um seine Brüder anzurufen, und diese dadurch kompromittierte. Für einen Mann, der so raffiniert war und alle möglichen Überwachungsmaßnahmen umgangen hatte, war es erstaunlich, nicht zu wissen, dass Gespräche mit Telefonkarten zurückverfolgt werden konnten. Immerhin gab er später sein Unwissen zu und auch sein Bedauern darüber, dass so viele Leute wegen seiner Anrufe in Boston Ärger mit der Justiz bekommen hatten.[37] »Ich habe einigen die Polizei auf den Hals gehetzt«, räumte er ein. »Mein Bruder Jack saß in der Falle.« Ebenso erging es Cathys Schwester und ihrem Freund, die angeklagt wurden. Die Folge war, dass Whitey aufhörte, Freunde und Angehörige anzurufen.[38]

Bill Bulger zahlte einen besonders hohen Preis für seine Treue zu seinem älteren Bruder, sowohl hinsichtlich seines Rufes als auch in Bezug auf seine Karriere. Nachdem er Anfang 1996 als Präsident des Senats zurückgetreten war, war er Präsident der University of Massachusetts geworden. Nun wurde er vor das Große Geschworenengericht geladen, das Whiteys Verschwinden untersuchte. Er gab in der geheimen Verhandlung zu, mit seinem flüchtigen Bruder gesprochen zu haben, fühlte sich aber nicht verpflichtet, an dessen Ergreifung mitzuwirken. Bill Bulger, seine Frau und ihre Kinder waren im Laufe der Jahre wiederholt nach Whiteys Aufenthalt gefragt worden und hatten stets behauptet, nichts zu wissen. Seine neue Aussage, über die der *Boston Globe* 2003 berichtete, verursachte einen politischen Aufschrei. Der Generalstaatsanwalt von Massachusetts beschuldigte ihn, die Interessen seines flüchtigen Bruders über die Interessen des Staates zu stellen, und empfahl ihm den Rücktritt. Doch Bulger weigerte sich. »Ich habe viele Jahre lang versucht, das Leben meines Bruders zu ändern, und es schmerzt mich sehr, dass ich damit keinen Erfolg hatte«, sagte er.

»Ich habe alles getan, was möglich ist, um das Leben eines anderen Menschen zu beeinflussen.«[39]

Was sein Schicksal besiegelte und seiner Karriere ein Ende bereitete, war sein Auftritt vor dem Ausschuss für Verwaltungsreformen des Repräsentantenhauses in Washington, der die Beziehung des FBI zu Whitey, Flemmi und anderen Informanten untersuchte. Bill Bulger wurde gedemütigt und war – ungewöhnlich für ihn – einmal sogar sprachlos. Als er im Dezember 2002 zum ersten Mal vor den Ausschuss zitiert wurde, verweigerte er die Aussage, weil er aufgrund des fünften Zusatzartikels zur Verfassung nicht verpflichtet sei, sich selbst zu belasten. Es schien, als verberge er etwas, aber er wollte sich nicht dazu äußern. Der Ausschuss gewährte ihm Immunität, und sechs Monate später saß Bill Bulger vor seiner Frau Mary und fünf seiner neun Kinder Mitgliedern des Repräsentantenhauses gegenüber. Die Inquisition dauerte fünf Stunden. Der Mann, der in der Öffentlichkeit so ungezwungen, ja arrogant auftrat, war kleinlaut, wich Fragen aus und wirkte bisweilen gereizt. Einige der Anwesenden entrüsteten sich darüber, dass Bulger, ein gebildeter Mann, der lange Passagen aus Klassikern auswendig zitieren konnte, immer wieder behauptete, er könne sich nicht erinnern. Ein Abgeordneter fragte laut, warum Bulger Immunität brauche, nur um zu erklären, er erinnere sich nicht. Wer von dem Abgeordneten Stephen Lynch aus South Boston, der Bulgers ehemaligen Sitz im Senat von Massachusetts innegehabt hatte, ehe er nach Washington gekommen war, Milde erwartete, wurde enttäuscht. Als Lynch Bulger fragte, ob er von Whitey oder seinen Komplizen jemals Geld bekommen habe, sahen sich Mary Bulger und zwei ihrer Söhne nur entsetzt an und schüttelten dann entrüstet den Kopf. Bill Bulger sagte lediglich Nein. Als ein anderer Abgeordneter wissen wollte, ob sein flüchtiger Bruder sich seiner Meinung nach stellen solle, saß der sonst so eloquente Bulger einige Augenblicke wie versteinert da, unfähig zu sprechen. Er öffnete und schloss den Mund mehrere Male, blieb jedoch stumm. Die Anhörung wurde live übertragen, und die Menschen in Boston warteten eine gefühlte Ewigkeit darauf, dass Bill Bulger eine einfache Frage beantwortete.

»Ob ich ihm das rate?«, wiederholte er dann, bevor er hinzufügte: »Ich hoffe, er tut das Richtige.« Doch er beharrte weiter darauf, dass er nicht verpflichtet sei, zur Festnahme seines Bruders beizutragen. Diese Antwort gab seinen politischen Feinden endlich, was sie brauchten. Mitt Romney, der Gouverneur von Massachusetts, warf ihm vor, bewusst ausweichende Antworten zu geben, und drängte ihn, als Präsident der Universität zurückzutreten. Bill Bulger hatte immer noch mächtige Unterstützer, darunter Senator Edward M. Kennedy, mit dem er sich während der Maßnahmen gegen die Rassentrennung an Schulen gestritten hatte, der dann aber sein

Freund geworden war. Dennoch trat er im August 2003 zurück. Er konnte sich allerdings mit einer staatlichen Pension von rund 200.000 Dollar
im Jahr darüber hinwegtrösten. Im folgenden Monat, an Whiteys 74. Geburtstag am 3. September 2003, wurde Jack Bulger zu sechs Monaten Gefängnis und sechs Monaten Hausarrest verurteilt, weil er vor zwei Großen
Geschworenengerichten gelogen und Versuche vereitelt hatte, seinen Bruder festzunehmen. Er verlor auch seinen Pensionsanspruch als Rechtspfleger am Bostoner Jugendgericht. Die Loyalität gegenüber seinem Bruder
kostete Jack die Freiheit und sein Einkommen, Bill Bulger seine Karriere
und in den Augen vieler seinen guten Ruf. Es war ein enormer Preis für einen Grundsatz: Die Familie geht über alles, auch über das Gesetz.

Bill Bulgers erzwungener Rückzug aus der Öffentlichkeit markierte das
Ende einer außergewöhnlichen politischen Karriere und des ausgedehnten
Beziehungsgeflechts, das er gepflegt hatte. Im Laufe von vier Jahrzehnten
hatte er vielen Freunden, Verwandten und Wählern Stellen im öffentlichen Dienst verschafft. Mancher Busfahrer und Zugführer verdankte ihm
seinen Job. Immer wieder hörte man den Scherz, MBTA, die Abkürzung
für die Massachusetts Bay Transportation Authority, den Betreiber des öffentlichen Personennahverkehrs in Boston und Umgebung, stehe für Mr.
Bulger's Transit Authority. Doch die Nachsicht gegenüber politischen Seil-
schaften und der Anspruch einer Führung mit eiserner Faust verschwanden mit Bill Bulger.

Durch Whiteys abrupte Flucht hatte sich die Situation in der Unterwelt ebenfalls verändert, vor allem in Southie. Ein Kneipenbesitzer am East
Broadway erinnerte sich daran, dass kurz nach Whiteys Fortgang eine bis
dato unbedeutende Randfigur seiner Organisation im neu eröffneten Lokal aufgetaucht war und Schutzgeld verlangt hatte. Der Wirt, ein irischer
Einwanderer, hatte den Möchtegernerpresser hinausgeworfen.[40] Whitey war
fort, und damit war auch seine machtvolle Position Vergangenheit. Und die
Mafia war, geschwächt von der lang anhaltenden Verfolgung, in den Neunzigerjahren nur noch ein Schatten ihrer selbst. Um die Jahrtausendwende
bemühten sich ein paar Dutzend Mafiosi, Geld mit Sportwetten zu verdienen, während die irischen Gangster ganz von der Bildfläche verschwunden
waren.[41] Neue ethnische Gruppierungen, von Dominikanern bis zu Kapver-
diern, besetzten jetzt die Bereiche, die die Iren und Italiener vor einem Jahrhundert eingenommen hatten. Sie veränderten die gesellschaftliche Struktur der Stadt, und ihren Gangs galt nun das Augenmerk der Polizei.

Die ethnisch dominierten Stadtviertel, in denen die meisten wichtigen
Verbrecherorganisationen gelebt hatten – die Iren in Southie und Charlestown, die Italiener im North End –, wurden während der Achtziger- und
besonders während der Neunzigerjahre luxussaniert. Junge, gut ausgebilde-

te Berufstätige übernahmen nun die Apartments im North End, in denen früher mehrere Generationen von Immigranten gewohnt hatten. Southie war das letzte dieser ethnisch geprägten Stadtviertel, die gründlich saniert wurden. Während der Neunzigerjahre wurden die charakteristischen dreistöckigen Häuser in Eigentumswohnungen umgewandelt. 1999 machte der Verkauf von Eigentumswohnungen 66 Prozent aller Immobilientransaktionen in Southie aus. Dieser Wert war dreimal so hoch wie im Durchschnitt in Boston.[42] Viele dieser Eigentumswohnungen wurden von Leuten gekauft, die nicht in Southie aufgewachsen waren, sie nahmen den Platz der Einheimischen ein. Entlang dem Broadway wurden die dunklen, schmuddeligen Kneipen, in denen Tag und Nacht Buchmacher an der Bar gesessen hatten, von hellen, luftigen Restaurants und Bars mit kahlen Ziegelwänden und Glastüren verdrängt, die junge, schicke Gäste anzogen. Sogar das »Triple O«, Whiteys altes Stammlokal, wurde in eine moderne Bar umgewandelt. Die Bilder der Sieben Zwerge wurden übermalt, und wer wetten und spielen wollte, machte das legal. Die Buchmacher waren weg, an ihre Stelle traten Automaten der staatlichen Lotterie.

Doch nicht nur Southie veränderte sich. In Boston mit seinen 589.000 Einwohnern übertrafen in den Neunzigerjahren die Nichtweißen zahlenmäßig zum ersten Mal die Weißen. In diesem Jahrzehnt verließen fast 50.000 Weiße die Stadt, an ihre Stelle traten ebenso viele Einwanderer.[43] Weitere Minderheiten zogen nun nach Southie, vor allem nachdem die Sozialwohnungen, auch jene, in der Whitey aufgewachsen war, seit Ende der Achtzigerjahre in normale Wohnungen umgewandelt worden waren. 1970 war Southie zu 98 Prozent weiß gewesen, im Jahr 2000 zu 87 Prozent und im Jahr 2010 zu 79 Prozent.[44] Das Southie, das Whitey verlassen hatte, sah zehn Jahre nach seiner Flucht ganz anders aus.

Im Dezember 2004 war Whitey bereits seit zehn Jahren unauffindbar. Aus Anlass dieses wenig erfreulichen Jahrestages hielt das FBI eine Pressekonferenz ab und berichtete über die Bemühungen der Fahnder. Es wurden beschlagnahmte Gegenstände gezeigt, die Whitey gehört hatten, und man versicherte, man sei nach wie vor entschlossen, ihn zu ergreifen. Unter anderem befanden sich Whiteys silberner Ring mit dem Totenkopf, seine Münzsammlung, einige Messer und sein irischer Ausweis unter den präsentierten Objekten. Diese Dinge waren in den Wohnungen seiner Freundinnen und in Bankschließfächern auf der ganzen Welt gefunden worden. Das FBI hatte seine Reisenotizen, Andenken an Alcatraz und ein Tagebuch, das er zurückgelassen hatte, aber die aktuellen Erfolge waren wenig eindrucksvoll: Die letzte glaubhafte Meldung, dass Whitey in London gesehen worden sei, stammte den Beamten zufolge von 2002. Karten und

Schaubilder der Einsatzgruppe zeigten Whiteys Reiseroute in den ersten Jahren seiner Flucht, bevor die Spur kalt wurde. Allein im letzten Jahr waren die Ermittler Hinweisen auf fünf Kontinenten – in Australien, Singapur, Thailand, Südafrika, Mexiko und Kanada – und in fast jedem amerikanischen Bundesstaat nachgegangen. Ermittler hatten eine irische Kneipe in Kambodscha und beliebte Erholungsorte in Uruguay besucht. Sie hatten Kampagnen im Internet und an Plakatwänden gestartet. Auf Drängen des Generalstaatsanwalts hatten die Polizei von Massachusetts und die DEA ihre eigenen Fahndungen eingestellt und sich der Einsatzgruppe des FBI angeschlossen. FBI-Agenten aus dem ganzen Land wurden zeitweise in das Team aufgenommen. Doch der ganze Fahndungsrummel konnte den Verdacht kaum zerstreuen, dass das FBI nicht wirklich intensiv suchte. »Wir alle in der Einsatzgruppe glaubten fest daran, dass wir diesen Kerl schnappen konnten und schnappen würden«, sagte William Chase, der die Gruppe als stellvertretender Leiter des Bostoner FBI-Büros von 1998 bis 2003 führte. Um das öffentliche Vertrauen in das FBI wiederherzustellen, sei es auch unabdingbar gewesen, diesen Mann festzunehmen. »Würden wir ihn schnappen, dann würde sich das Misstrauen, mit dem man uns begegnete, teilweise legen.«

Fahnder des Teams beklagten, dass sie immer kritisiert wurden: Gingen sie Hinweisen an beliebten Urlaubsorten nach, warfen ihnen manche Leute vor, dabei handle es sich eher um Golfausflüge als um eine Fahndung. Andererseits mussten sie ständig befürchten, etwas zu verpassen, wenn sie nicht jede Spur überprüften.

Manchen Hinweisen gingen sie dennoch unerklärlicherweise nicht nach. 2008 etwa rief ein Mann aus Las Vegas bei der Fernsehsendung *America's Most Wanted* an und sagte, er habe Whitey auf dem Santa Monica Pier gesehen, wo er mit einem jungen Passanten in einem Celtics-Hemd über Boston gesprochen habe. Der Sender reichte die Information sowie den Namen und die Telefonnummer des Anrufers an das FBI weiter, doch er wurde nie zurückgerufen.[45] Im selben Jahr hörte Gary Steiner, ein Polizist aus Santa Monica, der gerade nicht im Dienst war, wie ein Mann versuchte, in einem Waffengeschäft in New Hall, Kalifornien, eine Waffe mit abgefeilter Seriennummer zu verkaufen. Als der Ladenbesitzer den Mann darauf hinwies, dass die Waffe illegal sei, und ihn drängte, sie der Polizei zu übergeben, gestand der Mann, er habe Angst, das zu tun, weil sie einem Verwandten gehöre, der einst Whitey Bulgers Bodyguard gewesen sei. Steiner rief daraufhin im Büro des Sheriffs an und hielt den Mann so lange fest, bis ein Beamter kam, der die Waffe beschlagnahmte und das FBI verständigte. Laut Steiner verfolgten jedoch weder das FBI noch das Sheriffbüro die Spur weiter.[46] Ein anderer Polizist außer Dienst beschwerte sich ebenfalls darüber, dass das FBI seinem Hinweis nicht nachgegangen sei. Er hatte angegeben, Whitey 2006 bei der Premiere des Thrillers *The Departed* (*Unter Feinden*) in San Diego gesehen zu haben.[47] Der Film war in Boston gedreht worden, und Jack Nicholson spielte darin eine Figur, die Whitey ein wenig nachempfunden war. Der Beamte folgte dem älteren Mann, als dieser das Kino verließ, verlor ihn aber, als er in eine Straßenbahn stieg. Im Gegensatz dazu war das FBI wie elektrisiert, als ein DEA-Agent, der im sizilianischen Ferienort Taormina Urlaub machte, im April 2007 ein Video von einem Paar aufnahm, das er für Whitey und Cathy hielt. Statt die beiden anzusprechen, kehrte er nach Hause zurück und übergab das Video den Agenten der Einsatzgruppe Bulger, die sofort in ein Flugzeug sprangen und Hotels, Jachthäfen, Kneipen und Fähren in Sizilien durchkämmten – vergeblich. Das FBI veröffentlichte das Video auf seiner Website und berichtete im europäischen Fernsehen von der Fahndung nach Whitey. Als der Film in Deutschland gezeigt wurde, erkannte ein Zuschauer in dem Paar, das durch Taormina schlenderte, seine Eltern.

Am 3. September 2008 feierte Whitey seinen 79. Geburtstag als freier Mann, und am selben Tag erhöhte das FBI die Belohnung für Hinweise, die zu seiner Festnahme führten, von einer auf zwei Millionen Dollar. Das war die höchste Summe, die das FBI jemals für einen flüchtigen Straftäter in den USA ausgesetzt hatte.[48] Nach 13 Jahren Fahndung hatten die Ermittler immer noch keine Ahnung, wo er sich aufhielt. Sie wussten nicht, dass er ruhig und bequem nach wie vor in den USA lebte.

Zwei Monate später schlurfte der 68-jährige John Connolly wie jeden Tag während seiner achtwöchigen Verhandlung wegen des Mordes an John Callahan in ein Gerichtsgebäude in Miami. Er trug Fußfesseln, Handschellen und einen roten Gefängnisoverall. Sein alter Freund Franny Joyce, Bill Bulgers ehemaliger Referent im Senat, stand vor dem Verhandlungssaal und reichte den Gerichtsdienern frische Kleider für Connolly. Minuten später trat dieser durch eine Seitentür und ging zum Tisch des Angeklagten. Statt seiner maßgeschneiderten Armani-Anzüge trug er nun ein einfaches dunkles Jackett und eine braune Hose. Sein einst pechschwarzes Haar war grau geworden, und er war blass, nachdem er mehr als drei Jahre in Einzelhaft verbracht und auf seinen Prozess gewartet hatte. Als die Geschworenen hereinkamen, um das Urteil zu verkünden, versuchte Connolly in ihren Gesichtern zu lesen, doch sie wandten den Blick ab. Er war oft genug in Gerichtssälen gewesen, um zu wissen, was das bedeutete. »Schuldig des Mordes mit bedingtem Vorsatz«, verkündete Richter Stanford Blake.

John Connolly starrte geradeaus. Jetzt wusste er, dass er möglicherweise im Gefängnis sterben würde. Geschworene in Miami hatten festgestellt, wozu Geschworene in Boston sich nicht hatten entschließen können: dass er Whitey geholfen hatte, einen potenziellen Zeugen zu beseitigen. Der entscheidende Unterschied war, dass Flemmi diesmal ein Zeuge der Anklage war und Connolly ausdruckslos als Quasimitglied seiner Gang bezeichnete. Whitey und Flemmi hätten Connolly im Laufe der Jahre 235.000 Dollar gezahlt, sagte er aus, und der Agent habe wissen müssen, dass er ihnen letztlich eine Lizenz zum Töten erteilt habe. »Wenn er uns eine Information über eine Person gibt und diese getötet wird, und wenn er uns eine Information über eine zweite Person gibt und diese auch getötet wird, und wenn er uns eine Information über eine dritte Person gibt und diese ebenfalls getötet wird ...«, setzte Flemmi an und fuhr nach einer kurzen Pause fort: »Ich meine, er ist FBI-Agent. Er ist nicht dumm.« Als die Geschworenen und der Richter nach dem Urteil den Saal verlassen hatten, stand Connolly bei seinem Bruder, einem pensionierten DEA-Agenten, seiner Schwester, einer pensionierten Lehrerin in Boston, und Franny Joyce. »Ich werde weiterkämpfen«, versicherte er ihnen. »Aber was kann ich tun?«[49]

Einige Stunden, nachdem Connolly verurteilt worden war, saßen Fred Wyshak, der Staatsanwalt, DEA-Agent Dan Doherty und Polizeileutnant Steve Johnson auf der Terrasse einer vermeintlich echten irischen Kneipe in South Beach und tranken ein Bier. Eigentlich wollten sie feiern, aber ihre Stimmung war gedämpft. Connolly war zwar erledigt, doch den anderen FBI-Agenten und Vorgesetzten, die ihn bestärkt, ihm zugestimmt und auf die Schulter geklopft hatten und die genauso Geschenke von Whitey angenommen hatten, war nichts passiert. Alle hatten von der Verjährung profitiert. Und das Schlimmste von allem war, dass Whitey noch frei herumlief. »Wahrscheinlich sitzt er gerade vor einem Lokal wie diesem«, sagte Steve Johnson und betrachtete den Strand jenseits des Ocean Drive, der langsam im Dunkel verschwand.[50]

Wie gewöhnlich hatte Steve Johnson recht.

15

Ruhesitz St. Monica

Im Herbst 1996, nach zwei hektischen Jahren auf der Reise, wollten Whitey und Cathy Greig sich endlich häuslich niederlassen. Sie waren im Auto und im Zug kreuz und quer durch das Land gefahren, hatten lange Aufenthalte in Louisiana eingelegt und Texas, Arizona, Wyoming und anderen Bundesstaaten Kurzbesuche abgestattet. Da das Wetter in Südkalifornien Whitey schon immer zugesagt hatte, wollte er jetzt hier sesshaft werden. Als er und Cathy durch den Palisades Park in Santa Monica schlenderten, glaubten sie, den perfekten Ort gefunden zu haben: eine schicke, wohlhabende Küstenstadt, die an drei Seiten von Los Angeles umgeben war. Alles, was sie noch brauchten, war eine perfekte Tarnung.

Der Park zog sich an mehreren Häuserblöcken entlang und war von einer Sandsteinmauer begrenzt. Von ihm aus bot sich ein herrlicher Ausblick auf die wogende Brandung, den Sandstrand, den Sonnenuntergang und den glitzernden Santa Monica Pier. Wegen der atemberaubenden Aussicht, der schönen Spazierwege, dem Rosengarten und der von hohen Palmen beschatteten Plätze zum Shuffleboardspielen war er bei Touristen und Einheimischen gleichermaßen beliebt. Zwischen den betuchten Touristen und einfachen Spaziergängern liefen auch Obdachlose, Alkoholiker, geistig Gestörte und Drogenabhängige herum, baten um Kleingeld, führten Selbstgespräche und vertrieben sich irgendwie die Zeit. Die meisten Leute wendeten schnell den Blick ab und versuchten, nicht die Aufmerksamkeit dieser heruntergekommenen Gestalten auf sich zu ziehen. Nicht so Whitey Bulger. Er wollte mit den Leuten reden, denen alle anderen aus dem Weg gingen. Er wollte ihnen ein Geschäft vorschlagen.

Charlie Gaska war obdachlos und litt an schweren psychischen Störungen, als Whitey ihn ansprach. Anfangs wollte Gaska nichts mit ihm zu tun haben, doch Whitey war hartnäckig. Er versprach, es werde sich für Gaska lohnen, er brauche ihm nur zu erlauben, seine Sozialversicherungsnummer zu verwenden. Schließlich überredete Whitey den Mann, und kaum hatte er die gewünschte Nummer, standen er und Cathy schon im Büro des Managers der Wohnanlage Princess Eugenia in der Third Street, nur ein paar Straßen vom Palisades Park entfernt.[1] Whitey zog ein Bündel Hundert-Dollar-Scheine aus der Tasche, um eine Anzahlung für das Apartment 303 zu leisten, das zwei Schlafzimmer und einen Balkon besaß. Dann füllten sie ein paar Formulare aus und unterschrieben mit ihren neuen Namen: Charles und Carol Gasko. Whitey hatte einen Buchstaben in Gaskas Namen umgeändert, eine so geringfügige Veränderung, dass sie keinen Verdacht erregen würde.

Als Junge hatte Whitey die Ermahnungen seiner Mutter ignoriert, seine Freizeit in St. Monica zu verbringen, der Kirche, die wie das Haus der Bulgers im Logan Way stand. Jean Bulger war davon überzeugt, dass ihr ungestümer Sohn ruhiger werden würde, wenn er sich wie sein Bruder Bill dem Einfluss von Pater Dwyer, dem Priester der Kirchengemeinde, aussetzen würde. Es entbehrte nicht eines gewissen Witzes, dass Whitey damals glaubte, gerade in der kalifornischen Stadt, die nach Monika, der Schutzpatronin schwieriger Kinder, benannt war, einen sicheren Hafen gefunden zu haben. Die Stadt bot ihm alles, was er sich wünschte: Sonne, Meer und ein anonymes Leben an einem Ort, der Durchreisende und Urlauber anlockte. Ihr typischer Bostoner Akzent erregte daher auch keine Aufmerksamkeit, denn dort war es nichts Besonderes, aus einer anderen Gegend zu kommen. Die Leute nahmen an, Whitey und Cathy seien aus dem gleichen Grund in Santa Monica wie alle anderen auch.

Whitey und Cathy konnten ihr Glück kaum fassen, als sie das Schild »Apartments zu vermieten« vor der Wohnanlage Princess Eugenia entdeckten, einem bescheidenen, dreistöckigen weißen Gebäude mit der Hausnummer 1012 in der Third Street. Die 27 Wohnungen in dem hübschen Haus waren nicht teuer und – ein großer Vorteil – mietpreisgebunden. Alle verfügten über Balkone mit schmiedeeisernem Geländer, von denen aus man auf Palmen und das elegante »Hotel Mediterranean« auf der andere Straßenseite blickte. Das freie Apartment lag nur zwei Straßen vom Strand und einen kurzen Fußmarsch von einer der berühmtesten Sehenswürdigkeiten Amerikas entfernt, dem Santa Monica Pier. Der einzige Nachteil war in Cathys Augen das Verbot, Haustiere zu halten. Sie war verrückt nach Tieren und hatte sich sogar in ihrer Freizeit um Hunde gekümmert. Aber sie musste das akzeptieren.

In der Wohnanlage war es nicht üblich, die Mieter genau unter die Lupe zu nehmen. Die Gaskos mussten weder einen Mietvertrag unterschreiben noch einen Führerschein und Referenzen vorlegen oder einer Bonitätsprüfung zustimmen.[2] Santa Monica verlangte auch keinen Einkommensnachweis für mietpreisgebundene Apartments. Whitey und Cathy wurden nicht nur kaum überprüft, sondern man versicherte ihnen auch, die Miete steige jedes Jahr nur geringfügig und bleibe deutlich unter den marktüblichen Mieten. Sie erklärten, sie besäßen kein Auto und bräuchten daher keinen reservierten Parkplatz im Keller des Komplexes, wollten aber gern einen Teil ihrer Habe an einem geeigneten Platz in der Garage unterstellen. Ende 1996 zogen sie ins Apartment 303 ein.[3] Die Anfangsmiete betrug nur 837 Dollar im Monat für ihre Wohnung mit zwei Schlaf- und zwei Badezimmern.[4] Die Wohnanlage, einst hauptsächlich von Kunststudenten des J.-Paul-Getty-Museums bewohnt, zog jetzt eine Mischung aus Rentnern und jungen Berufstätigen an. Whiteys Apartment war mit den einfachen, praktischen Möbeln ausgestattet, die das Museum den Studenten zur Verfügung gestellt hatte.

Es war kein Zufall, dass das flüchtige Paar in der Third Street gelandet war. Vier Jahre zuvor hatte Whiteys Nichte Mary, eine Tochter von Bill, in einem kleinen Apartmenthaus in der Third Street 2805 gewohnt, nur drei Kilometer von dem Komplex Princess Eugenia entfernt. Cathy verriet einer Nachbarin, »sie habe eine Nichte in Santa Monica«, sagte Birgitta Farinelli, eine schwedische Einwanderin, die eine der Managerinnen des Gebäudes war. »Deshalb seien sie zugezogen.«[5] Doch als Whitey nach Santa Monica kam, war Bills Tochter schon nach South Boston zurückgekehrt. Whitey hatte Santa Monica auch einmal besucht, als er und Teresa Stanley 1994 nach Venice Beach gereist waren. Damals schon hatte er nach geeigneten Plätzen für einen ruhigen Lebensabend gesucht.[6]

Santa Monica ist ein Ort, den manche Leute aufsuchen, um ein neues Leben zu beginnen, und genau das hatten auch Whitey und Cathy vor. Sie galten als eines von vielen netten Rentnerpaaren, die Tiere liebten und während ihres täglichen Spaziergangs gern stehen blieben, um Hunde und Katzen zu streicheln. Während die Fernsehsendung *America's Most Wanted* der weltweiten Jagd nach Whitey vergeblich 16 Beiträge gewidmet hatte, hatte er sich in den großväterlichen Charlie Gasko verwandelt, den niemand erkannte – nicht einmal einige seiner Nachbarn, die aus Boston zugezogen waren und denen Whitey Bulger vom Namen her ein Begriff war. »Wir suchten einen Verbrecher, und genau das war ein Teil des Problems«, sagte Charles »Chip« Fleming, ein pensionierter Kripobeamter, der sechs Jahre in der vom FBI geleiteten Einsatzgruppe gearbeitet hatte, die ausschließlich mit der Fahndung nach Whitey beschäftigt war. »Er war kein

Verbrecher mehr.« Whitey blieb meist zu Hause und verbrachte ungewöhnlich viel Zeit vor dem Fernseher. Zu seinen Lieblingssendungen gehörte auch jene, die so oft über ihn berichtet hatte: Er versäumte keine Folge von *America's Most Wanted*. Außerdem war er ein Fan von *Brotherhood*,
einer Serie über zwei Brüder – einen Verbrecher und einen Politiker –, die
von Whitey und Bill Bulger inspiriert war. Whitey gefiel die Figur nicht,
die ihm nachempfunden war. »Ein gewalttätiger Kerl!«, bemerkte er gegenüber einem Freund.[7]

Charlie und Carol waren perfekte Mieter, sie waren rücksichtsvoll, ruhig
und behandelten ihre Nachbarn mit fast übertriebener Freundlichkeit. Sie
zahlten ihre Miete zu früh und immer bar, doch die Managerin wunderte
sich nie darüber, weil einige andere Mieter es ebenso machten. Jeden Monat begab sich Cathy etwa eine Woche vor Fälligkeit der Miete in das Büro
im »Hotel Embassy Apartments«, einem eleganten alten Hotel, das demselben Vermieter gehörte. Birgitta Farinelli nahm den weißen Umschlag entgegen, in dem Hundert-Dollar-Banknoten steckten, und scherzte: »Carol,
haben Sie schon wieder eine Bank ausgeraubt?«[8] Dann lachten beide. Cathy erzählte meist, sie habe das Geld bei der Bank abgehoben, während sie
einkaufen gewesen sei. Für einen anderen Manager war das Bargeld etwas
zu verführerisch – er steckte Whiteys und Cathys Mietgeld mehrere Male
in seine eigene Tasche.[9] Doch selbst als der Betrug aufgeflogen war, wollten die Gaskos nicht mit Schecks bezahlen, sondern bestanden darauf, ihre
monatlichen Barzahlungen bei der vertrauenswürdigen Farinelli zu leisten,
die so alt war wie Cathy. Oft brachte Cathy ein kleines Geschenk für sie
mit: eine Tafel Schokolade, einen Schal, Heidelbeeren. Die beiden Frauen
plauderten dann darüber, wo man am besten für einen Haarschnitt oder
eine Maniküre hinging oder preiswert einkaufen konnte. »Ich muss sagen,
diese Leute waren unglaublich nett«, erklärte Farinelli. »Sie waren sehr pfle-
geleicht und beklagten sie nie.«

Einerseits erwarben sich die Gaskos den Ruf, rücksichtsvolle Nachbarn
und angenehme Gesellschafter zu sein, andererseits waren sie extrem zurückhaltend. Einigen Nachbarn erzählten sie, sie kämen aus Chicago, anderen, die ihren Akzent erkannten, verrieten sie, dass sie in Boston gelebt
hatten. Sie behaupteten, wegen des wärmeren Wetters gekommen zu sein
und weder Freunde noch Angehörige in der Gegend zu haben – eine plau-
sible Erklärung dafür, dass sie nie Besuch bekamen. Als Whitey und Cathy
in die Wohnanlage Princess Eugenia einzogen, verfügten alle Wohnungen
über ein Haustelefon, das mit dem Hotel auf der anderen Straßenseite verbunden war. Die Mieter mussten für Anrufe bezahlen, doch Whitey und
Cathy benutzten ihr Telefon nie. Eines Tages informierte Farinelli sie darüber, dass das alte System abgeschaltet werde und die Mieter künftig eige-

ne Telefone benutzen müssten. »Oh, wir brauchen keines. Charlie will hier keine Telefone haben«, erwiderte Cathy im Beisein von Whitey. »Wir haben weder Angehörige noch Freunde, die wir anrufen könnten. Und niemand wird uns anrufen.«[10] Farinelli lachte und hielt das für einen Scherz. Einige Tage später besuchte Cathy sie und gab ihr die Nummer ihres neuen Mobiltelefons. Mit diesem Kauf hatte sie die Forderung des Vermieters erfüllt, ohne dafür im Telefonbuch zu stehen.

Whitey war sehr vorsichtig, denn er wollte keinesfalls geschnappt werden und war Experte, wenn es darum ging, Verfolger aufzuspüren. Der einst glatt rasierte Gangster trug nun mit Ende 60 einen weißen Bart und Schnurrbart. Wenn er die Wohnung verließ, setzte er eine große, altmodische Brille und eine Leinenmütze auf, deren Krempe er tief ins Gesicht zog. Cathy, die mittlerweile Mitte 40 war, legte anscheinend mehr Wert darauf, attraktiv zu sein. Daher verließ sie das Apartment nie ohne dezentes Make-up. Sie bügelte all ihre Kleidung, sogar ihre Bluejeans. Das Paar kleidete sich leger, aber stets makellos. Meist trugen die beiden Jeans oder helle lange Hosen und langärmelige weiße Hemden über einem T-Shirt. Cathy ging oft ganz in Weiß: weiße Bluse, weiße Hose, weißer Sonnenhut.

Obwohl Whitey nach und nach alles aufgegeben hatte, was ihn mit seinem alten Leben verband, mochte er doch auf eines nicht verzichten: auf seine Waffensammlung. Er hatte etwa 30 Flinten, Gewehre, Pistolen und Revolver gesammelt und das liberale Waffenrecht in Nevada genutzt, um einige dieser Waffen während seiner Flucht auf einer Waffenshow in Las Vegas zu erwerben.[11] Die Sammlung hätte ausgereicht, um ein kleines Polizeiaufgebot zu bewaffnen, und er besaß damit mehr Waffen, als er je brauchen würde, selbst wenn man ihn einmal aufspüren sollte. Aber Waffen hatten ihn schon immer fasziniert, und er fühlte sich einfach wohler, wenn er viele zur Hand hatte. Waffen waren eben sein Hobby. »Rentner sollten ein Hobby haben«, erklärte er einem Freund scherzhaft.[12]

Er schlug in mehreren Zimmern Löcher in die Wände und versteckte darin Waffen, Munition, Messer sowie Geld im Wert von mehreren Hunderttausend Dollar. Über die Löcher hängte er dann Spiegel oder Bilder, um sie zu verbergen. Allerdings machte er sich Sorgen darüber, was im Fall eines Erdbebens geschehen würde. Er konnte dann nur die Erschütterungen durchstehen und hoffen, dass die Spiegel nicht zerbersten würden.[13] Für die täglichen Ausgaben lagen ordentlich nach Wert gestapelt Banknoten in einer Schublade in der Küche.

Da Whitey fürchtete, womöglich keine Zeit zu haben, um an seine Waffen und sein Geld heranzukommen, wenn jemand unerwartet in seine Wohnung platzen würde, bewahrte er eine geladene Waffe und ein Bündel Geldscheine in einem Regal neben seinem Bett auf. Er schlief allein im großen Schlafzimmer, zu dem ein Bad mit Dusche gehörte. Das Fenster hatte er mit blickdichter Plastikfolie verklebt und schwarze Vorhänge davorgehängt. Whitey versteckte mehrere geladene Gewehre hinter Büchern in einem Regal. Cathy schlief im Gästeschlafzimmer, das im Gegensatz zu Whiteys Zimmer ganz hell war. Ein weißer Vorhang vor dem einzigen Fenster ließ die Sonne ins Zimmer scheinen.

Whitey arbeitete auch weiterhin an seiner Fitness und benutzte dazu verschiedene Geräte, die er in die Wohnung gebracht hatte. So hatte er zum Beispiel eine Übungspuppe, wie Kampfsportler sie benutzen und die wie der Rumpf eines Mannes geformt war. Wenn er sie nicht als Boxpartner verwendete, setzte er ihr einen Filzhut auf und stellte sie vor das Fenster. So hatte man von der Straße aus den Eindruck, dass jemand zu Hause war und aus dem Fenster schaute.[14]

Vom Balkon des Apartments im dritten Stock hatte man einen Blick auf die palmengesäumte Third Street, doch im Gegensatz zu anderen Mietern nutzten Whitey und Cathy ihn kaum. Sie besaßen auch keine Balkonmöbel. Cathy bestückte lediglich gelegentlich ein Vogelhäuschen mit Futter oder putzte das gusseiserne Geländer. Für Whitey war der Balkon eher ein Ausguck. Nachts stand er oft mit einem Fernglas draußen und suchte in der Umgebung nach Anzeichen dafür, dass er beschattet wurde.[15] Mitunter blickte er in die Fenster des Hotels auf der anderen Straßenseite. »Ich empfahl den Zimmermädchen aufzupassen, wenn sie putzten, weil der kleine alte Mann gegenüber sie beobachtete«, sagte Enrique Sanchez, der viele Jahre lang Hausmeister im Hotel war.[16]

Unter ihrem falschen Namen Carol Gasko hatte Cathy die *Los Angeles Times* abonniert und für Whitey die Zeitschrift *Soldier of Fortune*, die sich Waffen und Militärtaktik widmete. Als fleißiger Leser besaß Whitey eine Bibliothek von mehreren Hundert Büchern, von denen viele sich mit militärgeschichtlichen Themen, Krieg und organisiertem Verbrechen auseinandersetzten, zum Beispiel *Escape from Alcatraz*, *One Bullet Away*, *Turn Around and Run Like Hell*, *The Master of Disguise* und *American Mafia*. Manche Werke, etwa *Secrets of a Back-Alley ID Man*, enthielten sogar praktische Ratschläge für den flüchtigen Gangster, beispielsweise zum Fälschen von Ausweisen. Whitey nutzte seine neu erworbenen Fertigkeiten, um für Cathy Visitenkarten mit verschiedenen fiktiven Namen herzustellen. Wenn seine ehemaligen Unterweltkomplizen in Boston Bücher über ihre Abenteuer mit Whitey veröffentlichten, fügte er sie seiner Sammlung hinzu, obwohl er sie für nicht sehr realistische Darstellungen hielt, die nur Geld einbringen sollten.[17] Besonders wütend war er, nachdem er *Street Soldier* von Ed MacKenzie gelesen hatte, einem Betrüger aus Boston, der sich in seinem extrem geschönten Bericht als Vollstrecker Whiteys präsentierte.

Whitey behauptete, er habe mit MacKenzie nur zwei Gespräche geführt. In einem habe er ihm befohlen, Hummelfiguren zurückzugeben, die MacKenzie im Haus einer alten Frau gestohlen hatte. In MacKenzies Version dieser Geschichte handelte es sich dabei um das Haus eines Gangsters.[18]

Abgesehen von der ungewöhnlich großen Anzahl von Büchern über die Bostoner Unterwelt gab es im Apartment wenig Hinweise auf die wahre Identität der Bewohner. Es war eine ganz normale Wohnung, obwohl ein Besucher es vielleicht seltsam gefunden hätte, wie wenig persönlich die Einrichtung wirkte. Spiegel und gerahmte Nachdrucke von Werken berühmter Künstler schmückten die Wände, aber sie waren bereits vorhanden gewesen, als die Flüchtigen eingezogen waren.[19] Darüber hinaus gab es weder Bilder der beiden noch Fotos von Freunden oder Verwandten. Stattdessen besaßen die Tierfreunde Fotos von Hunden und Katzen, unter anderem von Nikki und Gigi, den beiden französischen Pudeln, die Cathy in Southie zurückgelassen hatte. In seinem Schlafzimmer hatte Whitey eine Weltkarte aufgehängt, und auf einem Bücherregal stand ein gerahmtes Bild mit der amerikanischen Flagge und den Worten »Gott segne Amerika«. Ein Zierkissen in seinem Schlafzimmer trug den Spruch »Reiche einem Mann den kleinen Finger, und er hält sich für einen Herrscher«. Die Wohnung war sehr nüchtern eingerichtet, in den meisten Räumen lag grauer Teppichboden, und im Wohnzimmer standen ein riesiger blauer Sessel und ein grünes Sofa. Nur wenige Leute, die in dem Gebäude wohnten oder arbeiteten, betraten jemals, und wenn dann nur kurz, das Apartment. Als Farinelli einmal vorbeischaute, rief sie: »Du meine Güte, hier ist es vielleicht dunkel.«[20] »Er ruht sich gerne bei laufendem Fernseher aus«, erklärte Cathy und deutete auf Whitey, der anscheinend mitten am Nachmittag in dem blauen Sessel vor sich hindöste. Whitey saß meist bis in die frühen Morgenstunden vor dem Fernseher und verließ das Haus tagsüber nur selten. Cathy erzählte den Nachbarn, ihr Mann leide an einem Lungenemphysem und gehe nur morgens und abends nach draußen, weil dann weniger Smog herrsche. »Charlie schläft, er hat Atemprobleme«, sagte Cathy freundlich, wenn jemand vorbeikam und nach ihm fragte. »Lassen Sie ihn in Ruhe.«[21]

Whiteys und Cathys Leben war bestimmt von ganz alltäglichen Dingen, und die Arbeitsverteilung zwischen ihnen war eindeutig traditionell. Cathy trug in einen Wochenkalender alle Arzttermine oder Verkaufsaktionen der Warenhäuser ein und auch, wann es Zeit war, die Bettwäsche zu wechseln. Sie hielt die Wohnung tadellos sauber und erledigte die gesamte Hausarbeit. Whitey begleitete sie nur in den Wäschekeller und stellte sich schützend an ihre Seite, wenn sie die Wäsche aus der Maschine holte und in den Trockner steckte. Dann half er ihr, die Wäsche nach oben zu tragen. Als Enrique Sanchez, der Hausmeister, eines Tages in den Wäschekeller kam, konnte sich Cathy eine Stichelei über Whiteys altmodische Ansichten bezüglich der Aufteilung der Hausarbeit nicht verkneifen. »Enrique, warum bringen Sie ihm nicht bei, wie man wäscht?«, scherzte sie. »Das will ich gar nicht lernen«, erwiderte Whitey, »dafür habe ich ja dich.«[22]

Cathy erledigte alle Besorgungen und bezahlte die Rechnungen der Versorgungsunternehmen per Postanweisung. Sie lebten von dem Bargeld, das Whitey in ihrem Apartment versteckt hatte, und sie lebten bescheiden, weil sie wussten, dass das Geld vielleicht für viele Jahre reichen musste.[23] Cathy war immer auf der Suche nach Schnäppchen, nutzte Gutscheine und kaufte Haushaltswaren wie Mundwasser und Waschpulver in Großpackungen. Einige Sachen bestellte sie bei Versandhäusern, zum Beispiel im Vermont Country Store, das Flanellnachthemden ebenso anbot wie Marmeladen aus New England. Sie kaufte kistenweise Olivenölseife bei einer Firma in Kentucky und bestellte Whiteys Segeltuchschuhe Marke New Balance für 103 Dollar bei Road Runner Sports. Zweimal in der Woche kaufte sie auf dem Bauernmarkt in der Third Street Promenade ein. Dann zog sie einen mit Einkäufen gefüllten Wagen hinter sich her und naschte getrocknete Aprikosen und Nektarinen, die sie an einem der Stände gekauft hatte. Whitey hatte in seiner Zeit als Gangster Millionen eingenommen, doch jetzt lebten sie von einem festgelegten Einkommen wie die meisten anderen Rentner auch. Das war zweifellos Bestandteil ihrer Tarnung, denn jegliche Form von Extravaganz hätte nur Aufsehen erregt, aber es entsprach auch Cathys Lebenseinstellung. Die Flüchtigen schlossen sich sogar der Seniorenvereinigung American Association of Retired Persons an und hatten dadurch Anrecht auf die Mitgliederzeitschrift und, wichtiger noch, auf Seniorenrabatte.

Gelegentlich gönnten sie sich jedoch ein Essen im »Michael«, einem exklusiven Restaurant, das zwei Straßen von ihrer Wohnung entfernt lag. Sie baten immer um den Tisch 23, der in einer ruhigen Ecke des Hofes stand. Dort hatten sie Bäume und Büsche im Rücken.[24] Zudem konnte Whitey hier den gesamten Hof überblicken und alles im Auge behalten. Sie zahlten immer bar und gaben 20 Prozent Trinkgeld – gerade genug, um als angenehme Gäste zu gelten, aber nicht so viel, dass sie aufgefallen wären. Als Whitey im September 2009 80 Jahre alt wurde, feierten er und Cathy dies im »Michael« mit Gänseleber als Vorspeise, Hummer aus der Schale, einem Rumpsteak mit Pommes frites sowie Cocktails und Chardonnay.[25]

Anfangs hatten Whitey und Cathy so zurückgezogen gelebt, dass die Nachbarn ihnen bisweilen tage- oder wochenlang nicht begegnet waren. Doch mit der Zeit fühlten sie sich sicherer, entwickelten neue Lebensgewohnheiten und unternahmen mehr. Zweimal am Tag gingen sie ausführlich gemeinsam spazieren, morgens um 6.30 Uhr und vor Sonnenuntergang. Sie durchstreiften die Umgebung, schlenderten zum Santa Monica Pier, in den Palisades Park und an den mondänen Geschäften in der Montana Avenue vorbei, wo man hin und wieder berühmten Persönlichkeiten begegnete. Im Park saßen sie gern mit dem Rücken zum Meer auf ihrer Lieblingsbank und genossen den Rosengarten.[26] Oft zog es sie auch in die Third Street Promenade mit ihren Modeboutiquen, teuren Souvenirläden, Feinschmeckerrestaurants und erstklassigen Bars. Dort traten Straßenkünstler auf, und Wahrsagerinnen warben um Kunden. Whitey und Cathy saßen gerne auf einer Bank und beobachteten die Menschen. Überwachungskameras bereiteten ihnen anscheinend keine Sorgen, und es störte sie auch nicht, dass ihre Wohnung nur 6,5 Kilometer vom FBI-Büro in Los Angeles entfernt war. Sie lebten fast vor den Augen ihrer Verfolger und blieben dabei unentdeckt.

Manche Nachbarn hielten die Gaskos für ein liebevolles Rentnerpaar, da man sie mitunter händchenhaltend spazieren gehen sah. Doch einige Frauen, die die beiden kannten, meinten, sie hätten selten Zuneigung gezeigt und Charlie habe seine Frau herumkommandiert und nicht wirklich geschätzt. »Ich hatte nie den Eindruck, dass er sie besonders gut behandelte«, sagte Barbara Gluck, eine Fotografin, die in der Nähe der Gaskos wohnte und sie über zehn Jahre kannte. »Sie war sehr nett … Sie war jung und hübsch. Er dagegen war alt und grauhaarig. Ich habe oft gedacht: ›Warum sind die beiden nur zusammen?‹«. Doch für Cathy war mit der Zeit in Santa Monica ein lang gehegter Traum in Erfüllung gegangen. Jahrelang hatte sie Whitey mit Teresa Stanley teilen müssen, nun genoss sie ihre Alleinstellung. Laut Nachbarn betete sie ihn über die Maßen an. Janus Goodwin, eine Pastorin, die drei Türen weiter wohnte, berichtete, Cathy habe Gespräche im Flur oft abrupt beendet, um schnell wieder zu Whitey zu eilen, »als wäre er Gott«.[27] Oft lächelte Cathy selig und meinte gerührt: »Jemand braucht mich. Ich werde gebraucht!«

Während Cathy Greig den größten Teil der Hausarbeit übernahm, fiel Whitey eine andere äußerst wichtige Aufgabe zu: Er sorgte dafür, dass sie nicht geschnappt wurden. Dazu war es ihm enorm wichtig, mehrere brauchbare Tarnungen zur Verfügung zu haben. Als Teresa dem FBI 1996 den Alias Tom Baxter verraten hatte, war es für Whitey schwierig gewesen, einen neuen Decknamen zu finden, und das sollte ihm kein zweites Mal passieren. Sobald sie in Santa Monica waren, sammelten er und Cathy daher falsche Namen und Ausweise. Ihre täglichen Spaziergänge dienten nämlich nicht nur ihrer Gesundheit und der Nachbarschaftspflege, sondern auch einem ganz anderen Zweck. Im Zuge ihrer Spaziergänge am Venice Beach und der Uferpromenade in Santa Monica, wo die Obdachlosen

sich gern versammelten, erwarben sie Führerscheine, Sozialversicherungs-
nummern und andere Papiere von mindestens einem halben Dutzend Al-
koholikern, Drogensüchtigen und Geistesgestörten, die für Bargeld bereitwillig alles verkauften. Den Namen Gasko benutzten sie gegenüber Leuten,
die sie in ihrem Viertel in Santa Monica trafen. Wenn sie Ärzte aufsuch-
ten oder Ausflüge in die Stadt oder in einen anderen Bundesstaat unternahmen, verwendeten sie andere Decknamen. Dadurch wollten sie verhindern, dass jemand sie in ihrer Wohnung aufspüren konnte.

Eines Tages bemerkte Whitey bei ihrer Runde durch den Palisades Park
einen Mann, der allein auf einer Bank saß und für einen Handel, wie
Whitey ihn vorhatte, perfekt geeignet schien.[28] James William Lawlor, wie
er sich vorstellte, war gut gekleidet, doch Whitey spürte, dass er seelisch
angekratzt war. Vor allem aber sah Lawlor ihm erstaunlich ähnlich: der
gleiche weiße Bart, der gleiche kahl werdende Kopf, die gleiche rötliche
Gesichtsfarbe. Whitey setzte sich also zu ihm und begann ein Gespräch.
Lawlor vertraute ihm an, dass er aus der Lower East Side von Manhattan
stamme, er seine Frau verloren und keinen Kontakt zu seiner Familie habe.
Er brauchte nicht zu erwähnen, dass er zu viel trank, denn das sah Whitey
ihm an.

Er gab Lawlor etwas Geld und schenkte ihm seine Aufmerksamkeit, was
der Mann offenbar mindestens ebenso schätzte. Die beiden Männer hatten einiges gemeinsam. Beide lasen gerne, waren Veteranen und konnten
sich über ihre irischen Wurzeln unterhalten. Whitey gefiel besonders die
Tätowierung auf Lawlors Arm: »U.S. Army Irish«.[29] Im Laufe mehrerer
Begegnungen und langer Gespräche hatte Whitey seinem Bekannten erzählt, dass er ein illegaler Einwanderer aus Kanada sei und einen Führerschein brauche, um im Land leben und arbeiten zu dürfen. Schließlich
zahlte er Lawlor 1000 Dollar für dessen kalifornischen Führerschein, seine
Sozialversicherungsnummer und seine Geburtsurkunde.[30] Dann eröffnete
er unter Lawlors Namen ein Bankkonto und benutzte dies für kleine Einkäufe. Wenn Whitey ein Auto mietete, ein Medikament abholte, Geld ab-
hob oder ein Auto zulassen wollte, tat er dies oft als James Lawlor.[31] Trotz
aller Ähnlichkeit gab es auch einige deutliche Unterschiede zwischen ihnen: Whitey war sieben Jahre älter, doch da er stets gesund gelebt hatte
und Lawlor eher weniger, fiel dies nicht auf. Mit einer Größe von 1,63 Metern war Lawlor zwölf Zentimeter kleiner als Whitey, außerdem erheblich
schwerer. Und seine Augen waren haselnussbraun. Whitey kümmerte sich
2003 um die Beseitigung dieser Diskrepanzen, indem er James Lawlor von
der kalifornischen Kraftfahrzeugbehörde per Post einen Seniorenausweis
zuschicken ließ. Nun war Lawlor zehn Zentimeter größer, wog nur noch
67 Kilogramm und hatte blaue Augen.[32] Zum Dank dafür, dass Whitey die

Identität seines neuen Freundes annehmen durfte, gab er ihm weitere 2500 Dollar und bezahlte die Miete für seine Einzimmerwohnung im »West End Hotel«, einem Wohnheim am Sawtelle Boulevard in Los Angeles.

Natürlich nutzte Whitey Lawlors Lage aus, aber er schien ihn auch zu mögen. Er kontaktierte ihn regelmäßig und zahlte zehn Jahre lang Lawlors Miete.[33] Außerdem versuchte er, ihn vom Trinken abzubringen, doch Lawlor war einsam und behauptete, das schaffe er nicht. Er war nie über den Tod seiner Frau hinweggekommen und bewahrte ihre Asche in einer Urne in seinem Zimmer auf. Am 3. August 2007 ging der 70-jährige zum Empfangschef, um seine Miete mit dem Geld zu bezahlen, das Whitey ihm gegeben hatte. Dabei erwähnte er, dass er sehr müde sei und gleich zu Bett gehe. Fünf Tage später bemerkten andere Mieter einen unangenehmen Geruch, der aus Lawlors Wohnung kam, und der Hotelmanager fand ihn schließlich tot auf dem Fußboden. Der Gerichtsmediziner von Los Angeles stellte Tod durch Herzversagen fest. Da niemand den Leichnam beanspruchte, wurde er zusammen mit der Urne auf dem Riverside National Cemetery beerdigt, knappe 100 Kilometer östlich von Los Angeles. Nachdem Whitey einige Zeit nichts von Lawlor gehört hatte, schickte er Cathy zum Hotel, um sich nach ihm zu erkundigen. Er war erschüttert, als er vom Tod seines Freundes hörte, benutzte aber weiterhin seinen Namen.[34]

Whiteys Beziehung zu Lawlor war eher ungewöhnlich. Mit den zahlreichen anderen bedauernswerten Gestalten, deren Identität er und Cathy gekauft hatten, blieben sie nicht in Verbindung. Eines Tages saßen sie auf einer Bank im Palisades Park, als Sidney Joe Terry vorbeilief. Er war zehn Jahre jünger als Whitey und mit 1,86 Metern erheblich größer. Dennoch hatten die beiden eine gewisse Ähnlichkeit. Whitey wollte noch mehr Papiere haben, und Terry, der seit Jahren Heroin und andere Drogen konsumierte, brauchte dringend Geld. Also sprach Whitey ihn an und machte ihm dann ein Angebot: 200 Dollar für seinen Führerschein aus Nevada.[35] Terry war begeistert. Rasch wickelten sie das Geschäft ab, und Terry gab seinen Sozialversicherungsausweis und einen Mitgliedsausweis für den »Sam's Club« für weitere 50 Dollar dazu.

Als eine geistig gestörte Frau einen kaputten Koffer den Venice Beach entlangschleppte, eilten ihr plötzlich Whitey und Cathy – ein Paar, das ihrer Erinnerung nach schöne weiße Zähne hatte – zu Hilfe. Sie führten sie in ein Geschäft in der Nähe, kauften ihr für 40 Dollar einen neuen Koffer und erzählten, sie seien aus Kanada und bräuchten Ausweispapiere, um in den Vereinigten Staaten bleiben zu dürfen. Die Frau gab ihnen daraufhin für 200 Dollar ihren Sozialversicherungsausweis.[36]

Whitey und Cathy brauchten auch gültige Papiere, wenn sie gelegentlich zweieinhalb Stunden von Santa Monica an die mexikanische Grenze fuhren, um in Mexiko ohne Rezept Medikamente für Whiteys Herz zu kaufen.[37] Whitey fuhr mit Cathy an die Grenze, stellte sein Auto auf einem der riesigen Parkplätze auf der amerikanischen Seite ab und lief zu Fuß nach Tijuana. Er besaß mehrere Führerscheine, darunter die von Lawlor und Terry, und benutzte sie abwechselnd bei den Grenzkontrollen. Keiner der Männer, deren Namen er sich angeeignet hatte, überschritt die Grenze so oft, dass er aufgefallen wäre. In Tijuana kaufte er dann Atenolol, das Medikament, das er seit Jahren gegen Brustschmerzen und Bluthochdruck einnahm. Obwohl überall entlang der mexikanischen Grenze Fahndungsplakate von Whitey und Cathy in englischer und spanischer Sprache hingen, weil das FBI zu Recht darauf spekuliert hatte, dass Whitey im Nachbarland Medikamente kaufen werde, erkannte niemand die beiden. Der Grenzübergang bei Tijuana war so frequentiert, dass amerikanische Staatsbürger kaum überprüft wurden.

Wahrscheinlich befanden sie sich auf einer Reise nach Tijuana, als Cathy im Schönheitssalon von Fountain Valley erkannt worden war. Nachdem das FBI einen Bericht darüber veröffentlicht hatte, hörte sie auf, sich das Haar zu färben, und begnügte sich mit Grau. Das Paar hielt es jedoch nicht für notwendig, seine neue Heimat zu verlassen. Whitey, dem ein Prozess wegen 19 Morden drohte und der als Langzeitinformant des FBI entlarvt war, hatte nicht die Absicht, sein altes Leben wiederaufzunehmen. Außerdem sah er dem Gesicht auf den Fahndungsplakaten nicht mehr sehr ähnlich. Vielleicht beruhigte es ihn und Cathy auch, dass nach den Anschlägen am 11. September 2001 der Terrorismus für das FBI oberste Priorität besaß – und nicht alternde Flüchtige.

Kurz nach dem Besuch im Schönheitssalon war Whitey angeblich mehrere Male in Europa gesehen worden. Tatsächlich verließen er und Cathy die USA jedoch nie, abgesehen von ihren gelegentlichen Abstechern nach Mexiko. Kurze Zeit nach dem 11. September hörten sie allerdings auch damit auf, weil sie strengere Sicherheitsmaßnahmen an der Grenze befürchteten.

Nachdem sie jahrelang sehr zurückgezogen gelebt hatten, sehnten sich Whitey und Cathy offenbar nach gesellschaftlichen Kontakten und Unternehmungen. Sie wagten daher eine Fahrt nach Las Vegas, wo Whitey an Spielautomaten mehr gewann, als er verlor. Dabei glaubte er plötzlich, einen alten Freund von John Connolly erkannt zu haben: Joe Pistone, den pensionierten FBI-Agenten, der zur Legende wurde, weil er als verdeckter Ermittler unter dem Namen Donnie Brasco die Mafia unterwandert hatte.[38] Doch nachdem sie offenbar niemand entdeckt hatte, kehrten sie nach Santa Monica zurück und waren überzeugt, dass sie auch künftig unerkannt bleiben würden. Nachdem sie etwa zehn Jahre in der Wohnanlage

Princess Eugenia gewohnt hatten, öffneten sie sich zunehmend gegenüber anderen, vor allem neueren und jüngeren Mietern. Cathy erweiterte ihren Bekanntenkreis, indem sie diverse Abendkurse belegte und beispielsweise lernte, einen Computer zu bedienen und eine Toilette zu reparieren.[39] Das Paar pflegte Freundschaften mit Nachbarn, blieb aber wählerisch und bevorzugte Leute, die zu beschäftigt oder zu höflich waren, um persönliche Fragen zu stellen. Oft waren sie erstaunlich großzügig zu Leuten, die sie mochten. Für einen lungenkranken Nachbarn kauften sie etwa einen Luftreiniger, der 400 Dollar kostete. Enrique Sanchez, dem Hausmeister, schenkten sie Werkzeug, und einigen Nachbarinnen Taschenlampen, damit sie sich sicherer fühlten, wenn sie nachts nach Hause kamen.

Cathy sichtete Zeitschriften und Werbebriefe, die in der Eingangshalle des Apartmenthauses auf dem Boden lagen, und legte sie anderen Mietern vor die Tür. Catalina Schlank, einer älteren Frau, die im ersten Stock wohnte, brachte sie die Zeitung und legte ihr gelegentlich eine Mango oder eine Orange dazu. Als die Frau sie bat, für Notfälle einen Zweitschlüssel für ihre Wohnung an sich zu nehmen, lehnte Cathy, nachdem sie Whitey gefragt hatte, mit der Begründung ab: »Mein Mann möchte die Verantwortung nicht übernehmen.«[40] Gelegentlich ließen sie Janus Goodwin in ihr Apartment ein, und dabei fiel dieser auf, dass das Sofa so schäbig war, dass selbst die Heilsarmee es wohl nicht mehr angenommen hätte.[41] »Sie wirkten sehr einsam«, meinte Goodwin, »ich glaube, sie sehnten sich nach Gesellschaft.« Die drei unterhielten sich bis zu einer Stunde lang über Filme, Kunst, das Wetter und lokale Ereignisse, aber Goodwin wurde nie aufgefordert, sich zu setzen, und bekam nie Speisen oder Getränke angeboten. »Es war fast, als wären sie etwas aus der Übung«, sagte sie über die soziale Kompetenz des Paares.

Whitey verfolgte interessiert alle Berichte über Kriminalfälle in der Gegend und legte Mietern, mit denen er sich angefreundet hatte, regelmäßig die kostenlose Santa-Monica-Zeitung vor die Tür und riet ihnen, freitags die Polizeiberichte zu lesen. Als ein Obdachloser vor dem Apartmenthaus herumlungerte, befahl er ihm zu verschwinden, andernfalls werde er die Polizei rufen.[42] »Wir hielten ihn für einen etwas paranoiden Typen, der uns ständig riet, gut aufzupassen und uns vor Verbrechern zu hüten«, sagte ein Mieter im mittleren Alter. »Wir wussten ja nicht, dass er Erfahrung hatte.«[43] Einige der jungen Leute in der Wohnanlage schienen Whitey besonders sympathisch zu sein. Er interessierte sich sehr für ihr alltägliches Leben und war besorgt um ihre Sicherheit. Als eine junge Frau einzog, nahmen Whitey und Cathy sie unter ihre Fittiche, und Whitey erbot sich, ihr etwas über Selbstverteidigung beizubringen.[44] Dann drängte er sie dazu, ihn an ihren Fenstern Riegel anbringen zu lassen, und riet ihr, Möbel auf ihren

Balkon im ersten Stock zu stellen: »Wenn dort Möbel und Pflanzen stehen, hören Sie es, wenn jemand auf den Balkon klettert.« Er empfahl ihr auch, auf dem Heimweg vom Fitnessstudio am Abend die besser beleuchtete Seite des Wilshire Boulevard zu benutzen, und er zeigte ihr, wie sie ihre Schlüssel in der Hand halten musste, damit sie einen Angreifer abwehren konnte. Eines Abends klopfte es an der Tür der jungen Frau, und als sie öffnete, standen Whitey und Cathy vor ihr. »Sie müssen sich schützen«, sagte Whitey und überreichte ihr ein Pfefferspray. »Machen Sie das Ding einfach auf und sprühen Sie ihm ins Gesicht.« Als sie einige Zeit später zugab, dass sie das Spray nie mitnahm, weil es zu groß war, schenkte er ihr ein kleineres Spray, das sie bequem in der Hand tragen konnte. »Er war sehr fürsorglich zu mir«, meinte sie.

Whitey und Cathy redeten selten über ihre Vergangenheit, und wenn sie es taten, waren die meisten Geschichten natürlich erfunden. Er behauptete, ein Veteran zu sein, der in Korea gekämpft hatte. Manchmal verriet er allerdings auch Details aus dem Leben des echten Whitey. Er vertraute Enrique Sanchez zum Beispiel an, dass er stets ein Messer bei sich trug und früher gewaltbereit gewesen sei. »Früher mochte ich Waffen und prügelte mich auch«, erzählte Whitey ihm. »Ich dachte, das stehe in Zusammenhang mit seinem Militärdienst«, gab Sanchez später an.[45]

Joshua Bond, ein großer junger Mann aus Mississippi, wurde 2007 als Hausmeister in der Wohnanlage Princess Eugenia eingestellt und zog in die Wohnung neben den Gaskos. Er hatte zwei Jahre zuvor sein Examen an der Boston University abgelegt und einen Boston-Aufkleber hinten auf seinem Auto. Obwohl Bond vier Jahre lang in Boston gelebt hatte, war ihm der legendäre Whitey Bulger völlig unbekannt. Whitey schien sich deswegen keinerlei Sorgen zu machen. Der neue Nachbar spielte in einer Countryband, blieb gern lange auf und musizierte, wobei Whitey ihm durch die Wand zuhörte. Whitey begann daraufhin, Bond »Tex« zu nennen, und klopfte eines Tages an seine Tür. »Ich habe Sie spielen gehört«, erklärte er, dann überreichte er ihm eine Schachtel und drängte ihn dazu, sie zu öffnen. Darin lag ein teurer Stetson-Cowboyhut. Whitey behauptete, er trage den Hut nicht mehr und habe gedacht, dass er seinem jungen Nachbarn vielleicht gefallen könnte. Ein anderes Mal schenkte er dem jungen Mann eine halb volle Flasche Grand Marnier und meinte, ein Neffe und dessen Frau hätten sie vor Kurzem während eines Besuchs nicht leer getrunken – eine seltene Anspielung auf Angehörige oder Gäste. Bond wusste diese Gesten durchaus zu schätzen, obwohl Whiteys Aufmerksamkeit ihm bisweilen übertrieben erschien. Whitey beklagte sich, wenn Bond und seine Freunde auf dem Balkon Zigaretten rauchten. Und manchmal belauschte er sie und wiederholte ihre Gespräche am nächsten Tag Wort für Wort, wenn er Bond traf.[46]

Bond fühlte sich zunehmend unwohl, als er bemerkte, dass die Geschenke, die Whitey ihm immer wieder machte, oft dazu bestimmt waren, ihn zu beeinflussen und sein Erscheinungsbild zu verbessern. Whitey schenkte ihm etwa ein Bremslicht für sein Fahrrad – eine Aufforderung, öfter Rad zu fahren –, eine Kurzhantel für das Bizepstraining, eine für das Training der Unterarme, ein Crunch-Gerät für das Bauchmuskeltraining, einen Trimmer und einen Kamm für den Bart. »Er meinte, ich müsse mich mehr um meinen Bart kümmern«, sagte Bond.[47] Er fand das zwar ein wenig sonderbar, beruhigte sich aber damit, dass Charlie und Carol »ein so nettes altes Paar« waren.[48] Doch Whitey sollte es wieder einmal übertreiben. Als Bond es eines Tages versäumte, sich für ein kleines Geschenk zu bedanken, das in einem Plastikbeutel an seinem Türgriff gehangen hatte, beklagte sich ein aufgebrachter Whitey, als er ihn das nächste Mal traf: »Sie haben mir keinen Dankesbrief geschrieben.«[49] Betroffen ging Bond nach Hause und schrieb auf ein Notizbuchblatt: »Tut mir leid. Ich könnte mir keine besseren Nachbarn vorstellen. Sie sind fast wie Familie für mich.« Daraufhin schenkten Whitey und Cathy ihm Briefpapier, und Whitey bemerkte: »Das war der netteste Brief, den wir je erhalten haben.« Abgesehen von diesem einen scharfen Tadel bemerkte Bond nichts von Whiteys Temperament, das in Boston so berüchtigt gewesen war, in Santa Monica jedoch fast unsichtbar blieb. Allerdings bekam er einen Eindruck davon, wie schreckhaft Whitey war, als er sich ihm einmal auf einem Fahrrad von hinten näherte. »Herrgott noch mal!«, schrie Whitey. »Zum Teufel noch mal, Josh. Schleichen Sie sich nicht so an mich ran!« Whitey fing sich jedoch rasch wieder, und Bond dachte nicht weiter über den Vorfall nach, schließlich wusste er ja, wie sehr der alte Herr sich vor Verbrechern fürchtete.

Wie in Grand Isle nahmen Whitey und Cathy auch in Santa Monica viele Nachbarn mit ihrer überbordenden Tierliebe für sich ein. Auf ihren täglichen Spaziergängen plauderten sie liebenswürdig mit fast jedem, der einen Hund ausführte, während sie das Tier streichelten. »Ich liebe Bullterrier«, schwärmte Whitey, als er seine Nachbarin Denise Walsh zum ersten Mal mit einem kräftigen weißen Hund traf, der den typischen Kopf eines Terriers aufwies. Whitey spielte mit dem Hund und erzählte der Frau, er habe als Junge einen Bullterrier gehabt, der zwölf Jahre alt geworden sei. »Sie sind die süßesten Hunde auf der Welt«, sagte Whitey und bedauerte es, dass diese starke Hunderasse zu Unrecht einen so schlechten Ruf hatte.

Vor allem Cathy empfand tiefes Mitgefühl für alle Haustiere, die Schmerzen hatten oder vernachlässigt wurden. Sie kümmerte sich immer wieder um Katzen, die von Balkonen gefallen waren, und telefonierte und klopfte so lange an Türen, bis sie die Tiere an ihre Besitzer zurückgeben konnte. Als sie einmal eine flauschige weiße Katze entdeckte, die sich in ihrem rosafarbenen Geschirr verfangen und dabei verletzt hatte, brachte sie sie zu einem Tierarzt und bezahlte das Entfernen der Riemen und die folgende Behandlung. Dann gab sie eine Anzeige in der Lokalzeitung auf und appellierte an »KATZENLIEBHABER«, dem Tier ein Heim zu geben.[50] Nachdem ein älterer Mann in der Nachbarschaft gestorben war, trieb sich dessen gestreifte Katze Tiger auch in der Wohnanlage Princess Eugenia herum. »Wir beobachteten oft, wie sie [Cathy] im Gebüsch nach der Katze suchte«, erzählte eine Nachbarin.[51] »Die Katze ließ sonst niemanden an sich heran.« Mindestens zweimal am Tag, gegen sechs Uhr morgens und am Abend, kauerte Cathy auf dem Gehsteig vor ihrer Wohnung und fütterte die verlassene Katze aus Dosen oder aus Plastiktüten, in die sie Thunfisch gefüllt hatte. Whitey, der ebenfalls eine Vorliebe für Streuner hatte, stand wohlwollend lächelnd daneben.[52] Als Tiger krank wurde, brachten ihn Whitey und Cathy im Taxi zum Tierarzt, und zu Hause hängten sie ein gerahmtes Bild der Katze an die Wand. Ihre Tierliebe fiel auch Anna Bjornsdottir auf, einer ehemaligen Schauspielerin und Schönheitskönigin, die einige Monate im Jahr in der Nachbarschaft wohnte und manchmal stehen blieb, um mit den Gaskos zu plaudern, während sie die Tigerkatze fütterten.[53]

»Ist sie nicht nett?«, sagte Anna zu einer Nachbarin über Cathy. Die beiden Frauen, deren Gesichter aus sehr unterschiedlichen Gründen öffentlich bekannt waren, kamen sich wegen der Katze allmählich näher und wurden Freundinnen. Anna hatte 1974 als Miss Island an der Wahl zur Miss Universe teilgenommen und war von ihren Mitbewerberinnen zur Miss Charme gewählt worden. 1980 war sie mit ihrem Mann, einem isländischen Rockmusiker, nach Kalifornien gezogen. Die beiden hatten in Los Angeles ein glamouröses Leben geführt. In einem Artikel in der Zeitschrift *People* war sie als »eines der schönsten und erfolgreichsten Models der Welt« bezeichnet worden. Sie hatte mehr als 2000 Dollar am Tag verdient, wenn sie Werbespots für bekannte Firmen gedreht hatte. Nachdem sie ihren Namen zu Anna Bjorn verkürzt hatte, hatte sie in mehreren Filmen mitgespielt, darunter *The Sword and the Sorcerer* (*Talon im Kampf gegen das Imperium*), und Gastrollen in Fernsehshows wie *Remington Steele* und *Fantasy Island* übernommen. Nach ihrer Scheidung hatte sie fern vom Rampenlicht auf Island gelebt und als Grafikdesignerin und Yogalehrerin gearbeitet. Dann hatte sie Halldor Gudmundsson geheiratet, einen isländischen Geschäftsmann, mit dem sie ein Buch über die Abenteuer von Mosa geschrieben hatte, eine Katze, die sie aufgenommen hatten, nachdem das verlassene Tier wochenlang in den Bergen überlebt hatte.

Seit 2000 wohnte das Paar mehrere Monate im Jahr in Santa Monica, anfangs im »Hotel Embassy« gegenüber Whiteys und Cathys Apartmenthaus, dann in einer Wohnung, die ein paar Häuserblocks entfernt war. Anna ging oft an der Wohnanlage Princess Eugenia vorbei und war begeistert davon, wie lieb Cathy zu Tiger war. Whitey gefiel ihr weniger, weil er ihr einen Vortrag hielt und sie schimpfte, als sie ihre Bewunderung für Barack Obama, den ersten afroamerikanischen Präsidenten des Landes, zum Ausdruck brachte.[54] Sehr unwirsch reagierte Whitey auch, als sie eines Tages vorschlug, das Tier zu seinem Besten einschläfern zu lassen, da es schwer krank war. Als Tiger starb, war Cathy untröstlich und umsorgte Whitey fortan offenbar noch mehr. Er war vor Kurzem 80 geworden und spürte allmählich sein Alter. Cathy machte sich Sorgen über ihre Arthritis und Whiteys Prostataprobleme und fragte sich, wie lange sie ihre Arztrechnungen noch bezahlen konnten.[55] Sie abonnierte Gesundheitszeitschriften, kaufte gesunde Nahrungsmittel ein und setzte sich und Whitey auf eine natriumarme Diät, um den Blutdruck zu senken.[56] Er war allerdings kein sehr guter Patient. Ein Zahnarzt in Marina del Rey, der ihn später behandelte, notierte in seiner Akte, Whitey sei »ein sehr furchtsamer Patient, der Spritzen verabscheut«.[57] Whitey scherzte, er sei ein »dentaler Feigling aus Chicago«.[58]

Whiteys Abneigung gegen Ärzte war so ausgeprägt, dass er immer fürchtete, einmal die Beherrschung zu verlieren und sich dadurch Schwierigkeiten einzuhandeln. Doch Cathy half ihm, sich zu zügeln, und spielte oft die freundliche Vermittlerin, wenn sie ihren mürrischen alten Freund zum Arzt oder Zahnarzt begleitete.[59] Ein Arzt, der Whitey (unter dem Namen Lawlor) in einer Klinik in Los Angeles behandelte, bemängelte, der Patient sei unbeherrscht und kommandiere die Schwestern herum.[60] Whitey klagte über Arthritis, doch als der Arzt ihm zu einer Kortisonspritze riet, sträubte er sich und gab zu, vor Spritzen Angst zu haben. Cathy, die er als seine Ehefrau vorgestellt hatte, beruhigte ihn und besänftigte auch das aufgebrachte Personal. Als der Arzt ihn fragte, warum er extra nach Los Angeles fahre, obwohl es doch auch in Santa Monica Kliniken gebe, antwortete er: »Ihre Klinik ist sauber, deshalb komme ich gern hierher.«

Cathy bemühte sich, Whitey so wenig wie möglich allein zu lassen. Den Nachbarn erzählte sie, er sei kränklich, obwohl er bei seinen täglichen Spaziergängen stets fit und munter wirkte. Alle paar Wochen ließ Cathy sich die Haare im Salon The Haircutters am Wilshire Boulevard schneiden. Unterwegs besorgte sie Medikamente für Whitey in der Apotheke und Lebensmittel im Supermarkt. Ihrer Friseuse vertraute sie an, ihr Mann habe Prostatabeschwerden und sie mache sich Sorgen um seine Gesundheit. »Sie war sehr beunruhigt«, sagte die Friseuse Wendy Farnetti.[61] Die Carol Gasko, die ihr Haar einst alle zwei bis drei Wochen hatte schneiden und aufhellen lassen, hatte sich mit der Zeit sehr verändert. Sie färbte ihr Haar nicht mehr und wollte nun wohl auch absichtlich anders aussehen.

Cathy und Wendy plauderten beim Haarschneiden über alles Mögliche. Als sie sich eines Tages über Männer unterhielten, erwähnte Wendy, dass ein ehemaliger Freund sie zu überreden versuche, zu ihm nach Texas zu ziehen. »Dort wird es Ihnen nicht gefallen«, warnte Cathy, »weil es dort wahrscheinlich ziemlich heiß ist, außerdem lieben Sie doch Kalifornien. Und vor allem würde ich dann meine Friseuse verlieren.« Wendy nickte. Ihr war klar, dass es ein Fehler wäre, zu ihrem Freund zu ziehen. »Ich habe einen lausigen Geschmack, was Männer betrifft«, gestand sie. »Ich ziehe Looser an. Wenn ein Looser im Raum ist, ziehe ich ihn magisch an.« Cathy lachte. »Ich mag böse Jungs«, verriet sie. »Mein Mann war ein richtig böser Junge, als ich ihn geheiratet habe. Aber jetzt ist er viel sanfter geworden.«[62]

Whiteys schroffe Seite zeigte sich allerdings, wenn er Bücher las, die ehemalige Komplizen über ihn geschrieben hatten. Manche bezeichneten ihn despektierlich als »Rattenkönig«, weil er ein Informant gewesen war, andere behaupteten, er sei homosexuell oder gar pervers, weil er jungen Mädchen nachgestellt habe.[63] Es ärgerte Whitey maßlos, dass andere mit seinem Leben, mit seiner Geschichte Geld verdienten. Er kochte vor Wut, als John Martorano, der Auftragskiller, der als Zeuge der Anklage aufgetreten war und wegen Mordes an 20 Menschen zwölf Jahre im Gefängnis gesessen hatte, 2008 in der CBS-Sendung *60 Minutes* erschien und einen nüchternen Bericht über seine kriminellen Abenteuer mit Whitey ablieferte. Martorano erzählte gleichgültig von den Menschen, die er umgebracht hatte, und behauptete, er habe lediglich aus Loyalität zu Whitey und anderen Mitgliedern der Winter-Hill-Gang getötet. Er stilisierte sich selbst zum edlen Krieger hoch und beschimpfte Whitey als Schuft, der seine Freunde betrogen habe. »Ich kann eine Menge vertragen, aber keinen Judas, keinen Informanten«, schimpfte Martorano und fügte hinzu, er würde Whitey töten, wenn er Gelegenheit dazu hätte. Nachdem Whitey diese Sendung in seinem Refugium im Apartment 303 gesehen hatte, begann er, seine Memoiren zu schreiben.[64] In seiner kleinen, ordentlichen Handschrift notierte er: »Was mich dazu bewegt, sind die Lügen von JM. Sein krankes Interview in *60 Minutes* war der letzte Tropfen, der das Fass zum Überlaufen brachte.« Martoranos Version der Ereignisse bezeichnete er als »20 Minuten voller Lügen«, die ihn »dazu trieben, die wahre Geschichte aufzuschreiben«. Er brachte jedoch nur etwa 100 Seiten zustande, denn die Wut, die ihn anfangs motiviert hatte, flaute schnell ab. Überrascht stellte er fest, dass es ihm auf einmal schwerfiel, wütend zu bleiben. Er hatte sich ganz allmählich, aber deutlich erkennbar verändert. Die Emotionen, die Martorano in ihm geweckt hatte, gehörten zu seinem alten Leben. Sein neues Leben war viel besser. Whitey hatte sich auf der Flucht weiterentwickelt. »Bin ein guter Staatsbürger und ein anderer Mensch geworden«, schrieb er

einem Freund. »Spüre Emotionen und Gefühle, die ich jahrelang unterdrückt hatte.«[65]

Nach all den Jahren in Santa Monica empfand er sich selbst nicht mehr
so sehr als flüchtigen Verbrecher, sondern eher als liebenden Mann. Dass
Cathy die ganze Zeit zu ihm gehalten hatte, bedeutete ihm nun mehr als
alles andere. Auch wenn er nicht dazu neigte, Dinge zu bereuen, tat es ihm
dennoch leid, dass er Cathy nicht schon nach seiner Entlassung aus dem
Gefängnis im Jahr 1965 getroffen hatte. Wäre sie ihm damals begegnet, hätte er seiner Ansicht nach sein kriminelles Leben hinter sich lassen können.
»Als wir uns trafen, war es zu spät«, sagte er. »Ich steckte zu tief drinnen, hatte zu viel getan, um an ein ehrliches Leben auch nur denken zu können.«[66]
Whitey Bulger war weicher geworden, und vor allem war er jetzt ein Einwohner von Südkalifornien geworden, und er war nie glücklicher gewesen.

16

Uneingeschränkte Schlechtigkeit

Tommy Donahue stand gelangweilt im Wainwright Park in Dorchester im Außenfeld. Sein Baseballhandschuh war ihm zu groß und hing schlaff an seiner Seite. Er war acht Jahre alt, und kaum jemand in der Baseballliga für Kinder schlug den Ball ins Außenfeld. Er drehte sich um und schaute zum Zaun an der Seite des dritten Base, wo sein Vater zu stehen pflegte. Aber Michael Donahue war nicht da. »Das tat irgendwie weh in diesem Baseballspiel, wie ein Schlag in den Magen«, erinnerte sich Tommy später. »Diese Erkenntnis.« Der Vater, der alle seine Spiele gesehen hatte, der ihn getröstet hatte, wenn er nicht getroffen hatte, und ihn gelobt hatte, wenn er getroffen hatte, war für immer fort. Am Ende der Spielrunde lief Tommy vom Außenfeld nach innen und hielt den Kopf gesenkt, damit seine Kameraden seine Tränen nicht sahen. Er setzte sich auf die Bank und wandte sich ab.

Die Erkenntnis, dass Michael Donahue für immer fort war, traf auch die Nachbarn aus der Pfarrgemeinde St. Markus in der Roseland Street hart, als der 4. Juli 1982, zwei Monate nach Donahues Ermordung, ohne großes Aufsehen kam und wieder ging. Michael Donahue hatte immer das Straßenfest zum Unabhängigkeitstag organisiert, er hatte Grills auf den Gehsteig gestellt, sich Spiele für die Kinder ausgedacht und seinen Nachbarn eiskaltes Bier ausgeschenkt. Da er einen Freund in Chinatown hatte, der ihn mit Feuerwerkskörpern versorgte, wurde die Roseland Street dann immer von Wunderkerzen und Raketen erhellt, wenn es Nacht wurde. An irgendeinem 4. Juli hatte Michael dem Priester einen Feuerwerkskörper in die Hand gedrückt, als ein Polizeiauto langsam durch die Roseland Street fuhr. Der Polizist drosselte das Tempo, starrte den Priester an und schüttelte den Kopf, als dieser ihm zu erklären versuchte, warum er einen verbotenen Feuerwerkskörper in der Hand hielt. Die Kinder krümmten sich vor Lachen.

In der Roseland Street herrschte Ordnung. Viele Kinder, auch die drei Söhne der Donahues, gingen in die St.-Markus-Schule, die katholische Grundschule, die auch Whitey Bulger in den Dreißigerjahren besucht hatte. Man konnte hier alles zu Fuß erreichen: Die Kinder gingen zur Schule, die Mütter zum Marienmarkt in der Dorchester Avenue und die Männer nach Feierabend in eine Kneipe namens »Peabody«. Und Michael Donahue war die gute Seele von St. Markus, hatte für den Zusammenhalt in der Roseland Street gesorgt. Mit seinem Tod schien alles auseinanderzufallen. Es gab keine Straßenfeste mehr. Familien zogen fort. Das Viertel veränderte sich. Sogar die Donahues zogen fort. Patricia Donahue musste das Haus aufgeben und nahm ihre drei Söhne mit in eine Vorstadt südlich von Boston, weil sie dachte, der Ortswechsel werde ihnen guttun. Aber er half nicht. Wann immer Michael jun., Shawn oder Tommy in den nächsten Jahren alte Freunde trafen, war der Tod ihres Vaters unweigerlich ein Gesprächsthema, und sie waren sich einig darüber, dass ihre unbeschwerte, schöne Kindheit mit dem Mord an Michael Donahue geendet hatte. »Whitey hat nicht nur meinen Vater getötet«, sagte Tommy Donahue später, » sondern auch einen Stadtteil.«

Während Whitey als Rentner im sonnigen Santa Monica ein neues Leben führte, kämpften die Familien seiner Opfer in Boston mit den Folgen seines grauenvollen Handelns. Viele von ihnen hatten keine Ahnung, warum ihre Lieben gestorben waren. Einige hatten nicht einmal einen Leichnam, den sie hätten betrauern können, weil er einfach verschwunden war. Andere, darunter die Donahues, hatten ihren Vater begraben, wussten aber damals noch nicht, dass Whitey der Mörder war. Dennoch behielten sie in ihrer Verzweiflung ausreichend Kraft, um Whitey letztlich zu Fall zu bringen.

Nachdem Michael Donahue und Brian Halloran im Hafenviertel von South Boston ermordet worden waren, war Pat Donahue fest entschlossen herauszufinden, wer ihren Mann umgebracht hatte und warum. Das FBI und die Polizei hatten behauptet, ein Gangster namens Jimmy Flynn habe ihren Mann getötet, als er auf Halloran geschossen habe. Michael Donahue sei nur deshalb ums Leben gekommen, weil er an jenem Tag Halloran nach Hause hatte fahren wollen. Als Flynn zweieinhalb Jahre später verhaftet und wegen dieser Morde angeklagt wurde, dachte Pat daher, dies sei das Ende der Geschichte.

Sie hatte keine Ahnung, dass die Polizei sich irrte und das FBI sie anlog.

Pat Donahue verfolgte den Prozess gegen Flynn als Zuschauerin und war niedergeschmettert, als er freigesprochen wurde. Mehrere Zeugen hatten bestätigt, dass er zu Hause, 25 Kilometer vom Tatort entfernt, zu Mittag gegessen hatte. Dass der sterbende Halloran gesagt hatte, Flynn habe auf ihn geschossen, genügte den Geschworenen nicht für einen Schuldspruch, sodass sie ihn 1986 freisprachen. »Wir dachten, der Schuldige sei auf freiem Fuß und wir könnten nichts dagegen tun«, erinnerte sich Pat Donahue. »Das FBI versicherte immer wieder, er sei es gewesen. Und ich glaubte den FBI-Agenten. Ich hatte keinen Grund zu zweifeln. Also war alles vorbei.«[1]

Richter Mark Wolfs Urteil im September 1999 und die detaillierte Beweisaufnahme, die ihm vorausgegangen war, stellte die Welt der Donahues und vieler anderer Familien, deren Angehörige Whitey oder seine Helfershelfer getötet hatten, auf den Kopf. Wolf hatte herausgefunden, dass John Connolly Whitey und Flemmi verraten hatte, dass Halloran sie mit dem Mord an Roger Wheeler, dem Präsidenten von World Jai Alai, in Verbindung gebracht hatte. Wolfs Ansicht nach konnte dies ein Grund für Whitey und Flemmi gewesen sein, Halloran – und Donahue, seinen unschuldigen Begleiter – zu ermorden. »Wir hatten Bulgers Namen nie im Zusammenhang mit Michaels Ermordung gehört«, sagte Pat Donahue. »Richter Wolf veränderte alles.«

Auch John Martorano und Kevin Weeks trugen ihren Teil dazu bei. Martoranos Entschluss aus dem Jahr 1998, als Zeuge auszusagen, brachte Weeks im folgenden Jahr dazu, das Gleiche zu tun. Die beiden lieferten dem Team aus Polizisten und DEA-Agenten, das gegen Whitey ermittelte, die Beweise, die es brauchte, um Mordanklage zu erheben: die Hintergründe, die Motive und die lange verschwundenen Leichen. Die Polizei gab ihrerseits den Familien, die 15 bis 25 Jahre lang ahnungslos gewesen waren, einige Antworten.

Bill St. Croix, Steve Flemmis 39-jähriger Sohn, erholte sich im Januar 2000 in der Eigentumswohnung seiner Mutter, Marion Hussey, in Weymouth von einer Krebstherapie, als DEA-Agent Dan Doherty und der Kriminalpolizist Steve Johnson an die Tür klopften. »Wir glauben, wir haben Debbie gefunden«, meinte Doherty. Es waren jedoch noch zahlreiche zeitaufwendige Tests erforderlich, ehe sie Gewissheit haben konnten. St. Croix hatte stets zu seiner großen Schwester aufgeblickt, und sie fehlte ihm seit nunmehr 15 Jahren. Flemmi hatte seiner Mutter die ganze Zeit einzureden versucht, Debbie sei weggelaufen und er habe alles getan, um sie aufzuspüren. St. Croix wartete nicht auf das Untersuchungsergebnis, er kannte eine schnellere Methode, um die Überreste zu identifizieren. Mit seinem Onkel Mike, einem Bostoner Polizisten, fuhr er zum Gefängnis in Plymouth, wo sein Vater einsaß.

»Ist das Debbie, dort in der Erde?«, fragte Bill.

»Ja«, antwortete Steve Flemmi leise.

»Hast du sie getötet?«

»Ja«, gestand Flemmi. »Aber ich kann es erklären.«

»Nein, das kannst du mir nicht erklären«, erwiderte Bill.

Mike Flemmi sprang seinem Bruder bei: Debbie sei drogensüchtig gewesen, eine Prostituierte, die Schwarze mit ins Haus ihrer Mutter gebracht habe. Etwas habe geschehen müssen. Bill stand daraufhin auf, schlug seinem Onkel ins Gesicht und wandte sich dann an seinen Vater.

»War Bulger dabei?«

»Ja«, erwiderte Flemmi. Im Zeugenstand erzählte Weeks, dass Whitey Deborah Hussey gewürgt habe, während er und Flemmi zugeschaut hätten. Dann habe Flemmi sie endgültig getötet. Whitey bestritt später diese Version und sagte, Flemmi habe Debbie von Anfang an gewürgt, nicht er. Sowohl Flemmi als auch Weeks bestätigten jedoch, dass Whitey dabei gewesen sei, den Mord gebilligt habe und an Debbies gewaltsamem Tod mitschuldig sei.

Bill wurde übel. Das Bild seiner nach Luft schnappenden Schwester ließ ihn nicht los. Er hatte in seinem Vater stets einen Ehrenmann gesehen, obwohl er wusste, dass er ein Verbrecher war. Er hatte auch keine Ahnung gehabt, dass sein Vater seine Schwester sexuell belästigt hatte. Natürlich wusste er, dass sein Vater Menschen umgebracht hatte, doch bisher hatte er angenommen, dass es sich dabei stets um andere Gangster gehandelt hatte, die sonst seinen Vater getötet hätten. Jetzt konnte er ihm nicht mehr ins Gesicht sehen. »Dass er es fertiggebracht hat, meine Schwester zu töten und dann nach Hause zu gehen und weiter eine Beziehung mit meiner Mutter zu haben, dass er es fertiggebracht hat, seinen Arm um sie legen, obwohl er wusste, dass er meine Schwester umgebracht hat, das sind für mich klassische Anzeichen für einen Soziopathen«, sagte Bill Flemmi. »Oder vielleicht nicht einmal klassisch, vielleicht ist es etwas Neues.«[2]

Die Bergung der sterblichen Überreste von Deborah Hussey änderte nicht nur die Einstellung von Bill St. Croix zu seinem Vater, sondern motivierte ihn auch zum Handeln. Er berichtete den Ermittlern vom Geständnis seines Vaters und von dessen Plan, aus dem Gefängnis zu fliehen. Bill führte sie zudem zu einem Versteck, in dem 70 Maschinengewehre und abgesägte Schrotflinten lagen, die Whitey und Flemmi gehörten. Später wurde Michael Flemmi verurteilt, weil er seinem Bruder geholfen hatte, die Waffen zu verstecken.

Die Enthüllungen während der Anhörung vor Richter Wolf und anschließend während des Prozesses gegen John Connolly veranlassten die Familien der 13 Menschen, die Whitey und Flemmi während ihrer Zeit als

Informanten ermordet hatten, Zivilklagen gegen die Vereinigten Staaten zu erheben. Zwischen 2001 und 2003 forderten sie mehr als 1,3 Milliarden Dollar Schadenersatz.[3] Sie argumentierten, das FBI sei für die Morde mitverantwortlich, weil es Whitey und Flemmi vor Strafverfolgung geschützt habe und weil einige Mitarbeiter Informationen weitergegeben hätten, deren unmittelbare Folge die Morde gewesen seien. Das Gesetz war leider zum Nachteil jener gestaltet, die finanzielle Entschädigung für ein Fehlverhalten einer bundesstaatlichen Behörde verlangten, vor allem, wenn wie in diesem Fall das Fehlverhalten schon einige Zeit zurücklag. Acht der Klagen wurden abgelehnt, weil sie als zu spät eingereicht galten. Nach dem Gesetz hätten die Angehörigen, nachdem sie von den Fehlern des FBI Kenntnis erlangt hatten – oder jemand davon hätte Kenntnis erlangen können –, ihre Klagen innerhalb von zwei Jahren einreichen müssen. Die entscheidende Frage für das Gericht lautete nun: Ab wann hätten die Familien es wissen können?

Die Angehörigen und ihre Anwälte gingen davon aus, dass die Staatsgewalt aus moralischen Gründen das Gesetz großzügig auslegen werde. Immerhin hatten sie einen schweren Verlust erlitten, Connolly war korrupt gewesen, und das FBI hatte jahrelang gegen das Gesetz verstoßen und kläglich versagt. Stattdessen beantragten die Anwälte des Justizministeriums in Washington stur die Abweisung der meisten Klagen und behaupteten, jeder »vernünftige Mensch« habe 1997 oder Anfang 1998 wissen müssen, dass das FBI an den Morden eine Mitschuld trage – obwohl das FBI dies damals hartnäckig bestritten hatte und einige der Leichen noch gar nicht gefunden worden waren. Die Regierung behauptete, die Familien hätten Bescheid wissen müssen – obwohl zwei separate Ermittlungen wegen der Morde und der FBI-Korruption noch am Laufen waren und die Anhörungen von Richtern noch nicht beendet waren. Zumindest, erklärten die Anwälte der Regierung, hätten die Angehörigen mehr auf die Berichte in den Medien über die korrupte Beziehung zwischen dem FBI und Whitey und Flemmi achten müssen, anstatt sich nur auf die Behauptung des FBI zu verlassen, es habe nicht unrechtmäßig gehandelt. Sie verwiesen auf die fassungslosen Stellungnahmen der Angehörigen der Opfer vor Journalisten, als der Skandal vor Gericht enthüllt worden sei. Das beweise, dass sie vom Fehlverhalten des FBI gewusst und mit ihren Klagen dennoch zu lange gewartet hätten. Diese Strategie verlagerte die Verantwortung von den Schuldigen auf die Opfer und deren Hinterbliebene und erschütterte das Vertrauen der Öffentlichkeit in die Justiz. Aber sie hatte Erfolg. Ein Bundesberufungsgericht stellte sich auf die Seite der Regierung und fasste zwischen 2004 und 2011 Beschlüsse, die es sechs Familien unmöglich machten, jemals zu klagen, und die Urteile zugunsten zweier Familien aufhoben.

Seit Beginn der Ermittlungen hatte das FBI Bemühungen der Polizei von Tulsa blockiert, den Mord an dem Geschäftsmann Roger Wheeler aufzuklären, und Beweise dafür unterdrückt, dass seine Informanten Whitey und Flemmi als Verdächtige identifiziert worden waren. Ein FBI-Agent hatte gegenüber Wheelers Sohn Lawrence sogar angedeutet, seine Mutter habe vielleicht etwas mit dem Mord zu tun.[4] Die Klage der Familie Wheeler auf Schadenersatz in Höhe von 860 Millionen Dollar war die erste, die abgewiesen wurde, weil sie angeblich zu spät eingereicht worden war. »Wir hätten eine Menge Dinge wissen müssen, die wir aber nicht wussten«, sagte Lawrence Wheeler. »Woher hätte ich wissen sollen, dass das FBI Beweise unterdrückte?«

Das Justizministerium verfolgte ungerührt eine juristische Strategie, die zwar der Rechtsprechung entsprach, sich aber nicht an den gängigen Vorstellungen von Recht und Unrecht orientierte. Die Anwälte waren jedoch nicht etwa besonders grausam, sie kannten sich nur gut in der Materie aus. »Mir ist klar, dass dieser Fall unser Mitgefühl verdient«, gab der stellvertretende Generalstaatsanwalt Jeffrey S. Bucholtz vor einem Berufungsgericht in Boston zu, das über die Klage der Familie Wheeler verhandelte. Dennoch beharrte er darauf, dass das Justizministerium sich nicht für den Einwand entschuldigen müsse, dass die Familien der Whitey-Opfer ihre Klagen zu spät erhoben hätten. »Niemand wurde dazu verführt, keine Klage einzureichen.«[5]

Die Familien, deren Klagen nicht wegen Verjährung abgewiesen wurden, mussten mitverfolgen, wie das Justizministerium seine juristische Argumentation in den Zivilverfahren änderte. Das Ministerium hatte Flemmi, Martorano und Weeks als wichtige Zeugen gegen John Connolly genutzt. Nun erklärten die Anwälte, die das FBI verteidigten, plötzlich eben diese Zeugen für völlig unglaubwürdig. In den Strafverfahren hatten deren Aussagen Beweiskraft, in den Zivilprozessen sollten sie gemäß den Anwälten der Regierung als Gerüchte abgetan werden. Außerdem seien Connolly und Morris korrupte Ermittler gewesen, die ihre Befugnisse überschritten hätten, als sie Whitey und Flemmi mit Informationen versorgten. Warum also solle das FBI für ihr persönliches Fehlverhalten verantwortlich sein? »Er [Connolly] hat das FBI verraten«, erklärte Thomas M. Bondy, der Anwalt des Justizministeriums, vor dem Berufungsgericht in Boston. »Dieser Mann hat die Seiten gewechselt. Er war ein Krimineller, der tagsüber als FBI-Agent arbeitete.«[6]

All das geschah durchaus im Rahmen anerkannter Rechtspraxis, doch die Regierungsanwälte schienen die öffentliche Meinung nicht zu kennen oder sich nicht dafür zu interessieren. Donald K. Stern, damals Staatsanwalt in Boston, beauftragte Anwälte des Justizministeriums in Washington damit, die Regierung in den Zivilprozessen zu vertreten. Seiner Meinung nach war es problematisch für seine Mitarbeiter, in Zivilverfahren gegen die Familien zu argumentieren, während sie in den Strafprozessen mit den Angehörigen der Opfer zusammenarbeiteten. »Damals nahm ich an, das Justizministerium werde die Fehler des FBI einsehen, anerkennen und eine Lösung finden, anstatt sich mit Händen und Füßen gegen die Schadenersatzansprüche zu wehren«, sagte Stern. »Ich hatte mit einer gütlichen Einigung gerechnet.«

Doch irgendwo zwischen Boston und Washington ging das eigentliche Ziel verloren. »Letztlich drehte sich alles um Rechtsdogmatik, was weniger mit höherer Gerechtigkeit und mehr mit einzelnen Fakten zu tun hatte«, gestand Stern. »Das Ergebnis krankte daran, dass die Anwälte wohl keine Vorstellung oder kein Gefühl dafür hatten, welche Auswirkungen diese Zivilprozesse auf die Geschichte Bostons und auf das Ansehen der Justiz hatten.«[7] Das Justizministerium konzentrierte sich auf rechtliche Präzedenzfälle, die eine Klage gegen die Regierung erschwerten, und es wollte das Image des FBI verteidigen. Es bestand darauf, dass alles, was geschehen war, die Schuld Einzelner gewesen sei und nicht die einer korrupten Behörde. Das FBI, behauptete ein Anwalt der Regierung, sei »die wichtigste Strafverfolgungsbehörde des Landes« und werde dies auch bleiben.[8]

Sterns Ansicht nach hätte die Regierung anerkennen sollen, dass ihr Verhalten gegenüber Whitey und Flemmi katastrophal gewesen sei. »Die Regierung hätte die Verantwortung für die Ereignisse übernehmen müssen, für die Korruption in den Strafverfolgungsbehörden. Stattdessen ging sie so vor, dass die Leute den Eindruck hatten, es gebe noch mehr solche Fälle.« Er fügte hinzu: »Es wirkte so, als werde das FBI erneut geschützt. Ich glaube nicht, dass es so war, aber es schien so.«

Dabei war dem Justizministerium ein ehrenhafter Ausweg aus dem Schlamassel angeboten worden. 2002 schlug der Bundesrichter Reginald Lindsay der Regierung nämlich vor, einen Entschädigungsfonds für die Opfer einzurichten. »Ich sähe gerne alle diese Zivilverfahren beigelegt«, sagte Lindsay während einer Anhörung über die Klage der Familie von Michael Donahue zu den Anwälten des Justizministeriums. Als Beispiele für solche Maßnahmen nannte er die Fonds, die für die Opfer der Anschläge am 11. September 2001 und für die Opfer des sexuellen Missbrauchs durch Priester der Erzdiözese Boston eingerichtet worden waren. Dieser Vorschlag des Richters fand große politische Unterstützung. William Delahunt, ein Kongressabgeordneter, den Whitey Bulger einmal mit Einverständnis Connollys in mehreren Informantenberichten belastet hatte, gehörte zu denen, die dafür eintraten, dass das Justizministerium alle Fälle beilegte, bei denen es um Forderungen von 15 bis 860 Millionen Dollar ging, und die

Opfer entschädigte. Delahunt erklärte, das Ministerium schade der amerikanischen Justiz, wenn es in einem Strafprozess behaupte, John Connolly und das FBI hätten Menschen getötet, um dann in einem Zivilverfahren zu betonen, das FBI habe sich untadelig verhalten. Trotz Lindsays Vorstoß wollte das Justizministerium jedoch nicht mit den Anwälten der Familien verhandeln und bestand auf einer gerichtlichen Klärung – wohl aus Angst, die Bostoner Fälle könnten zu Präzedenzfällen werden und der Regierung noch mehr Schadenersatzforderungen bescheren.

Nur sieben Fälle kamen jemals vor Gericht. Einer von ihnen war die Klage der Donahues. Lindsay urteilte, das FBI sei für den Mord an Michael Donahue mitverantwortlich, und drängte die Anwälte des Justizministeriums, sich mit der Familie zu einigen. Doch jedes Mal weigerte sich die Regierungsseite und bestand darauf, die Sache vor Gericht auszufechten. Michael Donahue war – ebenso wie Debra Davis, Roger Wheeler und Deborah Hussey – ein bedauernswerter Sonderfall. Denn er war nur getötet worden, weil er Brian Halloran hatte nach Hause bringen wollen. Für Whitey war er nie eine Bedrohung gewesen. Er war ein Opfer der Umstände.[9] Dennoch wurde seine Familie immer wieder zur Teilnahme an einem Prozess genötigt, was mehr als ein Bundesrichter als unnötig brandmarkte. Weil das Justizministerium das für die Regierung günstige Präzedenzrecht nicht gefährden wollte, machte es keine Unterschiede zwischen den Opfern. Anstatt sich gütlich mit den Donahues zu einigen, gab die Regierung während des zehnjährigen Rechtsstreits Millionen Dollar aus. So ließ sie etwa Anwälte des Justizministeriums aus Washington einfliegen und wochenlang in Viersternehotels unterbringen. Sie weigerte sich sogar, bestimmte Tatsachen wie die Autopsiebefunde anzuerkennen. »Ich hatte den Eindruck, sie wollten uns immer wieder mit allen blutigen Einzelheiten vor Augen führen, wie mein Vater gestorben war, damit wir die Hände hoben und aufgaben«, meinte Tommy Donahue.

Den Tiefpunkt erlebten die Donahues bei einer Anhörung im Jahr 2008, als ein Anwalt des Justizministeriums andeutete, Pat Donahue habe ihre drei Söhne wegen rassistischer Vorbehalte in eine Vorstadt von Boston gebracht – sie habe sich vor Schwarzen gefürchtet, die in ihr Viertel in Dorchester gezogen seien, als die ethnische Struktur der Stadt sich geändert habe. Pat Donahue war empört über diesen Vorwurf und blickte instinktiv zu Richter Lindsay, einem Schwarzen, der im Süden des Landes aufgewachsen war.

»Sie versuchten, mich vor Richter Lindsay als Rassistin hinzustellen. Ich war sprachlos«, erzählte Pat Donahue später. »Ich habe keine Vorurteile. Ich habe die Jungs aus der Roseland Street weggebracht, um mit ihnen neu anzufangen, nachdem ihr Vater ermordet worden war.« Die Söhne, die von der Besuchertribüne aus ihre Mutter im Zeugenstand beobachteten, bewahrten nur mühsam die Fassung. Es stimmte zwar, dass die Donahues ihren alten Stadtteil zu der Zeit verlassen hatten, als die Bevölkerung vielfältiger geworden war, aber der Grund dafür waren keine rassistischen Überlegungen gewesen. Pat hatte sich das Haus nach Michaels Tod einfach nicht mehr leisten können. Zudem waren die Donahues in einen Stadtteil von Dorchester gezogen, in dem sie eine von wenigen weißen Familien in ihrer Straße waren. Sie bewohnten alle drei Stockwerke eines Hauses, und viele ihrer Nachbarn und Freunde waren dunkelhäutig oder kamen aus Asien. Ein Freund aus Tommys Dart-Team war schwarz und wohnte im selben Viertel. Angesichts der Rassenprobleme, die es in der Stadt in der Vergangenheit gegeben hatte, war es infam, eine irisch-katholische weiße Arbeiterfamilie dem Vorwurf des Rassismus auszusetzen. Die Donahues waren empört, dass sie sich gegen solcherlei Anschuldigungen wehren mussten. »Sie wissen gar nichts über uns, trotzdem spielten sie vor Richter Lindsay die Rassenkarte aus«, sagte Tommy Donahue. »Ich glaube kaum, dass man noch tiefer sinken kann.«

Um seine Missbilligung dieses Vorgehens seiner Kollegen vom Justizministerium zum Ausdruck zu bringen, setzte sich Staatsanwalt Fred Wyshak demonstrativ hinter die Donahues. DEA-Agent Dan Doherty und der Kripobeamte Steve Johnson schlossen sich ihm an. Sie gehörten zu dem Team, das vom FBI gefordert hatte, Whitey und Flemmi anzuklagen und die Beschützerrolle des FBI offenzulegen. Nachdem das Justizministerium versucht hatte, die Donahues zu verunglimpfen, versicherten Wyshak, Doherty und Johnson Pat Donahue, dass ihnen das äußerst peinlich sei. Nach der Aussage seiner Mutter trat Tommy Donahue in den Zeugenstand. Er brach in Tränen aus, als er beschrieb, was es bedeutete, ohne Vater aufzuwachsen, und was der Mörder seiner Familie angetan hatte. Ein Anwalt des Justizministeriums fragte ihn, was sein Vater als Lastwagenfahrer verdient habe. »Ich habe keine Ahnung«, antwortete Tommy. »Ich war damals acht Jahre alt.«

Die erste Opferfamilie, deren Fall 2006 vor Gericht verhandelt wurde, war die Familie von John McIntyre. Whitey hatte McIntyre 1984 nach dem gescheiterten Waffenschmuggel mit der *Valhalla* ermordet. Richter Lindsay hatte die Klage der McIntyres zunächst abgewiesen, weil die Ansprüche angeblich verjährt waren. Doch nachdem ein Berufungsgericht das Urteil aufgehoben hatte, verhandelte er den Fall.

Lindsay war immer wieder sichtlich entrüstet über das Vorgehen der Vertreter des Justizministeriums. John McIntyres Mutter Emily war gebürtige Deutsche, hatte einen amerikanischen Geheimdienstler geheiratet und war 1954 in die USA gezogen. Im Juni 2006 war sie 77 Jahre alt und wirkte sehr mitgenommen, noch ehe sie sich auf die Zeugenbank gesetzt hatte. Das Verschwinden ihres Sohnes quälte sie, und die Behörden hatten ihr nichts erklärt. Da verlässliche Informationen fehlten, hatte ihr ein Anwalt, der ein Buch schreiben wollte, eine wilde Verschwörungstheorie eingeredet: John McIntyre sei von britischen Geheimdienstagenten ermordet worden, um einen Spion in der IRA zu schützen. Sie sah keinen Grund, das nicht zu glauben, zumal die Regierung sich nie die Mühe gemacht hatte, ihr die Wahrheit zu sagen: dass Whitey Bulger ihren Sohn gefoltert und umgebracht hatte. Der Schmerz war immer noch lebendig, und dies wäre eine gute Gelegenheit gewesen, eine Entschuldigung vorzubringen oder wenigstens ein freundliches Wort zu sagen. Bridget Bailey Lipscomb, der Anwältin des Justizministeriums, schien anfangs bewusst zu sein, wie heikel diese Befragung war. Bei einer vorherigen Zeugenvernehmung war es immerhin darum gegangen, wie Flemmi McIntyres Zunge entfernt hatte, nachdem Whitey ihn in den Kopf geschossen hatte. »Ich weiß, es war eine harte Woche für Sie, und einige schlimme Erinnerungen wurden geweckt«, begann Lipscomb. »Doch ich muss Ihnen einige schwierige Fragen stellen und hoffe, dass Sie dafür Verständnis haben.«

Aber niemand verstand, worauf Lipscomb hinauswollte, als sie Emily McIntyre fragte, ob ihr Sohn gerne Bücher über Adolf Hitler gelesen habe, offenbar eine Anspielung auf seine deutschen Wurzeln. Richter Lindsay fand diese Frage ungebührlich und teilte Emily McIntyre mit, sie brauche darauf nicht zu antworten. Dann wies er Lipscomb an, auf diese eigenartige und beleidigende Art der Befragung zu verzichten. Stattdessen wollte sie nun wissen, wie viel Zeit sie mit ihrem Sohn verbracht habe und ob es in der Familie Fälle von Schizophrenie gebe. Diese Fragen zielten darauf ab, Emily McIntyres Anspruch auf Schadenersatz, den sie für den Verlust der Gesellschaft ihres Sohnes sowie seiner möglichen Einkünfte in der Zukunft geltend machte, infrage zu stellen. Mit ihrer Antwort sprach Emily für viele Opfer. »Sie hätten eher fragen sollen, wie mein Sohn gequält wurde«, sagte sie, zitternd vor Aufregung und Zorn. Lipscomb erklärte, sie tue nur ihre Pflicht. »Nein«, widersprach Emily, »Ihre Pflicht ist es, der Gerechtigkeit Genüge zu tun.« Dann holte sie tief Luft, ehe sie ihr vernichtendes Urteil fällte: »Aber Ihre Art von Gerechtigkeit hat mein Leben zerstört.«[10]

In Emily McIntyres Prozess trat Steve Flemmi zum ersten Mal öffentlich als Zeuge auf, seitdem er sich des zehnfachen Mordes schuldig bekannt hatte. Wenige Tage vor seinem 72. Geburtstag wirkte er mit seinem allmählich ergrauenden dunklen Haar, seinem jungenhaften Haarschnitt und dem zierlichen Körperbau trügerisch harmlos. Leise und ungerührt berichtete er, dass er und Whitey nicht nur McIntyre, sondern auch viele andere umgebracht hätten. McIntyre hätten sie getötet, weil John Connolly ihnen mitgeteilt habe, dass er mit der Justiz zusammenarbeite. Er beschrieb Connolly als einen Menschen, der »mich wie seinesgleichen behandelte«, und schätzte, dass er und Whitey ihrem Betreuer von 1975 bis 1990 rund 250.000 Dollar bezahlt hätten. Fünf andere Ermittler hätten in den Achtzigerjahren Bargeld zwischen 2500 und 5000 Dollar bekommen. Lindsay sprach John McIntyres Mutter und seinem Bruder 3,1 Millionen Dollar zu und wies die Argumentation der Regierung zurück, Connolly sei nur ein einzelner fehlgeleiteter Beamter gewesen. Der Richter befand, Connollys Vorgesetzte – »die ganze Hierarchie nach oben« – hätten Whiteys und Flemmis Einsatz als Informanten zugestimmt, obwohl alle gewusst hätten, dass sie des Mordes, Drogenhandels und anderer Straftaten verdächtig seien.

Der Richter rügte die Anwälte der Regierung dafür, dass sie Beweismittel vorenthalten hätten, damit die Klage abgewiesen werde.[11] Lipscomb hatte nämlich wiederholt erklärt, die Klage der McIntyres sei unbegründet, weil es keine Beweise dafür gebe, dass Connolly zu McIntyres Tod beigetragen habe. Doch am Vorabend des Zivilprozesses überreichte sie dem Richter auf Verlangen von Fred Wyshak einen Bericht, aus dem hervorging, dass Flemmi schon 2003 vor den Ermittlern zugegeben hatte, McIntyre mit Whitey getötet zu haben, weil Connolly ihnen verraten hatte, dass dieser gegen sie aussagen wollte. Wyshak, der Staatsanwalt, der an der Mordanklage gegen Whitey und Flemmi mitgearbeitet hatte, konnte es kaum glauben, dass seine Kollegen in der Abteilung für Zivilsachen beim Justizministerium der Meinung gewesen waren, dieses Dokument nicht vorzulegen zu müssen. Ein Richter befand, die Anwälte der Regierung hätten bösgläubig Beweismaterial zurückbehalten und seien daher verpflichtet, die Prozesskosten der Familie McIntyre zu bezahlen. Ende 2011 erklärte sich das Justizministerium tatsächlich dazu bereit, McIntyres Mutter zusätzliche 700.000 Dollar Gebühren zu bezahlen, jedoch nur, wenn das Gericht den Standpunkt aufgebe, die Regierung habe bösgläubig gehandelt. Richter Lindsay starb, bevor er eine endgültige Entscheidung über die Prozesskosten treffen konnte, doch Richter William Young, der den Fall übernahm, weigerte sich, die Forderung des Justizministeriums zu erfüllen. Er tadelte das Ministerium vielmehr, weil es die Wahrheit unterdrückt habe. »Ich will damit nichts zu tun haben«, erklärte er einem Anwalt der Regierung.[12] »Das ist schlicht und ergreifend falsch.« Die Regierung ließ daraufhin ihre Forderung fallen und zahlte. Das Geld half der Familie McIntyre, konnte aber das Bild von ihrem verstümmelten und toten Sohn nicht auslöschen, das Emily McIntyre von nun an im Kopf hatte.[13]

Richter Lindsay hatte zudem drückende Beweise dafür gefunden, dass die Regierung auch für die Ermordung von Donahue und Halloran mitverantwortlich war. Er beraumte eine Verhandlung ohne Geschworene an, in der es um die schwierige Frage ging, was das Leben der beiden Männer wert war. Nach Lindsays Tod gingen auch diese Fälle an Richter Young über, der den Donahues 2009 6,3 Millionen Dollar zusprach und Hallorans Witwe zwei Millionen Dollar. Young zufolge sei Halloran zwar ein Verbrecher gewesen, doch man habe ihn ermordet, weil er gegen die FBI-Informanten, die ihn schließlich umgebracht hätten, habe aussagen wollen. »Es ist kaum zu glauben, dass unsere Regierung durch Fahrlässigkeit, Unaufmerksamkeit, Selbstüberschätzung und offene Korruption die schreckliche Ermordung von zwei Staatsbürgern verursacht hat, wie Richter Lindsay bereits festgestellt hat«, erklärte Young.

Young gewährte den Donahues mehr als Geld, er gab ihnen ihren guten Namen zurück. »Das war eine glückliche, sehr aktive Familie«, erläuterte Young, während Pat Donahue, die zehn Meter entfernt saß, nickte. »Bei ihren gesellschaftlichen Aktivitäten ging es nicht um Geld, sondern um Glauben, gegenseitige Unterstützung und ein gemeinsames Leben gemäß schönster Familientradition.« Michael Donahue sei »außergewöhnlich fürsorglich im wahrsten Sinne des Wortes« gewesen. »Es liegt vollkommen klar auf der Hand, dass hier eine Familie zerstört wurde. Nein, das ist nicht richtig – sie wurde nicht zerstört, sie machte weiter, sie lebte weiter. Die Söhne sind ehrbare Bürger geworden, doch der Verlust des Vaters, dieses Vaters unter diesen Umständen, hat sie nach Auffassung des Gerichts extrem schwer getroffen.«

Einige Stunden nach dem Richterspruch liefen die Donahues durch den Friedhof Cedar Grove. Es war Mai, Frühling in Boston. Sie gingen zum Grab, und Tommy Donahue senkte den Kopf. »Es ist vorbei, Dad«, murmelte er. »Es ist vorbei.«[14]

Aber es war nicht vorbei. Das Justizministerium hatte 60 Tage Zeit, um Berufung einzulegen, und am 55. Tag tat es genau das. Erneut lautete das Argument, die Donahues hätten mit ihrer Klage zu lange gewartet. Zwei Bezirksrichter wiesen diese Behauptung zurück, doch zwei Richter am Ersten Bundesberufungsgericht entschieden zugunsten der Regierung und verwarfen den Schadenersatzanspruch der Donahues. Die Richter Bruce Selya und Jeffrey Howard erklärten, sie gäben der Regierung recht, »ohne das Verhalten des FBI gutzuheißen, das wir für verwerflich halten«. Ihrer Meinung nach seien die Informationen über die Mitschuld des FBI am Tod von Michael Donahue bereits bei der Anhörung vor Richter Wolf erörtert worden, und die Donahues hätten die Zeitungsberichte eben etwas genauer lesen sollen. »Es geht nicht darum, ob die Kläger die Informationen besaßen«, schrieben Selya und Howard. »Die Bestimmungen über die Verjährung treten automatisch in Kraft und dienen dazu, einen Schlussstrich unter Ereignisse zu ziehen, die sich in ferner Vergangenheit zugetragen haben, und den Beklagten die Sicherheit zu geben, dass verjährte Ansprüche nicht mehr erhoben werden können.«[15]

Doch der dritte Richter im Kollegium des Bundesberufungsgerichts, Juan Torruella, war anderer Ansicht. Ihm zufolge verdienten das FBI und das Justizministerium diese Sicherheit nicht. Von der Familie konnte nicht erwartet werden, die Informationen zu kennen oder gar zu glauben, um die es bei Wolfs Anhörungen gegangen sei. Die Regierung habe sie immerhin jahrelang belogen. Jedes Mal, wenn Pat Donahue das FBI um Informationen über den Mord an ihrem Mann gebeten habe, sei sie gegen eine Wand gelaufen. »Doch damit nicht genug. Einmal warfen sie ihr sogar vor, eine Affäre zu haben, die das Motiv für den Mord gewesen sei«, schrieb Torruella. Sein moralisches Empfinden, das seinen Kollegen offenbar fehlte, mache es ihm unmöglich, »einem derart ungerechten Ergebnis zuzustimmen, das uneingeschränkte Schlechtigkeit in einer Behörde belohnt«.[16]

Letztlich gab es also keine Entschädigung für die Donahues, aber sie fanden ein wenig Trost in Torruellas Worten. Endlich hatte jemand offiziell die Wahrheit ausgesprochen, die für sie so eindeutig war. Jemand hatte sich für sie eingesetzt.

Doch dieser Trost wurde bald von ihrer Empörung über die folgenden Entscheidungen zunichte gemacht. Laut der Vertreter der Regierungsseite hätten Debra Davis und Deborah Hussey ihren Tod selbst verschuldet, weil sie sich mit Leuten wie Flemmi eingelassen hätten. Sie hätten wissen müssen, dass er ein böser Mensch gewesen sei. Marion Hussey, Deborahs Mutter, habe als Freundin Flemmis jahrelang ein angenehmes Leben genossen und weitgehend von seinem »Blutgeld« gelebt. Wie komme sie nun dazu, von der Regierung eine Entschädigung zu verlangen, obwohl das Leben, für das sie sich entschieden habe, zweifelsohne zum Tod ihrer Tochter geführt habe? »Alles, was Flemmi ihr gab, war Blutgeld und stammte aus seinen Verbrechen. Und nun kommt sie her und lehnt jegliche Verantwortung ab … Sie hat seine Kleidung gewaschen, nachdem er all diesen Menschen die Zähne gezogen hatte!«, erklärte Lawrence Eiser, der Anwalt des Justizministeriums, während des Zivilverfahrens.

In Wahrheit hatte Marion Hussey kein schönes Leben mit Flemmi.[17] Sie hatte immer Angst vor ihm, und nach dem Tod ihrer Tochter war sie am Boden zerstört. Deborah war noch ein Kleinkind gewesen, als ihre Mutter sich auf Flemmi eingelassen hatte. Und der hatte sie zunächst wie eine Tochter aufgezogen. Doch als sie ein junger Teenager war, hatte er begonnen, sie sexuell zu missbrauchen. Deborah war nicht seine Freundin, wie der Anwalt der Regierung behauptete, sondern sein Opfer. Laut dem Anwalt sei sie ermordet worden, weil sie ihm lästig geworden sei. Aber er verschwieg das Wichtigste: Deborah hatte gewusst, dass Whitey und Flemmi Informanten waren. Sie war nicht lästig gewesen, sie hatte eine Bedrohung dargestellt.

In einem anderen Verfahren behaupteten die Vertreter der Regierung, Whitey und Flemmi hätten Debra Davis getötet, weil sie Flemmi wegen eines anderen Mannes habe verlassen wollen. Erneut wurde eine Kleinigkeit verschwiegen: Flemmi selbst hatte gestanden, dass sie Debra ermordet hätten, weil sie gewusst habe, dass er und Whitey FBI-Informanten gewesen seien. Olga Davis, Debras Mutter, war während der sieben Jahre, die es dauerte, bis es zum Prozess kam, gestorben, doch ihre Söhne machten weiter. Eisner, der wieder die Regierung vertrat, argumentierte in der Verhandlung, dass Olga Davis, die zehn Kinder gehabt hatte, keine Entschädigung für den Verlust der Gesellschaft Debras zustehe, weil »sie viele andere Kinder hatte, die sie unterstützten und für sie da waren«.[18] Mehrere Mütter im Zuschauerraum rangen nach dieser Darlegung empört nach Luft.

Letztlich sprach dasselbe Berufungsgericht, das die Klage der Donahues auf Schadenersatz verworfen hatte, Deborahs Mutter 350.000 Dollar und den Erben von Debras Mutter 1,3 Millionen Dollar zu. Das Schlimme daran war, dass die Familien Hussey und Davis laut Ansicht vieler Anwälte die höchsten juristischen Hürden zu überwinden gehabt hatten. Doch sobald der Vorwurf der Verjährung vom Tisch war, hatten sie den Prozess gewinnen können. Ihr Erfolg lässt darauf schließen, dass andere Familien ebenfalls obsiegt hätten, wenn man sie nur angehört hätte. Letzten Endes zahlte die Regierung 13 Millionen Dollar für den Tod von fünf Menschen.

Dieses Ergebnis desillusionierte und verbitterte die Donahues. Die Gerichte hatten es nicht vermocht, die Toten gebührend zu würdigen, das uneingeschränkt Böse entsprechend zu werten und allem eine gerechte Wiedergutmachung zuzumessen. Im Grunde, sagte Tommy Donahue, hätte eine einfache Entschuldigung genügt. »Es geht nicht um Geld«, gab er zu bedenken. »Aber unsere Regierung – das FBI, das Justizministerium – hat nie zu meiner Mutter, zu mir oder zu meinen Brüdern ein Wort der Entschuldigung gesagt. Sie reden davon, wie überheblich Whitey Bulger war, wie überheblich John Connolly war oder auch John Morris. Aber was könnte überheblicher wirken als die Tatsache, dass das FBI und das Justizministerium nie den Anstand besaßen, sich bei meiner Familie zu entschuldigen?«[19]

17

Gefangen: Der Mann ohne Vaterland

Whitey Bulger konnte nicht schlafen. Er war schon immer spät zu Bett gegangen, aber in Santa Monica blieb er noch länger auf. Um Cathy Greig nicht zu stören, hatte er ein Futonbett im Wohnzimmer aufgestellt und trug beim Fernsehen Kopfhörer. Der Bildschirm war sein ständiger Begleiter.

Darum schaute er auch mit Sicherheit fern, als Präsident Barack Obama am 1. Mai 2011, kurz nach 20.30 Uhr, auf dem Bildschirm erschien. »Guten Abend«, begann der Präsident. »Heute Abend kann ich dem amerikanischen Volk und der Welt berichten, dass die Vereinigten Staaten ein Unternehmen durchgeführt haben, bei dem Osama bin Laden getötet wurde, der al-Qaida-Führer, der für die Ermordung von Tausenden unschuldiger Männer, Frauen und Kinder verantwortlich ist.« Ein paar Straßen von Whiteys Wohnung entfernt, an der Third Street Promenade, strömten die Menschen aus »Barney's Beanery« und anderen Kneipen und Restaurants. Wäre Whitey auf seinen Balkon gegangen, hätte er die begeisterten Rufe gehört: »USA! USA!«[1]

Doch während die Nachricht vom Tod bin Ladens spontanen Jubel in Santa Monica und im ganzen Land auslöste, hatte sie auf Whitey eine andere Wirkung: Da bin Laden jetzt nicht mehr auf der FBI-Liste der meistgesuchten Verbrecher stand, avancierte Whitey wieder zu einem Hauptziel der Behörde. Die Vorsicht, die die letzten 16 Jahre – und auch seine gesamte kriminelle Laufbahn – bestimmt hatte, verwandelte sich plötzlich in Paranoia. Whitey und bin Laden hatten trotz der völlig unterschiedlichen Lebensumstände ähnlich karge Existenzen geführt. Sie blieben meist zu Hause, empfingen keine Besucher und waren entschlossen, unentdeckt zu bleiben. Bin Laden verließ sein Haus in Abbottabad in Pakistan nie.

Whitey beschränkte seine Ausflüge auf tägliche Spaziergänge am Morgen und in der Abenddämmerung. Nach dem Tod bin Ladens hörten auch diese Spaziergänge auf. Der meistgesuchte Verbrecher zu sein bedeutete für ihn nun, möglichst unsichtbar zu bleiben und nichts zu unternehmen. Er lebte jetzt noch zurückgezogener. Er hörte sogar auf, Polizeiberichte in der Lokalzeitung zu markieren und Zeitungsausschnitte an seine Nachbarn zu geben. Er hörte damit auf, die junge Frau im Haus zu bedrängen, deren Sicherheit ihm so wichtig gewesen war. Und er hörte auch auf, mit Josh Bond, dem jungen Hausmeister, die Art von Small Talk zu führen, die ihn als junger Gefangener in seiner Acht-Mann-Zelle in Atlanta fast verrückt gemacht hatte.

Cathy musste sich immer neue Ausreden für seine Abwesenheit ausdenken. Jahrelang hatte sie neugierigen Nachbarn erzählt, Charlie sei ein starker Raucher gewesen und leide an einem Lungenemphysem. In Wahrheit hatte Whitey nie geraucht. Während der Jahre in Santa Monica waren seine Gesundheitsprobleme – teils echt, teils erfunden – eine gute Erklärung dafür gewesen, dass er sein Apartment selten verließ und manchmal mürrisch war. Jetzt benutzte Cathy diese Ausrede noch häufiger. Barbara Gluck, die Fotografin, die einige Türen weiter wohnte, erinnerte sich daran, dass sie eines Tages mit Cathy im Flur geplaudert hatte, als Whitey mit verschränkten Armen und gerunzelter Stirn zu Cathy gekommen sei und sie angeschnauzt habe: »Hör auf, mit ihr zu quatschen. Gehen wir.« Dann habe er sich abgewandt, während Cathy verlegen lächelnd gemeint habe: »Er wird allmählich dement.«[2] Manchmal führte sie Whiteys sonderbares Verhalten auch auf eine beginnende Alzheimer-Erkrankung zurück. Die Liste seiner angeblichen Krankheiten wurde immer länger. Nach dem Tod bin Ladens erzählte Cathy Nachbarn, sie bekämen Charlie nicht zu sehen, weil ihm schlecht sei, weil er im Krankenhaus liege, weil er ein Emphysem habe, weil er an Prostatabeschwerden leide, weil er dement sei oder weil seine Lungen verschleimt seien. Die Nachbarn wunderten sich nicht weiter darüber, weil das Zunehmen von Beschwerden im Alter ja nicht ungewöhnlich war. Manche wollten auch gerne helfen. So schickte die 88-jährige Catalina Schlank Whitey mehrere Sudoku-Rätselhefte, weil sie dachte, sie würden seinen Verstand auf Trab halten. Cathy schrieb ihr einen Dankesbrief, in dem es hieß: »Charlie ist überwältigt.«[3]

Whiteys zunehmende Paranoia zwang Cathy, ihren Tagesablauf vollkommen zu verändern. Da er nicht wollte, dass sie ihn allein ließ, war Cathy mehr als einen Monat lang nicht mehr beim Friseur. Als sie endlich im Salon erschien, erschrak Wendy Farnetti über ihr ungepflegtes Äußeres. »Sie kam herein und sah wirklich verstört aus, total nervös, als sei etwas nicht in Ordnung«, erinnerte sich die Friseuse. »Und ihr Haar war eine Katastrophe. Es war lang und sah aus, als hätte sie daran herumgezupft oder es selbst geschnitten.« Nachdem Cathy sich in den Friseurstuhl gesetzt hatte, musterte Farnetti sie im Spiegel. »Was ist denn los?«, fragte sie besorgt. »Ich weiß nicht«, antwortete Cathy. »Ich weiß es einfach nicht.« Mehr sagte sie nicht, und Farnetti wollte nicht weiter in sie dringen.[4]

Irgendwann bemerkten Nachbarn, dass an der Wohnungstür der Gaskos ein handgeschriebenes Schild mit der Aufforderung hing, nicht anzuklopfen. Nachdem einige Wochen vergangen waren und niemand nach ihm gesucht hatte, ließ Whiteys Angst etwas nach. Doch seine Sorge war berechtigt, denn die Bostoner Einsatzgruppe, die nach ihm fahndete, hatte schon ein Jahr vor bin Ladens Tod, als das FBI die U.S. Marshals um Hilfe gebeten hatte, damit begonnen, eine neue Strategie zu entwickeln. Die Meinung, das FBI habe sich nie besonders angestrengt, Whitey zu finden, war immer noch weitverbreitet, vor allem bei Strafverfolgungsbehörden außerhalb des FBI. Er war weiterhin der Albtraum des FBI, und seine Verhaftung würde das Scheinwerferlicht erneut auf den schlimmsten Korruptionsskandal in der Geschichte des FBI lenken und Jahrzehnte voller schwerer Fehler ans Tageslicht bringen. John Connolly hatte erklärt, er hoffe, dass man Whitey nie erwischen werde, und andere ehemalige Agenten teilten seine Ansicht.

Doch es gab auch andere Meinungen. Im Mai 2010 waren sie im Gerichtsgebäude im Hafenviertel von South Boston zu hören, das nach dem Kongressabgeordneten Joseph Moakley benannt worden war, dem ehemaligen Nachbarn der Familie Bulger in Old Harbor. Noreen Gleason, die stellvertretende Leiterin des FBI in Boston, und Rich Teahan, der seit 2006 die Einsatzgruppe Bulger führte, saßen in einem Besprechungszimmer mit David Taylor und Jon Murray vom U.S. Marshals Service zusammen.[*] Die Kritiker des FBI hatten es immer beanstandet, dass die Fahndung nie den Marshals überlassen worden war, den besten Verbrecherjägern des Landes. In der Tat hatte es einige entsprechende Versuche gegeben, aber letztlich waren die Verantwortlichen im FBI nicht bereit gewesen, die Leitung abzugeben. Jetzt, nach mehr als 15 erfolglosen Jahren, hatte auch das FBI eingesehen, dass es an der Zeit war, die Marshals einzuschalten. »Es geht um Whitey Bulger«, erklärte Gleason. »Wir kriegen ihn nicht. Deshalb brauchen wir eure Hilfe.«[5] Das war kein einfaches Eingeständnis für eine FBI-Agentin, doch zugleich bedeutete es einen Wendepunkt in der Jagd nach Whitey. »Warum überlasst ihr die Sache nicht ganz uns?«, schlug Taylor vor. Doch Gleason erwiderte, das FBI wolle die Einsatzgruppe verbessern,

---

[*] Beim U.S. Marshals Service handelt es sich um eine Behörde des Justizministeriums, in der Justizvollzugsbeamte arbeiten.

nicht auflösen. »Schauen Sie, das ist eine der größten Blamagen in der Geschichte des FBI, und wir wollen dabei sein, wenn er geschnappt wird.«

Taylor, der Chief Deputy Marshal in Boston, hatte zu der großen Schar der FBI-Skeptiker in den Justizbehörden gehört, war nun aber überzeugt, dass das FBI seine Einstellung im Laufe der Jahre geändert hatte und Gleason und Teahan es wirklich ernst meinten. Sie waren Connolly und den anderen pensionierten Ermittlern, die Whitey geschützt hatten, nicht verpflichtet. Im Gegenteil, Connollys Machenschaften hatten dem FBI und allen seinen Mitarbeitern großen Schaden zugefügt. »Dieses Team wollte ihn schnappen«, berichtete Taylor. »Die Beteiligten hatten keinerlei Interesse daran, ihn nicht zu fangen. Es war ein sehr herzliches und informatives Treffen ohne jegliche Feindseligkeiten.« Man vereinbarte, U.S. Marshal John Gibbons um die Entsendung eines Deputy Marshals in die Einsatzgruppe des FBI zu bitten. Taylor wusste, dass Gibbons, der fünf Monate zuvor ernannt worden war, nachdem er 30 Jahre lang bei der Polizei von Massachusetts gearbeitet hatte, die Idee befürworten würde. Gibbons war zu jeder Form der Zusammenarbeit bereit, und er war auch gewillt, sämtliche Verdächtigungen, allen Groll und Ärger zu vergessen.

Murray, der stellvertretende leitende U.S. Marshal, sagte, er habe den perfekten Mann für diese Aufgabe: Neil Sullivan. Sullivan war 39 Jahre alt und hatte als Deputy Marshal 15 Jahre lang flüchtige Straftäter gejagt. Er war in Massachusetts auf Cape Cod aufgewachsen und hatte zehn Jahre im Büro in Albany und ab Februar 2010 im Bostoner Büro gearbeitet. Sullivan wusste, wie man Leute aufspürte, die nicht gefunden werden wollten. Außerdem fanden Murray und Taylor, dass er mit allen gut auskam. In einem Bereich, in dem persönliche und institutionelle Animositäten häufig zu Schwierigkeiten geführt hatten, war Sullivans angenehme Art eine ebenso wichtige Voraussetzung wie seine allseits gelobten Fähigkeiten als Fahnder. »Das ist ein Gewinn für beide Seiten«, sagte Taylor zu Murray, nachdem die beiden FBI-Agenten das Besprechungszimmer verlassen hatten. »Wenn wir 16 Jahre brauchen, um seine Knochen zu finden, sind wir immer noch besser als das FBI. Aber ich denke, wir schnappen ihn in einem Jahr. Man kann ihn finden, er ist kein Genie.«

Das Hauptquartier der Marshals in Washington war nicht begeistert, Ressourcen für eine Fahndung zur Verfügung zu stellen, die es nicht selbst leitete. Aber die obersten Chefs beugten sich schließlich Gibbons, der für eine Entsendung Sullivans plädierte. Allerdings verzögerten bürokratische Hürden seinen Einsatz um vier Monate. Als Sullivan sich im September 2010 endlich der Einsatzgruppe anschließen konnte, herrschte dort nicht gerade emsige Betriebsamkeit. Das Team war nie zuvor so klein gewesen, und alle wirkten irgendwie resigniert. Sein Büro befand sich nicht mehr in

Privaträumen in der Nähe des Gerichtsgebäudes, sondern im FBI-Büro in Boston. FBI-Agent Phil Torsney und ein FBI-Analyst waren die Einzigen, die ganztägig an dem Fall arbeiteten. Ein weiterer Ermittler war beurlaubt und diente in der Nationalgarde. Ein Kriminalbeamter war krankgeschrieben. Teahan, der bisher nur das Bulger-Team geleitet hatte, war jetzt auch Chef der Einsatzgruppe für Bandenkriminalität. »Nachdem wir im Laufe vieler Jahre erfolglos allen Spuren nachgegangen waren, hofften wir mehr auf unser Glück als auf unseren Spürsinn«, gestand Jonathan Mitchell, ein ehemaliger Staatsanwalt, der das Team sieben Jahre lang geleitet hatte. »Anfangs hatten wir uns noch bemüht, erarbeitete Spuren zu verfolgen, später wandten wir uns einfach regelmäßig an die Öffentlichkeit und bearbeiteten dann die Hinweise, die sich daraus ergaben. Dafür brauchten wir nicht so viele Beamte.«[6]

Sullivan brachte frischen Wind in das Team. Er verstand sich auf Anhieb blendend mit Torsney, einem Neuling im Bostoner Büro, der fast 30 Jahre Erfahrung mit der Fahndung nach Straftätern im Auftrag des FBI hatte. Torsney war erst im August 2010 zur Einsatzgruppe gestoßen, war aber mit dem Fall Bulger bestens vertraut, weil er einem FBI-Team angehört hatte, das vor Jahren die Fahndungsakten überprüft hatte, um sicherzustellen, dass nichts übersehen worden war. Er war ein Langstreckenläufer, der auch bei seiner Arbeit sehr gründlich und ausdauernd vorging. Kurz bevor er von Cleveland nach Boston versetzt worden war, hatte er einem Team angehört, das drei Jahre lang einen Arzt aus Cleveland gesucht hatte, der seine Frau mit Zyanid ermordet hatte. Schließlich war der Arzt auf einem Flughafen in Zypern gefasst worden. Torsney hatte diese lange Suche für einen einmaligen Fall in seiner Karriere gehalten.[7] Ein Trugschluss, wie sich in Anbetracht der Tatsache, dass Whitey bereits fünfmal so lange auf der Flucht war und wegen 19 Morden gesucht wurde, zeigen sollte. Sullivan und Torsney brachten keinerlei Ballast mit. Und wenn die Einsatzgruppe etwas ausgebrannt wirkte, beschlossen sie, darüber hinwegzusehen.

Sullivan machte sich erst einmal auf nach Washington zum FBI-Hauptquartier, um die Whitey-Akten gründlich zu durchforsten – 16 Jahre voller Sackgassen und falscher Hinweise. Er studierte auch die umfangreiche Charakterisierung des Flüchtigen, die sich im Laufe der Jahre herausgebildet hatte. Als er aus Washington zurückkam, verglichen er und Torsney ihre Notizen. Die beiden Männer kamen nicht nur gut miteinander zurecht, sie hatten auch ähnliche Ansichten darüber, was zu tun war und wo der Schwerpunkt ihrer Arbeit liegen sollte. Sie waren davon überzeugt, dass Whitey noch lebte, denn die Mitglieder seiner Familie wurden in der Regel sehr alt, zudem achtete er auf seine Gesundheit. Außerdem glaubten sie, dass er sich noch in den USA aufhielt. Whitey war zwar einige Male nach

Europa gereist, doch ihrer Meinung nach wusste er, dass ein Amerikaner in fremden Ländern eher auffiel. Und sie gingen davon aus, dass er in einem warmen Klima und nahe am Meer lebte, denn vor seiner Flucht war er regelmäßig nach Florida, Mexiko und Kalifornien gereist und hatte fast immer am Meer Urlaub gemacht und Spaziergänge am Wasser genossen. Im Frühjahr 2011 waren Sullivan und Torsney zudem davon überzeugt, dass sie am besten über Cathy Greig an Whitey herankamen. Sie war jünger und auffallender als ihr Gefährte, wahrscheinlich war sie auch öfter unterwegs und nicht annähernd so vorsichtig.

Es war nicht das erste Mal, dass die Einsatzgruppe versuchte, Whitey über Cathy Greig zu erwischen. Mehrere Monate, bevor Sullivan und Torsney zum Team gestoßen waren, hatte das FBI eine Anzeige in einem monatlich erscheinenden Mitteilungsblatt für plastische Chirurgen geschaltet, weil Cathy seit 1982 Brustimplantate besaß. Lange vor ihrer Flucht hatte sie sich zudem Fett absaugen, das Gesicht liften und die Augenlider straffen lassen. In der Anzeige stand, Cathy Greig wolle möglicherweise die Brustimplantate austauschen lassen. Als ehemalige Zahnpflegerin legte Cathy überdies großen Wert auf regelmäßige professionelle Zahnreinigung. Deshalb gab das FBI auch eine Anzeige nebst Fotos von Whitey und Cathy im Mitteilungsblatt der amerikanischen Zahnärztevereinigung auf. Sullivan und Torsney waren entschlossen, ein noch viel größeres Publikum anzusprechen, und wollten die besten Fotos von Cathy veröffentlichen, die sie besaßen. Mit Teahans Segen und 50.000 Dollar ließ das FBI einen 30-Sekunden-Spot anfertigen und kaufte 350 Sendeminuten bei 14 Fernsehsendern im ganzen Land. Der Spot sollte tagsüber in Fernsehshows gezeigt werden, deren Publikum zum weitaus größten Teil aus Frauen bestand. Die Beamten hofften, dass eine Frau Cathy vielleicht in einem Supermarkt oder einem Friseursalon gesehen hatte. »Wir zielen auf Leute ab, die im Wartezimmer eines Krankenhauses sitzen, in dem drei oder vier Bildschirme an der Wand hängen, und diese Shows anschauen«, sagte Teahan. »Oder auf Leute, die in einem Friseur- oder Schönheitssalon warten. Wir wollen ein größeres Netz auswerfen. Anstatt auf einen 81 Jahre alten Mann zu achten, sollen die Leute sich auf eine 60-jährige Frau konzentrieren.«[8] Doch trotz des vielen Geldes, das dafür ausgegeben wurde, brachte letztlich ein Bericht im Free-TV über die neueste Strategie des FBI bei der Suche nach Whitey den Durchbruch. Später klagte Whitey: »Eine Katze hat mich verraten.«[9]

Anna Bjornsdottir erkannte Cathy Greigs Gesicht, sobald es auf dem Bildschirm erschien. Sie saß in ihrer Wohnung in Reykjavik und schaute sich einen CNN-Bericht über die neuen Fernsehspots des FBI an. Ihr war gleich klar, dass es sich um Carol handelte, die nette Frau aus Santa

Monica, die sich um Tiger, die verwaiste Katze, gekümmert hatte. Am 21. Juni rief sie daher kurz nach 20 Uhr Ortszeit im Büro des FBI in Los Angeles an und hinterließ die Nachricht auf dem Anrufbeantworter, dass sie die Flüchtigen als Carol und Charlie Gasko aus Santa Monica kenne. Ihr Hinweis wurde mit 200 anderen, die in den ersten zwei Tagen der Aktion eingegangen waren, an die Einsatzgruppe Bulger in Boston weitergereicht. Am nächsten Morgen kam Sullivan ins Büro und ging die Hinweise vom Vortag durch. Als er die Zusammenfassung von Bjornsdottirs Nachricht las, wurde er neugierig. »Wie hört sie sich an?«, fragte er den jungen FBI-Analysten, der den Anruf abgehört hatte. Dieser meinte, sie habe glaubhaft geklungen und das Wort »hundertprozentig« benutzt, um zu beschreiben, wie sicher sie sich sei, Carol und Charlie Gasko erkannt zu haben.

Sullivan fiel vor allem auf, dass der Hinweis Santa Monica erwähnte. Das passte zu Whiteys Profil, das er und Torsney ausgearbeitet hatten. Einen solchen Ort würde der Gesuchte sich wahrscheinlich als Versteck aussuchen. Doch als Sullivan die Telefonnummer anrief, die auf dem Anrufbeantworter hinterlassen worden war, erwies sie sich als falsch. Der Analyst hatte die Frau aufgrund ihres Akzents nur schwer verstanden und statt Third Street, in der die Gaskos wohnten, fälschlicherweise Surge Street notiert, außerdem war ihre Stimme, als sie ihre Telefonnummer angab, immer schlechter zu hören gewesen. Aber Anna Bjornsdottir hatte auch eine E-Mail-Adresse genannt. Daher schickte Sullivan ihr eine Mail, und sie teilte ihm in ihrer Antwort ihre richtige Telefonnummer mit. Während des Gesprächs wurde der Ermittler immer aufgeregter, denn alles passte: Carol sei nett, Charlie eher unfreundlich. Er sei ein paar Zentimeter größer als sie, und sie liebten beide Tiere, besonders Hunde. Sie hatten gesagt, sie kämen aus New York. Sullivan durchforschte alle möglichen Datenbänke, um Hinweise auf ein Paar namens Carol und Charlie Gasko zu erhalten, doch er fand nichts. Das überzeugte ihn davon, dass die Gaskos, wer auch immer sie sein mochten, offenbar alles in ihrer Macht Stehende unternahmen, um unentdeckt zu bleiben. »Du musst L.A. anrufen«, sagte Sullivan, als er vor Teahans Schreibtisch stand.

Noch bevor Rich Teahan das FBI-Büro in Los Angeles anrief und darum bat, einige Ermittler nach Santa Monica zu schicken, um Anna Bjornsdottirs Hinweis zu überprüfen, hatte Whitey ein schlechtes Gefühl. Die Fernsehspots waren zwar nicht in der Region Los Angeles gesendet worden – zu der auch Santa Monica gehörte –, weil das zu teuer gewesen wäre, aber er hatte in den Fernsehnachrichten einen Bericht darüber gesehen, vielleicht sogar den gleichen Bericht wie Anna Bjornsdottir. Er wusste, dass dies nichts Gutes bedeutete. Später behauptete er, er habe seine Festnahme vorausgesehen und nach dem FBI-Spot zu Cathy gesagt: »Das war's.«[10]

Von da an verließen die beiden das Apartment überhaupt nicht mehr. Seine große Angst nach bin Ladens Tod erschien ihm jetzt wie eine Vorahnung. Whiteys Flucht war damit fast vorbei, und er schien es zu wissen.

Josh Bond hatte am Nachmittag des 22. Juni ein wenig früher Feierabend gemacht. Da er einige lange Nächte hinter sich hatte, hatte er sich hingelegt und schlief auf seinem Sofa, als gegen 15.30 Uhr das Telefon klingelte. Jemand aus dem Büro teilte ihm mit, dass das FBI da sei und mit ihm über einen Mieter sprechen wolle. »Geben sie ihn mir«, seufzte Bond.

»Hier ist Special Agent Scott Garriola vom FBI.«

»Können wir die Sache morgen besprechen?«, fragte Bond.

»Nein«, antwortete Garriola. »Wir müssen das jetzt besprechen.«

Nachdem Bond das Büro im Hotel auf der anderen Straßenseite betreten hatte, zeigten ihm Garriola und ein Kollege eine Reihe von Fotos. Bond erkannte die Abgebildeten als Charlie und Carol Gasko aus dem Apartment 303.

»Sind Sie sicher?«, fragte Gariola.

»Hundertprozentig«, versicherte Bond und fügte hinzu, die beiden seien seine unmittelbaren Nachbarn.[11]

Garriola warf seinem Kollegen einen Blick zu. Damit hatten sie nicht gerechnet. Sie waren davon ausgegangen, dass sie wie üblich nur kurz einen Hinweis überprüfen mussten und dann schnell wieder verschwinden konnten. Nun forderten sie Verstärkung an. Bond gab Garriola einen Schlüssel zum Apartment 303, und ein anderer Ermittler quartierte sich in einem Zimmer im »Hotel Embassy« ein, das der Wohnanlage Princess Eugenia unmittelbar gegenüberlag. Er sah Whitey sogar kurz auf dem Balkon. Garriola bat Bond, zu Whiteys Wohnung zu gehen und an die Tür zu klopfen. »Auf keinen Fall«, erwiderte Bond, der gerade erfahren hatte, dass sein großväterlicher Nachbar Charlie, der ihm einen Cowboyhut, einen Barttrimmer und zahlreiche andere Dinge geschenkt hatte, in Wahrheit ein Gangster war, der wegen zahlreicher Morde gesucht wurde. Mit Charlie Gasko hatte er sich trotz seiner Macken gerne unterhalten, aber er hatte nicht die geringste Lust, Whitey Bulger gegenüberzutreten.

Garriola musste sich daher etwas anderes überlegen. Mit einem Bolzenschneider knackte er das Schloss an Whiteys Lagerschrank in der Garage und wies dann Bond an, die Gaskos anzurufen und ihnen mitzuteilen, dass ihr Schrank aufgebrochen worden sei. Bond wählte die Handynummer, die Cathy ihm gegeben hatte, aber niemand ging dran. Der Kollege auf der anderen Straßenseite berichtete Garriola, in dem Apartment befänden sich zwei Personen, ein Mann und eine Frau. Erneut bat Garriola Bond, an die Tür zu klopfen und das Paar in die Garage zu führen, doch der weigerte sich. Während Bond und Garriola sich noch darüber stritten, wie man Whitey am besten aus dem Apartment locken konnte, klingelte Bonds Telefon. »Josh, hier ist Carol«, sagte Cathy Greig. »Haben Sie eben angerufen?«

Bond erklärte ihr, dass jemand ihren Lagerschrank aufgebrochen habe, und bot ihr an, mit ihr und Charlie den Schaden zu begutachten oder die Polizei zu rufen. Cathy hielt es für das Beste, wenn ihr Mann sich mit Josh in der Garage traf. Whitey murrte, aber er machte sich auf den Weg. Als er gegen 17.45 Uhr zum Schrank ging, war er plötzlich von FBI-Agenten und Polizisten aus Los Angeles umzingelt, die ihre Waffen auf ihn richteten. Er selbst war unbewaffnet.

»Hinknien!«, schrie einer der Beamten.

Whitey weigerte sich.

»Dann schießen wir.«

»Nur zu!«, schrie Whitey zurück.

Whitey behauptete später, seine größte Sorge sei in dem Moment gewesen, dass sich dort, wo er gestanden hatte, Ölflecken auf dem Garagenboden befunden hatten, und er sich seine Hose nicht hatte ruinieren wollen. »Ich gehe zwei Schritte nach links zu einer sauberen Stelle, dann knie ich mich hin«, sagte Whitey daher zu den Polizisten.

»Wenn Sie das tun, schießen wir.«

»Ich dachte, sie würden es tun«, erinnerte sich Whitey später. Dennoch machte er einen Schritt. »Ich konnte das Blei schon fast spüren.« Dann machte er einen zweiten Schritt.[12]

Die Polizisten warteten, traten zu ihm und legten ihm Handschellen an.

Janus Goodwin, die Pastorin, die ein paar Türen von Whitey und Cathy entfernt wohnte, war auf dem Weg zum Wäschekeller, als sie Whitey und einer Gruppe von Männern begegnete, einige davon in Polizeiuniformen. Sie sah, dass ihr Nachbar Handschellen trug, und bekam einen Teil des hitzigen Wortwechsels mit. Janus war entrüstet, da sie annahm, dass Charlie Gasko aufgrund seiner zunehmenden geistigen Verwirrung etwas Verrücktes oder Gefährliches getan hatte, und wollte ihn in Schutz nehmen. »Hören Sie«, versuchte sie den Männern, die Whitey bewachten, zu erklären, »dieser Mann hat Alzheimer.« Einer der Beamten blickte sie an und meinte dann: »Madam, wenn so viele FBI-Agenten da sind, sollte Ihnen eigentlich klar sein, dass es um etwas sehr Ernstes geht.«

Whitey senkte den Blick. Auf Goodwin wirkte er plötzlich alt und niedergeschlagen.[13] Ein Beamter hielt Whitey ein Handy an den Mund. »Bleib in der Wohnung«, wies dieser Cathy an, »ich bin verhaftet worden.« Als Goodwin wieder oben war, sah sie Cathy mit einigen FBI-Agenten sprechen. Sie erschien ihr ruhig, sogar erleichtert. Auch Whiteys Verhalten änderte sich schnell. Als Josh Bond zehn Minuten nach der Festnahme in die Garage kam, war Whitey zwar gefesselt, aber entspannt. Er plauderte mit den Polizisten und FBI-Männern. »Es sah aus, als scherze er mit ihnen«, sagte Bond.[14] Das tat er auch tatsächlich. Cathy starrte den Freund und Nachbarn an, der ihnen die Falle gestellt hatte. »Hi, Josh«, rief sie dann. Als Bond nicht antwortete, wiederholte sie ihren Gruß.

Bald erwies sich, wie gut es gewesen war, dass Garriola Whitey aus seiner Wohnung gelockt hatte. Denn bei der Durchsuchung fanden die Ermittler eine Waffe auf einem Bücherregal in Whiteys Schlafzimmer und in einem Loch in der Wand 30 Flinten, Gewehre und Pistolen, in einem anderen Loch 822.198 Dollar in bar. Als Garriola Whitey von den Funden berichtete, sagte dieser sofort, um Cathy zu schützen: »Alle Waffen sind in meinem Schlafzimmer. Catherine hat nie eine Waffe in der Hand gehabt.« Auf der Fahrt ins Gefängnis erwähnte Garriola, die Beamten hätten ein Manuskript mit etwa 100 Seiten gefunden. »Verdammt«, schnaubte Whitey und zog eine Grimasse. »Sie haben es gefunden? Habe ich Namen genannt?« Dann wandte er sich an Cathy: »Cathy, habe ich Namen genannt?« »Ich glaube nicht«, antwortete sie.“[15]

Die Partnerschaft zwischen dem FBI-Agenten Phil Torsney und dem Deputy U.S. Marshal Neil Sullivan hatte schnell Früchte getragen, und zwar einmal, weil das FBI endlich erkannt hatte, dass es Hilfe brauchte, und zum anderen kam pures Glück dazu: Anna Bjornsdottir hatte in dem Moment ferngesehen, als Whiteys und Cathys Fotos über den Bildschirm gehuscht waren.

Tommy Donahue schlief tief und fest im obersten Stockwerk des Hauses in Dorchester, als das Telefon klingelte. Es war Joey, der 14-jährige Sohn seiner Freundin. »Bagga«, sagte Joey und benutzte den Spitznamen, den Tommy von seiner Familie bekommen hatte, »sie haben Whitey Bulger geschnappt.«

Da es ein Uhr nachts und Tommy noch etwas schlaftrunken war, war sein erster Impuls, Joey zu fragen, warum er so spät noch auf war. Dann begriff er. »Sie haben diesen Bastard endlich erwischt?« Sofort weckte er seine Mutter und seinen Bruder Shawn im zweiten Stock. Patricia Donahue rieb sich den Schlaf aus den Augen, setzte sich im Bett auf und sah Tommy mit einem Blick an, der ihre Hoffnung ausdrückte, dass er recht hatte.

»Kalifornien?«, fragte sie dann. »Er war in Kalifornien?«

Tommy informierte nun auch seinen Bruder Michael und dessen Frau im ersten Stock. Jetzt waren die Lichter in allen drei Stockwerken eingeschaltet, und niemand wollte mehr schlafen. Als Nächstes rief Tommy David Wheeler in Oklahoma an. Die Wheelers, eine reiche Familie aus Zentralamerika, und die Donahues, eine Arbeiterfamilie aus Boston, hätten kaum unterschiedlicher sein können, aber eines hatten sie gemeinsam:

Whitey Bulger hatte ihnen einen Ehemann, Vater und Ernährer geraubt. Und nun würde Whitey dafür zur Rechenschaft gezogen werden.

»David«, begann Tommy Donahue, »du wirst es nicht glauben.«[16]

Während der Fahrt nach Los Angeles redete Whitey die ganze Zeit auf seine Begleiter ein. Er hatte schon immer gerne seine Späße mit Polizisten getrieben – als er als Jugendlicher LKWs ausgeplündert oder als Twen Banken ausgeraubt hatte, als er in seinen Vierzigern mit Gangstern herumgefahren war und als die DEA in seinen Fünfzigern eine Wanze in seinem Auto versteckt hatte. Er glaubte, er habe ein angeborenes Talent dafür, Polizisten um den Finger zu wickeln. Während eines kurzen ersten Auftritts in einem Gerichtssaal in Los Angeles klopfte Whitey immer noch flotte Sprüche. Er verspottete Reporter, die der Verhandlung folgten, beugte sich zu Cathy, flüsterte ihr etwas ins Ohr und lachte. Cathy teilte seine gute Laune nicht. Torsney, Sullivan und Teahan waren früh am Morgen nach L.A. geflogen und kamen gerade rechtzeitig, um am Abend mit Whitey den langen Rückflug nach Boston anzutreten. Sie waren überrascht, als Whitey mit ihnen herumalberte. Für sie war das neu, doch für Whitey war das normal. Sie waren die guten Guten und er der böse Gute. Nach seiner Logik gehörten sie alle zu den Guten.

Whitey gab gerne an und pflegte sein Image. Er prahlte, er habe sich während seiner Flucht »bis an die Zähne bewaffnet« zurück nach Boston geschlichen, um einige Angelegenheiten zu regeln. Er sei in Las Vegas gewesen und habe Geld gewonnen und sei nach Mexiko gefahren, um billige Medikamente zu kaufen. Er habe im ganzen Land Geld versteckt. Was er damit sagen wollte, war typisch für ihn: Während ihr Trottel mich in London und Gott weiß wo gesucht habt, war ich jederzeit dort, wo ich wollte. Whitey hielt sich für den klügsten Kerl im Raum.

Selbst als er die Polizisten zu seiner Gefangennahme beglückwünschte, konnte er nicht umhin, ihnen ihre taktischen Fehler aufzuzählen: Sie hätten sich viel früher auf Cathy Greig konzentrieren müssen, da sie das schwächere Glied und viel öfter draußen unterwegs gewesen sei. Whitey war stolz darauf, dass er es seinen Verfolgern so schwer gemacht hatte, und erklärte detailliert, wie er Charlie Gaskas Identität angenommen und durch den Austausch eines Buchstabens eine neue Person erschaffen hatte. Er gestand freimütig, dass er Führerscheine und alle möglichen Papiere von bedauernswerten Menschen gekauft und für sich und Cathy falsche Identitäten geschaffen habe.[17] Während des Flugs versuchte er auch immer wieder, zwei Menschen zu schützen: Cathy Greig und John Connolly. Cathy habe nichts von den Waffen in der Wohnung gewusst, und nicht Connolly gehöre ins Gefängnis, sondern John Morris.[18]

Es war ein Moment, von dem die meisten der Geschädigten nicht mehr geglaubt hatten, ihn je zu erleben: Whitey Bulger schlurfte mit gefesselten Händen und Füßen in den Saal 10 des Bundesgerichts von South Boston. Der Saal war mit über 100 Leuten gefüllt, aber Whitey suchte sofort den Blickkontakt zu seinem Bruder Bill in der zweiten Reihe auf der rechten Seite und formte mit dem Mund ein stummes »Hallo«. Bill, der zwischen zwei seiner Söhne saß, nickte ihm zu. Als der Richter Whitey fragte, ob er sich einen Anwalt leisten könne, nutzte er die Gelegenheit zu einem Scherz und antwortete: » Durchaus, aber nur, wenn Sie mir mein Geld zurückgeben.« Pat Donahue saß mit ihren drei Söhnen im Gerichtssaal und schüttelte den Kopf. »Macht er sich wirklich Sorgen um sein Geld?«, flüsterte sie. »Er sollte sich Sorgen um seinen Arsch machen.«

Whitey warf seinem Bruder und seinen Neffen ein spöttisches Lächeln zu, als die Marshals ihm wieder die Ketten anlegten und er so hinausschlurfte, wie er hereingekommen war. Während die Zuschauer nach draußen strömten, gingen die vier Männer, die am längsten mit dem Fall befasst gewesen waren – Polizeileutnant Steve Johnson, DEA-Agent Dan Doherty und die Staatsanwälte Fred Wyshak und Brian Kelly – zu den Donahues, um sie zu begrüßen. »Die Menschen reden von Gerechtigkeit«, sagte Tommy Donahue, während er den letzten Zuschauer hinausgehen sah. »Ich finde, die einzige Gerechtigkeit, die wir erleben können, war das, was wir eben gesehen haben. Whitey in Ketten. Er wird im Gefängnis sterben. Er kann meckern, stöhnen, kreischen oder schreien, aber er wird trotzdem im Gefängnis sterben. Und er wird als Ratte sterben. Weil er genau das ist. Eine Ratte.«[19]

Obwohl das FBI für Whitey Bulgers Festnahme durchaus gelobt wurde, fühlte es sich genötigt, in einer öffentlichen Erklärung zu bestreiten, dass Whiteys Verhaftung inszeniert gewesen sei. »Alle Behauptungen, das FBI habe Mr. Bulgers Aufenthaltsort schon vor dem Gang an die Öffentlichkeit in dieser Woche gekannt, sind völlig haltlos«, sagte Richard DesLauriers, der Leiter der Außenstelle Boston. »Als wir von seinem Aufenthaltsort erfuhren, wurde er sofort verhaftet.«

Whitey wurde in die Justizvollzugsanstalt Plymouth County gebracht, nicht weit von dem Ort entfernt, an den er einst einen Mann geschickt hatte, um aus Protest gegen das Ende der Rassentrennung an den Schulen den Plymouth Rock in die Luft zu sprengen. Deputy Marshals schoben Whitey und Cathy Greig in den gleichen schwarzen Geländewagen, der sie in ihr jeweiliges Gefängnis bringen sollte. Sie schwiegen die meiste Zeit während der Fahrt. Als sie nach Plymouth kamen, starrte Whitey seine Freundin traurig an und sagte »Auf Widersehen«, ehe man ihn wegbrachte. Das war das letzte Mal, dass sie zusammen waren. Erstmals seit fast 50 Jahren bekam Whitey nun wieder eine Häftlingsnummer. Er war der Gefangene Nr. 57950 und bewohnte die Zelle Nr. 108 im Block G. Das beeindruckte ihn nicht besonders. »Ich wünschte, ich wäre wieder in Alcatraz«, klagte er.[20]

Obwohl er sich seinem 82. Geburtstag näherte, galt für Whitey die höchste Sicherheitsstufe. Vor seiner Zelle saß 24 Stunden am Tag ein Wärter. Es amüsierte Whitey, dass die Wärter in drei Schichten arbeiten mussten, doch er war schockiert, als er eines Tages die Augen öffnete und eine Frau auf dem Stuhl sitzen sah. Die Zellentür verfügte über eine kleine Glasscheibe, und durch einen Schlitz bekam er sein meist bereits kaltes Essen. Eine Kamera in der Zelle überwachte all seine Bewegungen. 23 von 24 Stunden am Tag verbrachte er in seiner 2,4 mal 3,7 Meter großen Zelle, in der er jeden Tag trainierte. Er machte in sechs Durchgängen 155 Liegestütze und lief in der Zelle hin und her. Eine Stunde am Tag durfte er an die frische Luft, dann ging er so zügig wie möglich über den kleinen, von einer Betonmauer umgebenen Platz – unter den Augen eines Gefängniswärters, der einen Schäferhund an der Leine hielt. Wenn er duschen wollte, musste er das in der Zeit dieses einstündigen Hofgangs machen. Dreimal in der Woche durfte er sich rasieren und bekam frische orangefarbene Gefängniskleidung. Sein Bett bestand aus einer elfeinhalb Zentimeter dicken Matratze mit gummiertem Überzug und einem Brett, das an der Wand angebracht war. An der gegenüberliegenden Seite befanden sich eine Toilette und ein Waschbecken aus rostfreiem Stahl sowie ein schmaler Schreibtisch und ein Hocker aus rostfreiem Stahl.

In den ersten Monaten beschwerte er sich darüber, dass er sich mindestens fünfmal am Tag einer Leibesvisitation unterziehen musste und anschließend seine Zelle auf den Kopf gestellt wurde. Diese Routine machte ihn verrückt. »Ich weiß jetzt, wie Pawlows Hunde sich gefühlt haben«, sagte er zu einem Freund. Er äußerte sich abschätzig über die Wärter, den »Wir-befolgen-nur-unsere-Anweisungen-Trupp«, der die Durchsuchungen vornahm. Das einzig Positive war, dass seine Albträume – eine Folge der LSD-Tests in den Fünfzigerjahren – weniger wurden, weil das Licht 24 Stunden am Tag brannte.

Er klagte, bei ihm seien die Sicherheitsvorkehrungen strenger als bei Richard Reid, dem geständigen al-Qaida-»Schuhbomber«, der in Plymouth einsaß, nachdem er 2001 versucht hatte, ein Flugzeug in die Luft zu sprengen. Whitey verglich sich mit dem berüchtigten Gewaltverbrecher und späteren Vogelkundler Robert Stroud, der in Alcatraz 16 Jahre in Einzelhaft verbracht hatte. Da er stets dazu neigte, sich selbst zu verherrlichen, griff er zur Beschreibung seiner misslichen Lage auf die Literatur zurück. »Ich komme mir vor wie Philip Nolan in *Mann ohne Vaterland*«, schrieb er.

»Isoliert und ohne Kontakt zu Menschen.« Nolan, der Protagonist in Edward Everett Hales Kurzgeschichte *The Man Without a Country* (*Der Mann ohne Vaterland*), ist ein amerikanischer Offizier, der während seines Prozesses wegen Verrats seine Staatsbürgerschaft aufgibt und dazu verurteilt wird, den Rest seines Lebens auf dem Meer zu verbringen. In Whiteys Augen hatte sein Exil im Gefängnis von Plymouth einen ähnlich epischen Charakter; es war die Strafe für einen Mann, der zu viel über die dunkle Seite der Regierung wusste.

Er beschimpfte die CIA, weil sie ihn als Versuchskaninchen benutzt hatte. Er beschimpfte das FBI, weil es ihn benutzt und dann im Stich gelassen hatte. Von der bevorstehenden Verhandlung sprach er ebenfalls mit poetischen Worten: »Ich will Lügen entlarven und meinen Namen reinwaschen. Das ist mein gordischer Knoten.« Besonders wichtig war es ihm nachzuweisen, dass er Debra Davis und Deborah Hussey nicht ermordet hatte, wie es in der Anklageschrift hieß. Er bezeichnete seinen Prozess als große Show und großen Zirkus. Trotz gelegentlichen trotzigen Aufbegehrens war er meist eher kühl realistisch. »Wahrscheinlich werde ich in dieser Zelle sterben.«

Whitey bekam viel Post von Fremden, und einige Briefe waren sehr seltsam. Acht Frauen fragten ihn zum Beispiel, ob er ihr Vater sei. Er fand die Briefe traurig und antwortete, er sei es nicht. Aber er hütete sich stets davor, seine Briefe zu unterschreiben, denn angeblich verkauften Leute seine Unterschrift im Internet für Hunderte von Dollars, wofür es allerdings keine Belege gibt. Whitey schien stolz auf seinen Ruf als Krimineller zu sein. Er behauptete, ein Historiker habe ihm geschrieben, die Touristen, die nach Alcatraz strömten, fragten häufiger nach »Whitey B.« als nach Al Capone oder einem anderen legendären Insassen. Interessant dabei ist, dass Whitey hierbei seinen Spitznamen benutzte, denn früher hatte er jeden wütend berichtigt oder gar bedroht, der es gewagt hatte, ihn Whitey zu nennen. Jetzt übernahm er den Spitznamen als Teil seiner Legende.

Obwohl er den größten Teil seines Lebens damit verbracht hatte, von anderen mit Gewalt oder unter Androhung von Gewalt Geld zu erpressen, ärgerte Whitey sich darüber, dass nun andere Leute aus seiner Geschichte Kapital zu schlagen versuchten. Er ignorierte einen Brief von Matt Lauer von NBC, der ihn um ein Interview bat. Ebenso erging es dem Fernsehnetzwerk ABC. Und er war wütend darüber, dass einige seiner früheren Komplizen Geld für angeblich wahre Geschichten bekamen, die er für erfundene Romane hielt. Wahrscheinlich ärgerte es ihn auch sehr, dass Anna Bjornsdottir zwei Millionen Dollar für den Hinweis bekam, der zu seiner und Cathy Greigs Festnahme geführt hatte.[21]

Obwohl er davon ausging, im Gefängnis zu sterben, war Whitey die Meinung anderer, vor allem der Leute, die ihn als Charlie Gasko kannten, immer noch wichtig. Er schrieb daher Freunden und Nachbarn in Santa Monica, dass er nicht das Ungeheuer sei, als das man ihn hinstelle. Er beklagte sich darüber, wie man ihn behandelte, und bekundete seine Liebe für die Frau, die alle als Carol kannten. Und er drückte den Wunsch aus, wieder in der Wohnanlage Princess Eugenia zu wohnen und abends auf der Third Street Promenade spazieren zu gehen. Seine Liebe zu Cathy war Thema in allen seinen Briefen. 46 Jahre nachdem er das Bundesgefängnis verlassen und sich geschworen hatte, nie wieder zurückzukehren, war er erneut eingesperrt. Das machte ihn nachdenklich, sogar sentimental. »Seltsam, aber die glücklichsten Jahre waren die 16 Jahre auf der Flucht«, schrieb er. »Ruhiges Leben, kein Verbrechen, wie 16 Jahre Flitterwochen … Erinnerungen halten mich geistig gesund.«[22]

Whiteys Gefängniskorrespondenz offenbart seine Veränderung, sein Stil wandelte sich von dem harten Stakkato der kriminellen Zeit hin zu eher sanften, romantischen Tönen. Er beschrieb seine Lage in Worten, die darauf schließen ließen, dass er sich jetzt im gleichen milden Licht sah, in dem Cathy ihn während ihrer gemeinsamen Jahre gesehen hatte. Er wollte alles tun, um Cathy die Treue zu vergelten, die sie ihm entgegengebracht hatte. Und während er im Knast in Rhode Island saß, sehnte er sich nach ihr.

Whitey war angeblich dazu bereit, sich im Gegenzug für Cathys Freilassung in allen Anklagepunkten schuldig zu bekennen, selbst wenn dies seine Hinrichtung in Florida wegen des Mordes an John Callahan oder in Oklahoma wegen des Mordes an Roger Wheeler bedeuten sollte. Doch die Regierung weigerte sich, mit ihm einen Handel abzuschließen: »Ich habe nie jemanden so geliebt wie sie und würde mein Leben (Hinrichtung) dafür geben, dass man sie freilässt. Doch nein, sie wollen mich leiden lassen.«

Seiner Ansicht nach sollte Cathy nicht eingesperrt, sondern vielmehr ausgezeichnet werden. »Sie hat erreicht, was alle Cops, Gefängnisse und Gerichte nicht geschafft haben«, schrieb er. »Sie brachte mich dazu, 16 Jahre ohne Verbrechen zu leben – dafür sollte sie einen Orden bekommen.«

Die 16 Jahre auf der Flucht, sagte er, hätten ihn verändert. Er habe nie viel getrunken, aber jetzt sei er Abstinenzler. Er habe die normalen Gefühle erlebt, die er zuvor unterdrückt habe, um als Verbrecher Erfolg zu haben. Cathy habe sich mit der Zeit absolut darauf verlassen können, dass sie seine einzige Liebe sei. Das Versteckspiel habe sie und ihn nicht belastet, sondern ihnen eine neue Perspektive eröffnet und in ihnen den Wunsch geweckt, ihre verbleibenden gemeinsamen Stunden und Tage nicht mit Streitereien zu vergeuden. Es schmerzte ihn, dass man ihm nicht erlaubte, ihr zu schreiben, während sie auf ihren Prozess warteten, aber er schwor, einen Weg zu finden, damit sie miteinander korrespondieren konnten, selbst wenn sie dazu heiraten mussten. Aber die Rückkehr ins Gefängnis »brachte

auch den Hass und die inneren Blockaden zurück – Albträume, mehr Halluzinationen, Klaustrophobie. Sie nennen das Sicherheit, ich nenne es Fol-
ter … dazu bestimmt, mich zu zerbrechen.«

Obwohl er sich nach Cathy Greig sehnte, schloss er auch Frieden mit
Teresa Stanley, die mit der Justiz zusammengearbeitet hatte. Teresa schickte
ihm einen versöhnlichen Brief, in dem sie erwähnte, dass ihr Sohn Billy, der
fast sein ganzes Leben lang mit Drogenproblemen zu kämpfen gehabt hatte, gestorben sei. Whitey antwortete ihr, dass alles vergeben sei. »Ich habe
dafür gesorgt, dass es ihr besser ging, aber wir haben oft gestritten, und ich
hatte zu viele Frauen in meinem Leben«, schrieb Whitey an einen Freund.
»So ist es eben, wenn man ein liederliches Leben führt.«

Ein weiterer Briefpartner war Jerry Champion, ein Historiker, der Bücher über Alcatraz schrieb. Er schickte Whitey nach dessen Verhaftung eine
kurze Nachricht und bat ihn darum, ihm seine Erfahrungen und die Erfahrungen anderer Insassen mitzuteilen. Zunächst antwortete Whitey voller
Begeisterung, doch er beendete die Korrespondenz abrupt, als er von einem
Freund erfuhr, dass Champion in Florida als Gefängniswärter arbeitete. Es
empörte ihn, dass Champion Amerika und sein Gefängnissystem verherr-
lichte. »Ich weiß sehr gut, wie großartig Amerika ist«, erwiderte Whitey in
scharfem Ton und wies darauf hin, dass er beim Militär gewesen und ehrenhaft entlassen worden sei und die Armee und die Veteranen immer sehr
unterstützt habe.[23]

Whitey war erfreut, als er im März 2012 aus heiterem Himmel einen
Brief von Richard Sunday bekam, der mit ihm in Atlanta und Alcatraz
eingesessen hatte. Er hatte Sunday immer gemocht und ihm auch geglaubt, dass er als 19-jähriger Soldat in Korea zu Unrecht wegen Vergewaltigung verurteilt worden war, was ihn letztlich nach Alcatraz gebracht
hatte. Whitey hatte Sunday während seiner Flucht einige Male angerufen,
dann aber den Kontakt verloren, als dieser von Virginia nach Pennsylvania
gezogen war. Da Whitey keine Ahnung von Computern hatte, hatte er damals einen Verwandten gebeten, für ihn nach Sunday zu suchen. Doch dieser hatte nichts gefunden, und so hatte Whitey angenommen, Sunday sei
tot, wie fast alle, die er aus Alcatraz kannte. Jetzt, da sein alter Freund sich
bei ihm gemeldet hatte, wollte er einiges klarstellen. »Punkt eins: Ich habe
nie eine Frau getötet«, schrieb er. Außerdem sei er kein Informant gewesen.
»Sunday, glaub mir«, bat er. »Bin als Kind auf Polizeirevieren oft verprügelt
worden, um mich zum Reden zu bringen … habe es nie getan … habe nie
jemanden verpetzt – nie auch nur daran gedacht.«

Er beschloss, Sunday nach Kräften zu unterstützen. Wenn er aus dem
Verkauf seiner Geschichte schon kein Kapital schlagen konnte, dann sollte wenigstens Sunday davon profitieren. Seinem alten Kameraden ging es

schlecht, und Whitey war entschlossen, seinen zweifelhaften Ruhm dazu zu nutzen, ihm zu helfen. Er behauptete, Mark Wahlberg wolle einen Film über ihn drehen und er könne Wahlberg vielleicht dazu überreden, auch Sundays Leben zu verfilmen. Er riet Sunday auch, alle Briefe, die Whitey ihm schrieb, aufzubewahren und eines Tages zu verkaufen. »Später werde ich etwas über meine Zeit als Verbrecher usw. schreiben, um den Wert der Briefe zu steigern!«

Whitey hatten die Gedichte, die Sunday im Gefängnis geschrieben hatte, immer gefallen, und er hatte jahrelang ein Gedicht über Billy the Kid in seiner Bibel aufbewahrt. Doch leider, schrieb er Sunday, verkauften sich Gedichte nicht gut, Geschichten über Verbrechen und das Leben im Knast aber sehr wohl. In zahlreichen Briefen gab er Sunday genaue Anweisungen, wie er einen Ghostwriter finden könne, wie er seine Freundschaft zu Whitey nutzen könne, um seine literarischen Ambitionen zu vermarkten, und wie er Fernsehsendern so viel Geld wie möglich für ein Interview abknüpfen könne. Er war unermüdlich und erbot sich sogar, das Vorwort zu schreiben, falls er lange genug leben würde.[24]

Obwohl die Staatsanwaltschaft sein Angebot ablehnte, sich schuldig zu bekennen, wenn die Anklage gegenüber Cathy Greig Milde walten lasse, erwartete Whitey, dass sie eine geringe Strafe bekommen werde, das Gefängnis bald verlassen und dann bei seiner Familie bleiben könne. »Alle lieben sie, und sie nimmt dort meinen Platz ein«, sagte er. Aber er irrte sich gewaltig, denn die Staatsanwaltschaft blieb hart, bis Cathy schließlich aufgab und sich schuldig bekannte, Whitey geholfen zu haben, sich seiner Festnahme zu entziehen. Welchen Sinn hatte es auch, das zu leugnen? In den vielen Anhörungen vor Gericht machte Cathy einen mürrischen Eindruck. Sie lächelte nur ihrer Schwester Margaret zu, die pflichtschuldig an allen Sitzungen teilnahm, und nutzte keine Gelegenheit, ihre Motive vor Gericht darzulegen. Das überließ sie ihrem Verteidiger Kevin Reddington. Dieser betonte, Cathy bereue nichts. »Sie liebt diesen Kerl«, sagte er. »Wenn sie jetzt bei ihm sein könnte, wäre sie bei ihm.«

Cathys harte Fassade bekam nur ein einziges Mal einen Riss. Als sie anbot, sich schuldig zu bekennen, stellte ein Richter ihr eine Menge Fragen, zum Beispiel, ob sie jemals in psychiatrischer Behandlung gewesen sei. Cathy brach in Tränen aus und brauchte über eine Minute, um ihre Fassung wiederzugewinnen. »Einmal«, erklärte sie dann. »Das war nach einem Selbstmord in meiner Familie.« Mehr wollte sie nicht sagen, aber sie meinte ihren drogensüchtigen Bruder David, der sich 1984 im Alter von 26 Jahren erschossen hatte. Cathy hatte Whiteys Opfer nie bedauert, aber sie weinte, 28 Jahre nachdem sie ihn in seinem Schlafzimmer mit der Waffe in der rechten Hand gefunden hatte, um ihren Bruder. Whitey war damals seit neun Jahren mit ihr zusammen gewesen und hatte ihr versprochen, sich um sie zu kümmern. Auf seine Art hatte er das auch getan.

An dem Tag, als Cathy verurteilt wurde, erhob sich Tim Connors im Gerichtssaal und gab eine Erklärung als Opfer ab. Er war ein Baby gewesen, als sein Vater Eddie Connors von Whitey und Flemmi erschossen worden war, inzwischen waren 37 Jahre vergangen. Tim Connors sprach zu Cathy Greig, aber sie wich seinem Blick aus. Er erinnerte sie an die Tränen, die sie vergossen hatte, als sie sich schuldig bekannt hatte. »Wenn ich eine Schwester wie Sie hätte«, sagte er, »hätte ich mich ebenfalls umgebracht.« Cathy schnappte nach Luft, legte eine Hand auf den Mund und schluchzte.

So grausam Connors Worte auch waren, Paul McGonagles Worte verletzten sie noch mehr, weil er kein Fremder war, sondern zur Familie gehörte. Denn Cathy war einmal mit seinem Onkel Bobby verheiratet gewesen. Als er ein Kind gewesen war, war Cathy nicht nur Pauls Lieblingstante gewesen, sondern auch eine Art Freundin. Sie hatte ihn mit in den Urlaub genommen, ihm Geschenke gekauft und ihn mit Zuwendung überschüttet. Als er 14 war, war sein Vater Paulie verschwunden. In den folgenden 27 Jahren hatte Paul immer ein Foto seines Vaters bei sich getragen und gehofft, er werde ihm eines Tages begegnen und ihn erkennen. Aber die Knochen, die im Jahr 2000 aus Paulie McGonagles Grab am Tenean Beach geholt wurden, konnte er nicht erkennen. Cathy hatte Bobby wegen Whitey Bulger verlassen – wegen des Mannes, der Bobbys Brüder Paulie und Donnie erschossen hatte.

Paul McGonagle war aus Southie weggezogen, lange bevor er erfahren hatte, was seinem Vater zugestoßen war. Er hatte Massachusetts verlassen, eine Berufsausbildung abgeschlossen und eine Familie gegründet. Aber er war zurückgekommen, um Cathys Prozess mitzuerleben. Er wollte der Frau gegenübertreten, die ihm einst ins Ohr geflüstert hatte, er sei ihr Lieblingsneffe, der Frau, die den Mann liebte und umsorgte, der seinen Vater ermordet hatte. »Catherine Greig«, sagte er, »hat das Gesetz wissentlich und böswillig missachtet und mir und meiner Familie keinerlei Gefühl oder Wertschätzung entgegengebracht.«

Richter Douglas Woodlock verurteilte Cathy zu acht Jahren Gefängnis, jeweils sechs Monate für jedes Jahr, das sie mit Whitey auf der Flucht verbracht hatte. Diesen Zeitabschnitt nannte der Richter »16 Jahre verlängerter Alltag«. Außerdem verurteilte er sie zu einer Geldstrafe von 150.000 Dollar. Das Urteil war hart. Sie bekam drei Jahre mehr als Kevin Weeks, der zugeschaut hatte, wie Whitey Menschen ermordet und ihre Leichen vergraben hatte, und nur ein paar Jahre weniger als John Martorano, der gestanden hatte, 20 Menschen getötet zu haben. Aber sie sagte nichts, lächelte ihre Schwester matt an und verließ den Gerichtssaal mit derselben stoischen Miene, die sie bei allen öffentlichen Auftritten zur Schau getragen hatte. Whitey war entsetzt über das Strafmaß und empört über den Versuch der Staatsanwaltschaft, die Häuser von Cathy und ihrer Schwester zu beschlagnahmen. Margarets Haus in Southie gehörte der Familie seit mehr als einem Jahrhundert. »Die Justiz ist erbarmungslos und herzlos«, schrieb Whitey.

Cathys lange Haftstrafe bewog Whitey, seine eigenen Pläne zu überdenken. Jetzt wollte er wenigstens so lange leben, bis sie freikam. »Ich dachte, wenn sie frei ist, sitze ich noch ein paar Jahre ab, und dann ist Schluss – ich brauche die Ruhe. Aber jetzt will ich Catherine zuliebe durchhalten.«[25]

Auch Ton und Stil der Briefe, die Whitey im Gefängnis schrieb, veränderten sich nach Cathys Verurteilung. Die romantischen Teile wurden zynischer, und er schrieb jetzt mehr über vergangene Zeiten und Orte sowie Menschen, die er verloren hatte. Die schwermütige Stimme wurde erneut härter. Die Regierung, tobte Whitey, habe seine Freundin ruiniert, seine Familie ruiniert und, weil sie die Kinder von Southie aus ihren Schulen geholt und fremde Menschen in den Sozialwohnungen einquartiert habe, auch sein altes Stadtviertel ruiniert. Whitey hatte das neue, schicke Southie nur flüchtig gesehen, als man ihn in einem gepanzerten Geländewagen im Eiltempo zum Gericht gebracht hatte. Während ein Hubschrauber der Küstenwache ihn von Plymouth zu einer Gerichtsverhandlung geflogen hatte, hatte Southie von oben kaum anders gewirkt als früher. Die Sozialbausiedlungen, in denen er aufgewachsen war, sahen fast so aus, wie er sie in Erinnerung hatte. Das Ziegelgebäude im Logan Way 41 schien seit jenem Tag im Jahr 1938, als James und Jean Bulger mit ihren Kindern in die Wohnung mit den drei Schlafzimmern im dritten Stock eingezogen waren, unverändert. »Patriotismus gehörte zu diesem Viertel«, schrieb er. »Leider ändert sich jetzt alles. Reiche Leute ziehen her, Moslems, Illegale. Obamas Tante zum Beispiel.« Für Whitey hatte das neue Boston nichts mehr zu bieten, all die Yuppies fand er furchtbar. »In den 16 Jahren meiner Abwesenheit sind alle Traditionen etc. verloren gegangen. Fortschritt! Nicht zum Besten.« Sein Ton war jetzt eindeutig von Selbstmitleid und Verbitterung geprägt, und er gestand einem Freund, er sei deprimiert. Doch hin und wieder kam der alte, trotzige, rachsüchtige Whitey zum Vorschein, der keine Reue zeigte. »Ich hatte ein gutes Leben, und ich habe gelebt!«, schrieb er. »Zum Teufel mit der Gesellschaft und ihrem Justizsystem! Ich werde lachen, wenn ich diese Welt verlasse.«

Er hatte geschworen, nie wieder ins Gefängnis zu gehen, und das hatte seine Gründe: Die Stunden ohne jeglichen zwischenmenschlichen Kontakt waren schrecklich, die Folgen unvermeidbar. Seine Freiheit war weg, seine

Freundin war weg, sein Stadtviertel war weg, seine Macht war weg. Nur sein Geist war ihm geblieben, und er fragte sich, wie lange noch. Allein an einem Ort, an dem nie die Lichter ausgingen, stellte Whitey sich große Fragen, jene Fragen, mit denen sich auch die Philosophen beschäftigt hatten, die sein kleiner Bruder Bill so gerne zitierte. In der Zelle, die ihm allmählich wie ein Grab vorkam, fragte Whitey Bulger sich: »Wie lange haben Erinnerungen wohl Bestand?«[26]

Nachwort

In den Monaten vor seinem Prozess saß Whitey Bulger auf einem runden Hocker aus rostfreiem Stahl in seiner Zelle, während sein Schreibtisch übersät war mit losen Papierblättern, und zog Bilanz über sein Leben. Seine Memoiren waren in den vielen Briefen enthalten, die er verschickte. Er schrieb Anmerkungen an die Ränder, Pfeile und Ziffern, die seinen Lesern seine Gedankengänge klarmachen sollten. Sein Geist eilte voraus und machte dann eine Kehrtwende. Er fügte Postskripta auf Zetteln hinzu, die manchmal länger waren als die Briefe selbst. Er hatte nicht mehr viel Zeit, um das zu sagen, was ihm wichtig war.

Die Briefe, die Whitey in dieser Zeit verfasste, waren teils sentimental (»Eine gute Frau ist wunderbar«), teils trotzig (»Ich freue mich auf die Wärme der Hölle, falls es eine Hölle gibt«). Doch all diese Notizen und Briefe waren nur ein Vorspiel und seine Zelle der Probenraum, in dem er sich auf den größten Auftritt seines Lebens vorbereitete, auf seinen letzten Akt.

Im Sommer 2012 kündigte J. W. Carney jun., Whitey Bulgers Verteidiger, im Bundesgericht in Boston mit großer Geste an, sein Mandant werde im bevorstehenden Strafverfahren in den Zeugenstand treten. »Die Geschworenen werden unseren Mandanten selbst hören. James Bulger wird aussagen«, erklärte Carney. »Er wird Beweise dafür vorlegen, dass man ihm Straffreiheit zugesichert hat, was andere bestätigen werden. Er wird die Wahrheit sagen, wenn der Richter es ihm erlaubt. Und wir werden beweisen, dass James Bulger tatsächlich die Wahrheit sagt.«

Das war eigentlich keine große Überraschung. Jeder hatte genau das von Whitey erwartet. Es war doch sehr unwahrscheinlich, dass der einstige König der Bostoner Unterwelt, der Mann, der sich für schlauer als alle anderen hielt und der vor allem stolz darauf war, ein Verbrecher mit einem Ehrenkodex zu sein – so seltsam und selektiv dieser auch sein mochte –, still dasitzen würde, während andere seinen Fall verhandelten.

Doch als sein Prozess im Gerichtssaal 11 des Gerichtsgebäudes John Joseph Moakley begann, wirkte Whitey am Tisch der Verteidigung schmal und unbedeutend. Normalerweise erscheinen Angeklagte in wichtigen Fällen gern mit Anzug und Krawatte, um Eindruck auf die Geschworenen zu machen, doch Whitey versuchte, sie eher durch sein bescheidenes Aussehen zu beeindrucken. Tag für Tag trug er Jeans, ein Hemd und weiße Turnschuhe. Er sah aus wie ein einfacher alter Mann, und das war zweifellos seine Absicht.

Mit der Zeit wurde dieser erste Eindruck durch seine gelegentlichen Ausbrüche – Whitey konnte sein Temperament und seinen Hass einfach nicht zügeln – und durch die Tatsache Lügen gestraft, dass er seine Verteidigungstaktik offenbar selbst bestimmte. Das nach allgemeiner Ansicht Ungewöhnlichste im Gerichtssaal war, dass eigentlich zwei Prozesse gleichzeitig stattfanden. Zum einen beschrieben die Staatsanwälte in allen fürchterlichen Einzelheiten Whiteys schmutzige Verbrechen und häuften vor den acht Männern und vier Frauen, die über ihn richten sollten, einen Berg von Beweisen an. Und zum Zweiten klagten Whiteys Anwälte das FBI und das Justizministerium an und verteidigten weniger den Mann als dessen Selbstbild: Sie behaupteten, Whitey sei kein Informant gewesen, er habe das FBI für Informationen bezahlt, ihm aber nichts dafür gegeben. Außerdem sei er zwar ein Mörder, aber kein Mörder unschuldiger Menschen und kein Frauenmörder.

Letztlich bekamen beide Seiten etwas ab. Whitey wurde in 31 von 32 Anklagepunkten schuldig gesprochen, doch auch die Regierung sah schlecht aus, und zwar durchaus nicht nur, weil John Connolly korrupt war und sich hatte bestechen lassen oder weil sein Chef John Morris von Whitey Weinkisten geschenkt bekommen hatte. Die Nachsicht gegenüber so vielen geständigen Mördern, Drogenhändlern und Schlägern, die gegen Whitey aussagten, erzeugte bei allen im Gerichtssaal Anwesenden und besonders bei den Geschworenen ein schales Gefühl. Es wurde deutlich, dass diese kriminellen Zeugen böse, gefährlich und unglaubwürdig waren. Und es wurde auch deutlich, dass die Regierung offenbar mit ihnen paktiert hatte. Beweise wurden vorgelegt, die nie zuvor in der Öffentlichkeit gezeigt worden waren, darunter einige abscheuliche: Skelette der Opfer, die Claddagh-Ringe, Plateauschuhe und Überreste von Kleidern der Opfer, Schädel mit Einschusslöchern und fehlenden Zähnen. Vielleicht hätten die Geschworenen lieber den Blick abgewandt, aber sie taten es nicht. Und so erkannten sie letztlich tatsächlich die Wahrheit über Whitey Bulgers kriminelles Leben.

Auch wenn die Verhandlung vielleicht bei niemandem zu einem Sinneswandel führte, so wurden doch einige über Whitey kursierende Geschichten widerlegt. Zuallererst wurde Whiteys unbelegte Behauptung, er habe im Austausch für seine Kooperation von Staatsanwalt Jeremiah O'Sullivan eine Lizenz zum Töten erhalten, als Lüge enttarnt. Diese Behauptung schaffte es nicht einmal vor die Geschworenen. Vor dem Kongress hatte der inzwischen verstorbene O'Sullivan bestritten, Whitey Straffreiheit gewährt zu haben. Und Whitey hatte, obwohl Carney von Beweisen sprach, keinen schriftlichen Beleg, der seine Aussage unterstützt hätte. Zwei Richter entschieden daher unabhängig voneinander, dass Whitey sich vor Gericht nicht auf eine angebliche Immunität berufen dürfe.

Doch dann kam ein überraschender und erstaunlich erfolgreicher Gegenschlag von Whiteys Seite, der das Imageproblem der Regierung noch weiter unterstrich. Whitey und seine Anwälte lehnten den vorsitzenden Richter Richard Stearns ab, weil er sich als ehemaliger hochrangiger Staatsanwalt in Boston in einem Interessenskonflikt befinde. Stearns weigerte sich, den Vorsitz niederzulegen, obwohl FBI-Direktor Robert Mueller einer seiner engen Freunde war. Ein Berufungsgericht folgte der Argumentation der Verteidigung und ordnete an, dass Stearns den Vorsitz abgeben müsse.

Für die Verteidigung erwies sich das jedoch als Pyrrhussieg. Denn Stearns wurde durch Denise Casper ersetzt, die erst seit Kurzem am Bundesgericht in Boston war. Von da an musste der bigotte und frauenfeindliche Whitey jeden Tag mitverfolgen, wie eine schwarze Frau seine Verhandlung leitete. Auch wenn Casper keine erfahrene Veteranin war, so blieb sie doch vom ersten Hammerschlag an selbstsicher und professionell. Durch ihren scharfen Verstand und ihre Entschlossenheit machte sie den Verteidigern und den Anklägern schnell klar, dass mit ihr nicht zu spaßen war.

Als der Prozess begann, machte die Verteidigung ein unerwartetes, spektakuläres Zugeständnis: Sie gab zu, dass Whitey Millionen Dollar mit dem Drogenhandel verdient hatte. Das war zwar keine große Enthüllung, zumindest nicht für jene, die Whiteys Laufbahn verfolgt hatten, dennoch war es schockierend, diese Worte aus Carneys Mund zu hören. Whitey und seine Anhänger, darunter sein Bruder Bill, hatten jahrzehntelang die Mär verbreitet, Whitey habe Southie drogenfrei gehalten. Carney verfolgte damit eine bestimmte Taktik: Wenn Whitey eingestand, dass er ein Gangster, ein Drogendealer, sogar ein Mörder war, dann sollte das den Wahrheitsgehalt der beiden Behauptungen stützen, die ihm am wichtigsten waren: dass er kein FBI-Informant gewesen war und dass er keine Frauen umgebracht hatte. Whitey hatte diese Taktik schon im Jahr zuvor in Briefen an Richard Sunday beschrieben, und er war entschlossen, sie beizubehalten.

Der Schock wich schallendem Gelächter, als Carney dann erklärte, dass Whitey gar kein Informant gewesen sein könne, da er Ire sei. Und die Iren erachteten Verräter als verachtenswerte und schlimmstmögliche Verbrecher. Er beharrte darauf, dass Whitey lediglich das FBI für Informationen bezahlt, ihm jedoch nichts verraten habe. Journalisten, die den Prozess in dem überfüllten Gerichtssaal in einem benachbarten Zimmer auf Bildschirmen verfolgten, konnten sich das Lachen kaum verkneifen.

Obwohl die Verteidiger mit einer Überraschung aufgewartet hatten, gehörte der Eröffnungstag dem Staatsanwalt Brian Kelly, der den gesamten Saal zum Verstummen brachte, als er die Namen der 19 Mordopfer verlas und deren Fotos auf einem Bildschirm zeigte. »Genau darum geht es hier, meine Damen und Herren«, betonte Kelly, als der Monitor schwarz wurde. »Um einen Angeklagten, James Bulger, der Teil einer kriminellen Bande war, die Menschen erpresste, Polizisten bestach, ein Vermögen mit Drogenhandel verdiente, Geld wusch, Waffen aller Art besaß und Menschen ermordete, 19 Menschen.«

In den ersten paar Tagen des Prozesses war Whitey in puncto Kleidung und Benehmen absolut untadelig. Doch bisweilen kam seine Freude daran, welch üblen Ruf er hatte, deutlich zum Vorschein. In dem Verfahren wurden anhand von Dialogen kurze Szenen aus seiner kriminellen Blütezeit lebendig, was er zum Teil sichtlich genoss. Nach einigen Tagen der Zeugenbefragung beobachtete er lächelnd Dickie O'Brien, einen Buchmacher, den er ausgenommen hatte und der nun mühsam den Zeugenstand bestieg. Er war 84 Jahre alt, ein Jahr älter als Whitey, und in Quincy aufgewachsen. Da sein Vater Buchmacher gewesen war, war er ebenfalls Buchmacher geworden.

Die Mafia in Boston war mehr als bereit gewesen, O'Briens Wettgeschäft zu unterstützen, und hatte ihm versprochen, »Probleme zu lösen, wenn welche auftauchen sollten«, wie er es ausdrückte. Das hieß: Wenn jemand ihm in die Quere kommen sollte, würde die Mafia den Störer töten. Als seine neuen Beschützer von der Mafia wegen Mordes ins Gefängnis gekommen waren, war O'Brien plötzlich unabhängig gewesen – bis Whitey Bulger aufgetaucht war.

Bei ihrem ersten Treffen in den Siebzigerjahren hatte Whitey zu ihm gesagt: »Du bist allein. Du solltest zu uns gehören.«

»Ich war mit dem North End zusammen«, hatte O'Brien erwidert.

»Vergiss das North End«, hatte Whitey gemeint. »Du gehörst zu uns.«

Das war nicht verhandelbar gewesen.

Als einer von Dickies Buchmachern zu ehrgeizig geworden war, hatte Whitey ihm unmissverständlich klargemacht, dass er nicht auf eigene Faust arbeiten dürfe.

»Weißt du, dass wir neben dem Glücksspiel noch in einem anderen Bereich tätig sind?«, hatte Whitey den wagemutigen jungen Buchmacher gefragt.

»Tatsächlich?«, hatte der Bursche erwidert. »In welchem denn?«

»Wir legen Idioten wie dich um.«

Whiteys Schultern bebten auf der Anklagebank, als er über seine alten Sprüche lachte.

Johnny Martorano, Whiteys bevorzugter Auftragskiller, betrat den Gerichtssaal, als würde er eine Jacht betreten, um mit den Worten von Carly Simon zu sprechen. In seinem feinen Anzug sah er gut aus, wenn auch etwas massig. Whitey warf ihm einen matten Blick zu. Er wusste, wie viel sein alter Kumpel erzählen konnte. In den folgenden Tagen sollten die Geschworenen Martorano besser kennenlernen und ihn ebenso abstoßend finden wie den Handel, den die Staatsanwaltschaft mit ihm abgeschlossen hatte, damit er aussagte. Für 20 Morde musste er nur zwölf Jahre ins Gefängnis.

Das letzte Mal, als sie zusammen gewesen waren – während Ronald Reagans erster Amtsperiode –, hatte Whitey Martorano überredet, seinen alten Freund John Callahan zu töten. Jetzt versuchte Whitey, ihn zu ignorieren. Denn Martorano sollte nicht glauben, Whitey damit zu treffen, dass er die Namen von elf Menschen aufzählte, die sie gemeinsam ermordet hatten.

Martorano erzählte ungerührt, doch seine Schwächen als Zeuge kamen bald ans Licht. Er musste auf Nachfrage zugeben, dass er mitunter auch die Falschen erschossen hatte. Einmal hatte er einen gewissen Herbert Smith töten wollen, der Steve Flemmi verprügelt hatte. Dazu war er während eines Schneesturms in dessen Auto gestiegen und hatte ihn und zwei weitere Insassen, die 19-jährige Elizabeth Dickson und den 17-jährigen Douglas Barrett, erschossen. Als ihm bewusst geworden war, dass er zwei unschuldige Jugendliche getötet hatte, »wollte ich mich selbst umbringen«, behauptete er. Martorano hatte seinen jüngsten Sohn James Stephen nach Whitey und Flemmi benannt, die er als »meine kriminellen Partner, meine besten Freunde, die Paten meiner Kinder« bezeichnete. Die Geschworenen bekamen sogar ein Foto gezeigt, auf dem ein lächelnder Whitey im Anzug Martoranos Sohn in den Armen hielt.

Whiteys Anwalt Hank Brennan vergeudete keine Zeit in seinem Kreuzverhör. »Mr. Martorano«, fragte er, »Sie sind ein Massenmörder, nicht wahr?« Martorano schnappte nicht nach dem Köder. »Sie mögen die Bezeichnung ›Auftragsmörder‹ nicht?«, fuhr er fort.

»Ich würde kein Geld dafür annehmen, dass ich jemanden töte«, schnaubte Martorano.

Anscheinend zählten die 50.000 Dollar nicht, die John Callahan ihm für den Mord an Roger Wheeler in Oklahoma gegeben hatte. Brennan kam nun auf die beiden Teenager zu sprechen, die bei Herbert Smith im Auto gesessen hatten. »Sie wollen nicht zugeben, dass Sie die junge Frau getötet haben, oder?«, fragte er. »Die beiden waren erwachsen und trugen Kapuzen«, erwiderte Martorano. »Ich fühle mich immer noch mies deswegen.«

Brennan ließ Martorano wie einen Narren aussehen, als dieser berichtete, wie er einen Mann namens John »Touch« Banno erstochen hatte. Martorano sagte, er habe Banno getötet, weil dieser ihn belästigt habe, als er mit seiner Freundin den alten Nachtclub »Sugar Shack« besucht habe. Banno sei in einer Gasse mit einem Messer auf ihn losgegangen. Er habe ihm das Messer abgenommen und damit auf ihn eingestochen. Dann habe er ihn in seinem Auto ins Krankenhaus bringen wollen. Doch unterwegs habe Banno ihn erneut beschimpft. Deshalb habe er noch ein paar Mal zugestochen und ihn getötet. Brennan erwähnte, dass Banno laut Autopsiebericht etwa 20 Stichwunden aufgewiesen habe. Das bestritt Martorano. »Vielleicht zwei, drei oder vier. Womöglich ein paar mehr. Ich weiß es nicht. Weil er den Mund nicht halten wollte.«

Martorano beteuerte, er sei kein Lügner. Doch Brennan wies darauf hin, dass er seinen guten Freund John Callahan angelächelt habe, als er ihn auf dem Flughafen von Fort Lauderdale abgeholt habe, wenige Minuten, bevor er ihn erschossen habe. Hatte er seinen Freund dadurch etwa nicht über seine Absichten getäuscht? »Ich glaube, jeder, der jemanden töten will, muss lügen«, erklärte Martorano. »Ich wollte nur, dass er ins Auto steigt.«

Die Vernehmung und Demontage Martoranos dauerte vier Tage. Er erzählte eine Geschichte nach der anderen aus seiner Zeit an Whiteys Seite. Im Jahr 1973 war Diane Sussman 23 Jahre alt gewesen. Die Kalifornierin hatte eben ihr College abgeschlossen und hatte im Stadtteil Brighton von Boston gewohnt, wo sie in einem der großen Lehrkrankenhäuser der Stadt gearbeitet hatte. Sie hatte gerade einen Bostoner namens Louis Lapiana kennengelernt, der mit seinem Kumpel Mike Milano an der Bar im »Mothers« gegenüber dem Boston Garden beim Nordbahnhof gearbeitet hatte, wenn die Eishockeymannschaft der Bruins in der Stadt war. Eines Abends war Diane vorbeigekommen. Sie hatte beschlossen, wieder nach Kalifornien zu ziehen, und hatte eben mit ihren Bostoner Freunden ihren Abschied gefeiert. Da Lapiana kein Auto hatte, hatte Milano ihm und Diane angeboten, sie nach Hause zu bringen, sobald er Feierabend hatte. »Michaels neues Auto stand genau vor dem Lokal«, erinnerte sich Diane bei ihrer Zeugenaussage. »Es war ein Mercedes, und er war sehr stolz darauf. Ich hatte die Ehre, vorne sitzen zu dürfen.«

Es war tatsächlich ein schöner Wagen gewesen, doch leider hatte er genauso ausgesehen wie das Auto, das »Indian Al« Notarangeli gefahren hatte,

den die Winter-Hill-Gang auf ihre Abschussliste gesetzt hatte. Als die drei
Freunde losgefahren waren, hatten sie keine Ahnung gehabt, dass ihnen ein
Auto mit Killern gefolgt war. Der Todeswagen hatte an einer Ampel neben
ihnen gehalten, und plötzlich war alles explodiert. Als Kalifornierin hatte
Diane instinktiv reagiert. »Wie bei einem Erdbeben«, sagte sie. »Ich habe
mich geduckt.« Das Auto mit den Gangstern war schließlich mit dröhnen-
dem Motor davongerast, ebenso ein Ersatzauto, in dem Whitey Bulger gesessen hatte. Diane war ausgestiegen und hatte Milano gerufen, doch als sie
ihn gesehen hatte, war ihr sofort klar gewesen, dass er tot war. Dann war
sie auf den Rücksitz geklettert und hatte Lapiana gefragt, ob er in Ordnung
sei. Seine Lippen hatten ein stummes »Nein« geformt, und seine Augen waren glasig gewesen. Er hatte sich kaum bewegen können. Daraufhin hatte
sie auf die Hupe gedrückt, um Hilfe herbeizurufen. Als sie die Jacke ausgezogen hatte, hatte sie bemerkt, dass sie ebenfalls verwundet war. Nachdem
die Polizei gekommen war, hatte Diane sich mit den Beamten gestritten,
weil sie ihr nicht erlaubt hatten, zu Lapiana in den Krankenwagen zu steigen. Da die Polizisten davon ausgegangen waren, dass es ein Mordanschlag
gewesen war, hatten sie befürchtet, dass jemand versuchen werde, sie endgültig zu erledigen. Sie hatten sie daher ins Krankenhaus begleitet, wo sie
zwei Tage geblieben war, um sich von ihren Verletzungen zu erholen. Dann
hatte sie Lapiana besucht, der vom Hals abwärts gelähmt war. Als sie wieder in Kalifornien gewesen war, hatte sie ihn regelmäßig in der Klinik angerufen, und die Schwestern hatten ihm das Telefon ans Ohr gehalten, damit
er ihre warme Stimme hatte hören können. »Louis konnte nicht antworten,
aber die Schwestern sagten mir, er lächle.«

Diane Sussman ist heute Diane Sussman de Tennen. Noch 40 Jahre später
sah man ihr den Schmerz an, als sie auf der Zeugenbank saß. 24 Stunden
vor ihrer Aussage hatte Martorano auf ihrem Platz ausgesagt, der Mann,
der dafür verantwortlich war, dass ihr Freund gelähmt und dessen Kumpel
tot war, und der sie in den Arm geschossen hatte. Sie saß etwa einen Meter
von Whitey Bulger entfernt, der Martorano zufolge an jenem Abend zum
Mordkommando gehört hatte. Während sie immer wieder um Fassung
rang, berichtete sie stockend, wie der Anschlag ihre Beziehung zu Lapiana
verändert hatte. Sie waren kein Paar geblieben, aber Freunde fürs Leben.
»Ich war verheiratet, und meine Kinder waren nicht Louis' Kinder; aber
Louis war ein Teil meines Lebens«, sagte sie. Lapiana war an die Westküste
gezogen, um in ihrer Nähe zu sein. Diane hatte gelernt, ihn zu versorgen
und mit seinem Rollstuhl umzugehen. Sie hatte auch ihre Kinder immer
wieder mit zu ihm genommen. Und als er gestorben war, 28 Jahre nach
dem Verbrechen, war auch ein kleines Stück von Diane gestorben.

Nach ihrer Vernehmung trocknete Diane ihre Tränen, verließ den Zeugenstand und ging an Whitey Bulger vorbei. Während einige Geschworene ebenfalls weinten, kritzelte Whitey nur auf seinem Notizblock herum und zeigte keine Gefühlsregung.

Zwei Wochen lang spielte Whitey Bulger den Unbeteiligten. Als Staatsanwalt Brian Kelly ihn als niederträchtigen Gangster bezeichnete, der Kriminelle und unschuldige Frauen gleichermaßen ermordet hatte, starrte Whitey nur geradeaus. Doch sein berüchtigtes Temperament wallte auf, als er dem Zeugen John Morris zuhören musste, dem korrupten FBI-Agenten, der Whitey 25 Jahre zuvor als Informanten enttarnt hatte. 1988 hatte Morris dem Spotlight-Team des *Boston Globe* den endgültigen Beweis dafür geliefert, dass Whitey dem Gefängnis nur entgangen war, weil er dem FBI geholfen hatte. Morris behauptete, er habe Whitey verraten, weil dieser und Flemmi ihn mit Wein und Geld überschüttet und ihn dadurch kompromittiert hätten. Morris hatte gehofft, dass die Enttarnung Whiteys durch den *Globe* dazu führen würde, dass das FBI ihn von der Liste der Informanten strich und festnahm. Whitey hatte angenommen, dass Morris ihn beim *Globe* verpfiffen hatte, damit andere Gangster ihn umlegten. Deshalb hegt er bis heute einen mörderischen Hass gegen ihn. »Du bist ein verdammter Lügner!«, zischte er Morris an, als dieser anderthalb Meter entfernt von ihm auf der Zeugenbank saß. Einige Leute im Saal hörten ihn, andere, darunter Richterin Denise Casper, hörten ihn nicht. Aber Staatsanwalt Kelly unterrichtete sie darüber, sobald die Geschworenen eine Pause einlegten und den Saal verließen.

»Mr. Bulger hat das Recht, seine Ankläger zur Rede zu stellen. Aber hat er auch das Recht, am Tisch der Verteidigung zu sitzen und zu einem Zeugen zu sagen: ›Du bist ein verdammter Lügner‹, während der Zeuge aussagt?«, fragte Kelly, der seinen Zorn nur mühsam unterdrücken konnte. »Ich weiß, dass er sein ganzes Leben damit verbracht hat, Menschen einzuschüchtern, selbst 15-jährige Jungen in South Boston, aber hier im Gerichtssaal sollte er das nicht tun.«

Der 15-jährige, auf den Kelly anspielte, ist heute 53 und hatte zuvor als Zeuge ausgesagt. Als Paul MacGonagle 14 Jahre alt war, hatte Whitey seinen Vater Paulie McGonagle ermordet und seine Leiche am Tenean Beach in Dorchester vergraben. Jahrelang hatte Paul ein Foto seines Vaters bei sich getragen und gehofft, ihm eines Tages zu begegnen. Er muss mit dem Schmerz leben, dass ausgerechnet seine Lieblingstante, Cathy Greig, den Mörder seines Vaters beschützte. Ein Jahr, nachdem er Paulie McGonagle umgebracht hatte, war Whitey Bulger in seinem blauen Chevy auf den jungen Paul zugefahren. Seine blauen Augen waren hinter einer Pilotenbrille verborgen. Whitey hatte dem Jungen erzählt, er habe sich um die Kerle gekümmert, die sich um seinen Vater gekümmert hätten. Diese Aussage war extrem zynisch, eigennützig und grausam. Als Paul mit seiner Geschichte fertig war, wandten sich mehrere Geschworene Whitey zu und starrten ihn an, so als versuchten sie zu ergründen, wer zu einem derartigen Verhalten fähig war.

John Morris war so ziemlich der Letzte, von dem Pat Donahue eine Entschuldigung erwartet hätte – aber er war der Erste. Kurze Zeit nachdem er die Worte ausgesprochen hatte, saß Pat Donahue in der Cafeteria des Gerichtsgebäudes an einem Tisch und rührte Müsli in einen Joghurt. »Das kommt ein wenig spät, finden Sie nicht?«, sagte sie.

Michael Donahue, ihr Ehemann und Vater von drei Jungen, war 1982 in der Northern Avenue ermordet worden, nur ein paar Hundert Meter vom Gerichtsgebäude entfernt. Während John Morris auf der Zeugenbank gesessen hatte, hatte er sich plötzlich zu Pat Donahue und ihren Söhnen Michael jun., Shawn und Tom umgedreht und von Reue gesprochen. »Es vergeht kein Tag, an dem ich nicht zu Gott bete, damit er Sie segnen und Ihren Schmerz lindern möge«, hatte Morris gesagt. »Ich möchte mich aufrichtig für das, was ich getan und nicht getan habe, entschuldigen. Ich bitte Sie nicht um Vergebung, das wäre zu viel verlangt. Aber ich möchte mein Bedauern öffentlich bekunden.« Morris hatte Tränen in den Augen.

Während Pat Donahue ihren Joghurt umrührte, zweifelte sie nicht an seiner Aufrichtigkeit. »Ich glaube, er meint es ernst«, sagte sie. »Aber am meisten bekümmert es ihn wohl, dass man ihn geschnappt hat, dessen bin ich mir sicher. Die Entschuldigung ist Nebensache. Wahrscheinlich hat er ein schlechtes Gewissen, aber damit muss er leben, das ist seine Strafe.«

Tommy Donahue stand hinter seiner Mutter und trank während der Pause einen Red Bull. »Schauen Sie meine Hände an«, sagte er. »Sehen Sie, wie rot sie immer noch sind? Ich musste sie fast zerdrücken, während ich Morris zuhörte. Am liebsten hätte ich geschrien: ›Entschuldigung abgelehnt!‹ Aber mir war klar, dass man mich dann des Saales verweisen würde. Also habe ich mir auf die Zunge gebissen und meine Hände fast zerquetscht.«

Morris entschuldigte sich, als der Verteidiger Hank Brennan ihn ins Verhör nahm. Die Strategie der Verteidigung bestand darin, aufzuzeigen, dass Whitey mehr Mitgefühl für seine Opfer empfand als die Regierung. Die *Verteidiger* stellten nun die Fragen, die die Familien der Opfer gestellt haben wollten. Obwohl ihm das gefiel, erinnerte Michael Donahue jun. seine Mutter und seine Brüder daran, dass die Anwälte Whitey letztlich nur freibekommen wollten.

»Das dürfen wir nicht vergessen«, sagte er. »Auch wenn es gut ist, was die Verteidiger getan haben, aber sie verteidigen einen Kerl, der meinen Vater ermordet hat.«

Als Bill Shea zum ersten Mal ein echtes Gespräch mit Whitey Bulger geführt hatte, war er eben aus dem Gefängnis entlassen worden. Sie hatten an einer Straßenecke in Southie gestanden, Whitey hatte ihm auf die Schulter geklopft und ihm einen Umschlag mit 500 Dollar darin gegeben. Ihre letzte Unterhaltung hatte in einem Keller stattgefunden, und Billy Shea war davon überzeugt gewesen, dass Whitey ihn umbringen wollte.

Als Billy Shea sich setzte, um gegen Whitey auszusagen, sahen sich die zwei ehemaligen Geschäftspartner seit über einem Vierteljahrhundert zum ersten Mal wieder. Sie lächelten, und Billy machte sogar einen Witz, der Whitey zum Lachen brachte. Billy Shea war neun Jahre jünger als Whitey und hatte einer Gangsterbande in Southie angehört, der berüchtigten Fifth Street Crew. Shea hatte wegen bewaffneten Raubüberfalls im Gefängnis gesessen, doch als er 1977 entlassen worden war, hatte er sich Whitey angeschlossen, der die Fifth Street Crew in ihrer Bedeutung hatte reduzieren wollen. Whitey hatte den frischgebackenen Exsträfling aufgesucht und zu ihm gesagt: »Ich hab ein paar gute Dinge über dich gehört.« Das hieß, Shea hatte bewiesen, dass er ein paar Jahre absitzen und auch unter Druck schweigen konnte. »Er gab mir einen Umschlag«, erinnerte sich Shea, »und sagte: ›Willkommen daheim.‹« Nachdem Shea den Umschlag geöffnet und das Geld gezählt hatte, war er davon ausgegangen, dass es ein Friedensangebot darstellte.

Doch Whitey hatte Shea nicht nur Geld gegeben, sondern ihn auch mit einem seiner Männer losgeschickt, um auf der Straße Kredite zu Wucherzinsen anzubieten. Bald hatte er eine Expansion im Sinn und hatte Whitey daher um Erlaubnis gebeten, ein Kartenkasino zu eröffnen, in dem reiche Glücksspieler keine Angst haben mussten, beraubt zu werden. Shea hatte bemerkt, dass eine Menge Marihuanadealer mit dicken Geldbündeln in der Tasche in Southie unterwegs waren. »Ich ging zu Jim und meinte, ich könne sie zusammentrommeln und für uns arbeiten lassen«, erklärte Shea. Was ihm aufgefallen war, hatte auch Whitey bereits registriert. »Aber er wollte sein Image nicht mit Drogen verderben.«

Trotzdem hatte Whitey so viel Geld nicht widerstehen können, also war Shea seine Galionsfigur im Drogenhandel geworden. Shea sollte die Dealer ausnehmen, die sich dann bei Whitey beschweren konnten. Nachdem Whitey wieder alles in Ordnung gebracht hatte, hatten die Dealer ihm gehört.

Aber Marihuana brachte im Vergleich mit Kokain nur Kleingeld ein. Whitey hatte zuerst 4000, dann 10.000 Dollar pro Woche verdient. Shea gestand gegenüber Staatsanwalt Brian Kelly, dass er als Whiteys Drogen-beauftragter wöchentlich 100.000 Dollar eingenommen habe. Kaum aus-gesprochen, bemerkte er, dass er zu viel verraten hatte. Er warf Whitey ei-nen Blick zu und meinte dann kleinlaut: »Ich weiß, dass Jim jetzt denkt: ›Du Hundesohn hast so viel Geld verdient und mir so wenig abgegeben?‹« Whitey kicherte. Als man ihn aufforderte, Whitey zu identifizieren, deutete Billy Shea auf den Angeklagten und sagte: »Das ist der junge Bursche dort.«

Whitey lachte erneut.

Billy Shea mochte Whitey. Doch als er sich aus dem Geschäft hatte zu-rückziehen wollen, hatte Whitey abgelehnt. Und als Shea darauf bestanden hatte, war Whitey wütend geworden.

Whitey hatte Shea zu Hause aufgesucht, und dieser hatte vorsichtshalber eine Pistole unter seinem Hemd versteckt. Dann war er mit Whitey, Steve Flemmi und Kevin Weeks in ein Auto gestiegen und in einen verlassenen Teil der Sozialbausiedlung in der D Street gebracht worden. Whitey hatte ihm befohlen, eine Kellertreppe hinunterzugehen, und Shea war voraus-gerannt, um möglichst schnell mit dem Rücken zur Wand zu stehen und Whitey über die Schulter sehen zu können. »Ich blickte auf seine Hände«, sagte Shea. »Vermutlich brachte er mich da runter, um mir Angst einzuja-gen oder um mich zu verprügeln.« Shea war bereit gewesen, Whitey zu er-schießen, obwohl ihm bewusst gewesen war, dass Flemmi und Weeks ihn dann umgebracht hätten.

Whitey hatte die meiste Zeit geredet und Shea an ihre lange Partner-schaft erinnert. »Er sprach von Vertrauen«, sagte Shea. Dieser hatte darauf-hin Whitey daran erinnert, dass er 1983 den Mund gehalten hatte und in den Knast gegangen war.

Es war, als habe jemand einen Schalter umgelegt. »Die Anspannung wich aus seinem Gesicht«, erinnerte sich Shea.

Es war vorbei.

Whiteys Anwalt Jay Carney machte sich nicht einmal die Mühe, ihn ins Kreuzverhör zu nehmen.

Aber er nahm einen anderen Drogendealer von Whitey in die Zange, nämlich Paul »Polecat« Moore. Auf Carneys Frage sagte Moore aus, Whitey sei gegen PCP und Heroin gewesen und habe verboten, Kindern irgend-welche Drogen zu verkaufen.

Auf der Zuschauertribüne schüttelte die Tochter von Francis »Buddy« Leonard, einem der Männer, die Whitey ermordet haben sollte, darüber den Kopf, dass dies in Whiteys Welt wohl bereits als ehrenvoll galt.

»Er verkaufte keine Drogen an Kinder«, sagte Connie Leonard, »aber er tötete ihre Väter.«

Sie waren jeden Tag zusammen gewesen. Außer an den Sonntagen, da hatte sich Whitey Bulger ganz traditionsbewusst freigenommen. Whitey und Kevin Weeks waren nebeneinander auf Castle Island spazieren gegangen, hatten über das Leben und das Geschäft geplaudert und gemeinsam Verbrechen verübt. Sie hatten Drogenhändler abgezockt, Menschen mit Waffen bedroht, und wenn sie gelegentlich einen Mord begangen hatten, dann war es Weeks, der sich als Whiteys Totengräber schmutzig gemacht hatte. Whitey hatte Weeks wie einen Boxer trainiert und langsam zurechtgeschliffen. Sie waren Mentor und Schützling gewesen.

Darum konnte Whitey nicht gelassen bleiben, als Kevin Weeks den Gerichtssaal betrat. Bei den meisten anderen Zeugen hatte er so getan, als kümmerten sie ihn nicht, doch als Weeks sich dem Zeugenstand näherte, drehte er sich um und reckte seinen Hals, um ihn zu beobachten. Zum ersten Mal seit 17 Jahren sahen sie sich wieder. Vermutlich bemerkte Whitey, dass Weeks sein Haar etwas dunkler gefärbt hatte. Der 57-jährige Weeks war 26 Jahre jünger als Whitey und sah immer noch irgendwie jugendlich aus. Ray Liotta hätte ihn in einem Film spielen können.

Whitey versuchte dennoch, nicht zu viel Interesse an Weeks' Aussage zu zeigen, der ihn mit jedem vorstellbaren Verbrechen von Erpressung bis Mord in Verbindung brachte.

Bevor Weeks in den Zeugenstand trat, hatte im Gerichtssaal 11 eine eher freundliche Atmosphäre geherrscht, so eine Art gerichtlich verordnetes Einvernehmen, trotz der abstoßenden Zeugenaussagen. Das änderte sich, als Weeks seinen monotonen Bericht unterbrach, um seine Empörung zu beschreiben,, als er erfahren hatte, dass Whitey und Flemmi FBI-Informanten gewesen waren. Damit löste er einen Umschwung aus.

»Du nervst«, sagte Whitey.

»Leck mich«, erwiderte Weeks.

»Du mich auch«, gab Whitey zurück. Auf einmal wirkte der Gerichtssaal wie eine Umkleidekabine.

»Was willst du?«, zischte Weeks und sprang so schnell auf die Füße, dass er sich die Knie an der Zeugenbank anschlug. Er fragte seinen früheren Mentor, ob er sich mit ihm anlegen wolle. Sie hörten sich an wie 14-jährige, die sich im Hof eines Sozialbaus in Old Harbor gegenüberstanden. »He, he!«, beschwichtigte die Richterin. »Mr. Bulger, lassen Sie Ihre Anwälte für sich sprechen.«

Genau das taten sie dann auch. Carney versuchte, Weeks dazu zu bringen, seinen brutalen Charakter ein wenig zu offenbaren, was nicht besonders schwer war. Denn Weeks drohte Carney, ihn vor dem Gerichtsgebäude abzupassen und zusammenzuschlagen. Dann gestand er, provoziert durch Carney, ein notorischer Lügner zu sein. »Ich habe gelogen«, sagte

Weeks und zuckte mit den Schultern. »Ich lüge, seit ich lebe. Ich bin ein Verbrecher.«

Trotzdem behauptete Weeks, im Fall Whitey nicht zu lügen. Carneys Kreuzverhör ging ihm gewaltig auf die Nerven. Der Anwalt behandelte ihn absichtlich von oben herab und deutete an, er sei nur deshalb Zeuge, weil er einen netten Handel habe abschließen können: nur fünf Jahre Gefängnis für die Beteiligung an fünf Morden.

»Sie haben gegen ein System gewonnen«, sagte Carney.

»Was habe ich gewonnen?«, schoss Weeks zurück. »Was habe ich gewonnen?«

»Sie haben fünf Jahre gewonnen«, meinte Carney.

»Fünf Menschen sind tot«, erwiderte Weeks. »Fünf Menschen sind tot.«

»Macht Ihnen das überhaupt etwas aus?«

»Ja«, gestand Weeks. »Das macht mir etwas aus.«

»Inwiefern?«, bohrte Carney nach, um ihn in Rage zu bringen.

»Weil wir Menschen getötet haben, die Ratten waren, und dabei die zwei größten Ratten neben mir standen«, antwortete Weeks.

Etwa eine halbe Stunde nach Abschluss der Zeugenvernehmungen stand Jay Carney vor dem Gericht und strahlte so sehr, wie ein Verteidiger in einem aussichtslosen Fall nur strahlen kann. Es war ein guter Tag gewesen. Er hatte Weeks dazu gebracht, die Beherrschung zu verlieren, ihn zu bedrohen, sich selbst als unverbesserlichen Lügner zu bezeichnen und wie ein Ganove zu reden. Andere Beobachter hielten das jedoch für einen fragwürdigen Sieg. Die Geschworenen hatten zwar nun erfahren, was für ein Gangster Weeks war, doch sie wussten auch, wer ihn zu seinem Gehilfen gemacht und zu einem Verbrecher geformt hatte: Whitey Bulger.

Der Bulger-Prozess fiel mit einem anderen historischen Verfahren im Gerichtsgebäude des Hafenviertels zusammen. Eines Tages waren Whitey und Dzhokhar Tsarnaev, der angeklagte Boston-Marathon-Bomber, zur selben Zeit im Haus. Tommy Donahue meinte dazu: »Die zwei schlimmsten Mistkerle in der jüngeren Bostoner Geschichte sind gleichzeitig im Gerichtsgebäude. Whitey und dieser kleine Terrorist. Im Grunde war Whitey ebenfalls ein Terrorist.«

Schon einige Stunden, bevor Tsarnaev vorgeführt wurde, kreuzten Kanonenboote der Küstenwache zwischen Pendlerfähren und Touristenbooten. Ein derartiger Aufwand war zuletzt vor zwei Jahren betrieben worden, als man Whitey ins Gerichtsgebäude gebracht hatte. Whitey hatte Menschen terrorisiert, um Reichtum und Macht anzuhäufen. Die genauen Beweggründe dafür, dass Dzhokhar Tsarnaev und sein Bruder am Patriots' Day Rucksäcke mit Bomben auf einen überfüllten Gehweg an der Byolston

Street gelegt und drei Menschen getötet und 264 andere verletzt hatten, sind dagegen unbekannt. Vor dem Gerichtsgebäude warteten etwa fünfmal so viel Journalisten auf Tsarnaev, als sonst Whiteys Prozess beiwohnten. Sollte Whitey mitbekommen haben, dass ein anderer ihm die Show stahl, hat ihn das bestimmt geärgert.

Bevor Pat Donahue in den Zeugenstand trat, berichtete noch ein Drogendealer darüber, wie Whitey Bulger ihn ausgenommen hatte. Die nahezu endlose Flut an Details machte die Erzählung beinahe langweilig. Bei Pat Donahue war das anders. Staatsanwalt Brian Kellys Fragen an Pat Donahue waren klar und pointiert. Whiteys Anwalt Jay Carney wandte sich ihr zu, um Sympathie für Pat Donahue zu bekunden. Seine Absicht war es, die Aufmerksamkeit von seinem Mandanten abzulenken und auf das FBI und das Justizministerium zu verlagern. Carney deutete an, dass das Ministerium wenig getan habe, um die Identität des zweiten Schützen zu ermitteln. Er fragte Pat, ob sie glaube, der zweite Bewaffnete sei Pat Nee gewesen, Whiteys langjähriger Scherge.

»Ja«, antwortete Pat Donahue.

Als Carney sie danach fragte, wie sehr die Regierung sich ihrer Meinung nach bemüht habe, Pat Nee festzunehmen, erhob Kelly Einspruch, und Richterin Denise Casper gab dem Einspruch statt. Dennoch gelang es Pat Donahue gut, die Enttäuschung ihrer Familie zu beschreiben. »Ich verstehe nicht, warum all die Leute, die in den Mord an meinem Mann verwickelt waren, immer noch frei herumlaufen.«

Aber der letzte Schlag blieb Kelly überlassen. »Ist Ihnen bewusst, dass der Mann, der die Schüsse abfeuerte, da drüben sitzt – Whitey Bulger?«, wandte er sich an Pat.

»Ja«, antwortete Pat Donahue.

Der Fokus blieb auch auf Whiteys Opfer gerichtet, als Steve Davis in den Zeugenstand trat. Er gab an, dass seine Schwester 1981 verschwunden sei und er immer vermutet habe, dass ihr Freund Steve Flemmi, Whiteys Komplize, dafür verantwortlich gewesen sei. Flemmi hatte die Familie weiterhin besucht und der Mutter Olga Davis versichert, nach ihrer Tochter zu suchen. In Wahrheit hatte er geholfen, Debbie an der Brücke über den Neponset zu begraben. »Haben Sie Ihre Schwester je wiedergesehen?«, forschte Staatsanwalt Zachary Hafer nach. »Nein«, antwortete Steve Davis. »Erst gestern.« Damit meinte er die Fotos von ihren sterblichen Überresten, die am Tag zuvor auf einem Monitor gezeigt worden waren.

Carney fragte Steve Davis, ob er noch etwas über seine Schwester sagen wolle.

»Sie war eine schöne junge Frau, die keine Feinde hatte. Nur zwei.«

Als Whiteys Lebensgeschichte im Gerichtssaal nacherzählt wurde, kam sie vielen wie ein Drehbuch vor, dessen Handlung zum Teil so bizarre Wendungen nahm, dass die meisten dies für unglaubwürdig gehalten hätten. Deshalb war es auch nicht weiter verwunderlich, dass auch in Whiteys Prozess so eine überraschende Wendung eintrat: Ein Mann, den er vor Jahren betrogen hatte und der unbedingt gegen ihn aussagen wollte, wurde ermordet.

Während der Prozesstage machte sich Steve Davis eines Morgens solche Sorgen um seinen Freund Steve Rakes, von dem er eine Weile nichts mehr gehört hatte, dass er auf dem Weg zum Gericht bei ihm vorbeifuhr. Doch Stippo, wie Rakes genannt wurde, war nicht da. Er war tot. Seine Leiche wurde am Straßenrand in Lincoln, einer schicken Vorstadt von Boston, gefunden. Die Nachricht von Rakes' Tod erschütterte die anderen Opfer, die zu einer Art Familie geworden waren, vereint in ihrem Hass auf Whitey Bulger und das FBI, das ihn geschützt hatte.

Pat Donahue schüttelte den Kopf. »Ich kann nicht glauben, dass er tot ist. Steve war so ein netter Mann. Wir alle kennen einander. Wir sitzen beisammen. Wir helfen einander. Und nun das.«

Am Tag seines Verschwindens hatte Rakes davon gesprochen, dass er sich darauf freue, als Zeuge auszusagen und dem Gericht zu berichten, wie Whitey Bulger, Steve Flemmi und Kevin Weeks ihn vor 29 Jahren mit vorgehaltener Waffe gezwungen hatten, sein Spirituosengeschäft zu verkaufen. »Ich kann es kaum erwarten«, hatte er versichert.

Vor allem wollte er der Behauptung von Weeks widersprechen, er habe bezüglich der Übernahme des Spirituosenladens am Old-Colony-Rondell gelogen.

An Tag vor seinem Tod hatte Steve Rakes erfahren, dass die Staatsanwaltschaft ihn nicht als Zeugen benennen wollte. Wahrscheinlich waren die Staatsanwälte zu der Überzeugung gelangt, dass es nicht in ihrem Interesse lag, einen Zeugen aufzurufen, der die Aussagen von Kevin Weeks bestreiten würde. Was auch immer der Grund gewesen sein mochte, sie verwehrten Steve Rakes damit etwas, worauf er seit fast 30 Jahren gewartet hatte. »Er war empört«, erzählte Steve Davis. »Wie wir alle hatte er auf den Tag gewartet, an dem er mit dem Finger auf Whitey zeigen und dem Gericht schildern konnte, was dieser seiner Familie angetan hatte.«

Der Zeitpunkt des Todes war natürlich Anlass für allerlei Verschwörungstheorien. Doch nach einigen Wochen fand die Polizei heraus, dass ein zwielichtiger Geschäftsmann Rakes' Eiskaffee vergiftet hatte. Whitey, Weeks und die üblichen Verdächtigen hatten damit nichts zu tun. Es war nur um Geld gegangen.

Das Wiedersehen zwischen Whitey Bulger und Steve Flemmi war in vielerlei Hinsicht der Höhepunkt des Prozesses. Es begann mit gegenseitigem Anstarren an dem Tag, nachdem man Stippo Rakes' Leiche gefunden hatte, und endete in einem Hagel an Obszönitäten.

Whitey und Flemmi hatten einander seit 18 Jahren nicht mehr gesehen. Flemmi, 79, saß auf der Zeugenbank und starrte Whitey an, der zurückstarrte. Bei seiner Befragung widerlegte Flemmi sofort Whiteys Behauptung, er sei kein Informant gewesen. Whitey habe immer das Wort geführt, wenn die beiden sich mit Connolly getroffen hätten. Es waren gerade einmal 15 Minuten vergangen, als die Richterin die Verhandlung vertagte. Als die Geschworenen den Saal verließen, starrten Whitey und Flemmi einander erneut an. Stevie formte mit den Lippen Flüche, und Whitey schickte sie stumm zurück. Sie glichen zwei schlecht gelaunten Kindern.

Als Flemmi am nächsten Tag wieder in den Zeugenstand trat, bewies er ein eindrucksvolles Gedächtnis. Er ratterte Details über Morde in den Sechzigerjahren herunter und schilderte leidenschaftslos, wie er Männern in den Kopf geschossen hatte. Das Ganze schien Whitey nur zu langweilen. Selbst als Flemmi erzählte, wie Whitey ihn 1981 überredet hatte, seine langjährige Freundin Debbie Davis umzubringen, und sie obendrein selbst erwürgt hatte, hielt Whitey den Kopf gesenkt.

Whitey sei der Meinung gewesen, Debbie wisse zu viel über ihre kriminelle Beziehung und ihre Machenschaften mit Connolly. Deshalb habe er sie aus dem Weg räumen wollen. Flemmi sagte, er habe sich zunächst gesträubt, schließlich aber nachgegeben.

»Meine Mutter hat ein Haus in South Boston gekauft«, berichtete Flemmi. »Er sagte: ›Bring sie dorthin.‹« Flemmi erwähnte nicht – und Staatsanwalt Fred Wyshak fragte auch nicht danach –, dass das Haus gleich neben dem Haus von Bill Bulger stand, dem Politiker und Bruder von Whitey. Es war ein seltsames Versäumnis der Staatsanwälte, da sie Bill Bulgers Namen an anderen Punkten des Verfahrens genüsslich im Rahmen der Zeugenaussagen erwähnten, weil sie wussten, dass es Whitey wütend machte, wenn öffentlich über seine Familie gesprochen wurde.

»Sie kam herein, und er packte sie am Hals«, fuhr Flemmi fort. »Ich konnte es nicht, und das wusste er. Er sagte: ›Ich kümmere mich darum.‹« Flemmi selbst sei nur hilflos daneben gestanden, als Whitey die Frau erstickt und dann in den Keller gezerrt habe, wo eine Zange gelegen habe, mit der er, Flemmi, der Leiche die Zähne gezogen habe. Als Debbie tot gewesen sei, sei Whitey nach oben gegangen und habe auf dem Fußboden ein Nickerchen gemacht. Möbel habe es im Haus nicht gegeben.

Wyshak fragte Flemmi, ob es typisch für Whitey gewesen sei, sich vor der Schmutzarbeit zu drücken. »Genau das tut er«, schimpfte Flemmi. Als sie Debbie begraben hätten, sei es genauso gewesen. Flemmi habe das Loch ausgehoben. »Sie meinen«, bohrte Wyshak nach, »Whitey tötet Menschen und lässt andere die Drecksarbeit erledigen?« Whiteys Anwälte legten Einspruch ein, aber die Geschworenen hatten es gehört. Mehr wollte Wyshak nicht.

Whiteys Anwalt Hank Brennan hatte seinen großen Tag, als er Steve Flemmi ins Kreuzverhör nahm. Als Brennan bemerkte, Flemmi habe eine sexuelle Beziehung zu Deborah Hussey, der Tochter seiner langjährigen Lebensgefährtin, gehabt, widersprach ihm Flemmi und erklärte ungerührt, es habe keinen Geschlechtsverkehr gegeben – nur Oralsex. Und sie habe es freiwillig getan. Und als Brennan darauf hinwies, dass dies sexueller Missbrauch sei, schüttelte Flemmi den Kopf. »Ich habe sie nie missbraucht.« Nur zögernd gab er zu, dass Debbie Hussey ihn »Daddy« genannt habe.

»Saß Debbie nicht auf Ihren Knien, als Sie ihr Geschichten vorlasen?«, fragte Brennan.

Flemmi erwiderte entrüstet: »Das habe ich nicht einmal mit meinen eigenen Kindern gemacht«, und betonte damit, dass Debbie nicht sein leibliches Kind gewesen sei.

Das Märchen, Whitey habe nie Frauen getötet, war mit Flemmis und Weeks' Aussagen widerlegt. Das Märchen, dass Whitey nur andere Verbrecher umgebracht habe, war durch den Tod von Michael Donahue, einem Unschuldigen, aus der Welt geschafft. Und das Märchen, Whitey werde ungestraft dahinscheiden, war 2011 auf dem ölverschmierten Boden einer Garage in Santa Monica, wo Whitey sich 15 Jahre lang versteckt hatte, zu Ende gegangen.

Scott Garriola, der FBI-Agent, der damals mit seiner Waffe auf Whitey gezielt hatte und nun der letzte Zeuge der Anklage war, sagte aus, Whitey habe seinen Befehl zunächst missachtet, sich in der Garage hinzuknien.

»Er beschimpfte uns«, sagte Garriola.

Doch Whiteys Sturheit war nicht etwa der Versuch, durch die Hand eines Polizisten zu sterben.

»Er sagte, er wolle sich nicht hinknien, weil der Boden schmutzig sei«, erzählte Garriola.

Sobald Whitey gefesselt worden sei, habe er sofort seine Tarnung als Charlie Gasko aufgegeben und den Beamten verraten, wo er seine Waffen und sein Geld in den Wänden versteckt habe. Er habe sich augenblicklich wieder in den Gentlemangangster verwandelt und angegeben, mit der Polizei kooperieren zu wollen. Dahinter habe die Hoffnung gestanden, dass die Beamten dann mit Cathy Greig etwas nachsichtiger umgehen würden. Als in Garriolas Aussage Cathys Name fiel, hellte sich Whiteys Gesicht zunächst auf. Dann blickte er wehmütig, zweifellos dachte er an die Jahre, die er für die glücklichsten seines Lebens hielt. Trübsinnig betrachtete er die Fotos von der Wohnung in Santa Monica, während sie auf dem Monitor auf dem Tisch der Verteidigung vorbeihuschten.

Bevor Whitey unterschrieben hatte, dass er der Durchsuchung seines Apartments zustimmte, hatte er kurz innegehalten und gesagt: »Dies ist das erste Mal seit Langem, dass ich mit diesem Namen unterschreibe.« Gegenüber Garriola hatte er angegeben, dass er trotz seines Waffenarsenals nicht die Absicht habe, ein letztes Feuergefecht anzuzetteln. Er wolle nicht riskieren, dass jemand von einem Querschläger getroffen werde.

Der eigentliche Prozess über Whiteys Verbrechen endete mit Garriolas Zeugenaussage, das Bestreben, seinen Ruf zu retten, wurde erst richtig umgesetzt, als die Ankläger sich ausruhten. Jay Carney und Hank Brennan schlüpften dabei beinahe in den Mantel der Staatsanwälte. Ihr Interesse an der Verteidigung ihres Mandanten schien fast zweitrangig zu sein, sie wollten vor allem das FBI und das Justizministerium anklagen. Offenbar hatte Whitey diese Strategie ausgedacht.

Der erste Zeuge der Verteidigung war der pensionierte FBI-Agent Bob Fitzpatrick, der Whiteys Behauptung, er sei kein Informant gewesen, bestätigen sollte.

Obwohl es nicht als Straftat gilt, FBI-Informant zu sein, und auch nicht Teil der Anklage war, war Whitey davon besessen, seinen Status als Informant zu leugnen. Und als Fitzpatrick von Brennan vernommen wurde, schien er Whitey zunächst zu unterstützen. Er sagte, er habe Whitey 1981 getroffen und dieser habe ihm versichert, kein Informant zu sein, kein Geld zu nehmen und gegen niemanden auszusagen. Fitzpatrick habe daher empfohlen, ihn von der Informantenliste zu streichen, weil er nur auf dem Papier Informant gewesen sei. Genau das wollten Whitey und sein Anwalt hören.

Beim Kreuzverhör nahm Staatsanwalt Brian Kelly den Zeugen unter Beschuss: »Könnte man sagen, dass Sie gerne Geschichten erfinden?« Das war eine verheerende Eröffnung, von der Fitzpatrick sich nicht mehr erholte. Kelly wies darauf hin, dass Fitzpatrick zur Beschönigung der Realität neige und seine Rolle in mehreren großen Fällen übertrieben habe.

Wenn sich Fitzpatricks Aussage für die Verteidigung bereits als Katastrophe erwies, so hätten die Fotos, die das Gericht von der Verteidigung vorgelegt bekommen hatte, noch fatalere Auswirkungen gehabt – wenn die Geschworenen sie zu Gesicht bekommen hätten. Whiteys Anwälte wollten ihn mit diesen Bildern als ganz normalen Mann darstellen, der Menschen und Tiere mochte. Auf einem Foto saß er neben Monsignore Fred Ryan.

Vielleicht sollte dieses Bild belegen, das offenbar auch angesehene Leute wie ein Geistlicher etwas Gutes in ihm sahen. Doch Ryan hatte sich als einer der schlimmsten Sexualstraftäter in der Geschichte der Erzdiözese Boston erwiesen. Whiteys Anwälte erfuhren erst durch einen Hinweis von Pat Donahue von ihrem Missgeschick.

»Dieser Priester auf dem Foto mit Whitey ist doch ein Pädophiler«, hatte Pat Donahue zu Jay Carney gesagt, als die Zeugenvernehmungen an diesem Tag beendet waren.

Carneys Augen hatten sich geweitet. »O nein«, hatte er gestammelt.

Whitey hatte allen versichert, er werde aufstehen und den Zeugen die Stirn bieten. Er hatte lange, gekränkte Briefe aus dem Gefängnis geschrieben, sich über das falsche Spiel des FBI beschwert und damit geprahlt, die Lügen der Regierung entlarven zu wollen. Letztlich beschloss er jedoch, nicht als Zeuge aufzutreten. Ein alter Freund aus Alcatraz, dem Whitey viele dieser Briefe geschickt hatte, fand sein Schweigen vielsagend. »Es beweist, dass er ein Spitzel war«, sagte Richard Sunday. »Er hätte die Fragen nicht ertragen, die man ihm an den Kopf geworfen hätte … und deshalb hat er gekniffen.«

Als Richterin Denise Casper fragte, ob Whitey die Entscheidung, nicht auszusagen, freiwillig getroffen habe, erklärte Whitey: »Ich glaube, man hat mir die Chance genommen, mich angemessen zu verteidigen.« Whitey behauptete, er habe den Staatsanwalt Jeremiah O'Sullivan davor bewahrt, von der Mafia ermordet zu werden, und deshalb habe ihm dieser Straffreiheit versprochen.

Doch er hatte keinerlei Beweise oder Zeugen, um diese Behauptung zu belegen, und O'Sullivan war mittlerweile tot. »Ich habe kein gerechtes Verfahren bekommen«, sagte Whitey zur Richterin. »Das ist Betrug. Macht mit mir, was ihr wollt. Das ist alles. Das ist mein letztes Wort.«

Dennoch unternahm er noch einen letzten Versuch, das Image zu retten, das ihm lange Zeit so wichtig gewesen war. Nachdem sein Mandant entschieden hatte, nicht auszusagen, gab Carney bekannt, dass Whitey die 822.000 Dollar, die das FBI in seiner Wohnung in Santa Monica beschlagnahmt hatte, den Familien Donahue und Halloran zukommen lassen wolle.

Die Staatsanwälte rollten mit den Augen. Ihrer Meinung nach wollte Whitey nicht aussagen, weil er sich vor ihrem Kreuzverhör fürchtete. Sie hätten ihn mit Gerichtsakten aus dem Jahr 1956 konfrontiert, die belegten, wie früh er die Rolle des Informanten übernommen hatte: Er hatte schon damals gegen zwei seiner Komplizen bei den Banküberfällen ausgesagt, damit er und seine Freundin milder bestraft wurden. Sie hätten ihn auch nach seiner Familie gefragt, besonders nach seinen Beziehungen zu seinen Brüdern Bill und Jack in den Jahren, als er ein paar Häuser von ihnen entfernt Menschen ermordet hatte, und in den Jahren seiner Flucht. Die Staatsanwälte konnten Tonbandmitschnitte von Whiteys Gesprächen mit seinem Bruder Bill im Gefängnis vorlegen. Da das Gesetz verlangt, dass die Anklage solche Beweismittel auch der Verteidigung zur Verfügung stellt, war Whitey im Bilde, als er beschloss, nicht auszusagen. Das wollte er seinem kleinen Bruder offenbar nicht antun.

Wie in ihren Eröffnungsplädoyers stellten die Juristen auch in den Schlussplädoyers den Sachverhalt sehr unterschiedlich dar. Whitey saß am Tisch der Verteidigung und schob einen Füllhalter auf einem Notizblock hin und her, während Staatsanwalt Fred Wyshak fast dreieinhalb Stunden lang redete und die Beweise zusammenfasste.

Whiteys Anwalt Hank Brennan deutete ebenfalls mit dem Finger auf einen Bösewicht, allerdings nicht auf Whitey, sondern auf die Regierung, die ihn unterstützt habe und jetzt so unverschämt sei, über ihn zu richten. Die Verbrechen, die Whitey vorgeworfen wurden, erwähnte Brennan nicht. Stattdessen konzentrierte er sich auf das FBI, das seinen Mandanten geschützt habe. Nichts, was er sagte, war falsch, und die Familien der Opfer auf der Zuschauertribüne mussten ihm beipflichten, als er das empörende Verhalten des FBI beschrieb, das Whitey als Mitarbeiter beschäftigt, geschützt, mit Informationen versorgt und nach seiner Flucht nur halbherzig gesucht hatte.

Dennoch hatte die Schilderung der Korruption beim FBI und beim Justizministerium nicht viel mit der tatsächlichen Realität zu tun. Was die Verteidiger so in der Vordergrund stellten, war lediglich die Tarnung gewesen. Was sie dagegen ganz ausließen, waren die Verbrechen und die Tatsache, dass Whitey dahintersteckte.

Da in amerikanischen Strafprozessen die Staatsanwaltschaft das letzte Wort hat, bekam Wyshak eine zweite große Chance. Seine Ausführungen waren viel überzeugender. Es wirkte, als hätten ihn die Darlegungen Brennans und Carneys ehrlich gekränkt. Seine Stimme war lauter, schärfer und manchmal gefühlsgeladen. Was ihn am meisten störte, war die Unverfrorenheit Whiteys und seiner Anwälte. Er empfand es als pure Beleidigung, dass sie so taten, als nähmen sie sich den Kummer der Familie Donahue sehr zu Herzen.

Wyshak erblickte in Whiteys leerer Geste, die von der Regierung bereits beschlagnahmten 822.000 Dollar zu spenden, nichts als Heuchelei. Viele Jahre lang hatten Wyshak, Staatsanwalt Brian Kelly, Polizeileutnant Steve Johnson und DEA-Agent Dan Doherty in Gerichtssälen hinter den Donahues gesessen und sie unterstützt. Sie hatten sich sogar gegen ihre Kollegen vom Justizministerium gestellt, die im Zivilverfahren Schadenersatzansprüche der Familie abgelehnt hatten.

»Die Verteidigung will den Anschein erwecken, als habe sie Mitgefühl für die Donahues«, sagte Wyshak zu den Geschworenen. »Kaufen Sie ihr das bitte nicht ab.«

Die Geschworenen kauften es ihr nicht ab. Nach fünftägigen, sehr kontroversen und lautstarken Beratungen sprachen sie Whitey in 31 Anklagepunkten für schuldig und befanden, er habe 22 Mal Straftaten im Rahmen der organisierten Kriminalität begangen: Drogenhandel, Erpressung, Mord und vieles mehr.

Whitey hörte mit ungerührter Miene zu und blieb auch regungslos, als die Justizangestellte Lisa Hourihan bei den ersten sieben Mordanklagen jeweils »nicht bewiesen« verlas. Danach ertönte immer und immer wieder »bewiesen«. Whitey wurde wegen Mittäterschaft in elf von 19 Morden verurteilt. Die Begründung war eindeutig: Jeder Mord, dessen einziger Zeuge John Martorano war, galt als »nicht bewiesen«, da die Geschworenen einmütig der Ansicht waren, die Anklage habe nicht zweifelsfrei belegen können, dass Whitey an diesen Morden beteiligt gewesen sei. Die jeweiligen Familienmitglieder reagierten mit Unglauben und Entsetzen auf die Feststellung, dass die Geschworenen nicht davon überzeugt waren, dass Whitey ihren Mann, ihren Vater oder ihren Sohn umgebracht hatte. »Soll das ein Witz sein?«, keuchte die Tochter von Buddy Leonard, bevor sie aus dem Gerichtssaal stürmte.

Aber die Geschworenen brauchten nur zu befinden, dass Whitey nachweislich zwei Straftaten begangen hatte – das genügte, um ihn wegen organisierter Kriminalität zu verurteilen. Für die Anklage war es ein gewaltiger Sieg, dass Whitey wegen 22 Delikten verurteilt wurde, unter anderem wegen elf Morden. Die Geschworenen sprachen ihn nur in einem von 32 Anklagepunkten frei, und dabei ging es um die vermeintliche Erpressung des Buchmachers Kevin Hayes.

In allen anderen Fällen befanden sie, die Anklage habe ihre Vorwürfe bewiesen. Dabei ging es um Paul McGonagle, der am Tenean Beach im Sand begraben worden war, Eddie Connors, der in einer Telefonzelle ermordet worden war, Tommy King, der am Ufer des Flusses Neponset verscharrt worden war, Richie Castucci, dem in den Kopf geschossen worden war, während Whitey ihm beim Geldzählen zugesehen hatte, Roger Wheeler, den Geschäftsmann aus Oklahoma, der auf dem Parkplatz seines Country Clubs erschossen worden war, Brian Halloran, den potenziellen Zeugen gegen Whitey, Michael Donahue, den unschuldigen LKW-Fahrer, John Callahan, den Initiator des Mordes an Wheeler, Bucky Barrett, den

Geldschrankknacker, John McIntyre, den idealistischen IRA-Sympathisanten, und Debbie Hussey, die gequälte Seele, die von Steve Flemmi missbraucht worden war.

Whitey empfand eine gewisse Befriedigung darin, dass die Geschworenen, was den Mord an Debbie Davis anbelangte, zu keiner Entscheidung kommen konnten, da sie geteilter Meinung waren. Eine kleine Mehrheit war für eine Verurteilung, doch letztlich konnten die Geschworenen sich nur auf Steve Flemmis Aussage stützen, und das reichte ihnen nicht.

»Wenigstens sagten sie nicht, er sei unschuldig, nicht einmal, der Mord lasse sich nicht beweisen«, erklärte Steve Davis, Debbies Bruder, der von seinen Gefühlen schier überwältigt wurde. »Ich weiß, dass er dabei war. Ich weiß, dass Whitey an der Ermordung meiner Schwester beteiligt war. Nur darauf kommt es an.«

Den Geschworenen zufolge hatte die Anklage nicht beweisen können, dass Whitey an der Ermordung von Michael Milano, Al Plummer, William O'Brien, James »Spike« O'Toole, Al Notarangeli, James Sousa und Francis »Buddy« Leonard beteiligt gewesen war.

Whitey zeigte seinem Bruder Jack und zwei seiner Nichten, Bill Bulgers Töchtern, den erhobenen Daumen, als man ihn abführte. Bill war nicht zum Prozess erschienen. Kein einziges Mal.

Als die Marshals nach dem Urteil (im November 2013 folgte ein weiteres) mit Whitey die Northern Avenue entlangfuhren, mag er vielleicht daran gedacht haben, dass er noch keinen Fuß in das glitzernde neue Hafenviertel von Southie gesetzt hatte, das sich während seiner 16-jährigen Flucht so verändert hatte, und dass er es wohl auch nie tun würde.

Im Jahr 1982, als Whitey Brian Halloran und Michael Donahue nur wenige Hundert Meter vom Gerichtsgebäude entfernt ermordet hatte, war das Hafenviertel ein heruntergekommener Stadtteil gewesen. Der Gestank der Fischfabriken im Lower End hatte an windigen Tagen herübergeweht, und es hatte nur wenige anständige Restaurants gegeben – »Anthony's Pier 4«, »Jimmy's Harborside«, den »Daily Catch« –, die anderen Lokale waren einfache Kneipen für die Fischer gewesen. Heute erstrahlt das Hafenviertel in neuem Glanz. Jedes Jahr werden Büro- und Wohnhäuser gebaut, jeden Monat eröffnen neue schicke Restaurants, und Touristen kommen in Scharen. Während Whitey sich in Santa Monica versteckt hielt, erstand das alte Viertel als glitzernde Hafenstadt neu.

»Louis«, das mondänste Herrenmodegeschäft in Boston, in dem Whitey einige seiner Anzüge gekauft hatte, verließ die klassisch-modische Back Bay und zog in die neureiche, vornehme Hafenstadt. Sogar ein Museum, das Institut für zeitgenössische Kunst, siedelte sich im Stadtteil an. »Anthony's

Pier 4« war einst ein profitables Restaurant, in dem auch Politik gemacht wurde, dort hatte Whiteys Bruder Bill Spendengelder gesammelt. Doch das Klientel des Restaurants war verschwunden oder in die neuen Lokale abgewandert. So wurde das altmodisch anmutende »Anthony's« schließlich geschlossen, als Whiteys Prozess zur Hälfte vorbei war.

Wie das Hafenviertel war Whitey auch der Broadway fremd geworden, der westliche wie der östliche. Twens mit Milchkaffeebechern von Starbucks in der Hand warten heute gegenüber dem Sushi-Lokal, das einst »Triple O« hieß, auf den Bus. Vom Lower End bis zum City Point sind die dunklen, schmuddeligen Kneipen, in denen Whiteys Buchmacher früher saßen, hellen, luftigen Bars gewichen, die überfüllt sind mit jungen Leuten, von denen nur wenige aus Southie stammen. Schicke junge Frauen joggen um Castle Island herum, wo Whitey jeden Tag mit Kevin Weeks spazieren gegangen war. Und der Spirituosenladen, der Whitey als legale Einkommensquelle gedient hatte, gehört jetzt einem Vietnamesen.

Whiteys Southie war ein Arbeiterviertel gewesen. Heute leben dort junge und reiche Leute. Aber das Viertel Southie ist nicht das Einzige, was sich in der Stadt verändert hat, in der man ihn wohl als einen der berüchtigtsten Gangster der Region in Erinnerung behalten wird. Zwei Monate lang beobachtete Whitey Mörder, Drogenhändler und Buchmacher, die mit Fingern auf ihn zeigten. Alle, die Angeklagten ebenso wie die Ankläger, schienen von einem anderen Planeten zu stammen, aus einer anderen Zeit und von einem anderen Ort. Keiner von ihnen gehörte in die Stadt und in das Stadtviertel, in dem Whitey einst geherrscht hatte. Southie hatte sich entwickelt, Boston hatte sich entwickelt, aber Whitey war nur fortgegangen.

Die jungen Menschen, die im »Whiskey Priest« flirten, einer Kneipe an der Stelle, an der Whitey mit seinem Gewehr auf Michael Donahue und Brian Halloran angelegt hatte, wissen wahrscheinlich nicht einmal, wer er ist. Und es ist ihnen auch egal. Er gehört nicht in ihr Southie, in ihr Boston, in ihre Welt. Er ist zwar noch nicht tot, aber er ist schon ein Geist.

Whitey kritzelte auf den Tisch der Verteidigung, so, wie er an die Wände seiner Zelle in Plymouth gekritzelt hatte. Angeblich schreibt er wieder an seinen Memoiren. Offenbar ist er immer noch entschlossen, seine Geschichte aufzuschreiben, seine Geschichte vor einem Tribunal zu erzählen, das ihm keine unbequemen Fragen über seine vielen Verbrechen und Grausamkeiten stellt.

In einem seiner Briefe hat Whitey sich mit Philip Nolan, der Hauptfigur der Geschichte *Der Mann ohne Vaterland* von Edward Everett Hale, verglichen, einem edlen, wenn auch mit Fehlern behafteten Charakter, der sich von seiner Regierung zu Unrecht verfolgt fühlt.

Doch Whitey ist nicht Philip Nolan. Er ist eher Gypo Nolan, der Protagonist des großartigen Romans *The Informer* (*Die Nacht nach dem Verrat*) von Liam O'Flaherty. Gypo Nolan verkaufte seine Freunde und bereitete seiner Familie große Schande, weil er ein Spitzel war, ein Informant.

Und das war, wie die Welt jetzt mit Sicherheit weiß, auch Whitey Bulger.

Danksagungen

Wir haben einen großen Teil unserer beruflichen und bisweilen privaten Zeit geopfert, um Whitey Bulgers Geschichte nachzuspüren, und wollten schon seit Langem ein Buch über ihn schreiben. Wir sind den Menschen, die dieses Projekt möglich gemacht haben, zu großem Dank verpflichtet.

Dieses Buch wäre nicht zustande gekommen ohne die begeisterte Unterstützung von Marty Baron, dem ehemaligen Redakteur des *Boston Globe*, der jetzt bei der *Washington Post* arbeitet. Er war so freundlich, uns diese Recherchen zu erlauben. Christopher M. Mayer, der Herausgeber des *Globe*, unterstützte uns ebenfalls. Mark S. Morrow, der stellvertretende Chefredakteur für Sunday & Projects, leistete als Lektor des Buches vorzügliche Arbeit. Er ist ein begabter Wortschöpfer und hinterließ überall im Manuskript seine Spuren. Er hielt selbst dann noch an dem Projekt fest, als er seinen Arm bei einem Unfall schwer verletzte, und beendete das Lektorat mit einer Hand im Gips. Wir werden ihm für seine Herkulesarbeit immer dankbar sein. Jennifer Peter, die stellvertretende Chefredakteurin für Lokalnachrichten, befreite uns freundlicherweise von unseren täglichen Pflichten, sodass wir uns dieser Herausforderung stellen konnten. Janice Page, die Redakteurin des *Globe* für Film- und Buchprojekte, war von Anfang an auf unserer Seite. Unsere Agenten Lane Zachary und Todd Shuster waren wunderbare Befürworter des Projekts. Und unser Anwalt David McCraw, Vizepräsident und stellvertretender Justitiar der New York Times Company, war ein geduldiger, nachdenklicher und einflussreicher Zuhörer.

Von dem Moment an, als wir ihnen unser Projekt in ihren Büros in Manhattan vorstellten, waren Jeannie Luciano, John Glusman, Drake McFeely, Louise Brockett, Bill Rusin und Nomi Victor vom Norton Verlag begeisterte und ermutigende Mitarbeiter. Tom Mayer lektorierte dieses Buch mit scharfen Augen und geschicktem Bleistift. Es war ein Vergnügen, mit ihm zu arbeiten. Auch anderen Mitarbeitern von Norton, die an dem Buch gearbeitet haben, sind wir zu Dank verpflichtet: Ryan Harrington, Denise Scarfi, Nancy K. Palmquist, Janet Byrne, Julia Druskin, Don Rifkin, Eleen Cheung, Ingsu Liu und Rachel Salzman.

Viele Kollegen beim *Globe*, von denen einige mittlerweile in Rente sind, halfen uns immer wieder in der Vergangenheit. Wir arbeiteten beide kurz im Spotlight-Team des *Globe*, das Whitey zuerst als FBI-Informanten entlarvte und dann das Ausmaß der korrupten Beziehung des FBI zu ihm aufdeckte. Gerry O'Neill führte das Team mit enormem Geschick und großer Ausdauer. Außerdem profitierten wir von Reportagen, die Dick Lehr, Christine Chinlund und Mitch Zuckoff schrieben. Wir danken Jack Driscoll und Matt Storin, zwei Vorgängern von Marty Baron, und seinem Nachfolger Brian McGrory. Als Kevin Cullen 1988 Jack Driscoll mitteilte, seiner Meinung nach sei Whitey ein FBI-Informant, zögerte Jack nicht lange und beauftragte das Spotlight-Team mit einem ausführlichen Bericht. Das brachte den Ball ins Rollen. Matt Storin und Brian McGrory scheuten keine Kosten, als sie der Sache nachgingen: Matt, während Whitey auf der Flucht war, und Brian nach Whiteys Festnahme. Stan Grossfield, einer der besten Medienfotografen, war wie üblich selbstlos und verbrachte mit uns einen Nachmittag auf Castle Island, wo Whitey spazieren zu gehen pflegte. Dort knipste er auch das Autorenfoto am Ende des Buches. Er ist der Beste. Maria Cramers herausragende Reportagen in Zusammenarbeit mit Shelley Murphy während eines dreimonatigen Projekts, das sie von Santa Monica nach Mexiko und Island führte, enthüllte neue Details über Whiteys Leben auf der Flucht und über seine Festnahme. Der Sonderbericht »Whitey im Exil« der beiden wurde von Redakteur Scott Allen meisterhaft gesteuert. Andere Redakteure und Reporter des *Globe*, die uns durch die Whitey-Jahre halfen, sind Sally Jacobs, die einen hervorragenden detaillierten Artikel über Cathy Greigs Leben schrieb, sowie Milton J. Valencia, Jonathan Saltzman, Thanassis Cambanis, Patricia Nealon, Ralph Ranalli, John Ellement, Steve Kurkjian, Teresa Hanafin und Mike Bello. Scott Helman half uns beim verwirrenden Datentausch und unterstützte uns beim Schreiben.

Im Laufe der Jahre arbeiteten wir mit *Globe*-Fotografen zusammen, die Whitey ebenfalls auf der Spur waren. Keiner war eifriger und findiger als John Tlumacki, der 1988 auf dem Beifahrersitz von Kevin Cullens Auto die ersten Fotos von Whitey und Cathy Greig schoss. John hat die Gabe, Ganoven aufzuspüren, vor allem auf Castle Island. Seine Exklusivfotos von Whitey und Cathy wurden vom FBI während der Fahndung verwendet. Der *Globe*-Fotograf Bill Greene half uns während unserer Reise nach Island, die Geschichte Whiteys chronologisch zu ordnen. Andere *Globe*-Fotografen, die uns im Laufe der Jahre halfen, waren Bill Brett, Barry Chin, Yoon S. Byun, Jim Wilson und Jessey Dearing.

Lisa Tuites großartige Mitarbeiter in der Bibliothek des *Globe* – Wanda Joseph-Rollins, Marleen Lee, Jeremiah Manion, Rosemarie McDonald und Colneth Smiley – besaßen schon viel Erfahrung, als wir sie aussandten, um Informationen über die ältere und neuere Geschichte Bostons zu suchen. Rosemarie McDonald half uns außerdem bei der Faktenprüfung, ebenso Matt Mahoney, Ben Jacobs und Stephanie Vallejo. Maureen Long und Frank Bright waren eine große Hilfe; David Butler zeichnete vorzügliche Karten.

Auch Journalisten, die nicht beim *Globe* arbeiteten, unterstützten uns sowohl mit Informationen als auch mit Kollegialität: Peter Gelzinis, Janelle Lawrence und Howie Carr vom *Boston Herald,* David Boeri, zuerst bei WCVB-TV, dann bei WBUR-Radio, der an der Whitey-Front gute Dienste leistete, Ed Mahony vom *Hartford Courant*, Dan Rea von WBZ-TV und -Radio sowie Tim White von WPRI-TV in Providence.

Die Familien der Whitey-Opfer waren sehr freundlich und hilfsbereit, selbst in Augenblicken, die schwer für sie waren. Patricia Donahue und ihre Söhne Michael jun., Shawn und Tom sind wunderbare Menschen, die eine bessere Behandlung verdient hätten, als die Regierung ihnen zuteilwerden ließ. Larry und David, die Söhne von Roger Wheeler, waren großartige Sachwalter ihres ermordeten Vaters und suchten unermüdlich nach der Wahrheit. Das Gleiche gilt für die anderen Familien, die für ihre toten Angehörigen kämpften: die Familie Davis – Steve, Victor und ihre verstorbene Mutter Olga –, Tim Connors, Paul McGonagle, Mary Callahan, Bill St. Croix, Tom Hussey sowie Emily und Chris McIntyre, Denise Castucci, Elaine Barrett und Patricia Macarelli.

Ohne den Einsatz des vorsitzenden Bezirksrichters Mark L. Wolf, des Strafverteidigers Anthony Cardinale und der Staatsanwälte Fred Wyshak und Brian Kelly wäre das Ausmaß der korrupten Beziehung zwischen dem FBI und Whitey vielleicht nie enthüllt worden.

Das korrupte Verhalten derjenigen Beamten, die es zuließen, dass Whitey Menschen bedrohte und tötete, drängte bisweilen die Tatsache in den Hintergrund, dass gute und ehrliche Leute in den Justizbehörden ihn letztlich zu Fall brachten. Ohne sie hätten wir dieses Buch nicht schreiben können. Viele von ihnen sind heute pensioniert oder haben einen anderen Beruf, dennoch nennen wir sie hier in den Rollen, die sie bei der Jagd auf Whitey gespielt und in denen sie uns geholfen haben.

Bei der Polizei von Boston: Frank Dewan, Ken Beers, Jim Carr, Chip Fleming und Brendan Bradley.

Bei der Polizei des Staates Massachusetts: Buddy Saccardo, Arthur Bourque, Bob Long, Rick Fraelick, Jack O'Malley, Charlie Henderson,

John Tutungian, Tom Duffy, Mike Scanlan, Steve Johnson und Tom Foley, der das Team leitete, das schließlich Anklage gegen Whitey erhob. Wir bedauern sehr, dass Foleys Mentor Pat Greaney, der so viel dazu beitrug, dass Chico Krantz gegen Whitey aussagte, Whiteys Festnahme nicht mehr erlebte, doch wo immer er jetzt sein mag – er freut sich bestimmt. Das Gleiche gilt für Jack O'Donovan, den Polizeichef, der als Erster das FBI anging, weil es Whitey und Flemmi schützte. O'D litt an Alzheimer, als Whitey gefasst wurde, und wir hoffen, dass er es verstanden hat, als Bob Long ihm davon erzählte, dass Whitey endlich geschnappt worden war.

Im Büro des Bezirksstaatsanwalts in Suffolk: Tim Burke und John Kiernan; im Büro des Bezirksstaatsanwalts in Norfolk: Bill Delahunt, Matt Connolly und John Kivlan; im Büro des Bezirksstaatsanwalts in Miami-Dade: Michael Von Zamft.

In der U.S. Drug Enforcement Administration (DEA): Al Reilly, Steve Boeri, Mike Swidwinski, John Coleman und Paul Brown, die in den Achtzigerjahren als Erste den Mythos widerlegten, Whitey habe nichts mit Drogen zu tun, und Dan Doherty, der mit Steve Johnson und anderen Polizisten des Staates Massachusetts Whitey endlich auf die Anklagebank brachte.

Zu den Justizbeamten, die uns im Laufe der Jahre halfen, gehören unter anderem auch Dick Bergeron und der verstorbene Dave Rowell, zwei Polizisten aus Quincy, die in den Achtzigerjahren mit großem Eifer und Mut gegen Whitey ermittelten, Mike Huff von der Polizei in Tulsa, Bill Murphy und Terry McArdle vom U.S. Bureau of Alcohol, Tobacco and Firearms, David Taylor vom U.S. Marshals Service und Bob Fitzpatrick vom FBI. Die Staatsanwälte Bill Weld, Donald K. Stern, Michael Sullivan und Carmen Ortiz sowie James Herbert und Christina DiIorio Sterling im Büro der Staatsanwaltschaft zählen ebenfalls dazu.

Während der Fahndung nach Whitey ermöglichten uns folgende FBI-Agenten Einblicke in die Bemühungen der Einsatzgruppe Bulger, den flüchtigen Whitey aufzuspüren: Ken Kaiser, Warren Bamford, Bill Chase, Tom Larned, Tom Cassano, Gail Marcinkiewicz, John Gamel und Rich Teahan.

Viele Juristen halfen uns im Laufe der Jahre. William Christie, Steven Gordon und Ed Hinchey vertraten Whiteys Opfer und strebten unermüdlich nach Gerechtigkeit für die Familien und nach der Wahrheit. Wir können hier nicht alle Anwälte nennen, die uns halfen, aber besonders hervorzuheben sind Kenneth Fishman, Martin Weinberg, Randy Gioia, Frank Libby, Paul Kelly, Edward Berkin, Albert Cullen, Victor Garo, James P. Duggan, Manuel Casabielle, Tracy Miner, George Gormley und Bob George.

Einige der Menschen, die Whitey sehr nahegestanden hatten, widmeten uns im Laufe der Jahre viel Zeit und teilten uns bereitwillig ihre Gedanken mit, vor allem Kevin Weeks und Pat Nee. Teresa Stanley, Whiteys langjährige Freundin, war bis zu ihrem Tod sehr entgegenkommend; sie starb im August 2012. Einige ehemalige Komplizen von Whitey aus der Winter-Hill-Gang, besonders der ehemalige Anführer Howie Winter, waren äußerst hilfreich. Richard Sunday, Whiteys engster Freund in den Gefängnissen in Atlanta und Alcatraz, wandte viel Zeit auf und erlaubte uns, die Briefe zu lesen, die Whitey ihm nach seiner Verhaftung aus dem Gefängnis schrieb. Sunday bleibt Whiteys Freund und wollte seine andere Seite deutlich machen. Der Alcatraz-Historiker und Autor Jerry Champion zeigte uns freundlicherweise Briefe, die Whitey ihm aus dem Gefängnis geschrieben hatte. Wir danken dem National Park Service dafür, dass John Cantwell, ein kenntnisreicher und unterhaltsamer Führer, mit uns einen Rundgang machte und uns Whiteys alte Zelle sehen ließ. Zudem erzählte er uns Geschichten über das Gefängnisleben. Die Mitarbeiter des Nationalarchivs in San Bruno, Kalifornien, und die Mitarbeiter in Waltham, Massachusetts, stellten uns Whiteys jahrzehntealte Gefängnis- und Gerichtsakten zur Verfügung. Dem Isländer Arthur Bogason danken wir für seine Hilfe bei unserer Reise nach Reykjavik.

Wir danken auch anderen, die Whitey kannten und ihre Erinnerungen an ihn mit uns teilten: Rechtsanwalt Joe Oteri, Brian Wallace, dem verstorbenen Bobby Moakley, dem verstorbenen Will McDonough und Lindsey Cyr, der Mutter von Whiteys einzigem bekannten leiblichen Kind, die uns freundlicherweise an schmerzlichen Erinnerungen an den Tod ihres Sohnes Douglas teilhaben ließ.

Wir danken der Familie des verstorbenen Pfarrers Robert Drinan, seiner Schwägerin Helen und seiner Nichte Betsy, und dem Direktor der Bostoner Wohnungsbehörde Bill McGonagle, dessen Bruder Whiteys Zeitungsjunge war.

Danken möchten wir auch John Connolly, der mit uns mehrere Gespräche führte, bevor er 2002 wegen Mitgliedschaft in einer kriminellen Vereinigung verurteilt wurde. Er sprach während seines Prozesses und nach seiner Verurteilung in Miami wegen Mordes an John Callahan mit uns.

Von Kevin Cullen: Vielen Dank an meine Familie, meine Frau Martha und meine Söhne Patrick und Brendan, für ihre Liebe und Unterstützung.

Von Shelley Murphy: Großen Dank an meinen Mannes Regis, meine Kinder Liam, Ryan, Jessica und Kerry, meinen Schwiegersohn Tom, meine Enkel Chloe und Shane, meine Mutter Barbara und meinen verstorbenen Vater Bill für ihre Liebe und Hilfe.

Anmerkungen

Prolog

[1] Whitey Bulger, Brief an Richard Sunday vom 23. März 2012

[2] Whitey Bulger, Brief an Richard Sunday vom 2. April 2012

[3] Whitey Bulger, Brief an Richard Sunday vom 11. April 2012

[4] Ebenda

Kapitel 1: Lehrjahre im Logan Way

[1] Jim Sullivan, *South Boston* (Charleston, SC: Arcadia Publishing, 2007), 79

[2] Bundesbezirksgericht in Boston, Einbürgerungsakte von James J. Bulger sen., und Akten über die Volkszählung im Jahr 1990 im Nationalarchiv in Boston, Waltham, Massachusetts, Bd. 442, 123

[3] »Charlestown Boy Injured«, *Boston Daily Globe*, 25. Juni 1899

[4] William M. Bulger, *While the Music Lasts: My Life in Politics* (Boston: Houghton Mifflin, 1996), 20. William M. Bulger hat zwar früher dem *Boston Globe* und den Autoren Interviews gegeben, aber er lehnte ein Gespräch zu diesem Buch ab. Seine Memoiren aus dem Jahr 1996 sind daher eine der wenigen verfügbaren Quellen über das Familienleben der Bulgers in der Anfangszeit.

[5] Ebenda, 22

[6] Ebenda, 32

[7] Thomas H. O'Connor, *South Boston, My Home Town: The History of an Ethnic Neighborhood* (Boston: Quinlan Press, 1988), 192

8 William Bulger, Gespräch mit dem Spotlight-Team des *Boston Globe*, 1988

9 O'Connor, *South Boston, My Home Town*, 190

10 William McGonagle (Leiter des Amtes für sozialen Wohnungsbau in Boston), Gespräch mit den Autoren im Februar 2012

11 George Pryor, Interview mit dem Spotlight-Team des *Boston Globe*, 1988

12 »Oral History Interview of Robert F. Moakley and Thomas J. Moakley«, Moakley Archive and Institute, Suffolk University, 29. April 2003, 6

13 Ebenda, 10

14 Ebenda, 8

15 Bulger, *While the Music Lasts*, 1–2

16 Patrick J. Loftus, *That Old Gang of Mine: A History of South Boston* (South Boston: TOGM-P.J.L., 1991), XXI

17 Bulger, *While the Music Lasts*, 3

18 Loftus, *That Old Gang of Mine*, 504

19 Robert Moakley, Interview mit dem SpotlightTeam des *Boston Globe*, 1988

20 Will McDonough, Gespräch mit den Autoren im Januar 1995

21 Bulger, *While the Music Lasts*, 22

22 Ebenda, 2

23 William Bulger, Interview mit dem Spotlight-Team des *Boston Globe*, 1988

24 Jack Beatty, *The Rascal King: The Life and Times of James Michael Curley, 1874–1958* (Reading, Mass.: Addison-Wesley, 1992), 136

25 William Bulger, Interview mit dem Spotlight-Team des *Boston Globe*, 1988

26 O'Connor, *South Boston, My Home Town*, 191

27 Ebenda, 193

28 William Bulger, Interview mit dem Spotlight-Team des *Boston Globe*, 1988

29 »Oral History Interview of Robert F. Moakley and Thomas J. Moakley«, 4

30 United States District Court, Boston, Presentencing Report for James J. Bulger Jr., 1956

31 Ebenda

32 Lindsey Cyr, Gespräch mit den Autoren im Oktober 2012

33 Bulger, *While the Music Lasts*, 31

34 Ebenda, 29

35 Ebenda, 31

36 Joe Quirk, Interview mit dem Spotlight-Team des *Boston Globe*, 1988

37 Sally Dame, Interview mit dem Spotlight-Team des *Boston Globe*, 1988

38 Robert Moakley, Interview mit dem Spotlight-Team des *Boston Globe*, 1988

39 Sally Dame, Interview mit dem Spotlight-Team des *Boston Globe*, 1988

40 Ann McCarthy, Interview mit dem Spotlight-Team des *Boston Globe*, 1988

41 Bulger, *While the Music Lasts*, 32

42 Ebenda, 31

43 William Bulger, Interview mit dem Spotlight-Team des *Boston Globe*, 1988

44 Dick Lehr und Shelly Murphy, »Agent, Mobster Forge a Pact on Old Southie Ties«, *Boston Globe*, 19. Juli 1998, 1. Teil des Spotlight-Berichts von Gerald O'Neill, Dick Lehr, Shelley Murphy und Mitchell Zuckoff. Alle Interviews mit John Connolly führte Murphy, einer der Autoren dieses Buches.

45 Lehr und Murphy, »Agent, Mobster«

46 William Bulger, Interview mit dem Spotlight-Team des *Boston Globe*, 1988

47 John Connolly, Gespräch mit den Autoren im November 1985

Kapitel 2: Der Räuber

1 Whitey Bulger, Brief an Richard Sunday vom 23. März 2012

2 Bulger, *While the Music Lasts*, 30

3 Ebenda, 33

4 Bericht des Classification Committee, U.S. Penitentiary, Atlanta, 4. Februar 1959

5 Charles Clifford (Anwalt in Charlestown, der viele Jahre lang Bankräuber verteidigte), Gespräch mit den Autoren im Oktober 2010

6 George Pryor, Interview mit dem Spotlight-Team des *Boston Globe*, 1988

7 William McGonagle, Gespräch mit den Autoren im Februar 2012

8 Kevin Weeks, Gespräch mit den Autoren im Januar 2012

9 Annual Review, United States Penitentiary, Atlanta, 1956

10 *Pawtucket Evening Times*, 17. Mai 1955

11 *Providence Journal*, »Grim Trio Cows 19 in Branch of Industrial National«, 18. Mai 1955

12 Presentencing Report for James J. Bulger Jr., 1956

13 *Hammond Times*, 24. November 1955

14 Fernschreiben der Polizei von Miami an die Polizei von Boston, 2. Dezember 1955

15 FBI-Bericht, angefertigt von Special Agent Herbert F. Briick, vom 13. Juli 1956

16 Ebenda

17 Whitey Bulger, Brief an Richard Sunday vom 30. Juni 2012

18 Presentencing Report for James J. Bulger Jr., 1956

19 »South Boston Man Gets 20 Years for 3 Holdups«, *Boston Globe*, 21. Juni 1956

20 Betsy Drinan (Nichte von Pater Drinan), Gespräch mit den Autoren im Juni 2012. Die Drinans waren nicht mit der gleichnamigen Familie verwandt, die im selben Haus im Logan Way wohnte wie die Bulgers.

21 Whitey Bulger, Brief an Pfarrer Robert Drinan vom 23. Juni 1956, Bestandteil der persönlichen Papiere Drinans, aufbewahrt im Boston College

Kapitel 3: Die Universität von Alcatraz

1 Einstufungsanalyse vom 23. August 1956. Häftlingsakte AZ-1428, BULGER, James Joseph Jr., »Comprehensive Inmate Case Files, 19100–1988« (Archiv-Nr. 622809). Bundesgefängnis Alcatraz. Aktengruppe 129, Nationalarchiv San Bruno

2 Bericht über die aktuelle Situation, Häftlingsakte im Nationalarchiv San Bruno, 1956

3 Dem Bericht in der Häftlingsakte zufolge wurde er vom 24. bis 26. Oktober 1956 auf der neuropsychiatrischen Station behandelt, nachdem er sich darüber beklagt hatte, dass ihm andere Männer in der Zelle auf die Nerven gingen.

4 Whitey Bulger, Brief an Pfarrer Robert Drinan, Häftlingsakte im Nationalarchiv San Bruno, 26. Oktober 1956

5 Bundesgefängnisbehörde, Richtlinien über gute Führung, 1956

6 Fortschrittssonderbericht, Häftlingsakte im Nationalarchiv San Bruno, 19. Oktober 1961

7 Berichte in Whitey Bulgers Gefängnisakte im Nationalarchiv San Bruno

8 Bulger, *While the Music Lasts*, 77

9 William Bulger, Brief an die Gefängnisbehörde in Atlanta, Häftlingsakte, Nationalarchiv San Bruno, 30. Juli 1958

10 »Vertrag zwischen der Abteilung Pharmakologie der medizinischen Fakultät der Emory University und der Abteilung menschliche Freiwillige im Bundes-

gefängnis in Atlanta, Georgia«, Häftlingsakte im Nationalarchiv San Bruno, 6. August 1957

11 John Marks, *The Search for the »Manchurian Candidate«: The CIA and Mind Control – The Secret History of the Behavioral Sciences* (New York: W. W. Norton, 1979), und »Project MKUltra, the CIA's Program of research in behavioral modification«, gemeinsame Anhörung vor dem Geheimdienstausschuss und dem Unterausschuss für Gesundheit und wissenschafliche Forschung des Ausschusses für menschliche Ressourcen im US-Senat, 95. Kongress, 3. August 1977, 3 und 4

12 »Vertrag zwischen der Abteilung Pharmakologie der medizinischen Fakultät der Emory University und der Abteilung menschliche Freiwillige im Bundesgefängnis in Atlanta, Georgia«, 6. August 1957

13 Whitey Bulger, Brief an Jerry Lewis Champion jun. aus der Justizvollzugsanstalt des Bezirks Plymouth, Poststempel vom 26. August 2011. Champion, ein Autor aus Florida und Alcatraz-Historiker, legte den Autoren die bis dahin nicht veröffentlichten Briefe vor.

14 Ebenda

15 Richard Sunday, Gespräch mit den Autoren im Januar 2012

16 Ebenda

17 Ebenda

18 Ebenda

19 Karte »Ambulanter Patient, Krankmeldung«, Häftlingsakte im Nationalarchiv San Bruno, Einträge mit Datum 8. und 15. Januar 1958

20 Vermerk zum Fortschrittsbericht mit Datum vom 12. Januar 1958, Häftlingsakte im Nationalarchiv San Bruno, 10. November 1958

21 »Vertrag zwischen dem Zentrum für Infektionskrankheiten, Öffentlicher Gesundheitsdienst, und der Abteilung menschliche Freiwillige im Bundesgefängnis Atlanta, Georgia«, Häftlingsakte im Nationalarchiv San Bruno, 29. November 1958

22 Jährlicher Bericht, Häftlingsakte im Nationalarchiv San Bruno, 24. Januar 1958

23 W. H. York, stellvertretender Anstaltsleiter, Brief an den Anstaltsleiter F. T. Wilkinson, Atlanta, Häftlingsakte im Nationalarchiv San Bruno, 6. Januar 1959

24 Briefe des Direktors der Gefängnisbehörde James Bennett an den Kongressabgeordneten John McCormack und von Bennett an den Leiter des Gefängnisses in Atlanta im Nationalarchiv San Bruno

[25] Frank Loveland, stellvertretender Leiter der Gefängnisbehörde, Aktennotiz an den Leiter des Gefängnisses in Atlanta, Häftlingsakte im Nationalarchiv San Bruno, 16. März 1959

[26] F. T. Wilkinson, Brief an Direktor James V. Bennett, Häftlingsakte im Nationalarchiv San Bruno, 16. Oktober 1959

[27] William Bulger, Brief an den Leiter des Gefängnisses in Atlanta, F. T. Wilkinson, Häftlingsakte im Nationalarchiv San Bruno, 1. September 1959

[28] F. T. Wilkinson, Brief an William Bulger, Häftlingsakte im Nationalarchiv San Bruno, 9. September 1959

[29] F. T. Wilkinson, Brief an William Bulger, Häftlingsakte im Nationalarchiv San Bruno, 22. September 1959

[30] William Bulger, Brief an den Leiter des Gefängnisses in Atlanta, F. T. Wilkinson, Häftlingsakte im Nationalarchiv San Bruno, 26. September 1959

[31] Ebenda

[32] F. T. Wilkinson, Brief an den Leiter der Gefängnisbehörde, James V. Bennett, »Empfehlung für eine Verlegung nach Alcatraz«, Häftlingsakte im Nationalarchiv San Bruno, 16. Oktober 1959

[33] James V. Bennett, Brief an Rechtsanwalt Daniel O. Holland, Häftlingsakte im Nationalarchiv San Bruno, 13. November 1959, mit Verweis auf den Besuch

[34] Jim Albright (ehemaliger Justizvollzugsbeamter in Alcatraz), Gespräch mit den Autoren im Februar 2012

[35] Peter Fimrite, »Back on The Rock: Former Inmates Catch Up with Their Guards During Joyful Reunion on Alcatraz«, *San Francisco Chronicle*, 14. August 2000

[36] Whitey Bulger, Brief an Richard Sunday vom 23. März 2012

[37] Notizen des Personals, Häftlingsakte im Nationalarchiv San Bruno; Richard Sunday, Gespräch mit den Autoren im Januar 2012

[38] Richard Sunday, Gespräch mit den Autoren im Januar 2012

[39] Ebenda

[40] Ausstellung, Nationaler Parkdienst (er verwaltet Alcatraz Island, die heute Teil des Erholungsgebiets Golden Gate ist)

[41] Michael Esslinger, *Alcatraz: A Definitive History of the Penitentiary Years* (Carmel: Ocean View Publishing Company, 2003)

[42] Richard Sunday und Kevin Weeks, Gespräche mit den Autoren im Januar 2012

43 A. G. Bloomquist (Vorarbeiter in der Wäscherei), Brief an den Einstufungsausschuss der Bundesgefängnisbehörde, Alcatraz, Häftlingsakte im Nationalarchiv San Bruno, 20. Februar 1962

44 Richard Sunday, Gespräch mit den Autoren im Januar 2012

45 Robert Schibline, März 2012, und Richard Sunday, Januar 2012, Gespräche mit den Autoren

46 Whitey, Brief an Pfarrer John O'Shea, Häftlingsakte im Nationalarchiv San Bruno, 6. Januar 1960

47 Bericht über Fehlverhalten von Whitey Bulger, Häftlingsakte im Nationalarchiv San Bruno, 14. September 1960

48 T. A. Renneberg, Aktennotiz »Informativer Bericht«, Häftlingsakte im Nationalarchiv San Bruno, 26. September 1960

49 »Bericht über den Verfall der Zeitgutschrift für Bulger, James J. jun.«, Häftlingsakte im Nationalarchiv San Bruno, 28. September 1960

50 Maurice Ordway, Brief an den stellvertretenden Gefängnisleiter Olin Blackwell, Häftlingsakte im Nationalarchiv San Bruno, 9. Oktober 1960

51 Bericht »Verfall der Zeitgutschrift«, Häftlingsakte im Nationalarchiv San Bruno, 18. Oktober 1960

52 Häftlingsakte im Nationalarchiv San Bruno

53 Karte »Ambulanter Patient, Krankmeldung«, Häftlingsakte im Nationalarchiv San Bruno, Eintrag mit Datum vom 31. März 1960

54 Whitey Bulger, »Antrag eines Häftlings an einen Mitarbeiter«, Häftlingsakte im Nationalarchiv San Bruno, 27. März 1960

55 Brief von Richard Barchard, Häftlingsakte im Nationalarchiv San Bruno, 3. November 1960

56 Richard Sunday, Gespräch mit den Autoren im März 2012

57 Jahresbericht, Häftlingsakte im Nationalarchiv San Bruno, 22. März 1961

58 A. G. Bloomquist, Brief an den Einstufungsausschuss vom 22. März 1961

59 Whitey Bulger, »Antrag eines Häftlings an einen Mitarbeiter«, 17. August 1961

60 Sonderbericht, Häftlingsakte im Nationalarchiv San Bruno, 19. Oktober 1961

61 A. G. Bloomquist, Brief an den Einstufungsausschuss vom 20. Februar 1962

62 John Herring, Zellblockaufseher, Sonderbericht (Aktennotiz), Häftlingsakte im Nationalarchiv San Bruno, 20. Februar 1962

63 Jahresbericht, Häftlingsakte im Nationalarchiv San Bruno, 8. März 1962

[64] Whitey Bulger, »Antrag eines Häftlings an einen Mitarbeiter«, 18. September 1963

[65] »Besucherbeleg«, Häftlingsakte im Nationalarchiv San Bruno, 16. Januar 1964

[66] Judy Meredith, Gespräch mit dem Spotlight-Team des *Boston Globe*, 1988

[67] Andrew P. Marinak (katholischer Kaplan), Brief, Bundesgefängnis Lewisburg, Pennsylvania, 12. März 1964

[68] Aktennotiz »Bericht über Gespräch oder Telefongespräch«, Häftlingsakte im Nationalarchiv San Bruno, 13. März 1964

[69] Fortschrittsbericht, Häftlingsakte im Nationalarchiv San Bruno, April 1964

[70] Aktennotiz, Bundesgefängnis Lewisburg, Pennsylvania, Häftlingsakte im Nationalarchiv San Bruno, 27. Mai 1964

Kapitel 4: Der Unantastbare

[1] DEA und Polizei des Staates Massachusetts, Vernehmung von Stephen J. Flemmi am 29. Oktober 2003. Flemmi berichtete den Ermittlern, Buddy McLean habe ihm gesagt, warum der Bandenkrieg ausgebrochen sei und warum er Bernie McLaughlin am helllichten Tag erschossen habe.

[2] Shelley Murphy, »Sidekick's Double-Dealing Career Worthy of Master Spy«, *Boston Globe*, 20. Juli 1998

[3] DEA und Polizei des Staates Massachusetts, Vernehmung von Stephen J. Flemmi am 29. Oktober 2003

[4] Es gibt zwar einen Eintrag über Flemmis Dienstnummer bei der Armee und über seine Entlassung im Rang eines Oberstabsgefreiten, aber seine vollständige Akte wurde laut Aussage von Mitarbeitern bei einem Brand im National Personnel Records Center (NPRC) in St. Louis im Jahr 1973 vernichtet. Flemmi berichtete bei einer Vernehmung im Oktober 2003 über seinen Militärdienst. Auch in mehreren Gerichtsprotokollen ist davon die Rede. Zudem haben die Autoren mit einigen Kriegskameraden von Flemmi gesprochen. Einer von ihnen, James Lang, diente von 1951 bis 1954 mit Flemmi in der 187. Luftlandedivision.

[5] DEA und Polizei des Staates Massachusetts, Vernehmung von Stephen J. Flemmi am 29. Oktober 2003

[6] Frank Salemme, Aussage vor dem Ausschuss zur Verwaltungsreform des Repräsentantenhauses, 2003

[7] DEA und Polizei des Staates Massachusetts, Vernehmung von Stephen J. Flemmi am 29. Oktober 2003

8   Gerard O'Neill, Dick Lehr, Shelley Murphy und Mitchell Zuckoff, Bericht des Spotlight-Teams des *Boston Globe*, 1998. Die Gespräche mit John Connolly führte Murphy.

9   William Bulger, *While the Music Lasts*, 276. Will McDonough, der Sportreporter des *Boston Globe* und alte Freund der Familie Bulger, behauptete 2002 in einem Brief an Bezirksrichter Joseph Tauro, er habe Whitey den Job im Gerichtsgebäude verschafft.

10   Ann McCarthy, Interview mit dem Spotlight-Team des *Boston Globe*, 1988

11   Patrick Nee, Gespräch mit den Autoren im Februar 2012

12   Bericht der Bewährungsbehörde, 1969

13   Kevin Weeks, Gespräch mit den Autoren im Januar 2012

14   Patrick Nee, Gespräch mit den Autoren im Februar 2012

15   Ebenda

16   Kevin Weeks, Gespräch mit den Autoren im Januar 2012. Weeks zufolge gab ihm Whitey einen detaillierten Bericht über die versehentliche Erschießung von Donald McGonagle. Flemmi machte im Oktober 2003 gegenüber der Polizei eine ähnliche Aussage.

17   Kevin Weeks, Gespräch mit den Autoren im Januar 2012

18   Patrick Nee, Gespräch mit den Autoren im Februar 2012

19   Whitey Bulger, Brief an Richard Sunday vom 23. März 2012

20   Ray Richard, »Killeen Was on Gangland ›Hit List‹ for Two Years, Hub Police Aide Says«, *Boston Globe*, 16. Mai 1972

21   Patrick Nee, Gespräch mit den Autoren im Februar 2012

22   Howie Winter, Gespräch mit den Autoren im August 2012

23   Ebenda

24   DEA und Polizei des Staates Massachusetts, Vernehmung von Stephen J. Flemmi am 29. Oktober 2003

25   Patrick Nee, Gespräch mit den Autoren im Februar 2012

26   Lindsey Cyr, Gespräch mit dem ehemaligen Redaktionsmitglied des *Boston Globe* Stephen Kurkjian und mit Shelley Murphy, September 2009

27   Ebenda

28   Stephen Kurkjian und Shelley Murphy, »Whitey Bulger Was His Dad«, *Boston Globe*, 24. Januar 2010

29   Ebenda

[30] Howie Carr, *Hitman: The Untold Story of Johnny Martorano, Whitey Bulger's Enforcer and the Most Feared Gangster in the Underworld* (New York: Tom Doherty Associates, 2011), 201

[31] Kurkjian und Murphy, »Whitey Bulger Was His Dad«, *Boston Globe*, 24. Januar 2010

[32] Teresa Stanley, Gespräch mit den Autoren im April 1998, im September 2009 und im Januar 2012. Stanley starb am 16. August 2012 im Alter von 71 Jahren.

Kapitel 5: Leg niemanden um

[1] Francis Dooher (ein Vetter von John Connolly) in einem Brief vom Juni 2002, in dem er Richter Joseph Tauro um Milde bittet

[2] FBI-Aktennotiz vom 19. September 1968

[3] Whitey Bulgers FBI-Informantenakte

[4] In seinem 661 Seiten starken Beschluss im Jahr 1999 stellte Richter Mark Wolf fest, Flemmi habe Paul Rico und Dennis Condon während seiner Flucht mitgeteilt, er und Salemme seien in New York. Condon habe mit John Connolly in New York Kontakt aufgenommen und ihm »allgemeine Informationen … und mehrere Fotos« von Salemme geschickt, bevor Connolly Salemme auf der Straße erkannt und verhaftet habe. »Sowohl Flemmi als auch Condon bestreiten, dass Flemmi das FBI mit Informationen versorgt habe, die zur Salemmes Festnahme führten«, schrieb Wolf. »Im Lichte aller glaubhaften Indizien in diesem Fall scheint diese Behauptung nicht richtig zu sein.«

[5] DEA und Polizei des Staates Massachusetts, Vernehmung von Stephen J. Flemmi am 29. Oktober 2003

[6] John Connolly, Gespräch mit den Autoren im September 1997

[7] Howie Winter, Gespräch mit den Autoren im August 2012

[8] Ebenda

[9] Gerard O'Neill, Dick Lehr, Shelley Murphy und Mitchell Zuckoff, Bericht des Spotlight-Teams des *Boston Globe*, 1998. Die Gespräche mit Connolly führte Murphy.

[10] Ebenda

[11] John Connolly, Gespräch mit den Autoren im Februar 1998

[12] Ebenda

[13] John Martorano, Aussage vor dem Bundesbezirksgericht in Boston beim Prozess gegen Connolly wegen Mitgliedschaft in einer kriminellen Vereinigung

am 12. Mai 2002. Bill Bulger sagte im Juni 2003 vor dem Ausschuss für Verwaltungsreform des Repräsentantenhauses, er habe Connolly nie gebeten, Whitey zu schützen.

[14] John Connolly, Gespräche mit den Autoren im Februar 1998

[15] Stephen Flemmis Aussage am 20. August 1998 vor Richter Mark L. Wolf im Bundesbezirksgericht in Boston

[16] Der detaillierte Bericht über die Begegnung zwischen Whitey Bulger und John Connolly am Wollaston Beach erschien im Bericht des Spotlight-Teams des *Boston Globe*, verfasst von Gerard O'Neill, Dick Lehr, Shelley Murphy und Mitchell Zuckoff. Die Interviews mit Connolly führte Murphy.

[17] Kevin Weeks, Januar 2012, und Patrick Nee, Februar 2012, Gespräche mit den Autoren

[18] Patrick Nee, Gespräch mit den Autoren im Februar 2012

[19] Kevin Weeks, Gespräch mit den Autoren im Januar 2012

[20] Patrick Nee, Februar 2012, und Howie Winter, August 2012, Gespräche mit den Autoren

[21] DEA und Polizei des Staates Massachusetts, Vernehmung von Stephen J. Flemmi am 29. Oktober 2003

[22] Patrick Nee, Gespräch mit den Autoren im Februar 2012

[23] DEA und Polizei des Staates Massachusetts, Vernehmung von Stephen J. Flemmi am 29. Oktober 2003

[24] Patrick Nee, Februar 2012, und Kevin Weeks, Januar 2012, Gespräche mit den Autoren

[25] Der Bericht über den Mord an Tommy King stützt sich auf die Gespräche der Autoren mit Kevin Weeks im Januar 2012 und mit Patrick Nee im Februar 2012 sowie auf Steve Flemmis und John Martoranos Aussagen bei mehreren Prozessen.

[26] Whitey Bulgers FBI-Informantenakte

Kapitel 6: Southie ist seine Heimat

[1] Der Bericht über Whitey Bulger, der das Geburtshaus von John F. Kennedy abbrennen wollte, stützt sich auf Gespräche der Autoren im Jahr 2012 mit Patrick Nee, der Whiteys Aufforderung ablehnte, ihn an diesem Abend zu begleiten, und mit Kevin Weeks, dem Whitey berichtete, was an jenem Abend geschah. Außerdem basiert er auf zwei separaten Polizeiberichten über die Brandstiftung: Ein Bericht der Polizei von Brookline vom 8. September 1975

enthält Aussagen von Nachbarn, die aussagten, Whiteys Auto gesehen zu haben; außerdem liegt ein Bericht des Feuerwehrkommandanten Joseph Sneider vor.

[2] Bericht der Polizei von Brookline vom 8. September 1975

[3] Patrick Nee, Februar 2012, und Kevin Weeks, Januar 2012, Gespräche mit den Autoren

[4] Bericht der Polizei von Brookline vom 8. September 1975

[5] Ebenda

[6] Kevin Weeks, Gespräch mit den Autoren im Januar 2012

[7] US-Volkszählung 1970

[8] Louis P. Masur, *The Soiling of Old Glory* (New York: Bloomsbury, 2008), 32–40

[9] Ebenda, 33

[10] Bulger, *While the Music Lasts*, 120

[11] Kevin Weeks, Gespräch mit den Autoren im Januar 2012

[12] Whitey Bulger, Brief an Richard Sunday vom März 2012

[13] In Gesprächen mit den Autoren sagten sowohl Kevin Weeks im Januar 2012 als auch Patrick Nee im Februar 2012, sie hielten Whitey für einen Rassisten. Sie beriefen sich auf die jahrelange Beziehung zu ihm und auf seine Sprache. In einem Gespräch am 6. Juli 2011 mit dem FBI sagte Joshua Bond, der Hausmeister des Gebäudes in Santa Monica, in dem Whitey wohnte, Whitey sei »eindeutig rassistisch« gewesen.

[14] Patrick Nee, Februar 2012, und Kevin Weeks, Januar 2012, Gespräche mit den Autoren

[15] Joseph Keough, Gespräch mit den Autoren im April 2001

[16] Ebenda

[17] Ione Malloy, *Southie Won't Go* (Chicago: University of Illinois Press, 1986), 5

[18] Jim Miara, Gespräch mit den Autoren im Mai 2012

[19] Robert diGrazia, Interview mit dem Spotlight-Team des *Boston Globe*, 1988

[20] Ebenda

[21] Bulger, *While the Music Lasts*, 165

[22] Christopher Lydon, »Kevin White and the Boston He Imagined«, Radio Open Source, 1. Februar 2012

[23] Ebenda

[24] William M. Bulger, Interview mit dem Spotlight-Team des *Boston Globe*, 1988

25 Kevin Weeks, der lange mit Whitey zusammenarbeitete, gehörte zu denen, die dieser Ansicht waren. Er arbeitete als Sicherheitsbeauftragter an der South Boston High School, als Michael Faith mit einem Messer angegriffen wurde, und er half, den Angreifer festzunehmen.

26 Bulger, *While the Music Lasts*, 147

27 Whitey Bulger, Brief an Richard Sunday vom April 2012

28 *Boston Globe*, »Shots Fired at Globe Plant«, 8. Oktober 1974

29 Whitey Bulger, Brief an Richard Sunday vom März 2012

30 Kevin Weeks, Gespräch mit den Autoren im Januar 2012

31 Whitey Bulger, Brief an Richard Sunday vom April 2012

32 Kevin Weeks, Gespräch mit den Autoren im Januar 2012

33 Ebenda

34 Ebenda

35 Kevin Weeks, Januar 2012, und Patrick Nee, Februar 2012, Gespräche mit den Autoren

36 Kevin Weeks, Gespräch mit den Autoren im Januar 2012

37 David S. Nelson, Interview mit dem *Boston Globe*, 1988

38 Joe Oteri, Gespräch mit den Autoren im Januar 2012

39 Der Bericht über die lange Autofahrt von Brian Wallace und sein Gespräch mit Whitey Bulger stützt sich auf ein Gespräch der Autoren mit Wallace im März 2012.

40 Helen Drinan, Gespräch mit den Autoren im März 2012

Kapitel 7: Eine wunderbare Freundschaft

1 DEA und Polizei des Staates Massachusetts, Vernehmung von Stephen J. Flemmi am 29. Oktober 2003

2 Ebenda

3 Ebenda

4 Ebenda, 53–54

5 Ebenda, 2

6 Ebenda, 13

7 Stephen Flemmi, Aussage im Prozess gegen John Connolly wegen Mordes vor dem Bezirksgericht Miami-Dade am 22. September 2008

8 DEA und Polizei des Staates Massachusetts, Vernehmung von Stephen J. Flemmi am 29. Oktober 2003, 54

9 Stephen Flemmi, Aussage im Prozess gegen John Connolly wegen Mordes vor dem Bezirksgericht Miami-Dade am 24. September 2004

10 DEA und Polizei des Staates Massachusetts, Vernehmung von Stephen J. Flemmi am 29. Oktober 2003, 5

11 Ebenda, 54

12 Ebenda, 54–55

13 John Connolly, Gespräch mit den Autoren im März 1998

14 Stephen Flemmi, Aussage im Prozess gegen John Connolly wegen Mordes vor dem Bezirksgericht Miami-Dade, 2008

15 FBI-Informantenakten von Whitey Bulger und Stephen Flemmi

16 John Connolly, Gespräch mit den Autoren im Juni 1997

17 John Connolly, Gespräch mit den Autoren im September 1997

18 Carr, *Hitman*, 74

19 John Martorano, Zeugenaussage im Prozess gegen Whitey Bulger wegen Mitgliedschaft in einer kriminellen Vereinigung vor dem Bezirksgericht Boston am 17. Juni 2013. Die Jury stellte am 12. August 2013 fest, die Anklage habe nicht beweisen können, dass Whitey für den Mord an O'Toole rechtlich verantwortlich sei.

20 DEA und Polizei des Staates Massachusetts, Vernehmung von Stephen J. Flemmi am 29. Oktober 2003, 57

21 Jerome Sullivan, »Police Lured from Scene of Boxer's Slaying«, *Boston Globe*, 13. Juni 1975

22 James Ayres, »Ex-Boxer Shot to Death in Dorchester«, *Boston Globe*, 13. Juni 1975 (anschauliches Foto von Bob Dean)

23 DEA und Polizei des Staates Massachusetts, Vernehmung von Stephen J. Flemmi am 29. Oktober 2003, 58

24 John Martorano, Aussage im Prozess gegen John Connolly wegen Mordes vor dem Bezirksgericht Miami-Dade am 17. September 2008

25 Ebenda

26 Ebenda

27 Howie Winter, Gespräch mit den Autoren im August 2012

28 John Connolly, Gespräch mit den Autoren im September 1997

29 John Martorano, Aussage im Prozess gegen John Connolly wegen Mordes vor dem Bezirksgericht Miami-Dade am 17. September 2008

30 Sandra Castucci, Aussage vor dem Bundesbezirksgericht in Boston am 10. Juni 2009 während eines Zivilprozesses gegen den Staat wegen widerrechtlicher Tötung

31 Tom Daly, Aussage im Prozess gegen John Connolly wegen Mordes vor dem Bezirksgericht Miami-Dade im Oktober 2008

32 Joe Oteri, Gespräch mit den Autoren im Januar 2012

33 DEA und Polizei des Staates Massachusetts, Vernehmung von Stephen J. Flemmi am 29. Oktober 2003, 68

34 Diese Szene basiert auf einer Zeugenaussage von John Morris im April 1998 in Verhandlungen vor Richter Mark Wolf am Bundesbezirksgericht in Boston und auf Morris' Aussage im Jahr 2002 im Prozess gegen John Connolly wegen Mitgliedschaft in einer kriminellen Vereinigung vor dem Bundesbezirksgericht in Boston. Sie wird ergänzt durch Aussagen von Stephen Flemmi und den FBI-Agenten Nick Gianturco, John Newton und James Ring im Jahr 1998 vor Richter Wolf während der vorprozessualen Anhörungen im Verfahren gegen Flemmi, Whitey, John Martorano, Frank Salemme und Robert DeLuca wegen Mitgliedschaft in einer kriminellen Vereinigung.

35 Teresa Stanley, Gespräche mit den Autoren im September 2009

36 Margaret McCusker, Brief an den Richter am Bundesbezirksgericht Douglas P. Woodlock vom 4. Juni 2012 vor der Verurteilung ihrer Zwillingsschwester Catherine Greig

37 Sally Jacobs, »The Long, Unlikely Journey of Cathy Greig«, *Boston Globe*, 20. November 2011

38 Charles »Chip« Fleming, Gespräch mit den Autoren im Januar 2012

39 Margaret McCusker, Brief an den Richter am Bundesbezirksgericht Douglas P. Woodlock vom 4. Juni 2012

40 Jacobs, »The Long, Unlikely Journey of Cathy Greig«

41 Ebenda

42 William St. Croix (Steve Flemmis Sohn), Gespräch mit den Autoren im November 2011; Shelley Murphy, »Breaking Silence, Flemmi Son Says Gangster's Kin Also Victims«, *Boston Globe*, 2. Januar 2012

43 DEA und Polizei des Staates Massachusetts, Vernehmung von Stephen J. Flemmi am 29. Oktober 2003, 90

44 Steve Davis (Bruder von Debra Davis), Gespräch mit den Autoren im Juni 2011

45 DEA und Polizei des Staates Massachusetts, Vernehmung von Stephen J. Flemmi am 29. Oktober 2003, 90

[46] Stephen Flemmi, Aussage vor dem Bundesbezirksgericht in Boston am 9. Juli 2009

[47] Ebenda

[48] DEA und Polizei des Staates Massachusetts, Vernehmung von Stephen J. Flemmi am 29. Oktober 2003, 90–91

[49] Ebenda. Teresa Stanley sagte den Autoren in einem Gespräch im April 1998, sie habe nicht gewusst, dass Whitey ein FBI-Informant gewesen sei. Das habe sie erst 1997 im Gericht erfahren.

[50] Stephen Flemmi, Aussage vor dem Bundesbezirksgericht in Boston am 9. und 10. Juli 2009

[51] Victor Davis (Bruder von Debra Davis), Gespräch mit den Autoren im März 1998

[52] Patrick Nee, Gespräch mit den Autoren im Februar 2012

[53] Stephen Flemmi, Aussage vor dem Bundesbezirksgericht in Boston am 10. Juli 2009

[54] Ebenda

[55] Patrick Nee, Gespräch mit den Autoren im Februar 2012

[56] DEA und Polizei des Staates Massachusetts, Vernehmung von Stephen J. Flemmi am 29. Oktober 2003, 92. Patrick Nee bestritt in einem Gespräch mit den Autoren 2012, bei der Beerdigung von Davis anwesend gewesen zu sein.

[57] Steve Davis, Gespräch mit den Autoren im Juni 2011

[58] DEA und Polizei des Staates Massachusetts, Vernehmung von Stephen J. Flemmi am 29. Oktober 2003

[59] Steve Davis, Gespräch mit den Autoren im Juni 2011. Die Familie Davis wirft Flemmi vor, er habe Michelle Davis ausgenutzt und sei für ihre spätere Drogensucht verantwortlich. Sie starb 2006 an einer Überdosis Heroin im Alter von 37 Jahren.

[60] DEA, Gespräche am 15. September 2003 mit Zeugen, die an der Suche nach der vermissten Debra Davis beteiligt waren. Akten im Bundesbezirksgericht in Boston.

[61] Stephen Flemmi, Aussage im Prozess gegen John Connolly wegen Mordes vor dem Bezirksgericht Miami-Dade am 22. September 2008

[62] DEA und Polizei des Staates Massachusetts, Vernehmung von Stephen J. Flemmi am 29. Oktober 2003, 75–76

[63] Ebenda, 87–88

[64] Ebenda

Kapitel 8: Lancaster Street

[1] Bob Fitzpatrick, Gespräch mit den Autoren im Juni 2011

[2] Der Bericht über die Abhöraktion der Polizei in der Lancaster Street stützt sich auf Gespräche mit den Hauptermittlern Bob Long und Jack O'Malley sowie mit Tim Burke, dem Staatsanwalt, der 1988 eine gerichtliche Genehmigung für das Abhören erwirkte.

[3] Bob Long (ehemaliger Kriminalbeamter), Gespräch mit den Autoren, 1988

[4] John O'Donovan, Gespräch mit den Autoren im Januar 1996

[5] John Connolly, Gespräch mit den Autoren im Februar 1998

[6] Ebenda

[7] John Connolly, FBI-Aktennotiz vom 30. Oktober 1980

[8] Lawrence Sarhatt, FBI-Aktennotiz vom 25. November 1980 über eine Vernehmung von Whitey Bulger

[9] Ebenda

[10] John Connolly, FBI-Aktennotiz vom 2. Dezember 1980

[11] Kevin Cullen, »Mobster's Charges Put the FBI on the Defensive«, *Boston Globe*, 5. Juli 1997

Kapitel 9: Konzentrische Kreise

[1] In einem Gespräch mit den Autoren im Januar 2012 erinnerte sich Kevin Weeks an das Gespräch im Speisesaal des »Ritz«.

[2] Kevin Weeks, Gespräch mit den Autoren, 2012

[3] Kevin Weeks, Gespräch mit den Autoren im Januar 2012

[4] Kevin Weeks und Phyllis Karas, *Brutal: The Untold Story of My Life Inside Whitey Bulger's Irish Mob* (New York: HarperCollins, 2006), 37

[5] Ebenda, 44

[6] Kevin Weeks, Gespräch mit den Autoren im Januar 2012

[7] Mike Swidwinski (pensionierter DEA-Agent), Gespräch mit den Autoren im Januar 2007. Swidwinski nahm Whitey die Schlüssel ab, damit er während der Befragung nicht fliehen konnte.

[8] Teresa Stanley, Gespräch mit den Autoren im Januar 2012

[9] Shelley Murphy, »Tales from the Whitey Watch – Former DEA-Agent Recounts 2 Years of Stealth, Frustrations«, *Boston Globe*, 18. Januar 2007

10 Frank Dewan (pensionierter Kriminalpolizist in Boston), Gespräch mit den Autoren im Januar 2007

11 Kevin Weeks, Gespräch mit den Autoren im Januar 2012

12 Ebenda

13 Patrick Nee, Gespräch mit den Autoren im Februar 2012

14 Kevin Weeks, Gespräch mit den Autoren im Januar 2012

15 DEA und Polizei des Staates Massachusetts, Vernehmung von Stephen J. Flemmi am 29. Oktober 2003, 117

16 Paul Brown, Gespräch mit den Autoren, 1990

17 Kevin Weeks, Gespräch mit den Autoren im Januar 2012

18 Brian Mooney, »Eerie Graffiti Pops Up in City«, *Boston Globe*, 13. September 1990

19 Kevin Weeks, Gespräch mit den Autoren im Januar 2012

20 Frank Bellotti, Gespräch mit den Autoren im August 2012

21 Bulger, *While the Music Lasts*, 202

22 Kevin Weeks, Gespräch mit den Autoren im Januar 2012

23 Kevin Weeks, Aussage im Prozess gegen John Connolly wegen Mitgliedschaft in einer kriminellen Vereinigung vor dem Bundesbezirksgericht in Boston am 15. Mai 2002. Alle Agenten außer Morris bestritten, von Whitey und Flemmi Geld bekommen zu haben. Jim Ring sagte, er habe von den beiden keine Geschenke erhalten.

24 Kevin Weeks, Aussage im Prozess gegen John Connolly wegen Mitgliedschaft in einer kriminellen Vereinigung vor dem Bundesbezirksgericht in Boston am 15. Mai 2002

25 Nicholas Gianturco, Aussage während der Verhandlungen vor Richter Mark L. Wolf im Bundesbezirksgericht in Boston am 15. Januar 1998

26 John Morris, Aussage im Prozess gegen John Connolly wegen Mitgliedschaft in einer kriminellen Vereinigung vor dem Bundesbezirksgericht in Boston am 9. Mai 2002

27 Jim Ring, Aussage während der Verhandlungen vor Richter Mark L. Wolf im Bundesbezirksgericht in Boston am 10. Juni 1998

28 Kevin Weeks, Aussage im Prozess gegen John Connolly wegen Mitgliedschaft in einer kriminellen Vereinigung vor dem Bundesbezirksgericht in Boston am 15. Mai 2002

29 Kevin Weeks, Gespräch mit den Autoren im Januar 2012

30 DEA und Polizei des Staates Massachusetts, Vernehmung von Stephen J. Flemmi am 29. Oktober 2003

31 Stephen Flemmi, Aussage im Mordprozess gegen John Connolly vor dem Bezirksgericht Miami-Dade am 22. September 2008

32 Kevin Weeks, Gespräch mit den Autoren im Januar 2012

33 John Connolly, Gespräch mit den Autoren im September 1997; Kevin Weeks, Gespräch mit den Autoren im Dezember 2012

34 John Connolly, Gespräch mit den Autoren im September 1997

35 John Connolly, Gespräch mit den Autoren im Juli 1998

36 IRS Special Agent Sandra Lemanski, Aussage im Mordprozess gegen John Connolly vor dem Bezirksgericht Miami-Dade am 25. September 2008

37 FBI-Mitarbeiterin Denise Taiste, Aussage im Mordprozess gegen John Connolly vor dem Bezirksgericht Miami-Dade am 25. September 2008

38 Stephen Flemmi, Aussage im Mordprozess gegen John Connolly vor dem Bezirksgericht Miami-Dade am 22. September 2008

39 National Park Service Public Affairs Office, Golden Gate Park, Februar 2012

40 Richard Sunday, Gespräche mit den Autoren im Dezember 2002 und im Januar 2012

41 Teresa Stanley, Gespräch mit den Autoren im Januar 2012

42 Whitey Bulger, Brief an Richard Sunday vom 20. April 2012

43 Teresa Stanley und Richard Sunday, Gespräche mit den Autoren im Januar 2012

44 Peter Dracopoulos (hatte eine Souvenirbude auf Pier 41 in San Francisco, wo er auch Bücher über Alcatraz verkaufte), Gespräch mit den Autoren im Februar 2012

45 Robert Embry (ehemaliger Direktor des Atoke Funeral Home), Gespräch mit den Autoren im Dezember 2004

46 Ebenda

47 Whitey Bulger, Brief an Jerry Champion (Autor und Alcatraz-Historiker) vom Juli 2012

48 Kevin Weeks und Peter Dracopoulos, Gespräche mit den Autoren im Januar und Februar 2012

49 Leon Thompsons Buch *Last Train to Alcatraz*, selbst veröffentlicht und Whitey gewidmet, sowie ein Brief, der im Buch gefunden, von der Einsatzgruppe Bulger des FBI beschlagnahmt und von den Autoren eingesehen wurde

[50] Whitey Bulger, Brief an Jerry Champion vom Juli 2011

[51] Ebenda

[52] Peter Dracopoulos, Gespräche mit den Autoren im Februar 2012

[53] Teresa Stanley, Gespräch mit den Autoren im September 2007

[54] Kevin Weeks, Gespräch mit den Autoren im Januar 2012

[55] FBI-Anzeige in den *Plastic Surgery News* mit der Bitte um Hinweise über den Aufenthalt von Whitey und Cathy, April–Mai 2010

[56] Margaret McCuskers Aussage vor einem Großen Geschworenengericht am 9. Februar 2012

Kapitel 10: Zu weit gegangen

[1] Robert Lenzner und Donald Lowery, »Boston's Links to Jai Alai World«, *Boston Globe*, 7. Juni 1981

[2] David Wessel, »The Life and Death of John B. Callahan«, *Boston Globe*, 8. August 1982

[3] Robert Boyle und Nancy Williamson, »The Spreading Scandal in Jai Alai«, *Sports Illustrated*, 11. Juni 1979

[4] David Kindred, »The Hit at Southern Hills«, *Golf Digest*, Juni 2001

[5] George Getschow, Neil Maxwell, Steve Frazier und Chester Goolrick, »Friends of Slain Telex Chairman Believe He Wanted to End Interests in Gambling«, *Wall Street Journal*, 1. Juni 1981

[6] Robert Lenzner und Dolads Lowery, »Boston's Links to Jai Alai World«, *Boston Globe*, 7. Juni 1981

[7] John Martorano, Aussage im Prozess gegen John Connolly wegen Mordes vor dem Bezirksgericht Miami-Dade am 17. September 2008

[8] Ebenda

[9] DEA und Polizei des Staates Massachusetts, Vernehmung von Stephen J. Flemmi am 29. Oktober 2003

[10] Stephen Flemmi, Aussage im Prozess gegen John Connolly wegen Mordes vor dem Bezirksgericht Miami-Dade am 22. September 2008

[11] Kevin Weeks, Aussage im Prozess gegen John Connolly wegen Mitgliedschaft in einer kriminellen Vereinigung vor dem Bundesbezirksgericht in Boston am 15. Mai 2002 und Gespräch mit den Autoren im Januar 2012

[12] Ebenda

13 DEA und Polizei des Staates Massachusetts, Vernehmung von Stephen J. Flemmi am 29. Oktober 2003

14 Kevin Weeks, Gespräch mit den Autoren im Januar 2012

15 Kevin Weeks erinnerte sich an Gespräche mit Whitey in seiner Aussage im Prozess gegen John Connolly wegen Mitgliedschaft in einer kriminellen Vereinigung vor dem Bundesbezirksgericht in Boston im Mai 2002 und im Gespräch mit den Autoren im Januar 2012

16 John Martorano, Aussage im Prozess gegen John Connolly wegen Mordes vor dem Bezirksgericht Miami-Dade am 17. September 2008

17 Ebenda

18 Ebenda

19 Kindred, »The Hit at Southern Hills«

20 Bericht der Polizei von Tulsa über den Mord an Roger Wheeler vom Mai 1981

21 Stephen Flemmi, Aussage im Prozess gegen John Connolly wegen Mordes vor dem Bezirksgericht Miami-Dade am 22. September 2008

22 Sergeant Michael Huff (Mordkommission der Polizei in Tulsa), Brief an Bundesbezirksrichter Joseph Tauro vom 4. September 2002

23 John Morris, Aussage vor dem Bundesbezirksgericht in Boston beim Prozess gegen Connolly wegen Mitgliedschaft in einer kriminellen Vereinigung am 9. Mai 2002

24 Ebenda

25 Daniel Golden, »The Last King of Chinatown«, *Boston Globe Sunday Magazine*, 3. November 1991

26 Commonwealth gegen Salemme, Oberster Gerichtshof von Massachusetts, 1. April 1985

27 William Murphy, Gespräch mit den Autoren im Februar 2012

28 Brian Halloran, Zusammenfassung der Vernehmung durch die FBI-Agenten Leo Brunnick und Gerald Montanari am 23. Februar 1982

29 John Morris, Aussage vor dem Bundesbezirksgericht in Boston beim Prozess gegen John Connolly wegen Mitgliedschaft in einer kriminellen Vereinigung am 9. Mai 2002

30 Ebenda

31 Ebenda

32 Ebenda

[33] Stephen Flemmi, Aussage im Prozess gegen John Connolly wegen Mordes vor dem Bezirksgericht Miami-Dade am 24. September 2008. In einem Gespräch mit den Autoren im Jahr 1998 sagte Connolly, er habe erfahren, dass Halloran dem FBI etwas erzählt habe; dass Halloran zur Zusammenarbeit bereit gewesen sei, habe er jedoch erst nach dessen Ermordung erfahren, und er habe Whitey und Flemmi nie davon erzählt.

[34] Das Gespräch und die Schilderung der Ereignisse im Restaurant »Pier« stützen sich auf den Bericht »Activities of Edward Brian Halloran« der FBI-Agenten Leo E. Brunnick und Gerald J. Montanari vom 23. Juni 1982.

[35] Patricia Donahue, Gespräch mit den Autoren im Juni 2012

[36] Kevin Weeks, Aussage im Prozess gegen John Connolly wegen Mitgliedschaft in einer kriminellen Vereinigung vor dem Bundesbezirksgericht in Boston am 14. Mai 2002

[37] Kevin Weeks, Gespräch mit den Autoren im Januar 2012

[38] Kevin Weeks bei seiner Vernehmung durch die DEA und die Polizei des Staates Massachusetts am 24. Januar 2001

[39] Kevin Weeks, Aussage im Prozess gegen John Connolly wegen Mitgliedschaft in einer kriminellen Vereinigung vor dem Bundesbezirksgericht in Boston am 13. Mai 2002 und Gespräch mit den Autoren im Januar 2012

[40] Ebenda

[41] Ebenda

[42] Richter William G. Young, Bundesbezirksgericht Boston, am 1. Mai 2009

[43] Berufungsbegründungsschrift der Erben von Edward (Brian) Halloran vom 20. Januar 2010

[44] FBI-Bericht vom 11. Mai 1982

[45] Kevin Weeks, Aussage im Prozess gegen John Connolly wegen Mitgliedschaft in einer kriminellen Vereinigung vor dem Bundesbezirksgericht in Boston am 14. Mai 2002 und Gespräch mit den Autoren im Januar 2012

[46] Stephen J. Flemmi bei seiner Vernehmung durch die DEA und die Polizei des Staates Massachusetts am 29. Oktober 2003

[47] Kevin Weeks, Gespräch mit den Autoren im Januar 2012

[48] Ebenda

[49] Ebenda

[50] Patricia Donahue, Gespräch mit den Autoren im Juni 2012

[51] Kevin Weeks, Gespräch mit den Autoren im Januar 2012

52 Kevin Weeks, Aussage im Prozess gegen John Connolly wegen Mitgliedschaft in einer kriminellen Vereinigung vor dem Bundesbezirksgericht in Boston am 16. Mai 2002

53 John Morris, Aussage im Prozess gegen John Connolly wegen Mitgliedschaft in einer kriminellen Vereinigung vor dem Bundesbezirksgericht in Boston am 9. Mai 2002

54 Ebenda

55 Berufungsbegründungsschrift der Erben von Edward (Brian) Halloran vom 20. Januar 2010, 14

56 Stephen J. Flemmi bei seiner Vernehmung durch die DEA und die Polizei des Staates Massachusetts am 29. Oktober 2003

57 Ebenda

58 Stephen Flemmi, Aussage im Prozess gegen John Connolly wegen Mordes vor dem Bezirksgericht Miami-Dade am 23. September 2008

59 John Martorano, Aussage im Prozess gegen John Connolly wegen Mordes vor dem Bezirksgericht Miami-Dade am 17. September 2008

60 Ebenda

61 Ebenda

62 Stephen Flemmi, Aussage im Prozess gegen John Connolly wegen Mordes vor dem Bezirksgericht Miami-Dade am 23. September 2008

63 Whitey Bulgers FBI-Informantenakte

64 John Martorano, Aussage im Prozess gegen John Connolly wegen Mordes vor dem Bezirksgericht Miami-Dade am 17. September 2008

65 Ebenda

66 Ebenda

67 Die Gespräche und die Ereignisse rund um die Erpressung von Michael Solimando stützen sich auf die Aussage von Solimando und von Stephen Flemmi im Prozess gegen John Connolly wegen Mordes vor dem Bezirksgericht Miami-Dade im Herbst 2008 und auf das Gespräch von Kevin Weeks mit den Autoren im Januar 2012.

68 John Morris, Aussage im Prozess gegen John Connolly wegen Mitgliedschaft in einer kriminellen Vereinigung vor dem Bundesbezirksgericht in Boston am 9. Mai 2002

69 Stephen J. Flemmi bei seiner Vernehmung durch die DEA und die Polizei des Staates Massachusetts am 29. Oktober 2003

70 Berufungsbegründungsschrift der Erben von Edward (Brian) Halloran vom 20. Januar 2010

[71] Kevin Weeks, Gespräch mit den Autoren im Januar 2012

Kapitel 11: Der falsche Mann

[1] Als einer der Autoren 1986 mit Connolly in dessen FBI-Auto mitfuhr, drückte Connolly Sympathie für die IRA aus. Auf die Frage, wie er als Polizeibeamter eine Gruppe unterstützen könne, die Polizisten ermorde, antwortete Connolly, die Royal Ulster Constabulary, Nordirlands Polizei, sei korrupt und ihre überwiegend protestantischen Mitglieder diskriminierten Katholiken.

[2] O'Connor, *South Boston: My Home Town*, 121

[3] Kevin Weeks, Gespräch mit den Autoren im Januar 2012

[4] Bulger, *While the Music Lasts*, 4

[5] Kevin Cullen, »Joe Cahill, IRA Leader in Both War and Peace«, *Boston Globe*, 25. Juli 2004. Die biografischen Angaben zu Joe Cahill sind zum größten Teil enthalten in Brendan Anderson, *Joe Cahill: A Life in the IRA* (Dublin: O'Brien Press, 2002). Ergänzt wurden sie durch mehrere Gespräche zwischen Cahill und den Autoren vor seinem Tod im Jahr 2004.

[6] Joe Cahill, Gespräch mit den Autoren im Juni 1998

[7] John Hurley, Gespräch mit den Autoren im Januar 1996

[8] Berichte in den Akten des irischen Außenministeriums, Iveagh House, Dublin

[9] Kevin Weeks, Gespräch mit den Autoren im Januar 2012

[10] Patrick Nee, Gespräch mit den Autoren im Januar 2012

[11] Joe Cahill, Gespräch mit den Autoren im Juni 1998

[12] Ebenda

[13] Stephen J. Flemmi bei seiner Vernehmung durch die DEA und die Polizei des Staates Massachusetts am 29. Oktober 2003, 116

[14] Kevin Weeks, Gespräch mit den Autoren im Januar 2012

[15] Stephen J. Flemmi bei seiner Vernehmung durch die DEA und die Polizei des Staates Massachusetts am 29. Oktober 2003

[16] Ebenda. Flemmi glaubte, Connolly sei dabei gewesen, als Newton ihm und Whitey das C4 aushändigte.

[17] Kevin Weeks, Gespräch mit den Autoren im Januar 2012

[18] Patrick Nee, Gespräch mit den Autoren im Februar 2012

[19] Ein großer Teil des Berichts über die Reise der *Valhalla* stützt sich auf Gespräche mit Kevin Weeks, Patrick Nee und Gary Crossen, dem Staatsanwalt,

der den Vorgang untersuchte. Bevor Bob Andersen starb, berichtete er Nee ausführlich über die Ereignisse auf See. John McIntyre gab dem Kriminalpolizisten Dick Bergeron und dem DEA-Agenten Steve Boeri im Oktober 1994 detaillierte Informationen über die Reise. Reporter Dick Lehr beschaffte sich den Bericht darüber im Auftrag des *Boston Globe*. Weeks und Nee lieferten die meisten Hinweise auf Whiteys Beteiligung am *Valhalla*-Plan. Stephen Flemmis Vernehmung im Jahr 2003 sowie seine und Weeks Aussage bei mehreren Prozessen lieferten ebenfalls Details über die Organisation des Waffenschmuggels, die Ereignisse während der Reise und den Tod von John McIntyre.

[20] Patrick Nee, Gespräch mit den Autoren im Februar 2012

[21] Ebenda

[22] John McIntyre, Befragung durch die Polizei von Quincy und die DEA am 14. Oktober 1984

[23] Emily McIntyre, Aussage vor dem Bundesbezirksgericht in Boston im Verfahren McIntyre gegen die Vereinigten Staaten am 16. Juni 2006

[24] Patrick Nee, Gespräch mit den Autoren im Februar 2012

[25] Kevin Weeks, Gespräch mit den Autoren im Januar 2012

[26] In einem längeren Gespräch mit den Autoren im Dezember 1994 im Gefängnis berichtete Sean O'Callaghan von seinem Leben und von seinem erfolgreichen Plan, den Waffenschmuggel mit der *Valhalla* zu vereiteln. Sein Buch *The Informer* (London: Bantam Press, 1998) untermauerte seine Gespräche mit den Autoren.

[27] Sean O'Callaghan, Gespräch mit den Autoren im Dezember 1994

[28] John McIntyre, Befragung durch die Polizei von Quincy und die DEA am 14. Oktober 1984

[29] Joe Cahill, Gespräch mit den Autoren im Juni 1998

[30] Gary Crossen (ehemaliger Staatsanwalt, der im *Valhalla*-Fall ermittelte), Gespräch mit den Autoren im Dezember 1992

[31] John McIntyre, Befragung durch die Polizei von Quincy und die DEA am 14. Oktober 1984, protokolliert von Dick Bergeron

[32] Bericht des FBI-Agenten Roderick Kennedy vom 16. Oktober 1984

[33] Stephen Flemmi, Aussage vor dem Bundesbezirksgericht in Boston im Prozess McIntyre gegen die Vereinigten Staaten im Juni 2006

[34] Kevin Weeks, Gespräch mit den Autoren im Januar 2012

[35] Stephen J. Flemmi bei seiner Vernehmung durch die DEA und die Polizei des Staates Massachusetts am 29. Oktober 2003

[36] Kevin Weeks, Gespräch mit den Autoren im Januar 2012

[37] Das Gespräch und die Ereignisse, die in der Befragung beschrieben wurden, und der Bericht über den Tod von John McIntyre stützen sich auf die Aussagen von Kevin Weeks und Steve Flemmi im Juni 2006 vor dem Bundesbezirksgericht in Boston und auf Gespräche der Autoren mit Weeks im Januar 2001 und mit Nee im Februar 2012.

Kapitel 12: Im Geisterhaus

[1] Kevin Weeks, Gespräch mit den Autoren im Januar 2012

[2] Ebenda

[3] Whitey Bulgers FBI-Informantenakte

[4] John Morris, Aussage vor Richter Mark Wolf im Bundesbezirksgericht in Boston am 29. April 1998

[5] Gerald Clemente, Gespräch mit den Autoren im März 1998

[6] Weeks und Karas, *Brutal*, 109

[7] Kevin Weeks, Gespräch mit den Autoren im Januar 2012

[8] Stephen Flemmi, Aussage vor dem Bundesbezirksgericht in Boston im Juli 2009

[9] Weeks und Karas, *Brutal*, 111, und Kevin Weeks, Gespräch mit den Autoren im Januar 2012

[10] Kevin Weeks, Gespräch mit den Autoren im Januar 2012

[11] Tom Hussey, Gespräch mit den Autoren im Juni 2009

[12] Stephen J. Flemmi bei seiner Vernehmung durch die DEA und die Polizei des Staates Massachusetts am 29. Oktober 2003, 111. Flemmis Sohn William St. Croix sagte, Flemmi habe schlecht über seine Schwester geredet, um ihre Ermordung zu rechtfertigen.

[13] Marion Hussey, Aussage vor dem Bundesbezirksgericht in Boston am 20. Juli 2009

[14] Ebenda

[15] Kevin Weeks, Gespräch mit den Autoren im Januar 2012

[16] Whitey Bulger beteuerte Freunden gegenüber immer wieder, er habe Debbie Hussey und Debra Davis nicht getötet. Beim Mord an Davis war Flemmi der einige Zeuge. Über die Ermordung von Hussey machten Weeks und Flemmi ähnliche Aussagen.

[17] Kevin Weeks, Gespräch mit den Autoren im Januar 2012

[18] Kevin Weeks, Vernehmung durch die Polizei im Januar 2001 und Gespräch mit den Autoren im Januar 2012

[19] Kevin Weeks, Gespräch mit den Autoren im Januar 2012

[20] Kevin Weeks, Vernehmung durch die Polizei im Januar 2001, und Stephen J. Flemmi bei seiner Vernehmung durch die DEA und die Polizei des Staates Massachusetts am 29. Oktober 2003

[21] Kevin Weeks, Gespräch mit den Autoren im Januar 2012

[22] Ebenda

[23] Ebenda

[24] Stephen Rakes, Gespräch mit den Autoren im Mai 2001

[25] Joe Lundbohm und John Connolly, Gespräche mit den Autoren im Mai 1998

[26] Kevin Weeks, Gespräch mit den Autoren im Januar 2012

[27] Ebenda

[28] William St. Croix (Steve Flemmis Sohn), Gespräch mit den Autoren im Dezember 2011

[29] Teresa Stanley, Gespräche mit den Autoren im April 1998, September 2009 und Januar 2012

[30] Kevin Weeks, Gespräch mit den Autoren im Januar 2012

[31] Raymond Slinger, Zeugenaussage vor dem Bundesbezirksgericht Boston am 23. September 1998

[32] Ebenda. Weeks behauptete in einem Gespräch mit den Autoren im Januar 2012, Whitey habe ihn gebeten, Slinger ein Bier zu bringen.

[33] John Newton, Aussage vor dem Bundesbezirksgericht in Boston während der Verhandlungen vor Richter Wolf im Mai 1998

[34] Roderick Kennedy, Aussage vor dem Bundesbezirksgericht in Boston während der Verhandlungen vor Richter Wolf im April 1998

[35] Gespräche der Autoren im Dezember 1986 mit einer Frau aus South Boston, die an der Hochzeit teilnahm und anonym bleiben wollte

[36] Dan und Nancy Yotts, Gespräch mit den Autoren im Dezember 1987

[37] Ebenda

[38] Whitey Bulgers FBI-Informantenakte

[39] Paul Corsetti, Gespräch mit den Autoren 1988 und im Oktober 1997

[40] Ebenda

41   Whitey Bulgers FBI-Informantenakte. Ein Richter, der den Zivilprozess lei-
     tete, den Louis Litifs Familie angestrengt hatte, entschied, dass Whitey Litifs
     Mörder war, er wurde jedoch nie wegen dieser Tat angeklagt.

42   Bob Long und Jack O'Malley (pensionierte Kriminalpolizisten), Gespräche
     mit den Autoren im Oktober 1988

43   John Connolly, Gespräch mit den Autoren im Februar 1998

44   John Morris, Aussage vor dem Bundesbezirksgericht in Boston am 9. Mai
     2002

45   Anthony Cardinale, Gespräch mit den Autoren im Juni 2011

46   Dick Lehr und Kevin Cullen, »Liquor Purchase Fuels Friction over FBI-
     Whitey Tie«, *Boston Globe*, 11. November 1990

47   Thomas Cahill zu einem verdeckten Ermittler der DEA, zitiert in einer eides-
     stattlichen Erklärung von James Carr, Kriminalpolizist in Boston, im Febru-
     ar 1989

48   Mitchell Zuckoff, »FBI in Denial as Bulger Breaks Drug Pact in Southie«,
     Boston Globe, 23. Juli 1998 (Teil der Serie des Spotlight-Teams)

49   John Martorano, Aussage vor dem Bundesbezirksgericht in Boston im Mai
     2002. Connolly bestritt, den Ring erhalten zu haben, und wurde von einem
     Geschworenengericht in diesem Punkt freigesprochen.

50   John Connolly, Gespräch mit den Autoren im Februar 1998

51   William Sessions, Brief an John Connolly vom 5. Oktober 1990

52   Shelley Murphy, »Judge Denies Ex-Agent's Effort to Bar Key Prosecution Evi-
     dence«, *Boston Globe*, 10. April 2002

53   Howie Carr, *The Brothers Bulger: How They Terrorized and Corrupted Boston
     for a Quarter Century* (New York: Warner Books, 2006), 254

54   Dick Lehr und Gary S. Chafez, »Crime Figure Invests $1M in Back Bay«,
     Boston Globe, 6. Dezember 1993

55   Aktenvermerk vom 9. Februar 2001 des Staatsanwalts vor dem Bundesbe-
     zirksgericht in Boston, bei dem es um die Beschlagnahme von Whitey Bul-
     gers Lotteriegewinn ging

56   Tom Lyons, ehemaliger stellvertretender Beauftragter für Veteranenbelange
     der Stadt Boston, Gespräch mit den Autoren im August 2012

57   William Murphy (ehemaliger Fallschirmjäger, der Whitey bei der Zusam-
     menkunft traf), Gespräch mit den Autoren im Juli 1990

58   Thomas J. Foley und John Sedgwick, *Most Wanted: Pursuing Whitey Bulger,
     the Murderous Mob Chief the FBI Secretly Protected* (New York: Simon &
     Schuster, 2012), 37

59 Tom Foley, Gespräch mit den Autoren im Januar 2010

60 Ebenda

61 Ebenda

62 Matthew Brelis, »Chelsea Tavern Owner Guilty of Racketeering«, *Boston Globe*, 20. Februar 1993

63 Paul Langner, »Café Owner Is Charged with Running Mob ›Bank‹«, *Boston Globe*, 11. Mai 1990

64 Michael London in abgehörten Gesprächen, zitiert im Urteil vom 9. Dezember 1986

65 Tom Foley, Gespräch mit den Autoren im Januar 2010

66 Ebenda

67 Ebenda

68 Ebenda

69 Pat Greaney, Gespräch mit den Autoren im Januar 2010

70 Ebenda

Kapitel 13: Ein Vorsprung

1 John Morris, Aussage vor dem Bundesbezirksgericht in Boston am 9. Mai 2002

2 Teresa Stanley, Gespräche mit den Autoren im Oktober 2011 und im Januar 2012

3 Ebenda

4 Kevin Weeks, Gespräche mit den Autoren im Januar und Mai 2012; Teresa Stanley, Gespräche mit den Autoren im Oktober 2011 und im Januar 2012

5 Kevin Weeks, Gespräch mit den Autoren im Mai 2012

6 Teresa Stanley, Gespräch mit den Autoren im Oktober 2011

7 Kevin Weeks, Gespräch mit den Autoren im Mai 2012

8 Donald K. Stern, Aussage vor dem Bundesbezirksgericht in Boston beim Prozess gegen Connolly wegen Mitgliedschaft in einer kriminellen Vereinigung am 8. Mai 2002

9 Wetterbericht für Boston, *Boston Globe*, 23. Dezember 1994

10 Der Dialog in dieser Szene wurde mehreren Gesprächen mit Kevin Weeks entnommen. Er wird bestätigt durch Weeks' Aussage im Mai 2002 vor dem Bundesbezirksgericht in Boston beim Prozess gegen John Connolly wegen Mitgliedschaft in einer kriminellen Vereinigung.

[11] Dennis O'Callaghan (inzwischen verstorben) bestritt in einem Gespräch mit den Autoren am 15. Mai 2002 und in seiner Aussage am 20. Mai 2002 vor dem Bundesbezirksgericht in Boston beim Prozess gegen John Connolly wegen Mitgliedschaft in einer kriminellen Vereinigung, die undichte Stelle gewesen zu sein. Er wurde nie deswegen angeklagt.

[12] Teresa Stanley, Aussage während der Verhandlungen vor Richter Mark Wolf am Bundesbezirksgericht in Boston am 18. September 1998 sowie im Prozess gegen John Connolly wegen Mitgliedschaft in einer kriminellen Vereinigung vor dem Bundesbezirksgericht in Boston am 16. Mai 2002

[13] Kevin Weeks, Gespräch mit den Autoren im Januar 2012 und im Prozess gegen John Connolly wegen Mitgliedschaft in einer kriminellen Vereinigung vor dem Bundesbezirksgericht in Boston im Mai 2002. Stephen Flemmi bestätigte das Gespräch in seinen Aussagen bei mehreren Prozessen, unter anderem im Verfahren gegen John Connolly wegen Mordes vor dem Bezirksgericht Miami-Dade im September 2008. Der ehemalige Polizeileutnant Richard Schneiderhan wurde 2003 zu 18 Monaten Gefängnis verurteilt, weil er Weeks und Flemmi mit Informationen versorgt hatte.

[14] Kevin Weeks im Prozess gegen John Connolly wegen Mitgliedschaft in einer kriminellen Vereinigung vor dem Bundesbezirksgericht in Boston am 15. Mai 2002

[15] Mike Brassfield, »Elusive Neighbor Keeps the FBI at Bay«, *St. Petersburg Times*, 27. April 1998

[16] Tom Foley, Gespräch mit den Autoren im Januar 2010

[17] Tom Duffy, Gespräch mit den Autoren im Oktober 2012

[18] Tom Foley, Gespräch mit den Autoren im Januar 2010

[19] Tom Foley und Pat Greaney, Gespräche mit den Autoren im Januar 2010

[20] Kevin Weeks, Gespräch mit den Autoren im Januar 2012

[21] Tom Foley, Gespräch mit den Autoren im Januar 2010

[22] Ebenda. Der pensionierte FBI-Agent Mike Buckley reagierte nicht auf mehrere Bitten um Stellungnahme.

[23] Shelley Murphy, »Retired FBI Agent Contradicts Bulger«, *Boston Globe*, 28. Juni 2003

[24] William Bulger, Aussage vor dem Großen Geschworenengericht in Boston am 5. April 2001 und vor dem Ausschuss des Repräsentantenhauses für Verwaltungsreformen am 19. Juni 2003

[25] William Bulger, Aussage vor dem Großen Geschworenengericht in Boston am 5. April 2001

[26] Kevin Weeks, Gespräch mit den Autoren im Mai 2012

[27] John Connolly, Gespräch mit den Autoren im Dezember 2008

[28] Ebenda

[29] John Morris, Aussage vor dem Bundesbezirksgericht in Boston am 28. April 1998

[30] Whitey Bulger, Brief an Richard Sunday vom 17. Mai 2012

[31] Ebenda

[32] John Morris, Aussage vor dem Bundesbezirksgericht in Boston am 28. April 1998

[33] Ebenda

[34] Whitey Bulger, Brief an Richard Sunday vom 17. Mai 2012

[35] Ebenda

[36] Kevin Weeks, Gespräch mit den Autoren im Januar 2012

[37] Teresa Stanley, Gespräch mit den Autoren im April 1998

[38] Antrag der Regierung in den Akten des Prozesses Vereinigte Staaten gegen Catherine E. Greig vor dem Bundesbezirksgericht in Boston, 8. Juni 2012; NBC News, *Today*, »Sister of Mobster's Girlfriend: ›He Was a Gentleman‹«, 22. Juni 2012

[39] Kevin Weeks, Gespräch mit den Autoren im Januar 2012

[40] Whitey Bulger, Brief an Richard Sunday vom 23. März 2012

[41] Shelley Murphy verbrachte im Dezember 1997 mehrere Tage in Grand Isle und interviewte die Familie Gautreaux, deren Schwiegerfamilie und andere Einwohner. Das Gespräch und die Geschichten, über die hier berichtet wird, stützen sich auf diese Interviews: Shelley Murphy, »Whitey Bulger's Life on the Run: Fugitive's Trail Crisscrosses U.S.«, *Boston Globe*, 4. Januar 1998

[42] Penny Gautreaux, Gespräch mit den Autoren im Dezember 1997

[43] Ebenda

[44] FBI-Agent Michael Carazza, Aussage bei der Anhörung vor dem Haftrichter am Bundesbezirksgericht in Boston in Sachen Catherine Greig am 13. Juli 2011

[45] Thomas Rudolph, Gespräch mit den Autoren im Dezember 1997

[46] Penny Gautreaux, Gespräch mit den Autoren im Dezember 1997

[47] Whitey Bulger, Brief an Richard Sunday vom 23. März 2012

[48] Roscoe Besson jun., Gespräch mit den Autoren im Dezember 1997

[49] Kevin Weeks, Gespräch mit den Autoren im Januar 2012

[50] Alan Thistle, Gespräch mit den Autoren im Februar 2004; Shelley Murphy, »Informant in Bulger Case Embraced Work for FBI«, *Boston Globe*, 21. März 2004

[51] Ebenda

[52] Dieser Dialog stützt sich auf Gespräche der Autoren mit Kevin Weeks im Januar 2012 und mit Teresa Stanley im April 1998 und im März 2004

[53] Ebenda

[54] Kevin Weeks, Gespräch mit den Autoren im Januar 2012

[55] Antrag der Regierung im Prozess Vereinigte Staaten gegen John P. Bulger vor dem Bundesbezirksgericht in Boston, 20. August 2003

[56] Teresa Stanley, Gespräch mit den Autoren im April 1998

[57] Kevin Weeks, Gespräch mit den Autoren im Januar 2012

[58] Ebenda

[59] Gespräche der Autoren mit mehreren Polizeibeamten, 2004 und 2012

[60] Foley und Sedgwick, *Most Wanted*, 163

[61] Kevin Weeks, Gespräch mit den Autoren im Januar 2012

[62] FBI-Agent Michael Carazza, Aussage bei der Anhörung vor dem Haftrichter am Bundesbezirksgericht in Boston in Sachen Catherine Greig am 11. Juli 2011

[63] Der pensionierte Kriminalpolizist Charles »Chip« Fleming (ehemaliges Mitglied der Einsatzgruppe Bulger) in einem Gespräch mit den Autoren im Januar 2012

[64] Ebenda

[65] Weeks und Karas, *Brutal*, 235

[66] Kevin Weeks, Gespräch mit den Autoren im Januar 2012

Kapitel 14: Wo ist Whitey?

[1] Shelley Murphy und Maria Cramer, »Whitey in Exile: The Inside Story of His Fugitive Years and His Unlikely Capture«, *Boston Globe*, 9. Oktober 2011

[2] Presseerklärung des FBI in Boston vom 5. April 2000

[3] FBI-Agent Walter J. Steffens jun. vor dem Bundesbezirksgericht in Boston am 11. August 1998

[4] Kenneth J. Fishman (Richter und ehemaliger Anwalt, der Flemmi verteidigte), Aussage vor dem Bezirksgericht Miami-Dade am 25. September 2008

[5] Kevin Weeks, Aussage vor dem Bundesbezirksgericht in Boston beim Prozess gegen John Connolly wegen Mitgliedschaft in einer kriminellen Vereinigung im Mai 2002

[6] Ebenda

[7] Stephen Flemmi, Aussage im Prozess gegen John Connolly wegen Mordes vor dem Bezirksgericht Miami-Dade am 23. September 2008

[8] Richter Mark Wolf, Beschluss im Verfahren Vereinigte Staaten gegen Salemme und andere am 19. September 1999

[9] Richter Mark Wolf, Urteilsbegründung im Fall Stephen Flemmi vor dem Bundesbezirksgericht in Boston am 21. August 2001

[10] Donald K. Stern, Pressekonferenz am 9. September 1999, über die die Autoren berichteten

[11] David Wheeler, Gespräch mit den Autoren im März 2007

[12] Kevin Weeks, Gespräch mit den Autoren im Januar 2012

[13] Ebenda

[14] Ebenda

[15] Ebenda

[16] Ermittlungsbericht der Polizei des Staates Massachusetts vom 13. Januar 2000

[17] Frank Salemme, Aussage vor dem Bundesbezirksgericht in Boston beim Prozess gegen John Connolly wegen Mitgliedschaft in einer kriminellen Vereinigung am 17. Mai 2002

[18] Rechtsanwalt Robert Popeo, zitiert in Shelley Murphy, »Ex-FBI Agent Joins Heads with Gangster«, *Boston Globe*, 4. Januar 2000

[19] William Bulger, Aussage vor dem Großen Geschworenengericht in Boston am 5. April 2001

[20] John Connolly, Gespräch mit den Autoren im Mai 2002

[21] Thanassis Cambanis, »Letters from Hollywood Support Connolly«, *Boston Globe*, 10. August 2002

[22] Joan Costin, Brief an Richter Joseph Tauro, enthalten in Connollys Antrag an das Gericht vom 11. September 2002

[23] Connollys Antrag an das Gericht vom 11. September 2002

[24] John Connolly, Gespräch mit den Autoren im Mai 2002

[25] David Boeri in den Nachrichten auf WCVB Channel 5 am 4. Oktober 2000

[26] Shelley Murphy, »FBI Gets Help in Bulger Search«, *Boston Globe*, 14. November 2000

[27] Thomas Larned, FBI-Agent, der die Einsatzgruppe Bulger leitete, in einem Gespräch mit den Autoren im September 2002; Shelley Murphy, »Hunt for ›Whitey‹ Bulger Still Alive«, *Boston Globe*, 5. September 2002

[28] Shelley Murphy, »Whitey Bulger Reported Seen on London Street«, *Boston Globe*, 3. Januar 2003

[29] Britischer Geschäftsmann, der anonym bleiben wollte, in einem Gespräch mit den Autoren im Dezember 2002

[30] FBI-Bericht vom 28. Juni 2000

[31] Shelley Murphy, »Gangster Listed Brother's Name on Deposit Box«, *Boston Globe*, 3. Januar 2003

[32] Shelley Murphy, »Terror War Slows Hunt for Bulger«, *Boston Globe*, 19. Dezember 2004

[33] Urteile in den Verfahren Vereinigte Staaten gegen Margaret McCusker und Vereinigte Staaten gegen Kathleen McDonough vor dem Bundesbezirksgericht in Boston im Mai 1999

[34] William Chase (pensionierter Leiter der FBI-Außenstelle Boston), Gespräch mit den Autoren im Mai 2012

[35] Charles »Chip« Fleming, Gespräch mit den Autoren im Januar 2012; Informationen der Einsatzgruppe Bulger auf einer Pressekonferenz zum zehnten Jahrestag seines Verschwindens

[36] Kevin Weeks, Aussage vor dem Bundesbezirksgericht in Boston am 12. März 2003

[37] Whitey Bulger, Brief an Richard Sunday mit Poststempel vom 20. April 2012

[38] Ebenda

[39] Bill Bulger, Erklärung für die Medien am 2. Juni 2003

[40] Der Kneipenbesitzer sprach 1996 mit den Autoren, wollte aber anonym bleiben

[41] Gespräche mit mehreren Polizeibeamten, darunter der pensionierte Polizeioberst Tom Foley, im Januar 2010

[42] »Condominium Trends«, Amt für Stadtteilentwicklung der Stadt Boston, Juli 2000

[43] Cindy Rodriguez, »Minorities Are Hub Majority, Census Finds«, *Boston Globe*, 22. März 2001

[44] Zahlen des Statistischen Bundesamtes der USA, zitiert im South Boston Planning District, Boston Redevelopment Authority, März 2011

[45] Keith Messina, Gespräch mit den Autoren im September 2011

[46] Gary Steiner, Gespräch mit den Autoren im Januar 2012

47 David Boeri, »We Found Whitey … and He's Still Missing«, *The Phoenix*, 4. Januar 2007

48 FBI-Presseerklärung: »The Whitey Bulger Case: New Campaign Focuses on Mobster's Companion«, 20. Juni 2011

49 Die Autoren berichteten über den Mordprozess gegen John Connolly in Miami und waren bei der Urteilsverkündung am 6. November 2008 im Gerichtssaal.

50 Die Autoren sprachen mit den Staatsanwälten während einer inoffiziellen Feier am 6. November 2008 in South Beach nach Connollys Verurteilung.

Kapitel 15: Ruhesitz St. Monica

1 Antrag der Regierung im Verfahren Vereinigte Staaten gegen Catherine E. Greig vor dem Bundesbezirksgericht Boston am 8. Juni 2012

2 Birgitta Farinelli, Gespräche mit den Autoren im Juli und August 2011

3 Antrag der Regierung im Verfahren Vereinigte Staaten gegen Catherine E. Greig vor dem Bundesbezirksgericht Boston am 8. Juni 2012

4 Mieterschutzakten von Santa Monica für den Wohnkomplex Princess Eugenia im Rathaus

5 Birgitta Farinelli, Aussage vor dem Großen Geschworenengericht des Bundesbezirksgerichts Boston am 4. August 2011 und Gespräche mit den Autoren im Juni und August 2011

6 Antrag der Regierung im Verfahren Vereinigte Staaten gegen Catherine E. Greig vor dem Bundesbezirksgericht Boston am 8. Juni 2012, 8; Teresa Stanley, Gespräch mit den Autoren im Juli 2011

7 Whitey Bulger, Brief an Richard Sunday vom 20. Mai 2012

8 Murphy und Cramer, »Whitey in Exile«

9 Gespräch des FBI mit Joshua Bond, dem Hausmeister im Wohnkomplex Princess Eugenia, am 28. Juli 2011

10 Birgitta Farinelli, Gespräche mit den Autoren im Juli und August 2011

11 Vertrauliche Quelle, Gespräch mit den Autoren im Jahr 2012

12 Whitey Bulger, Brief an Richard Sunday vom 17. Mai 2012

13 Ebenda

14 Joshua Bond, Gespräch mit den Autoren im Juni 2011

15 Gespräch des FBI mit Joshua Bond am 6. Juli 2011

16 Murphy und Cramer, »Whitey in Exile«

[17] Unter den Büchern waren auch die von Kevin Weeks, seiner langjährigen rechten Hand, von Patrick Nee, einem Rivalen, der zunächst zum Komplizen, dann zum erbitterten Feind wurde, und von John »Red« Shea. Shea wurde wegen Mitgliedschaft in einem Drogenring, der Schutzgeld an Whitey zahlte, verurteilt.

[18] Whitey Bulger, Brief an Richard Sunday vom 9. Juli 2012

[19] Murphy und Cramer, »Whitey in Exile«

[20] Birgitta Farinelli, Gespräche mit den Autoren im Juli und August 2011

[21] Murphy und Cramer, »Whitey in Exile«

[22] Ebenda

[23] Eidesstattliche Erklärung des FBI-Agenten Philip J. Torsney im Verfahren Vereinigte Staaten gegen Catherine E. Greig vor dem Bundesbezirksgericht Boston am 7. Juni 2012

[24] Murphy und Cramer, »Whitey in Exile«

[25] Ebenda

[26] Whitey Bulger, Brief an Richard Sunday vom 30. Juni 2012

[27] Janus Goodwin, Gespräch mit den Autoren im Juli 2011

[28] Dokumente der Staatsanwaltschaft im Verfahren Vereinigte Staaten gegen Catherine E. Greig, 2012; Murphy und Cramer, »Whitey in Exile«

[29] Maria Cramer, »Down-on-His-Luck Vet Befriended by Bulger«, *Boston Globe*, 9. Oktober 2011

[30] Dokumente der Staatsanwaltschaft im Verfahren Vereinigte Staaten gegen Catherine E. Greig, 2012

[31] Murphy und Cramer, »Whitey in Exile«

[32] Ebenda; Akten der kalifornischen Kraftfahrzeugbehörde

[33] Eidesstattliche Erklärung des FBI-Agenten Philip J. Torsney im Verfahren Vereinigte Staaten gegen Catherine E. Greig vor dem Bundesbezirksgericht Boston am 7. Juni 2012; Gespräche und Berichte der Reporter des *Boston Globe* Maria Cramer und Shelley Murphy

[34] Polizeibeamte teilten den Autoren mit, Whitey habe nach seiner Festnahme im Juni 2011 emotional betroffen gewirkt, wenn er über Lawlor und dessen Tod sprach.

[35] Dokumente der Staatsanwaltschaft im Verfahren Vereinigte Staaten gegen Catherine E. Greig, 2012; Dokumente des Gerichtsmediziners des Bezirks Los Angeles zu Sidney Joe Terry, der im Juli 2011 starb

[36] Dokumente der Staatsanwaltschaft im Verfahren Vereinigte Staaten gegen Catherine E. Greig, 2012

37 Gespräche der Autoren und der *Boston-Globe*-Reporterin Maria Cramer mit Polizeibeamten und Whiteys Nachbarn in Santa Monica, Juni bis Oktober 2011

38 Rechtsanwalt Richard Lane aus South Boston in der WBZ-Radiosendung *Nightside with Dan Rea* im Juli 2012. Später erklärte Lane gegenüber den Autoren, er sei nicht sicher, ob Whitey und Greig Pistone oder einen anderen pensionierten Polizeibeamten gesehen hätten.

39 Dokumente der Staatsanwaltschaft im Verfahren Vereinigte Staaten gegen Catherine E. Greig, 2012; Kevin Reddington (Greigs Anwalt), Gespräch mit den Autoren im Juni 2011

40 Maria Cramer und Shelley Murphy, »For Neighbors in Calif., Memories Now Seem Surreal«, *Boston Globe*, 25. Juni 2011

41 Janus Goodwin, Gespräch mit den Autoren und Maria Cramer im Juli 2011

42 Birgitta Farinelli, Gespräch mit den Autoren im Juli 2011

43 Murphy und Cramer, »Whitey in Exile«

44 Nachbarin, die anonym bleiben wollte, in einem Gespräch mit den Autoren im Juli 2011

45 Enrique Sanchez, Gespräch mit der *Boston-Globe*-Reporterin Maria Cramer im Juli 2011

46 Joshua Bond, Gespräche mit den Autoren und Maria Cramer im Juni und Juli 2011

47 Joshua Bond, Aussage vor dem Großen Geschworenengericht des Bundesbezirksgerichts Boston am 28. Juli 2011

48 Gespräch des FBI mit Joshua Bond am 28. Juli 2011

49 Joshua Bond, Gespräche mit den Autoren und Maria Cramer im Juni und Juli 2011

50 Dokumente der Staatsanwaltschaft im Verfahren Vereinigte Staaten gegen Catherine E. Greig, 2012; Kevin Reddington (Greigs Anwalt), Gespräch mit den Autoren im Juni 2012

51 Nachbarin, die anonym bleiben wollte, in einem Gespräch mit den Autoren im Juli 2011

52 Gespräche der Autoren mit John Connolly im Februar 1998 und mit Kevin Weeks im September 2012. Ihrer Aussage nach fütterte Whitey im Winter 1990 eine streunende Katze, die in einem Schuppen hinter Teresa Stanleys Haus in Southie Junge geworfen hatte, und stellte einen Heizapparat in den Schuppen, damit sie es warm hatten.

53 Murphy und Cramer, »Whitey in Exile«

54 Gespräch der Autoren mit einem Polizisten, der anonym bleiben wollte, im März 2013

55 Enrique Sanchez, Gespräch auf Spanisch mit der *Boston-Globe*-Reporterin Maria Cramer im Juli 2011

56 Gespräche der Autoren und von Maria Cramer mit Nachbarn, Juni bis Oktober 2011; Dokumente der Staatsanwaltschaft im Verfahren Vereinigte Staaten gegen Catherine E. Greig, 2012

57 Gespräch des FBI mit der Zahnärztin Rosita D. Tan, am 26. Januar 2012

58 Antrag der Regierung in den Akten des Prozesses Vereinigte Staaten gegen Catherine E. Greig vor dem Bundesbezirksgericht in Boston, 8. Juni 2012

59 Dokumente der Staatsanwälte im Prozess Vereinigte Staaten gegen Catherine E. Greig, Gerichtsakten

60 Gespräch des FBI mit Dr. Rezza Ray Ehsan am 19. Juli 2011

61 Wendy Farnetti, Aussage vor dem Bundesbezirksgericht Boston am 19. Juni 2011

62 Ebenda

63 Patrick Nee schrieb in *A Criminal & an Irishman*, Whitey habe sexuelle Kontakte zu Männern gehabt. In seinem häufig kritisierten *Street Soldier* behauptete Ed MacKenzie, Whitey sei pervers gewesen und habe Sex mit minderjährigen Mädchen gehabt. Zwar gibt es viele Gerüchte über Whiteys sexuelle Neigungen, aber einige der Menschen, die ihm am nächsten standen, darunter seine langjährige Freundin Teresa Stanley, beharrten darauf, dass er heterosexuell sei. Laut Weeks war die jüngste Sexpartnerin von Whitey, die er gekannt habe, eine 16-jährige gewesen. Whitey sei damals in den Vierzigern gewesen.

64 Eidesstattliche Aussage des FBI-Agenten Philip J. Torsney in den Gerichtsakten des Prozesses Vereinigte Staaten gegen Catherine E. Greig, 7. Juni 2012

65 Whitey Bulger, Brief an Richard Sunday vom 17. Mai 2012

66 Ebenda

Kapitel 16: Uneingeschränkte Schlechtigkeit

1 Dieser Bericht über die Folgen, die Michael Donahues Ermordung für seine Familie hatte, stützt sich auf Gespräche der Autoren mit den Angehörigen im Juni 2012: Patricia, Tommy, Michael jun. und Shawn.

[2] William St. Croix (Steve Flemmis Sohn), Gespräch mit den Autoren im Dezember 2011; Murphy, »Breaking Silence, Flemmi Son Says Gangster's Kin Also Victims«

[3] Diesen Betrag forderten die Familien der von Whitey und Flemmi ermordeten Menschen zwischen 2001 und 2003 vor dem Bundesbezirksgericht in Boston insgesamt.

[4] Lawrence Wheeler, Gespräch mit den Autoren im Februar 2004

[5] Jeffrey S. Bucholtz, Plädoyer vor dem Bundesberufungsgericht in Boston am 2. März 2004

[6] Thomas M. Bondy, Plädoyer vor dem Bundesberufungsgericht in Boston am 4. März 2008

[7] Donald K. Stern, Gespräch mit den Autoren im August 2012

[8] Eröffnungsplädoyer von Bridget Bailey Lipscomb, der Vertreterin des Justizministeriums, vor dem Bundesbezirksgericht in Boston, 5. Juni 2006

[9] Whitey Bulger behauptete 1983 in einem Gespräch mit FBI-Agenten, Michael Donahue habe das Fluchtauto gefahren, nachdem Brian Halloran 1981 in einem Restaurant in Chinatown einen verurteilten Drogenhändler erschossen habe. Andere Verbrecher und sogar FBI-Agenten wiederholten diesen Vorwurf, der jedoch haltlos war.

[10] Shelley Murphy, »Mob Victim's Mother Takes Stand«, *Boston Globe*, 17. Juni 2006

[11] Schriftsatz zur Begründung des Kostenerstattungsantrags der Kläger in Sachen John L. McIntyre, Erben, gegen die Vereinigten Staaten von Amerika vor dem Bundesbezirksgericht in Boston, 14. Februar 2007

[12] Bezirksrichter William G. Young am 21. Dezember 2011. Bridget Bailey Lipscomb, die Vertreterin des Justizministeriums, reagierte nicht auf mehrere Anrufe und E-Mails, in denen sie zu einer Stellungnahme aufgefordert wurde.

[13] Murphy, »Mob Victim's Mother Takes Stand«

[14] Tom Donahue, Gespräch mit den Autoren im Mai 2009

[15] Bruce Selya und Jeffrey Howard, Mehrheitsmeinung in Donahue gegen die Vereinigten Staaten am 11. Februar 2011

[16] Juan Torruella, abweichende Meinung in Donahue gegen die Vereinigten Staaten am 11. Februar 2011

[17] William St. Croix (Steve Flemmis Sohn), Gespräch mit den Autoren im Dezember 2011

[18] Lawrence Eiser vor dem Bundesbezirksgericht in Boston am 5. November 2009, zitiert in Shelley Murphy, »Kin of Flemmi's Victims Argue for Damages«, *Boston Globe*, 6. November 2009

[19] Tom Donahue, Gespräch mit den Autoren im Juni 2012

Kapitel 17: Gefangen: Der Mann ohne Vaterland

[1] Jason Islas, »Santa Monica Reacts to bin Laden's Death«, *Santa Monica Lookout*, 3. Mai 2011

[2] Barbara Gluck, Gespräch mit der *Boston-Globe*-Reporterin Maria Cramer im Juli 2011; Murphy und Cramer, »Whitey in Exile«

[3] Murphy und Cramer, »Whitey in Exile«

[4] Wendy Farnetti, Aussage vor dem Großen Geschworenengericht am Bundesbezirksgericht in Boston, 21. Juli 2011

[5] David Taylor, Gespräch mit den Autoren im April 2012

[6] Jonathan Mitchell, Gespräch mit den Autoren im Juni 2012. Mitchell war sieben Jahre lang Mitglied der Einsatzgruppe und verließ das Büro der Staatsanwaltschaft nur eine Woche vor Whiteys Verhaftung.

[7] CBS, *48 Hours Mystery*, Oktober 2010

[8] Shelley Murphy und Maria Cramer, »TV Ads Are Latest Tactic in Hunt for Bulger«, *Boston Globe*, 21. Juni 2011

[9] Whitey Bulger, Brief an Richard Sunday mit Poststempel vom 20. April 2012

[10] Eidesstattliche Aussage des FBI-Agenten Philip J. Torsney im Prozess Vereinigte Staaten gegen Catherine E. Greig am 7. Juni 2012

[11] Joshua Bond, Aussage vor dem Großen Geschworenengericht am Bundesbezirksgericht in Boston, 28. Juli 2011. Das in diesem Abschnitt zitierte Gespräch stützt sich auf Bonds Aussage am 28. Juli und auf FBI-Protokolle von Gesprächen mit Bond am 6., 8. und 28. Juli 2011

[12] Die Schilderung der Festnahme Whitey Bulgers und der Gespräche stützt sich auf Gespräche der Autoren mit Janus Goodwin, einer Nachbarin, die die Festnahme beobachtete, auf Gespräche mit Polizisten und auf einen Brief, den Whitey Bulger im Juni 2011 an Richard Sunday schickte.

[13] Janus Goodwin, Gespräch mit den Autoren im Juli 2011.

[14] Joshua Bond, Aussage vor dem Großen Geschworenengericht am Bundesbezirksgericht in Boston, 28. Juli 2011

[15] Eidesstattliche Aussage des FBI-Agenten Philip J. Torsney im Prozess Vereinigte Staaten gegen Catherine E. Greig am 7. Juni 2012

16 Tom Donahue, Gespräch mit den Autoren im Juni 2011

17 Eidesstattliche Aussage des FBI-Agenten Philip J. Torsney im Prozess Vereinigte Staaten gegen Catherine E. Greig am 7. Juni 2012

18 Quellen, die über Whitey Bulgers Aussagen informiert wurden, Gespräche mit den Autoren 2011 und 2012

19 Tom Donahue, Gespräch mit den Autoren im Juni 2011

20 Der Abschnitt über die Zustände in der Vollzugsanstalt des Bezirks Plymouth und Whiteys Meinung dazu basiert auf Gesprächen der Autoren mit Richard Sunday im Januar 2012, mit Jerry Champion im Februar 2012 und mit Beamten im Sheriffbüro des Bezirks Plymouth; außerdem auf Briefen, die Whitey im August und September 2011 an Champion und zwischen März und Mai 2012 an Sunday schickte. Eine weitere Quelle war ein Video der Strafanstalt, veröffentlicht auf der Website der Zeitung *The Enterprise* in Brockton, Massachusetts, am 7. Mai 2009.

21 Whiteys Ansichten über seinen Platz in der Geschichte von Alcatraz und über Personen, die mit seinem Ruhm Geld verdienten, ergaben sich aus Gesprächen der Autoren mit Richard Sunday im Januar 2012 und mit Jerry Champion im Februar 2012 sowie aus Briefen, die Whitey 2011 und 2012 an Sunday und Champion schickte.

22 Die Beschreibung der Gefühle, die Whitey für Cathy Greig empfand, und seiner Abrechnung mit Teresa Stanley stützen sich auf Gespräche der Autoren mit Stanley und Richard Sunday, auf Briefe, die Whitey zwischen April und Juli 2012 an Sunday schickte, und auf ein Gespräch, das die *Boston-Globe*-Reporterin Maria Cramer im Juli 2011 mit Enrique Sanchez führte.

23 Jerry Champion, Gespräch mit den Autoren im Februar 2012; Brief von Whitey Bulger an Champion vom September 2011

24 Die Informationen über Whiteys Beziehung zu Richard Sunday basieren auf Gesprächen der Autoren mit Sunday und auf Briefen, die Whitey zwischen März und Juli 2012 an Sunday schrieb.

25 Der Abschnitt über Catherine Greigs Verteidigung und ihre Verurteilung sowie Whiteys Reaktion darauf stützt sich auf Gespräche mit Greigs Verteidiger Kevin Reddington, auf Gespräche mit Paul McGonagle und Richard Sunday im Juni 2012 sowie auf Briefe, die Whitey zwischen April und Juli 2012 an Sunday schrieb. Die Autoren nahmen an allen Verhandlungen in Sachen Greig teil, einschließlich der Plädoyers und der Urteilsverkündung.

26 Der Abschnitt über Whiteys Verbitterung nach dem Urteil gegen Cathy Greig stützt sich auf Gespräche der Autoren mit Richard Sunday und Jerry Champion sowie auf Briefe, die Whitey im September 2011 an Champion und zwischen April und Juli 2012 an Sunday schickte.

Register

Über die Autoren

Kevin Cullen und **Shelley Murphy** sind Journalisten beim Boston Globe. **Cullen** wurde mit mehreren Kollegen für seine Berichterstattung über den Missbrauchsskandal in der katholischen Kirche 2003 mit dem Pulitzerpreis ausgezeichnet.

Die Whitey-Bulger-Expertin **Shelley Murphy** beschäftigt sich vornehmlich mit den Themenbereichen organisiertes Verbrechen und Terrorprävention und berichtet als Beobachterin aus amerikanischen Gerichtssälen. Die beiden leben in Boston.

784 Seiten
Preis: 29,99 € (D) | 30,90 € (A)
ISBN 978-3-86883-057-6

Vincent Bugliosi | Curt Gentry

Helter Skelter – Der Mordrausch des Charles Manson

Eine Chronik des Grauens

Im Sommer 1969 erschüttert eine Reihe bestialischer Morde Los Angeles und die USA. Sharon Tate, die schwangere Ehefrau von Roman Polanski, ist eines der sieben Opfer. Vincent Bugliosi war Leitender Staatsanwalt in diesem spektakulären Fall. In seinem meisterhaft geschriebenen Buch berichtet er, wie es ihm in minutiöser Detektivarbeit gelang, Charles Manson und seine ihm blind ergebene Hippie-Kommune für das Massaker hinter Gitter zu bringen. Die akribischen Ermittlungen, der komplexe Prozess, die kranke Weltanschauung, die Manson seinen Anhängern einflößte ... all dies macht diesen atemberaubend spannenden Weltbestseller aus.